Sans couv.

RÉPERTOIRE

DE

JURISPRUDENCE ALGÉRIENNE

ALGER. — IMPRIMERIE DE L'ASSOCIATION OUVRIÈRE, V. AILLAUD ET Cⁱᵉ.

RÉPERTOIRE

DE

JURISPRUDENCE ALGÉRIENNE

CONTENANT L'ANALYSE SOMMAIRE ET LE CLASSEMENT MÉTHODIQUE

DE TOUTES LES DÉCISIONS IMPORTANTES

rendues par

LA COUR D'APPEL D'ALGER

ET LES DIVERSES AUTRES JURIDICTIONS DE L'ALGÉRIE

EN MATIÈRE CIVILE, COMMERCIALE, CRIMINELLE ET ADMINISTRATIVE

Pendant les années 1857 à 1876

avec annotations, tables et renvois au Journal de la Jurisprudence de la Cour d'Alger

A L'USAGE

DES TRIBUNAUX, DES ADMINISTRATIONS, DU BARREAU

DES OFFICIERS PUBLICS ET MINISTÉRIELS

des Commerçants et de tous les Hommes d'Affaires

PAR

M. Henri NARBONNE

Ancien receveur-rédacteur de l'Enregistrement, des Domaines et du Timbre,

AVOCAT A LA COUR D'APPEL D'ALGER

ALGER

A. JOURDAN, libraire-éditeur

Place du Gouvernement, 4.

1877

Ainsi que M. de Ménerville l'écrivait, en 1854, lors de la publication de son excellente JURISPRUDENCE, depuis long-temps l'utilité des *Recueils de jurisprudence* n'est plus à démontrer. Suivre le cours des décisions judiciaires, se pénétrer du sens que les tribunaux attachent au texte des lois, s'assimiler ainsi l'immense et incessant travail du ma-gistrat, c'est à coup sûr s'élever; s'affermir dans la science de la législation, et dans la véritable connaissance des affaires. Après l'étude de la loi, doit venir celle de la ju-risprudence. C'est par cette dernière que le juge se com-plète, que l'avocat se fortifie. La théorie pure, telle qu'on l'enseigne dans les Facultés, peut expliquer l'enchaînement des règles établies ; elle peut montrer la cause et le but, en un mot, donner la raison des lois ; elle fait des savants, non des jurisconsultes pratiques, — des professeurs, des écrivains, non des juges et des avocats.

Profondément convaincu de cette vérité, j'avais entre-pris pour moi-même l'étude de l'importante publication due à mon savant confrère, M. Robe. La plume à la main, je compulsais soigneusement les décisions rapportées dans le *Journal de la jurisprudence de la Cour d'Alger*. Afin de fixer mes souvenirs, de grouper mes idées, et aussi pour conserver la substance d'un travail aussi long et aussi utile, je classais, par ordre alphabétique, les notices de toutes les décisions rendues sur des questions identiques ou se rapportant au même sujet. Je faisais ainsi un *Répertoire de jurisprudence*, que des amis m'ont engagé à publier, disant qu'un pareil ouvrage répondait à un véritable besoin, en Algérie.

Si ceux de qui je tiens ce conseil ont su conserver, en me le donnant, cet esprit judicieux, cette ferme raison dont ils ne se sont jamais départis toutes les fois que j'ai eu à les consulter sur la manière de mettre mon travail en état d'affronter les regards du public, je n'aurai pas à regretter de l'avoir suivi.

Le recueil de M. Robe contient les décisions de principe rendues, pendant les dix-huit dernières années, par les différentes juridictions auxquelles ressortissent les territoires de l'Algérie et leurs habitants si divers. De telle sorte que cette collection, très-importante par la grande valeur des solutions relatives à de nombreuses questions de pur droit français ou algérien, offre un intérêt tout particulier, et, dirons-nous, unique, par la variété des lois que les juges ont eu à appliquer, par la combinaison qu'ils ont dû faire de principes établis par des législations différentes, souvent absolument opposées.

Mais, il faut le reconnaître, si le *Journal de la jurisprudence de la Cour d'Alger* renferme tant de richesses, tant de curiosités, tous ces trésors y sont nécessairement épars, et bien longue, bien pénible en est la recherche, alors qu'elle n'est pas impossible. Après l'ordre chronologique manquait le classement alphabétique. Ce complément indispensable du *Journal* de M. Robe, cet indicateur sûr et complet, ce guide qui doit dire et montrer l'ensemble et les détails, mon *Répertoire* le sera-t-il ? — je l'espère ; je le désire, au moins.

J'annonce des *annotations*. Je dois dire en quoi elles consistent.

Des modifications sont survenues dans la législation pendant le cours des dix-huit années qui viennent de s'écouler. Je les ai indiquées; — c'étaient là des annotations nécessaires, et j'aurais sans doute dû m'en tenir là. Cependant j'ai laissé subsister quelques réflexions personnelles, bien rares, très-modestes, sans aucune prétention, et qui seront accueillies avec indulgence, — peut-être avec approbation?....

Quoiqu'il en soit de mon ouvrage, je l'offre au public en souhaitant qu'il rende quelques services. Si, comme beaucoup me le disent, il répond à un besoin général, en Algérie, je serai doublement heureux d'avoir fait, en m'instruisant, œuvre utile pour autrui.

Juin 1877.

H. N.

ABRÉVIATIONS

—

A.   — Arrêt de la Cour d'Alger.

Journal. — *Journal de la jurisprudence de la Cour d'Alger.*

Les chiffres romains et arabes qui suivent la désignation des noms des parties, à chaque arrêt analysé, indiquent le volume et la page du *Journal de la jurisprudence de la Cour d'Alger* où l'arrêt se trouve rapporté.

Chaque fois qu'il est parlé d'une note de telle ou telle page, il s'agit de la page et du volume dont l'indication vient d'être donnée.

TABLEAU DE CONCORDANCE

Des n^{os} des volumes du JOURNAL DE LA JURISPRUDENCE DE LA COUR
D'ALGER *avec les années de la publication.*

Année 1859......	Vol. I.		Année 1868.....	Vol. X.
— 1860......	— II.		— 1869.....	— XI.
— 1861....	— III.		— 1870.....	— XII.
— 1862.....	— IV.		— 1871.....	— XIII.
— 1863......	— V.		— 1872......	— XIV.
— 1864......	— VI.		— 1873......	— XV.
— 1865......	— VII.		— 1874.......	— XVI.
— 1866	— VIII.		— 1875......	— XVII.
— 1867......	— IX.		— 1876......	— XVIII.

RÉPERTOIRE

DE

JURISPRUDENCE ALGÉRIENNE

A

Abandon maritime. — V. Assurance maritime, 4 s.

Abattage d'animaux. — V. Boucherie, 2.

Abattoirs. — V. Adjudication, 2, 3.

Abordage. — V. Avarie, 1 s, 16, — Capitaine, 9.

Absence. — Absents.

1. Si la mère fait constater par un acte de notoriété l'absence du père, par suite l'impossibilité de manifester sa volonté, cet acte n'a pas besoin d'être homologué par le tribunal. L'officier de l'état civil doit, sur sa production, passer outre à la célébration du mariage de l'enfant, auquel elle a consenti. (Art. 141, 149 et 155, C. c.). — A. 31 décembre 1860, Dame Fournier, 111, 9.

2. Le *curateur* aux intérêts absents ne doit pas être compris au nombre des personnes maîtresses de leurs droits. — A. 17 janvier 1873, Lebhar c. Fournier Sémoville et Anglas, XIV, 284.

V. Avarie, 27.

Abus de confiance.

1. DÉPÔT. — *Indigènes*. — La violation d'un dépôt constitutive du délit d'abus de confiance ne peut être réprimée, par la juridiction correctionnelle, que si le dépôt lui-même a été établi par les

moyens de preuve autorisés par la loi civile. Ce principe ne met aucun obstacle aux poursuites alors qu'il s'agit d'un abus de confiance commis par un indigène musulman au préjudice d'un autre indigène. Dans ce cas, le droit civil des indigènes autorisant en toutes matières la preuve testimoniale, le dépôt, quelle que soit sa valeur, peut être prouvé par témoins devant la juridiction correctionnelle. — A. 23 déc. 1865, Righri ben Mohammed, VIII, 46 et 77. V. Preuve testimoniale, 6 s.

1 *bis.* Il y a détournement frauduleux lorsqu'on dispose de sommes confiées, sans que l'on ait la certitude raisonnablement fondée de pouvoir les restituer. — A. 15 juillet 1876, B. et V° C., XVIII, 192.

1 *ter.* La restitution faite sous le coup de poursuites commencées, alors surtout qu'on est déjà cité en police correctionnelle, ne saurait effacer le détournement déjà consommé. — Même arrêt.

2. *Banquier.* — Le fait par un banquier de remettre en compte courant et à titre de propriété à un autre banquier un chèque qu'il aurait reçu pour en opérer le recouvrement et en remettre le montant après encaissement, constitue un abus de confiance (art. 408, C. pén.). — A. 26 février 1875, P..., XVII, 72.

3. Il importerait peu que le propriétaire du chèque ait consenti à ce que les fonds provenant du chèque restassent entre les mains du dépositaire pendant un certain délai après l'encaissement, cette circonstance ne pouvant avoir pour effet de changer la nature de la convention. — Même arrêt.

4. Lorsqu'un banquier, qui reçoit des titres d'obligation en garantie du paiement de billets, à la condition que, s'il négocie ces titres, il sera tenu de retirer de la circulation et de rendre à ce dernier une valeur égale en billets, ce banquier commet un abus de confiance, si, en même temps qu'il transmet la propriété des titres au profit d'un tiers, il ne remplit pas cette dernière obligation. — Même arrêt.

5. PRÊT A USAGE. — Le détournement par l'emprunteur de la chose prêtée à usage ne constitue pas l'abus de confiance, les termes de l'art. 408, C. pénal, devant être entendus dans un sens limitatif. — A. 6 janvier 1861, Jouve, III, 176. — La loi du 13 mai 1863 a fait rentrer ce cas dans le nombre de ceux qui constituent l'abus de confiance.

Accident. — V. Chemins de fer, 1. — Responsabilité, 1 s, 23 s.

Achat d'effets militaires.

Un fripier qui achète d'un militaire un effet d'habillement, commet le délit prévu et puni, non pas par l'arrêté du Gouverneur général du 30 mars 1841, implicitement abrogé par le Code de justice militaire, art. 247, mais bien celui visé et réprimé par ce dernier article. — A. 12 juillet 1865, Choukroun, VIII, 225.

V. Arrêté, 1.

Achour et Zekkat.

L'ordonn. du 17 janvier 1845 ayant maintenu les impôts arabes dits Zekkat et Achour, les Israélites indigènes, au fur et à mesure qu'ils sont devenus propriétaires de terrains et de troupeaux, ont dû être soumis à ces contributions ; les Européens seuls en sont exempts. — Cons. d'Etat, 23 janvier 1863, Maklouf ben Oliel. V. 210.

Acquêts. — V. Communauté conjugale, 6, — Communauté réduite aux acquêts, 2.

Acquiescement.

1. L'acquiescement ne se présume point ; il doit résulter d'une volonté manifestée sans ambiguité. Spécialement, lorsqu'un jugement déclare une partie non recevable dans la qualité qu'elle procède, et que cette partie introduit une nouvelle demande en la qualité qui lui appartient, elle peut toujours relever postérieurement appel du premier jugement, si elle a fait des réserves à cet effet dans l'exploit introductif de la seconde instance. — A. 31 oct. 1864, Verney c. Deyme, VI. 158.

2. Lorsqu'une partie voit son action personnelle repoussée par un jugement et qu'après ce jugement elle intente l'action réelle et hypothécaire, elle peut encore relever appel du jugement qui a repoussé sa demande personnelle, si elle est encore dans les délais ; il n'y a pas là acquiescement de sa part. — A. 29 mai 1857, Voltolini et Carenthène c. Gimbert, III, 185.

3. EXÉCUTION VOLONTAIRE. — L'acquiescement, comme toute renonciation ou déchéance, suppose chez celui auquel il est im-

puté, un droit personnel ou une faculté préexistante. Aussi celui qui a été évincé d'un immeuble en vertu d'une décision judiciaire passée en force de chose jugée, ne peut être considéré comme ayant acquiescé à l'éviction, par le fait de l'exécution volontaire de cette décision, exécution à laquelle il ne pouvait pas se soustraire. — A. 2 février 1864, hér. Senez.c. Zermati, VI, 6.

4. Israélite indigène. — *Traduction.* — Si le moyen tiré de la péremption n'est pas un moyen d'ordre public, et si la partie condamnée a le droit d'acquiescer à un jugement déjà périmé, cependant cet acquiescement, pour être valable, s'il émane d'un israélite indigène ne parlant pas le français, doit être fait en langue française et traduit en langue arabe, conformément à l'arrêté du 1ᵉʳ juin 1831, qui est toujours en vigueur en Algérie. — A. 29 fév. 1868, Audouard c. Tenis et Zermati, X, 34.

5. Il importerait peu que cet acquiescement fût donné sur un procès-verbal de carence et que le débiteur l'eût signé en hébreu. — Même arrêt.

6. Signification de jugement. — La signification du jugement qui ne contient aucune réserve pour relever appel, constitue un acquiescement audit jugement, à moins que l'intention formelle de ne pas encourir de déchéance ne soit révélée. — A. 10 nov. 1873, Tirelli et Mouza c. cons. Million, XV, 282. — V. Appel, 13 s.

7. L'acquiescement résultant de la signification d'une décision judiciaire faite sans réserve à plusieurs parties en cause doit être considéré comme non avenu, si l'une d'elles vient à interjeter appel de cette décision. — Par suite, est valable, en pareil cas, l'appel formé par l'auteur de la signification contre les autres parties non appelantes. (C. p. c., 443). — Cass. 2 juillet 1873, XV, 280.

V. Arbitrage, 1, — Enquête, 3, — Expertise, 2, — Frais et dépens, 2, — Jugement par défaut, 1, — Tutelle, 16.

Acte.

En matière de transactions entre nationaux d'origines diverses, les actes constitutifs d'obligations personnelles et mobilières, et principalement d'obligations commerciales, sont régis tant pour leur forme que pour leur substance, par la loi du pays où ils ont été passés et où ils doivent recevoir leur exécution. — A. 10 juillet 1868, Fiorentino c. Monticelli et Anglas, X, 207.

V. Obligation, 1.

Acte administratif. — V. Compétence, 28 s, — Hypothèque, 1.

Acte authentique.

DIVISION

§ 1. — Législation générale.
§ 2. — Législation spéciale.

———

§ 1. — Législation générale.

1. Les énonciations d'un acte authentique ne font pas foi à l'égard des tiers jusqu'à inscription de faux. — A. 17 fév. 1863, David, V, 63.

§ 2. — Législation spéciale.

2. CHANCELIER DE L'EX-CONSULAT DE FRANCE. — Les actes passés en la forme authentique, après la conquête et avant l'institution du notariat en Algérie, par l'ex-chancelier de l'ex-consulat de France à Alger, sont valables comme actes notariés. — A. 22 nov. 1869, Beaumont et Ben Hallou c. Bartholony, XI, 241.

3. En supposant qu'il en soit autrement, en principe rigoureux, l'authenticité de ces actes devrait, dans tous les cas, être admise en vertu de l'adage *error communis facit jus.* — Même arrêt.

4. L'arrêté sur l'enregistrement, du 21 juin 1831, ne s'applique qu'aux actes passés par les cadis. Il est étranger aux actes passés par le chancelier de l'ex-consulat de France. — Même arrêt.

5. SECRÉTAIRE DE COMMISSARIAT CIVIL. — L'art. 57 de l'arrêté ministériel du 30 décembre 1842, qui règle l'exercice de la profession de notaire, autorise les secrétaires des commissariats civils établis dans les villes du littoral où il n'existe pas de notaires, à recevoir et rédiger, en la forme notariée, les conventions des parties qui les requerront à cet effet.

6. « Les actes ainsi rédigés, ajoute cet article, ne vaudront que » comme écrits sous signature privée. »

7. Jugé que si les actes reçus par les secrétaires des commissariats civils n'emportent pas exécution forcée, ils n'en sont pas moins authentiques. — A. 19 janv. 1865, ép. Jouve c. Daveluy, IX, 55.

8. ..... Que le contrat de mariage passé dans la forme des actes notariés par le secrétaire d'un commissariat civil est valable et confère à la femme hypothèque légale pour ses reprises dotales. — Même arrêt.

9. ..... Que le contrat de mariage rédigé par ces fonctionnaires remplit le vœu de l'art. 1394, C. civ. — A. 19 janvier 1865, de Rouve c. Daveley, VI, 226.

10. ..... Qu'ils peuvent recevoir un testament. — A. 10 fév. 1858, Arvézit c. Chaudron, I, 38.

11. *Contrà* : — Ces actes sont seulement valables comme actes sous seing privé, et ne peuvent produire les effets d'un acte notarié. — A. 28 mai 1858, veuve Troncy c. X., I, 31.

Acte de Cadi. — V. Cadi.

Acte de commerce. — V. Bail, 33, — Carrière, — Commerçant.

Acte de notoriété.

Législation spéciale.

1. L'art. 37 de l'ordonnance du 26 septembre 1842, sur l'organisation de la justice, porte que, « dans les contestations entre français ou étrangers et indigènes, la loi française *ou celle du pays* est appliquée..... »

2. En droit musulman, la preuve testimoniale étant supérieure à toutes les preuves (A. 9 mars 1857, I, 46), l'acte de notoriété possède une grande force probante.

3. Mais s'il est vrai qu'en Algérie, par application du droit musulman et de l'ordonnance du 26 septembre 1842, les actes de notoriété peuvent, en principe, être produits avec une force probante, cependant les tribunaux ont un pouvoir discrétionnaire pour les admettre ou les rejeter, selon le caractère de sincérité qui leur apparaît. — A. 19 nov. 1860, Meyer c. Préfet d'Alger, II, 295.

Acte d'exécution. — V. Degrés de juridiction, 4 s.

Acte notarié. — V. Notaire, — Hypothèque conventionnelle, 1, 2.

Actes de l'état civil.

ENFANT MORT-NÉ. — Lorsque le cadavre d'un enfant dont la naissance n'a pas été enregistrée, est présenté à l'officier de l'état civil, cet officier doit se borner à constater que l'enfant lui a été présenté sans vie. La disposition qui énoncerait que l'enfant est décédé ne saurait préjuger la question de savoir si l'enfant a eu vie ou non. — Par conséquent, cet acte ne peut avoir aucune valeur lorsqu'il s'agit de déterminer si l'enfant présenté dans ces conditions a eu vie ou non. — A. 24 mars 1863, V, 72.

Acte simulé.

1. Les parties qui ont participé à un acte simulé sont respectivement recevables à prouver cette simulation. — A. 21 mars 1873, Doreau c. Rivière, XV, 117.

2. En matière civile, cette preuve peut être faite par témoins ou par présomptions graves, précises et concordantes, lorsqu'il existe un commencement de preuve par écrit. (Art. 1347, C. civ.). — Même arrêt.

3. Si, à l'égard des tiers, le prête-nom est un propriétaire réel, il est un mandataire au regard de la personne à laquelle il prête son nom ; par suite, comme le mandataire, le prête-nom peut retenir la chose, objet du contrat, pour les avances qu'il a faites dans l'intérêt ou à l'occasion de cette chose. — Même arrêt.

4. La simulation d'un acte authentique ou sous seing privé ne peut, le cas de fraude excepté, être prouvée par présomptions ou témoins qu'autant qu'il existe un commencement de preuve par écrit. (Art. 1319, 1322 et 1347, C. civ.). — Il en est ainsi à l'égard des parties contractantes ; à plus forte raison à l'égard des tiers. — Spécialement, une femme mariée ne peut soutenir à l'égard des créanciers de son mari et pour soustraire ses biens à la communauté d'acquêts, qu'une vente qui lui a été consentie par son père est une donation déguisée. — A. 4 mars 1876. Moreau, XVIII, 75.

Acte sous seing privé.

DIVISION

§ 1. — Législation générale.
§ 2. — Législation spéciale.

§ 1. — Législation générale.

1. L'acte sous seing privé est celui qui, sans l'intervention d'aucun officier public, se complète par la signature des parties, seule formalité indispensable à sa validité, en général ; dès lors, si les signatures apposées ne sont pas désavouées, elles constituent, vis-à-vis des parties signataires, un lien de droit sanctionné comme par un acte authentique. — A. 10 juillet 1868, Fiorentino c. Monticelli et Anglas, X, 207.

§ 2. — Législation spéciale.

2. L'arrêté du Gouverneur de l'Algérie, du 9 juin 1831, qui ordonne la rédaction des actes sous seing privé dans la langue de chacun des contractants est toujours en vigueur ; mais une convention entre français et indigène qui ne porte pas le texte arabe en regard du texte français est valable si les parties ont eu une connaissance exacte des clauses du contrat. — Jug¹ Constantine, 22 nov. 1875, XVII, 226.

3. En vain, la signature n'étant pas méconnue par une partie, celle-ci voudrait en repousser la force obligatoire, parce qu'étant étrangère et non assistée d'un interprète, elle n'aurait pas compris le texte écrit en français et, par suite, son consentement n'aurait pas été éclairé et suffisamment libre ; nulle part la loi ne prescrit, pour la rédaction d'un acte sous seing privé, entre français et étrangers, la présence d'un interprète. — Même arrêt qu'au n° 1, *suprà.*

4. L'inobservation de l'arrêté du 9 juin 1831 n'est pas une cause de nullité absolue. — Spécialement un acte de bail passé en français entre musulmans et israélites est valable dans son entier, si son existence n'est pas déniée et si l'exécution en a été demandée par la partie qui invoque la nullité. — A. 8 juillet 1863, Mouni bent Bourkaïb c. Bacri, V, 167.

5. L'arrêté du 9 juin 1831 ne doit être appliqué que lorsqu'il est reconnu que l'indigène signataire n'a pas compris la portée de l'acte. — A. 10 mars 1864, Toubiana c. Ben Hamoud, VI, 70.

5 *bis.* Est nul l'acte sous seing privé, un bail, intervenu entre un français et un indigène, sans traduction en arabe et sans l'assistance d'un interprète (arrêté du 9 juin 1831). Cependant la convention n'en doit pas moins être retenue par le juge, qui, pour l'ap-

précier, doit s'inspirer des circonstances de la cause et de la volonté présumée des parties. (Art. 37 de l'ord. du 26 sept. 1842). — A. 11 déc. 1876, Girard c. El-Oussi, XVIII, 263.

6. TIERS NON MUSULMAN. — S'il est vrai qu'entre musulmans toute convention peut être établie par témoins, il en est autrement lorsque la preuve est dirigée à l'encontre d'un tiers non musulman, étranger à cette même convention. — Spécialement, lorsqu'à l'appui d'une action en revendication d'objets saisis à la requête d'individus non musulmans sur un musulman, l'indigène excipe d'un acte sous seing privé, cet acte n'a date certaine que du jour de son enregistrement, et le revendiquant ne peut être admis à prouver par témoins la sincérité de la date apposée à l'acte. — A. 18 août 1866, Fassina c. Nassouna, VIII, 271.

V. Obligation, 5 *bis*.

Action.

1. ACTION RÉELLE. — ACTION PERSONNELLE. — C'est l'exploit introductif d'instance qui constitue la nature de l'action. — A. 25 juin 1869, Lelong et Maifredy c. Ahmed ben Abdelkader, XI, 186.

2. L'assignation portant que l'immeuble en litige est situé hors de l'arrondissement, le tribunal est fondé à se déclarer incompétent, quand bien même il résulterait des explications que le fond libellé doit être modifié et que l'action est personnelle. — Même arrêt.

Action civile.

1. POURSUITE CRIMINELLE. — *Sursis*. — Toutes les fois qu'une poursuite est commencée par le Ministère public sur les faits qui font l'objet d'une action civile, les juges civils doivent nécessairement surseoir. (Art. 3, C. i. c.) — Dans ce cas, la Cour (en cas d'instance d'appel) doit faire porter le sursis non seulement sur l'action principale, mais encore sur le chef du jugement attaqué qui prononce l'exécution provisoire. — L'art. 647, C. Co. n'est pas un obstacle à ce sursis. — A. 11 juin 1861, Bagdadi c. Moatti, III, 162.

2. *Verdict de non culpabilité*. — Un verdict de non culpabilité, rendu par un jury, ne saurait avoir l'autorité de la chose jugée au civil; par suite, la partie interjetée est recevable à intenter une action en réparation civile après la déclaration de non

culpabilité en faveur de l'accusé. — A. 28 oct. 1874, Dennias c. Albin, XVI, 299.

3. La juridiction civile doit apprécier toutes les circonstances de la cause et admettre la légitime défense, si elle existe, pour repousser la demande. — Elle peut, dans ce cas, puiser tous les éléments de décision dans le dossier criminel. — Même arrêt.

Action paulienne.

L'action révocatoire exercée par un créancier, en vertu de l'art. 1,167, C. N., est recevable alors même que le droit du créancier serait postérieur à l'acte attaqué. — A. 16 mars 1870, Narboni et Ben Amour c. Mallet, XII, 71.

Action personnelle. — V. Action.

Action possessoire. — V. Servitude, 6.

Action publique.

1. APPEL. — Lorsque, dans une instance correctionnelle, le tribunal a rendu un jugement par lequel il se déclare incompétent, que la partie civile a seule interjeté appel de cette décision et que, sur cet appel, la Cour a confirmé ledit jugement, et statuant au fond, aux termes de l'art. 215 du Code d'instruction criminelle, statue sur la culpabilité du prévenu, le Ministère public n'est aucunement déchu de la faculté de requérir l'application de la loi pénale par suite de ce fait qu'il n'aurait pas lui-même interjeté appel du jugement d'incompétence. — A. 9 nov. 1872, Boudet c. Marcailhou d'Aymerie, XV, 94.

2. Il n'y a point lieu de se préoccuper, dans cette hypothèse, de l'art. 202 du Code d'instruction criminelle, qui dit que la faculté d'appeler appartiendra à la partie civile « quant à ses intérêts civils seulement. » — En effet, le débat n'a jamais porté au fond, puisqu'au moment où le litige sur l'exception d'incompétence soulevée a été vidé, l'action publique, suspendue et réservée, jusquelà, doit reprendre à ce moment toute son efficacité. — Même arrêt.

3. Cette solution ne serait plus applicable depuis la loi du 29 décembre 1875, art. 9.

4. PRESCRIPTION. — L'ordonnance de non-lieu rendue par le juge d'instruction sur la poursuite d'un délit, constitue un acte

d'instruction interruptif de la prescription de l'action publique. (C. inst. crim., 637 et 638). — Cass. crim. 28 janvier 1870, F..., XIII, 88.

5. Reprise d'information. — *Charges nouvelles.* — Pour qu'une information soit régulièrement reprise sur charges nouvelles, il suffit que le ministère public qui provoque cette mesure énonce les charges nouvelles dans son réquisitoire ; il n'est pas nécessaire que l'existence des nouvelles charges soit préalablement constatée par le juge d'instruction. (C. inst. crim., 246-247). — Même arrêt.

Action récursoire. — V. Garantie, 4.

Action réelle. — V. Action.

Action résolutoire. — V. Société, 5 s. — Vente. 47 s.

Action ut corpus. — V. Chose jugée, 3.

Action ut singuli. — V. Chose jugée, 3.

Action ut universi. — V. Commune, 10.

Adjudication.

1. Cahier des charges. — *Intérêts du prix.* — *Fruits immobilisés.* — Lorsque le cahier des charges rédigé pour parvenir à l'adjudication d'un immeuble porte que l'adjudicataire paiera les intérêts de son prix à partir d'une époque déterminée, l'adjudicataire est lié par cette clause qui ne saurait être modifiée par cette circonstance que l'adjudication aurait eu lieu plusieurs années après cette date. Il n'a pas même le droit de réclamer en compensation le montant des fruits immobilisés. — A. 12 janvier 1860, Giraud et Manégat c. Troussel, II, 76.

2. Produits communaux. — *Abattoir.* — L'adjudication aux enchères publiques des produits éventuels d'un abattoir pendant une période de trois années est un contrat aléatoire et à forfait de produits variables. — L'erreur invoquée par l'adjudicataire qui ne se réfère qu'à une seule année et ne porte que sur une somme minime, eu égard à l'importance du contrat, ne peut être considérée juridiquement comme la cause[déterminante de sa soumission [à

l'adjudication, et, en conséquence, ne peut servir de base à une action en nullité de ladite adjudication. — A. 10 oct. 1872, Toucas c. comm. de Médéa, XIV, 274.

3. Lorsqu'une commune met en adjudication son droit d'abattage et qu'elle fixe au cahier des charges une mise à prix supérieure aux revenus des années précédentes, on ne saurait voir dans cette fixation une stipulation susceptible de faire annuler l'adjudication pour cause de fraude ou d'erreur. Si, postérieurement à l'adjudication, la commune permet, contrairement aux usages antérieurs, d'abattre certaines espèces en franchise de droits, ce fait constitue une cause de résiliation. — L'arrêté du Gouverneur général du 24 juillet 1863, décrétant la liberté de la boucherie en Algérie, a eu nécessairement pour conséquence de rendre aussi libre le colportage de la viande de commune à commune. — Cette circonstance est encore une cause de résiliation. — A. 23 nov. 1865, Roquefère c. comm. de Tlemcen, VII, 159.

3 bis. —*Marchés publics*. — Lorsque dans un cahier des charges préalable à l'adjudication des taxes à percevoir sur les marchés publics d'une commune, cette commune s'est engagée à garantir la jouissance pleine et entière des droits et des moyens de perception résultant des tarifs et des règlements, elle peut être tenue d'indemniser son adjudicataire, lorsque la tranquillité des marchés a été troublée et que l'achalandage et la fréquentation de ces marchés en ont été notablement diminués. — A. 30 mai 1871, Gerbal et Passeron c. comm. de Relizane, XIII, 164.

3 ter. Il en peut être ainsi même au cas où l'adjudicataire aurait, par une clause du cahier des charges, contracté l'engagement de renoncer à toute demande d'indemnité, hors le cas de résiliation ordonnée par le gouvernement. — Même arrêt.

4. TIERS REVENDIQUANT. — Lorsqu'un individu a acquis un immeuble sur expropriation forcée, sur le vu d'un arrêt qui avait rejeté la demande en distraction introduite par un tiers, l'arrêt de cassation qui intervient après l'adjudication et qui déclare le revendiquant propriétaire, n'est pas opposable à l'adjudicataire. — A. 18 déc. 1874. Luce c. Brunet, XVI, 275.

5. Lorsqu'un arrêt de Cour de renvoi, statuant conformément à l'arrêt de cassation, attribue un immeuble à un individu et condamne les défendeurs à la revendication à restituer ledit immeuble au revendiquant dans un certain délai, faute de quoi *il sera fait*

droit, si la réintégration n'est pas opérée, la condamnation qui intervient ultérieurement et en exécution, au paiement de la valeur de l'immeuble et à la restitution des fruits, a pour conséquence d'anéantir les effets de l'arrêt de cassation et de celui de la Cour de renvoi, de faire que le revendiquant n'a jamais été investi du droit de propriété et de rendre ainsi toute sa force à l'arrêt ou au jugement cassé. — Même arrêt.

6. Par suite, l'hypothèque de la femme du revendiquant n'a pu frapper ledit immeuble. — Même arrêt.

7. TRIBUNAL COMMIS. — *Incident.* — Le tribunal commis pour procéder à une adjudication d'immeubles est compétent pour statuer sur les incidents relatifs au cahier des charges. — A. 16 mars 1859, I. 186.

V. Vente, 47.

Adultère.

1. COMPLICE. — En matière d'adultère, il ne peut, aux termes de l'art. 338 du Code pénal, être admis d'autre preuve contre le prévenu de complicité que les lettres ou autres pièces écrites par lui, ou le flagrant délit. La preuve du flagrant délit incombe tout entière au Ministère public. S'il n'est pas nécessaire qu'il soit constaté par des procès-verbaux et s'il peut être prouvé par des témoignages, encore faut-il que ces témoignages ne se contentent pas d'établir des inductions plus ou moins graves, mais il faut qu'ils prouvent péremptoirement le fait même du flagrant délit, c'est-à-dire qu'ils aient surpris le prévenu *in ipsâ turpitudine*. — A. 27 déc. 1872, Attard et Micriditz, XV, 32.

2. *Contra* : — L'aveu du complice consigné dans ses interrogatoires devant le commissaire de police, un juge d'instruction, ou un autre officier de police judiciaire, et signé de lui, peut être considéré comme constituant la preuve écrite exigée par le 2e § de l'art. 338 du Code pénal. — A. 27 avril 1866, VIII, 164. — V. conf. Paris, 23 juin 1866, *Gaz. Trib.* du 6 juillet 1866.

V. Paternité, 2.

Affirmation de procès-verbal. — V. Forêts, 7, — Pêche, 2.

Agent d'administration publique. — V. Presse, 20, — Travaux publics, 25 s.

Agent de change. — V. Courtier, 3.

Ajournement. — V. Exploit.

Alfa. — V. Bail, 43.

Algérien. — V. Domicile, 1 s.

Alignement. — V. Compétence, 79, — Vente, 31. — Voirie.

Aliments.

Droit mosaïque.

1. L'obligation de fournir des aliments aux ascendants se règle en droit mosaïque comme en droit français, non d'après l'émolument qu'on doit retirer de la succession, mais bien d'après la position des obligés. — A. 27 mai 1862, Aaron Djian c. cons. Djian, IV, 131.

Droit musulman.

2. L'obligation qui incombe aux enfants et petits-enfants de fournir des aliments à leurs ascendants prend sa source dans le droit naturel, dont l'application ne pourrait être écartée entre indigènes ou étrangers, qu'autant qu'il existerait une disposition légale et formelle dans la législation du pays qui régit les parties. — A. 3 février 1872, English Bey c. Mohamed Chaouch, XIII, 264.

3. En supposant que la loi musulmane du rite malekite restreigne cette obligation au premier degré de filiation, il n'est pas établi qu'il en soit de même dans le rite hanefite. — Même arrêt, XIV, 38.

4. Il est de principe que les aliments sont fixés eu égard aux besoins strictement nécessaires de l'un et relativement aux ressources de l'autre. — Même arrêt, XIII, 264, et XIV, 38.

V. Divorce, 9, — Enfant adultérin.

Alsacien-Lorrain. — V. Hypothèque légale, 3.

Améliorations. — V. Impenses.

Amnistie.

1. L'amnistie a pour effet d'emporter abolition complète des

crimes et délits auxquels elle est relative et de ne rien laisser subsister des condamnations antérieurement encourues à raison de ces crimes ou délits. — Ainsi, spécialement, elle efface l'interdiction des droits civiques et politiques prononcée accessoirement à la peine de l'emprisonnement, aussi bien que cette peine principale elle-même. — Cass. 18 février 1864, VIII, 25.

2. Le décret d'amnistie du 16 août 1859, exclusivement applicable aux crimes et délits politiques, ne peut être invoqué par celui qui est poursuivi pour émission ou propagation de fausses nouvelles. — A. 3 déc. 1859, Hamed ben Omar, II, 15.

V. Insurrection, 4.

Anatocisme. — V. Compte courant, 12, — Intérêts, 2 s.

Antichrèse.

1. Le contrat d'antichrèse ne peut être anéanti, et l'antichrésiste obligé d'abandonner son gage avant l'entier acquittement de sa créance, en faveur d'un créancier hypothécaire postérieur à l'antichrèse. — A. 24 juillet 1863, Ali ben Bahamed Kalifa c. X., V, 137.

Droit musulman.

2. En droit musulman, comme en droit français, l'antichrèse se distingue de la vente à réméré. L'antichrésiste est inhabile à introduire une action en justice au regard du droit de propriété. — A. 27 mai 1875, Zouaoui c. Hadjadj, XVII, 196.

3. L'antichrèse consentie sur un bien habbous ne finit pas avec le décès de l'emprunteur dévolutaire. Le dévolutaire subséquent est tenu de la respecter (décret du 30 octobre 1858). — A. 28 juin 1866, Boukhatem c. Mohammed ben Ameur, VIII, 149.

Appel.

DIVISION

§ 1. — Jugements susceptibles d'appel.
§ 2. — Quelles personnes peuvent appeler. — A qui profite l'appel.
§ 3. — Contre quelles personnes on peut appeler.
§ 4. — Qui peut intervenir sur l'appel.
§ 5. — Délais de l'appel.
§ 6. — Acte d'appel. — Formalités.
§ 7. — Appel incident.

—

§ 1. — Jugements susceptibles d'appel.

1. CONCLUSIONS. — S'en rapporter à justice, c'est contester ; par suite, l'appel est recevable de la part de la partie qui, en première instance, a pris de semblables conclusions. Il en est de même si les conclusions principales ont été repoussées et les conclusions subsidiaires accueillies. — A. 22 juin 1874, Dessoliers et l'Etat c. de Fleurieu et cons., XVI, 232 ; 22 nov. 1864, Balit c. Clauzel, VI, 186.

2. Les conclusions subsidiaires ne reçoivent leur effet qu'autant que les conclusions principales ne sont pas accordées ; l'appel remet par conséquent tout en question ; spécialement, celui qui a pris devant les premiers juges des conclusions principales et des conclusions subsidiaires, est recevable à relever appel, si les premières ont été rejetées et les secondes admises. — A. 2 mars 1874, Carnanville c. Bertrand et Deliot, XVI, 271.

3. Seulement l'appel ne peut être relevé par celui dont les conclusions ont été admises en première instance, ni par ceux qui le représentent. — A. 5 mai 1873, Seror c. Tabet, XV, 247.

4. Spécialement, le mineur devenu majeur ne peut relever appel d'un jugement qui, conformément aux conclusions de la requête de son tuteur, a homologué une transaction intéressant la tutelle. — Même arrêt. — V. Minorité, 1.

5. Il importerait peu que le jugement eût été rendu en audience publique ou en chambre du Conseil. — Même arrêt.

6. JUGEMENT DE DÉFAUT. — JUGEMENT SUR OPPOSITION. — Le jugement confirmatif qui intervient sur l'opposition à un jugement de défaut s'identifiant avec ce dernier, l'appel relevé à l'égard de celui-ci est recevable. — A. 23 nov. 1860, Roulet c. Adam, II, 324.

7. Si, en même temps que l'individu condamné par un jugement de défaut rendu par le tribunal de commerce, forme opposition,

il fait appel du même jugement, son appel est nul en la forme (art. 445, C. p. c.), s'il ne s'est pas désisté de son opposition précédemment faite, mais au contraire, a poursuivi l'instance devant la juridiction consulaire qui a rendu un jugement contradictoire sur icelle. Pour la recevabilité de l'appel interjeté du jugement de défaut dont s'agit, il est inutile de faire appel du deuxième jugement contradictoirement rendu sur l'oppositon, si ce jugement se borne à déclarer l'opposition irrecevable. — A. 22 mai 1873, Parodi c. Facio, XV, 223.

8. La prohibition édictée par l'art. 455 du Code de procédure civile, de relever appel d'un jugement de défaut pendant la durée du délai, ne concerne que les parties défaillantes et non point celles qui ont comparu. — A. 8 avril 1870, Bouriaud c. Fouque, X, 151.

9. JUGEMENT INTERLOCUTOIRE. — Un jugement qui, sur une action en responsabilité dirigée contre un notaire, par suite de l'insuffisance du gage hypothécaire, ordonne que les immeubles hypothéqués seront vérifiés par des experts pour en connaître la valeur, préjuge nécessairement le fond ; par suite, c'est un jugement interlocutoire qui peut être frappé d'appel avant le jugement définitif. — A. 6 déc. 1865, Barat c. Decanis, VII, 167.

10. Lorsque, sur une demande en paiement de travaux supplémentaires, le défendeur excipe d'un marché à forfait et prétend ne devoir que les sommes portées à ce marché, le jugement qui intervient et nomme des experts pour rechercher ces travaux et les estimer, est un jugement interlocutoire ; par suite, il est susceptible d'appel. — A. 21 fév. 1874, Chemins de fer c. Ollivier, XVI, 103.

11. JUGEMENT INTERPRÉTATIF. — L'appel d'un jugement interprétatif est-il recevable, lorsque le jugement interprété est en dernier ressort ? — V. Degrés de juridiction, 27 s.

12. JUGEMENT PRÉPARATOIRE. — Un jugement qui se borne à nommer purement et simplement des experts n'est que préparatoire ; par suite, il n'est susceptible d'appel qu'après et en même temps que le jugement définitif. — Il en est de même du jugement qui statue sur une difficulté d'exécution relative à ce jugement. — A. 9 déc. 1870, Verrier c. Larcade, XII, 223.

13. JUGEMENT SIGNIFIÉ. — La signification d'un jugement, avec

réserve d'appel, et la sommation d'assister à un serment, alors que ce serment n'a pas été prêté, ne constituent pas une exécution du jugement et une fin de non recevoir contre l'appelant.

14. La signification d'un jugement sans réserve d'appel rend, en principe, irrecevable l'appel ultérieurement signifié par la partie qui a fait signifier le jugement. — A. 18 déc. 1871, Rias c. Jaubert, XIII, 230. — V. Acquiescement.

15. Néanmoins, ce principe n'est applicable qu'autant qu'il résulte des circonstances et documents que la signification n'a été faite que pour préparer et commencer l'exécution du jugement. — Même arrêt.

16. Par suite, si le jugement ne prononce aucune condamnation contre la partie à laquelle la signification est faite, l'intention de l'acquiescement résultant d'un commencement d'exécution ne saurait exister, et l'appel relevé ultérieurement doit être déclaré recevable. — Même arrêt.

17. Le rédacteur du *Recueil* exprime l'avis (XIII, 231, note) que la doctrine de l'arrêt du 18 déc. 1871 est très-contestable par le motif que la déchéance doit être attachée au *fait* de la signification sans réserve d'appel et non à l'*intention* d'acquiescement.

18. Cette opinion semble trop exclusive. En effet, la renonciation à un droit ne se présume pas ; il faut qu'elle résulte de l'intention exprimée. Or, si la signification d'un jugement sans réserve d'appel est considérée, en général, comme l'expression de l'intention de renoncer à appeler du jugement signifié, il n'est pas admissible que le *fait* de cette signification prévale contre l'*intention*, manifestée par les circonstances, de réserver le droit d'appel. — Mais il est certain qu'il serait bien difficile, sinon impossible, de poser les règles d'interprétation de l'intention, en pareille matière. C'est, dans chaque espèce, une question laissée à l'appréciation des juges. — V. conf. Paris, 3 janvier 1853 (J. P., I, 1853, 81) ; Paris, 8 juin 1855 (I, 1856, 491) et les notes ; Chauveau, 3, qon 1564).

19. JUGEMENT SUR REQUÊTE. — Si, en général, les actes d'administration et de tutelle judiciaire, qui sanctionnent ou autorisent certains contrats intéressant la tutelle, ne sont pas des jugements proprement dits constituant l'autorité de la chose jugée ; s'il en est généralement ainsi des ordonnances du président du tribunal ren-

dues sur requête, il en est autrement des jugements rendus sur requête en chambre du Conseil, comme ceux statuant sur une demande de contracter un emprunt, de faire une transaction, présentée par le tuteur. Par suite, ces jugements sont susceptibles d'appel (art. 99, C. civ.; 858, 889, Proc. c.) — A. 5 mai 1873, Seror c. Tabet, XV, 247.

20. L'appel du jugement sur requête ne peut jamais aboutir qu'à un arrêt sur requête et sans contradiction. Par suite, l'appelant, en pareille matière, ne saurait intimer une partie qui n'aurait pas figuré en première instance. — Même arrêt.

21. MINEUR. — Les art. 443, 444 et 889, C. proc. c., ne s'appliquent qu'aux jugements qui prononcent sur un différend contradictoirement débattu. — Cass. Req. 10 juin 1874, Seror c. Tabet, XVI, 99.

22. RÈGLE GÉNÉRALE. — Dans tous les cas, et quel que soit le bien ou le mal jugé, l'appel est non recevable si la décision des premiers juges ne comportait qu'un intérêt au-dessous de 1,500 fr., et si tout recours contre cette décision était interdit par la loi. — A. 14 janvier 1865, Sozzi c. Castel Dugenet, VI, 210.

23. SENTENCE ARBITRALE. — L'appel étant de droit commun, le premier ressort étant la règle et le dernier ressort l'exception, le jugement qui statue sur un recours contre une ordonnance d'exécution de sentence arbitrale est susceptible d'appel, bien que les dispositions de l'art. 1028 du C. de proc. soient muettes sur ce point, et que les premiers juges aient déclaré statuer en dernier ressort. — A. 16 nov. 1870, Turquana c. Grange, XII, 229.

§ 2. — Quelles personnes peuvent appeler. — A qui profite l'appel.

24. — CRÉANCIER. — DÉBITEUR. — Le droit d'interjeter appel n'est pas un droit exclusivement personnel; il peut être exercé par les créanciers comme exerçant les actions de leur débiteur. (Art. 1166, C. N.). — A. 31 déc. 1867, Sambucci c. Deleschamps, X, 3.

25. Lorsque le débiteur interjette personnellement appel, ses créanciers qui, à cette époque, ont déjà usé de leur droit, peuvent toujours procéder sur leur appel, alors surtout qu'ils ont juste motif de suspecter la vigilance de leur débiteur. — Même arrêt.

26. CESSION. — Le cédant qui a fait un appel tardif peut-il être admis à profiter de l'appel régulier formé par son cessionnaire ?

V. Transport — cession, 9.

27. Copossession. — Lorsque deux copossesseurs d'un immeuble ont échoué devant une action en revendication introduite par un tiers, l'appel relevé par l'un d'eux et l'arrêt infirmatif qui intervient profitent à l'autre, bien qu'il n'ait aucunement figuré ni dans l'instance d'appel, ni dans l'arrêt. — A. 26 oct. 1863, Zarrouk c. Carrus, V, 211.

28. Garantie. — En matière de garantie formelle, l'appel relevé par le garant à l'égard de toutes parties profite au garanti ; par suite ce dernier, bien qu'il n'ait pas fait appel et qu'il ne soit qu'intimé, a le droit de conclure comme en première instance contre les autres adversaires intimés du garant et du garanti. — Même arrêt et 15 juillet 1864, Renauld c. Z..., VI, 121.

29. Indivisibilité. — Entre deux coappelants, quand la demande est la même, l'intérêt devient indivisible, et l'appel régulier de l'un profite dans tous les cas à l'autre. — A. 23 oct. 1868, Rey et Peringuey c. Vieille et Laura, X, 238.

30. De plus, lorsque les intimés ont un intérêt distinct, le paiement des frais de première instance fait à l'un d'eux ne préjudicie en rien aux droits communs des appelants vis-à-vis de l'autre. — Même arrêt.

31. Dans les matières indivisibles, comme un partage, l'appel fait par un des cohéritiers profite à tous. — A. 19 fév. 1873, Ben Zekri c. Sakar Guedj, XV, 43

32. De même l'appel relevé par l'une des deux parties qui ont demandé la nullité d'une vente d'immeubles, profite à l'autre partie. — A. 24 juin 1870, Cabanillas c. Demolins, XII, 178.

33. Solidarité. — En cas de condamnation solidaire et individuelle, l'appel formé en temps utile par l'une des parties profite aux autres. (C. pr. c., 443). — Cass. 22 janv. 1868, Ricca c. Majorel et Cauro, X, 185.

§ 3. — Contre quelles personnes on peut appeler.

34. Cession de condamnations. — Bien que la partie qui a gagné son procès en première instance ait cédé à un tiers le montant des condamnations obtenues avec subrogation, l'appel qui intervient postérieurement à la cession n'en doit pas moins être dirigé contre elle. — A. 15 mai 1863, Arnaud c. Cauvin, V, 119.

35. Garant. — Il est de principe qu'on ne peut mettre garant en cause directement en appel. Cette règle ne souffre exception que

lorsque l'action en garantie est motivée par un incident soulevé
devant la Cour ou qu'elle est un accessoire inséparable de la demande originaire. — Et encore faut-il, dans ce cas, que le garant
ait figuré en première instance, en la même qualité. — A. 2 mars
1874, Carnanville c. Bertrand et Deliot, XVI, 271.

§ 4. — Qui peut intervenir sur l'appel.

36. APPEL NON RECEVABLE. — La non recevabilité de l'appel
enlève à l'appelant le droit d'intervenir. — Même arrêt qu'au n° 1,
suprà.

37. CRÉANCIER. — Un créancier même avec transport judiciaire
résultant d'une saisie-arrêt, est représenté en justice par son débiteur. Par suite, il ne peut intervenir en cause d'appel dans une
instance entre ce débiteur et un tiers qui revendique la propriété
de la somme saisie-arrêtée. — A. 17 fév. 1864, Watine et Bossut
c. d'Autremont et Bressy, VI, 27.

38. Les créanciers d'une faillite peuvent-ils intervenir en cause
d'appel ? — V. Faillite, 35, 86, 92.

39. OPPOSANT. — L'intervention en cause d'appel n'est recevable
que de la part de celui qui pourrait former une opposition à l'arrêt. — A. 20 oct. 1863, Dubois c. Weiss, V, 182.

40. TIERCE OPPOSITION. — Une partie qui n'a pas figuré dans le
jugement ne peut relever appel; mais si elle était recevable à
former tierce opposition à l'arrêt qui pourrait intervenir, son appel, dans ce cas, devrait être accepté comme intervention. — A.
29 mai 1868, Tahar ben Abderrahman c. Rémy Long, X, 120.

§ 5. — Délais d'appel.

41. APPEL TARDIF. — La nullité facultative prévue par l'art. 69
de l'ordonnance du 26 septembre 1842, n'étant relative qu'aux nullités de forme, ne saurait s'appliquer à la tardiveté de l'appel. —
A. 25 mars 1862, Cappé c. héritiers Aïcha, IV, 74 ; 15 mai 1871,
Joly de Brésillon c. Sala ben Koli, XIII, 132 ; 10 nov. 1873, Tirelli
et Mouza c. cons. Million, XV, 282.

42. Il n'y a point déchéance du droit de se prévaloir de cette
nullité, par ce seul fait qu'on aurait déposé des conclusions sur le
fond, alors surtout que dans ces conclusions on a demandé, au

moins pour la forme, que l'appel fût déclaré non recevable. — A. 15 mai 1871, cité au n° précédent.

43. DÉLAIS EN ALGÉRIE. — En Algérie, le délai pour interjeter appel des jugements contradictoires en matière civile et commerciale, est d'un mois à partir de la signification du jugement à personne ou à domicile. (Ord. du 26 sept. 1842, art. 56). — A. 15 juill. 1872, Galtier c. Raymond et Villata, XV, 46 ; 28 juillet 1873, l'Etat c. les Ouled Amran, XV, 213.

44. Le jour de la signification du jugement et celui où l'appel est relevé ne doivent pas compter dans la supputation du délai. — Même arrêt.

45. Ce délai doit être augmenté d'un jour par chaque myriamètre de distance entre le lieu où siége le tribunal et celui du domicile de l'appelant. (Art. 56 de l'ordonnance du 26 septembre 1842 ; art. 16 de l'ordonnance du 16 avril 1843). — A. 7 janv. 1870, Arnaud c. Bouisson, XII, 239 ; 28 juillet 1873, Etat c. Ouled Amran, XV, 213 ; 11 nov. 1859, Millau c. Charpentier, 1,326 ; 15 juill. 1872, cité au n° 43, *suprà*.

46. Ainsi, la distance entre Blidah et Alger étant de 50 kilomètres, le délai de distance pour interjeter appel d'un jugement du tribunal de Blidah, par une partie habitant Alger, est de cinq jours. — Même arrêt.

47. *Contrà*: — Le délai de distance que l'on doit ajouter au délai ordinaire d'appel, d'après les art. 16 et 6 de l'ordonnance du 16 avril 1843, doit être calculé, non pas sur la distance entre le domicile de l'appelant et le siége du tribunal où le jugement a été rendu, mais sur la distance entre le domicile de l'appelant et celui de l'intimé. — Cass. Req. 4 août 1874, XVI, 128.

48. Il suffit, pour que ce supplément de délai puisse être invoqué, que l'appelant habite une localité différente de celle où siége le tribunal qui a statué, bien que situé dans le même ressort, et bien encore que l'appel soit signifié au même lieu. — A. 11 nov. 1859, cité au n° 45, *suprà*.

49. Si l'ordonnance du 16 avril 1843 porte, art. 16, que ceux qui demeurent hors de l'Algérie ou dans un lieu autre que celui où le jugement a été rendu auront, outre le délai de *trente jours* pour interjeter appel, les délais de distance fixés par les ajournements, cette disposition qui a pour objet principal la détermination des délais de distance dans le cas spécial auquel elle s'applique, n'a

pas eu en vue et n'a pas pour effet de modifier le délai d'appel établi d'une manière générale par la législation préexistante, en substituant, sans motif plausible, le délai de *trente jours* à celui d'*un mois* qui avait été adopté par l'art. 50 de l'ordonnance du 26 septembre 1842, conformément aux ordonnances antérieures et au mode de supputation des délais consacrés, en matière d'appel civil, par le droit commun. — Cass. 4 août 1874, XVI, 128.

50. L'appelant domicilié en France a, pour interjeter appel d'un jugement rendu par les tribunaux d'Algérie, outre le délai de 30 jours fixé par l'ordonnance de 1843, un autre délai de trente jours pour la traversée maritime. — A. 25 mars 1868, Luce c. Bordenave, X, 77; — Cass. civ. 2 juillet 1867, Préfet d'Alger c. Petrissaut, IX, 117.

51. Cette législation n'a pas été modifiée par la loi du 3 mai 1862 sur les délais d'appel, et il n'y a pas lieu d'appliquer, par réciprocité, au cas qui précède, le bénéfice de l'article 2 de cette dernière loi, qui impose aux personnes demeurant hors la France continentale, outre le délai ordinaire de deux mois, le délai des ajournements organisé par l'art. 73 du Code de procédure civile. — Cass. Même arrêt.

52. Lorsqu'une contestation a été portée devant les tribunaux de l'Algérie, et que l'une des parties est domiciliée en France, chacune d'elles a, par droit de réciprocité, pour interjeter appel, outre le délai fixé d'un mois, un autre délai d'un mois à raison des distances. (Art. 8, loi du 3 mars 1862). — A. 3 février 1866, Javal c. Page, VIII, 75 ; 25 oct. 1865, Préfet d'Alger c. cons. Loubreaux, VII, 193, et l'arrêt suivant.

53. Le délai d'appel pour l'Algérie, fixé à 30 jours, outre le délai à raison de la distance, par l'art. 16 de l'ord. du 16 avril 1843, profite à l'une comme à l'autre des parties. — Même arrêt qu'au n° 1, *suprà*.

54. En conséquence est valable l'acte d'appel d'un jugement du tribunal d'Alger signifié en France par une partie domiciliée en la même ville, et qui s'est renfermée dans le délai de 30 jours, augmenté du délai à raison de la distance (art. 16 et 37 de l'ord. du 16 avril 1843 et 56 de l'ord. du 26 septembre 1842, combinés). — Même arrêt.

55. Est nul, au contraire, l'appel du même jugement signifié de France en Algérie après le délai de 30 jours augmenté du délai

supplémentaire d'un mois fixé par la loi du 3 mai 1862. — Même arrêt.

56. Vainement invoquerait-on la loi du 11 juin 1859 qui a fixé le délai des ajournements entre la France et l'Algérie à deux mois, cette loi ayant été formellement abrogée par l'art. 8 de la loi dudit jour, 3 mai 1862. — Même arrêt.

57. Vainement encore soutiendrait-on que les actions héréditaires sont indivisibles, et que l'appel interjeté contre plusieurs héritiers, et valable à l'égard de l'un d'eux, couvre la déchéance contre les autres héritiers. — Même arrêt.

58. La loi du 3 mai 1862 est applicable à l'Algérie, mais au cas seulement expressément prévu par ladite loi, sans modification générale de l'art. 16 de l'ordonnance de 1843, qui limite à 30 jours le délai d'appel ; ce délai ne peut donc être porté à deux mois pour tous les cas. — A. 29 déc. 1869, Celle, XII, 17.

59. Quant à la combinaison des art. 6 et 16 de ladite ordonnance, le renvoi à l'art. 6 par l'art. 16 ne s'applique qu'à la base numérique à adopter pour les myriamètres, et la fixation du nombre de jours supplémentaires accordés à l'appelant, mais ce renvoi n'a pas pour but d'appliquer au droit d'appel la disposition finale dudit art. 6. — Même arrêt.

60. L'art. 6 de l'arrêté ministériel du 17 septembre 1846 relatif à l'exécution de l'ordonnance du 21 juillet 1846, sur la délimitation de la propriété en Algérie et la vérification des titres, est exorbitant du droit commun, et ne doit recevoir son application que dans le cas rigoureusement prévu. — Spécialement, lorsqu'une partie demande, devant le tribunal civil, le déguerpissement d'une propriété rurale, en exécution de titres déclarés réguliers dans les conditions de l'ordonnance du 21 juillet 1846, cette instance est une instance ordinaire régie par les règles communes de la procédure, relatives à l'appel. Il importerait peu que, dans le cours de l'instance ainsi introduite, l'une des parties eût été obligée de faire tierce opposition, devant la juridiction administrative, à un arrêté du Conseil de préfecture rendu sur la procédure en homologation prescrite par ladite ordonnance, et que la décision intervenue, après avoir statué sur la régularité des titres, eût renvoyé devant l'autorité des tribunaux civils, pour qu'il fût statué sur la question de propriété ; cette circonstance n'a pu changer le caractère primitif du litige. — A. 1er avril 1857, Javal Lau c. Ladrix, VII, 198.

61. DOMICILE. — Les délais d'appel ne courent pas à l'encontre de la partie qui a succombé en première instance, lorsque la signification du jugement n'a pas été faite à la personne, mais bien à un domicile qui n'a jamais été le sien. — A. 17 avril 1873, Loufrani c. Nehamia, XV, 138.

62. INDIVISIBILITÉ. — Si l'objet du litige est indivisible (dans l'espèce, la demande en nullité d'un acte d'acquisition de droits successifs par deux personnes), le défaut de signification à l'une des parties relève l'autre de la déchéance qu'elle aurait encourue. — Cass., 22 janvier 1868, Ricca c. Majorel, X, 26. — V. *Supra*, n° 33.

63. MINEUR. — Un jugement qui statue sur la liquidation d'une succession intéressant un mineur doit être signifié tant au tuteur qu'au subrogé-tuteur pour faire courir le délai d'appel contre le mineur. — A. 18 juillet 1865, Sanguinetti c. Enos, VII, 143.

64. ORDONNANCE DE RÉFÉRÉ. — L'ordonnance de référé sur exécution est valablement notifiée au domicile élu dans les poursuites par le saisissant. (Art. 548, C. de proc. civ.). — Cette notification fait courir le délai d'appel. Et cet appel doit être signifié dans la quinzaine, sans augmentation à raison de la distance du domicile élu au domicile réel. (Art. 809, C. proc. civ.). — Jugem. Philippeville, 1er déc. 1866, Frilley c. Sellier, IX, 73.

65. SIGNIFICATION DE JUGEMENT. — *Partie décédée*. — La signification d'un jugement à une partie décédée ne fait pas courir le délai d'appel, encore bien que l'exploit soit remis à l'héritier. — A. 29 mai 1868, cité au n° 40, *supra*.

66. *Qualités*. — La signification d'un jugement est régulière et fait courir les délais d'appel, bien qu'elle ait été faite alors qu'il existait une opposition aux qualités, si cette opposition a été énoncée seulement sur la copie et non sur l'original. Au surplus, c'est à l'avoué de l'opposant qu'incombe le devoir de veiller à ce que l'opposition soit formulée sur l'original de la signification. — Si un jugement a été levé sans signification préalable de qualités, la notification de ce jugement n'en fait pas moins courir les délais d'appel. — A. 14 nov. 1865, Calté c. vᵉ Turlin, VII, 149.

67. TRIBUNAL DE COMMERCE. — « Si les parties comparaissent, et qu'à la première audience il n'intervienne pas jugement définitif, les parties non domiciliées dans le lieu où siège le tribunal seront tenues d'y faire élection de domicile. — L'élection de domi-

cile doit être mentionnée sur le plumitif de l'audience ; à défaut
de cette élection, toute signification, même celle du jugement définitif, sera faite valablement au greffe du tribunal » C. proc. civ.,
art. 422.

68. La signification du jugement rendu par un tribunal de commerce, conformément à l'art. 422 du Code de procédure civile, fait
courir le délai d'appel. — A. 22 janvier 1875, Brun c. Lescure et
Blum, XVII, 38. — V. conf. Bourges, 18 nov. 1856 (J. P. 1857, p.
859); Bordeaux, 29 juillet 1857 (*ibid* 1858, p. 440); Cass. 21 déc.
1857 (*ibid.* 1858, p. 272); 25 mars 1862 (*ibid.* 1862, p. 1090); Nîmes,
6 août 1861 (*ibid.* 1862, p. 70). — *Contrà* : Colmar, 11 déc. 1861
(*ibid.* 1862, p. 126). — Voir aussi Rép. Journ. pal. V° Appel, n° 946
et suiv.

§ 6. — Acte d'appel. — Formalités.

69. CONSTITUTION DE DÉFENSEUR. — Lorsque le défenseur constitué en l'acte d'appel refuse d'occuper et que sommation est donnée à l'appelant d'avoir à constituer nouveau défenseur, avec
assignation à se présenter à l'audience pour voir statuer sur l'appel, si l'appelant n'a pas constitué défenseur à l'expiration des
délais, défaut doit être donné sur le fond ; la Cour ne doit pas
appliquer l'art. 349, C. proc. civ., et ordonner que l'instance sera
reprise avec réassignation. — A. 30 mai 1864, Cadet c. Anrès,
VI, 87.

70. COPIES DE L'ACTE D'APPEL. — L'acte d'appel doit être fait, à
peine de nullité, en autant de copies qu'il y a d'intimés. — A 1er
déc. 1869, Bernard c. Merzouka, XII, 70 ; 31 déc. 1859, Lanoue c
Maréchal, III, 7 ; 7 janvier 1868, Lellouch c. Seyman, X, 23.

71. DATE. — Un appel n'est pas nul parce que la copie de l'exploit a omis d'indiquer le jour du mois, lorsque cette omission est
suffisamment suppléée par les autres circonstances de l'acte même.
— A. 24 juillet 1863, cité V° Antichrèse, 1.

72. DOMICILE ÉLU. — L'appel signifié au domicile élu dans
l'acte de signification du jugement, en l'étude du défenseur, par
exemple, est valable alors même que la signification est faite sans
commandement. (Art. 3 de l'ordonnance du 16 avril 1343). — A. 28
juillet 1873, Etat c. Ouled Amran, XV, 243 ; 16 mars 1868, Garcia
c. Paolaggi, X, 108 ; 7 janvier 1868 et 1er déc 1869, cités *supra*,
n° 70 ; 29 déc. 1876, Fahri c. Guinamard, XVIII, 273.

73. DOMICILE INCONNU. — L'ord. du 16 avril 1843 sur la procédure en Algérie ne déroge pas aux dispositions du Code de proc. civ., en ce qui touche les significations de jugement. — Cass., même arrêt qu'au n° 62, *supra*.

74. En conséquence, fait courir le délai d'appel la signification faite conformément an Code de procédure civile vis-à-vis d'une personne dont le domicile est inconnu. — Même arrêt.

75. ENONCIATION DES GRIEFS. — L'exploit d'appel ne doit pas, à peine de nullité, contenir l'exposé des griefs et des moyens de la demande. (Art. 456, C. proc. civ.). — Il suffit, en matière ordinaire (la matière sommaire en étant dispensée), que cet exposé se trouve dans une signification ultérieure. (Art. 462, C. proc. civ.). — Dans tous les cas, cette nullité, si elle existait, devrait être considérée comme une nullité facultative aux termes de la législation algérienne. — A. 16 mai 1866, Cuisinier c. Durand et v° Berjoux, VIII, 123.

76. Si l'exploit introductif d'instance doit, aux termes de l'art. 61, C. pr. civ., indiquer l'objet de la demande et l'exposé sommaire des moyens, il n'en est pas de même de l'acte d'appel auquel ledit article ne s'applique pas. — Il suffit, d'après l'art. 462, même Code, que les griefs soient déduits dans une signification faite postérieurement. — A. 17 nov. 1872, Etat c. Girard, XV, 273.

77. L'appelant doit justifier que le jugement attaqué lui fait grief; par conséquent, il est obligé de produire ce jugement en expédition ou copie régulière. Ordonner dans ces circonstances l'apport de la minute, ce serait un moyen détourné pour éluder les règles de la procédure dont il n'appartient pas aux tribunaux de dispenser les parties. — Tant que la Cour n'est pas mise en état de faire droit sur l'appel, elle ne peut examiner le fond. — Paris, sans date, Reynaud c. Crédit viager, XIV, 287.

78. MATIÈRE INDIVISIBLE. — En matière indivisible, comme lorsqu'il s'agit d'une revendication d'immeubles, l'irrégularité d'un acte d'appel signifié à l'un de deux intimés est couverte par l'appel régulièrement signifié à l'autre. — A. 17 nov. 1873, Etat c. Girard, XV, 273.

79. NULLITÉ. — Un appel non motivé peut ne pas être déclaré nul. — A. 13 juin 1860, hér. Sagot c. Langlois, II, 196.

80. *Responsabilité du défenseur.* — Lorsqu'une Cour constate qu'un appel a été mal interjeté et qu'il s'en est suivi une procédure frustratoire, elle peut condamner par le même arrêt l'avoué de première instance dont la faute a occasionné cette procédure, sans qu'il soit besoin de le mettre personnellement en cause. (Art. 1031, C. pr. civ.). L'officier ministériel a seulement le droit de former tierce opposition à l'arrêt. — L'application dudit art. 1031 est un incident du litige engagé, et qui doit être immédiatement vidé. — A. 29 mars 1875, Tousserot c. Régis Merit, XVII, 189.

§ 7. — Appel incident.

81. L'appel incident peut être relevé par l'intimé alors même qu'il a posé et fait signifier des conclusions tendantes à la confirmation pure et simple du jugement. — A. 31 juillet 1873, Dehaknas c. l'Etat, XV, 205,

§ 8. — Demandes nouvelles. — Moyens nouveaux.

82. Conformément à l'art. 464 du Code de procédure civile, toute demande introduite devant la Cour mais ayant spécialement pour objet de défendre à l'action principale, ne constitue pas une demande nouvelle, et est, en conséquence, recevable. — A. 22 nov. 1864, cité au n° 1, *suprà*.

83. Les *qualités* sont le document qui fixe d'une manière irrévocable les points soumis à l'appréciation du juge. Toute demande qui n'y est comprise ni virtuellement ni expressément, doit être repoussée en appel, comme demande nouvelle, aux termes de l'art. 464, C. proc. civ. Peu importe même qu'elle figure aux conclusions signifiées en première instance, son omission aux qualités faisant légalement présumer la renonciation du concluant. — A. 3 mars 1873, comm. de Constantine c. Assoun, XV, 69.

84. Le revendiquant d'un immeuble ne peut substituer en appel une demande en indemnité à une demande en restitution de l'immeuble ; ce serait là une demande nouvelle qui ne saurait être portée directement devant la Cour. — A. 4 juillet 1865, Grima c. comm. de Philippeville, VII, 130.

V. Divorce, 4.

85. CONCLUSIONS. — *Leur effet.* — Lorsqu'en cause d'appel on conteste, dans le corps des conclusions, sans en faire un chef de décision dans le dispositif, l'étendue des droits héréditaires qu'un héritier s'attribue, l'arrêt qui confirme purement et simple-

ment, sans motifs, mais en déclarant *débouter l'appelant de toutes fins et conclusions*, doit néanmoins être présumé avoir jugé ce point. — A. 3 juillet 1875, Toledano c. Ben Mokhtar, XVII, 174.

86. EFFET SUSPENSIF. — Lorsqu'un jugement frappé d'appel accorde un délai pour remplir une formalité, l'effet suspensif de l'appel est d'en arrêter le cours. Il ne commence à courir que du jour de l'arrêt définitif intervenu sur appel. — A. 22 juin 1867, Blondeau de Combas c. Bourdon, IX, 196.

87. EVOCATION. — Elle n'est autorisée par l'art. 473, C. pr. c., qu'en cas d'infirmation du jugement de première instance. — A. 3 mars 1862, Vital c. Tom Souville, IV, 49.

88. Le fond peut être évoqué devant la Cour lorsque la cause est en état et quel que puisse être le chiffre de la demande. — A. 3 janvier 1865, *La Paternelle* c. Pourtauborde et André, VI, 203.

89. Bien que le taux de la demande, mobilière de sa nature, et sur laquelle les premiers juges se sont déclarés incompétents, fût inférieur à 1,500 fr., néanmoins si la Cour infirme de ce chef sur l'appel, elle peut évoquer et juger le fond, si le défendeur a présenté subsidiairement devant les premiers juges une demande reconventionnelle dépassant le taux du premier ressort, encore bien que cette action n'ait été ni examinée ni jugée. — A. 20 janvier 1862, Consistoire israélite de Constantine c. Pionnier et Cⁱᵉ, IV, 32.

90. Lorsqu'un jugement est partiellement infirmé par suite de l'appel incident de la part de l'intimé, la Cour peut évoquer, bien que l'appelant principal n'ait pas conclu au fond et se soit borné à discuter une question préjudicielle. — A. 25 janvier 1875, Chem. de fer c. Demarqué, XVII, 57.

91. La Cour ayant infirmé un jugement de première instance parce que les juges s'étaient à tort déclarés compétents, quand ils ne l'étaient pas, ou incompétents, quand au contraire ils avaient pleine juridiction ; la Cour, en qui se confond la double juridiction commerciale et civile, se trouve, par l'effet dévolutif de l'appel, saisie de la connaissance du fond, sans avoir besoin de recourir à l'évocation ; en tous cas, comme en toute autre matière, elle a le droit d'évocation quand la cause est en état. — A. 20 nov. 1872, Sens Olive c. Gabert, XIV, 260.

92. Lorsqu'un tribunal de première instance, saisi par voie d'appel d'une sentence de juge de paix, annule cette sentence pour

cause d'incompétence et statue sur le fond, par évocation, son jugement n'est pas susceptible d'être frappé d'appel. (V. Degrés de juridiction). — A. 20 nov. 1869, Radichich c. Sebbah, XIII, 36.

93. Lorsque la Cour infirme une décision du cadi pour cause d'incompétence, elle a le droit d'évoquer le fond, si le litige est de sa compétence par sa nature. — A. 20 mars 1861, Touzbir c. l'État, III, 57.

§ 10. — Fol appel.

94. DÉSISTEMENT. — L'appel suivi de désistement spontané de la part de celui qui l'a interjeté doit être rangé dans la catégorie des appels inconsidérés ou purement moratoires, que l'infliction de l'amende édictée par l'art. 471 du Code de procédure civile a pour but de prévenir. — A. 24 nov. 1869, Guinot c. Isaac, XI, 267.

V. Désistement, 7.

95. ORDONNANCE DE RÉFÉRÉ. — L'appel d'une ordonnance de référé est soumis, comme l'appel de tout jugement de nature civile, à la consignation préalable de l'amende de fol appel (déclar. 21 mars 1671; L. 16 juin 1824, art. 10 ; C. proc., 471 et 809). — Cass., 2 août 1867, Enregistrement c. Gillotte, IX, 270.

§ 11. — Arrêt infirmatif. — Exécution.

96. Lorsqu'un jugemennt est infirmé, l'exécution entre les mêmes parties appartient à la Cour qui a infirmé, à défaut de désignation d'un tribunal pour en connaître (art. 472, C. pr. c.). — Spécialement, lorsqu'un arrêt infirmant un jugement de première instance a condamné, par suite de l'annulation d'un acte de donation, le donataire universel à restituer aux héritiers du sang la succession du donateur, c'est devant la Cour qui a rendu l'arrêt que doit être portée la demande introduite par lesdits héritiers et tendante à obtenir la remise de certains objets faisant partie de ladite succession. — A. 30 avril 1862, Aberjoux c. Aberjoux, IV, 105.

97. Si, aux termes de l'art. 472, C. pr. c., l'exécution d'un arrêt infirmatif appartient à la Cour d'appel qui a prononcé, il est certain que cet article ne s'applique pas aux instances exposées pour entreprendre et mener à fin l'exécution elle-même. — Spécialement, lorsque, sur un commandement fait en vertu d'un arrêt infirmatif, le débiteur forme opposition audit commandement, par

le motif qu'il doit moins que la somme réclamée, cette opposition forme une instance principale et nouvelle qui ne peut être portée directement devant la Cour. — A. 20 juin 1866, Campagne c. Bachoffe, VIII, 119.

98. De même, l'art. 472 ne s'applique qu'au cas où la décision laisse encore quelque chose à juger pour son exécution et non à celui où un obstacle étranger surgit au moment de son exécution. — A. 19 oct. 1863, Antefage c. Grima, V. 177. — V. Référé, 9.

99. .... Que lorsqu'il y a infirmation sur le fond ou lorsqu'il y a eu de la part des premiers juges chose préjugée sur les questions restant à résoudre. — A. 27 avril 1872, Trabet c. Société forestière, XIV, 43.

100. Spécialement lorsqu'un jugement ordonne une expertise et que l'arrêt ne fait qu'amplifier la mission des experts, ou nommer un troisième expert du consentement des parties, ou ordonner que les experts consulteront un procès-verbal d'expertise antérieure, les premiers juges ne se trouvent pas par cela seul dessaisis. — Il importerait peu que les premiers juges se soient déclarés incompétents pour statuer sur la nomination d'un troisième expert, s'ils ne se sont décidés que par le motif que cette désignation appartenait à la Cour, en vertu d'un arrêt précédent qui avait permis aux experts de s'adjoindre un troisième expert. — Même arrêt.

V. Notaire, 8.

§ 12. — Péremption en cause d'appel.

101. Aux termes de l'art. 469 du Code de procédure civile, la péremption en cause d'appel a pour conséquence de donner au jugement attaqué l'autorité de la chose jugée. — C'est en vain que l'appelant, postérieurement à la demande en péremption, forme un appel nouveau en se prévalant de ce que le jugement, objet de ce recours, ne lui a pas été signifié. — A. 11 octobre 1869, Tétard c. Eberlé et Bernard, XI, 222.

§ 13. — Appel entre Musulmans.

102. DÉCRET DU 31 DÉCEMBRE 1859. — L'appel interjeté par erreur devant un tribunal de première instance, alors qu'il devait être porté devant la Cour, ne le rend pas irrecevable, si, par le

fait, la Cour en est saisie. — A. 11 mars 1861, Mohammed el Rich c. Aïcha bent Bramli, III, 49.

103. DÉCRET DU 13 DÉCEMBRE 1866. — Lorsque deux musulmans ont porté leur différend devant un tribunal français, sans déclarer qu'ils voulaient être jugés d'après la loi française, c'est le droit musulman qui est applicable tant pour le fond que pour les formes de l'appel. — A. 4 déc. 1865, El Khessi c. El Goulsi, VII, 151.

104. L'incompétence des tribunaux français pour statuer sur un litige essentiellement musulman n'est pas d'ordre public. Lorsque des musulmans ont plaidé devant un tribunal français sans demander le renvoi de la cause devant le uge musulman, ils sont irrecevables en appel à proposer le déclinatoire. — A. 24 février 1870, Lafont c. Kadoudja et autres, XII, 51.

105. Dans tous les cas, le droit d'exciper de l'incompétence ne saurait appartenir à l'intervenant musulman, lorsque les parties principales musulmanes acceptent la juridiction française. — Même arrêt.

106. L'art. 24 du décret impérial du 13 décembre 1866 porte que si dans le cours d'une procédure sur appel, les juges estiment que la décision du procès dépend de la solution d'une question de droit touchant à la loi religieuse ou à l'état civil des musulmans, ils doivent, d'office ou sur la demande des parties ou de l'une d'elles, soumettre préalablement cette question à la décision du conseil de droit musulman. — Le juge du fond doit se conformer à la réponse du conseil, et il la visera dans son arrêt ou jugement. — A. 8 juin 1868, XI, 41 (1).

V. Acquiescement, 1 s, 6 s, — Cadi, 6 s, — Communauté conjugale, 6 bis, — Commune, 9, — Compétence, 40, — Degrés de juridiction, — Désistement, — Distribution par contribution, 1, — Exploit, 1, — Expropriation pour cause d'utilité publique, 29 s, — Faillite, 86 s, — Frais et dépens, 2, — Folle enchère, 12, 13, — Inscription de faux, 2, — Intervention, 1, — Litispendance, 3, — Ministère public, 2, — Minorité, 1, — Ordre, 35 s, — Référé, 3, 4, 8 s, — Saisie-arrêt, 6 s, — Saisie-exécution, 1, — Saisie immobilière, 31, 54 s, — Séparation de corps, 6, — Serment, 4 s, — Signification de jugement, — Tribunaux correctionnels, 1 s, — Tutelle, 13 s.

---

(1) Le conseil de droit musulman a été supprimé par décret du 11 novembre 1875.

Appointements. — V. Saisie-arrêt, 3, 26

Aqueduc. — V. Servitude, 4, 13 s.

Arbitrage.

DIVISION

---

§ 1. Caractères de l'arbitrage.

1. ACQUIESCEMENT. — Si l'acquiescement donné à un jugement arbitral n'est pas soumis à toutes les conditions auxquelles la ratification des contrats est subordonnée, il faut du moins qu'il ne laisse aucune place au doute, tant sur sa validité que sur sa portée. — A. 3 mars 1862, Vital c. Tom Souville, IV, 49.

2. BLANCS-SEINGS. — Un arbitrage ne perd pas son caractère par cela seul que les parties, après avoir consenti un compromis, auraient remis deux blancs-seings à l'arbitre, afin qu'il les remplît et donnât ainsi, au résultat de sa décision, la forme d'un accord amiable. — Même arrêt.

3. MANDATAIRE. — La personne qui, en qualité de mandataire, consent au renvoi devant arbitres chargés de statuer sur des contestations sociales, doit avoir un pouvoir exprès pour que ce renvoi puisse être considéré comme un arbitrage volontaire. — A. 21 janvier 1861, Desgréaux et Boyer c. Béguet, III, 3.

§ 2. — Délais de l'arbitrage.

4. Il est de principe, en matière d'arbitrage, que le délai pour statuer soit déterminé. — Le délai indéfini ne constitue pas une fixation de délai. Par suite, les pouvoirs des arbitres expirent, dans ce cas, avec le délai imparti par la loi. — Jugem. Alger, 26 avril 1860, Josserand c. Heurtaux, II, 248 ; A. 24 mars 1875, Rochaix c. Bonnechaux, XVII, 224.

5. POINT DE DÉPART DU DÉLAI. — Le délai édicté par l'art. 1007,

C. pr. c., court du jour du compromis et non pas seulement à partir de l'acceptation de l'arbitre. — Même arrêt qu'au n° 1, *suprà*.

6. DÉCISION DE PARTAGE D'OPINIONS. — La décision par laquelle les arbitres, nommés par les parties, se déclarent divisés d'opinions, et désignent un tiers arbitre pour les départager, doit être rendue dans son intégrité durant le délai accordé par le compromis aux arbitres pour rendre leur sentence, seule période pendant laquelle les arbitres aient qualité pour faire acte de juridiction personnelle. — A. 27 nov. 1868, Pons c. Azau, XI, 79.

7. PROROGATION DE DÉLAI. — La prorogation du délai du compromis peut être expresse ou tacite, pourvu que, dans ce dernier cas, elle résulte de faits et de circonstances constatés par écrit. — Même arrêt qu'au n° 1, *suprà*.

§ 3. — Sentence arbitrale. — Nullités.

8. FORMALITÉS. — L'arbitrage demeure soumis aux conditions qui lui sont essentielles ; nonobstant sa forme extérieure, il ne devient pas transaction. La décision survenue après les délais et hors les termes du compromis, est par conséquent susceptible d'être annulée. — Même arrêt.

9. ABSENCE DE COMPROMIS. — Doit être considérée comme rendue sans compromis la sentence prononcée par des arbitres dont la qualité ne résulte que des énonciations de leur procès-verbal, alors que ce procès-verbal n'a pas été signé par les parties et ne constate pas que la définition des questions à résoudre ait été leur œuvre. — A. 16 nov. 1870, Turquana c. Grange, XII, 229.

10. DÉCISION DE PARTAGE. — Les avis de chacun des arbitres, dont l'un doit forcément, aux termes de l'art. 1018, C. pr. c., être adopté par le tiers arbitre, et former le jugement définitif, font partie intégrante de la décision de partage, et sont, dès lors, acquis, alors même qu'ils seraient émis dans des procès-verbaux distincts et séparés. Ils doivent donc, comme la déclaration de partage, être rédigés dans le délai fixé par le compromis, sous peine de vicier et rendre nulle la déclaration de partage, la désignation du tiers arbitre, et la sentence rendue par celui-ci. — Même arrêt qu'au n° 6, *suprà*.

11. DISPENSE DE FORMALITÉS. — Lorsque le compromis porte que les arbitres sont dispensés de se conformer aux formes et délais de droit, la sentence ne peut être annulée pour inobservation

des prescriptions des art. 1017 et 1018 du Code de proc. civ. — A. 8 avril 1870, Roux c. Berlin, XII, 91.

12. Nullités. — Les causes de nullité énoncées dans l'art. 1028 du Code de procédure civile, donnant ouverture à opposition contre une sentence arbitrale rendue par un amiable compositeur jugeant en dernier ressort, sont énoncées d'une manière toute limitative dans cet article, et il ne saurait être permis d'en ajouter d'autres non prévues par la loi, et d'étendre ainsi à des cas non prévus cette voie tout exceptionnelle de l'opposition. — A. 16 juill. 1873, Charbonneau c. v° Guillermond, XVI, 30 ; 13 oct. 1873, Ghali Sayag c. Brémond, XV, 256.

13. Le *défaut de motifs* n'étant pas indiqué par l'art. 1028 comme une cause de nullité donnant ouverture à opposition, on ne saurait s'en prévaloir pour attaquer, en se basant sur ce grief, la sentence arbitrale. — Mêmes arrêts.

14. De même, n'est pas nulle la sentence qui ne constate pas que les parties ont été entendues par les arbitres. — A. 13 oct. 1873, précité.

15. *Dispositions distinctes.* — Si, dans un des chefs de la sentence arbitrale, l'arbitre a statué *ultra petita*, donnant ainsi ouverture à un des moyens de nullité prévus par l'art. 1028, on ne saurait s'en prévaloir pour faire tomber la sentence tout entière ; en effet, les jugements arbitraux, même ceux rendus par des arbitres compositeurs, sont aussi bien et même plutôt que les jugements ordinaires, soumis au principe général rappelé par l'art. 482 du Code de proc. civ., en vertu duquel les chefs distincts des jugements doivent être considérés comme autant de jugements distincts ayant chacun sa valeur propre. — A. 24 mars 1875, Rochaix c. Bonnechaux, XVII, 224.

16. Mais il est essentiel que ces décisions soient absolument indépendantes et distinctes les unes des autres. — Même arrêt.

17. *Rétention de pièces.* — La rétention de pièces ne pouvant apporter de lumière dans l'arbitrage n'est pas une cause de nullité. — A. 29 avril 1874, Bonamici c. Modeste Garro, XVI, 183.

§ 4. — Tiers arbitre.

18. Abus de pouvoir. — La délation du serment décisoire faite par le tiers arbitre à une des parties constitue non pas une simple

application erronée de la loi, mais un abus de pouvoir qui rend radicalement nulle la sentence qui s'en est suivie Tout au plus, le tiers arbitre a-t-il le droit de déférer le serment supplétif, c'est-à-dire venant corroborer des présomptions graves, précises et concordantes. — Même arrêt qu'aux n° 6 et 10, *supra*.

19. Le tiers arbitre juge hors des termes du compromis et excède ses pouvoirs, lorsque, par sa propre initiative, il prononce, à titre de sanction, la dissolution d'une société. — Même arrêt qu'au n° 9, *supra*.

20. AUDITION DES PARTIES. — Si la loi ne paraît pas faire une obligation au tiers arbitre d'entendre les parties, rien ne s'oppose du moins à ce que celles-ci demandent à être entendues et le soient effectivement. — A. 24 nov. 1871, Denizot et Boudon c. Bernard, XIII, 219.

21. NOMINATION. — Si les parties se sont réservé par le compromis le droit de faire nommer directement le tiers arbitre, et qu'il ait été au contraire nommé à la diligence des deux arbitres, cette nullité, en admettant qu'elle existe, est couverte par la connaissance que les parties ont eue de cette nomination, si elles n'ont fait aucune protestation. — Même arrêt.

22. PROCÈS-VERBAL. — Le procès-verbal d'arbitrage énonçant que les arbitres ont conféré avec le tiers arbitre, fait foi jusqu'à inscription de faux. — Au surplus, si le tiers arbitre convoque les arbitres pour la lecture de sa sentence, cela suffit, alors même que les arbitres ne se sont rendus chez le tiers qu'isolément. — Même arrêt.

23. PROROGATION DE POUVOIRS. — La prorogation des pouvoirs conférés aux arbitres originairement nommés ne s'étend pas de plein droit au tiers arbitre désigné ultérieurement, lequel, aux termes de l'art. 1018, C. proc. civ., doit statuer dans le mois de son acceptation. — Même jugement qu'au n° 4, *supra*.

§ 5. — Dépôt de la sentence. — Opposition à l'ordonnance d'exéquatur.

24. Aux termes des art. 1007 et 1020 du C. proc. civ., s'il n'est pas fixé de délai particulier, la mission des arbitres ne dure que trois mois du jour du compromis, et le jugement arbitral doit être déposé au greffe du tribunal dans les trois jours pour recevoir l'exéquatur du président. — Même arrêt qu'au n° 4, *supra*.

25. Est, par suite, fondée l'opposition formée à l'ordonnance d'exéquatur donnée à un jugement arbitral rendu en vertu d'un compromis passé le 25 septembre 1873, alors que ce jugement a seulement été déposé au greffe le 26 janvier 1875. — Même arrêt.

26. Il importerait peu que cette sentence fût la reproduction presque textuelle d'un travail déposé par erreur, sous la forme de rapport d'expert, le 28 octobre 1873, les arbitres n'ayant alors entendu régler des comptes qu'à charge de contrôle et discussion de leur rapport et non statuer comme juges. — Même arrêt.

27. Surtout si la sentence arbitrale comprend, en outre de la copie du rapport, des dispositions relatives au paiement d'intérêts de sommes dues et de loyers d'une maison, qui constituent un chef de décision arbitrale. — Même arrêt.

§ 6. — Voies de recours contre la sentence arbitrale.

28. REQUÊTE CIVILE. — La sentence arbitrale, rendue contradictoirement en dernier ressort, ne peut être attaquée par l'une ou l'autre des parties, par requête civile. — Même arrêt qu'au n° 17, *suprà*.

29. Le délai de deux mois fixé par l'art. 483, C. proc. civ., à l'effet de se pourvoir, par cette voie, contre une sentence, ne peut être prorogé. Conséquemment, après ce délai, le pourvoi est irrecevable — Même arrêt.

30. Pour être admis à se pourvoir en requête civile contre une sentence arbitrale, il ne suffit pas d'invoquer le dol ou les manœuvres dolosives (art. 483, C. proc. civ.); il faut les prouver. — Même arrêt.

31. Le dol personnel admis par l'art. 480 du même Code se constate par l'emploi que l'on aurait fait de manœuvres dolosives ayant exercé une influence sur la décision rendue. — Même arrêt.

32. La partie qui se pourvoit contre la sentence arbitrale et qui succombe, est susceptible d'être condamnée à l'amende et aux dommages-intérêts prévus par l'art. 494, C. proc. civ., ainsi qu'aux dépens. — Même arrêt.

33. RENONCIATION. — La renonciation, stipulée à l'avance dans un compromis, au droit de se pourvoir contre une sentence arbitrale par la voie de l'appel ou de la requête civile, n'emporte pas

renonciation d'attaquer en nullité de la sentence par voie d'opposition à l'ordonnance d'exéquatur, rendue, par le président du tribunal civil, conformément à l'art. 1,021 du Code de procédure civile. Peu importerait qu'une clause pénale à encourir par celle des parties qui n'accepterait pas les conditions de l'arbitrage, eût été insérée dans le compromis. — A. 27 nov. 1868, Pons c. Azau, XI, 79. — *Sic* Toulouse, 23 mai 1832 (Sirey, 32, 2,402).

34. Et même la renonciation faite à l'avance dans le compromis au droit de se pourvoir contre la sentence arbitrale par la voie de l'opposition à l'ordonnance d'exéquatur, serait radicalement nulle, comme contraire à l'ordre public. — Mêmes arrêts et Cass. 21 juin 1831 (Sirey, 31, 1, 290); Nancy, 11 août 1843 (id. 45, 1, 185); V. aussi Favard, v° Arbit., sect. 1, § 4; Pardessus, n° 1408; Vatimesnil, n° 304; Chauveau, 9, 3374.

§ 7. — Arbitrage forcé.

35. Faute par les arbitres forcés d'avoir déposé leur sentence dans le délai imparti, ils sont censés n'avoir jamais eu de mission et le jugement qui les a nommés est considéré comme n'ayant jamais existé. — *Abrogation.* — La loi du 17 juillet 1856 sur l'abolition de l'arbitrage forcé est exécutoire en Algérie, bien qu'elle n'ait pas été l'objet d'une promulgation spéciale; par conséquent, les tribunaux ne peuvent plus aujourd'hui renvoyer devant arbitres forcés aux termes de l'art. 51, C. com. — A. 7 oct. 1859, Zaccassio c. Mosca, I, 301; 21 janv. 1861, même arrêt qu'au n° 3, *suprà.*

Arbre. — V. Forêts, 2 s, — Servitude, 7, 8.

Arch. — V. Propriété, 1, — Vente, 8 s.

Architecte.

1. La responsabilité de l'architecte édictée par les art. 1792 et 2270, C. civ., comprend non-seulement la façon contraire aux règles de l'art, mais aussi l'emploi des matériaux vicieux, alors même qu'ils sont fournis par le propriétaire et indiqués par lui. — A. 31 juillet 1873, Nicole c. comm. de Mostaganem, XV, 234.

2. Le gros ouvrage dont parle l'art. 2270 comprend non-seulement les bâtisses et charpentes, mais encore tous les travaux constituant de grosses réparations. — Même arrêt.

3. Néanmoins, la responsabilité de l'architecte est amoindrie si les dommages constatés ont été en partie occasionnés ou aggravés par le défaut d'entretien de la part du propriétaire. — Même arrêt.

Armateur.

SUBRÉCARGUE. — Ce n'est pas seulement un préposé spécial nommé par l'armateur pour veiller à la conservation et à la vente des marchandises, mais encore un homme capable de l'engager autant qu'un commis général peut engager un commettant. — Jugem. Cᶜ, Alger, 23 février 1859, Calcutty c. Vasco, I, 139.

V. Navire.

Armes.

1. ARMES DE GUERRE. — La détention d'armes de guerre, fusils, tromblons et pistolets, par des indigènes, sans autorisation, n'est pas régie par l'art. 4 du décret du 12 décembre 1851, mais bien par les art. 3, 4 et 11 de la loi du 24 mai 1834, rendus exécutoires en Algérie par le décret du 23 septembre 1872. — A. 24 déc. 1874, Aïssa ben Ahmed Rambi, XVII, 43.

2. Il importerait peu que les prévenus fussent Mozabites et non indigènes algériens ; cette loi étant une loi de police, est obligatoire pour tous ceux qui résident sur le territoire, quelle que soit leur nationalité. — Même arrêt.

2 bis. Le décret du 12 déc. 1851 a eu pour but de prohiber dans le sens le plus absolu la vente et l'achat par les indigènes de tout ce qui peut servir à l'attaque et à la défense. — A. 13 juillet 1876, Messaoud ben Ahmed, XVIII, 212.

3. *Circonstances atténuantes.* — L'art. 463 est applicable pour les délits prévus par la loi du 24 mai 1834. — Même arrêt. — V. *infrà*, nᵒˢ 7, 8.

3 bis. DÉBRIS D'ARMES. — Les débris d'armes, comme de vieux canons et de vieilles bayonnettes, impropres à tout usage d'attaque ou de défense, ne constituent plus des armes proprement dites, mais bien de la ferraille ne tombant pas sous l'application dudit décret. — Même arrêt qu'au nᵒ 2 bis, *suprà*.

4. FUSIL DE CHASSE. — *Détention par un indigène.* — La détention d'un fusil de chasse double par un indigène ne tombe pas sous le coup de l'art. 4 du décret du 12 décembre 1851, lequel ne vise que la détention de munitions de guerre et autres substances

énumérées à l'art. 1er de ce décret, dans lesquelles les armes ne sauraient évidemment être comprises. — A. 15 mai 1873, Mohammed ben Salah, XVI, 19.

5. *Achat par un indigène.* — Toutefois, s'il résulte de l'instruction la preuve de l'achat de ce fusil par l'indigène qui en est détenteur, ce fait tombe sous l'application de l'art. 1er du même décret. — Même arrêt.

6. *Vente à un indigène.* — Le fait d'avoir, depuis moins de trois ans, vendu à des Arabes des fusils, quand ces indigènes n'étaient pas munis de l'autorisation exigée par le décret du 12 décembre 1851, constitue un délit qui tombe sous l'application des art. 2 et 3 dudit décret. — A. 24 déc. 1874, Antoine Trell, XVII, 162.

7. L'art. 463 du Code pénal n'est pas applicable au décret du 12 décembre 1851. — A. 30 octobre 1874, X...., XVII, 36, et mêmes arrêts.

8. Les deux premiers arrêts cités expriment, dans leurs considérants, le regret de ne pouvoir admettre des circonstances atténuantes. Il faut avouer que, surtout à l'occasion de l'arrêt prononcé contre Antoine Trell, la Cour a dû éprouver un sentiment pénible de se voir obligée à condamner ce prévenu à un mois de prison et 200 francs d'amende, *minimum* de la peine, alors que, dans la même audience, elle a pu ne prononcer contre Aïssa ben Ahmed Rambi et autres, détenteurs d'*armes de guerre*, que la peine de cinq francs d'amende. — V. *Suprà*, nos 1, 3.

Arrérages. — V. Rente

Arrêté.

1. Les arrêtés faits pour l'Algérie n'ont force et vigueur que pour les matières qui n'ont pas été réglementées par les lois spéciales de la métropole applicables à la colonie. — A. 12 juillet 1866, Choukroun, VIII, 225. — V. Achat d'effets militaires.

2. Il appartient toujours au juge de simple police d'apprécier la légalité des arrêtés dont on lui demande d'assurer l'exécution par une sanction pénale, un arrêté illégal ou inconstitutionnel ne pouvant créer des obligations. — Jugem. simp. pol., Philippeville, 27 août 1867, Bruyas et Tisserand, IX, 248.

Arrêté administratif.

1. Les tribunaux français ont, aux termes de notre droit public, le pouvoir d'apprécier si les arrêtés administratifs dont on requiert l'application, ont été légalement faits par l'administration qui les a rendus. Ainsi ils doivent, non pas annuler un arrêté administratif qui leur paraît illégalement pris, mais seulement en écarter l'application. — A. 31 juillet 1873, Dehaknas c. l'Etat, XV, 205.

2. Un arrêté administratif qui n'a pas acquis la perfection à laquelle le législateur a attaché son existence, manque de force légale. — Même arrêt.

3. Spécialement, en supposant (ce qui, du reste, n'apparaît pas), que l'arrêté du 18 avril 1846, relatif au séquestre des tribus de l'Ouest, puisse s'appliquer aux tribus voisines de Teniet-el-Haad, cet arrêté n'a pas été suivi d'une approbation du Ministre de la guerre, insérée au *Bulletin officiel* (art. 3, ord. 12 avril 1845), ni de la publication du tableau imposé par son art. 3, ni de celle des états nominatifs exigés par l'art. 12 de l'ordonnance susdite de 1845. — Même arrêt.

4. L'art. 6 de l'arrêté du Chef du pouvoir exécutif, en date du 16 décembre 1848, qui a abrogé la nécessité de la ratification ministérielle pour les mesures, autorisées par les lois de la métropole, prises par le Gouverneur général dans les cas imprévus où le maintien de l'ordre et de la sécurité publique le demande, ne saurait recevoir à aucun point de vue son application à l'arrêté susdit du 18 avril 1846. — Même arrêt.

Arrêté de l'intendant civil.

1. Jusqu'à l'ordonnance du 22 juillet 1834, qui établissait un Gouverneur général en Algérie, le Général en chef commandant l'armée d'Afrique réunissait en ses mains tous les pouvoirs civils et militaires ; il pouvait en déléguer tout ou partie aux agents supérieurs placés sous ses ordres, spécialement à l'intendant civil. — A. 20 février 1868, Jonathas Nicole, X, 97.

2. Cette autorité était générale et sans limites relativement aux mesures de police et de sûreté, et aux pénalités à infliger aux contrevenants. — Même arrêt.

3. En conséquence, l'arrêté de l'intendant civil, du 12 septembre 1832, sur la police administrative, bien que signé par l'intendant

civil seul, était légal et obligatoire comme pris en vertu des ordres du Général en chef. — Même arrêt.

4. Et il n'a pas cessé d'avoir ce caractère. — Même arrêt.

5. En supposant qu'il n'en eût pas été ainsi dans l'origine, l'arrêté du Gouverneur général du 24 août 1838, qui confirmait celui de 1832, relativement à ses dispositions pénales, lui aurait conféré le caractère de légalité qu'il n'eût pas eu dans l'origine, et l'aurait rendu obligatoire. — Même arrêt.

6. Il suit de là que jusqu'à ce que ces arrêtés aient été rapportés par l'autorité supérieure, ils doivent recevoir exécution. — Même arrêt.

7. Dans un autre sens et au contraire : — Les intendants civils étant chargés, de décembre 1831 à juillet 1834, de la direction et de la surveillance de tous les services, en Algérie, étaient chargés conséquemment de prendre toutes les mesures relatives à la police des villes, notamment à celle des ports. — A. 6 juin 1872, Couput, XIV, 160.

8. L'arrêté du 12 septembre 1832 est donc parfaitement légal, et applicable encore aujourd'hui, dans toutes ses parties non abrogées, quant à toutes les contraventions qu'il prévient et réprime. — Même arrêt.

9. Toutefois, l'intendant civil ne possédant pas la faculté de légiférer, qu'aucun acte d'un pouvoir quelconque ne lui avait jamais délégué, en termes formels, n'avait aucun droit d'édicter des peines. Il a outrepassé ses pouvoirs en en fixant arbitrairement et de son plein gré. Les contraventions prévues par lesdits arrêtés ne sauraient être punissables de ces peines arbitraires et on ne peut leur appliquer que les pénalités de simple police fixées par l'art. 471, n° 15, C. p., pour les contraventions aux règlements légalement faits par l'autorité administrative. — Même arrêt.

10. Les arrêtés des intendants civils, administrateurs de la ville d'Alger et des territoires environnants, au début de la conquête, ne pouvaient avoir de force et de valeur légale en dehors de ces territoires. — Même jugement qu'au mot Arrêté, 2.

11. Soit comme maires, soit comme préfets, soit comme partageant les attributions du Gouverneur militaire, leurs pouvoirs législatifs ne s'étendaient pas au delà des limites de la commune, du département, ou de la province. — Même jugement.

12. En tout cas, la faculté d'édicter des mesures générales leur aurait été enlevée par l'ordonnance royale du 12 mai 1832, qui instituait une autre intendance civile, dépourvue de toute attribution législative. — Même jugement.

13. Spécialement, l'arrêté de l'intendant civil d'Alger, du 8 octobre 1832, prohibant toute construction dans les villes et faubourgs de la régence d'Alger, sans en avoir au préalable demandé l'autorisation au maire, est illégal; l'intendant civil était sans pouvoir et sans compétence pour l'édicter. — Même jugement.

14. En supposant même qu'il eût été compétemment édicté, la loi du 16 juin 1851, qui fait rentrer la propriété en Algérie sous l'empire du droit commun et de la législation métropolitaine, l'aurait virtuellement abrogé. — Même jugement.

15. En tout cas, un tel arrêté était sans force exécutoire dans la province de Constantine. — Même jugement.

Arrêté municipal.

1. BLANCHIMENT. — Un arrêté municipal prescrivant d'une manière générale le blanchiment, dans le délai d'un mois, des maisons de la ville, n'est pas obligatoire. — Jugem. s. p. Alger, 7 sept. 1865, Leroy et Verolot, VII, 108.

BOUCHERIE. — V. ce mot.

BOULANGERIE. — V. ce mot.

2. VENTE A DOMICILE. — Est irréprochable et à l'abri de toute répression pénale le fait, d'ailleurs reconnu constant par le jugement attaqué et par le Ministère public lui-même, d'avoir vendu des marchandises à son propre domicile et sur le lieu de la production et d'en avoir ensuite effectué la livraison dans une ville en les transportant au domicile de l'acheteur. — Ce fait ne peut être incriminé comme contraire à un arrêté du maire de cette ville, qui interdit toute vente de denrées faite sur la voie publique et en dehors des halles ou marchés, et qui n'admettrait d'autre preuve des ventes faites à domicile que celle résultant de la représentation de lettres de voiture. En admettant que l'arrêté municipal contînt une telle disposition, elle serait illégale et non obligatoire, et la partie inculpée ne saurait être condamnée pour n'avoir point rapporté de lettre de voiture établissant le moment et le lieu où la vente aurait été faite. S'il appartient, en effet, à

l'autorité municipale de surveiller et de réglementer les ventes faites sur la voie publique ou dans les halles ou marchés, elle ne saurait avoir le même droit sur les ventes effectuées à domicile et elle ne peut, dans tous les cas, modifier en aucune façon les règles établies par la loi en matière de preuve. — Cass. crim., 17 juin 1864, VI, 114. — V. Maire, 1.

Artiste. — V. Compétence, 83 s.

Assignation. — V. Exploit.

Assurance (en général).

1. COMPÉTENCE. — Les contestations relatives au paiement des primes d'assurance doivent être portées devant le tribunal du lieu où le contrat d'assurance a été signé, si telle a été la volonté des parties dans le contrat d'assurance.

2. DÉCLARATION EXAGÉRÉE. — Pour qu'un assuré soit passible d'une déchéance prononcée par sa police en cas de déclaration de pertes exagérées, il faut que cette déclaration ait été exagérée sciemment, et que le fait de cette fraude ressorte d'une façon bien évidente des circonstances de la cause. — A. 23 juin 1871, Ezer Nahmani c. l'*Aigle*, XIII, 158.

3. DISSIMULATION. — Le fait par le propriétaire d'une machine à vapeur, alors qu'il était en instance contre son vendeur pour faire annuler la vente, de n'avoir pas révélé cette circonstance, ne constitue pas une dissimulation et une réticence viciant le contrat d'assurance, quand bien même la vente serait ultérieurement résolue et que la compagnie d'assurance se trouverait en présence d'un autre propriétaire. — A. 7 avril 1866, *Le Soleil* c. Adjus, Alby et cons., VIII, 132.

4. NOUVEAU PROPRIÉTAIRE. — *Subrogation.* — L'acquéreur de la chose assurée et tous autres ayants cause de l'assuré se trouvent subrogés de plein droit au bénéfice de l'assurance contractée par ce dernier. — Même arrêt.

5. Si la police d'assurance stipule que la mutation de propriété devra être déclarée dans un certain délai, à peine de résolution du contrat, cette clause ne peut être invoquée par l'assureur, si le sinistre arrive avant l'expiration du délai. — Même arrêt.

6. PAIEMENT DES PRIMES. — Le défaut de paiement des primes d'assurance pendant un certain temps, alors que le contrat d'assu-

rance n'est pas encore arrivé à son terme, ne dispense pas la compagnie de payer le montant des sinistres arrivés pendant la suspension de paiement, si elle ne prouve pas qu'elle a réclamé les primes à l'assuré et que ce dernier a refusé de payer. — Il importerait peu qu'une clause de la police exonérât la compagnie de toute responsabilité en ce cas, si cette clause ne pouvait se concilier avec d'autres du contrat, et si, au surplus, la compagnie avait l'habitude de faire encaisser à domicile. — A. 7 mai 1866, Gibert c. *La Confiance,* VIII, 141.

7. VALEUR SUPÉRIEURE. — Lorsqu'au moment du contrat, la valeur des objets assurés est supérieure à la somme assurée, le sinistré est considéré comme son propre assureur pour l'excédant et doit supporter, en cette qualité, sa part de dommages, au marc-le-franc. — A. 15 avril 1872, *Caisse générale* c. Denizot et Boudon, XIV, 51.

Assurance maritime.

1. CHARGEUR. — Le chargeur qui a fait l'assurance pour le compte du destinataire est responsable des difficultés que ce dernier éprouve pour se faire payer par les assureurs le montant de l'assurance, si ces difficultés proviennent des conditions anormales, obscures ou insolites de la police. — A. 22 février 1868, *Messageries impériales* c. Ben Tata, Garro, X, 39.

2. CLAUSE VAILLE OU NON VAILLE. — Lorsqu'un négociant a fait assurer dans un port (à Marseille, dans l'espèce) un chargement de grains avec une estimation de 52,000 fr., en y ajoutant la clause *vaille ou non vaille,* et que, dans un autre port (à Alger), il fait assurer le même chargement sans révéler la clause *vaille ou non vaille,* il ne commet aucune réticence susceptible de vicier le contrat. — A. 25 oct. 1865, *La Réunion* et *L'Universelle* c. Bloch, IX, 220.

3. Cette clause n'a pas pour résultat d'attribuer à l'objet assuré la valeur irrévocable de l'estimation, mais seulement de dispenser l'assuré de faire la preuve que l'évaluation n'est pas exagérée. — Même arrêt.

4. DÉLAISSEMENT. — Le droit de délaissement est acquis à l'assuré du moment où le navire sur lequel la marchandise assurée avait été chargée a fait naufrage, sans que l'exercice de ce droit puisse être subordonné à des événements ultérieurs et spéciaux

ment aux chances du sauvetage. (C. com., 369, 381). — Cass. Req., 20 janvier 1869, Cie l'*Universelle* c. Mayoux, XII, 254.

5. Il en est ainsi alors même qu'une clause de la police d'assurance restreindrait la faculté de délaissement au cas de perte ou de détérioration excédant les trois quarts, surtout si aucun document n'établit d'une manière certaine la proportion entre les objets sauvés et ceux perdus, et si, d'ailleurs, il résulte de l'interprétation souveraine donnée à cette clause par les juges du fond, qu'elle n'implique pas, dans l'intention des parties, renonciation au droit absolu de délaisser en cas de naufrage, reconnu par la loi. — Même arrêt.

6. La note de la page 254 fait connaître que la jurisprudence est fixée dans le sens de la solution rapportée au n° 4, *suprà*, relativement au droit de délaissement des marchandises assurées, même en cas de sauvetage partiel ou entier.

7. En ce qui touche la seconde question résolue par l'arrêt du 20 janvier 1869, il n'en est pas ainsi. Il s'agit de savoir si la faculté de délaissement continue à subsister, dans toute sa plénitude, même alors que la police déclare restreindre l'exercice de ce droit au cas où la marchandise éprouverait une détérioration de plus des trois quarts de sa valeur. La jurisprudence de la Chambre des requêtes a varié à cet égard, et l'arrêt qui nous occupe, se bornant à accepter l'appréciation faite par l'arrêt attaqué, tant de la cause litigieuse que des documents du procès, laisse la difficulté irrésolue. — V. deux arrêts des 29 déc. 1840 (Sirey, 1841, 7,211) et 30 déc. 1850 (*id.*, 1851, 1, 17) décidant en principe que la faculté de délaissement continue à subsister, et *contrà*, arrêt du 7 janv. 1857 (S. 1859, 1, 134).

8. EVALUATIONS DIFFÉRENTES DU MÊME CHARGEMENT. — L'art. 359 du Code de commerce permettant de faire plusieurs assurances pour le même chargement, un chargement déjà assuré pour 52,000 fr. peut faire l'objet d'un second contrat pour 60,000 fr., et ce dernier chiffre doit être accepté comme la représentation de la valeur réelle, si un marché passé antérieurement à l'assurance par l'assuré avec un tiers pour la vente du chargement, garantissait d'une manière ferme la différence à titre de profit. — Dans ce cas, cette différence ne peut être considérée comme un profit espéré proscrit par la loi. — Même arrêt qu'au n° 2, *suprà*.

9. MANDATAIRE. — Lorsque, dans une police d'assurance maritime, les assureurs sont représentés par un tiers qui stipule pour

leur compte, ce tiers ne peut être actionné ni personnellement, ni comme mandataire, alors même que la police serait une police flottante et n'indiquerait que les noms des mandataires des assureurs, si la police a été remise à l'assuré ou si celui-ci a déclaré la connaître. — Même arrêt qu'au n° 1, *suprà*.

10. Il en est particulièrement ainsi des polices d'assurance faites par les agents du service maritime des *Messageries impériales* pour le compte des assureurs réunis de Marseille. — Même arrêt.

11. RÉTICENCE. — La réticence ne constitue un cas de nullité du contrat d'assurance qu'autant qu'elle est de nature à diminuer, chez les assureurs, l'opinion du risque assuré, ou à en changer le sujet. (Art. 348, C. comm.). — Même arrêt qu'au n° 2, *suprà*.

V. Avarie, 15, — Capitaine, 1.

Assurance mutuelle. — V. Société, 44.

Assurance sur la vie.

Le capital d'une assurance sur la vie, stipulé payable à un tiers au décès de l'assuré, fait-il partie de la succession de celui-ci ? — V. Succession, 36.

V. aussi Faillite, 26.

Assurance terrestre.

1. PAIEMENT DE LA PRIME. — Une compagnie d'assurance contre l'incendie ne peut opposer à la demande en paiement d'une indemnité l'exception prise de ce que la prime n'avait pas encore été payée au moment du sinistre, lorsque, d'ailleurs, la compagnie a accepté de l'assuré son billet à terme, au lieu d'argent comptant, et lui a octroyé une quittance, et que le sinistre est intervenu avant que l'assuré ait été mis en demeure de payer. — A. 30 octobre 1869, Calonque c. *Caisse générale*, XI, 223.

2. L'arrêt qui précède réforme un jugement du tribunal de Blidah, du 4 février 1869, XI, 109, portant que lorsqu'il a été stipulé que la prime de la première année sera payée comptant le jour où l'assurance commence, la compagnie n'est engagée qu'après le versement de cette prime, quand bien même le directeur de la compagnie aurait consenti à ce que le paiement comptant et le versement réel de la prime n'eussent lieu que postérieurement à la signature.

3. Le tribunal de Blidah s'appuyait sur cette considération que, la police d'assurance n'étant contraire ni à l'ordre public ni aux bonnes mœurs, elle fait loi entre les parties contractantes. Cette proposition est vraie. Mais il est aussi incontestable que les parties avaient le droit de modifier leurs premières conventions, et, par exemple, de faire et d'accepter un paiement au moyen d'un billet à terme, opération qui ne présente rien de contraire à l'ordre public ni aux bonnes mœurs.

4. Résolution de la vente de l'objet assuré. — Une assurance contre l'incendie est valablement faite par l'acquéreur de l'immeuble, bien que cet acquéreur ait précédemment formé une demande en résolution de la vente ; et le silence gardé au moment du contrat sur l'instance en résolution de la vente ne peut être considéré comme une réticence entraînant la nullité de l'assurance. (C. com., 348). — Cass. Req. 11 février 1868, Le Soleil c. Alby et Graumann, X, 147.

5. En pareil cas, la résolution de la vente, si elle vient à être prononcée, a pour effet de transmettre le bénéfice de l'assurance au vendeur qui a repris possession de sa chose. — Même arrêt.

6. Responsabilité. — Un entrepreneur des fournitures à faire aux détenus, qui fait travailler ces derniers pour son compte personnel, est-il responsable des conséquences d'un incendie allumé volontairement par lesdits détenus ? — V. Responsabilité, 27, 28.

7. Réticence. — La réticence de l'assuré, lors du contrat d'assurance, ne vicie la convention qu'autant qu'elle serait de nature à diminuer l'opinion du risque. — Même arrêt qu'au mot Assurance, 7.

8. Spécialement, lorsque l'assurance porte sur un hangar couvert en diss et des marchandises facilement combustibles, telles que le crin végétal et les feuilles de palmier nain, l'assuré ne commet pas une réticence de nature à modifier l'opinion du risque, s'il omet de déclarer qu'il existe dans le hangar un atelier de menuiserie pour la fabrication et la réparation des outils employés par les ouvriers travaillant à l'industrie du peignage du palmier nain, établie dans le hangar. — Même arrêt.

9. Il en est de même si, s'agissant d'un atelier où des condamnés travaillent comme ouvriers, l'assuré déclare que, sur deux points rapprochés de l'atelier (le hangar), il existe deux sentinelles, et qu'il n'ajoute pas que ces sentinelles se retirent lorsque les

condamnés quittent l'atelier pour rentrer dans la prison. — Même arrêt.

Attribution de prix. — V. Ordre, 36.

Audience solennelle. — V, Avocat, 6, — Cour d'appel.

Autorisation de femme mariée. — V. Femme mariée, — Mariage, 12.

Autorisation de plaider. — V. Etablissement public, — Mariage, 12.

Autorité municipale. — V. Presse, 14.

Autrichien. — V. Etranger, 46 s, — Tutelle, 6.

Aval. — V. Cautionnement, 4.

Avarie.

DIVISION

§ 1. — Abordage.
§ 2. — Avaries communes ou grosses.
§ 3. — Avaries particulières ou simples.
§ 4. — Procédure.

§ 1. — Abordage.

1. En cas d'abordage, quand il n'est prouvé de faute à la charge d'aucun des deux capitaines, l'abordage doit être considéré comme un événement fortuit de navigation, et peu importe, dans ce cas, que le capitaine du navire abordé ait ou non protesté dans les délais prescrits par l'art. 436 contre le capitaine abordeur. — A. 20 mars 1871, Sylvestre c. Anglas, Martin et Joret, XIII, 151.

2. NATURE DES AVARIES. — Si les dommages résultant d'un abordage fortuit constituent par eux-mêmes des avaries particulières, il n'en est pas de même du jet de la mâture brisée par l'abordage et de l'ancre. lorsque ces objets ayant été retenus à bord, après l'abordage, on se voit contraint, après délibération, vu l'état de la mer et pour le salut commun du navire et du chargement, d'en faire le sacrifice volontaire, dans le sens des conditions prévues par l'art. 400, § 8, du Code de commerce. — Même arrêt.

4

2. — Avaries communes ou grosses.

3. CONVENTIONS PARTICULIÈRES. — Régler le sort des avaries communes autrement qu'il ne l'est dans la loi, à défaut de conventions, c'est se conformer à l'article 398 du Code de comm., qui donne pleine latitude aux parties, et nullement enfreindre un principe d'ordre public. — Même arrêt qu'au mot Acte.

4. *Dispense de participation*. — L'engagement obtenu sans dol ni fraude, et par lequel un capitaine de navire dispense la cargaison de toute participation à l'avarie commune, bien que cet engagement puisse léser les intérêts de son armateur, est licite et valable. — Même arrêt.

5. Le capitaine qui représente l'armateur éloigné pour toutes les nécessités à subir ou tous les avantages à retirer dans le cours du voyage, peut, sans dépasser ses pouvoirs, affranchir la cargaison de l'éventualité des avaries communes. — Même arrêt.

6. ECHOUMENT. — Doivent être considérées comme avaries communes, les dépenses résultées de la nécessité de réparer les dommages causés au navire par suite de son échoûment, consommé après délibération motivée et en vue du salut commun. Il faut distinguer ces dépenses de celles qui ont été occasionnées par des vices propres au bâtiment et antérieures à son échoûment. — A. 8 juin 1871, Lagama c Teissier, XIII, 103.

7. Les réparations dont le navire a été l'objet procédant à la fois de ces deux causes, et ces réparations ayant nécessité le débarquement de la marchandise, il y a lieu d'opérer une ventilation et de répartir les frais de ce débarquement dans la catégorie des avaries communes et dans celles des avaries particulières, dans la proportion qui paraîtra la plus conforme à la vérité. — Il en est de même du salaire du courtier, des frais de justice, d'expertise, de traduction et d'interprétation. — Même arrêt.

8. JET A LA MER. — *Délibération de l'équipage*. — Le jet à la mer d'articles de gréement et d'apparaux pour le salut commun et sans délibération de l'équipage, doit rentrer dans l'*avarie commune*, si la grandeur et l'imminence du péril ont été telles que cette délibération a été impossible (art. 410 et 412, C. com.). — Lorsque les amarres sacrifiées pour le salut commun ne sont pas conformes aux règlements du port d'armement du navire, leur valeur ne peut être comprise parmi les *avaries grosses*. — Même jugem. qu'au mot Armateur.

9. Mais la dispense de délibération préalable prescrite par la loi ne saurait être invoquée utilement par le capitaine qu'autant qu'il y aurait eu impossibilité de remplir cette formalité et qu'il prouverait cette impossibilité. — Jugem. com. Alger, 4 mars 1858, Arnaud, I, 145.

10. Quand rien n'autorise à supposer que c'est par une autre voie que par le jet à la mer régulièrement constaté qu'a disparu la partie de la cargaison non représentée par le capitaine, il y a lieu, la fraude ne se présumant pas, à tenir le jet à la mer pour constant. Il y a lieu, toutefois, en statuant, de fixer la quantité de la cargaison dont le sacrifice était commandé par le salut commun et de laisser à la charge du capitaine celle dont le jet n'était pas absolument nécessaire. — A. 4 juillet 1868, Durso c. Alphandéry, X, 129.

11. Journal de bord. — Le journal de bord fait foi jusqu'à preuve contraire, et notamment pour justifier des circonstances et des motifs qui ont déterminé l'échoument du navire et pour fixer ainsi le caractère d'avaries communes régies par les dispositions des art. 400, 401 du Code de commerce. — Même arrêt qu'au n° 6, suprà.

12. Relache. — Quand la relâche a été résolue et effectuée pour le salut commun du navire et des marchandises, les dépenses pour nourriture et paie des matelots doivent être considérées comme avaries communes. — Même arrêt qu'au n° 10, suprà. — V. le n° suivant.

§ 3. — Avaries particulières ou simples.

13. Navire affrété au voyage. — Les loyers et nourriture des matelots pendant les réparations du navire, ou en cas de relâche forcée, sont avaries particulières au navire. Le dernier § de l'art. 400, C. com., ne déroge pas aux dispositions spéciales du § 6 de l'art. 400 et du § 4 de l'art. 403, même Code. — A. 22 mai 1857, Stucklé c. Biarnez, III, 193. — Voir cependant le n° précédent.

14. Ventilation d'avaries communes et d'avaries particulières. — V. Suprà, n°s 6 s.

15. Voie d'eau. — Assureurs. — Capitaine. — Les frais de relâche occasionnés par une voie d'eau survenue au navire sont des avaries particulières au bâtiment (art. 403, C. com.). — Dans ces frais, il faut comprendre non-seulement les dépenses relatives

aux réparations effectuées, mais encore celles accessoires qui ont été faites à l'occasion de la relâche. — Dans ce cas, la valeur des marchandises que le capitaine a fait vendre dans le cours du voyage pour subvenir auxdites dépenses, doit être considérée comme avarie particulière au navire (art. 234). — Cette vente constitue un cas de fortune de mer dont les assureurs de la marchandise sont tenus, sauf leur droit de subrogation contre le capitaine (art. 350). — A. 8 juin 1860, Girel c. David, Cosman, II, 211. — V. conf., Cass. 9 févr. 1842.

§ 4. — Procédure.

16. ABORDAGE. — Le fait, par le capitaine du navire abordé, d'avoir, dans les 24 heures de l'arrivée, déposé son rapport de mer, constitue contre le capitaine du navire auquel l'abordage est attribué, une protestation aussi effective que possible, alors que le capitaine du navire abordé ne connaît d'une manière certaine ni le nom ni la résidence de ce dernier, et que les notifications en la forme légale sont conséquemment impossibles. — Même arrêt qu'au n° 1, *suprà*.

17. ASSIGNATION *dans les 24 heures*. — L'assignation donnée à l'affréteur par le capitaine dans les 24 heures de l'arrivée et avant d'avoir livré la marchandise et reçu son fret, à fins de voir nommer expert pour répartir les avaries, *pour être ensuite statué*, doit être considérée comme constituant tout à la fois et une protestation signifiée dans les 24 heures et une demande en justice introduite dans le mois, comme l'exige l'art. 436 du Code de commerce. — Même arrêt.

18. DEMANDE EN JUSTICE. — Pour satisfaire au vœu de l'art. 436, qui prescrit de former une demande en justice, il faut que l'action soit introduite dans le mois de la protestation, encore bien que le rapport de l'expert n'ait été déposé qu'après l'expiration de ce délai. — A. 29 nov. 1867, Brethès c. *Messageries imp.*, IX, 254, 17 janv. 1873, *infrà*, n° 25.

19. Ce délai court bien que le destinataire n'ait pas pris livraison de la marchandise et que celle-ci ait été mise en dépôt. — Même arrêt. (Brethès).

20. DOMICILE. — En cas d'avarie et de ses suites, le capitaine ou l'armateur peut être assigné au domicile du courtier, qui le représente pour la remise des marchandises ou la réception du fret. — A. 17 juin 1875, Deglaire et Fouesnel c. Moraly, XVII, 182.

21. Fins de non recevoir. — Les transports maritimes sont exclusivement régis par les art. 435 et 436, C. com., en ce qui touche l'action en réparation des dommages ou avaries éprouvées par les marchandises transportées, et, par suite, cette action est non recevable si elle n'a pas été introduite dans les délais réglés par ces articles ; ici sont inapplicables les art. 96, 106 et 108, C. com., lesquels ne concernent que les transports par terre et par là confiés aux voituriers ou commissionnaires. — Cass., 25 février 1868, *Messageries imp.* c. Defuidès, X, 215.

22. *Réception des marchandises.* — La réception ne peut résulter d'un dépôt en douane de la marchandise, ni du transport chez le destinataire, par les soins de l'expert, pour faciliter l'opération de l'expertise. — Même arrêt qu'au n° 18, *suprà* (Brethès).

22 *bis.* Les dispositions des art. 435 et 436, C. com., s'appliquent indistinctement au cas où le dommage provient d'avaries causées par une fortune de mer et à ceux où il résulte du fait personnel et volontaire du capitaine, — à moins que le dol ou la fraude ne soit prouvée contre ce dernier. — A. 9 nov. 1876, Sunde c. Durand, XVIII, 202.

23. Requête en nomination d'experts. — Présentée dans le délai de 24 heures fixé par l'art. 435, C. com., pour la constatation des avaries en matière de transports par mer, elle constitue une protestation dans le sens de cet article. — Mêmes arrêts qu'aux n° 1 et 22, *suprà.*

24. La procédure qui a consisté à agir immédiatement auprès du tribunal sans avoir signifié de protestation ; à provoquer de sa part une nomination d'expert, et à signifier, dans les 24 heures, au transporteur, la requête présentée à l'expert et la réponse de ce dernier, sans signifier, en même temps, la requête du président et son ordonnance, suffit, bien qu'elle eût pu être plus explicite, pour que, sur ce point, les prescriptions des art. 435 et 436 soient considérées comme ayant été accomplies. — A. 22 mars 1872, Chalvignac c. Cie *Valéry*, XIV, 61.

24 *bis.* *Contrà* : La requête présentée au tribunal de commerce et l'opération de l'expertise, effectuée dans les 24 heures, ne sauraient équivaloir à la protestation et à la signification exigées par les art. précités, — alors surtout qu'aucun obstacle n'a empêché le destinataire de remplir ces formalités. — Même arrêt qu'au n° 22 *bis, suprà.*

25. **Serment de l'expert.** — L'expert nommé pour règlement d'avaries, avant de procéder, doit prêter le serment prescrit par le Code de commerce. — A. 17 janv. 1873, Lebhar c. Fournier Sémoville et Anglas, XIV, 284.

26. Mais la nullité ou irrégularité résultant de la non observation de cette formalité peut être couverte par toute partie en cause, pourvu qu'elle soit maîtresse de ses droits, car si cette formalité est substantielle, elle n'est pas d'ordre public. — Même arrêt.

27. Mais, au nombre des personnes maîtresses de leurs droits, il ne faut pas comprendre le curateur aux intérêts absents. — Même arrêt.

28. **Signification a un agent,** — *au capitaine.* — Les protestations et assignations des art. 435, 436 du Code de commerce peuvent être valablement signifiées à un agent de la compagnie de transports au lieu de l'être au capitaine du navire appartenant à cette compagnie, ce capitaine n'ayant pas en réalité des intérêts distincts et une autorité particulière, mais n'étant, à vrai dire, à un degré plus ou moins élevé, qu'un agent véritable de la compagnie. — Même arrêt qu'au n° 24.

29. L'affréteur absent peut être, pour cette assignation à laquelle il doit être procédé dans le plus bref délai, valablement assigné en la personne de son représentant réceptionnaire de la marchandise, et celui-ci le représente valablement à l'expertise sans qu'il soit besoin de lui faire la sommation prescrite par l'art. 315 du Code de procédure, en cas d'absence de la partie. — Même arrêt.

29 *bis*. La signification de la protestation peut être suppléée par le fait de la comparution du capitaine ou de l'agent de la compagnie aux premières opérations de l'expert. — 29 déc. 1867 ; même arrêt qu'au n° 18, *suprà*.

30. Il en est ainsi surtout au cas où tous les intéressés non présents à l'expertise sont représentés par un curateur nommé à ces fins. — Même arrêt qu'au n° 24.

Avaries *provenant d'un vice d'arrimage.* — V. Capitaine, 1. V. Compétence, 85 s, — Chemins de fer, 2 s.

Aveu.

1. L'Etat ne pouvant ni compromettre ni transiger, sans observer les formalités prescrites par la loi, les aveux contenus aux

mémoires rédigés et signés par ses agents ne sauraient l'obliger. — A. 22 nov. 1858, Préfet d'Oran c. Pasquier, I, 19.

2. INDIVISIBILITÉ. — Lorsqu'une femme plaidant tant en son nom personnel que comme tutrice de ses enfants mineurs, est interrogée sur faits et articles, les aveux qu'elle fait sont indivisibles et sont opposables aux mineurs comme à elle-même. — A. 31 oct. 1865, vᵉ Gipouleau c. Chasse, VII, 153.

V. Vente, 18, 49.

Avocat.

1. S'il faut être Français pour être avocat, il n'est pas nécessaire d'être citoyen français. — A. 24 fév. 1862, Enos, IV, 86 ; Cass. civ., 4 fév 1863, *id.*, VI, 45.

2. DROIT À LA PLAIDOIRIE. — AVOCATS ET DÉFENSEURS. — Lorsque, dans un procès qui doit être plaidé par deux défenseurs, le Bâtonnier de l'ordre des avocats intervient, sans procédure ni assistance d'avoué, prétendant qu'aux termes des lois, la plaidoirie de la cause appartient exclusivement aux avocats. cette intervention, dans les conditions et les formes dans lesquelles elle se présente, n'est pas une intervention proprement dite. Il n'y a, par conséquent, pas lieu d'examiner si le Bâtonnier a, en pareil cas, le droit d'intervenir. — A. 10 janv. 1871, le Bâtonnier de l'ordre c. Mᵉˢ Genella et Chéronnet, XIII, 256.

3. La question de savoir si un défenseur a, d'après la loi, capacité pour plaider dans une affaire qui se présente devant la Cour, doit être jugée par la chambre saisie de l'affaire et non par l'assemblée des chambres réunies. — Même arrêt.

4. En Algérie, c'est au pouvoir exécutif qu'appartient le droit de réglementer les matières relatives à la plaidoirie, à la postulation des avocats. Par suite, le décret du 24 octobre 1870, séparant la postulation de la plaidoirie devant les cours et tribunaux de l'Algérie, rendu par le gouvernement de la Défense nationale, soit la Délégation de Tours, est constitutionnel et obligatoire. — Même arrêt.

5. Ledit décret est applicable d'une manière absolue; il ne contient aucune réserve au profit du défenseur en exercice à l'époque de sa promulgation — Même arrêt.

6. La question de savoir si l'ordre des avocats est ou non suffisant pour subvenir aux besoins du service, d'après les dispositions

de l'ordonnance du 27 février 1822, ne peut être résolue que par une délibération de la Cour prise toutes chambres réunies. — Même arrêt.

7. DROIT DE CONCLURE AU CORRECTIONNEL. — *Partie civile.* — L'avocat d'une partie civile présente à l'audience a le droit de prendre et de signer des conclusions à fins civiles devant le tribunal correctionnel. — A. 24 févr. 1860, Carivenc, II, 94.

8. CONSEIL DE DISCIPLINE. — Un barreau qui compte six avocats inscrits peut avoir un conseil de discipline composé de cinq membres y compris le Bâtonnier. Ce conseil est la seule juridiction pour statuer sur les demandes en inscription au tableau (ord. des 20 novembre 1822 et 27 août 1830). — Par suite, les tribunaux, qui forment la juridiction exceptionnelle, ne sauraient avoir aucune compétence de ce chef. Leur juridiction ne pourrait même pas s'exercer dans le cas où le conseil de l'ordre ne pourrait momentanément fonctionner, par suite de l'absence de plusieurs de ses membres ou autres causes. Un membre démissionnaire d'un conseil de discipline ne fait pas moins partie dudit conseil, tout le temps qu'il n'a pas été remplacé. Un conseil de discipline peut statuer encore bien que le nombre de ses membres, par suite de démission ou d'absence, soit réduit à quatre. — A. 4 févr. 1864, Z..., VI, 16.

9. *Contrà :* En principe, le Ministère public est recevable à interjeter appel du jugement qui statue sur une demande d'inscription au tableau des avocats, demande portée devant le tribunal par le motif qu'il n'existerait pas, auprès dudit tribunal, un conseil de l'ordre régulièrement constitué. Mais l'appel du Ministère public doit avoir lieu dans les délais ordinaires, et ces délais partent du jour même du jugement, sans qu'il soit besoin, pour les faire courir, d'une signification aux magistrats du Ministère public. (Art. 46 de la loi du 20 avril 1810). — Cass., 3 juillet 1865, Chadebec, VII, 76.

10. S'il appartient au procureur général de déférer à la Cour d'appel, près laquelle il exerce ses fonctions, une décision d'un tribunal de première instance qui a statué sur une demande d'inscription au tableau de l'ordre des avocats, malgré l'existence d'un conseil de discipline de cet ordre, en tant que cette décision renferme une usurpation de fonctions et une infraction à l'ordre des juridictions intéressant l'ordre public, ce magistrat est au contraire

sans qualité pour attaquer une semblable décision en tant qu'elle a admis la demande d'inscription dont il s'agit ; le Ministère public ne pouvant agir directement et d'office en matière d'intérêts privés, au civil, que dans les cas spécifiés par la loi. (LL. 16-24 août 1790, tit. 8, art. 2, et 20 avril 1810, art. 46). — Et, dès lors, la Cour, saisie du recours du procureur général, doit se borner à prononcer l'annulation de la décision sous le premier rapport sans pouvoir statuer sur la demande d'inscription elle-même. — Cass. civ., 3 juillet 1865, *id.*, VII, 125.

11. Un conseil de l'ordre ne peut être lié par une décision antérieure émanée d'un conseil d'un autre barreau qui aurait admis l'inscription. — Il n'y a pas chose jugée à cet égard. — Même arrêt qu'au n° 1, Enos (Alger). — V. *contrà*, n° 14, *infrà*.

12. RECOURS *contre les décisions du conseil de l'ordre.* — Si, en principe, les décisions du conseil de l'ordre des avocats, en ce qui touche la formation du tableau, sont souveraines et sans appel, il n'en saurait être ainsi lorsque ces décisions sont basées sur des conditions imposées par les lois et règlements. — Ainsi, un licencié en droit dont l'inscription au tableau a été refusée par le motif qu'il ne justifiait pas de sa qualité de Français, peut relever appel de cette décision. — Même arrêt.

13. La décision par laquelle un conseil de discipline de l'ordre des avocats refuse d'admettre au tableau (ou au stage) un licencié en droit qui a prêté le serment d'avocat, est susceptible d'appel devant la Cour d'appel. — Ord. 20 nov. 1822, art. 13, 14, 26, 45). — A. 11 avril 1870, H. c. Avocats d'Alger, XII, 136.

14. Lorsqu'un avocat déjà inscrit au tableau de l'ordre près une Cour d'appel, demande son admission au tableau de l'ordre près une autre Cour d'appel, la décision par laquelle le conseil repousse sa demande constitue une véritable radiation ; par suite, elle est susceptible d'appel. — Même arrêt (Cass.) qu'au n° 1, *suprà*.

15. PROCUREUR GÉNÉRAL. — L'appel des décisions des conseils de discipline de l'ordre des avocats n'appartient qu'au procureur général, et non au procureur de première instance (art. 15 et 26, ordonn. du 20 nov. 1822). — Les jugements rendus disciplinairement contre un avocat par les tribunaux statuant en matière de faute d'audience, ne peuvent être frappés d'appel que si la peine de la suspension a été prononcée. — Cette prohibition est absolue

et s'applique au Ministère public (art. 103, décret du 30 mars 1808).
— Spécialement, le Ministère public n'est pas recevable à appeler
d'un jugement qui, déclarant suffisantes les explications fournies
par l'avocat sur un incident de sa plaidoirie, a refusé de faire droit
aux réquisitions du parquet. — A. 11 oct. 1862, Delagrange, IV,
245.

V. Jugement (Mat. crim.), 1, 2, — Taxe locative, 1.

Avoué. — V. Défenseur.

B

Bail.

DIVISION

———

§ 1. — Règles communes aux baux des maisons et des biens ruraux.

1. ANNULATION. — Un bail ayant date certaine antérieurement
à des poursuites en expropriation, peut-il être annulé? — V. Saisie immobilière, 33, 34.

2. BAIL VERBAL. - *Exécution.* — *Prix.* — Lorsque le propriétaire invoque une location verbale, qui est niée par l'individu occupant les lieux, et qui n'est pas justifiée, l'art. 1,716, C. civ., n'est
pas applicable, l'occupation des lieux ne supposant pas nécessairement l'existence d'un contrat de bail. — A. 17 oct. 1859, Brasqui
C. Touchard, 1,309.

3. CONSTAT. — L'huissier n'a pas qualité pour constater l'état
des lieux ou des dégradations d'un immeuble loué, lorsque cette
constatation est faite après la sortie du locataire et en son absence. — A. 11 nov. 1863, Jenny Salomon c. Bartholo et Casanova,
V, 222.

4. CONVENTION NOUVELLE. — *Preuve.* — En matière de bail, la
convention nouvelle établissant un changement de destination de
la chose louée peut être établie, soit par la preuve testimoniale,

soit par des présomptions, s'il existe un commencement de preuve par écrit. — A. 3 juin 1868, Schiaffino c. Bel Cadi, X, 110.

5. Il en est ainsi surtout si la contestation s'agite entre un Européen et un indigène musulman ; — la faculté de preuve réservée par l'art. 37 de l'ordonnance du 26 septembre 1842 est réciproque et profite à l'Européen aussi bien qu'à l'indigène. — Même arrêt.

6. En pareil cas, des quittances de loyers données pendant dix années consécutives par le bailleur, en connaissance du changement de destination, et sans protestation ni réserve, peuvent constituer un commencement de preuve par écrit. — Même arrêt.

7. DÉLAI DE GRACE. — Lorsqu'il accorde au preneur un délai de grâce, sans condition, le bailleur s'interdit implicitement le droit de réclamer une indemnité pour le préjudice souffert dans cet intervalle. — A. 28 mai 1873, *Société immobilière* c. Préfet d'Alger, XV, 159.

8. A partir néanmoins de l'expiration du délai de grâce, le propriétaire a droit à une indemnité pour le préjudice que lui cause l'occupation de l'immeuble loué ; il pourrait même, pour mettre fin à l'opiniâtreté du preneur, qui s'était engagé à rendre un terrain libre et net de toute construction, faire exécuter lui-même l'obligation aux dépens du débiteur (art. 1144, C. civ.) ; mais c'est là, toutefois, une simple faculté qu'il peut s'abstenir d'exercer, s'il préfère, par exemple, demander aux tribunaux une indemnité pour chaque jour de retard apporté à la remise effective des lieux, et ce jusqu'au moment où l'immeuble loué lui sera livré dans l'état convenu. — Même arrêt.

9. DESTRUCTION DE LA CHOSE LOUÉE. — L'art. 1722, C. c., qui autorise le preneur à exiger une diminution du prix de bail, lorsque la chose louée est détruite en partie par cas fortuit, s'applique non-seulement lorsque l'objet du bail est une chose corporelle qui vient à être détruite matériellement, mais encore lorsque la jouissance de la chose ou du droit incorporel loué est suspendue et que l'empêchement de jouir porté sur l'objet même du bail. — Rodari c. commune de Biskra, arrêt du 7 juillet 1874, XVI, 250.

10. L'adjudicataire des droits de marché d'une ville en Algérie, peut demander une diminution de prix de son adjudication, si l'insurrection de 1871, qui doit être considérée comme un cas fortuit, a empêché les arrivages sur le marché pendant quelque temps, et l'a ainsi paralysé dans sa jouissance. — Même arrêt.

11. De divers arrêts analysés dans la note de la page 251, il résulte que le droit à une diminution de prix n'est acquis au fermier que s'il a cessé d'avoir la jouissance de la chose louée. Il ne suffirait pas qu'une baisse même considérable se fût produite, par suite d'un cas fortuit, dans la perception des droits affermés ; il faut que cette perception soit devenue impossible. — V. Nîmes, 1er juin 1839 (S. 1841, 2, 132) ; — Cass., 5 mars 1850 (P. 1850, 1, 717 ; — S. 1850, 1, 269) ; — Paris, 11 mars 1834 (P. 1834, 2, 197. — S. 1834, 2, 180) ; — Cass., 21 janvier 1874 (Pal. 1874, p. 288) ; et sur les divers cas fortuits produits par la guerre, V. Paris, 27 janv. 1871, 23 déc. 1871 et 28 août 1873 (P. 1871, p. 359 ; 1873, p. 203 et 1076), etc.

12. La loi n'oblige pas le bailleur à faire des travaux de reconstruction par suite de destruction totale ou partielle, par cas fortuit, de la chose louée. En pareil cas, le locataire peut ou résilier le bail ou obtenir une diminution sur le prix de la location. — A. 10 juillet 1868, Échalié c. Dubail, X, 162.

13. Le locataire qui, dans ce cas, se borne à demander une indemnité, est réputé opter pour la continuation du bail avec diminution de prix. — Même arrêt.

13 bis. DROITS DU BAILLLEUR. — Le propriétaire a. pour tout ce qui concerne l'exécution du bail, les mêmes garanties que pour le prix principal (art. 2102, C. civ.). — A. 13 janv. 1873, Vendling c. Rozan, XV, 9.

14. *Objets garnissant les lieux loués.* — Le preneur est, au regard du bailleur, présumé de droit être propriétaire de tous les objets garnissant les lieux loués. Cette présomption ne peut être détruite que dans le cas où il serait de notoriété publique et rationnelle, soit par le genre d'industrie qu'exerce le preneur, soit par toutes autres circonstances, ou qu'il résulterait d'une notification faite en temps utile au bailleur qu'un meuble ne se trouve dans les lieux loués que passagèrement, et en vue d'un emploi ou usage déterminé, soit pour être façonné, travaillé ou réparé. — Spécialement, le revendiquant d'une locomobile saisie-gagée par le bailleur chez son locataire est irrecevable, en dehors de circonstances particulières, à prouver même par serment qu'il est propriétaire de cette machine. — A. 11 mars 1876, Mourre c. Lavie et Cie, XVIII, 52.

15. FIN DU BAIL. — Le bail cesse de plein droit à l'expiration du

terme fixé (art. 1737, C. civ.), et si un délai de faveur a été accordé avec stipulation qu'il ne saurait être considéré comme pouvant entraîner le renouvellement du bail, alors même que des pourparlers auraient été engagés, dans l'intervalle, en vue d'un nouveau bail, la tacite reconduction ne peut être invoquée par le preneur, surtout en présence des injonctions du bailleur d'avoir à quitter les lieux. — A. 28 mai 1873, *Société immobilière* c. Préfet d'Alger, XV, 159.

16. Que si, dans le bail, la destination réservée à l'immeuble loué a été indiquée par le propriétaire, cette indication ne saurait signifier que le bail lui-même ne prendra fin que lors de l'affectation réelle des lieux à la destination énoncée ; le terme fixé par la durée de la location une fois arrivé, le preneur est absolument sans droit à demander compte au bailleur de l'usage qu'il fera des lieux dont il est propriétaire. — Même arrêt.

17. IMPENSES. — En matière de bail, le locataire évincé, mais de bonne foi, et qui a fait sur l'immeuble loué, au cours de sa jouissance, des impenses qui en ont augmenté la valeur, a le droit non-seulement d'exiger le remboursement de ses impenses dans les termes du dernier § de l'art. 555 du Code N., mais encore de retenir l'immeuble jusqu'au remboursement effectif. — A. 26 oct. 1864, Courtois c. v° Grévin, VI, 175. — De nombreux arrêts, cités en note, à la page 175, établissent la constance de cette jurisprudence.

INCENDIE. — V. Responsabilité, 11, et *infrà*, n° 36.

INDUSTRIE GÊNANTE *pour les locataires et les voisins.* — V. Responsabilité, 15 s.

KHAMMÈS. — V. Louage d'ouvrage et d'industrie, 3.

18. OBLIGATIONS DU BAILLEUR. — Il est de règle, en droit, que le bailleur est tenu de faire jouir le preneur pendant la durée du bail. Et dans les conventions, on doit rechercher quelle a été la commune intention des parties plutôt que s'arrêter au sens littéral des termes. — A. 11 nov. 1869, Bernard c. Denizot et Boudon, XI, 230.

19. RÉSILIATION. — Le contrat synallagmatique, spécialement un bail, n'est pas résolu de plein droit, faute par l'une des parties d'avoir satisfait à son engagement. L'intervention de la justice est nécessaire pour cette résolution ; les contractants ne pourraient y

suppléer par des stipulations particulières (art. 1184 et 1741, C. c.). — A. 14 janv. 1862, Simon c. Laroque, IV, 43.

20. Le preneur qui viole l'esprit et la pensée du bail ne peut en demander le maintien. — A. 27 oct. 1871, comm. d'Alger c. Sœurs de la Doctrine chrétienne, XIII, 188.

21. Spécialement, lorsque les Sœurs de la doctrine chrétienne donnent à bail à la commune des locaux pour y établir une école primaire communale de jeunes filles qu'elles dirigent elles-mêmes, si la commune vient à remplacer les Sœurs, dans cette direction, par des laïques, il y a, dans ce fait, une violation de la pensée commune du contrat, surtout si la congrégation habite une autre partie du bâtiment faisant l'objet du bail; par suite, les Sœurs peuvent demander la résiliation de ce bail (art. 1728, 1729, C. civ.). — Même arrêt.

22. Les effets d'un jugement prononçant la résiliation d'un bail contre un locataire, remontent au jour de la demande. Par suite, les loyers ne sont plus dus à partir de ce jour. — Même arrêt qu'au n° 3, *suprà*.

23. Le preneur qui, par l'inexécution de ses engagements, a encouru la résiliation du bail (art. 1741, C. civ.), ne peut prétendre, soit à sa réintégration, soit à des dommages-intérêts. — A. 13 janvier 1873, Vendling c. Rozan, XV, 9.

24. TACITE RECONDUCTION. — Le temps pendant lequel le preneur doit rester dans les lieux loués, pour qu'il y ait tacite reconduction, n'a pas été fixé par la loi. Les usages locaux et les circonstances doivent servir de base à l'appréciation des tribunaux.

25. La tacite reconduction est fondée sur le consentement présumé du bailleur et du preneur à continuer le bail; elle est attachée à certaines circonstances dont la valeur et la portée doivent être appréciées par les juges. — A. 15 oct. 1870, El Haoussin c. Ginez, XII, 231.

26. La tacite reconduction est fondée sur l'intention commune des parties. Cette intention est présumée résulter du fait par le preneur d'être resté dans les lieux loués après l'expiration du bail fait par écrit. Le fait de la non remise des clefs par le preneur et de l'omission par le bailleur de s'être présenté sur les lieux pour en reprendre la possession ne doit être considéré que comme un indice de l'intention réelle, à combiner avec les autres circonstances de la cause. — A. 28 janvier 1873, Ribbes c. Feuilloy, XV, 21.

27. Le fait isolé par le fermier d'être resté dans les lieux quelques jours après l'expiration du bail, ne constitue pas la tacite reconduction, alors surtout qu'il a eu lieu dans une saison où les travaux agricoles étaient nuls. — Même arrêt qu'au n° 25, *suprà*.

28. Ce fait ne saurait être considéré comme constituant un commencement d'exécution susceptible de rendre admissible la preuve testimoniale dans le cas où l'art. 1715, C. c., l'autorise. — Même arrêt.

29. Il n'y a pas lieu de reconnaître un droit de tacite reconduction en faveur d'un locataire lorsqu'il résulte des faits souverainement appréciés par les juges du fond que c'est contrairement à la volonté du propriétaire que le locataire est resté dans les lieux loués après l'expiration du bail. — Cass. Req., 10 fév. 1875, Thivolle c. Bérail, XVII, 161.

30. La charge imposée dans le bail au preneur de faire les grosses réparations doit être considérée comme une partie du prix du bail, et, comme telle, doit continuer à peser sur le preneur pendant la durée de la tacite reconduction — Même arrêt qu'au n° 21, *suprà*.

31. TROUBLE. — Dans une question de propriété affectant la chose louée, l'action du preneur n'est recevable que tout autant qu'il a appelé son bailleur en garantie, ladite question ne pouvant être définitivement jugée qu'avec ce dernier. — A. 4 déc. 1869, Abella c. Bonanchon, XII, 3.

32. Le locataire troublé dans sa jouissance par un tiers qui prétend à un droit de location sur le même immeuble, ne doit pas nécessairement appeler en cause le propriétaire ; il peut suivre lui-même l'instance et obtenir directement contre le tiers des dommages-intérêts. — Même arrêt qu'au n° 29, *suprà*.

§ 2. — Baux à loyer.

33. ACTE DE COMMERCE. — Le bail d'une maison pour l'exploitation d'un hôtel ne constitue pas un acte de commerce. — Même arrêt qu'au n° 3, *suprà*.

34. DROIT DU BAILLEUR. — Le propriétaire qui a loué une partie de sa maison pour l'exploitation d'une industrie déterminée, ne perd pas, par le seul effet de cette location, et en l'absence de toute condition restrictive à ce sujet, le droit de louer une autre

partie de la maison pour une industrie similaire. (Rés. implicit., C. N., 544, 1719). — Cass. Req., 21 janvier 1868, Lapiolle c. Buès, X, 134.

35. La décision portant qu'une telle restriction ne résulte pas des stipulations du bail, rentre dans les pouvoirs souverains des juges du fait, et ne saurait tomber sous le contrôle de la Cour de cassation. — Même arrêt.

36. INCENDIE. — La présomption établie par l'art. 1733, C. c., au profit du propriétaire contre son locataire, n'existe pas de locataire à locataire. — Par suite, le locataire dans l'appartement duquel le feu a pris ne peut être responsable envers un locataire voisin des suites de l'incendie qu'autant que, conformément aux dispositions de l'art. 1382, son imprudence ou sa négligence est prouvée. — A. 22 oct. 1863, Aboulker c. Chiche, V, 179. — V. Responsabilité, 11, 11 *bis*.

37. RÉPARATIONS. — Lorsqu'un incendie, arrivé par cas fortuit, a simplement endommagé la chose louée, la position du locataire vis-à-vis du propriétaire est régie par l'art. 1724, C. N., et non par l'art. 1722 ; — par suite, ce dernier a droit à une diminution de loyer si les réparations ont duré plus de quarante jours. — A. 17 novembre 1865, Bouthet c. Torré, IX, 30.

38. Ce délai de 40 jours part du jour où les réparations ont été nécessaires et non du jour où elles ont été commencées. — Même arrêt.

39. La stipulation du bail qui oblige le preneur à subir les réparations, quelle qu'en soit la durée, ne s'applique qu'aux travaux devenus nécessaires pour une des causes ordinaires et non point par suite d'un cas fortuit. — Même arrêt.

40. SOUS-LOCATION. — Le bail de magasins et appartements constituant une maison de commerce, consenti à une société, peut être cédé par cette société à une autre société nouvelle, acquéreur de la maison de commerce, malgré l'interdiction de sous-louer sans l'autorisation écrite du propriétaire (art. 1717, C. c.). — Dans tous les cas, l'autorisation écrite peut être remplacée par l'autorisation tacite, qui résulterait suffisamment de la connaissance que le propriétaire aurait eue de la cession. — A. 6 oct. 1858, Parodi c. Azoulay et Cⁱᵉ, I, 57. — V. la note, où ces solutions sont vivement critiqués.

41. TROUBLE. — Lorsqu'un propriétaire voulant appuyer ses

constructions sur le mur d'une maison voisine, fait démolir ce mur par le motif qu'il n'est pas suffisamment solide pour les recevoir, et porte ainsi un trouble grave à la jouissance du locataire de cette maison, ce locataire n'a aucune action contre le bailleur à raison du trouble ainsi causé. — C'est là un cas de force majeure qui lui permet seulement ou de résilier ou de demander une réduction de loyer (art. 1722, C. c.). — A. 20 avril 1863, Valensin c. Bedjaoui, V, 82. — Cette solution est critiquée par M. Robe, p. 83.

§ 3. — Baux à ferme.

42. PERTE DE RÉCOLTES. — L'art. 1769 du Code civil ne fixant pas de délai pour la constatation des pertes éprouvées par le fermier par suite de force majeure ayant atteint ses récoltes, il n'y a point forclusion contre lui à quelque époque du bail qu'il réclame. — A. 8 avril 1868, Andriot et Paris c. Orban, X, 144.

§ 3. — Questions diverses.

42 bis. DÉGRADATIONS. — Le fermier qui commet des dégradations à l'immeuble est obligé envers les bailleurs, en vertu de son contrat et des art. 1732 et 1766 du Code civil, et non comme un tiers pourrait l'être par application des art. 1382 et suiv. — Par suite, l'adjudicataire sur licitation de l'immeuble ne devient pas propriétaire de l'indemnité due par le fermier pour dégradations commises avant l'adjudication, par cela seul que son cahier des charges le subroge à tous les droits et actions du vendeur. Cette subrogation ne doit s'entendre que des éléments constitutifs du droit de propriété et non pas des créances résultant pour le vendeur de conventions antérieures. — A. 4 nov. 1876, Watzen c. Fournier, XVIII, 207.

43. DROIT D'EXPLOITER DE L'ALFA. — A le caractère non d'un bail à ferme mais d'une vente de récoltes l'acte par lequel un particulier se rend adjudicataire pour trois, six ou neuf ans, du droit d'exploiter, pendant six mois et demi chaque année, l'alfa croissant sur des biens communaux, lorsqu'il est stipulé que les droits inhérents à la propriété et à la jouissance du sol sont réservés à la commune, qu'elle pourra louer à des tiers les enclaves cultivées, et récolter pour elle-même autant d'alfa qu'elle en aura besoin. (C. civ., art. 1709 et 1582; LL. 22 frim. an 7, art. 69, § 5, n° 1 ; 16

juin 1824, art. 1). — Cass. civ., 5 mai 1875, Préfet d'Oran c. Pujade, XVII, 115. — V. conf. Cass., 21 mai 1849 (P. 1850, 2, 462. — S. 1849, 1, 524) et 23 mars 1870 (aff. d'Hardivilliers c. Enregistrement).

44. ENTREPRENEUR DES PRISONS. — Le bail consenti à un tiers, par l'entrepreneur des prisons, d'une usine qui ne peut fonctionner qu'à l'aide de la main-d'œuvre des détenus, à la condition que le preneur paiera cette main-d'œuvre à l'entrepreneur à un prix fixé par tête et par jour, établit un lien de droit et d'obligations réciproques qui doit subsister malgré les mutations des intéressés. — A. 11 nov. 1869, Bernard c. Denizot et Boudon, XI, 230.

45. Il importe peu que, depuis la date du contrat, l'entreprise des prisons, par décision de l'autorité administrative, ait passé à des mains successives. — *Id.*

46. BAIL ADMINISTRATIF. — *Saisie-arrêt.* — L'art 14 du décret des 23-28 oct. 1790 disposant que les baux administratifs comportent exécution parée, c'est à bon droit qu'une saisie-arrêt a pu être faite en vertu de ces actes. — A. 2 déc. 1876, Sabran c. l'Etat, XVIII, 277. — V. Compétence, 4 *bis*, 7 *bis*, 29 *bis*, — Forêts, 6 *bis*.

V. Créancier, 4, — Faillite, 15, — Hypothèque conventionnelle, 4, — Privilége, 6, 7.

Bail à rente perpétuelle.

1. Ce contrat constituant vente, il en résulte que les bailleurs ou leurs cessionnaires sont sans droits à retenir par devers eux les titres de propriété. — A. 22 mars 1859, Rosey c. Assada, I, 193.

2. L'indigène qui a consenti un bail à rente annuelle et perpétuelle à un français résidant depuis longtemps en Algérie et parlant la langue arabe, par acte passé devant le cadi, alors qu'il existait un notaire institué à Alger, doit être considéré comme ayant voulu contracter suivant sa loi, et non suivant la loi française, et n'a été soumis, en vendant, à aucune formalité ni de transcription, ni d'inscription pour la conservation de la rente stipulée. — A. 26 nov. 1869, Lagardère c. Couderc, XI, 250. — V. Indigène.

3. Ledit vendeur ou ses concessionnaires, aux droits de chacun des vendeurs successifs, peuvent exciper des transcriptions et inscriptions faites par chacun de ces derniers pour la conservation de la rente et doivent être colloqués d'ordre en première ligne. — Même arrêt.

Bail emphythéotique.

En admettant que le bail emphythéotique tombe sous l'application de l'art. 19 de l'ord. du 1ᵉʳ oct. 1844, la promesse d'un bail de cette nature, faite antérieurement à cette ordonnance, mais réalisée postérieurement et à une époque où l'immeuble qui en fait l'objet n'était plus, par sa situation territoriale, soumis à l'interdiction, échappe aux dispositions de cet article et est parfaitement valable. — A. 2 nov. 1858, Bruat c. Montgolfier. I, 13. — Sur pourvoi, rejet par la Cour suprême, suivant arrêt du 14 mars 1860, rapporté au *Journal*, III, 190. — V., pour le principe, Vᵉ Vente (Promesse de vente).

Bailleur de fonds. — V. Commissionnaire, 2, — Compétence, 87.

Bain maure. — V. Compétence, 31 s, — Eaux, 12 s.

Banque de l'Algérie.

COMPÉTENCE. — Les tribunaux ordinaires sont seuls compétents pour statuer sur la demande en nullité d'une décision du conseil d'administration de la Banque de l'Algérie qui a disposé, pour un cas non prévu par les statuts, de fonds dont il est dû compte aux actionnaires, cette décision aurait-elle été approuvée par l'assemblée générale des actionnaires et le Ministre des finances. Si les statuts réservent aux Ministres des finances un droit de surveillance et même d'intervention dans divers cas déterminés, ce droit ne saurait aller jusqu'à lui donner juridiction sur les contestations qui s'élèvent entre actionnaires ou entre actionnaires et l'Administration de la Banque et qui touchent à des intérêts privés. — A. 22 déc. 1865, Banque de l'Algérie c. Boulanger, VII. 214.

COURS FORCÉ *des billets de banque de l'Algérie et de France.* — V. Billet de banque, 1, 2.

V. Billet de banque, — Courtier, 3.

Beit-el-Mal.

L'agent du Beit-el-Mal représente le Domaine français, et, dans une contestation entre le Domaine et un indigène, le cadi est incompétent pour statuer. — A. 10 février 1868, XI, 39.

Beylik. — V. Propriété.

Biens vacants. — V. Propriété, — Domaine de l'Etat.

Billet à ordre.

1. ACTION DE L'ENDOSSEUR APRÈS REMBOURSEMENT. — *Compétence.* — L'action intentée par un des endosseurs qui a remboursé, contre le souscripteur d'un billet, doit être portée devant les tribunaux civils, si ce dernier n'est pas commerçant et si la cause du titre n'est pas commerciale, et ce encore bien que le tiers porteur originaire ait actionné et pu actionner (à cause de l'existence d'endosseurs commerçants) devant la juridiction consulaire. — A. 5 nov. 1860, Delmonte c. Aussenac, II, 308.

2. ALLÉGATION DE FAUX. — La demande en paiement d'un billet à ordre, souscrit par une personne non commerçante et revêtu de la signature de commerçants, est de la compétence du tribunal de commerce (art. 637, C. com.), malgré l'allégation de faux invoquée par le souscripteur. — A. 30 mars 1874, Banque de l'Algérie c. Pourrière, XVI, 176.

3. CORPS DU BILLET. — *Signature.* — Les billets signés par un commerçant sont valables, bien que le corps du titre ne soit pas écrit par lui et que la signature ne soit pas précédée d'un *bon* ou *approuvé.* (Art. 1325, C. N.). — A. 10 mars 1864, Toubiana c. Ben Hamoud, VI, 70.

4. DATE DE L'ÉCHÉANCE. — Un billet à ordre souscrit par un commerçant et n'indiquant pas la date de l'échéance ne constitue pas une obligation commerciale. Par suite, le paiement ne peut en être demandé par le bénéficiaire devant la juridiction consulaire. — A. 9 avril 1866, Doléac c. Gavoile, VIII, 121.

5. HYPOTHÈQUE. — Le billet à ordre notarié confère-t-il hypothèque ? — V. Hypothèque, 2, 3.

6. SIGNATURES DE COMMERÇANTS ET DE NON COMMERÇANTS. — Lorsqu'un billet à ordre porte simultanément des signatures de commerçants et d'individus non commerçants, il est commercial à l'égard de tous sans distinction. Par suite, les tribunaux de commerce sont compétents pour statuer sur la demande en paiement, que cette demande soit dirigée contre les signataires commerçants et non commerçants en même temps, — ou contre ces derniers

seulement. — A. 7 nov 1870, *Société algérienne* c. Hamida et Hadj Hassen, XII, 186.

7. Souscripteur non commerçant. — *Cause commerciale.* — Les tribunaux de commerce sont incompétents pour connaître d'une demande en paiement d'un billet ayant une cause commerciale, si le souscripteur n'est pas commerçant. — A. 9 nov. 1867, Marius et Cadix c. D^lle Caze, IX, 216. — M. Robe estime que cette solution est erronée (art. 631, C. com.).

8. Tiers porteur. — Le tiers porteur d'un billet à ordre en vertu d'un endossement irrégulier a le droit d'exercer les poursuites en son nom. —. Seulement on peut lui opposer toutes les exceptions qui peuvent être opposées à l'endosseur. — A. 8 déc. 1865, Corvésy c. Mohammed ben Ibrahim, VII, 184.

V. Compétence, 88 s, — Novation.

Billet de banque.

1. Cours forcé. — *Réciprocité avec les billets de France.* — En l'état actuel de la législation, le cours forcé réciproque des billets de la Banque de l'Algérie n'existe pas. — A. 10 fév. 1874, *Société générale algérienne* c. Court et Puech, XVI, 95.

2. Par suite, un débiteur ne peut, en Algérie, obliger son créancier à recevoir en paiement des billets de la Banque de France. — Même arrêt.

3. Perte. — Le porteur d'un billet de banque est recevable à en prouver la perte par cas fortuit ou force majeure, et, cette preuve faite, il peut en réclamer le montant en espèces à l'Administration de la Banque (art. 1348, C. N.). — A. 4 mars 1865, Banque de l'Algérie c. Castéras, VII, 9.

Blanchiment des maisons. — V. Arrêté municipal, 1.

Blés en vert. — V. Grains en vert.

Boissons.

1. Le fait unique et isolé de vendre des liquides à consommer sur place constitue le délit d'ouverture d'un débit, si l'autorisation n'a pas été donnée par l'Administration. (Loi du 29 déc. 1851). — A. 3 juin 1864, Fusero, VI, 106

2. Ce délit peut exister alors même que son auteur serait pourvu d'une licence. — Même arrêt.

V. Licence, 2.

Bordereau de collocation. — V. Ordre, 22 s.

Bornage.

1. La compétence du juge de paix, en matière de bornage, n'est pas restreinte à la plantation des bornes sur des limites certaines et reconnues, elle comporte aussi la recherche et la fixation des limites devenues incertaines, et elle ne s'arrête qu'autant qu'il y a contestation sur la propriété ou les titres qui l'établissent. — On ne saurait considérer comme ayant le caractère d'une telle contestation l'action lors de laquelle l'une des parties se borne à demander que le bornage ait lieu d'après la possession et les indications du cadastre, et l'autre conclut à ce qu'il soit opéré suivant la possession actuelle. — En pareil cas, dès lors, il rentre dans les attributions du juge de paix de consulter le plan cadastral comme tous autres documents pour s'aider à rechercher et à fixer la ligne de séparation des héritages dont il doit faire le bornage. — Cass. civ. 2 août 1875, XVIII, 40.

2. Un receveur des Domaines n'a point qualité pour représenter l'Etat dans une opération de bornage. Ce droit n'appartient qu'au Préfet. — Une opération de bornage n'engage pas le droit de propriété. — A. 21 janv. 1861, III, 25.

V. Degrés de juridiction, 36 s, — Forêts, 5.

Boucherie.

1. L'arrêté du Gouverneur général du 14 juillet 1863 a abrogé formellement tous arrêtés antérieurs. — A. 21 nov. 1863, XV, 214.

2. ABATTAGE DES BESTIAUX. — L'arrêté municipal qui interdit aux bouchers établis dans la commune d'abattre des bestiaux ailleurs qu'à l'abattoir communal, et qui prescrit la vérification, à l'entrée de la commune, des viandes provenant des abattoirs forains, est légal et obligatoire. — Cass. crim. 8 déc. 1865, Proc. gén. c. Passeron, XI, 44.

V. Adjudication, 3.

ADJUDICATION *des droits d'abattage.* — V. Adjudication.

Boulangerie.

1. L'administration municipale, ou celle qui en tient lieu, qui intervient dans un acte entre un particulier et les boulangers d'une ville, n'est présumée intervenir que pour surveiller, dans un but d'intérêt public, les obligations qui y sont stipulées. — L'arrêté du Gouverneur général de l'Algérie qui a proclamé la liberté de la boulangerie en Algérie a eu pour résultat d'éteindre l'état corporatif des boulangers, et, par suite, de résilier pour l'avenir les engagements qu'il aurait pu contracter. — Spécialement, ledit arrêté résilie de plein droit le bail d'un magasin consenti antérieurement par la corporation des boulangers. — A. 26 avril 1865, Pauchon c. com. et boulangers de Blidah, VII, 20.

2. L'arrêté du Gouverneur général de l'Algérie, du 14 juillet 1863, qui, en exécution du décret impérial du 22 juin précédent, a proclamé dans la colonie la liberté du commerce de la boulangerie, a eu pour effet d'abroger les règlements imposant aux boulangers une réserve d'approvisionnement en farine ; les mesures de police relatives à l'exercice de cette industrie, que l'art. 2 du même arrêté réserve à l'autorité municipale, ne devant s'entendre que de celles concernant les objets confiés par la loi des 16-24 août 1790 à la vigilance des corps municipaux, c'est-à-dire celles touchant la salubrité de la fabrication et la fidélité des poids et mesures. — Cass. crim. 25 janvier 1868, Balestrieri, X, 212.

3. Cet arrêté n'a porté aucune atteinte à la convention antérieure par laquelle un particulier avait loué à certains boulangers, stipulant comme formant la corporation des boulangers de la ville, un immeuble destiné à recevoir leurs approvisionnements en farine.— Cette convention reste donc obligatoire, malgré l'abrogation des dispositions légales ou réglementaires sous l'influence desquelles elle était intervenue. Cette abrogation ne saurait avoir un effet rétroactif sur le passé. (C. Nap. 2, 1134, 1148, 1302). — Cass. 10 juillet 1867, Pauchon c. boulangers de Blidah, IX, 184.

4. Et la convention dont il s'agit reste obligatoire même pour les boulangers qui ont remplacé les signataires dans l'exercice de leur profession, si, d'ailleurs, ils ont eux-mêmes accepté le bail, en occupant les lieux loués, et exécuté les conditions de ce bail. — Même arrêt.

5. Mais de ce que le bail a été approuvé par l'autorité administrative, il ne s'ensuit nullement que la commune ait contracté l'o-

bligation d'en garantir elle-même l'exécution, l'intervention de l'autorité administrative n'ayant d'autre but que de surveiller l'exécution par les boulangers d'une obligation que la loi lui imposait en vue de l'intérêt public. — Même arrêt.

Brigadier de gendarmerie.

Législation spéciale.

1. Le brigadier de gendarmerie faisant fonctions d'huissier en territoire militaire ne peut instrumenter en territoire civil. — A. 15 juin 1869, Préfet d'Oran c. Alibert, XI, 187.

2. Est radicalement nulle la saisie-exécution pratiquée par ce fonctionnaire en territoire civil, et cette nullité n'est pas de celles que l'ordonnance de 1842 laisse aux tribunaux la faculté d'admettre ou de rejeter. — Même arrêt.

V. Huissier, — Saisie immobilière, 16.

Brigadier forestier. — V. Jury, 4.

Broussailles. — V. Forêts, 4.

Bruits nocturnes. — V. Tapage nocturne.

Bureaux arabes. — V. Fonctionnaire public, 6 s, — Saisie immobilière, 17 s.

C

Cadi.

1 ACTES DES CADIS. — Ils font pleine foi des conventions et de la date qu'ils énoncent, sauf la preuve contraire. — Rédigés depuis la conquête et d'après la législation spéciale à l'Algérie, ils sont authentiques, bien qu'ils n'aient pas été soumis à la formalité de l'enregistrement, et que minute n'en ait pas été gardée. — A. 9 mars 1857, Ben Bahamed c. Fabus, I, 62.

2. Un acte rédigé par un cadi sous l'empire de l'ordonnance du 26 septembre 1842, est authentique, et ne peut être argué de faux que par la voie de l'inscription de faux. Il importerait peu que cet acte n'eût été écrit que sur un registre de famille, les cadis

n'ayant été astreints à transcrire leurs actes sur les registres de la mhakma que par le décret du 1ᵉʳ octobre 1854. — A. 21 juillet 1869, XI, 210.

3. L'art. 44 du décret du 31 décembre 1859 dispose, en principe, que les actes reçus par les cadis seront transcrits en entier sur un registre *ad hoc*, et signés par le cadi et les adouls. — A. 4 févr. 1868, XI, 38.

4. Cette disposition n'étant pas prescrite à peine de nullité, l'acte de habbous est valable, quoique signé par le cadi seulement. — Même arrêt.

5. Lorsqu'après règlement et partage fait entre Maures, par arrêt de la Cour d'Alger, d'une portion de rente constituant un prix d'immeuble, les parties, sans tenir compte dudit arrêt, se sont retirées devant le cadi, pour y régler à nouveau leurs droits dans ladite rente, ce second règlement, à supposer qu'il puisse être opposé à un tiers européen, cessionnaire par acte authentique des droits établis par l'arrêt, ne pourrait, en tout cas. être considéré comme emportant renonciation à ces droits de la part des cédants qu'autant qu'il aurait été inscrit antérieurement à la signification de la cession sur le registre du cadi dont la tenue est ordonnée par les art. 51 et 60 du décret du 1ᵉʳ octobre 1854. Il ne suffirait pas que la comparution volontaire des parties devant le cadi fût antérieure à cette signification. — Cass. civ., 3 juillet 1859, Damoreux c. Dermineur, I, 275.

6. APPEL *de la sentence du cadi.*. — Il est valablement fait s'il a été interjeté dans le délai prescrit par l'art. 31 du décret du 31 décembre 1859, et dans le cas où le midjelès n'aurait pas pu prononcer dans la quinzaine du recours. — A. 10 avril 1867, Brahim ben Kouïder c. Abderrahman, IX, 105.

7. Le pourvoi en midjelès suspend les délais d'appel d'un jugement de cadi. — A. 22 février 1869, Bernou ben Selimi c. Bourahla ben Mohammed, XI, 13.

8. Tant que le midjelès n'a pas statué, la partie qui s'est pourvue devant lui peut, à l'audience même de la Cour, se désister de son pourvoi et déclarer vouloir interjeter appel incident du jugement du cadi. — Même arrêt.

9. L'appel se trouve ainsi avoir été relevé dans le délai de la loi, et dès lors il est recevable. — Même arrêt.

10. COMPÉTENCE. — Dans une contestation entre musulmans, il

ne saurait dépendre de l'une des parties d'attribuer, par la forme de procédure qu'elle adopte, compétence d'une juridiction incompétente à raison, soit de la matière, soit de la qualité des parties, soit du domicile du défendeur. C'est au cadi qu'il appartient de statuer sur une contestation entre musulmans seuls. — A. 17 févr. 1869, Bourkaïb, XI, 68.

11. Les cadis ne peuvent connaître que de contestations entre musulmans. (Déc. des 31 décembre 1859 et 23 décembre 1866). — A. 24 nov. 1875, Etat c. Ben Zekri, XVII, 248.

12. Sous l'empire du décret du 31 déc. 1859, la vente de l'immeuble litigieux faite à un Européen postérieurement à l'introduction de l'instance devant le cadi, ne modifie pas la compétence du cadi, qui doit statuer nonobstant cette vente. — A. 2 juin 1863, Kella bent Mohammed c Hassem ben Mohammed, V, 112.

13. Le cadi est incompétent pour statuer sur une question de habbous intéressant le Domaine. — A. 20 mars 1861, Fathma et Mohammed Touzbir c. l'Etat, III, 57.

14. ... Ainsi que sur une incontestation entre le Domaine et un indigène. — A. 10 fév. 1868, XI, 39.

15. *Titres écrits en français.* — Le cadi n'est pas incompétent parce qu'on lui produit des titres rédigés en langue française. Il doit les faire traduire ou se faire assister d'un interprète apte à lui rendre compte de leur contenu. — Même arrêt.

V. Chose jugée, 14, 40 s, — Incompétence, 6, — Interdiction, 2, — Mariage, 2, 27, — Partages et licitations, 15 s, — Vente, 7, 12 s.

Café chantant. — V. Théâtre.

Cahier des charges. — V. Adjudication, — Ordre, — Partages et licitations, — Saisie-immobilière.

Caisse de secours. — V. Responsabilité, 8.

Capitaine de navire.

1. ARRIMAGE DÉFECTUEUX. — Le fait de placer dans un bateau des tissus au-dessous de barriques de trois-six, constitue un vice d'arrimage. Dans ce cas, si, par suite d'une fortune de mer, les tissus sont avariés, le capitaine est tenu à la réparation de l'avarie concurremment avec le destinataire ou la compagnie d'assurance. — A. 17 juin 1875, Deglaire et Fouesnel c. Moraly, XVII, 182.

2. MARCHANDISES INSUFFISANTES POUR CHARGER. — Le capitaine qui, arrivé au lieu indiqué pour le chargement, n'y trouve pas une quantité de marchandises suffisantes pour effectuer ledit chargement dans le terme prévu, et qui, par suite, opère son retour précipité sans établir qu'il a fait toutes diligences, mise en demeure et constatations suffisantes, n'a contre son affréteur d'autre droit à indemnité que celui que lui ouvre l'art. 1382 du C. civ., et ne peut invoquer l'application des art. 294, 288 du Code de commerce, pour exiger le fret entier de son navire. — A. 10 octobre 1870, Scalla c. Tulli, XII, 232.

3. MARCHANDISE SAISIE. — Lorsque la marchandise embarquée est frappée d'une saisie, le capitaine a le droit d'exiger que cette saisie soit mentionnée sur le connaissement. — Il importerait peu que cette saisie pût être annulée, le capitaine n'étant pas juge de la question. — A. 9 déc. 1871, Cosmelli c. Roussac, XIII, 204.

4. Si un jugement consulaire donne tort, sur ce point, au capitaine, celui-ci peut faire appel, et son appel ne saurait être déclaré irrecevable par le motif que le capitaine, après le jugement, aurait accepté le connaissement sans la susdite mention, surtout si, dans l'acte d'appel, signifié en même temps, il a fait toutes réserves à cet égard. — Même arrêt.

* 5 REGISTRE DU BORD. — RAPPORT DE MER. — Si, en principe, le registre du bord, régulièrement tenu, et le rapport de mer dûment vérifié, ne font parfois jusqu'à preuve contraire, et si cette preuve peut résulter de simples présomptions, au moins faut-il que ces présomptions soient graves, précises et concordantes. — A. 4 juillet 1868, Durso c. Alphandéry, X, 129.

6. Au contraire. — Ce rapport fait foi en justice, sauf la preuve contraire, réservée aux parties, des accidents et circonstances y mentionnés. — A. 30 mars 1874, Giraud fils c. Cie *Navigation mixte*, XVI, 123.

7. Un capitaine ne peut être admis à prouver des faits de mer autres que ceux consignés en son rapport. — A. 29 nov. 1861, Perrette, Gros et Cie c. Hassan, III, 256.

8. RESPONSABILITÉ. — En droit maritime, le capitaine peut limiter son engagement et sa responsabilité à raison de la marchandise dont il n'a vérifié ni la quantité ni le poids. (Art. 222, C. com.). — A. 1er août 1868, Dobrowich c. Saulière, X, 90.

9. Le capitaine d'un navire, forcé par le mauvais temps de relâ-

cher dans une rade foraine, s'il se borne à y mouiller sur une seule ancre, pouvant s'amarrer plus solidement, est en faute (art. 407, C. com.). — Il est encore en faute si, en présence des signes avant-coureurs de tempête, et sans prévoir l'éventualité de la rupture de ses amarres, il s'abstient d'appareiller et de gagner le large, cette manœuvre étant praticable. — Par conséquent, si, dans ces circonstances, son navire, rompant ses amarres, en aborde un autre, il est responsable des conséquences de l'abordage. — A. 15 juillet 1859, Vals c. Castan et Touache, I, 269.

10. Les dispositions des art. 241, 400 (dernier §), 410, 412 et 413, C. com. ne sont pas limitatives. Ainsi, un capitaine de navire, tout en conservant une entière liberté d'action dans l'exercice de son commandement, est tenu de prendre l'avis des intéressés et des principaux de l'équipage, toutes les fois qu'il croit devoir ordonner, en vue du salut commun, une mesure dommageable, soit pour les armateurs, soit pour les chargeurs. — Bien que le capitaine ne soit intervenu dans aucun des actes par lesquels les armateurs de son navire se sont engagés à faire remorquer un autre navire jusqu'à destination, il peut, en raison des circonstances, être astreint à remplir cette obligation, et est responsable des sinistres que son inexécution aurait occasionnés. — Même arrêt qu'au n° 7, suprà.

11. RETARD DANS L'ENVOI DU NAVIRE POUR CHARGER. — Le capitaine d'un navire envoyé dans un port pour prendre un chargement, n'est pas personnellement responsable du retard apporté par celui qui l'a envoyé, dans l'exécution du contrat passé avec le destinataire chargeur, contrat qui avait pour but l'envoi de ce navire. Par suite, ce destinataire ne peut obliger le capitaine à lui tenir compte, sur le fret, du prétendu dommage éprouvé par ce retard. — Même arrêt qu'au n° 3, suprà.

V. Avarie, 1, 5, 10, 15, — Connaissement, — Fret, — Navire.

Carrière.

L'art. 32 de la loi du 21 avril 1810 ne s'applique pas à l'exploitation des carrières. — Cette exploitation, qui est purement civile lorsqu'elle est entreprise par le propriétaire de la carrière, devient commerciale lorsqu'elle consiste dans l'extraction des marbres, pierres, chaux ou autres matériaux que renferme un terrain appartenant à autrui et notamment un sol domanial concédé temporairement par l'Etat aux exploitants. — L'objet de l'entreprise pour laquelle ces derniers se sont associés consistant dans la revente des produits obtenus, rentre dans les prévisions de l'art. 632, C. com. Par suite, leur société constitue une société commerciale. — A. 7 mars 1862, Tardieu c. Boulay, IV, 71.

Cassation.

1. DÉFAUT DE MOTIFS. — Il n'y a pas défaut de motifs sur un point du débat, la soumission des biens mobiliers au système du *habbous* dérivant de l'un des actes de constitution, lorsque l'arrêt, s'expliquant en général à l'égard de tous les actes de habbous, a dit qu'ils avaient tous pu comprendre les biens mobiliers. — Cass. civ. 28 avril 1873; Mahi Eddin, XV, 166.

2. Il n'y a pas non plus défaut de motifs sur la prétention que l'un des actes de habbous ne présente pas la condition essentielle d'une destination pieuse, lorsque l'arrêt dit que tous les actes de habbous sont valables sous ce rapport comme sous les autres. — Même arrêt.

3. Mais il y a défaut de motifs lorsque le juge auquel on présente une demande en partage de succession fondée sur ce qu'un des substitués étant décédé avant l'auteur de la substitution, la moitié de la succession de ce constituant étant devenue libre, se trouvait dévolue à ses héritiers, a rejeté cette demande sans indiquer les raisons de fait ou de droit qui justifiaient sa décision. — Même arrêt.

4. De même si l'arrêt rejette sans motif la demande en partage des biens personnels laissés par un des membres de la famille, dont la succession était absolument étrangère à l'immobilisation résultant des actes de substitution habbous. — Même arrêt.

5. DÉFAUT DE QUALITÉ. — Lorsque la qualité héréditaire du demandeur en cassation n'a pas été contestée devant les juges du fait, l'inexistence prétendue de cette qualité ne saurait faire l'objet d'une exception dirigée contre le pourvoi. — Même arrêt.

6. INTERVENTION. — L'intervention n'est recevable en Cour de cassation qu'autant qu'il s'agit d'une matière indivisible. — Même arrêt.

V. Bail, 35. — Chose jugée, 4, 5. — Habbous, 9, 10, — Interprétation des conventions, 3, — Intervention, 2, — Jugement par défaut, 6, — Liberté provisoire, 1 s, — Lois, 2, — Presse, 8 s, 20.

Caution. — V. Cautionnement.

78   CAUTIONNEMENT

Caution JUDICATUM SOLVI.

La convention consulaire intervenue entre la France et l'Espagne, le 18 mars 1862, déclarée applicable et exécutoire en Algérie par son article 29, doit être considérée comme promulguée dans ce pays par la promulgation du Code de procédure dont elle n'est qu'une modification dans la disposition relative à la caution édictée par l'art. 166 du Code de procédure. — Cette convention, en donnant, dans son art. 2, aux nationaux de ces deux pays, libre et facile accès auprès des tribunaux de justice, tant pour réclamer que pour défendre leurs droits, a pour effet de dispenser les Espagnols de fournir la caution *judicatum solvi*. Cette convention est opposable à tout défendeur, quelle que soit sa nationalité, et notamment au défendeur étranger, qui ne jouit du droit de réclamer la caution *judicatum solvi* qu'en vertu de l'art. 19 de l'ordonnance du 16 avril 1843. — A. 11 mai 1871, Cabanillas et Sardnal c. Cortez, Floros et Zygomalas, XIII, 134.

Cautionnement.

1. CARACTÈRE CIVIL. — Le cautionnement est un contrat civil ; la caution ne peut, en principe, être assignée que devant les tribunaux civils pour l'exécution du cautionnement. — A. 9 juillet 1863, Feuilhade de Chauvin c. Fabre, V, 150.

2. CAUTION SOLIDAIRE. — Le jugement rendu avec le débiteur principal est opposable à la caution solidaire. — A. 23 mai 1862, Lovatelli, IV, 124.

3. COMPÉTENCE. — Le cautionnement donné par lettre missive est censé donné de l'endroit où la lettre est écrite. Par suite, c'est devant les tribunaux de son domicile que la caution doit être assignée, bien que le créancier soit domicilié en Algérie et que ce soit en Algérie que sa créance ait pris naissance. L'art. 2 de l'ordonn. du 16 avril 1843 est inapplicable à ce cas. — Même arrêt qu'au n° 1, *suprà*. — V. Garantie, 5.

4. MATIÈRE COMMERCIALE. — Si le cautionnement d'une obligation commerciale est un contrat purement civil, relevant de la juridiction ordinaire, il devient commercial et rend celui qui l'a contracté justiciable des tribunaux de commerce lorsqu'il a été donné en une forme commerciale, telle qu'un aval. — Il importe peu que cet aval soit intervenu par acte séparé, s'il garantit ex-

plicitement le paiement de billets à ordre souscrits entre négociants pour une opération commerciale. — A. 1er mai 1862, Nelson c. Achak, IV, 150.

5. Mais si le cautionnement n'a ni une cause ni une forme commerciale, les tribunaux de commerce sont incompétents pour en connaître, alors même que la prétendue caution est assignée conjointement avec le souscripteur du billet prétendu garanti, si le cautionnement invoqué est purement verbal. — A. 23 déc. 1862, Monteforte c. Elie, V, 9.

6. Il est de principe que le cautionnement est un contrat de droit civil, et, par suite, de la compétence de la juridiction ordinaire, alors même qu'il est consenti en faveur d'un commerçant pour les opérations commerciales de celui-ci, quand, d'ailleurs, la caution n'est pas elle-même intéressée dans les opérations commerciales du cautionné, et que le cautionnement n'est pas donné dans la forme commerciale. — A. 29 nov. 1872, Sens Clive c. Gabert, XIV, 260

7. Il s'agit alors, dans ce cas, d'une incompétence *ratione materiæ*; par conséquent, les juges saisis du litige doivent la prononcer d'office si elle n'est requise par les parties en cause. — Même arrêt.

8. Le cautionnement est un contrat essentiellement civil; par suite, les tribunaux de commerce sont incompétents pour en connaître alors que la dette cautionnée serait une dette commerciale. — A. 21 mai 1865, Ferrière c. Gilli, VIII, 116.

9. SURETÉS DIMINUÉES OU PERDUES. — Les sûretés dont parle l'art. 2037, C. N., et dont la perte autorise la caution à demander sa décharge, s'entendent, dans la disposition de cet article, de sûretés, non en fait, mais en droit. — Même arrêt qu'au n° 6, *suprà*.

10. VENTE. — Lorsqu'un vendeur a été partie contradictoirement ou par défaut dans un jugement qui a prononcé l'éviction de l'acquéreur, celui-ci peut, en vertu de ce jugement, actionner la caution du vendeur, et, dans ce cas, cette caution ne peut invoquer l'art. 1640, C. civ., et proposer, pour s'exonérer de toute responsabilité, des moyens qui n'auraient pas été employés par l'acquéreur et qui auraient été susceptibles de faire cesser l'éviction. — Même arrêt qu'au n° 2, *suprà*.

V. Surenchère, 5, 8 s. — Tutelle, 5 s.

Cession de droits litigieux. — V. Droits litigieux.

Cession de droits successifs. — V. Transport de droits successifs.

Cession-transport. — V. Transport-cession.

Chambre des vacations. — V. Vacations (chambre des).

Chancelier de Consulat. — V. Acte authentique, 2 s.

Chambre des mises en accusation. — V. Crimes, délits et contraventions, 5.

Céréales. — V. Grains en vert.

Certificat. — V. Maire.

Cessation de paiements. — V. Faillite.

Cession de biens.

1. L'acte par lequel un non commerçant fait à ses créanciers abandon de tous ses biens et constitue en outre à leur profit une hypothèque sur ses biens à venir, ne saurait être attaqué par ceux des créanciers qui l'ont signé, alors surtout qu'ils ont concouru à son exécution en prenant part à diverses répartitions de l'actif. — A. 29 juin 1869, Broude c. Aribaut, XI, 106.

2. Peu importe, dès lors, à l'égard de ces créanciers, que l'acte d'abandon ne puisse être considéré comme une cession de biens volontaire, en raison du manque de signature d'un certain nombre d'autres créanciers. Ceux-là seuls ont qualité pour attaquer un acte de cette nature qui ont refusé d'y adhérer. — Même arrêt.

3. La nullité de la clause portant abandon de tous les biens présents n'entraîne pas, d'ailleurs, nécessairement nullité de la constitution d'hypothèque sur biens à venir, faite dans le même acte par le cédant à ses créanciers. Les deux clauses forment deux dispositions distinctes entre lesquelles la corrélation ne doit pas forcément se présumer. — Même arrêt.

Chasse.

Bien que l'art. 12 *in fine* de la loi du 3 mai 1844 ne prononce d'aggravation de peine que lorsque les délits prévus par les art.

11 et 12 auront été commis par les gardes champêtres ou forestiers des communes, de l'Etat ou des établissements publics, cette disposition ne doit pas être considérée comme limitative, et le garde particulier qui se rend coupable d'un délit de chasse est passible de l'aggravation de peine édictée par l'art. 198 du Code pénal, à l'encontre des fonctionnaires ou officiers publics qui auront participé à des crimes ou délits qu'ils étaient chargés de surveiller ou de réprimer. — A. 17 avril 1872, Argentier, XIV, 41.

Chefaâ.

DIVISION

§ 1. — Droit musulman.
§ 2. — Législation spéciale (antérieure à la loi du 26 juillet 1873) (1).

----

§ 1. — Droit musulman.

1. Le chefaâ, en droit musulman, peut être exercé par tout copropriétaire d'un immeuble indivis contre l'acquéreur d'une part quelconque de cet immeuble. — Le délai pour l'exercice de l'action en retrait est d'un an Il court non du jour du fait connu de la vente, mais du jour où le copropriétaire retrayant a eu connaissance des clauses et conditions de cette vente. — Le délai ne court pas contre les absents, quand même ils auraient des mandataires sur les lieux. — A. 19 juin 1855, Bellard c. Ben Merzouga, VII, 55.

2. Lorsqu'un copropriétaire musulman aliène sa part indivise dans un immeuble, les cohéritiers du vendeur ont sur les simples copropriétaires de ce dernier un droit de préférence à l'exercice du chefaâ. — A. 25 déc. 1863, El-Meradi c. Saad Allah, V, 232.

3. D'après la loi musulmane, qui ne prend pas en considération la nationalité de l'acquéreur, pour exercer le droit de chefaâ, il faut avoir la pleine propriétée t non posséder à titre de dévolutaire d'un habbous. — A. 17 avril 1867, Mahi Eddin c. Ali Chérif, IX, 102.

4. *Contrà*: — Le chefaâ s'exerce sur une propriété habbous. — Même arrêt qu'au n° 2, *suprà*.

----

(1) On sait que l'art. 1er de la loi du 26 juillet 1873 porte que « le droit réel de » Chefaâ ne pourra être opposé aux acquéreurs qu'à titre de retrait successoral » par les parents successibles d'après le droit musulman et sous les conditions prescrites par l'art. 841, C. civ. »

5. Aucun mode particulier n'est prescrit pour l'exercice du chefaâ; il suffit que l'intention soit clairement manifestée. — A. 28 avril 1865, Chandarly Braham c. Devaux, VII, 103.

6. La faculté de préemption ou chefaâ n'a existé originairement qu'au profit du copropriétaire de l'immeuble dont partie venait d'être vendue par son communiste à un étranger. — A. 11 nov. 1867; Hassen El-Safari c. Mohammed El-Zouack, IX, 213.

7. C'est encore dans ces limites que le rite malekite renferme le droit de chefaâ. — Même arrêt.

8. Si le rite hanefite en a étendu le bénéfice au voisin d'un immeuble aliéné, il ne l'a fait que sous l'expresse condition que celui-ci manifesterait son intention d'acquérir à l'instant même où la vente arriverait à sa connaissance. — Même arrêt.

9. Spécialement, le voisin est non recevable à exercer le chefaâ contre un acquéreur aux enchères publiques, alors qu'il a eu connaissance de ces enchères et qu'il y a même participé par l'offre d'un prix. — Même arrêt.

§ 2. — Législation spéciale (antérieure à la loi du 26 juillet 1873).

10. Délai. — L'article 17 de la loi du 16 juin 1851 a maintenu le chefaâ dans certaines limites, et a entendu le conserver avec le caractère et les conditions de délai qui lui appartiennent d'après la loi musulmane. — Par suite, il est applicable aux immeubles ruraux comme aux immeubles urbains, aux propriétés bâties comme aux propriétés non bâties, et le retrayant est déchu du droit de l'exercer, s'il a laissé expirer le délai d'un an tel qu'il a été déterminé plus haut. — Même arrêt qu'au n° 1, *suprà*.

11. Fruits. — Intérêts. — En matière d'exercice du droit de chefaâ, le retrayant doit rembourser à l'acquéreur évincé par le retrait, non-seulement le capital et les loyaux coûts, mais encore les intérêts, si ce dernier n'a pas perçu les fruits. — A. 23 octobre 1871, Devaux c. Chandarly, XIII, 228.

12. Cette solution, qui serait exacte sous l'empire de la nouvelle loi du 26 juillet 1873, fut modifiée, sur opposition, par l'arrêt suivant : — Le Chefaâ étant un droit particulier à la législation musulmane, différent, en beaucoup de points, du retrait successoral et du retrait litigieux admis dans le droit français, on doit décider, selon les règles spéciales, que celui qui exerce le chefaâ ne doit pas à l'acquéreur évincé l'intérêt du prix sujet à remboursement,

depuis le jour où il a pris possession de l'immeuble objet du retrait ; il doit seulement les fruits dont la qualité doit être fixée selon les circonstances et en tenant compte du produit réel de la possession. — A. 13 mai 1872, mêmes parties, XIV, 217.

13. Pouvoir des tribunaux. — Les tribunaux sont investis d'un pouvoir discrétionnaire pour autoriser ou refuser l'exercice du droit de chefaâ. — A. 29 juin 1869, Tabet c. Ben Guechout, XI, 236.

14... Sans qu'il y ait à distinguer entre un acquéreur musulman et un acquéreur non musulman. — Même arrêt qu'au n° 3, suprà.

15. L'intérêt général leur prescrit de repousser les demandes en retrait, lorsqu'il s'agit d'acquisitions révélant un sérieux esprit de colonisation, et de les autoriser, au contraire, lorsqu'il s'agit d'acquisitions inspirées par l'esprit d'agiotage ou offrant un danger de perturbation, pour les familles musulmanes. — Même arrêt qu'au n° 13, suprà.

16. Lorsque la loi de 1851 laisse à l'appréciation des tribunaux l'admission ou le rejet du chefaâ, et qu'elle dit que, dans cette appréciation, ils devront se décider d'après la *nature* de l'immeuble et les *circonstances*, elle entend qu'il faut chercher à concilier l'intérêt privé avec l'intérêt général tout en se préoccupant du caractère du contrat de vente et du but que l'acquéreur a poursuivi en achetant. On doit admettre le chefaâ si l'acquéreur n'a acheté que par spéculation et non dans l'intention de développer la production agricole. — Même arrêt qu'au n° 1, suprà.

17. Aux termes de l'art. 17 de la loi du 16 juin 1851, le droit de chefaâ ne peut être exercé vis-à-vis d'un acquéreur étranger qu'autant que l'immeuble se trouvait indivis auparavant entre le vendeur et d'autres musulmans. — Si parmi les copropriétaires qui ne peuvent être évincés, il se trouve des israélites ou des Européens, l'action en chefaâ est irrecevable. Un musulman qui tient son droit d'un Européen ne peut exercer le droit de chefaâ, à l'égard d'un autre musulman acquéreur possesseur. — A. 30 avril 1866, Hammou ben Souissi, VIII, 107.

Chef de famille. — V. Mandat, 26, — Propriété, 29.

Chef indigène. — V. Fonctionnaire public, 9 s, — Presse, 19, 20, — Saisie-arrêt, 4.

Chemins de fer.

1. ACCIDENT. — On doit considérer comme accident, dans le sens de l'art. 59 de l'ordonnance du 16 nov. 1846, tout fait anormal survenant dans la marche des trains en dehors des prévisions ordinaires, et pouvant intéresser le salut des voyageurs et la conservation des transports. En conséquence, il y a contravention toutes les fois que le commissaire de surveillance n'a pas été averti de ce fait anormal, quand même il n'y aurait eu absolument aucun dommage et que le temps d'arrêt eût été insignifiant. — A. 29 déc. 1871, Ch. de fer, XIII, 216.

2. AVARIE. — *Vérification.* — Lorsque le destinataire d'une marchandise transportée par chemin de fer refuse de la recevoir pour cause d'*avarie* ou de *manquants*, la compagnie du chemin de fer doit, par l'intermédiaire de son chef de gare, faire procéder à la vérification prescrite par l'art. 106, C. com. — Si elle ne remplit pas cette formalité ou si elle la remplit tardivement, les avaries et détériorations qui surviennent postérieurement sont à sa charge. — A. 27 avril 1874, Chem. de fer c. Sahuc et autres, XIII, 43.

3. Ladite vérification doit être faite du moment que le refus de prendre livraison se produit. Elle doit, en outre, être faite suivant les prescriptions de l'art 106. Une vérification officieuse faite par des experts appelés et choisis par le chef de gare serait inefficace. — Même arrêt.

4. Le fait seul de détériorations ou de *manquants* à l'arrivée autorise le destinataire à refuser les colis si la compagnie ne les fait pas vérifier préalablement par experts. — Même arrêt.

5. Ces solutions de l'arrêt du 27 avril 1871 sont critiquées par le Rédacteur du *Journal* comme étant contraires à l'esprit de l'art. 106, à la doctrine, à la jurisprudence et à la pratique commerciale. Il cite, à l'appui de son appréciation : *Rép. Journ. Pal.* et suppl., v° Voiturier, n°° 65 et suiv.: — Dalloz, v° Commissionnaire de transport, n°° 268, 475 ; Paris, 14 août 1857 (*Journ. Pal.*, 1, 2, 1847, p. 321) ; Colmar, 9 déc. 1862 ; Cass., 2 août 1842 et juin 1858 (*Journ. Pal.*, 1842 et 1858).

6. Diverses autres décisions semblent justifier la critique des solutions de la Cour d'Alger. — Un arrêt de la Cour suprême du 18 avril 1831 a jugé que l'art. 106, C. com., n'impose pas une

forme de vérification tellement absolue qu'elle ne puisse avoir lieu, du moins provisoirement, d'une manière équivalente.

7. ... Et qu'aucun délai n'est prescrit pour la vérification ou constatation, pourvu que le procès-verbal de vérification ou constatation ait été dressé avant la demande formée par le destinataire contre le voiturier.

8. Jugé même que si le destinataire ne veut accepter les objets transportés par un chemin de fer que sous toutes réserves, et sans en proposer la vérification immédiate, la compagnie est en droit de refuser d'effectuer cette livraison, et les frais de magasinage et de fourrière, qui en sont la suite, doivent être supportés par le destinataire. — Cass., 30 janv. 1872.

9. Ce ne serait donc pas à la compagnie des chemins de fer à se conformer aux dispositions de l'art. 106, ainsi que l'a résolu l'arrêt du 27 avril 1871, mais bien au destinataire.

10. Il semble qu'il en doive être ainsi. Ce n'est pas, en effet, à celui à qui la faute est imputée, mais bien à celui qui l'allègue qu'incombe le soin, l'obligation d'en prouver l'existence. L'art. 106, C. com., ne paraît pas contenir de dérogation à ce principe.

11. Si, à la différence des commissionnaires de transport, les compagnies de chemin de fer ne peuvent se prévaloir de conventions particulières pour s'exonérer des *obligations* que l'article 103 du Code de commerce leur impose, il en est autrement des clauses de non garantie inscrites dans leurs tarifs homologués par l'autorité supérieure ; ces clauses ont un caractère obligatoire à l'égard de tous. — Néanmoins, de telles clauses n'ont pour conséquence que d'affranchir les compagnies de la présomption que la loi fait peser sur elles, en cas d'avarie ou de perte ; elles ne sauraient avoir pour effet de les soustraire à la responsabilité de leurs fautes ; mais, dans ce cas, la faute doit être prouvée contre elles. — Cass. Civ. 14 déc. 1875, Chem. de fer c. Pisani, XVIII, 137.

12. EMPLOYÉ. — Le contrat qui intervient entre une compagnie de chemins de fer et ses employés participe du contrat de louage d'industrie et du contrat de société. — A. 26 janvier 1875, Chemins de fer c. Sergant, XVII, 28.

13. Les principes qui règlent les rapports entre ouvriers et patrons sont applicables aux rapports des compagnies de chemins de fer avec leurs employés ; par suite, le contrat dont la durée n'est pas limitée peut cesser à la volonté de l'une ou de l'autre des

parties. La compagnie qui congédie un de ses employés dans le seul intérêt du service ne commet aucune faute, et n'est passible d'aucuns dommages-intérêts. — Même arrêt. — V. Conf. Cass. 5 fév. 1872 ; — Amiens, 10 juin 1872 (*Journ. Pal.* 1872, p. 300 et la note) ; — Cass. 21 juillet 1873 et 5 août 1873 (*ibid.* 1873, p. 1184 et la note), 28 avril 1874 (*ibid.* 1874, p. 649).

14. S'il est d'usage que les compagnies de chemins de fer accordent, en fin des travaux, des indemnités de licenciement à leurs employés, il n'en résulte contre elles aucune obligation. Ce sont des actes de pure libéralité subordonnés à la volonté des compagnies. — A. 11 juin 1872, Ch. de fer c. Charoy, XIV, 143.

15. ETABLISSEMENT NATIONAL. — *Compétence.* — Les chemins de fer algériens constituent-ils un établissement national, dans le sens de l'arrêté ministériel du 19 octobre 1850 ? Par suite, la commune d'Alger est-elle obligée de leur fournir l'eau nécessaire à leur exploitation ? Un service public constitue-t-il un établissement national ? — Il appartient à l'autorité administrative d'interpréter préalablement l'arrêté du 19 octobre susdit sur ces points. — A. 14 avril 1875, Chem. de fer c. la com. d'Alger et l'Etat, XVII, 139.

16. PASSAGE A NIVEAU. — Quand un propriétaire dont l'immeuble est coupé en deux par le tracé des chemins de fer, consent à faire une cession amiable du terrain à exproprier, mais à la condition que l'administration établira un passage à niveau destiné à faciliter la communication entre les deux tronçons séparés de ladite propriété, la compagnie des chemins de fer peut-elle, plus tard, remettre les clefs de ce passage à niveau au propriétaire et l'obliger à faire lui-même les manœuvres qu'il nécessite ? Non, puisqu'il y a contrat synallagmatique et qu'il faut la volonté de tous les contractants pour le rompre. — Chem. de fer c. Suck et Faure, A. 26 octobre 1872, XIV, 267.

17. On ne peut assimiler ce cas à celui où la compagnie de chemins de fer, ayant établi volontairement des passages à niveau de même catégorie, en l'espèce 4e catégorie, en conformité de l'art. 5 de l'arrêté ministériel du 31 décembre 1866, elle peut imposer aux riverains l'obligation de faire eux-mêmes les manœuvres que nécessite, pour les besoins du service, ce passage à niveau. — Même arrêt.

18. POLICE DES CHEMINS DE FER. — *Billet.* — Celui qui, porteur d'un billet de 3e classe, pénètre dans un wagon de 2e classe,

commet une infraction à l'art. 63 de l'ordonnance du 15 novembre 1846 et à l'art. 21 de l'ord. du 15 juillet 1845. — A. 26 déc. 1872, Proc. gén. c. Borget et autres.

19. Il importerait peu que, dans toute la durée du trajet, le conducteur ne lui eût adressé aucune observation. — Même arrêt.

20. RESPONSABILITÉ. — La compagnie des chemins de fer qui laisse séjourner sur un terrain de gare, au delà d'un délai de 48 heures, des wagons chargés d'immondices, qui devraient être transportées à l'intérieur, est responsable du préjudice causé aux voisins par ce stationnement prolongé. — A. 18 déc. 1871, Rias c. Jaubert et Cⁱᵉ des Chemins de fer, XIII, 230.

21. La clause du règlement sur les chemins de fer qui détermine le délai dans lequel l'expédition de la marchandise devra avoir lieu, n'est pas opposable aux tiers, c'est-à-dire que lorsque les voisins d'une gare se plaignent du préjudice que leur cause la mauvaise odeur des objets à expédier, de fumiers par exemple, la compagnie de chemins de fer ne peut exciper, pour faire repousser l'action, de ce qu'elle est obligée, aux termes de son cahier des charges, de recevoir et d'expédier les fumiers comme toutes autres marchandises et qu'elle a fait l'expédition dans le délai règlementaire. — La réparation est due aux voisins du moment où il est établi que le stationnement a causé préjudice, *quelle que soit la durée du stationnement en gare.* — A. 18 décembre 1873, mêmes parties, XVI, 23.

22. Lorsqu'un expéditeur dépose habituellement dans la gare d'un chemin de fer, et du consentement de la compagnie, des marchandises à transporter, et en attendant leur tour d'embarquement, le fait seul de cette remise constate le contrat de transport, dans les termes de l'art. 1783, C. civ , si cette tolérance a été accordée à l'expéditeur par suite de l'insuffisance du matériel de la compagnie. Par suite, si un incendie se déclare au milieu de ces marchandises, la compagnie est responsable de ses conséquences. Il importerait peu que les marchandises n'aient encore été ni déclarées ni enregistrées. — La force majeure résultant d'une combustion spontanée ne saurait exclure la responsabilité de la compagnie, celle-ci étant en retard et même en demeure d'exécuter le transport. — A. 12 mars 1871, Chem. de fer c. Lévy, XIII, 128.

23. SUBSTITUTION AUX DROITS DE L'ETAT SUR D'ANCIENNES CONCESSIONS. — La compagnie des chemins de fer est substituée de

droit, et spécialement par l'art. 21 de son cahier des charges, au droit que l'Etat s'était réservé, dans les anciennes concessions, de pouvoir prendre, pendant 10 ans, sans aucune indemnité, les terrains nécessaires à l'ouverture des voies de communication. La réserve faite, en ce qui touche les constructions existantes, au profit des concessionnaires, ne saurait s'étendre aux transformations et améliorations qu'a pu recevoir le sol. — Le droit de la compagnie s'étend même aux terrains qui pourraient être nécessaires aux gares, ateliers, chantiers. — A. 29 mai 1867, Bessière c. Chem. de fer, IX, 147. — V. Concession domaniale, 8 s.

24. UTILITÉ PUBLIQUE. — Les travaux relatifs a l'exécution d'un chemin de fer sont des travaux d'utilité publique. — A. 22 nov. 1869, Chem. de fer c. Chatillon, XI, 255.

V. Commissionnaire de transports. — Compétence, 8 s, 27, — Responsabilité, 12 s, — Servitude, 6.

Chemins ruraux.

1. L'art. 20 du décret impérial du 5 juillet 1854 s'occupe exclusivement des chemins vicinaux et ses dispositions ne peuvent pas être appliquées quand il s'agit d'un chemin rural. — A. 27 janvier 1869, Guérin c. commune de Rassauta, XI, 10.

2. L'arrêté préfectoral qui classe un chemin rural n'a pas pour effet de l'incorporer au domaine public communal et de déposséder le propriétaire du sol. Celui-ci peut donc à son gré et selon les principes du droit commun, en revendiquer la propriété, ou bien en réclamer la valeur avec ou sans dommages-intérêts. — Même arrêt.

Chemins vicinaux. — V. Commune, 1, — Impôt, 2.

Chien. — V. Responsabilité, 29.

Chose jugée.

DIVISION

§ 1. — Chose jugée en matière civile.

1. C'est au dispositif et non aux motifs d'une décision judiciaire qu'il faut avoir égard quand il s'agit de rechercher si elle emporte l'autorité de la chose jugée, en ce qui concerne un objet déterminé. — A. 16 juin 1862, Taler c. le Domaine, IV, 185, — V. *infrà*, n° 18 s.

2. Un *arrêt en état de référé* ne peut constituer chose jugée sur la question du fond. — A. 11 juillet 1860, Barny c. Zérafa, II, 229.

3. ACTION *ut corpus*. — ACTION *ut singuli*. — Le jugement rendu sur la demande d'une corporation, agissant *ut corpus*, ne peut être opposé, comme ayant l'autorité de la chose jugée, à l'action intentée à la requête des membres de cette corporation, agissant *ut singuli*, quand la même cause et l'objet des deux actions seraient identiques. — A. 25 juillet 1860, Bérard c. Stora, II, 255.

4. CASSATION. — Les arrêts de cassation ne profitant qu'aux parties qui les ont provoqués par leurs pourvois, quand la matière est divisible, l'arrêt annulé a l'autorité de la chose jugée à l'égard des parties qui ne l'ont pas déféré à la Cour suprême. — Cass. Req. 20 mai 1876, XVIII, 152.

5. Lorsque la cassation n'a été que partielle, l'arrêt attaqué a également l'autorité de la chose jugée relativement à ceux de ses chefs qui ont fait l'objet de moyens rejetés par l'arrêt de renvoi. — Même arrêt.

6. CHEFS DIVERS DE DEMANDE. — Lorsque, sur l'appel d'un jugement statuant à l'égard de deux chefs de demande, il a été, par erreur, plaidé et conclu sur un chef seulement, l'arrêt intervenu en cet état n'a pas pour effet d'épuiser la juridiction de la Cour ; elle peut statuer ultérieurement sur le chef omis lorsqu'elle y est provoquée par des conclusions expresses (C. N., 1351.). — Cass. 28 mai 1866, IX, 26.

7. CONDAMNATION ÉVENTUELLE. — L'autorité de la chose jugée ne peut appartenir à une condamnation qui n'est qu'éventuelle et comminatoire, et, par suite, la partie qui l'a encourue peut s'en faire relever ; mais l'appréciation de ce caractère de la condamnation constitue une interprétation de la décision rendue qui ne peut être déférée qu'à la juridiction dont elle émane. — A. 10 juin 1869, Chouquet c. Roux et Mekalski, XI, 200.

8. CRÉANCIER. — DÉBITEUR. — Le débiteur représentant ses créanciers tant hypothécaires que chirographaires, ceux-ci ne peu-

vent méconnaître l'autorité des jugements rendus contre lui, qu'autant qu'ils auraient été rendus en fraude de leurs droits. — Ainsi, lorsque le montant des droits d'un créancier hypothécaire a été fixé par un jugement contradictoirement avec le débiteur, un autre créancier hypothécaire ne peut remettre en question ce qui a fait 'objet de ce jugement. — A. 31 oct. 1860, Garavini c. Garbè, II 277.

9. DEMANDE NOUVELLE. — MOYEN NOUVEAU. — Lorsque le Conseil du contentieux, statuant en vertu de l'ordonnance du 21 juillet 1846, a rejeté une demande en revendication de propriété, en déclarant que la terre qui en faisait l'objet était réputée *arch* et appartenait à l'Etat, le décret du Conseil d'Etat qui confirme cette décision emporte autorité de la chose jugée, quand bien même il aurait visé, dans un de ses motifs, un moyen de prescription en faveur des revendicants, et indiqué qu'il n'appartient qu'aux tribunaux civils d'en connaître. — En admettant même que l'ordonnance du 21 juillet 1846 ait autorisé les justiciables à se prévaloir des droits résultant pour eux de la longue possession, comme de ceux qui dérivent des titres, il faudrait reconnaître que le Conseil du contentieux avait une pleine et entière juridiction quant à ce. — Il n'est donc plus possible, en revenant devant la juridiction civile, de se prévaloir de la prescription qui aurait été acquise avant la décision du Conseil du contentieux, parce que ce recours ne constitue pas une action nouvelle, mais un moyen nouveau qui ne saurait échapper à l'autorité de la chose jugée. — Même arrêt qu'au n° 1, *suprà*.

10. Lorsque, dans une instance, l'acquéreur d'un immeuble soutient qu'il a payé le prix de vente, soit en espèces, soit au moyen d'une remise d'actions sur une société, le jugement n'aura pas l'autorité de la chose jugée en ce qui touchera la question de savoir ultérieurement si la vente est valable et sérieuse, et si, au jour où elle a eu lieu, l'acquéreur n'était pas déjà propriétaire au moyen de conventions particulières. — Ces deux instances ne reposent pas en effet sur la même cause. — A. 31 décembre 1867, Sambucci c. Deleschamps, X, 3.

11. DOMICILE. —▸ Lorsque, dans une instance entre deux parties, il a été souverainement jugé que l'une d'elles avait son domicile dans une localité, cette décision peut être invoquée comme ayant l'autorité de la chose jugée dans une instance ultérieure entre les mêmes parties, s'il ne s'est pas produit de faits nouveaux suscep-

tibles de modifier cette situation. — A. 25 mars 1862, Cappé c. Aïcha, IV, 74.

12. FOLLE ENCHÈRE. — En admettant que les intérêts du saisi et du fol enchérisseur ne soient pas distincts, il n'y aurait pas chose jugée opposable au saisi qui formerait tierce opposition aux jugements et arrêts qui ont statué sur la validité des poursuites de folle enchère, — bien que la matière soit indivisible. — A. 30 avril 1862, Morosoli c. Zermati, IV, 108. — V. Tierce-opposition, 7.

13. HYPOTHÈQUE LÉGALE. — Ce qui est fait et jugé avec le mari est opposable à la femme exerçant les droits résultant de son hypothèque légale. — A. 18 déc. 1874, d° Luce c. Brunet, XVI, 275.

14. JUGEMENT DE CADI. — Un jugement de cadi ne saurait acquérir contre l'Etat l'autorité de la chose jugée. — A. 24 nov. 1875, Préfet de Constantine c. Ben Zekri, XVII, 248.

14 bis. JUGEMENT ORDONNANT UNE LICITATION. — *Droit de propriété.* — Le jugement qui ordonne la licitation d'un immeuble comme dépendant d'une communauté entre époux n'a pas l'autorité de la chose jugée en ce qui touche le droit de propriété, si la question n'a pas été posée et discutée entre les parties ; il peut être ultérieurement décidé que cet immeuble est un propre de l'un des époux, et ce, alors même que le procès-verbal du notaire contenant la liquidation de la communauté ferait tomber le prix dans la masse commune, toujours du consentement des parties, si ce procès-verbal n'a pas été homologué par le tribunal. — A. 17 jui 1876, Puech c. Davrieux et Mondon, XVIII, 217. — V. Communauté conjugale, 12 *bis.*

15. LÉGISLATION DIFFÉRENTE. — La chose jugée ne saurait être présentée, lorsqu'il s'agit d'une décision rendue en vertu d'une législation différente de celle qu'il s'agit d'appliquer dans la cause pendante. — A. 2 janvier et 10 juillet 1862, Luce c. Abderrahman El-Kenaï, IV, 153.

16. LITIGE RÉEL. — L'autorité de la chose jugée ne s'attache à une décision judiciaire et ne la protège qu'autant qu'il y a eu cause de litige et litige réel. — A. 27 mai 1872, Cayla c. St-Jean, XIV, 129.

17. Spécialement, quand une créance, non contestée, a été admise au passif d'une faillite, sans contestation, quoique sur renvoi à l'audience, on ne peut y puiser l'exception de chose jugée en faveur du créancier, contre une demande en restitution de mar-

chandises à lui remises avant la faillite, le litige et la contestation n'ayant pas eu ces marchandises pour objet. — Même arrêt.

18. MOTIFS DU JUGEMENT. — La discussion et l'appréciation d'un moyen de droit contenues dans les motifs d'un jugement n'ont pas l'autorité de la chose jugée, si le dispositif, qui seul constitue l'essence du jugement, ne consacre pas l'application du principe posé. Par suite, ce moyen peut être ultérieurement reproduit, bien qu'aucun appel n'ait été relevé contre ledit jugement. — A. 17 nov. 1873, Etat (Constantine) c. cons. Girard, XV, 273.

19. L'interlocutoire ne lie le juge, à cet égard, qu'autant que, sur conclusions formelles des parties, il a été amené à écarter, par sa décision, un moyen déterminé pour s'en tenir exclusivement à d'autres moyens qu'il a précisés et déterminés. — Même arrêt.

20. L'énonciation, dans les motifs d'un jugement, d'un droit de propriété sur des terrains dont la situation est d'ailleurs insuffisamment précisée, ne saurait avoir l'autorité de la chose définitivement jugée, alors que le dispositif de ce même jugement ne statue pas sur ce droit de propriété. — A. 21 janvier 1870, Ben Haïm c. Préfet d'Oran, XII, 19.

21. OBJET DU JUGEMENT. — *Justifications insuffisantes.* — L'autorité de la chose jugée n'a lieu qu'à l'égard de ce qui fait l'objet du jugement, art. 1351, C. civ., d'où la conséquence que lorsqu'une décision déclare un demandeur non recevable dans son action ou rejette une exception d'incompétence ou autre, faute de justification suffisante de la condition à laquelle le droit était subordonné, cette décision ne juge ni la question de savoir si la demande ou l'exception serait fondée, dans le cas où la condition dont s'agit serait accomplie, ni la question de savoir si le demandeur dans l'action ou l'exception serait ultérieurement recevable à faire la preuve qu'il n'avait pu faire encore. — A. 28 juillet 1873, Préfet d'Oran c. Chaucogne, XV, 258.

22. Le procès peut donc toujours être recommencé et la justification faite, le jugement étant présumé n'avoir statué et rejeté qu'en l'état. — Même arrêt.

23. Spécialement, un arrêt qui déclare, à propos d'un déclinatoire proposé pour cause de séquestre, que l'Etat ne justifie pas suffisamment que l'application de la législation en cette matière ait été encourue et que l'immeuble litigieux ait été frappé de sé-

questre, ne peut empêcher l'Etat de reproduire ultérieurement le
déclinatoire proposé et de justifier le fait du séquestre. — Même
arrêt.

24. La chose jugée n'existe qu'à l'égard de ce qui a fait l'objet du
jugement. — Ainsi un *jugement de séparation de biens* peut être
annulé pour défaut d'exécution dans les délais légaux, bien que,
postérieurement à l'expiration de ces délais, un jugement de séparation de corps intervenu entre les époux ait déclaré, sans que les
deux parties eussent soulevé la question, qu'il n'y avait pas lieu
d'ordonner la liquidation prescrite par le jugement de séparation
de biens, et ainsi implicitement considéré ce jugement comme toujours subsistant. — A. 31 mars 1858, confirmé par Cass. 28 déc.
1858, Gargnier, I, 193, 4ᵉ cahier.

25. L'autorité de la chose jugée embrasse non seulement ce qui
a été jugé en principe, mais encore tout ce qui découle par voie de
conséquence directe et nécessaire du principe admis. — A. 24 juin
1861, Frentzel c. Seligman, III, 165. — V. l'application faite par
cet arrêt à l'espèce qui était soumise à la Cour, vᵒ Hypothèque légale, 2.

26. TRIBUNAUX ADMINISTRATIFS. — L'autorité de la chose jugée
appartient aux décisions des tribunaux administratifs comme à
celles des tribunaux de l'ordre judiciaire ; une demande de renvoi
pour interprétation d'actes politiques, repoussée une première fois
par le Conseil d'Etat, ne saurait être produite de nouveau, sous le
prétexte que les moyens présentés par le Domaine ont été incom-
plets. — A. 28 octobre 1868, Maggoura c. Bou Akkas et l'Etat, X,
194.

§ 2. — Chose jugée en matière criminelle.

27. ORDONNANCE DE NON-LIEU. — Une ordonnance de non-lieu
ne peut acquérir l'autorité de la chose jugée. Elle n'a d'autre valeur que celle d'une déclaration du magistrat instructeur, n'ayant
pas encore trouvé preuve suffisante pour suivre ; mais la poursuite
peut être reprise ultérieurement. — A. 18 nov. 1875, A. c. Douce,
XVII, 239.

§ 3. — Influence du criminel sur le civil et *vice versâ*.

28. ARRÊT CRIMINEL *postérieur à l'exécution d'un jugement
civil.* — Lorsqu'une partie a obtenu un jugement définitif qui con-

damnait un individu au paiement d'une certaine somme et qu'elle l'a fait exécuter, elle peut être soumise ultérieurement à une action en dommages-intérêts de la part du prétendu débiteur, s'il survient un fait judiciaire nouveau qui constate que la décision exécutée a été obtenue à l'aide de manœuvres frauduleuses. — spécialement, si les témoins qui ont servi de base à une condamnation ont été condamnés plus tard par la Cour d'assises pour crime de faux témoignage à l'occasion de ce jugement. — Il importerait peu que le prétendu créancier n'eût pas été compris dans les poursuites criminelles. — La demande du prétendu débiteur illégalement exécuté est une demande nouvelle et qui n'a pas pour résultat de porter atteinte à l'autorité de la chose jugée résultant de la sentence exécutée. — Cette conclusion est conforme au droit musulman comme au droit français. — A. 13 nov. 1861, Hamiti c. Ben Saadoun, III, 231.

29. Cour d'assises. — *Déclaration de culpabilité.* — La déclaration de culpabilité émanée des juges criminels lie les juges civils et enlève au condamné le droit de contester la réalité des faits reconnus à sa charge. — Spécialement, l'arrêt par lequel une Cour d'assises a déclaré un individu coupable de complicité de banqueroute frauduleuse pour avoir coopéré au détournement des marchandises du failli, a l'autorité de la chose jugée en ce qui touche le fait matériel de détournement et de complicité ; par suite, le condamné ne peut contester ce fait sur l'action civile ultérieurement intentée par le syndic de la faillite. — A. 14 déc. 1865, Lascar c. Giraud, V.III, 40.

30. L'arrêt d'une Cour d'assises qui, en déclarant un individu coupable d'avoir, étant créancier d'un failli et sachant son état de faillite, fait avec lui des conventions particulières, desquelles il résulte en sa faveur des avantages à la charge de l'actif, le condamne à rapporter à la masse une certaine somme, n'a pas pour effet de le constituer définitivement créancier de cette somme envers la faillite. Il doit, nonobstant ce rapport, justifier les créances pour lesquelles il sollicite son admission au passif. — A. 16 juin 1859, I, 253.

31. Toute décision de la Cour d'assises doit être maintenue en son entier et produire tous ses effets tant qu'elle n'a pas été réformée par les moyens légaux. — Même arrêt qu'au n° 27, *suprà.*

32. *Faux témoin.* — Spécialement, le condamné est irrecevable à actionner un témoin en dommages-intérêts par le motif que ce

témoin aurait fait un faux témoignage, avant que le faux témoignage ait été régulièrement constaté. — Même arrêt.

33. *Non culpabilité* — Un verdict de non culpabilité rendu par un jury ne saurait avoir l'autorité de la chose jugée au civil. — V. Action civile, 2, 3.

34. *Fausse signature.* — Lorsqu'un individu poursuivi pour avoir apposé une fausse signature sur un titre, est acquitté, il ne s'ensuit pas que la signature doit être déclarée sincère ; la question à cet égard reste entière — A. 10 juin 1871, Barrec c. Gally et Baylac, XIII, 179.

35. JUGEMENT CORRECTIONNEL. — Le jugement correctionnel a l'autorité de la chose jugée pour ce qui concerne l'action civile introduite postérieurement devant les tribunaux civils. — Néanmoins, cette chose jugée ne s'applique qu'à la constatation des faits et non au chiffre des réparations. — Spécialement, si un entrepreneur est condamné par le tribunal correctionnel à payer une certaine somme à la partie civile à titre de réparation, cette somme peut être diminuée ou augmentée par le tribunal civil saisi postérieurement de l'action en responsabilité dirigée contre le propriétaire. — A. 25 mai 1867, de Gerson et Clabaud c. Delaporte, IX, 223.

36. ORDONNANCE DE NON-LIEU. — L'ordonnance de non-lieu, fondée sur ce qu'il n'existe pas prévention suffisante, ne peut être considérée comme une décision définitive ayant l'autorité de la chose jugée, ni faire obstacle à la recevabilité de l'action civile de la partie. — A. 28 nov. 1868, X... c. S..., X, 228.

37. SIMPLE POLICE. — Des jugements rendus en matière de simple police ne constituent pas nécessairement une base de dommages-intérêts devant la juridiction civile. — Spécialement, lorsqu'un individu a été condamné en simple police pour contravention à un arrêté municipal qui interdisait l'achat de grains sur la voie publique, et que cet individu est actionné par l'adjudicataire des droits de marché en réparation civile pour les faits qui ont été l'objet des jugements de condamnation, les tribunaux civils peuvent écarter ces décisions et déclarer qu'elles ne sont pas juridiques. — A. 9 mai 1866, Berlier c. Sarda, VIII, 137.

§ 4. — Droit musulman. — Législation spéciale.

38. L'autorité de la chose jugée n'existe pas, en droit musulman. — A. 9 mars 1857, Dussaux c. Préfet d'Alger, I, 46.

39. Elle existe depuis le décret du 1er octobre 1854. — A. 16 oct. 1861, III, 198 ; 25 nov. 1862, IV, 268.

40. Elle a été introduite pour les décisions émanant des cadis par l'ordonn. du 26 sept. 1842. — A. 25 mai 1863, V, 107.

41. Les décisions de cadi ou de midjelès des territoires militaires rendues antérieurement au décret organique du 1er oct. 1854 n'avaient pas en principe l'autorité de la chose jugée ; mais les parties condamnées ayant eu la faculté de relever appel dans le délai d'un mois, à partir de la promulgation dudit décret, il s'en suit que celles qui n'ont pas été ainsi attaquées sont devenues définitives. — Jug. Alger, 31 déc. 1863, V, 246.

42. La décision d'un midjelès rendue sous l'empire du décret du 1er oct. 1854 était en dernier ressort et souveraine. Les juges qui l'avaient rendue ne pouvaient ultérieurement la réformer sans violer l'autorité de la chose jugée. — Lorsqu'un midjelès a rendu une première décision dans une affaire et qu'il en rend une seconde réformant la première, cette dernière, bien qu'insusceptible d'appel, peut néanmoins être attaquée comme violant la chose jugée, devant les juges qui l'ont rendue. — La Cour ayant été substituée aux midjelès, c'est devant elle que cette opposition doit être portée, l'appel devant, dans ces circonstances, être considéré comme une opposition. — A. 27 mars 1861, III, 66. — V. aussi, *suprà*, n° 28.

§ 5. — Influence de la chose jugée dans les rapports entre Européens et Musulmans.

43. L'arrêt rendu entre musulmans et en matière musulmane, par application du décret organique du 31 décembre 1859, ne peut être opposé aux Européens tiers intéressés ou ayants cause de la partie indigène qui a succombé (art. 1 et 37 du décret). — A. 6 juin 1864, Bourkaïb. c. Hardy, VI, 97.

44. Au contraire : — Un jugement rendu entre musulmans et par un magistrat musulman est opposable aux ayants cause Européens. (Art. 1 et 2, décret 1er octobre 1854.) — Cass. 13 déc. 1864, VI, 218 ; Nîmes, 3 janv. 1866, VIII, 79.

V. Appel, 101. — Déclinatoire. — Midjelès, 2 s. — Ordre, 33 *bis*. — Prescription, 5. — Saisie immobilière, 37. — Séquestre de guerre, 8 s. — Voirie, 10.

Chrétienne. — V. Mariage, 27.

Chute d'eau. — V. Eaux, 7 s.

Cimetière. — V. Propriété, 42 s

Clause pénale. — V. Obligation, 2.

Clause potestative. — V. Obligation, 3 s.

Clause que dit être. — V. Connaissement, 2.

Clause vaille ou non vaille. — V. Assurance maritime, 2, 3.

Clerc. — V. Notaire, 17.

Code pénal. — V. Promulgation des lois, 6

Colportage. — V. Presse, 7 s.

Commandant de place.

1. INCOMPÉTENCE NOTARIALE. — Les commandants de place, dans les postes de guerre, n'ont aucune qualité pour dresser des actes en la forme notariée. — A. 21 mai 1875, Brun c. Medan et Cazenave, XVII, 96.

2. *Hypothèque.* — Aux termes de l'arrêté du 5 août 1843, les commandants de place en Algérie remplissant les fonctions judiciaires des commissaires civils n'ont aucune compétence pour dresser des actes notariés ; par suite, les actes constitutifs d'hypothèque, qu'ils dressent en la forme notariée, sont nuls. — A. 13 juillet 1875, époux Lavois c. syndics Peyron, XVII, 154.

3. On ne saurait invoquer l'*erreur commune* pour écarter cette nullité. En effet, si la jurisprudence ancienne et moderne admet que l'erreur commune peut s'imposer comme loi, et relever de la nullité certains actes reçus par fausse interprétation, soit des faits, soit des prescriptions légales, soit d'attributions de fonctionnaires publics ou autres agents de la loi, il faut que cette erreur soit générale et qu'il ait été difficile de la relever et de s'y soustraire. — Spécialement, il n'y a pas erreur commune dans le fait de quelques commandants de place dans le territoire militaire qui se seraient livrés à la confection d'actes notariés, inscrits sur leur répertoire, enregistrés et vérifiés par les receveurs et portés aux

registres des conservateurs des hypothèques, s'il ne résulte pas de ce fait une notoriété suffisante d'une coutume suivie par tous, bien qu'il constitue un excès de pouvoir. — Même arrêt.

4. Ainsi que le fait remarquer le Rédacteur du *Journal* (pages 97, 155, notes), la question jugée par les deux arrêts qui précèdent, et qui, rendus dans le même sens par deux chambres, la 1re et la 2e, établissent d'une façon peut-être définitive la jurisprudence de la Cour, cette question est fort grave et fort intéressante pour un nombre considérable d'habitants de places de guerre de l'Algérie, dont la fortune repose sur des actes émanés des fonctionnaires militaires. — « Si la doctrine de ces arrêts devait être maintenue, comment, ajoute M. Robe, expliquer le silence des chefs de la justice qui se sont succédé, en Algérie, depuis 35 ans, à l'égard de fonctionnaires qui commettaient, tous les jours et publiquement, de tels excès et des abus d'autorité aussi graves et aussi préjudiciables ? »

5. Nous ne croyons pas qu'on puisse reprocher aux chefs de la justice le silence qu'ils ont gardé sur des faits qu'il ne leur était pas permis de connaître. Le blâme, selon nous, doit s'adresser ailleurs.

6. Certes, les conséquences des manières de faire des fonctionnaires militaires peuvent être désastreuses pour un grand nombre, si la Cour maintient sa jurisprudence. Mais, n'est-il pas de principe inflexible que celui qui a causé un dommage, par sa faute, doit le réparer ? — Il faudrait rechercher à qui revient la faute, et... nous sortirions du cadre d'un *Répertoire de jurisprudence.*

7. Quant à la décision qui refuse d'admettre l'erreur commune, M. Robe fait observer que pour être *commune*, l'erreur ne doit pas s'étendre à tout le territoire algérien, et qu'il suffit qu'elle soit partagée par une localité, par toute la population dont elle *faisait la loi.*

V. Compétence, 117, — Saisie immobilière, 20.

Commandement. — V. Degrés de juridiction, 12, 31, 31 *bis*, — Exécution d'acte, 2, — Opposition.

Commandite. — V. Société (en commandite).

Commencement de preuve par écrit.

1. Ne constitue pas un commencement de preuve l'écrit intervenu à une époque où il n'était et ne pouvait être question de la

convention qu'il s'agit de prouver. — A. 31 déc. 1869, Castelli c. Roche, XII, 15.

2. LETTRE MISSIVE. — Les lettres missives peuvent être opposées comme commencement de preuve littérale, quoiqu'elles ne portent pas la signature de leur auteur, s'il est constant, en fait, qu'elles ont été écrites sous son impulsion par des mandataires de son choix, et si, de plus, il se les a rendues propres en en faisant lui-même l'emploi. — A. 10 nov. 1868, com. de Kouba c. Sintès, X, 247.

V. Présomption, 1 s.

Commerçant.

1. ACTE DE COMMERCE. — Celui qui achète des marchandises avec intention de les revendre, fait acte de commerce, quand même il n'aurait fait qu'un seul achat, pourvu que cet achat fût important. — Par suite, il doit être considéré comme commerçant et susceptible d'être déclaré en état de faillite. — A. 17 janvier 1872, Vidal c. Coquotz, XIII, 250.

2. Des actes isolés et réputés de commerce ne constituent pas la profession de commerçant. — A. 11 mars 1871, Meuriot c. Pelliat, XIII, 242.

3. L'exploitation d'un fonds de commerce, et non l'acquisition, constitue seule un acte de commerce. — Même arrêt qu'au mot Billet à ordre, 7. — M. Robe fait observer, dans la note 2 de la page 216, t° IX, que la jurisprudence est contraire à cette solution. — V. Douai, 5 mars 1850 ; Orléans, 1er févr. 1853. (*Journ. Pal.* 1851, 1443 ; 1853, 1419).

4. BESTIAUX. — CÉRÉALES. — Des achats et des reventes de bestiaux et de céréales, la souscription même de nombreux effets de commerce ou billets à ordre ne sont pas des opérations commerciales proprement dites, et ne suffisent pas pour faire attribuer la qualité de commerçant, alors qu'elles sont faites par un grand propriétaire, pour lequel ces opérations sont un accessoire de l'exploitation de ses terres, et qui crée ces valeurs pour les besoins journaliers de cette exploitation. — A. 18 janvier 1870, Veil c. Chalard, XII, 40.

5. BILLET A ORDRE. — On ne doit pas réputer comme commerçant le propriétaire qui se livre à une grande circulation de billets à ordre, bien que leur émission ne soit ni accidentelle, ni limitée

aux nécessités résultant de l'exploitation de son domaine, s'il ne fait pas, de ces actes et de leur mise en circulation, sa profession habituelle (art. 632, 633, C. com.). — A. 26 déc. 1861, Julienne c. Roussac et Rivière, IV, 20. — V. le n° précédent.

6. MINEUR ÉMANCIPÉ. — Le mineur même émancipé n'est habile à s'engager commercialement qu'autant que le conseil de famille, à défaut de ses père et mère, l'a autorisé à faire le commerce, que cette autorisation a été homologuée par le tribunal civil, et publiée. (Art. 2, C. com.). — Par suite, si le mineur a fait le commerce, en l'absence de l'une de ces formalités préalables, il ne peut être déclaré en faillite. — A. 10 mars 1864, Bure c. Pagès, VI, 51.

7. MOULIN A FARINE. — L'exploitation d'un moulin à farine, tout en soumettant le meunier au paiement d'une patente, n'entraîne pas nécessairement l'état de commerçant, s'il se borne à moudre à façon, et qu'il n'achète pas lui-même du blé pour le revendre après l'avoir réduit en farine. Par suite. il ne saurait être déclaré en faillite. — Même arrêt qu'au n° 2, *supra*. — V. Poitiers, 12 mars 1844 ; — Caen, 21 janv. 1845 (*Journ. Pal.*, 1845. 1, 683) ; — Cass., 10 déc. 1847 (*id.*, 1848, II, 296).

8. QUALIFICATION IMPROPRE. — La qualification de commerçant, donnée au failli par son créancier ou prise par le failli lui-même, ne saurait, par elle seule, donner à ce dernier la qualité de commerçant. — A. 18 janvier 1870, v° Veil et autres c. Chalard et Lambert, syndic, XII, 40.

9. VIN DU PROPRIÉTAIRE. — Le propriétaire qui vend son vin par litre pour être immédiatement emporté, ne fait pas acte de commerce. — Cass., 4 nov. 1864, Clairfond, VI, 182.

V. Bail, 33, — Carrière, — Communauté conjugale, 7 *bis* s, — Compétence, 33 s, 89 s, — Licence, 2, — Obligation, 5 s.

Commissaire civil. — V. Degrés de juridiction, 34, — Jury, 2 s.

Commissaire-priseur.

MARCHANDISES NEUVES. — La vente aux enchères de marchandises neuves, par petits lots, à la portée des consommateurs, doit être faite par le ministère des commissaires-priseurs et non par celui des courtiers à qui sont réservées les ventes en gros à la portée des commerçants (L. 25 janvier 1841 ; art. 6, ord. 9 avril 1819). — A 29 nov. 1861, III, 263.

V. Courtier.

Commissionnaire.

1. Lorsqu'un commerçant a chargé une personne de lui faire des acquisitions de certaines marchandises, de laines dans l'espèce, pour son compte personnel, et a mis à sa disposition un crédit d'une certaine somme chez son banquier, cette personne, bien qu'achetant en son nom propre et traitant en son nom propre avec des tiers, n'est pas un commissionnaire, mais un facteur ; un commissionnaire ne pouvant s'entendre que d'un négociant opérant avec plusieurs maisons de commerce, ayant un crédit et un établissement commerciaux, et non d'un individu opérant isolément pour un commerçant. — A 17 février 1864, Watine et Bossut c. d'Autremont et Bressy, VI, 27.

2. NANTISSEMENT. — Les dispositions des art. 2074 et suiv., C. civ., sur le privilége du créancier gagiste, sont applicables aux consignations commerciales prévues par l'art. 95, C. com., ledit article spécial au cas où le commissionnaire et le déposant résident dans la même localité. — L'expression *commissionnaire* employée par la loi doit comprendre les *bailleurs de fonds*. — A. 9 juin 1862, Lecoq c. Roure, IV, 136.

3. TITRES AU PORTEUR. — La dénomination de *marchandises* embrasse, suivant les dispositions de la loi du 8 sept. 1830, les *fonds publics* français et actions de compagnies d'industrie ou de finance, sans distinction entre les actions nominatives et les actions au porteur. — Le commissionnaire ou bailleur de fonds qui a fait des avances sur dépôt d'actions dans des compagnies de finance et d'industrie, n'est pas tenu de faire signifier l'acte de nantissement ; il suffit que cet acte ait été enregistré à l'époque où le cédant était encore *in bonis*. — Même arrêt ; V. la note.

V. Faillite, 30, 31.

Commissionnaire de transports.

1. ASSIGNATION. — Une compagnie de transports est valablement assignée hors de son siège, en la personne d'un de ses agents, lorsque la loi n'accorde au demandeur qu'un temps très-restreint pour protester et pour agir. — A. 22 mars 1372, Chalvignac c. Cie *Valéry*, XIV, 61.

2. Il en est ainsi surtout quand l'assignation est donnée à l'agent qui représente la compagnie au lieu de livraison, le tribunal de ce lieu étant compétent pour juger de l'action, et l'agent ayant, par suite de cette compétence, qualité pour recevoir copie et défendre au nom de sa compagnie. — Même arrêt.

3. OBLIGATIONS. — Le commissionnaire de transports est présumé avoir reçu la marchandise en bon état ; c'est à lui à établir que l'avarie s'est produite sans qu'il y ait de sa faute. — A. 25 fév. 1874, *Soc. gén. de transports maritimes* c. Gaétan Picon, XVI, 161 ; — 30 mars 1874, Giraud c. *C. Navigation mixte*, XVI, 123.

4. RESPONSABILITÉ. — En matière de responsabilité pour transport de colis ou de marchandises, le tribunal compétent est celui de la destination. — La responsabilité du commissionnaire principal chargé de transporter des colis ou marchandises, et de les consigner entre les mains d'un tiers, prend fin aussitôt que ces marchandises et colis ont été remis au consignataire indiqué par l'expéditeur. — En cas de perte ou de vol des colis ou marchandises, et à défaut de cas fortuit ou de force majeure, le commissionnaire ou celui se disant tel, comme représentant ses préposés et voituriers, est responsable du fait de ces derniers qu'il a chargés de la remise ou de la garde desdits objets. (Art. 1384 et 1784, C. civ.). — A. 7 juillet 1864, Carcassonne c. Martin et autres, VI, 144

5. Le destinataire qui a judiciairement fait constater, à leur arrivée, l'avarie des marchandises transportées, est néanmoins sans action contre le dernier commissionnaire de transports qui les lui présente en cet état, et même contre le premier transporteur, si du procès-verbal de constatation il résulte que les avaries étaient antérieures à la remise qui a été faite à celui-ci desdites marchandises par l'expéditeur. Pour qu'il puisse être imputé à ces commissionnaires successifs, comme faute engageant leur responsabilité, de n'avoir pas refusé ces marchandises avariées, il ne suffit pas qu'il soit établi que les avaries existaient au moment où ils les ont acceptées ; il faudrait encore qu'il fût justifié qu'elles étaient dès lors suffisamment apparentes. — Nancy, 22 juillet 1873, *Grand Central* c. *Ch. de fer de l'Est* et Piller, XV, 198.

6. Lorsqu'un voyageur confie, à titre de bagage ordinaire, un colis à un commissionnaire de transports, il ne peut exciper contre lui de ce que ledit colis égaré et retrouvé au bout de deux mois et quelques jours contenait des échantillons, pour le rendre

responsable du défaut de réalisation des ventes que les échantillons devaient ou pouvaient lui permettre de faire. L'indemnité à accorder pour le préjudice causé par la privation du colis égaré doit être fixée en lui conservant le caractère de simple bagage, tel, du reste, que l'indique le récépissé délivré par le commissionnaire de transports. — A. 8 octobre 1872, Roche c. Valéry et Cie, XIV, 243.

Commissionnaire de transports maritimes.

1. DÉCHÉANCE. — L'art. 105 du Code de com. est applicable aux transports maritimes. — A. 17 juin 1875, Deglaire et Fouesnel c. Moraly et autres, XVII, 182.

2. Le transporteur ne peut invoquer la déchéance prévue par cet article et résultant de la réception de la marchandise et du paiement du fret sans réserve, s'il exige le paiement du fret préalablement à la remise de la marchandise. L'avis public par lequel un armateur engage les consignataires de marchandises *à venir payer le montant des connaissements chez le courtier et à retirer les marchandises débarquées sur le quai*, implique l'obligation pour le destinataire de payer avant toute vérification. — Même arrêt.

3. RESPONSABILITÉ. — Si, en matière maritime, le rapport de mer du capitaine, établi en conformité des art. 242 et suivants du Code de com., constate que les avaries sont le résultat d'une fortune de mer, le commissionnaire se trouve déchargé de toute responsabilité, et n'est tenu d'aucuns dommages-intérêts vis-à-vis du propriétaire de la marchandise. — A. 25 févr. 1874, *Soc. gén de transports maritimes* c. Gaëtan Picon, XVI, 161 ; — 30 mars 1874, Giraud c. *Cie Navigation mixte*, XVI, 123.

4. La preuve contraire est d'ailleurs réservée aux parties intéressées, des faits et circonstances mentionnés audit rapport. — Même arrêt du 30 mars 1874.

Communauté conjugale.

1. La société conjugale ne peut être assimilée aux sociétés dont s'occupent le titre IX du livre III du C. civ. et le titre III du livre I du C. de com. — A. 1er avril 1874, Philippe c. Bonnet, XVI, 174.

2. ARRÉRAGES DE RENTE DOTALE. — Le mari peut céder les arrérages de la rente dotale (art. 1401, C. civ.). Néanmoins, les

effets de cette cession s'arrêtent au jour de la dissolution de la communauté. Et si cette dissolution est le résultat d'un jugement prononçant la séparation de biens, la cession n'est valable que jusqu'au jour de la demande (art. 1445, C. civ.). — A. 19 avril 1871, Nahoun c. Barré et Rocafort, XIII, 118.

3. CONCESSIONS DE TERRES. — Les concessions de terres faites, en Algérie, antérieurement au décret du 25 juillet 1860, sont, bien que faites avec certaines charges plus ou moins modiques, des donations à titre gratuit. Par suite, lorsqu'elles sont faites à une femme mariée sous le régime de la communauté excluant les donations faites pendant le mariage, elles ne tombent pas dans cette communauté, et restent propres de la femme. — A. 23 juin 1873, Rudzinski c. v⁵ Montel et Baptiste, XV, 289.

4. Il importerait peu que la communauté eût racheté les charges grévant l'immeuble concédé ; le droit de la communauté, dans ce cas, n'est qu'un droit de créance (art. 1347, C. civ.). — Même arrêt.

5. Il s'ensuit que les créanciers de la communauté ou du mari n'ont aucun droit sur un bien de cette nature. — Même arrêt.

6 Mais depuis le décret du 25 juillet 1860, les concessions de terres faites par l'Etat en Algérie sont des actes à titre onéreux et doivent, par suite, être considérées comme acquêts de communauté. — A. 20 févr. 1875, Schwiltk c. Buob, XVII, 5. — V. Communauté réduite aux acquêts, 2.

6 bis. CRÉANCE DE LA FEMME. — *Poursuite. — Procuration du mari.* — Le mari, administrateur de la communauté légale, ayant seul le droit de poursuivre l'exécution des condamnations qui constituent l'actif de la communauté, notamment la rentrée des créances existant au nom personnel de la femme, celle-ci est absolument irrecevable pour poursuivre la rentrée de ces créances en son nom personnel, même assistée de son mari. — Peu importe qu'elle soit investie d'une procuration du mari, ce mandat pouvant l'autoriser, il est vrai, à poursuivre le débiteur au nom et à la place du mari mandant, mais ne couvrant pas l'irrégularité de l'assignation donnée par la femme en son nom personnel. — Cette irrecevabilité puisée dans la maxime : « Nul en France ne plaide par procureur », ne peut, il est vrai, être soulevée d'office ni même opposée pour la première fois en cassation ; mais elle ne saurait être assimilée aux simples nullités d'exploit qui se couvrent par une défense au fond ; elle constitue elle-même une véritable dé-

fense au fond, tirée du défaut de qualité et susceptible d'être proposée pour la première fois en appel. — A. 18 déc. 1876, Toche c. Duranti, XVIII, 260.

7 CRÉANCIER. — Le créancier ne peut être admis, pour se faire payer de sa créance, à demander la séparation de l'actif de la communauté ayant existé entre les époux et l'actif personnel de la veuve, par application des art. 878, 2111, C. c. ; son droit se borne, en vertu de ces art., à demander la séparation du patrimoine du défunt de celui de l'hérédité. — A. 1er avril 1874, Philippe c. Bonnet, XVI, 174.

7 bis. Le créancier qui a obtenu un jugement contre une femme commune en biens et plaidant avec l'autorisation de son mari, peut l'exécuter contre ce dernier, pris comme chef de la communauté. — A. 9 déc. 1876, Lacroix c. Humbert, XVIII, 214.

7 ter. DETTE DE LA FEMME. — L'art 1410, C. civ., qui détermine les conditions dans lesquelles une dette de la femme contractée antérieurement au mariage, est à la charge de la communauté, n'est pas limitatif ; cet article doit se concilier avec les principes généraux sur les obligations, lesquels n'exigent qu'une condition pour qu'un acte puisse être opposé aux tiers, c'est qu'il ait date certaine. — La communauté est un tiers à l'égard des créanciers de la femme, et l'art. 1410 n'est que la répétition de l'art. 1328. — Même arrêt.

7 quater. Ainsi, la certitude de la date de la dette de la femme résulte suffisamment d'un jugement définitif qui énonce cette date. — Même arrêt.

8. Le créancier de la femme est admissible à prouver contre la communauté, par témoins, la date de sa créance commerciale. — Même arrêt.

8 bis. DOT. — La présomption de paiement de la dot constituée, énoncée en l'art. 1569, C. N., n'est pas applicable lorsque les époux sont mariés sous le régime de la communauté ; c'est l'art. 1502 qui est seul applicable à ce cas ; par suite, une quittance de la part du mari est nécessaire pour justifier la libération du constituant. Mais cette quittance peut résulter d'une note émanée du mari décédé, et constituant un papier domestique. (Art. 1331, C. N.). — A. 15 déc. 1864, Haltembourg c. de Bellair, VI. 235.

9. DROITS SUCCESSIFS. — La fiction de l'art. 883, C. N., qui considère le partage comme déclaratif et non translatif de pro-

priété, n'est applicable qu'aux rapports de cohéritiers à cohéritiers ou à leurs ayants cause, et n'est pas applicable à la communauté entre époux. — Spécialement, lorsque des époux sont mariés sous le régime de la communauté, et que le mari vend ses droits héréditaires dans la succession de son père à son cohéritier, moyennant un prix déterminé, la somme totale de ce prix ne tombe pas en totalité dans la communauté comme chose mobilière ; il n'y a que la partie représentant le mobilier de la succession qui y tombe. — A. 1er avril 1866, Lavigne, VIII, 111.

10. INVENTAIRE. — Le défaut d'inventaire dans les trois mois du décès du mari emporte contre la femme déchéance absolue du droit de renoncer à la communauté. — Jugem. Constantine, 22 nov. 1875, XVII, 226; Ahmed Lakdar c. ve Simon.

11. PAIEMENT DES DETTES. — Le mode de paiement des dettes de la communauté est réglé par les art. 1482 et suiv., C. c. ; il diffère du mode de paiement des dettes d'une succession. — A. 1er avril 1874, ve Philippe c. ve Bonnet, XVI, 174.

12. La *séparation des patrimoines* constitue un véritable privilège ; ce dernier étant de droit étroit, il serait arbitraire d'étendre les prescriptions des art. 878, 2111 et 2113, C. c., pour les appliquer au paiement des dettes d'une communauté. — Même arrêt.

12 *bis*. PROPRE. — *Preuve*. — L'époux ou son héritier peut prouver par témoins ou par présomptions l'origine d'un immeuble, et par suite, qu'ayant été acquis avant le mariage, il n'est pas entré dans la communauté et lui est resté propre. (Art. 1402 et 1404, C. civ.). — A. 17 juin 1876, Puech c. Davrieux et Moulon, XVIII, 217. — V. Chose jugée, 14 *bis*.

13. RÉCOMPENSE. — Toutes les fois qu'il est pris sur la communauté au profit de l'un des époux pour le recouvrement, la conservation ou l'amélioration de ses biens personnels, celui-ci en doit récompense, pourvu toutefois que la dépense soit nécessaire ou utile, et qu'il ne s'agisse pas d'une dépense d'entretien constituant une charge de la communauté. — A. 4 mars 1876, Moreau, XVIII, 75.

V. Contrat de mariage, 4 s. — Étranger, 23.

Communauté israélite.

1. ACTION JUDICIAIRE. — *Commissaire administrateur d'une synagogue*. — En admettant que le commissaire administrateur

d'une synagogue, en Algérie, établi en vertu de l'ordonnance du 9 nov. 1845, puisse contracter comme représentant de la synagogue et de la communauté israélite pour laquelle cette synagogue a été créée, il n'a pas celui d'ester en justice pour poursuivre l'exécution des actes qu'il passe en cette qualité ; ce droit n'appartient qu'au consistoire provincial et après autorisation préalable donnée dans les termes de l'art. 64 de l'ordonnance du 25 mai 1844. — A 20 juin 1859, Pionnier c. Zaffran et Taïeb, I, 227

2. Lorsqu'un consistoire israélite a obtenu du conseil de préfecture l'autorisation d'intenter une action en justice sans restriction au premier degré de juridiction, il n'a pas besoin d'une nouvelle autorisation pour interjeter appel du jugement de première instance qui a repoussé sa demande. — Le commissaire à une synagogue qui figure dans un acte en qualité de mandataire de la *communauté israélite* d'une ville, doit être déclaré y figurer en sa qualité de commissaire à la synagogue, si ultérieurement, même après refus d'exécution de l'autre partie pour cause de nullité, le consistoire provincial déclare entendre s'approprier le traité. — Un commissaire à une synagogue israélite a qualité pour représenter le consistoire provincial dans les actes civils qui intéressent la population israélite du ressort de cette synagogue — Dans tous les cas, ce défaut de qualité ne constituerait qu'une nullité relative qui ne pourrait être invoquée par l'autre partie contractante, même avant que le prétendu mandant ait donné sa ratification. — Le consistoire provincial a qualité pour passer un marché avec des bouchers pour le privilège de la fourniture de la viande dite *kascher* (viande préparée selon le rite hébraïque) aux israélites d'une localité. — L'acte par lequel un consistoire israélite impose aux israélites acheteurs de viande *kascher* une surtaxe qui devra être payée audit consistoire pour les besoins du culte, ne constitue ni un impôt, ni une redevance, dont l'établissement dépasserait ses attributions. — Une telle spéculation ne constitue pas davantage une atteinte à une loi d'ordre public, du moment où le maire de la localité a approuvé cette dérogation. — Cette approbation municipale peut être donnée par le maire seul — Les bouchers concessionnaires du privilège de la vente de la viande *kascher*, moyennant le paiement d'une redevance fixe et mensuelle, ne peuvent se plaindre de ce que les israélites achètent leur viande chez d'autres bouchers, pour faire de ce fait une clause de résiliation. — Ce fait est non concluant s'il s'est passé à l'insu

et hors la connivence du consistoire. — A. 20 janv. 1862, Consistoire israélite de Constantine c. Pionnier, IV, 32. — V. les notes, dans lesquelles les diverses solutions de cet arrêt sont fortement critiquées. Néanmoins, sur pourvoi en cassation, arrêt confirmatif, Ch. civ., 13 déc. 1864, VI, 212.

8. DROIT DE PROPRIÉTÉ. — D'après le droit mosaïque, les israélites ont la faculté illimitée de se former en corporation pour l'exercice de leur culte, et ces corporations sont légales au point de vue civil comme au point de vue religieux. — D'où il suit qu'avant l'ordonnance du 9 novembre 1845 sur la réorganisation du culte israélite en Algérie, les acquisitions immobilières faites par ces corporations sont valables ; et si aujourd'hui celles-ci ne peuvent en revendiquer le bénéfice en justice, en qualité de corporations religieuses, les religionnaires qui la composaient à l'époque où ces acquisitions ont eu lieu, soit par eux, soit par leurs auteurs, ont qualité et capacité pour le faire. — A. 25 juillet 1860, Bérard c. Stora, II, 255.

Communauté réduite aux acquêts.

1. La stipulation dans un contrat de mariage qui adopte le régime de la communauté réduite aux acquêts que l'époux survivant sera seul propriétaire des biens composant cette communauté, est valable. (Art. 1525, C. N). — Le legs grevant ces biens, fait par l'époux prédécédant, est caduc à l'égard du survivant. — A. 31 oct. 1864, Verney c. Deyme, VI, 158.

2. CONCESSIONS. — Les concessions de terres faites en Algérie par l'Etat à la charge d'une très-faible rente, constituent pour le concessionnaire des acquisitions à titre onéreux. Par suite, l'immeuble ainsi concédé au mari tombe dans la communauté réduite aux acquêts ; dès lors, les héritiers de la femme sont propriétaires de la moitié. — A. 25 févr. 1876, cons. Sepot c. Cassounet et autres, XVIII, 11.

Communautés religieuses.

1. COMMUNAUTÉ AUTORISÉE. — *Supérieure.* — *Droit d'ester en justice.* — La supérieure d'une communauté religieuse établie légalement est habile à ester en justice et à poursuivre en sa qualité toutes actions mobilières et immobilières, dans l'intérêt particulier de sa communauté, et ce, sans qu'elle soit tenue de demander

préalablement à l'administration le droit de plaider. — A. 6 déc.
1861, Martin c. Ursulines de Nevers, III, 276.

2. COMMUNAUTÉ NON RECONNUE. — *Qualité légale.* — Lorsque,
dans un contrat synallagmatique, une partie a pris la qualité de
représentant d'une communauté non reconnue par la loi; circonstance qui, en principe, viciait la convention, néanmoins, si cette
partie avait une autre qualité légale, il faut décider que c'est en
cette dernière qualité qu'elle a entendu traiter, si ultérieurement
l'administration dont elle était le vrai représentant prend son fait
et cause et revendique le bénéfice du contrat. — A. 20 janv. 1862,
IV, 32. — Pour l'application de ce principe, V. même arrêt au mot
Communauté israélite, 2.

JÉSUITES. — V. ce mot.

V. Sœurs de la Doctrine chrétienne.

Commune.

DIVISION

———

§ 1. — Formation des communes.

1. ACTION DES TIERS DÉPOSSÉDÉS. — Une commune n'a d'existence légale que du jour où elle a un maire et un conseil municipal. — Par suite, elle n'est pas débitrice de l'indemnité relative à
la dépossession d'une parcelle de terrain pour l'élargissement d'un
chemin vicinal, lorsque cette dépossession a eu lieu antérieurement
à la composition de son personnel municipal, bien que postérieurement à l'ordonnance royale qui crée la commune. — A. 7 février
1860, de Canteloube c. com. de Bône, II, 114.

§ 2. — Biens des communes.

2. CONSTITUTION DE LA PROPRIÉTÉ COMMUNALE. — La propriété
communale n'ayant été instituée et déterminée, en principe, en
Algérie, que par l'arrêté du Chef du pouvoir exécutif, en date du
4 novembre 1848, le domaine communal n'a pu s'établir évidemment qu'au fur et à mesure de la création de chaque commune ; il
se compose des édifices et bâtiments domaniaux dont concession

gratuite lui est faite par l'Etat, et d'une dotation en immeubles, provenant du domaine de l'Etat, et susceptible de produire des revenus. La commune ne fait donc que succéder à l'Etat et ne saurait avoir plus amples droits que son auteur, et, spécialement, user d'un droit de revendication dont l'Etat a été définitivement déclaré déchu et forclos. — A. 14 mars 1872, Aribaud c. com. de Duzerville, XIV, 77.

3. Si, aux termes de l'ordonnance du 26 septembre 1847, de l'arrêté du 4 novembre 1848, et de la loi du 16 juin 1851, les communes deviennent propriétaires, du jour de leur institution, des immeubles ayant une affectation communale, comme les cimetières, par exemple, elles ne peuvent prétendre à ces immeubles que dans l'état où ils sont, déduction faite des portions dont l'Etat aurait disposé d'une façon quelconque. — A. 1er déc. 1873, l'Etat c. com. de Bône, XVI, 35.

4. COMMUNAUX. — Les habitants d'une commune ont sur les biens communaux un droit collectif de propriété et un droit individuel divisible de jouissance. — Lorsque plusieurs sections de communes ont des communaux particuliers, elles conservent, après leur confusion en une seule commune, leur droit de propriété séparé et distinct comme par le passé. — Ces principes n'ont pu recevoir aucune atteinte par la décision administrative qui, en ordonnant l'annexion, a compris dans le périmètre de la nouvelle commune les communaux des sections. Cette décision n'a pu être prise qu'en respectant les droits acquis. — A. 28 déc. 1863, *Cie Génevoise* c. com. de Bouhira, V, 243.

5. *Droit de l'habitant. — Paoage.* — Le fait d'avoir fait pacager les troupeaux sur un terrain communal ne constitue pas le délit prévu par l'art. 25 de la loi du 6 octobre 1791, si le terrain n'est pas affermé à un tiers. — Si un tiers, se prétendant locataire, fait dresser des procès-verbaux et exercer des poursuites, l'inculpé peut attaquer directement, en son nom personnel, *ut singulus*, et par voie d'exception, la légalité et la valeur de tout acte pouvant porter atteinte à son droit comme habitant. — Il n'est pas, dans ce cas, soumis aux mesures préalables prescrites par l'art. 49 de la loi du 18 juillet 1837, lequel implique un agissement au nom de la commune, pouvant engager cette dernière. — Cette exception tenant au fond du droit peut être proposée en tout état de cause. — A. 31 août 1866, Santerre c. Faure Méras, VIII, 263.

6. *Ordonnance du 9 novembre 1845.* — En Algérie, l'affecta-

tion d'un terrain domanial à un service communal, faite sous l'empire de l'ordonnance du 9 novembre 1845, ne comprend que la jouissance et non la propriété de ce terrain : on ne saurait appliquer à la concession contenant une telle affectation la disposition de l'art. 9 de la loi du 16 juin 1851, d'après laquelle les biens déclarés communaux par la législation de la métropole feront partie du domaine des communes d'Algérie. — Cass. req., 9 janv 1872, ville de Philippeville c. Chem. de fer de Lyon, XIV, 162.

7. *Réunion de plusieurs villages en une commune.* — Un décret impérial du 26 avril 1853 a attribué à trois villages nouvellement créés la propriété d'un certain nombre d'hectares pour le parcours communal ; un autre décret du 22 août 1862 a réuni deux de ces villages à une commune préexistante. Le conseil municipal de la commune à laquelle ont été réunis les deux villages a prétendu régler l'exercice du droit de parcours sur les communaux attribués aux villages par le décret 1853, et faire jouir de ce droit, non seulement les habitants des deux villages, mais aussi ceux de la commune à laquelle ils ont été annexés. Il appartient à l'autorité judiciaire de statuer sur la demande des habitants des deux villages qui, se disant propriétaires et niant que le décret de 1862 ait porté atteinte aux droits qu'ils tenaient du décret de 1853, réclament, contrairement à la délibération du conseil municipal, leur maintien dans la jouissance exclusive de leurs communaux, et, au fond, c'est à bon droit que l'autorité judiciaire a accueilli cette demande. — Cass. civ. 20 nov. 1865, VII, 202 et VIII, 109.

§ 3. — Produits des communes.

8. L'état que le maire d'une commune doit dresser, conformément à l'art. 70 de l'ordonnance du 28 sept. 1847, pour parvenir au recouvrement des revenus communaux, peut être dressé et signé par le receveur municipal, si le maire le signe aussi, et se l'approprie ainsi par sa signature. — A. 15 avril 1872, com. de Bône c. Fabre, XIV, 28.

ADJUDICATION DE PRODUITS COMMUNAUX — V. Adjudication, 3 *bis*, 3 *ter*.

§ 4. — Procès des communes.

9. AUTORISATION DE FAIRE APPEL. — N'y a-t-il pas lieu, par application des art. 49 de la loi du 18 juillet 1837 et 60 de l'ordonnance du 28 septembre 1847, de déclarer nul l'arrêt statuant sur

l'appel émis par une commune qui, si elle avait été autorisée à défendre en 1re instance, n'avait pas obtenu l'autorisation d'appeler du jugement rendu contre elle par les premiers juges ? — Ce moyen, qui aurait dû être soulevé d'office comme moyen d'ordre public par les juges du fait, ne peut-il pas être présenté pour la première fois devant la Cour de cassation par la commune qui a perdu son procès ? — Admission dans le sens de l'affirmative, au rapport de M. le conseiller Guillemard, du pourvoi de la commune de Bône contre arrêt de la Cour d'Alger, 15 août 1872, rendu au profit des époux Toche; Req., 29 avril 1873, XV, 187.

10. DROIT DE L'HABITANT. — Si la loi du 18 juillet 1837, art. 49, accorde, en France, à tout contribuable inscrit au rôle de la commune le droit d'exercer, à ses frais et risques, avec l'autorisation du conseil de préfecture, les actions qu'il croit appartenir à la commune ou section, il ne se rencontre aucune disposition semblable dans la législation algérienne. — Il ressort, au contraire, de la combinaison de l'ordonnance du 28 septembre 1847 avec les décrets et arrêtés postérieurs, que le droit de mettre en mouvement l'action *ut universi* n'est conféré qu'à la commune seule et ne s'étend pas aux contribuables. — Cass. req. 4 août 1874, XVI, 128.

V. Compétence, 69 s, — Eaux, 12 s, — Expertise, 6, — Travaux publics, 2.

Communication de pièces.

Une partie ne peut, dans le cours d'une procédure, requérir une communication de pièces avant le jour où les pièces sont signifiées ou employées (art. 188, C. pr. civ.). — A. 30 janvier 1871, Lavigerie c. Picon, XIII, 42.

Communiqué. — V. Presse, 28.

Communiste. — V. Copropriétaire.

Compensation. — V. Créancier, 4, — Garantie, 4.

Compétence.

DIVISION

§ 1. — Généralités.
§ 2. — Compétence administrative.
§ 3. — Compétence civile.

§ 4. — Compétence commerciale.
§ 5. — Compétence des juges de paix.
§ 6. — Compétence des commandants de place.
§ 7. — Compétence spéciale des tribunaux français en Algérie.

§ 1. — Généralités.

1. L'ordre des juridictions et les règles de compétence sont d'ordre public. Les parties ne peuvent y déroger par des conventions particulières. — A. 15 juillet 1863, Talabot c. Negretti, V, 164.

2. Les lois de compétence reçoivent immédiatement leur application, même pour les faits accomplis. — A. 28 mars 1860, Delmonte c. Préfet d'Oran, II, 144.

2 *bis*. DÉCRET. — *Loi antérieure.* — Les dispositions législatives qui règlent la compétence sont d'ordre public, et, établies par une loi, elles ne peuvent être modifiées que par une autre loi. — On doit considérer comme un empiétement du pouvoir exécutif sur les attributions du pouvoir législatif et une violation du principe de la séparation des pouvoirs, les modifications introduites dans les règles de compétence par un décret. — A. 2 déc. 1876, Sabran c. l'Etat, XVIII, 277. — V. Décret, 1, — Forêts, 6 *bis*.

3. DOMICILE ÉLU. — L'élection de domicile pour l'exécution d'un acte en l'étude d'un notaire, indiquée dans des actes subséquents de vente ou revente, entraîne les parties devant la juridiction des tribunaux du lieu de cette élection de domicile, bien que l'une des parties excipe de son extranéité. — A. 16 juin 1874, vᵒ Garcias c. Morganti et Mᵉ Blasselle, XVI, 170.

4. L'acte de revente d'un immeuble portant délégation d'une rente annuelle et perpétuelle à payer au vendeur primitif, en fixant l'élection du domicile en l'étude du notaire rédacteur de l'acte, entraîne les parties devant la juridiction du tribunal où le premier acte a été reçu, bien que le délégataire ne soit pas intervenu dans ce second acte. (C. c., 1122 et 2156). — Même arrêt.

4 *bis*. ETAT. — En se référant au système général de nos lois, il faut distinguer, dans l'application du principe de la séparation des pouvoirs, le cas où l'Etat agit comme puissance publique et ceux où il contracte et stipule dans les termes du droit commun. — Dans cette dernière hypothèse, il est justiciable des tribunaux ordinaires. — Même arrêt qu'au nᵒ 2 *bis*, *suprà*. — V. *infrà*, nᵒˢ 7 *bis*, 29 *bis*.

5. MISE HORS DE CAUSE. — Lorsque, en matière personnelle, deux parties domiciliées dans des localités différentes sont assignées devant le tribunal du domicile de l'une d'elles, si celle-ci est mise hors de cause, l'autre a le droit de demander son renvoi devant ses juges naturels. — Jug. com. Alger, 23 février 1859, I, 146.

6. PARTIE DÉFAILLANTE. — La cause d'une partie défaillante qui se lie à celle d'une autre partie présente peut être considérée comme indivisible et suivre la compétence de la première. La partie défaillante est censée, d'ailleurs, s'en rapporter à justice. — A. 20 juillet 1866, Claris c. Joly, VIII, 269.

7. PLUSIEURS DÉFENDEURS. — Si, en thèse générale, il est loisible au demandeur, lorsqu'il agit contre plusieurs défendeurs, de les assigner au domicile de l'un quelconque d'entre eux, cela n'est vrai, toutefois, qu'autant que les défendeurs sont obligés par la même cause ou par des causes connexes. — Spécialement, ne saurait être considéré comme défendeur dans le sens de l'art. 59, C. pr., celui qui n'est impliqué en cause que par un motif entièrement étranger et postérieur au contrat sur lequel se fonde la demande dirigée contre ses codéfendeurs. — A. 17 juin 1867, Figuier c. Bernard, IX, 122.

§ 2. — Compétence administrative.

7 bis. Les conseils de préfecture n'ont pas juridiction pour connaître d'actions dont le principe est dans des conventions intervenues entre l'Administration et des particuliers, et notamment dans des baux. — Même arrêt qu'au n° 2 bis, suprà. — V. infrà, n° 29 bis.

8. CHEMINS DE FER. — Le traité qui intervient entre l'Etat et une compagnie de chemin de fer pour régler, sous forme de décret, les conditions auxquelles celle-ci doit procéder, est un acte essentiellement administratif, dont l'interprétation appartient aux tribunaux administratifs. — A. 12 octobre 1866, Kuchne c. Chem. de fer, IX, 21.

9. Mais l'incompétence ne peut être élevée de plano ; il faut tout d'abord qu'il soit constaté qu'il y a lieu à interprétation. A défaut de cette constatation, la Cour saisie sur appel doit renvoyer, pour cette question, aux juges du fond premiers saisis. — Même arrêt.

10. Lorsqu'une compagnie de chemin de fer a exécuté des travaux autorisés par son cahier des charges et que cette exécution

a supprimé un canal d'écoulement amenant les eaux sur un immeuble voisin, la réparation du dommage résultant de ce fait ou le rétablissement du canal, sont, aux termes de la loi de pluviôse an VIII, de la compétence des tribunaux administratifs. — Jugem. Blidah, 29 oct. 1863, Chem. de fer c. Valladeau, V, 228.

11. EAUX. — L'administration publique est seule compétente, aux termes des lois des 22 sept. 1789 et 20 août 1790, pour réglementer tout ce qui concerne la distribution des eaux. Les tribunaux civils ne peuvent donc pas, en reconnaissant le droit d'un propriétaire riverain aux eaux d'une source ou d'une rivière, déterminer le mode d'usage. — A. 20 juillet 1857, Préfet d'Alger c. Grisolles, V, 124.

12. ETABLISSEMENTS INDUSTRIELS. — Bien que les tiers puissent toujours se plaindre du dommage que leur cause un établissement industriel autorisé, néanmoins ils ne peuvent faire ordonner par les tribunaux civils que des modifications seront apportées au mode de fonctionnement et d'exploitation, lorsque ces modifications ne sont pas prévues à l'arrêté d'autorisation. — Le droit de prescrire ces modifications appartient à l'autorité administrative seule. — A. 29 oct. 1863, Grandjean, V, 205.

13. FAITS DE GUERRE. — L'autorité administrative est seule compétente pour apprécier la question de savoir s'il y a eu fait de guerre et pour procéder au règlement de l'indemnité réclamée par suite de ce fait. — A. 9 mars 1857, Sagot de Nantilly c. Préfet d'Alger, III, 181.

14. FOUILLES ET EXTRACTIONS. — La demande dirigée contre un entrepreneur de travaux publics, en paiement d'indemnités pour fouilles et extractions, doit être portée directement devant les conseils de préfecture, encore bien que cette demande soit réconventionnelle et que le droit de propriété du terrain fouillé soit contesté. — C'est devant le conseil de préfecture que la question de propriété peut être utilement soulevée et renvoyée alors à l'examen des tribunaux civils. — Il doit surtout en être ainsi lorsque le droit de propriété est invoqué par le locataire du terrain fouillé en l'absence du propriétaire. — Lorsque l'entrepreneur a envahi la propriété voisine, sa possession est régularisée, même pour le passé, lorsqu'il intervient un arrêté préfectoral autorisant l'occupation temporaire de cette propriété. — Dans tous les cas, si l'Administration déclare prendre fait et cause pour l'entrepreneur et avoir autorisé ses actes, les tribunaux administratifs sont seuls compé-

.tents pour statuer sur les réclamations du propriétaire. — A. 8 déc.
1864, Parer c. Lesca, VI, 238.

15. Impôt. — Si les actions relatives à la légalité de l'impôt sont,
en principe, de la compétence des tribunaux civils, il en est autrement de celles qui ont pour but une demande en décharge ou en
réduction d'une contribution directe, lesquelles appartiennent exclusivement aux conseils de préfecture. (Art. 4, L. 28 pluviôse an
VIII). — L'achour, impôt direct, est dans ce cas — A. 12 octobre
1860, Préfet d'Alger c. Enos, II, 268.

16. Mines. — La demande intentée par le propriétaire voisin
d'une mine en exploitation à l'aide de travaux souterrains et tendant à la cessation de travaux entrepris par la société concessionnaire de cette mine, en ce que ces travaux auraient pour but et
pour effet de s'emparer à son détriment des minerais situés près
de la surface du sol lui appartenant et exploitables à ciel ouvert,
sans qu'il soit besoin d'autorisation, doit être portée devant la juridiction administrative, quand la société prétend n'avoir pas dé-
passé les droits qui lui ont été conférés par les décrets de concession. — Paris, 3 déc. 1875, Harvin c. Société Mokta El-Hadid,
XVII, 286.

17. Les conclusions subsidiaires du propriétaire tendant à prouver que les travaux souterrains autorisés ont pour but d'arriver à
l'exploitation du minerai exploitable à ciel ouvert, à la superficie,
et qui est sa propriété, ne sont pas admissibles en regard des prétentions de la compagnie défenderesse formulées ci-dessus. — Même arrêt.

18. Pénitenciers militaires. — Les marchés pour l'exploitation du travail des détenus dans les pénitenciers militaires sont assimilés aux marchés de travaux publics, et, comme tels, sont régis,
en cas de contestation, par la loi de pluviôse, an VIII.— Les juridictions étant d'ordre public, une clause du cahier des charges ne
peut enlever la compétence au conseil de préfecture pour l'attribuer au Ministre de la guerre. — Cons. d'Etat, 18 janvier 1867,
Vidal c. Ministre de la guerre, IX, 78.

19. Propriété. — Il n'appartient qu'à l'autorité administrative
d'apprécier deux arrêtés rendus par un conseil de direction portant délimitation de deux propriétés et comprenant une même parcelle de terrain dans les limites de chacune de ces propriétés; elle
seule peut dire lequel des deux arrêtés constitue un titre valable

au profit de celui qui l'a obtenu. — Cass. 22 janvier 1868, Aribaud
c. Richard, X, 25.

20. TERRITOIRE MILITAIRE. — Les conseils de préfecture, en Algérie, ont qualité pour juger les actions nées en territoire militaire
avant le décret organique du 7 juillet 1864. — Arr. Cons. préf.
Oran, 16 déc. 1867, Bleuze c. Pénitencier de Boukanefis, XI, 60.

21. TRAVAUX PUBLICS. — *Dommages.* — Aux termes de la loi
du 28 pluviôse an VIII, c'est aux tribunaux administratifs qu'il
appartient de statuer sur le dommage causé par suite de l'exécution de travaux publics. — A. 22 nov. 1869, Chem. de fer c. Chatillon, XI, 255 ; 28 juin 1869, Russolo c. Chem. de fer, XI, 188 ;
1er juillet 1874, com. d'Alger c. vᵉ Coulon et l'Etat, XVI, 216.

22. Mais pour qu'un entrepreneur de travaux publics soit justiciable des conseils de préfecture, il ne suffit pas que les dommages aient été causés par les travaux, il faut encore que l'entrepreneur ait agi en exécution des ordres de l'Administration ou en
conformité de son marché avec elle. — A. 27 janv. 1869, Mouloud
ben Saïd c. Beretta, XI, 42.

23. La loi du 28 pluviôse an VIII donne aux conseils de préfecture plein pouvoir de prononcer sur les réclamations des particuliers qui se plaignent de torts et dommages procédant de l'exécution des travaux publics, sans qu'il y ait lieu de distinguer si
le dommage est permanent ou temporaire. — A. 7 déc. 1868, Delaon c. Préfet d'Oran, X, 225.

24. La juridiction administrative sera seule compétente chaque
fois que l'entreprise de l'Etat n'aura pas eu pour résultat la dépossession définitive ou la suppression d'une partie de la propriété
privée. — Même arrêt.

25. Lorsqu'un particulier actionne un ingénieur des ponts-et-
chaussées en dommages-intérêts pour un fait commis dans l'exercice de ses fonctions, mais critiqué comme illégal et abusif, et que
l'Administration qui en est cause ratifie le fait incriminé et le couvre de son autorité, les tribunaux civils sont incompétents pour
connaître de l'action, qui doit être renvoyée aux tribunaux administratifs aux termes de la loi 28 pluviôse an VIII. — L'autorisation de poursuivre accordée par le conseil d'Etat aux termes de
l'art. 75 (1) de la Constitution de l'an VIII, alors que la juridiction

_____

(1) Abrogé par décret du 19 septembre 1870.

civile était déjà saisie, ne modifie pas les règles de compétence. —
A. 7 juin 1866, Coll c. Ravier, VIII, 159.

26. L'autorité administrative seule compétente, à l'exclusion de
l'autorité judiciaire, pour connaître des dommages causés par
l'exécution de travaux publics, l'est également pour vérifier si le
fait dommageable à raison duquel une action civile a été intentée
contre des agents de l'Administration chargés de la direction des
travaux, constitue de leur part un acte arbitraire engageant leur
responsabilité personnelle, ou s'il n'est au contraire qu'une mesure nécessitée par les besoins du service et que ces agents étaient
autorisés à prendre. (L. 28 pluviôse an VIII, art. IV). — Cass. 11
fév. 1868, mêmes parties, X, 137.

27. Les tribunaux administratifs ne sont compétents pour statuer sur les dommages résultant de l'exécution de travaux publics,
qu'autant qu'aucune convention n'est alléguée ; s'il en est autrement, c'est-à-dire si une convention est invoquée, c'est la juridiction civile seule qui est compétente. — Spécialement, sur une
expropriation pour cause d'utilité publique faite dans l'intérêt de
la construction d'un chemin de fer, il intervient un jugement sur
le règlement de l'indemnité d'expropriation, accordant une indemnité de dépréciation calculée et fixée d'après les avantages que
l'exproprié devra retirer de l'établissement des voies de communication à faire sur la voie ferrée et dans l'intérieur des emprises
ou clôtures, lesquelles voies étaient prévues comme devant relier
les deux parties de l'immeuble traversé par le chemin de fer ; plus
tard, et après la mise en exploitation de la voie ferrée, l'exproprié
prétend que les voies de communication susdites ne sont pas pra-
ticables, et n'ont pas été exécutées conformément aux prévisions
du jugement réglant l'indemnité et au rapport d'experts qui l'a
précédé ; il intente pour ce une action en dommages-intérêts contre la compagnie des chemins de fer ; cette action doit être portée
devant les tribunaux civils. — A. 26 mai 1876, de Vialar et cons.
c. Chem. de fer, XVIII, 121.

§ 3. — Compétence civile.

28. ACTE ADMINISTRATIF. — Lorsqu'un contrat de vente administratif passé entre l'Etat et un particulier est clair et précis dans
ses dispositions, mais qu'il soulève la question de savoir si la loi
permet l'aliénation de certains avantages portés en l'acte (l'usage
d'un cours d'eau dans l'espèce), les tribunaux ordinaires sont com-

pétents pour statuer. Il ne s'agit pas là, en effet, d'interpréter un acte administratif, mais de l'appliquer par l'interprétation de la loi elle-même. — Même arrêt qu'au n° 11, *suprà*.

29. Il appartient aux tribunaux ordinaires d'interpréter même les contrats passés en la forme des actes administratifs, quand cette forme est purement *facultative*, mais non lorsque cette forme est *obligatoire* ; par exemple, les aliénations de biens domaniaux aux enchères publiques, qui sont réglées par les art. 9 et 10 de l'ord. du 9 novembre 1845 et ne sont valables qu'après approbation ministérielle. — A. 29 novembre 1858, Préfet d'Oran c. Pasquier, I, 19.

29 *bis. Bail de biens domaniaux.* — L'art. 10 du décret du 28 déc. 1865, qui attribue aux tribunaux de droit commun la connaissance des litiges relatifs aux fermages des biens domaniaux doit être entendu en ce sens qu'ils sont compétents pour connaître des poursuites auxquelles ces baux peuvent donner lieu. — Même arrêt qu'au n° 2 *bis, suprà.*

30. *Interprétation.* — Il n'y a pas lieu à interprétation quand l'acte est clair et précis, et on ne peut, sous prétexte d'une interprétation inutile, demander le renvoi devant les tribunaux administratifs. — A. 14 nov. 1866, Perceau c. Chem. de fer, IX, 5.

30 *bis.* Lorsque le demandeur à fins de dommages-intérêts invoque à l'appui de sa demande un acte administratif, dont son adversaire conteste l'interprétation, il est nécessaire que, préalablement au jugement de la question en litige, interprétation de l'acte administratif soit faite par les tribunaux administratifs ; ce n'est qu'après cette interprétation que le tribunal judiciaire saisi du litige peut statuer sur les dommages-intérêts. — A. 7 mai 1875, Catus c. Forestier et Soria, XVII, 132.

30 *ter.* C'est le demandeur, à qui incombe la preuve, qui doit faire les diligences nécessaires devant les tribunaux administratifs. — Même arrêt.

31. BAINS. — La concession d'un établissement de bains faite par l'État à un particulier, constitue, alors même qu'elle a été passée dans la forme administrative, non un acte administratif, mais un acte ordinaire de transmission de propriété, et, dès lors, l'autorité judiciaire est compétente pour connaître des difficultés relatives à l'exécution ou à l'interprétation de cette concession. (L. 16-24 août 1790, tit. 2, art. 13, et 28 pluv. an VIII, art. 4). — Cass. civ. 28 mai 1866, Ali ben Hamoud c. ville d'Alger, IX, 26.

32. Spécialement c'est à l'autorité judiciaire qu'il appartient de statuer sur le point de savoir si la concession comprend la jouissance gratuite des eaux qui servent à l'établissement. — Même arrêt.

33. COMMERÇANT ET EMPLOYÉ. — Les engagements pris par un commerçant envers ses employés, à raison de leur collaboration, constituent, de sa part, un acte de commerce. Mais les obligations contractées vis-à-vis du commerçant par l'employé qui loue simplement ses services ont, au contraire, un caractère purement civil. — Paris, 6 mai 1870, XII, 140.

34. Le non commerçant qui a traité avec un commerçant pouvant assigner à son choix ce dernier, soit devant le tribunal de commerce, soit devant le tribunal civil, pour obtenir l'exécution des conventions respectives qui les lient, c'est valablement que l'employé d'une compagnie de chemin de fer saisit le tribunal civil de difficultés survenues à raison de contrat de louage d'industrie intervenu entre lui et la compagnie. — Même arrêt.

35. CONCESSION DOMANIALE. — Les tribunaux civils sont seuls compétents pour interpréter un titre de concession par lequel le Domaine de l'Etat transmet aux particuliers ses droits de propriété. — Même arrêt qu'au n° 8, suprà.

36. Lorsque le décret impérial de concession de terrains par l'Etat à une compagnie porte que sur les habitations qu'elle livrera aux colons, la compagnie ne pourra faire de bénéfices, mais qu'elle les livrera moyennant un prix, ce prix doit-il se borner uniquement à la valeur des matériaux et de la main-d'œuvre, ou comprendre aussi les frais accessoires que la construction des habitations a nécessités? — Cette question implique interprétation du décret de concession, et, en conséquence, il n'appartient pas à l'autorité judiciaire de statuer. — Cass. 20 nov. 1865, VII, 203.

37. L'action en revendication d'un terrain concédé par l'Etat à une commune est de la compétence des tribunaux civils, quand même la concession proviendrait d'un décret impérial et qu'il serait nécessaire d'apprécier et d'interpréter ce décret, si l'Etat n'a figuré en cet acte que comme propriétaire et pour transmettre une portion de son domaine aliénable. — A. 23 nov. 1859, Andréoli c. Picon, II, 20.

38. DÉCLINATOIRE. — Le tribunal qui, au lieu de statuer sur un déclinatoire, se pose d'office une question préjudicielle concernant

le droit de propriété, et ordonne qu'il sera plaidé sur cette question, commet un excès de pouvoir. — Même arrêt qu'au n° 23, *suprà*.

39. Le déclinatoire, basé sur l'incompétence des tribunaux civils, et tendant au renvoi devant la juridiction administrative, est d'ordre public et peut être proposé pour la première fois en appel, alors même qu'il a été conclu au fond, et en cassation. Il peut aussi être admis d'office par le juge. — A. 31 juillet 1873, Dehaknas c. l'Etat, XV, 205.

40. En matière civile, et alors qu'il s'agit d'un litige du ressort du juge de paix qu'on porte devant un tribunal civil, l'incompétence qui n'a pas été proposée devant les premiers juges ne peut plus l'être en appel. — A. 23 janvier 1873, Cachia c Calleya, XV, 13.

41. Délimitation administrative. — Lorsque deux parties en contestation, devant l'autorité judiciaire, sur la propriété d'un terrain situé en Algérie, produisent chacune un arrêté de délimitation administrative rendu en vertu de l'art. 16 de la loi du 21 juillet 1846, qui leur attribue cette propriété, il y a lieu pour les juges de surseoir jusqu'à la solution de la question préjudicielle, résultant de la contradiction qui existe entre les deux arrêtés ; question qui rentre exclusivement dans la compétence de l'autorité administrative. — Cass. civ. 8 novembre 1869, Aribaud c. Richard et Duzer, XII, 26 ; — 30 avril 1829.

42. Ce serait donc à tort que les juges, se fondant sur ce que les deux arrêtés sont contradictoires, et les écartant l'un et l'autre, statueraient au fond, malgré l'absence de toute prescription acquise par la possession, en appliquant la maxime *in pari causá, melior est causa possidentis*. — Même arrêt.

43. Demande modifiée en cours d'instance. — Lorsqu'une demande formée devant un tribunal, dans les limites de sa compétence, est ensuite réduite, en cours d'instance, par les conclusions du demandeur, le tribunal n'est tenu de se dessaisir d'office qu'autant que cette modification imprime à l'action un caractère nouveau, qui en charge la nature, et place la demande, quant à la matière, en dehors de sa juridiction. — Spécialement, si la demande ainsi réduite, rentre dans la juridiction commerciale des juges de paix d'Algérie à compétence étendue, le silence du défendeur couvre l'exception et le rend non recevable à en exciper de-

vant la Cour. — Il ne s'agit pas là d'une exception d'ordre public, que le juge doive nécessairement suppléer, mais d'une simple exception établie dans l'intérêt des justiciables et à laquelle ceux-ci peuvent renoncer. — A. 3 juin 1872, Raynaud c. Audibert, XIV, 141.

44. DOMAINE MILITAIRE. — L'autorité judiciaire est-elle compétente pour statuer sur la demande formée par un particulier, en revendication d'un terrain incorporé au domaine public militaire sans expropriation préalable ? — En tous cas, il n'y a pas lieu de statuer sur cette demande, si elle est exercée en l'absence du Ministre de la guerre qui seul a qualité pour y défendre. — Cass. civ. 29 juillet 1868, l'Etat c. Cély, X, 258.

45. DROIT DE PROPRIÉTÉ. — *Référé.* — Lorsqu'un entrepreneur de travaux publics veut s'emparer d'un puits comme faisant partie d'une carrière qui appartient à l'Etat et qu'il exploite, et que le propriétaire voisin soutient que ce puits dépend de sa propriété, les tribunaux ordinaires sont compétents pour statuer sur la difficulté soulevée, encore bien que l'entrepreneur n'aurait occupé le puits que sur l'ordre des agents de l'Administration. Il ne s'agit là, en effet, que d'une simple question de propriété ; par conséquent le juge des référés est compétent pour prescrire les mesures provisoires. — A. 29 juillet 1859, Lesca c. Parer, I, 245.

46. EAUX. — Si la police et la répartition des eaux appartiennent à l'autorité administrative, les questions relatives à leur propriété sont du ressort exclusif de l'autorité judiciaire ; dès lors, les droits de propriété, d'usage et de jouissance acquis par les particuliers doivent être respectés et consacrés par les tribunaux, tels qu'ils existent d'après les titres antérieurs et la loi du 16 juin 1851 (art. 2 de ladite loi.). — A. 15 nov. 1870, Mohammed ben El-Ounès c. Kouïder ben Mohammed, XII, 250.

47. La vente à réméré d'un terrain et d'un moulin y construit est un acte essentiellement civil. Les actions s'y rapportant sont de la compétence exclusive des tribunaux civils. — A. 19 nov. 1860, II, 305.

48. Lorsqu'une transaction intervenue sur procès entre le préfet représentant le Domaine de l'Etat et des particuliers, à l'occasion de la propriété ou de la jouissance des eaux d'irrigation, est attaquée par le syndic de l'association formée après ladite transaction, cette action est de la compétence des tribunaux civils. — A. 17 octobre 1870, Caillol c. le Préfet d'Alger, XII, 163.

49. Les tribunaux civils sont incompétents pour statuer sur une demande en dommages-intérêts intentée par un propriétaire contre l'Etat et fondée sur le fait que l'Administration supérieure n'a pas opéré le règlement des eaux d'une rivière auxquelles ce propriétaire a droit comme riverain pour l'arrosement de ses terres. — A. 14 mars 1859, Préfet d'Alger c. Dervieux, I, 155.

50. ... Sur la demande en dommages-intérêts formée à raison d'un préjudice résultant de l'exécution de travaux administratifs ou d'une réglementation vicieuse des eaux d'une rivière. — A. 30 janvier 1860, II, 85.

51. ... Sur une demande en paiement de prix de *matériaux* extraits par l'Etat d'une carrière particulière pour les besoins de la construction d'une route, lorsque cette demande est introduite depuis la promulgation du décret du 5 décembre 1855. — A. 28 mars 1860, II, 144.

52... Sur l'opposition qui a pour but de faire annuler la contrainte décernée en vertu d'un rôle rendu exécutoire par le préfet, contre les usagers des eaux formés en syndicat, cette contrainte constituant un acte administratif. — A. 28 mai 1862, Fourrier c. Préfet d'Alger, IV, 101.

53. ENTREPRENEUR. — Un entrepreneur de travaux publics doit être assigné devant les tribunaux de droit commun lorsqu'il s'agit d'une action en dommages-intérêts intentée par un ouvrier qui a été blessé dans l'exécution du travail auquel il était préposé. — A. 1er juin 1857, Dussault et Sarlin c. Banuls, VII, 139.

54. C'est à l'autorité judiciaire et non à la juridiction administrative qu'il appartient de régler l'indemnité due par l'entrepreneur de travaux publics qui a établi des dépôts de matériaux sur un terrain privé, sans y avoir été autorisé par le cahier des charges. — Même arrêt qu'au n° 22, *supra*.

55. ETAT ET PARTICULIERS. — Il appartient exclusivement à l'autorité judiciaire de statuer sur les actions en partage ou en licitation des immeubles indivis entre l'Etat et des particuliers. — Le décret du 2 avril 1854 n'a pu déroger sur ce point à l'art. 13 de la loi du 16 juin 1851. — Décret Cons. d'Etat, 5 janvier 1866, Hachette c. l'Etat, VIII, 64.

56. Il est de principe que, lorsque l'Etat procède, non pour l'exécution des lois, mais comme propriétaire d'un immeuble, ses actes, quelle qu'en soit la forme, ont le caractère de conventions

privées ; ils sont par suite soumis à l'appréciation des tribunaux ordinaires. — Spécialement, les tribunaux civils sont seuls compétents pour statuer sur une action en délivrance d'un terrain vendu par l'État à un particulier. — A. 22 juin 1870, Bienfait c. le Préfet de Constantine, XII, 176. — V. conf. Cass. 2 mai 1848.

57. FONCTIONNAIRE. — L'autorisation accordée par le Conseil d'État de poursuivre à fins civiles un agent du gouvernement ne fait pas obstacle à ce que l'autorité judiciaire vérifie sa propre compétence et se dessaisisse du litige au cas où elle reconnaît qu'il ne lui appartient pas d'en connaître. (Const. 22 frim. an VIII, art. 75 (1). — Même arrêt qu'au n° 25, *suprà*.

58. FORÊTS DE CHÊNES-LIÉGE. — *Concessionnaires.* — Le décret du 2 février 1870 qui détermine les conditions d'après lesquelles les concessionnaires des forêts de chênes-liége en Algérie peuvent devenir propriétaires de l'objet de la concession, n'a pas pour effet de créer *ipso facto* le droit de propriété, et de le substituer au droit de jouissance contenu au titre originaire ; cette substitution ne peut être que le résultat d'un acte de cession intervenu entre l'État et le concessionnaire. Par suite, tout le temps que cet acte n'a pas eu lieu, et quand bien même les ayants droit auraient présenté leur demande et leur acquiescement, les tribunaux civils sont incompétents pour statuer sur une demande en partage introduite par l'un des concessionnaires. — A. 2 avril 1875, Carpentier c. Broussais, XVII, 62.

59. Cette incompétence s'étend à la demande en nomination de séquestre ou d'administrateur provisoire. — Même arrêt.

60. Néanmoins les tribunaux civils sont compétents pour juger les obligations qui ont pu naître entre les concessionnaires par suite de l'exploitation commune ou de l'un d'eux ; ces obligations n'ont pu produire que des conséquences purement civiles. — Même arrêt.

61. FOUILLES ET EXTRACTIONS. — Le fait d'extraire des matériaux dans la propriété d'autrui n'est pas de la compétence des juges de paix (loi du 25 mai 1838), car l'action pour dommages aux champs attribuée à cette juridiction cesse lorsque ce dommage n'atteint pas seulement les récoltes, mais encore le fonds même de la propriété. — Maury c. Carrus, A. 6 juin 1873, XV, 186.

---

(1) Abrogé par décret du 19 septembre 1870.

62. Ce fait n'est pas non plus de la compétence du conseil de préfecture, si l'auteur n'est pas un entrepreneur de travaux publics, ni un fournisseur en vertu d'adjudication publique de matériaux destinés à des travaux publics, mais seulement un sous-traitant direct avec l'entrepreneur général. — Même arrêt.

63. Il est donc de la compétence des tribunaux ordinaires.

64. GARANTIE. — Toute question de garantie en matière réelle, par cela seul qu'elle présuppose une question de propriété, est de sa nature de la compétence de la juridiction de droit commun, à moins d'une disposition contraire de la loi. — Même arrêt qu'au n° 11, *suprà*.

65. MATIÈRE COMMERCIALE. — La partie qui a conclu au fond devant le tribunal civil, n'est plus fondée ensuite à opposer l'incompétence du tribunal, à raison de la nature commerciale de l'affaire. — A. 3 mars 1872, Grenier c. v° Chausson, XIV, 40.

66. Le tribunal civil, en effet, a plénitude de juridiction, et sa compétence ayant été tout d'abord acceptée, ne peut plus être ensuite contestée ; mais il devra évidemment, au cas où la cause serait réellement commerciale, l'examiner et l'apprécier selon les principes du droit commercial. — Même arrêt.

67. MINES. — Celui qui cède les droits qu'il peut avoir sur des mines de cuivre qu'il prétend avoir découvertes, n'a pour actionner son cessionnaire, en exécution des conventions intervenues ou en réparation de leur violation, que la voie des tribunaux ordinaires. Dans une pareille demande on ne saurait voir l'action ou l'exercice des droits dont s'agit dans la loi du 21 avril 1810. — Même arrêt qu'au n° 7, *suprà*.

68. PASSAGER DE NAVIRE. — L'engagement de payer le prix d'un passage sur un navire ne constitue de la part du passager qu'un engagement civil. — A. 17 mars 1863, Pierret c. Voets, V, 81.

69. PRODUITS COMMUNAUX. — Les tribunaux civils sont seuls compétents pour connaître de l'exécution et de l'interprétation du cahier des charges relatif à l'adjudication du produit d'un abattoir communal. — A. 3 févr. 1871, Breteaudau c. le maire d'Oran, XIII, 192.

70. ... Et cela encore bien qu'une clause du cahier des charges défère au conseil de préfecture les contestations de cette nature. — Même arrêt.

71. Par suite, le juge du référé est compétent pour statuer sur une demande en nomination de séquestre pour administrer les produits de l'abattoir, introduite par la commune qui prétend que l'adjudicataire n'exécute pas son marché, et qu'il y a lieu à résiliation. — Le maire n'a pas besoin de l'autorisation du conseil de préfecture pour introduire ce référé. — Même arrêt.

72. Référé. — L'incompétence des tribunaux civils, en matière de dommages causés par l'exécution des travaux publics, s'étend au juge de référé, qui ne peut ordonner aucun acte d'instruction ou de constat. — A. 16 mars 1875, Préfet d'Alger c. Charnaux, XVII, 34.

73. Il n'y a pas à distinguer entre le dommage permanent et le dommage temporaire. — Même arrêt.
V. *Suprà*, n° 71, et *infrà*, n°⁵ 77, 78.

74. Succession bénéficiaire. — Lorsqu'un héritier bénéficiaire demande devant le tribunal de l'ouverture de la succession l'autorisation de mettre en vente un immeuble héréditaire, ce tribunal peut renvoyer la vente devant celui de la situation de l'immeuble. (Art. 954, C. proc. civ.). — A. 13 février 1865, v° Meunier c. Lamessine, VII, 52.

75. Travaux communaux. — La juridiction civile est seule compétente pour statuer sur les demandes dirigées par des particuliers contre les communes, et fondées, soit sur la violation du droit de propriété, soit sur des dommages permanents causés à la propriété. — A. 31 déc. 1867, com. de Bône, c. Jouanne, X, 10.

76. Spécialement est de la compétence des tribunaux civils une action intentée par un individu contre une commune, et basée sur ce qu'une fontaine communale a été à tort encastrée dans son immeuble et y produit des infiltrations nuisibles. — Même arrêt.

77. En ce cas, le juge des référés est compétent pour ordonner une expertise aux fins de constater ces infiltrations. — Même arrêt.

78. Mais il ne pourrait donner pour mission à l'expert de rechercher comment ont été établis les conduits de la fontaine, cette recherche ne pouvant s'effectuer qu'en pratiquant des fouilles sur la voie publique. — Même arrêt.

79. Lorsqu'une commune ouvre une rue, en vertu d'un plan d'alignement régulièrement approuvé, sur des terrains particuliers, et qu'elle occupe du terrain avant d'avoir fait prononcer l'expropriation pour cause d'utilité publique, la demande en indem-

nité formée par les propriétaires dépossédés doit être portée devant les tribunaux ordinaires. — Il importerait peu que, durant l'instance, la commune eût fait rendre un arrêté déclaratif d'utilité publique. — A. 16 déc. 1864, com. de Bône c. Senadelly, VI, 221.

80. Bien que l'action intentée par une commune à des particuliers pour leur demander le remboursement total ou partiel de travaux commandés par un intérêt de voirie municipale et de salubrité publique, ait un caractère administratif, dont la commune pouvait se prévaloir pour porter l'affaire devant la juridiction administrative, ce caractère n'est cependant pas d'ordre public, la contestation ne portant point sur la légalité ou la régularité de l'acte administratif qui a provoqué ces travaux. Il n'y a donc pas lieu, pour le tribunal saisi par l'action de la commune, et en l'absence de toute exception soulevée de ce chef par le défendeur, de se déclarer incompétent d'office. — A 3 mars 1873, com. de Constantine c. Assoun, XV, 69.

81. TRAVAUX PUBLICS. — *Dommages.* — En matière de dommages prétendus à l'occasion de travaux publics exécutés par l'Etat, si un tribunal est légalement saisi de l'instance au principal, et que l'Etat soit appelé en garantie, il doit disjoindre l'instance en garantie de celle au principal et se déclarer incompétent pour la première et ne juger que la seconde, car le principe de la séparation des pouvoirs est supérieur à la loi qui veut que le juge du principal soit juge de l'appel en garantie. — A. 1er juillet 1874, com. d'Alger c. ve Coulon et l'Etat, XVI, 216. — V. *suprà*, 21 s.

82. VENTE DE TERRAINS DOMANIAUX. — *Ouverture de rues.* — *Dommages-intérêts.* — Lorsque l'Etat a vendu des terrains à bâtir sur des rues déclarées projetées, mais dont l'époque d'ouverture n'était pas fixée dans le contrat, l'autorité judiciaire est incompétente pour statuer sur une demande à fin de contraindre l'administration à opérer l'ouverture. — Elle est également incompétente pour statuer sur le chef de la demande relatif aux dommages-intérêts réclamés contre l'Administration pour inexécution de la convention. On ne saurait distinguer entre le principe de la demande et ses conséquences. Les dommages-intérêts sont considérés dans ce cas comme un accessoire du chef relatif à la condamnation d'ouvrir les rues. — Cass. 7 mars 1859, Andureau c. Préfet de Constantine, I, 205.

§ 4. — Compétence commerciale.

83. Artiste. — L'artiste qui s'engage non-seulement à paraître dans des représentations, mais encore à fournir le matériel nécessaire à ces représentations et les partitions, ne fait pas un simple acte de louage d'industrie, mais une véritable entreprise théâtrale régie par l'art. 631 du Code de commerce. — A. 24 juin 1867, Delpierre c. Jourdain, IX, 121.

84. L'artiste en représentation a son domicile dans le lieu où il exerce son industrie. — Même arrêt.

85. Avaries. — Bien que le tribunal du lieu de débarquement ait, à la requête du destinataire, nommé des experts pour rechercher et constater les causes des avaries, et quoiqu'il ait ensuite homologué les conclusions de cette expertise (art. 414 et 416, C. com.), si néanmoins l'expéditeur est plus tard actionné en dommages-intérêts devant le tribunal de son propre domicile et n'en décline pas la compétence, ce tribunal ne doit pas se déclarer d'*office* incompétent. — A. 30 juin 1862, Valensi c. Avargues, IV, 171.

86. L'attribution de compétence résultant des art. 414 et 416, C. com. ne reçoit application que dans les cas prévus au titre XII du livre 2e de ce Code. — Même arrêt.

87. Bailleur de fonds. — Un individu qui a aidé de ses soins, de ses démarches et de son argent un autre individu, dans l'exploitation commerciale d'une orangerie, ne doit pas, par cela même, être considéré comme l'associé de ce dernier, alors que les résultats de l'opération ne devaient pas être partagés. Par suite, il ne peut être assigné devant le tribunal de commerce en paiement de fournitures faites à l'exploitation, si d'ailleurs il n'est pas commerçant. — A. 6 août 1865, Vautherin c. Ferrand, VII, 24.

88. Billet a ordre. — Les tribunaux de commerce sont incompétents pour connaître d'une demande en paiement d'un billet ayant une cause commerciale, si le souscripteur n'est pas commerçant. — A. 9 nov. 1867, Marius et Cadix c. Dⁱˡᵉ Caze, IX, 216.

89. Commerçant. — Employé. — Ils sont compétents pour statuer sur l'action d'un commis contre son patron commerçant, et pour fait relatif au commerce de ce dernier (art. 634, C. com.). — A. 19 nov. 1860, Stephanopoli c. Dessoliers, II, 310. — V. *suprà*, 33 s.

90. *Contrà* : Ils ne peuvent connaître que des matières qui leur

sont formellement attribuées par la loi. En conséquence, le *contrat de louage de services* n'étant pas rangé parmi les actes commerciaux, aux termes du Code de commerce, les tribunaux civils sont seuls compétents pour en connaître. — A. 28 juillet 1863, Chem. de fer c. Puche, V, 161.

91. Spécialement, un employé d'une compagnie de chemins de fer qui prétend avoir été révoqué à tort de ses fonctions, ne peut saisir les tribunaux de commerce de son action en dommages-intérêts. — Même arrêt.

92. CONCESSION FORESTIÈRE. — La cession d'un droit de concession forestière pour l'exploitation de la résine ne constituant pas un acte de commerce, la demande en résolution de cette cession ne peut être portée devant la juridiction consulaire. — Jug. com. Alger, 21 mai 1860, Delgua c. Chapelle, II, 227.

93. DÉCLINATOIRE ET FOND. — Si les tribunaux de commerce sont autorisés par l'art. 425, C. proc. civ., à statuer en même temps sur le déclinatoire et sur le fond, ils ne le peuvent qu'autant que le déclinatoire doit être rejeté et que le fond est en état de recevoir jugement. Cette disposition ne déroge en aucune manière au principe qui veut qu'avant tout le juge doit vérifier sa compétence. — A. 21 mai 1865, Ferrière c. Gilli, VIII, 116.

94. DEMANDEUR NON COMMERÇANT. — DÉFENDEUR COMMERÇANT. — Les tribunaux de commerce sont compétents pour connaître, à la requête d'une partie non commerçante, d'une demande en paiement d'une somme que le défendeur commerçant doit pour l'objet de son commerce. — A. 20 janv. 1862, Consistoire israélite de Constantine c. Pionnier et Cᵉ, IV, 32.

95. DROITS IMMOBILIERS. — Les tribunaux de commerce sont incompétents pour statuer sur toutes actions ayant pour objet des droits immobiliers. — A. 27 mai 1859, Julien c. syndic Liurette, I, 217.

96. HONORAIRES D'ARCHITECTE, D'INGÉNIEUR. — ... Sur une action en paiement d'honoraires dirigée par un architecte ou ingénieur contre un commerçant, pour études, projets, plans, etc., d'un moulin à construire sur un terrain appartenant à ce dernier. — Jugem. com. Alger, 25 juillet 1859, Puech c. Dupuis, I, 273.

97. ENTREPRISE COMMERCIALE. — Les fournitures de pain faites aux ouvriers et préposés d'une entreprise ayant un caractère commercial, participent du même caractère, et le tribunal de com-

merce est compétent pour en connaître. — A. 20 nov. 1869, Berthézène c. Laugeron et Gaguin, XI, 254.

98. FOUILLES ET EXTRACTIONS. — La demande en paiement de
terres extraites d'une propriété particulière par un entrepreneur
de travaux publics n'est pas de la compétence des tribunaux de
commerce. — Jugem. com. Alger, 14 février 1859, Mussault c. Ali
ben Hamoud, I, 143.

99. FRET. — *Lieu de paiement.* — Le lieu de paiement du fret
et de l'indemnité de résiliation réservée par le contrat d'affrètement est celui où le navire se trouve lorsque l'échéance arrive et
que la résiliation est faite. Par conséquent, le tribunal de cette
localité est compétent pour statuer sur la demande en paiement
du fret et de l'indemnité, intentée par le capitaine contre les af-
fréteurs (art. 420, C. pr. c.) — Jugem. com. Alger, 23 février 1859,
Brémond c. Brun, I, 139.

100. LIEU D'ASSIGNATION. — L'art. 2 de l'ord. du 16 avril 1843
qui porte que lorsqu'il s'agira de droit ou action ayant pris
naissance en Algérie, le demandeur pourra assigner à son choix
devant le tribunal du domicile en France du défendeur ou devant
le tribunal de l'Algérie dans le ressort duquel le droit ou l'action
aura pris naissance, est inapplicable en matière commerciale, et
laisse subsister intacte la disposition de l'art. 420, C. pr. c. — Cass.
7 mai 1860, II, 151.

101. Au contraire : — Quand l'action a pris naissance en Algérie, le tribunal de ce lieu est compétent pour connaitre de la
demande, en vertu de l'art. 2 de l'ord. du 16 avril 1843, alors
même que le défendeur serait domicilié en France — A. 25 mars
1868, Luce c. Bordenave, X, 77 ; 5 fév. 1874, Barthélémy et Roumat c. Toche, XVI, 181.

102. Lorsque le représentant d'une maison de commerce de
Bordeaux vend, à Alger, à un commerçant d'Alger, des marchandises de son commettant, la conséquence est que la marchandise
est livrable à Alger. — De même, dans ce cas, c'est à Alger que
le paiement doit s'effectuer. — Par suite, le tribunal d'Alger est
compétent pour connaître des contestations qui surviennent à l'occasion de ce marché (art. 420, C. pr. c.) — A. 2¡ avril 1870, Cosse
c. Guillermont, XII, 83.

63. MOTIFS DE JUGEMENT. — Le tribunal qui, dans un motif de
son jugement, s'occupe d'une question hors de sa compétence,

spécialement le tribunal de commerce qui s'occupe, dans le motif de son jugement, d'une question de privilége, et qui se tait à cet égard dans le dispositif, ne décide rien à ce sujet; en conséquence, tous les droits relatifs à cette question demeurent complètement réservés. — A. 3 janvier 1873, Bussidan c. Mazel, XV, 3.

104. NAVIRE. — Le président du tribunal de commerce est sans qualité pour autoriser l'opposition au départ d'un navire par une saisie-arrêt des papiers d'expédition faite entre les mains de l'autorité compétente, alors que la créance sur laquelle l'opposition est fondée est de nature civile. — A. 18 déc. 1862, V. 31.

105. PRIVILÉGE. — Les tribunaux consulaires sont compétents pour connaître d'une demande en attribution de privilége, lorsque la créance a un caractère commercial. — A. 12 juillet 1860, David, Servoz c. Roure et autres, II, 223.

106. *Contrà* : Ils sont incompétents, en l'absence de toute faillite. — A. 10 janvier 1861, Marain et Cachot c. Créange, III, 38.

107. SOCIÉTÉ. — *Siège de la Société*. — Les demandes introduites par un associé en participation contre un coassocié, à raison des comptes de l'opération sociale, peuvent être portées devant le tribunal de commerce du lieu où l'opération a été consommée, bien que l'associé défendeur soit domicilié dans une autre localité. — A. 5 oct. 1859. Gardès c. Bittard, I, 300.

108. VENTE PAR MANDATAIRE. — Si l'acheteur d'un équipage d'exploitation est entrepreneur de transports, ainsi que le vendeur, la vente opérée même par l'intermédiaire d'un mandataire est commerciale, et cette vente ainsi que le mandat donné à l'intermédiaire vendeur peuvent être prouvés par témoins. — A. 9 nov. 1872, Duzer c. vᵉ Ferrandès, XIV, 241.

§ 5. — Compétence des juges de paix.

109. Lorsque la partie défenderesse habite le ressort d'une justice de paix à compétence étendue, les *demandes personnelles et commerciales* en paiement de sommes inférieures à 1,000 fr. doivent être portées devant cette juridiction, et non devant le tribunal de commerce de la circonscription. — A. 24 déc. 1860, Marini c. Burdin, III, 16.

110. Au contraire : — Bien que le juge de paix en Algérie ait qualité, aux termes du décret du 19 août 1854, pour statuer sur les instances commerciales jusqu'à concurrence de 1,000 francs, le de-

mandeur peut, d'après les termes de l'art. 420 du C. de proc. civ., saisir le tribunal de commerce. — En vain dirait-on que le décret du 19 août 1854 a abrogé l'art. 420 du Code de proc. civ. et que lui seul est applicable en Algérie, le décret n'en disant pas un mot et l'abrogation même implicite ne pouvant exister qu'autant qu'il y a inconciliabilité entre les deux dispositions, ce qui n'existe pas dans l'espèce. — A. 14 janvier 1865, Guilhaumon c. Goadet, VI, 211.

111. EMPRISONNEMENT. — *Fête légale.* — Les juges de paix à compétence étendue, en Algérie, n'ont pas qualité pour autoriser une arrestation dans le cas où la loi prescrit cette autorisation (décret du 19 août 1854, art. 2). — A. 23 juin 1859, I, 231.

112. Dans un sens contraire : Ces magistrats ont pouvoir de commettre un huissier aux fins d'exécuter un jugement par la voie de la contrainte par corps (*eodem*). — A. 15 février 1857, III, 222. — Cette décision est vivement critiquée dans la note de la p. 223, signée P. de Mén.

113. Depuis la suppression de la contrainte par corps, en matière civile et commerciale, cette question n'offre plus qu'un intérêt historique. Toutefois elle reste entière en ce qui touche l'exécution des jugements correctionnels.

114. LOYERS. — Les juges de paix à compétence étendue statuent sur toutes les demandes personnelles et mobilières, en dernier ressort, jusqu'à 500 francs, et en premier ressort jusqu'à 1,000 francs. Les diverses restrictions de la loi du 25 mai 1838 ne leur sont pas applicables. — Ainsi, une demande en paiement de loyers inférieure à 1,000 fr., bien que la location annuelle dépasse 400 fr., d it être portée devant le juge de paix du domicile du défendeur, s'il est à compétence étendue. — A. 22 mai 1861, Martin c. Girodet, III, 127.

115. SAISIE-ARRÊT. — En Algérie, les juges de paix à compétence étendue ont qualité pour autoriser la saisie-arrêt dans tous les cas et non pas seulement en matière de référé (déc. 19 août 1854, art. 2). — A. 6 janvier 1872, Lescure c. Mounier et Sanchez, XV, 157.

116. Mais ils ne sont pas compétents pour statuer sur une demande en validité de saisie-arrêt, quelle que soit la somme pour laquelle elle est formée (*eodem*). — A. 8 février 1860, Lévêque c. Godquin, II, 90.

§ 6. — Compétence des commandants de place.

117. L'arrêté du 5 août 1845 qui règle les attributions des commandants de place faisant fonctions de juges de paix en Algérie, ne leur a donné que la compétence ordinaire attribuée aux juges de paix ; ils ne peuvent user de la compétence étendue attribuée à certains tribunaux de paix en Algérie par le décret du 17 août 1854, qu'autant qu'une disposition formelle du pouvoir législatif la leur confère. — Jugem Alger, 27 octobre 1866, Chailloux c. Mohammed ben Garo, VIII, 227 ; 22 mars 1870, Andréoli c. Jeaumont et Delachèse, XII, 97.

§ 7. — Compétence spéciale des tribunaux français en Algérie.

118. Lorsqu'il s'agit de droits et actions qui ont pris naissance en Algérie, on peut assigner devant les tribunaux de l'Algérie, spécialement lorsqu'il s'agit de la répétition par des personnes demeurant en France d'une somme leur appartenant et déposée à la caisse des consignations d'un arrondissement judiciaire de la colonie. — A. 17 février 1864, VI, 27.

119. ÉTRANGER. — Les tribunaux français en Algérie sont compétents pour connaître des demandes en liquidation et partage de la succession d'un étranger domicilié, alors que les facultés mobilières et immobilières de l'hérédité sont situées en Algérie, les héritiers seraient-ils domiciliés en pays étrangers. — A. 20 février 1875, Schwiltk c. Buob, XVII, 5.

120. MUSULMANS. — Si, en principe, toute contestation entre musulmans doit être portée devant la juridiction musulmane, à moins que les parties ne conviennent d'agir autrement, il n'en est plus ainsi dès lors qu'un non musulman a été engagé dans l'affaire. — Il importe peu que le non musulman n'ait figuré dans l'affaire qu'à l'origine et qu'il ait été mis hors d'instance par la suite. La justice française est seule compétente pour juger le litige. — A. 15 juillet 1872, El-Ghsali c. Kaddour ben Sliman, XIV, 184.

120 bis. — A partir de la promulgation de la loi du 26 juillet 1873, tous les immeubles possédés par des indigènes et dont le droit de propriété repose sur des titres notariés ou administratifs, sont régis par la loi française et soustraits par conséquent à la

juridiction musulmane. — A. 24 juillet 1876, Ali ben Sliman c. Mohamed bel Rito, XVIII, 230.

121. TRAVAUX PUBLICS. — En Algérie, l'autorité judiciaire est seule compétente pour statuer sur les demandes en indemnité formées par les particuliers, sous l'empire de la loi du 16 juin 1851, à raison de l'occupation temporaire de leurs propriétés et de l'extraction de matériaux nécessaires aux travaux publics. (Ordonn. du 1ᵉʳ oct. 1844, art. 60 ; loi du 16 juin 1851, art. 21). — Cass. 24 déc. 1862, Delmonte c. Préfet d'Oran, V, 117.

V. Assurance, 1, — Banque de l'Algérie, — Billet à ordre, 1, 2, 4, 6 s, — Cadi, 10 s, — Cautionnement, 1, 4 s, — Commissionnaire de transports, 4, — Commune, 7, — Cour d'appel, — Domicile, 5 s, 10, — Etranger, — Expropriation pour cause d'utilité publique, 20 s, 63, — Faillite, 82 s, 96 s, — Forêts, 8, 9, — Garantie, 5, — Habbous, 12 s, — Incompétence, — Interdiction, — Mariage, 7, — Mines, — Partages et licitations, 15 s, — Propriété, 41, — Séparation de corps, 1, 7, 8, — Séquestre de guerre, 5 s, — Société, 4 s, 64, — Tribunaux correctionnels, 6, 7, — Tribunaux français, 1 s, — Tribunaux musulmans, 2.

Compromis.

1. Est considérée comme non avenue la convention par laquelle les difficultés pouvant surgir entre deux parties contractantes devront être jugées dans une ville désignée et par des amis communs, lorsque cette clause ne fait pas connaître en même temps la nature des difficultés prévues et le nom des amis. — A. 28 novembre 1868, Zygomala c. Lévy, X, 254.

2. Le compromis aux fins d'arbitrage résultant d'un procès-verbal dressé en conciliation par le juge de paix est valable, bien que ce procès-verbal ne soit pas signé par les parties, s'il est signé par le juge et le greffier. — A 13 octobre 1873, Ghali Sayag c. Brémond, XV, 256.

Compte courant.

1. Le caractère distinctif du compte courant est une réciprocité d'opérations en *doit* et *avoir*. — A. 10 oct. 1862, Sylvy c. Bourillon, V, 4.

2. Un compte courant, bien que composé d'éléments divers, ayant pris naissance à des dates successives, n'est pas une suite

d'opérations isolées, sans relations entre elles, mais bien un échange des remises qui se confondent dans une seule masse, pour être réglé par un seul chiffre. — A. 18 oct. 1871, Dufour et Monvoisin c. syndic Lecoq, XIII, 198.

3. Si la faillite arrête les opérations du compte courant, en ce sens qu'aucune nouvelle valeur n'y peut être introduite, elle n'en change ni le caractère, ni les conditions. — Même arrêt.

4. Les remises de valeurs en compte courant ne sont portées au crédit de celui qui les fournit que provisoirement, et sous la condition d'encaissement. — Même arrêt.

5. Par suite, si elles ne sont pas payées à leur échéance, elles doivent être contrepassées au débit de l'envoyeur. — Même arrêt.

6. Le fait de la faillite de celui qui envoie ou de celui qui reçoit ces valeurs ne modifie en rien l'application de ces principes. — Même arrêt.

7. Le négociant à qui des marchandises sont remises par compte courant, soit en couverture de ses avances, soit avec mission de les vendre, a le droit de disposer de ces marchandises et d'en retenir et compenser le prix avec le montant de ses avances en compte courant. — C'est la conséquence rationnelle du contrat, formé de bonne foi dès le début du compte courant, et dont les effets légaux s'attachent à tous les éléments actifs et passifs du compte courant. — A. 27 mai 1872, Cayla c. Saint-Jean, XIV, 129.

8. L'événement postérieur de la faillite remontée, quant à son ouverture, à une époque antérieure à la remise desdites marchandises, est sans aucune influence sur le droit du créancier nanti des marchandises — Même arrêt.

9. Ici ne s'applique point la disposition de l'art. 446 du Code de commerce. — Même arrêt.

10. Le compte courant forme un contrat indivisible. En conséquence, le créancier consignataire des marchandises, avec droit de les vendre, a privilége non-seulement pour ses avances postérieures, mais aussi pour celles antérieures, en marchandises ou en espèces ; il peut, dès lors, en retenir et compenser le prix, par privilége, jusqu'à concurrence de l'importance de son compte courant (art. 95, C. com., modifié par la loi du 23 mai 1863). — Même arrêt.

11. ANATOCISME. — Pour qu'il y ait balance et anatocisme, il faut que le compte soit relevé chaque année et réciproquement approuvé. — A partir du jour de la demande, les intérêts doivent être calculés à raison de dix pour cent, alors même qu'un taux supérieur aurait été stipulé par les parties. — Même arrêt qu'au n° 1, *suprà*.

CAPITALISATION *trimestrielle des intérêts*. — V. Intérêts, 3. V. Faillite, 79, 80.

Comptoir de commerce. — V. Vente, 39.

Concession domaniale.

1. COMPÉTENCE. — Les tribunaux sont-ils compétents pour interpréter un titre de concession ? — V. Compétence, 35 s.

2. COMPENSATION. — La concession d'un terrain domanial accordée à un propriétaire qui a fait lui-même abandon de tout ou partie de sa propriété en faveur de l'Etat ou de la commune, ne constitue pas un échange. — A. 10 nov. 1868, com. de Kouba c. Sintès, X, 247.

3. C'est là un contrat innomé, et, par conséquent, le concessionnaire ne peut objecter l'inobservation des formalités prescrites par les art. 13 et 14 de l'ordonnance du 9 novembre 1845, relatifs aux échanges des biens domaniaux. — Même arrêt.

4. Le préfet ayant qualité pour accorder des concessions de 25 hectares et au-dessous, peut *a fortiori* consentir ces concessions à titre de compensation et en considération du sacrifice d'un droit quelconque pouvant appartenir au cessionnaire contre l'Etat. — Même arrêt.

5. Enfin, aux termes de l'art. 16 de l'ordonnance précitée, l'échange même doit s'opérer dans les mêmes formes que les concessions. — Même arrêt.

6. DROIT DE PROPRIÉTÉ. — La concession provisoire emporte transmission du droit de propriété, comme la concession définitive ; seulement, dans le premier cas, le droit est éventuellement résoluble. — Le fait par l'Etat de concéder à un individu une certaine quantité de terres, à la charge par ce dernier d'y construire des villages, de la diviser en lots et d'établir sur ces lots des colons, après avoir bâti, ne constitue pas un mandat, mais bien une

concession proprement dite emportant transmission du droit de propriété. — Il importerait peu que la concession du sol dût être faite directement par l'Etat au colon désigné par le concessionnaire principal ; car, en admettant que l'Etat soit, dans ce cas, propriétaire du sol, ledit concessionnaire n'en serait pas moins propriétaire du dessus, lequel peut être séparé du sol (art. 552 et 553, C. c.). — A. 11 déc. 1863, Cie *Génevoise* c. Vuilliamy, V, 234.

7. Réserve au profit de l'État. — La clause par laquelle l'Etat stipule, dans un acte de concession d'immeubles domaniaux, que le concessionnaire sera tenu de céder gratuitement, pendant dix années, les terrains dont l'administration aurait besoin pour l'exécution de travaux publics, tels que routes, canaux, etc., est parfaitement licite et obligatoire. — La concession que l'Etat fait à la charge de certaines obligations et conditions, n'est pas une donation, mais bien une concession à titre onéreux qui entraîne la garantie inhérente à la vente. — Spécialement, lorsque dans le plan d'une concession faite par l'Etat, figure un chemin d'exploitation passant sur des terrains voisins, le concessionnaire peut obliger l'Etat à délivrer le chemin. — A. 16 oct. 1865, Fabre c. Préfet d'Alger et autres, VII, 188.

8. Lorsqu'un titre de concession stipule l'obligation par le concessionnaire d'abandonner à l'Etat, pendant 10 ans, les terrains nécessaires à l'ouverture des routes, chemins et autres travaux d'utilité publique, le point de départ du délai de dix années est la date même du contrat de concession. — On ne doit pas se préoccuper des circonstances antérieures tendant à établir qu'en fait, la concession au titulaire ou à sa famille remonterait au-delà de dix années. — A. 14 nov. 1866, Perceau c. Chem. de fer, IX, 5. — V. Chemins de fer, 30.

9. Routes et chemins. — Les expressions « routes et chemins » embrassent dans leur application toutes les voies de communication par terre ; les chemins de fer sont incontestablement des ouvrages d'utilité publique rentrant dans les susdits termes de l'acte de concession. — Même arrêt.

10. Substitution des Chemins de fer aux droits de l'Etat. — L'Etat bénéficiaire de la clause résolutoire stipulée au contrat de concession a pu légalement subroger à son droit la compagnie chargée de l'exécution du chemin de fer, et celle-ci peut l'invoquer comme lui. — Même arrêt.

11. Cette clause d'abandon comprend tous les éléments divers qui peuvent être une cause d'indemnité, et embrasse, dès lors, la dépréciation de la chose comme la chose elle-même. — Ici ne s'appliquent pas les règles de l'expropriation. Il s'agit simplement de l'exécution du contrat de concession — Même arrêt.

12. Spécialement, le concessionnaire ne peut réclamer une indemnité de dépréciation en dehors des cas réservés par la convention intervenue entre l'Etat et la compagnie des chemins de fer. — Même arrêt.

V. Chemins de fer, 23, — Communauté conjugale, 3 s, — Communauté réduite aux acquêts, 2, — Eaux, 7 s, — Hypothèque, 6, — Hypothèque conventionnelle, 5.

Concierge des bâtiments militaires.

C'est un employé civil, justiciable des tribunaux ordinaires pour les délits qu'il commet dans l'exercice de son emploi (art. 55 et 56, C. just. mil.). — A 21 janv. 1859, Collignon, I, 104.

Conciliation.

1. DISPENSE DE CONCILIATION. — Le président d'un tribunal civil peut-il, par ordonnance, dispenser une cause de préliminaire de conciliation ? — Cette ordonnance est-elle susceptible de recours, soit par voie d'opposition devant le tribunal tout entier, soit par voie d'appel devant la Cour ? — Dans tous les cas, si le défendeur s'est pourvu par voie d'opposition, la sentence rendue par le tribunal n'est pas susceptible d'appel. — A. 21 janv. 1873, Jean c. Joly, XV, 180.

2. GÉRANT DE SOCIÉTÉ. — Le préliminaire de conciliation doit être observé à l'égard du gérant d'une compagnie minière. — A. 28 juin 1866, Campillo c. Thevenet, VIII, 143.

V. Exploit, 2, 3, — Hypothèque, 2.

Conclusions.

Les conclusions posées au fond lient le débat contradictoirement, de telle sorte que si, plus tard, le défenseur déclare n'avoir ni instruction, ni pièce pour plaider, l'arrêt n'en est pas moins définitif et contradictoire. — A. 22 juin 1867, Blondeau de Combas c. Bourdon, IX, 196.

V. Appel, 1 s, — Jugement (mat. civ.), 4.

Concubinage.

1. Si la communauté entre concubins ne peut être considérée comme une société universelle, cependant la femme doit avoir une portion sur les biens acquis par l'homme pendant la vie commune, en vertu du principe que nul ne peut s'enrichir aux dépens d'autrui. — A. 4 février 1861, Bousquet c. Troy, III, 45.

2. L'engagement qui a sa source dans le concubinage est nul comme reposant sur une cause illicite. — A. 17 avril 1867, IX, 96.

Concurrence. — V. Liberté du commerce et de la concurrence.

Concurrence déloyale.

L'individu qui a été employé dans une maison de commerce et qui fonde une maison similaire, n'a pas le droit, pour se recommander au public, de mettre sur ses étiquettes qu'il a été employé dans telle maison, alors même que cette annonce serait en caractères tels que la confusion ne serait pas possible. — Ce fait constitue par lui-même une manœuvre frauduleuse, et, par conséquent, une concurrence déloyale. — A. 12 janvier 1870, Barbe et Cⁱᵉ c. Picon, XI, 279.

Condition. — V. Exécution d'acte, 1, — Legs, 1.

Condition impossible ou immorale. — V. Legs, 1.

Condition potestative. — V. Obligation, 3 s.

Congrégation religieuse. — V. Communautés religieuses.

Connaissement.

1. En cas de diversité dans les connaissements, c'est celui signé par le capitaine qui l'oblige et dont le chargeur et le destinataire peuvent se prévaloir (art. 284, C. com.). En conséquence, cette réserve : *J'ignore le poids et la mesure*, mise par le capitaine sur le connaissement signé de lui, couvre sa responsabilité, au cas de différence ou de déficit prétendu ; alors surtout qu'on n'établit ni n'articule à sa charge aucun fait de fraude. — A. 1ᵉʳ avril 1868, Dobrowich c. Saulière, X, 90.

2. CLAUSE *que dit être.* — Lorsque le capitaine d'un navire n'a pas été prévenu des jour et heure où le chargement a eu lieu et qu'il n'a pas été sommé d'y assister, le chargeur ne peut se refuser à insérer dans le connaissement la clause *que dit être*, alors surtout qu'un long temps s'est écoulé entre l'époque où le navire a été mis à la disposition du chargeur et l'époque du chargement. — A. 25 janvier 1873, Schiaffino c. Cⁱᵉ Mokta el Hadid, XV, 15.

3. Les conventions passées entre le capitaine d'un navire et l'affréteur deviennent obligatoires pour le chargeur, lorsque celui-ci en a pris connaissance sans protestation de sa part. — Même arrêt.

4. Un arrêt a-t-il pu, sans violer l'art. 281 du C. de com., sanctionner le refus par un capitaine de signer le connaissement des marchandises chargées, sous le prétexte que les jours de surestarie n'y étaient pas mentionnés? — Non. — Cass. Req. 14 janvier 1872; mêmes parties, XVI. 49.

Connexité.

1. Lorsqu'il s'agit de joindre, pour cause de connexité, des instances pendantes devant le même tribunal, les circonstances constituant la connexité sont laissées à l'appréciation souveraine du juge (art. 171, C. pr. civ.). — A. 10 déc. 1870, Maury c. Samson, XII, 189.

2. Pour qu'il y ait connexité, il n'est pas nécessaire que les parties entre lesquelles les contestations s'agitent, soient toutes les mêmes. Il suffit qu'il existe entre ces contestations une corrélation suffisamment intime pour que la décision de l'une puisse influer sur la décision des autres. — Même arrêt.

3 Il y a connexité entre diverses instances qui ont pour objet l'usage des eaux d'une même rivière, et tendant à la réparation du préjudice causé par une jouissance abusive. — Même arrêt.
V. Litispendace.

Conseil de famille. — V. Tutelle.

Conseil de guerre. — V. Douanes, — Lois

Conseil judiciaire.

1. DOL ET FRAUDE. — L'obligation par les tribunaux de prononcer la nullité des actes passés par l'individu pourvu d'un conseil

judiciaire, sans l'assistance de ce conseil, ne s'étend pas aux contrats qui ont été le résultat du dol et de la fraude de l'incapable. — A. 18 juillet 1864, Thoa c. de Rivals et Marquier, VI, 149.

2. TRANSACTION. — Le prodigue ne peut transiger sur ses capitaux mobiliers sans l'assistance de son conseil judiciaire (art. 513 et 2045 du Code civil). — A. 30 janvier 1875, Barge c. v° Laura, XVII, 52.

3. C'est à l'instant même où la transaction est faite que le conseil judiciaire doit intervenir. Une rectification ultérieure isolée serait inefficace. — Même arrêt.

V. Etranger, 26 s, — Obligation, 9.

Conseil de préfecture. — V. Compétence (administrative).

Conservateur des hypothèques.

1. La responsabilité des conservateurs n'est pas limitée aux faits prévus par l'art. 2197, C. c.; elle s'étend à tous les cas pouvant tomber sous l'application de l'art. 1382. — A. 18 mars 1861, Gassiot c. Vallée, III, 52, — V. Séparations de biens, 4.

2. Cependant elle ne peut procéder que de l'inexécution ou de la mauvaise exécution des formalités prescrites. — A. 10 juin 1869, Giraud c. Allié et Didier, XI, 182.

3. L'art. 2202, qui soumet les conservateurs à des dommages-intérêts envers les parties, ne formule cette responsabilité que dans les cas prévus au chapit. X du C. N. — Même arrêt.

4. La *cession d'un rang d'antériorité* ne rentre pas dans les cas prévus audit chapitre — Même arrêt.

5. La question de savoir si une femme séparée de biens ne peut consentir la main levée de son inscription hypothécaire, et, à plus forte raison, la priorité sur son inscription, est controversée en jurisprudence. — Par conséquent, le conservateur qui adopte une opinion plutôt qu'une autre ne commet pas une faute qui puisse lui être imputée et dont il soit responsable. — Même arrêt.

6. DOMICILE ÉLU. — La responsabilité du conservateur des hypothèques est engagée lorsqu'en prenant *d'office* inscription pour un vendeur privilégié dont il connaît le domicile situé dans l'arrondissement du bureau, il élit arbitrairement domicile pour lui

dans son propre bureau et omet ensuite de lui faire parvenir les sommations ou actes judiciaires du domicile ainsi élu. — A. 2 janvier 1862, Caisse hypothécaire c. Philippe, IV, 14 et 58.

7. OMISSION DE BONNE FOI D'UNE INSCRIPTION. — Le conservateur des hypothèques qui, sur l'état d'inscriptions requis contre un individu, omet de bonne foi une inscription par suite d'une erreur dans l'orthographe du nom, n'est pas responsable des conséquences de cette erreur, alors surtout que le propriétaire est un Arabe et que le notaire requérant pouvait trouver dans les énonciations des titres des renseignements suffisants pour écrire d'une manière exacte le nom du propriétaire. — A. 23 avril 1870, Debregeas c. Schwich et Delaon, XII, 87.

8. RECOURS CONTRE LE CONSERVATEUR. — Lorsqu'un créancier inscrit a contesté à l'ordre la validité d'une inscription militant en faveur d'un autre créancier, par le motif que cette inscription ne frappait ni l'immeuble, ni le débiteur, et qu'il a succombé dans cette contestation, il est non recevable dans l'action qu'il intente ultérieurement contre le conservateur des hypothèques qui a délivré l'état, pour le faire déclarer responsable du préjudice que la validité de l'inscription lui cause, s'il s'est laissé condamner sans appeler en cause ledit conservateur, encore bien qu'il lui ait dénoncé le jugement en le sommant de relever appel, s'il le jugeait convenable. — Même arrêt.

9. « Cette dernière solution, dit M. Robe, dans la note de la page 88, ne paraît pas conforme aux principes du droit qui règlent l'action en garantie (art. 1640, C. N.) »

10. L'appréciation du savant auteur du *Journal* repose sans doute sur une erreur commise dans la rédaction de la notice de l'arrêt. Voici le texte des considérants relatifs à Delaon, conservateur : « Attendu que les époux Schwich ont à s'imputer le tort... de ne pas avoir appelé ledit Delaon dans l'instance ; qu'ils ont à se reprocher également de ne pas avoir appelé du jugement ; que, sans doute, ils le lui ont déclaré, lui faisant sommation..... etc., mais qu'on ne doit pas perdre de vue que *n'ayant pas été partie en première instance, le sieur Delaon était sans qualité pour attaquer de son chef la décision qui était intervenue ;* attendu, dès lors, que les époux Schwich se sont rendus *non recevables à se pourvoir* contre le conservateur ; » — nous croyons que par les mots « il est non recevable dans l'*action* qu'il intente *ultérieurement* contre le conservateur des hypothèques, » la notice rend

d'une façon inexacte ces considérants de l'arrêt. Il aurait fallu dire, à ce qu'il nous semble, que le créancier était « non recevable à appeler, contre le conservateur, d'un jugement dans lequel ledit conservateur n'avait pas figuré comme partie en cause. » — Sur l'irrecevabilité d'un semblable appel, V. appel, n° 35.

Consignataire.

Le consignataire d'un chargement de grain qui est substitué à l'acheteur pour recevoir la marchandise à bord et sous palan, n'est point par cela même responsable du déficit dont l'acheteur peut avoir à se plaindre après la mise en magasin, alors que c'est ce dernier qui a organisé le mode de réception de la marchandise et sa mise en magasin, et que ce mode est loin d'offrir les garanties désirables. — A. 22 mai 1869, Teissier c. Rodhman et Lavié, XI, 77.

Consignation. — V. Exécution de jugement, — Offres réelles.

Consignation d'aliments. — V. Contrainte par corps.

Consistoire israélite. — V. Communauté israélite.

Construction. — V. Hypothèque conventionnelle, 4, — Vente 30.

Consul.

1. ACTES DRESSÉS PAR LES CONSULS. — Les *consuls étrangers* ont qualité pour constater les conventions intervenues entre les sujets de leur gouvernement ; les actes qu'ils rédigent à cet effet ont la force probante des actes authentiques, sauf à acquérir la force exécutoire en vertu du jugement qui est rendu par les tribunaux où leur exécution est demandée. — A. 8 février 1860, Fernando c. Barber, II, 97.

2. Les *consuls français* dans les échelles du Levant et dans la Barbarie jouissant de l'immunité territoriale, il s'ensuit que les chanceliers des consulats, dans les circonstances où ils remplissent les fonctions de notaires, se trouvent soumis à toutes les obligations qui sont imposées aux notaires sur le sol français, et qu'ils doivent, par conséquent, se conformer, en ce qui concerne la forme des actes authentiques, aux prescriptions de la loi du 25 ven-

tôse an XI, indépendamment de toute publication de cette loi dans le lieu du consulat. — Cass. 4 février 1863, Aberjoux, V, 199.

3. CONSUL ESPAGNOL. — Les consuls espagnols, chargés d'administrer et de liquider les successions testamentaires et *ab intestat* de leurs nationaux en France et en Algérie, sont sans qualité pour juger les contestations relatives à ces successions. — Jug. Alger, 15 octobre 1866, Gomila Mayen c. Palisar, VIII, 229.

4. MANDAT. — Le consul d'une puissance, qui transmet à un de ses collègues une procuration en blanc de ses nationaux, à l'effet de recueillir une succession, ne peut être par ce fait présumé avoir agi comme mandataire. — Il a prêté son concours, comme consul, soit dans cette circonstance, soit en recevant les fonds provenant de la succession, et il doit être mis hors de cause lors du procès qui s'engage entre les ayants droit. — A. 5 novembre 1869, Joly c. Chevallier et Duffaure, XI, 234.

V. Etranger, 21 s.

Contrainte par corps.

1. En Algérie, l'exercice de la contrainte par corps était régi, avant la loi du 22 juillet 1867, par les ord. royales des 26 sept. 1842, art. 72, et 16 avril 1843, art. 44. — Sous l'empire de cette législation spéciale, aujourd'hui abrogée, furent rendues les décisions suivantes.

2. La contrainte par corps en matière civile ne peut être prononcée lorsque l'obligation a pris naissance en France (art. 72, ord. 26 sept. 1842 ; art. 44, ord. 16 avril 1843). — A. 13 janv. 1862, IV, 27.

3. Il faut, pour que la contrainte par corps puisse être appliquée en matière civile, aux termes de la législation algérienne, que le débiteur ait manqué, par sa faute, à ses engagements. — A. 26 déc. 1861, IV, 20.

4. La contrainte par corps suppose, de la part de celui contre lequel elle est demandée, un fait ou un délit personnel. En conséquence, les héritiers de l'auteur principal du délit ne sont pas contraignables par corps (1). — A. 7 juillet 1864, VI, 144.

5. CAUTION. — La contrainte par corps doit être prononcée, aux

---

(1) Cette solution est sans doute applicable à la législation actuelle, en matière correctionnelle.

termes de l'art. 637, C. com., contre un individu non commerçant qui s'engage solidairement avec un commerçant à l'occasion du commerce de ce dernier. — A. 28 février 1865, VII, 12, et la note, où cette décision paraît justement critiquée.

6. CHOSE JUGÉE. — Le débiteur est encore recevable, après un appel dont la péremption, consacrée par un arrêt, est devenue chose jugée, d'interjeter un second appel du chef de la contrainte personnelle. — A. 2 février 1859, I, 91.

7. CONSIGNATION ALIMENTAIRE. — La loi du 2 mai 1861, qui a augmenté le chiffre de la consignation alimentaire que doit faire le créancier incarcérateur, n'a pas eu besoin d'une promulgation spéciale en Algérie. — Jugem. Alger, 4 octobre 1861, III, 213.

8. ECROU. — Lorsque, sur l'arrestation d'un débiteur, celui-ci demande à aller en référé devant le président du tribunal, et que l'huissier instrumentaire refuse, l'écrou qui intervient est nul d'une manière absolue (art. 786 et 794, C. p. c.). — A. 18 juillet 1865, VII, 142.

9. FEMMES. — La disposition de l'art. 72 de l'ordonnance du 26 sept. 1842, qui permet aux tribunaux de l'Algérie d'appliquer la contrainte par corps en toutes matières, est générale et absolue ; elle ne reçoit d'autre réserve que celle de l'appréciation des faits et circonstances qui sont de nature à la faire admettre ou rejeter. — En conséquence, la contrainte par corps peut être, contrairement aux dispositions de l'art. 2066, C. c., prononcée contre une femme qui a fait une folle enchère. — A. 27 juillet 1859, I, 259.

10. *Contrà* : — Jug. Alger, 29 déc. 1859, II, 33.

11. INCARCÉRATION. — *Fête légale.* — L'art. 1037, C. pr. c. n'a pas modifié l'art. 781, relativement à la prohibition d'incarcérer les débiteurs les dimanches et jours fériés. — Dans tous les cas, lorsque le débiteur habite dans la même localité que le créancier et qu'il ne cherche pas à fuir pour échapper à l'action de ce dernier, *le péril en la demeure* n'existe pas et le juge ne peut autoriser l'arrestation un jour férié. — A. 23 juin 1859, I, 231.

V. Compétence, 111. — Interdiction.

Contrat. — V. Acte. — Obligation.

Contrat à la grosse.

Lorsqu'un navire français, parti de France, échoue en cours de voyage en pays étranger, que le chargement est transbordé sur un autre navire, après constatation de l'innavigabilité du premier, le capitaine du second navire a le droit d'emprunter à la grosse, avec affectation spéciale sur le chargement, pour pourvoir au paiement des dépenses nécessitées par le débarquement, le magasinage et le rembarquement des marchandises, pourvu que les faits d'avaries soient régulièrement constatées, les formalités prescrites par la loi remplies et qu'il soit justifié qu'on a inutilement tenté de vendre le navire échoué pour arriver à la réalisation de l'emprunt, le tout sous l'autorité de l'agent consulaire de France. — La lettre de grosse est même valable pour la partie qui a servi à payer une première lettre souscrite par le précédent qui a échoué ultérieurement après avoir repris la mer, si les formalités légales ont été aussi remplies dans cette circonstance. — Si dans le chargement se trouvent des matières qui ne sont pas livrées au commerce, des poudres, par exemple, appartenant à l'administration des Contributions indirectes, elles n'en sont pas moins soumises à la garantie de l'emprunt à la grosse et le capitaine a, dans ce cas, un droit de rétention. — A. 25 avril 1864, D'honoraty et Gay c. Gros, VI, 81.

Contrat de louage. — V. Bail, — Louage d'ouvrage et d'industrie.

Contrat de mariage.

1. FRANÇAIS A L'ÉTRANGER. — Le Français établi à l'étranger et qui y épouse une étrangère selon la forme du pays, est présumé, en l'absence de tout contrat de mariage, avoir adopté le régime de la communauté légale. — A. 1er mai 1867, Brouard c. Hamida, IX, 107.

2. Il ne pourrait être présumé avoir adopté le régime légal du pays qu'autant qu'il s'y serait fixé sans esprit de retour. — Même arrêt.

3. ISRAÉLITE ÉTRANGER. — Le mariage célébré régulièrement devant un rabbin, *more judaïco*, par un israélite de Gibraltar, mais établi en Algérie, avec une israélite indigène du pays, est valable. Le régime dotal étant celui de la loi mosaïque et étant au surplus celui stipulé dans la *ketouba*, c'est ce régime auquel est soumise l'association conjugale au point de vue des intérêts civils. — A. 27 juillet 1874, Bedok c. Cohen, XVI, 246.

4. Il importerait peu qu'après et pendant le mariage, le mari se soit fait naturaliser Français, ou que le décret de naturalisation

en masse des israélites du 24 octobre 1870 soit intervenu. Cette naturalisation particulière et générale n'a pas eu pour effet de placer le mariage déjà consacré sous le régime de la communauté légale. — Même arrêt.

5. Au surplus, en l'absence de stipulation spéciale touchant le régime matrimonial, ce régime est une question d'intention de la part de l'époux ; on doit admettre, selon les circonstances, soit le régime du domicile d'origine des époux, soit celui de leur résidence, soit celui où le mariage a été célébré. — Même arrêt.

6. Spécialement, lorsque deux israélites se marient en Algérie en la forme rabbinique et avec stipulation de dot, ils sont présumés avoir adopté le régime dotal. — Même arrêt.

7. ISRAÉLITES INDIGÈNES. — Le mariage entre israélite algérien contracté devant l'officier de l'état civil français est régi par la loi française. Par suite, en l'absence de tout contrat, la société civile des époux est soumise aux règles de la communauté légale. — Jugem. Alger, 18 juin 1863, Fitoussi c. Fitoussi, VI, 56 ; — Cass. Req. 5 janv. 1876, XVIII, 164. — V. Mariage, 18 s.

8. ... S'il est prouvé par des actes subséquents émanés des époux qu'ils ont bien eu l'intention de déroger à la loi mosaïque. — A. 7 nov. 1874, Azoulay c. Peyron, XVII, 268.

9. *Deux mariages.* — Si un israélite indigène a contracté deux mariages successivement, l'un devant le rabbin, l'autre devant l'officier de l'état civil français, le premier reste soumis au droit mosaïque, l'autre au droit français, quant au régime civil des époux et aux droits des héritiers. — Même jugem. qu'au n° 7, *suprà.*

10. *Contrà* : — Le mariage de deux israélites indigènes célébré devant l'officier de l'état civil français antérieurement au décret de naturalisation du 24 octobre 1870 n'implique pas l'option du régime de la loi française pour le règlement des conditions civiles de l'union. — A. 24 nov. 1875, Nehamia, XVII, 232.

11. Le régime civil du mariage, en l'absence d'un contrat, est une question d'intention. Le fait par des époux de régler leurs conventions civiles par une ketouba, en la forme rabbinique, implique le choix du régime dotal, qui est le régime de droit commun dans le droit mosaïque. — Même arrêt.

12. Mais lorsque deux israélites algériens se marient devant l'officier de l'état civil, et dressent, par devant notaire, contrat de leurs

conventions civiles avec stipulation du régime dotal, tel qu'il est régi par le Code civil, ils manifestent suffisamment leur option pour le régime français, avec toutes les conséquences de droit qu'il entraîne. — A. 21 mars 1871, Narboni et Brisset c. Salfati, XIII, 33.

13. Le contrat de mariage rédigé par un *secrétaire de commissariat civil*, par application de l'art. 57 de l'arr. min. du 30 déc. 1842, peut-il servir de base à une inscription conservatrice de l'hypothèque légale de la femme ? — V. Acte authentique, 5 s.

V. Communauté conjugale, — Dot, — Etranger, 9 s. — Hypothèque légale, — Séparation de biens.

Contrat judiciaire.

1. Le contrat judiciaire n'existe qu'autant qu'il y a concours de volontés sur la demande et sur toutes les conditions sous lesquelles cette demande est faite. — Spécialement, si le vendeur demande la résiliation de la vente à certaines conditions, et que l'acquéreur accepte cette résiliation purement et simplement, et sans conditions, ce fait ne constitue pas un contrat judiciaire. — A. 2 novembre 1872, Labattut c. Bonnenfant, XIV, 235.

2. Le contrat judiciaire est soumis aux mêmes règles d'interprétation et d'exécution que les conventions ordinaires. — A. 27 déc. 1869, cons. Durand c. Delmonte et autres, XII, 4.

V. Faillite, 46 s.

Contrat pignoratif.

1. Pour qu'il y ait contrat pignoratif, il faut que l'acte de vente à réméré dissimule un intérêt usuraire. — Comme le taux de l'intérêt n'est pas limité en Algérie, il s'ensuit que le contrat pignoratif ne peut y exister. — A. 26 oct. 1863, Marino c. Gelin, V, 189.

2. Au contraire : — L'existence du contrat pignoratif sous la forme d'un contrat de vente à réméré dépend d'une réunion de circonstances laissées à l'appréciation du juge, et qui prouve que les parties n'ont voulu faire qu'un contrat de gage ; les deux circonstances constitutives, c'est que la vente soit faite à vil prix et que le vendeur soit demeuré en possession de la chose vendue. Il n'est pas nécessaire qu'elle dissimule des intérêts usuraires. — A. 16 avril 1875, Mohammed ben Khelil c. Ben Agou, XVII, 85.

3. Le contrat pignoratif doit être annulé, aux termes de l'art.

2078 du C. c., comme contenant le pacte commissoire ou une obligation sans cause, aux termes de l'art. 1131. — Même arrêt.

4. Le contrat pignoratif une fois constaté, les juges doivent restituer à la convention les caractères et la portée que les parties ont voulu lui donner. — Même arrêt.

V. Vente à réméré, 2.

Contravention. — V. Crimes, délits et contraventions.

Contrebande. — V. Entrepreneur de transports, 2, 3, — Responsabilité.

Contre-lettre.

Une procédure poursuivie sur la foi d'un titre apparent dont une contre-lettre tenue secrète a détruit l'effet, ne doit pas être non avenue, par application du principe que *nul ne plaide par procureur*, lorsque les véritables intéressés, intervenant en appel, revendiquent le bénéfice du jugement rendu au profit du titulaire fictif de leurs droits. — A. 30 janv. 1862, Baudier c. Rising, IV, 45.

Contre-maître. — V. Privilége, 2.

Contribution. — V. Avarie.

Contribution aux dettes. — V. Succession, 1.

Contributions diverses. — V. Jugement criminel, 5.

Contrôle (MATIÈRES D'OR ET D'ARGENT). — V. Matières d'or et d'argent.

Convention. — V. Interprétation des conventions, — Obligation.

Conversion. — V. Saisie immobilière, 41.

Copropriétaire.

Les sommes payées par un communiste à celui que, de bonne foi, il pouvait croire encore son copropriétaire, ne sauraient être répétées contre lui par celui qui a été mis aux droits de ce dernier. — A. 27 janv. 1871, Crispo et Fiorentino c. Scala, XIII, 23.

V. Obligation, 4, — Partages et licitations, 4, 5.

Corporation. — V. Communautés religieuses, — Communauté israélite.

Corruption. — V. Tribunaux correctionnels, 11.

Cour d'appel.

CHAMBRES RÉUNIES. — Les Cours d'appel, statuant en audience solennelle, ont une compétence déterminée par l'art. 22 du décret du 30 mars 1809. Cette disposition est limitative. — Lorsqu'une Cour se trouve saisie à la fois d'une demande rentrant dans la compétence spéciale réglée par ce décret et d'autres demandes corrélatives placées en dehors de cette compétence, elle doit en prononcer d'office la disjonction, et s'abstenir de connaître de celles-ci. Cette incompétence est d'ordre public. — A. 12 nov. 1866, VIII, 274.

V. Exécution provisoire, 4.

Cour d'assises.

En Algérie, lorsque les magistrats de la Cour d'appel désignés pour composer une Cour d'assises sont empêchés par un obstacle de force majeure (tel qu'une violente tempête) de se rendre au jour fixé pour l'ouverture des assises, dans le lieu où elles se tiennent, ils sont valablement remplacés par le président et les juges composant le tribunal de première instance de ce lieu. (C. inst. crim. 252, 253, 263 et 264 ; décret du 19 août 1854, art. 6 et et suiv., et 12). — Cass. 7 février 1863, VIII, 27.

V. Chose jugée, 29 s, — Crimes, délits, etc., 5, — Jury.

Cour de cassation. — V. Cassation.

Cours d'eau. — V. Eaux.

Courtier.

DIVISION

§ 1. — Législation ancienne.
§ 2. — Législation nouvelle.

§ 1. — Législation ancienne.

1. ASSOCIATION. — L'association entre courtiers pour l'exploitation de leurs charges n'est pas prohibée par la loi. — A. 28 juillet 1860, II, 249.

2. COURTAGE CLANDESTIN. — Le fait par les facteurs de denrées, ou *blatiers*, de procurer la vente des denrées d'un propriétaire ou colon à un tiers, même commerçant, ne constitue pas le délit de courtage clandestin. — A. 26 nov. 1859, II, 18. — Non plus que le fait par un individu d'avoir pour habitude de déposer en douane les déclarations et pièces des courtiers, s'il n'y a eu aucun acte de truchement, de courtage, d'affrètement ou constatation de fret. (Art. 80, C. com.). — Même arrêt.

§ 2. — Législation nouvelle.

3. Depuis que la profession de courtier est devenue libre en Algérie, ceux-ci ne peuvent plus remplir, comme auparavant, les fonctions d'agent de change ; par suite, ils sont irrecevables à critiquer une vente publique d'actions de la Banque de l'Algérie opérée par le ministère d'un notaire. — A. 24 mai 1872, Bru c. Banque de l'Algérie, XIV, 118.

4. ACCEPTATION DES PARTIES. — Les contrats ou marchés dans lesquels s'entremettent les courtiers, ne sont définitifs que lorsque les parties contractantes sont d'accord entre elles ; jusqu'à l'acceptation réciproque de toutes parties, le marché est imparfait et n'a rien d'obligatoire pour personne. — Bordeaux, 12 juin 1867, IX, 151.

5. Les ventes commerciales faites par l'intermédiaire des courtiers ne sont définitives qu'autant que le bordereau de ces derniers est signé par les parties. La signature du courtier ne suffit pas. (Art. 109, C. com.). — A. 2 nov. 1874, Kanouï c. Rogues, XVI, 294.

6. Les usages commerciaux ne permettent pas davantage de considérer comme un contrat le bulletin remis par le courtier. — Même arrêt.

7. La loi du 18 juillet 1866, ni le décret du 25 août 1867 sur la profession de courtier, ni encore la loi du 13 juin 1866, sur les usages de commerce, n'ont modifié ces principes. — Même arrêt.

8. MARCHANDISES EN GROS. — Les ventes aux enchères en gros de marchandises de toute espèce et de toute provenance, autori-

sées par les tribunaux consulaires, doivent être faites par des courtiers (art. 1 et 2 de la loi du 3 juillet 1861). — A. 11 juillet 1860; les commissaires-priseurs c. Schiaffino, XII, 175.

9. Tous officiers ministériels d'une autre classe, désignés par exception, doivent se soumettre aux dispositions qui régissent les courtiers. — Même arrêt.

10. NAVIRE. — C'est avec juste raison que le tribunal consulaire autorise la vente par le ministère d'un courtier maritime des objets provenant de la démolition d'un navire, si certains de ces objets peuvent encore servir à l'armement d'un navire. — Même arrêt.

Coutume de soria.

En admettant que la coutume de soria relative à l'engagement d'un immeuble au profit d'un prêteur puisse se concilier avec les dispositions de l'art. 3, C. c. et avoir force de loi entre israélites indigènes (ce qui n'est pas résolu), elle ne saurait être opposée à des créanciers européens. — A. 24 janvier 1860, II, 65.

Créancier.

1. L'article 1166 du Code civil ne s'applique qu'au cas où le débiteur n'a point exercé lui-même son droit ou son action. — A. 1er juin 1870, Guérin c. Villenave, Masson et autres, XII, 150.

2. Les créanciers sont des ayants cause du débiteur, et non des tiers. — Même arrêt.

3. Pour pouvoir exercer comme créancier les droits et actions du débiteur, il ne faut pas que, par suite de comptes à régler, de plans à faire, de compensations à établir, il y ait incertitude sur la qualité de créancière de l'une des parties et de débitrice de l'autre.

4. Pour pouvoir exercer les droits de son débiteur prétendu, il faut, en l'absence de ce dernier, prouver que l'on est encore créancier au moment où l'action est exercée. — Lorsque des objets (des grains, dans l'espèce, déposés dans un moulin) garnissant les lieux loués, ont été vendus à un tiers, le prix s'est compensé de plein droit si le vendeur était débiteur de l'acheteur ; et le propriétaire ne peut le réclamer en invoquant l'article 1166 du Code civil. — A. 8 avril 1876, Sto Croix c. Chautard, XVIII, 72.

5 La poursuite dirigée contre le débiteur décédé est valable s'il est constaté que le créancier ignorait ce décès. — A. 27 nov. 1865, Berlier c. Rebuffat, VIII, 3.

V. Action paulienne, — Appel, 24, 25, 37, 38, — Chose jugée, 8, — Communauté conjugale, 7 s, — Conservateur des hypothèques, 8, — Donation entre époux, 2, — Faillite, 18, 19, 35, 36, 44 s, 57 s, 68 s, 92, — Hypothèque, 4 s, 7, — Hypothèque légale, 4, 5, — Ordre, — Partages et licitations, 4, 5, — Saisie-arrêt, — Saisie immobilière, — Tierce opposition, — Transport-cession, etc., etc.

Crimes, délits et contraventions.

1. CIRCONSTANCES ATTÉNUANTES. — Elles peuvent être admises pour des faits prévus par le Code de justice militaire, en faveur d'individus non militaires poursuivis devant les juridictions ordinaires de répression. — Cass. 22 février 1862, Sens, IV, 122.

2. L'art. 463, C. pén. est absolu et peut s'appliquer à toutes les infractions frappées de peines criminelles, à moins de disposition contraire expressément formulée. — A. 22 sept. 1862, Galiano Giro, V, 3.

3. CONTRAVENTION. — *Peine correctionnelle.* — Si, en principe général, chaque contravention doit avoir sa répression distincte et séparée, il ne saurait en être de même lorsque, quoique dénommé contravention, le fait n'en est pas moins puni de peines correctionnelles. — A. 24 octobre 1868, v° Dagorn, X, 191.

4. Spécialement la peine encourue pour la contravention de défaut de signature d'un article politique doit se confondre avec les peines les plus graves prononcées pour d'autres délits de presse. — Même arrêt.

5. CRIMES COMMIS DANS DES DÉPARTEMENTS DIFFÉRENTS. — Quand les faits incriminés se sont accomplis dans deux départements différents, mais qu'il y a indivisibilité et connexité entre eux, la chambre des mises en accusation a non-seulement la faculté, mais le devoir de les soumettre dans leur ensemble à l'appréciation de la même Cour d'assises. (Art. 7 de la loi du 20 avril 1810.) — Cass. crim., Ben Ali Cherif, XIV, 289.

6. TERRITOIRE MILITAIRE. — *Indigènes* — La disposition de l'art. 42 de l'ordonnance du 26 septembre 1842, suivant laquelle les indigènes de l'Algérie, justiciables des conseils de guerre à l'égard des crimes et délits commis par eux en territoire militaire, ne peuvent se pourvoir en cassation contre les décisions de ces

conseils, n'a pas été abrogée par l'art. 80, C. just. milit., 9 juin 1857 : ce code est sans aucun rapport avec la législation spéciale à l'Algérie. — Cass. 5 avril 1860, Abdallah, III, 189.

V. Abus de confiance, — Achat d'effets militaires, — Adultère, — Amnistie, — Armes, — Boissons, — Chasse, — Commune, 5, — Corruption, — Dénonciation calomnieuse, — Diffamation, — Eaux, 19, — Escroquerie, — Etranger, 44 s, — Excitation à la débauche, — Faillite, 98 s, — Faux témoignage, — Forêts, — Homicide par imprudence, — Injure, — Magistrat musulman, — Matières d'or et d'argent, — Maraudage, — Médecine, — Pêche, — Pharmacie, — Poids et mesures, — Poudres à feu, — Presse, — Rébellion, — Responsabilité, 21, 22, — Sauterelles, — Tapage nocturne, — Voirie, 10 s, — Vol.

Culte.

MINISTRES DU CULTE. — *Incapacité de recevoir.* — L'art. 909, C. c., relatif à l'incapacité de recevoir, ne distingue pas entre les divers cultes. — Cass. 19 août 1858, I, 296. — Mais cette incapacité ne frappe pas le ministre du culte en raison de sa seule qualité ; il faut qu'il ait exercé des fonctions de son ministère et de nature à influer sur l'esprit du testateur. — A. 30 avril 1856, Ben Aaron Senior c. Abulafia, I, 296.

Curage des rivières. — V. Eaux, 18.

Curateur aux intérêts absents. — V. Absence, Absents, 2.

Curateur aux successions vacantes. — V. Succession, 41 s.

D

Débarquement. — V. Fret, 3, 4.

Débats. — V. Jugement.

Débit de boissons. — V. Boissons.

Débiteur. — V. Créancier et les renvois.

Déchéance. — V. Distribution par contribution, 3, — Terme, 1, 2, — Vente, 5.

Déclinatoire.

Si le déclinatoire basé sur un moyen d'ordre public peut être proposé en tout état de cause, même par le Ministère public, et admis d'office par le juge, il ne saurait plus être recevable lorsqu'il a déjà été rejeté par un jugement qui a acquis l'autorité de la chose jugée. — A. 31 juillet 1871, Nicole c. com. de Mostaganem, XV, 234.

V. Compétence, 38 s.

Déconfiture. — V. Séparation de biens, 10.

Décret.

1. On ne saurait invoquer la latitude accordée généralement au pouvoir exécutif en Algérie pour soutenir qu'un décret peut y avoir l'efficacité d'une loi. — A. 2 déc. 1876, Sabran c. l'Etat, XVIII, 277, — V. compétence, 4 *bis*, — Forêts, 6 *bis*.

1 *bis*. Un simple décret ne peut, par lui-même, en Algérie, porter atteinte à un droit privé, mais les décrets ont force de loi lorsqu'ils ont été rendus en vertu d'une délégation du législateur, comme, par exemple, le décret du 23 mai 1863, pour l'application du sénatus-consulte. — A. 25 février 1875, Taïeb c. Schwartz, XVII, 23.

2. Gouvernement de la défense nationale. — Les décrets du Gouvernement de la défense nationale, notamment celui du 24 octobre 1870, relatif au statut personnel et aux droits politiques des indigènes israélites, sont des actes émanant d'un gouvernement de fait investi par les événements des pleins pouvoirs de la souveraineté, et doivent être considérés conséquemment comme force légale. — A. 8 mars 1871, Timsit, XIII, 67. — V. Israélite, 12.

Défenseur.

1. Désaveu. — En admettant qu'aux termes de l'art. 353, C. pr. c., le désaveu formé contre un défenseur doive être signé par le désavouant, à peine de nullité, c'est là une nullité facultative que

les juges peuvent admettre ou rejeter. — A. 21 oct. 1862, de Lapeyrière c. Saboundji, IV, 201.

2. DROIT DE PLAIDER ET DE POSTULER. — Aux termes de la législation spéciale à l'Algérie, les défenseurs, tout en conservant leur titre d'avocat, ne sauraient en revendiquer les prérogatives ; d'où il suit que le défenseur attaché à une juridiction, ne peut ni conclure ni plaider devant une autre juridiction, même en matière correctionnelle. Spécialement, un défenseur attaché au tribunal civil d'Alger ne peut plaider devant la chambre correctionnelle de la Cour. — A. 5 novembre 1859, I, 288.

3. HONORAIRES. — *Taxe.* — Les défenseurs ont le droit d'exiger de leurs clients des honoraires en dehors de la taxe des frais et dépens. Mais leur action ne peut être intentée qu'autant qu'ils ont soumis au juge taxateur l'état qui les renferme. — A. 3 janvier 1855, II, 313.

4. MANDAT. — L'avocat-défenseur qui accepte un mandat pour vendre ou acheter pour le compte d'un tiers, ne peut exciper de sa qualité d'officier ministériel. C'est comme mandataire salarié qu'il agit et il est responsable de l'exécution défectueuse de la convention. — A. 11 nov 1868, X. c. Bourlon, X, 235.

5 RESPONSABILITÉ. — Un défenseur qui néglige de suivre activement — ou de régulariser une procédure, est responsable des conséquences de cette négligence. — A. 27 juin 1873, époux Servolle c. X..., XVI, 285.

6. Les avoués en France, et à plus forte raison les défenseurs en Algérie, qui cumulent les fonctions d'avoué et d'avocat, ne doivent pas se renfermer dans les limites du mandat *ad litem*, et des actes de procédure qu'une affaire déterminée comporte ; ils sont au contraire tenus de veiller aux intérêts de leurs clients qui se rattachent à l'affaire dont ils sont chargés, soit par le conseil, soit par l'action, toutes les fois qu'ils sont mis à même de le faire. Spécialement, un défenseur chargé de poursuivre devant le tribunal civil l'annulation d'une cession, est tenu, en cas de faillite de l'adversaire survenue dans le cours de la procédure, de conseiller à son client une opposition aux mains des syndics ou liquidateurs, dans les conditions des art. 499 et 500, C. com., et une admission provisoire au passif de la faillite, pour assurer la créance éventuelle de son client, créance dont le montant est subordonné au résultat de l'instance civile. Le défenseur doit même faire opé-

rer ladite opposition et introduire l'action devant le tribunal de commerce, sans avoir besoin pour cela d'un mandat nouveau ou spécial. — Si, par suite du défaut d'opposition et d'admission provisonnelle, le client arrive lorsque les fonds sont distribués, le défenseur est responsable du préjudice. — Même arrêt.

7. TRIBUNAUX DE COMMERCE. — Le droit de postulation devant les tribunaux de commerce, établi par l'arrêté ministériel du 26 novembre 1841 et par l'ordonn. du 16 avril 1843, a été virtuellement abrogé par l'arrêté du Gouverneur général du 17 juillet 1848. — Cass. 14 mai 1860, II, 183.

V. Appel, 80. — Avocat, — Enquête, 8, — Frais frustratoires, — Ordre, 15, 16.

Dégradation civique. -- V. Amnistie.

Degrés de juridiction.

DIVISION

§ 1. — Règles générales.
§ 2. — Applications diverses.

———

§ 1. — Règles générales.

1. L'appel d'un jugement d'un tribunal qui a lui-même statué comme juge d'appel, est irrecevable, lors même que ce tribunal aurait, par évocation, retenu un litige qu'il savait ne pas être disposé à recevoir un jugement définitif. — A. 13 janvier 1873, Vendling c. Rozan, XV, 9.

2. Cependant l'appel serait recevable si le tribunal n'avait en réalité statué que comme juge du premier degré, quand même il aurait qualifié son jugement de jugement en dernier ressort. — Même arrêt.

3. Bien que l'intimé n'ait point opposé la fin de non-recevoir tirée de ce que l'affaire n'était pas appelable en raison du chiffre du litige, le juge d'appel a le droit et le devoir de soulever et de résoudre d'office cette question, ce qui touche aux juridictions étant d'ordre public. — A. 27 mai 1871, Chem. de fer c. Jaïs, XIII, 146.

4. ACTE D'EXÉCUTION. — Les actes d'exécution qui procèdent du même droit et qui ont pour objet le même résultat ne peuvent

changer la qualité du défendeur ni la qualité et l'importance du litige. — A. 16 juillet 1869, v° Marsal c. Décrion, XI, 191.

5. Peu importe que le saisi prenne la qualité de demandeur dans une action en nullité et en dommages-intérêts ; cette action n'est qu'une défense à l'action principale. — Même arrêt.

6. CONCLUSIONS. — Les conclusions définitives des parties doivent seules être prises en considération pour la fixation du premier ou dernier ressort. — Même arrêt qu'au n° 3, *suprà* ; 11 juillet 1859, Préfet de Constantine c. Maljean, I, 250 ; 13 juillet 1867, Gozinski c. Dombrowski, IX, 203 ; 10 juin 1871, Lange c. Hasda, XIII, 166.

7. Il importe peu que, pour apprécier les prétentions des parties ainsi limitées, il soit nécessaire de faire un compte ou d'examiner des créances supérieures. — A. 13 juillet 1867, cité au n° précédent.

8. En conséquence, une demande qui, d'après son chiffre, devait être jugée en premier ressort seulement, cesse d'être appelable quand le demandeur, dans ses dernières conclusions, a réduit ce chiffre au taux du dernier ressort. — A. 10 juin 1871, cité au n° 6, *suprà*.

9. DEMANDE. — C'est par la somme demandée que se détermine le taux du premier ou du dernier ressort. — A. 26 nov. 1869, Teste Lebeau c. époux Poirier, XI, 237.

10. Pour fixer le premier ou dernier ressort, il faut prendre pour base la demande originaire, ou du moins le chiffre auquel, dans le cours de l'instance, le demandeur a réduit sa demande. — A. 10 juin 1869, Charlet c. Kalfon, XI, 128.

11. Si ce chiffre est supérieur au taux du dernier ressort, le droit d'appel reste ouvert, quelle que soit la réduction que les premiers juges fassent subir à la demande. — Même arrêt.

12. Le commandement est le premier acte de procédure d'une demande en justice ; la somme y portée fixe le premier ou le dernier ressort ; le coût du commandement ne peut être ajouté, au point de vue du ressort, au montant de la somme réclamée. — A. 16 avril 1875, Lavie c. Autefage, XVII, 45. — V. *infrà*, n°° 31 s.

13. Bien qu'une demande soit indéterminée, néanmoins le juge peut évaluer l'intérêt sur lequel elle repose pour fixer le ressort. — A. 28 mars 1860, Lagier c. Verbrouck, II, 181.

14. Bien qu'il n'appartienne pas aux tribunaux de déterminer par eux-mêmes l'importance du litige, pour apprécier la recevabilité de l'appel, lorsque des circonstances de la cause il ressort d'une façon évidente que la valeur du litige est considérablement inférieure à la somme qui détermine la recevabilité de l'appel, il est du droit et du devoir des tribunaux, tant dans l'intérêt de la bonne administration de la justice que pour empêcher des recours onéreux, de reconnaître cette valeur évidente et de la déclarer non susceptible d'ouvrir recours à l'appel. — A. 11 mai 1876, José Boronat et Moretto c. v⁰ Brémond, XVIII, 154.

15. DIVISIBILITÉ. — Quand, au cours de l'instance, la partie demanderesse est décédée, laissant pour héritiers des enfants mineurs, ceux-ci peuvent-ils opposer comme fin de non-recevoir à l'appel contre eux interjeté que la part afférente à chacun d'eux dans la somme demandée est inférieure au taux du dernier ressort? (Non résolu par l'arrêt, mais résolu dans le sens de l'affirmative par l'arrêt ci-dessous, n⁰ 17). — A. 9 nov. 1872, Duzer c. v⁰ Fernandès, XIV, 241.

16. Mais si, à la demande principale, on a joint une demande de dommages-intérêts à donner par état, alors le chiffre de cette dernière étant indéterminé, l'appel est recevable. — Même arrêt.

17. En matière personnelle et mobilière, l'objet de la demande consistant en une somme d'argent se divise de plein droit entre tous les demandeurs ; par suite, l'appel n'est recevable qu'autant que la part afférente à chacun d'eux est supérieure au taux du dernier ressort. — A. 21 déc. 1870, Arnaud c. Bouisson, XII, 237.

18. Il importerait peu que le défendeur eût invoqué, pour faire rejeter la demande principale, que les demandeurs ne justifiaient pas de leurs droits à un bail emphythéotique qui servait de base à l'action. — Car cette exception ne peut être considérée comme constituant une demande reconventionnelle. — Même arrêt.

19. Mais s'il est vrai que, bien que formée collectivement, une demande en paiement d'une somme d'argent se divise eu égard à la quotité particulière qui revient à chacun des demandeurs, il faut reconnaître qu'il ne peut en être ainsi que lorsque la part de chaque ayant droit est connue ou peut être facilement déterminée. — A. 24 juillet 1869, *Messageries* c. Sadia Alban, XI, 206.

20. La *demande reconventionnelle* se rattachant à une demande indéterminée ne peut être jugée, quel que soit son taux, qu'en premier ressort. — A. 24 fév. 1873, Jue c. époux Cazali, XV, 65.

21. DOMMAGES-INTÉRÊTS. — *Demande.* — Lorsque la demande a pour objet tout à la fois une somme inférieure au taux du dernier ressort et des dommages-intérêts dépassant cette somme, pour une cause antérieure à la demande, le jugement qui intervient est susceptible d'appel. — A. 4 mars 1867, *Afrique française*, IX, 49.

22. Il importe peu qu'il apparaisse que les dommages-intérêts n'ont pas de cause sérieuse et qu'ils n'ont été ajoutés à la demande que pour éluder le dernier ressort. — Même arrêt.

23. Les dommages-intérêts ajoutés à l'objet principal de la demande doivent toujours servir à déterminer le taux du ressort, sans égard à la mesure dans laquelle ils sont fondés, s'il n'est pas démontré qu'ils ont été demandés pour faire fraude à la loi de compétence. — A. 11 févr. 1874, Sportès c. X..., XVI, 53.

24. *Reconvention.* — Le jugement qui prononce sur une demande en dommages-intérêts supérieure au taux du dernier ressort, mais fondée exclusivement sur la demande principale elle-même, est en dernier ressort (loi du 11 avril 1838, art. 7) — Toutefois il n'en est ainsi que lorsque la demande reconventionnelle est formée par l'assigné à raison du préjudice que l'action principale lui fait éprouver ; cette décision ne peut s'étendre aux dommages-intérêts demandés accessoirement à une opposition à commandement pour le préjudice éprouvé par ce commandement. — A. 24 février 1873, Jue c. Cazali, XV, 65.

25. L'article 2 de la loi du 11 avril 1838 ne permet pas au débiteur d'étendre à son gré la faculté d'appel au delà des limites fixées par la loi. — A. 16 juillet 1869, v° Marsal c. Décrion, XI, 191.

26. Une demande de dommages-intérêts formulée uniquement dans le but de rendre l'affaire appelable, et n'ayant du reste aucun fondement soutenable, ne peut, aux termes de la loi du 11 avril 1838, art. 2, être prise en considération pour la détermination du premier et dernier ressort. — A. 27 mai 1871, cité au n° 3, *suprà*.

27. JUGEMENT INTERPRÉTATIF. — Les jugements interprétatifs ont le même caractère et sont soumis, quant aux voies de recours, aux mêmes règles que les jugements interprétés. — A. 24 juin 1867, Maisons c. Chem. de fer, IX, 144.

28. Par suite, si ces derniers, statuant en matière de règlement d'indemnité d'expropriation pour cause d'utilité publique, sont rendus en dernier ressort, les premiers ne sont pas davantage susceptibles d'appel. — Même arrêt.

29. Il n'y a d'exception à cette règle qu'autant que le jugement interprétatif aurait, par des indispositions nouvelles, modifié le jugement interprété. — Même arrêt.

30. NULLITÉ D'ACTE. — Lorsque, sur une demande en paiement d'une somme inférieure au taux du dernier ressort, le défendeur a conclu reconventionnellement à la nullité de l'acte sur lequel la demande est fondée, alors que cet acte contient par lui-même des stipulations indéterminées, le jugement qui intervient est en premier ressort; dès lors l'appel est recevable. — A. 20 juin 1859. Pionnier c. Zaffran et Taïeb, I, 227.

§ 2. — Applications diverses.

31. COMMANDEMENT. — *Opposition.* — N'est pas recevable l'appel relevé contre un jugement de tribunal de 1re instance qui a statué sur l'opposition à un commandement tendant au paiement d'une somme de 1,498 francs. — Même arrêt qu'au n° 12, *suprà.*

31 *bis. Contrà :* — En matière d'opposition à commandement, c'est l'opposition et non le commandement qui forme la demande principale ; par conséquent, les dommages-intérêts réclamés accessoirement par l'opposant doivent servir à déterminer le degré de juridiction. — A. 22 juillet 1876, Salem ben bou Rabah c. Ali ben Saïd, XVIII, 210. — V. dans le même sens, *infrà*, n° 61 *bis.*

32. Est recevable l'appel d'un jugement d'un tribunal de première instance qui a statué sur l'appel d'un jugement de juge de paix interjeté pour incompétence *ratione materiæ.* — Même arrêt qu'au n° 1, *suprà.*

34. COMMISSAIRE CIVIL. — Lorsqu'un tribunal de 1re instance saisi de l'appel d'un jugement rendu par un commissaire civil remplissant les fonctions de juge de paix, aux termes de l'arrêté ministériel du 18 déc. 1842, infirme cette décision pour cause d'incompétence, et, évoquant, statue au fond, son jugement n'est pas susceptible d'appel devant la Cour. — A. 20 nov. 1864, Cuny c. Péraz et Christau, VI, 256.

35. BORDEREAU DE COLLOCATION. — Lorsqu'il s'agit de statuer sur une opposition à un commandement tendant au paiement d'une somme inférieure à 1,500 fr., résultant d'un bordereau de collocation, les premiers juges ont prononcé en dernier ressort et l'appel n'est pas recevable, soit que l'on considère le commandement comme acte introductif de l'instance, soit qu'on attribue ce caractère

à l'opposition et à l'assignation donnée pour la faire juger. — Même arrêt qu'au n° 9, *suprà*.

36. BORNAGE. — Les décisions des tribunaux civils rendues, en matière de bornage, sur appel des jugements de justice de paix, ne peuvent être frappés d'appel devant la Cour (art. 6 de la loi du 25 mai 1838). — A. 26 mai 1868, Sabatault c. Wasse St° Marie, X, 115.

37. Il en est ainsi quels que soient les incidents judiciaires survenus au cours de l'instance en bornage. Celle-ci n'en conserve pas moins sa nature, et les degrés de juridiction n'en peuvent être modifiés. — Même arrêt.

38. EXCEPTION. — En Algérie, les juges de paix à compétence étendue (décr. 19 août 1854) sont compétents pour connaître d'une demande en dommages-intérêts n'excédant pas 500 fr., dirigée par un créancier contre le gardien d'une maison d'arrêt pour dettes, et fondée sur ce qu'à tort et sans ordres réguliers, ce gardien aurait élargi le débiteur, et le jugement par lui rendu sur une telle demande est en dernier ressort quoiqu'elle se rattache à une question de mise en liberté. — Cass. 3 juillet 1865, VII, 112. — Voir la note où il est expliqué que le principe de cet arrêt n'est pas spécial aux juges de paix à compétence étendue institués pour l'Algérie, mais qu'il s'applique à tous les cas où un juge de paix ou un tribunal a à connaître d'une exception opposée à une action de sa compétence.

39. EXPERTISE. — *Sursis aux poursuites*. — Lorsque sur un commandement fait en vertu d'un titre exécutoire contenant bail, le locataire forme opposition en prétendant qu'il a payé, et qu'il intervient un jugement ordonnant une expertise et le sursis aux poursuites, tous droits réservés, ce jugement est en dernier ressort du chef de la disposition prescrivant l'expertise, et en premier ressort du chef qui ordonne le sursis. — A. 2 avril 1867, Bussidan c. Narboni, IX, 90.

40. Dans ce cas, provision est due aux titres, et, l'expertise tenant, les poursuites ne peuvent être suspendues. — Même arrêt.

41. GARANTIE. — Est recevable, en ce qui concerne la demande en garantie, l'appel formé contre un jugement rendu à la fois sur des demandes principales qui, toutes, par leur taux, rentraient dans les limites du dernier ressort et sur une demande en garantie qui excédait ces limites, soit en ce qu'elle comprenait le mon-

tant total des demandes principales, supérieur au taux du dernier ressort, soit en ce qu'elle tendait en outre à l'obtention de dommages-intérêts à donner par état. — Cass. Req. 28 avril 1873, XV, 144.

42. — Lorsque, sur une demande principale en revendication d'immeuble, le défenseur a conclu, lors du jugement contradictoire et définitif, vis-à-vis d'un garant mis en cause, à être purement et simplement relevé de condamnations, prononcées contre lui à titre de restitution de fruits et de prix, à une somme inférieure à 1,500 fr., l'appel de la part du garant n'est pas recevable, si le demandeur principal n'était plus en cause et encore bien que sur un premier jugement de défaut (sur l'opposition duquel celui dont appel est intervenu), le demandeur principal ait été en cause et que les conclusions prises contre le garant aient constitué le jugement en premier ressort. La solution doit être la même dans le cas où le garant a conclu à l'incompétence des premiers juges, si ce déclinatoire n'a été proposé que subsidiairement et pour une éventualité qui ne s'est pas réalisée par le jugement.— Même arrêt qu'au n° 6, *suprà*.

43. JUGE DE PAIX A COMPÉTENCE ÉTENDUE. — L'appel des décisions rendues par les juges de paix à compétence étendue et en vertu de cette compétence, doit être porté devant le tribunal civil dans le ressort duquel se trouve la justice de paix. (Décret du 19 août 1854). — Il n'y a pas lieu de distinguer entre les matières civiles et les matières commerciales. — A. 26 février 1869, Jeannin c. Andrieux et Valensin, XII, 67.

44. *Référé*. — L'appel d'une ordonnance de référé rendu par un juge de paix à compétence étendue doit être porté devant la Cour d'appel et non devant le tribunal auquel ressortit la justice de paix. — Jug. Blidah, 28 fév. 1866, Abd el Hamid c. Palbroy, IX, 18.

45. *Contrà :* — L'appel des ordonnances de référé des juges de paix à compétence étendue doit être porté devant les tribunaux civils de l'arrondissement et non directement devant la Cour. (Argument du principe général des art. 7 de la loi du 27 ventôse, an VIII, et 37 de l'arrêté ministériel du 18 décembre 1842.) — Jug. Philippeville, 1er déc. 1866, Frilley c. Sellier, IX, 73.

46. Même décision : — A. 20 janvier 1872, Simon c. Peyrard, XIII, 262.

47. Il n'y a pas à distinguer, à cet égard, entre le cas où le juge de paix statue comme juge, et celui où, remplissant les attributions des présidents des tribunaux civils, il statue en état de référé. (Décret du 19 août 1854). — Même arrêt.

48. Cette solution, fondée sur cette considération que les règles générales qui régissent l'ordre des juridictions sont d'ordre public et ne peuvent être modifiées que par des dispositions expresses de la loi, est adoptée par le rédacteur du *Journal*, qui déclare (p. 262, note) revenir sur une opinion contraire émise dans la note de l'arrêt du 26 février 1869 (XII, 67), où il exprimait l'avis que l'appel des ordonnances de référé rendues par les juges de paix à compétence étendue devaient être portées devant la Cour.

49. OBLIGATION CONVENTIONNELLE. — Est en dernier ressort un jugement qui statue sur une obligation conditionnelle inférieure au taux du dernier ressort, encore bien que le débat ait porté sur l'accomplissement d'une condition dont la valeur est indéterminée ; ce débat, de la part du débiteur, n'est qu'une exception qui suit le sort de la demande. — A. 29 juillet 1867, de Molines, c. Brun, IX, 227.

50. OFFRES RÉELLES NON ACCEPTÉES. — Le taux du ressort, fixé par le montant de la demande, ne reçoit aucune modification des offres du défendeur, lorsque ces offres ne sont pas acceptées par le demandeur, et que celui-ci a persisté dans le chiffre de sa demande originaire. — A. 15 mai 1864, III, 137 ; — Quelle que soit la différence formant l'objet du débat. — 11 fév. 1863, V, 33.

51 ORDRE. — Lorsqu'un créancier hypothécaire forme opposition à l'ordonnance de clôture d'un ordre ouvert pour la distribution d'un prix de vente d'immeubles par le motif qu'il n'aurait pas été régulièrement sommé, le jugement qui le déclare forclos est en premier ressort si la créance était supérieure à 1,500 francs. — Il importerait peu que les créances qui pourraient être écartées par l'admission de la demande soient inférieures à 1,500 francs.— A. 6 janvier 1865, Castel c. de Trobriant, VII, 14.

52. PROROGATION DE JURIDICTION DES JUGES DE PAIX. — La prorogation de la juridiction du juge de paix proroge par cela même celle du tribunal civil qui, appelé à se prononcer comme tribunal d'appel, statue en dernier ressort, quelle que puisse être l'importance du litige. — A. 22 mai 1869, Ali ben El-Hadj Moussa c. Ben Saïd, XIII, 26 ; — 4 janvier 1860, Jolly c. Farruggia, II, 59.

53. SAISIE-ARRÊT. — Lorsqu'il y a contestation sur la déclaration du tiers saisi et sur le point de savoir s'il est ou non débiteur, il y a, par rapport à lui, contestation sur une chose indéterminée, et le jugement qui intervient est toujours susceptible d'appel. — A. 2 juillet 1869, Bordenave c. Schmit, XIII, 56.

54. Il importerait peu que la valeur du litige entre le saisissant et le saisi fût dans les limites du dernier ressort. — Même arrêt.

55. Cette solution est critiquée (p. 57, note), comme trop absolue. Le tiers saisi ne peut, en effet, être condamné que pour le montant des causes de la saisie ; et peu importe qu'il doive une somme supérieure au taux du dernier ressort, puisqu'on ne la lui demande pas.

56. SAISIE-GAGERIE. — Lorsqu'une saisie-gagerie a été faite pour une somme inférieure au taux du dernier ressort, le jugement qui intervient sur sa validité est en dernier ressort. — A. 22 mai 1868, Galli Lelouch c. Adjage et Redouan, X, 127.

57. Il importerait peu que, par action séparée, mais jointe à la demande en validité, le saisi eût demandé la nullité de la saisie, avec des dommages-intérêts supérieurs au taux du dernier ressort, ces dommages-intérêts étant, dans ce cas, basés sur le fait de la saisie, et, par suite, sur la demande principale. — Même arrêt.

58. SAISIE IMMOBILIÈRE. — Si les opposants à un commandement tendant à saisie immobilière, tout en concluant à la nullité des poursuites, demandent des dommages-intérêts, lesquels, avec les chiffres de la créance, dépassent la somme de 1,500 francs, le jugement rendu est en premier ressort, et l'appel est recevable ; il importerait peu que la créance en vertu de laquelle le commandement a été fait fût inférieure à 1,500 francs. — A. 23 juin 1873, Rudzinski c. v° Montel et Baptiste, XV, 289.

59. Le jugement qui intervient sur l'opposition à un commandement expropriatif pour une somme inférieure à 1,500 fr., n'est pas susceptible d'appel. — A. 17 févr. 1864, C¹⁰ Genevoise c. Vuilliamy, VI, 50.

60. Est en dernier ressort un jugement qui statue sur une demande en nullité de saisie immobilière formée pour recouvrement d'une somme inférieure à 1,500 fr., lorsque cette demande est fondée sur un vice prétendu de la créance du saisissant, et spécialement sur son inexigibilité. — Même arrêt qu'au n° 49, supra.

61. En matière d'opposition à un commandement tendant à sai-

sie immobilière contre le débiteur principal et à une sommation au tiers détenteur, les demandeurs dans l'instance sont les opposants aux poursuites ; par suite, c'est le taux de la demande en nullité de poursuites qui doit déterminer le premier ou dernier ressort, et non le chiffre pour lequel le commandement a été fait. — Même arrêt qu'au n° 58 *suprà*.

61 *bis*. SAISIE MOBILIÈRE. — *Demande en nullité, avec dommages-intérêts*. — C'est l'assignation en nullité de la saisie mobilière introduite par le prétendu débiteur qui constitue la demande principale déterminant le degré de juridiction, et non la créance en vertu de laquelle la poursuite est faite ; d'où il suit que les dommages-intérêts réclamés par le demandeur en nullité doivent être compris dans la détermination du ressort. — A. 12 juillet 1876, Blanc c. Panis, XVIII, 275.

62. SURENCHÈRE. — Tout litige sur la validité d'une surenchère portant nécessairement sur la valeur des immeubles surenchéris, est toujours jugé en premier ressort. — A. 27 octobre 1873, Saïd c. Delavigne et Debono, XVI, 28.

V. Appel, — Expropriation pour cause d'utilité publique, 29 s, 52 s, — Faillite, — Folle enchère, 12, 13, — Litispendance, 3, — Midjelès, 4 s.

Délai. — V. Appel, 86 s, — Expertise, — Obligation, 6 s, et les mots suivants.

Délai des distances.

1. Pour ceux qui ne sont pas assignés de France en Algérie ou d'Algérie en France, le délai de distance fixé par l'ordonnance de 1843 est encore aujourd'hui d'un jour par myriamètre. — Cass. Req. 4 août 1874, XVI, 128.

2. MATIÈRE CRIMINELLE. — L'art. 70 de l'ordonnance du 26 septembre 1842 est toujours applicable aux poursuites correctionnelles, les différentes modifications dont cet article a été l'objet n'ayant trait qu'à la procédure civile et commerciale. — A. 18 janvier 1872, Demarest, XIV, 15.

3. En conséquence, pour l'assignation à un prévenu se trouvant en France, le délai doit être de 3 jours d'abord, pour le délai ordinaire, augmenté ensuite du délai des distances, soit quarante jours. — Même arrêt.

4. La disposition de l'art. 70 de l'ordonnance du 26 septembre 1842, portant que les délais pour les ajournements à comparaître devant les tribunaux, et pour la notification de tous actes, seront augmentés de trente jours à l'égard des personnes domiciliées en Algérie, dans l'arrondissement d'un autre tribunal, n'a reçu aucune atteinte du décret du 15 décembre 1858 sur l'organisation de la Cour d'Alger, et n'a pas été abrogée par l'art. 6 de l'ordonnance du 16 avril 1843, qui remplace le délai fixe de trente jours par un délai proportionnel d'un jour par myriamètre de distance, sauf en ce qui concerne la procédure civile et commerciale; elle n'a donc point cessé de rester en vigueur dans les matières criminelles et correctionnelles, et est, dès lors, applicable à la signification de l'opposition formée à un arrêt correctionnel par défaut. — Cass. crim., 27 janvier 1870, Vignet Carrère, XIII, 169, et dame X., XII, 5.

5. Jugé, d'un autre côté, que c'est le code d'instruction criminelle qui régit, sur ce point, la matière correctionnelle. — A. 24 1860, Dufaure, II, 157.

Délai de grâce.

1. L'art. 1244, C. N., qui permet aux juges d'accorder terme et délai pour l'exécution d'une obligation, est général et absolu, et s'applique au cas où l'obligation résulte d'un titre authentique non attaqué. — A. 17 février 1864, Cie Génevoise c. Barloz, VI, 49; 18 juillet 1869, Genella c. d'Eguilles, XIII, 53.

2. .... Et au cas même où il aurait été stipulé que l'exigibilité d'un capital ou la résiliation d'une convention serait encourue de plein droit à défaut de paiement aux termes fixés par le contrat. — Même arrêt du 18 juillet 1869. — V. Bail, 7 s.

Délaissement. — V. Assurance maritime, 4 s.

Délaissement hypothécaire. — V. Purge. — Hypothèque légale, 5.

Délégation.

Lorsqu'un débiteur délègue à son créancier des sommes à toucher successivement, mais sans délai déterminé, en extinction de sa dette, si la délégation est restée inefficace pendant plusieurs années, le créancier délégataire est recevable à rechercher son

·débiteur en paiement de la somme déléguée. — A. 28 nov. 1868, Schneider c. Jost, X, 244. — V. Saisie immobilière, 39.

Délibéré. — V. Jugement.

Délimitation. — V. Propriété, — Forêts, 5.

Délit. — V. Crimes, délits et contraventions.

Délit de presse. — V. Presse.

Délit forestier. — V. Forêts.

Délit rural. — V. Maraudage, — Grains en vert.

Demande nouvelle. — V. Appel, — Degrés de juridiction.

Dénégation d'écriture. — V. Faillite, 52, 53.

Dénonciation calomnieuse.

Une pétition adressée par les habitants d'une commune au préfet du département pour réclamer contre le déplacement d'un marché effectué par l'autorité municipale de la commune, ne saurait constituer une dénonciation contre le maire et le conseil municipal, dans le sens légal du mot. Par suite, les signataires de cet écrit ne sauraient être poursuivis pour délit de dénonciation calomnieuse à propos d'imputations ou d'insinuations jugées inexactes par le pouvoir préfectoral. — A. 9 déc. 1865, Bourgoin, VII, 147.

Dépens. — V. Frais et dépens.

Dernier ressort. — V. Degrés de juridiction.

Désaveu. — V. Défenseur, 1.

Désaveu de paternité.

Droit mosaïque.

La loi mosaïque admet la demande en désaveu à l'égard de la femme dont la grossesse remonte à une époque antérieure au mariage et alors qu'elle habitait la maison paternelle. Elle ne fixe aucun délai pour intenter cette action. — Le mari est cru sur sa déclaration, malgré les dénégations de la femme. — La seule fin de non-recevoir opposable à la demande serait une cohabitation notoire du mari et de la femme avant le mariage. — Jugem. Constantine, 3 déc. 1861, Schebat c. Messaouda Gozlan, IV, 47.

V. Paternité.

Désistement.

1. Si, aux termes des art. 402 et 403, C. proc., le désistement notifié par l'une des parties et accepté par l'autre forme un contrat définitif, emportant de plein droit consentement que les choses soient remises de part et d'autre au même état qu'elles étaient avant la demande, on ne saurait néanmoins contester au coappelant le droit de faire déclarer le désistement nul et sans effet à son égard, et d'obtenir qu'il soit statué au point de vue de son intérêt personnel et particulier sur les contestations ayant existé entre lui et l'intimé — X. c. Berardi et Baldassari, A. 10 janvier 1869, XI, 20.

2. Tout tribunal compétent à raison de la matière, devant lequel un désistement se produit, a le droit de connaître des contestations auxquelles il donne lieu. — Même arrêt.

3. Le désistement consenti par une personne ayant reçu mandat à cet effet, est valable ; il est recevable en tout état de cause. — Même arrêt.

4. Quoique les demandes de plusieurs parties se soient produites collectivement et par un même exploit introductif d'instance, et que leurs appels se soient manifestés aussi par un même acte, s'il n'existe aucun lien d'indivisibilité soit matérielle, soit intellectuelle entre lesdites demandes, il est indiscutable que le désistement de l'une des parties ne saurait préjudicier en rien aux droits des litisconsorts. — Même arrêt.

5. Des articulations de dol et de fraude non justifiées n'invalident point le désistement. — Même arrêt.

6. Se désister, c'est évidemment succomber, puisque le désistement a pour conséquence de restituer au jugement attaqué toute sa force. — A. 24 nov. 1867, v° Guinot c. Isaac, XI, 267.

7. Le désistant ne serait même pas affranchi de l'amende de fol

appel, par cela seul qu'il alléguerait s'être départi dans un but de conciliation. — Même arrêt. — V. Appel (Fol appel).

Détention d'armes. — V. Armes.

Deuil. — V. Faillite, 45.

Diffamation, injure.

1. Les expressions de *propre à rien*, *lèpre du pays* et *vaurien* ne constituent pas une diffamation, mais de simples injures, parce qu'elles ne contiennent l'allégation d'aucun fait précis. — A. 14 mars 1873, Arvizet c. Legens, XVI, 157.

2. Celle de *fripon*, au contraire, renfermant l'imputation d'un vice déterminé, doit être regardée comme une diffamation. — Même arrêt.

3. L'article 5 de la loi du 26 mai 1819 ne permet la poursuite des délits de diffamation ou d'injures contre tout dépositaire ou agent de la force publique, *ou contre tout particulier, que sur la plainte de la partie qui se prétendra lésée.* — A. 15 juillet 1869, XI, 173, X. c. Y.; 22 mars 1873, Lejardinier c. Fabre, XV, 153.

4. Est irrégulière et non recevable la plainte portée par un père au nom de sa fille majeure, qui n'y a pas expressément consenti. — Même arrêt du 15 juillet 1869.

5. La *femme mariée* qui se croit personnellement diffamée, non comme épouse, mais comme femme, a le droit de poursuivre le diffamateur. — Son droit est inhérent à sa qualité, à sa dignité personnelle, alors surtout que, comme femme de lettres, elle est exposée à des critiques journalières — Elle n'est pas tenue de s'incliner devant l'opinion du mari qui, en dehors des cas graves et des motifs péremptoires, ne peut refuser l'autorisation. — A. 3 sept. 1866, Audouard, VIII, 266.

6. Le fait par un membre du syndicat des eaux de demander sur le registre des justifications relativement à l'emploi des fonds du syndicat, ne constitue pas une diffamation. — A. 28 sept. 1866, Harmand c. Fleury, IX, 14. — V. *infrà*, n° 13.

7. DISCOURS ET ÉCRITS. — *Conciliation.* — Sont couverts par l'immunité édictée par l'art. 23 de la loi du 17 mai 1819 les discours prononcés et les écrits produits par devant le juge de paix

siégeant comme magistrat conciliateur. — En conséquence, il faut leur appliquer toutes les règles et toutes les distinctions contenues dans ledit article. — Ainsi, notamment, aucune action en diffamation ne peut appartenir aux parties hors le cas où les imputations sont étrangères à la cause et où le juge de paix en a donné acte en termes formels. — En cas de silence du juge sur la question de savoir si les propos dont il est demandé acte sont ou non étrangers à la cause, il appartient aux juges saisis de l'action en diffamation de décider cette question. — Lejardinier c. Fabre, même arrêt qu'au n° 3, *suprà*.

8. De même, toute action en injures est interdite aux parties et même aux tiers à raison des discours prononcés et des écrits produits devant le juge de paix siégeant en conciliation, même lorsqu'ils sont étrangers à la cause. — Même arrêt.

9. LETTRE ANONYME — Les imputations diffamatoires acquièrent le caractère de publicité, quand même, sous le voile de l'anonyme, elles sont communiquées à diverses personnes Mais si le propos diffamatoire ne se trouve énoncé que dans une seule lettre anonyme, le caractère de publicité manque et l'auteur de la lettre ne saurait être poursuivi pour délit de diffamation. — A. 15 juillet 1869, d^{lle} X., XI, 173.

10. Des expressions de nature à blesser la pudeur et des insinuations licencieuses répandues dans des lettres anonymes peuvent avoir le caractère de la diffamation, mais ne sauraient constituer le délit d'outrage aux bonnes mœurs. — Même arrêt.

11. Mais l'auteur d'un mémoire injurieux ou diffamatoire produit sur un litige, si ce mémoire a été répandu en dehors de l'audience, ne saurait exciper de l'immunité de l'art. 23 de la loi du 17 mai 1819, et peut être poursuivi pour injures et diffamation dans les conditions du droit commun. — A. 31 octobre 1860, Garavini c. Garbé, II 277.

12. LIEU PUBLIC. — Les bureaux d'une préfecture doivent être considérés comme un lieu public, surtout lorsqu'au moment où les propos incriminés ont été tenus, la porte du bureau était ouverte. — A. 7 février 1863, Jourdan, V, 86.

13. La salle d'un syndicat, même au cours d'une réunion, ne peut être considérée comme un lieu public. — Même arrêt qu'au n° 6, *suprà*.

V. Fonctionnaire public, 6 s, — Presse, 7 s.

Digue. — V. Eaux, 18.

Dire. — V. Cahier des charges.

Distillateur. — V. Licence, 3.

Distraction d'immeubles. — V Saisie immobilière.

Distribution par contribution.

1. APPEL. — L'appel incident d'intimé à intimé est recevable de la part d'un créancier dont les droits sont remis en question par l'appel principal. — Il est irrecevable de la part de celui qui, n'étant ni colloqué, ni partie prenante à aucun titre, dans la distribution réglée par le jugement dont est appel, n'éprouve de l'appel principal aucun préjudice. — En aucun cas cet appel n'aurait eu pour effet de relever un créancier de la forclusion encourue pour n'avoir pas contredit les collocations qui le primaient dans le règlement provisoire. — Les créanciers dont les collocations ne sont pas contestées, sont valablement représentés, dans l'instance d'appel, par l'avoué le plus ancien, lors même que le résultat de cet appel pourrait leur porter indirectement préjudice en déplaçant d'autres collocations. Ils ne doivent donc pas être intimés individuellement. — A. 25 nov. 1861, Roure C. Warot et Semel, IV, 3.

2. FRAIS. — Les frais de poursuites d'une distribution par contribution ne peuvent primer la collocation pour loyers ou fermages privilégiés. Les termes de l'art. 662, C. pr. civ., sont généraux; et on ne saurait borner leur application au cas où le propriétaire, usant de la faculté autorisée par l'art. 661, se ferait faire une attribution par voie de référé devant le juge-commissaire. — A. 11 mars 1867, Villemin c. Bruat, IX, 92. — V. Privilège, 6.

3. SOMMATION DE PRODUIRE IRRÉGULIÈRE. — La nullité résultant de ce qu'une sommation de produire à une contribution a été remise à la mairie au lieu d'être déposée au parquet du procureur général, pour cause de domicile inconnu, est une nullité relative qui est couverte par des conclusions prises préalablement sur le fond. — PRODUCTION TARDIVE. — Le créancier dont la production est faite après l'expiration du délai fixé par l'art. 660, C. pr. c., ne peut être relevé de la déchéance encourue, ce créancier

serait-il le propriétaire produisant pour loyers privilégiés. — A. 5
novembre 1861, Ariband c. Bailleul, III, 259.

V. Ordre, 2.

Divorce.

---

§ 1. — Droit mosaïque.

1. Le mariage contracté entre israélites indigènes est régi par
la loi mosaïque. — A. 3 février 1868, Amari Cohen, X, 27.

2. Cette loi admet la dissolution du mariage par voie de répudiation. Si elle n'accorde pas à la femme le droit de répudiation,
elle lui permet de s'adresser à la justice dans certains cas pour
obtenir une répudiation contrainte ou divorce. — Même arrêt.

3. L'injure grave est une cause de répudiation contrainte. —
Même arrêt.

4. La femme qui demande le divorce peut invoquer en appel
des faits d'outrages postérieurs au jugement frappé d'appel. —
Même arrêt.

5. La femme qui obtient la répudiation a droit à sa dot et à tous
les avantages qui lui sont assurés par le contrat de mariage, ainsi
qu'à une pension alimentaire jusqu'au jour où le mari l'a mise
en possession de ce qui lui revient. — Même arrêt.

6. ... C'est-à-dire du montant de ses apports énoncés au contrat. — A. 7 juin 1865, Adjage c. Adjage, VII, 70.

7. A moins qu'elle n'ait été jugée adultère. — Même arrêt.

8. La *vente mobilière* par le mari israélite, depuis la demande
en divorce formée par la femme, est valable, si l'acquéreur est de
bonne foi. — Il importe peu que le mari ait pu vouloir soustraire
tout ou partie de son avoir aux poursuites de sa femme. — Ici ne
saurait s'appliquer l'art. 271, C. N. — A. 3 sept. 1866, Temim c.
Levy Valensin et Achouche, VIII, 268.

9. ENFANTS. — *Aliments.* — L'obligation imposée au père et à
la mère de nourrir leurs enfants étant de droit naturel, ne dispa-
raît pas avec le divorce. — A. 1er juin 1864, Hamdan ben Amar
c. Lallahoum bent Hassein, VI, 88.

§ 2. — Droit musulman.

10. CAUSES DE DIVORCE. — En droit musulman, les questions de répudiation et de divorce touchent à la loi religieuse et à l'état civil des parties. — Le juge de fond doit en référer au conseil de droit créé par l'art. 24 du décret du 13 décembre 1866 et se conformer à l'avis de ce conseil (1). — A. 14-17 février 1868, Bourkaïb, X, 99.

11. La clause de l'acte de mariage par laquelle le futur époux s'oblige à habiter avec sa femme, dans la même tente que les frères de cette dernière, est valable et doit être exécutée, sous peine de divorce. — A. 7 sept. 1863, Abdelkader ben Skender c. Zohra, V, 172.

12. Lorsqu'un musulman prend pour seconde femme une négresse ayant été esclave, la première, de condition libre à l'origine, a le droit de demander le divorce. — A. 29 avril 1861, Saïd c. Zohra bent Hadj Ali, III, 108.

13. La femme mariée peut obtenir le divorce de son mari moyennant une indemnité payable à celui-ci en effets ou argent. — A. 16 avril 1861, Ben Aoufi c. Anaya, III, 102.

14. FEMME ENCEINTE. — *Enfant.* — Lorsqu'au moment du divorce provoqué par le mari, la femme est enceinte et que l'acte de divorce stipule que l'enfant, à sa naissance, sera remis au père, cette convention doit être exécutée. — A. 26 oct. 1863, Kheira c. Mohammed, V, 193.

15. *Subvention de grossesse.* — La femme divorcée étant enceinte peut réclamer de son mari une indemnité ou subvention de grossesse. — L'état de grossesse se vérifie, dans ce cas, par des matrones nommées par le cadi. — Même arrêt qu'au n° 13, *suprà*.

V. *Suprà*, n° 9.

V. aussi Dot, 19, — Enfant, — Puissance paternelle, 2, 3, — Répudiation.

Dol et fraude. — V. Arbitrage, 30 s, — Conseil judiciaire, 1, — Hypothèque, 7, — Mandat, 23, — Obligation, 9, 11, — Tierce opposition, 3, — Transaction, 1.

(1) Ce conseil a été supprimé par décret du 11 novembre 1875.

Domaine de l'Etat.

1. DOMAINE MILITAIRE. — Le changement de destination d'un immeuble militaire ne peut résulter que de la remise opérée par le Ministère de la guerre aux administrations civiles en vertu de décisions préalables. — A. 1er déc. 1873, Etat c. commune de Bône, XVI, 35.

2. *Places de guerre*. — La loi des 8-10 juillet 1791, et particulièrement les art. 13 et 20 sur les postes et places de guerre, s'applique aux postes et places de guerre établis tout aussi bien depuis qu'avant sa promulgation. — Même arrêt.

3. Cette loi a été exécutoire en Algérie sans promulgation spéciale, et elle n'a été ni abrogée ni modifiée par le fait de la promulgation du décret du 29 avril 1857 sur les servitudes militaires dans la colonie. — Même arrêt.

4. Le procès-verbal de délimitation de la place de Bône du 25 juin 1832, approuvé par le Ministère de la guerre le 8 avril 1833, a été fait et dressé en exécution de la susdite loi de 1791. Il est régulier et complet et n'a pas besoin de l'approbation du Ministère des finances, le Ministère de la guerre, à cette époque, ayant en Algérie les attributions du Ministère des finances. — Même arrêt.

5. Ce procès-verbal, comme tous ceux rendus en pareil cas, a eu pour effet d'incorporer *ipso facto* dans le Domaine militaire tous les terrains compris dans le procès-verbal de délimitation, d'en attribuer la propriété à l'Etat et de les rendre imprescriptibles et inaliénables, aux termes de l'art. 540, Code civ. — Même arrêt.

6. — En supposant que cette attribution au profit du Domaine militaire soit subordonnée à la prise de possession effective et à la réalisation de la destination prévue, il n'en saurait être ainsi que pour des terrains appartenant à des particuliers, et non pour des terrains appartenant à l'Etat lui-même, ces terrains auraient-ils et continueraient-ils à avoir une même destination, une destination purement civile. Il n'y a pas à distinguer, à cet égard, en Algérie, entre le Domaine civil et le Domaine militaire, le premier n'étant pas un tiers étranger envers le dernier. — Même arrêt.

7. Dans tous les cas, il n'appartiendrait pas à un tiers ayant cause de l'Etat d'exciper de ce défaut de prise de possession effective, et de revendiquer en son nom les terrains qui se trouveraient ainsi incorporés. — Même arrêt.

8. *Contrà* : — La loi des 8-10 juillet 1791 sur le régime des places de guerre ne peut, en l'absence de toute promulgation, être invoquée contre les propriétaires des terrains avoisinant les places de guerre, qu'autant qu'elle leur aurait été notifiée. — A. 30 nov. 1874, Préfet d'Alger c. Ben Mustapha, XVII, 47.

9. Particulièrement, le procès-verbal de délimitation du périmètre des fortifications dressé en vertu de la dite loi, ne peut être opposé aux propriétaires, s'il ne leur a pas été notifié, surtout si ceux-ci sont restés en possession. — Même arrêt.

10. Mosquées, — Zaouïas — Sous le gouvernement turc en Algérie, les mosquées et zaouïas publiques et inscrites comme telles sur les registres des biens des mosquées, étaient propriétés du Beylick ainsi que les biens habbous affectés à leur entretien. Par suite, l'Etat français, en succédant au Beylick, est devenu de plein droit propriétaire de ces biens, aux termes de la législation spéciale de la colonie. — Il importerait peu que l'Administration française n'eût pas immédiatement exigé la remise de ces biens et eût toléré leur possession aux mains des oukils qui en étaient antérieurement chargés, cette circonstance n'ayant pu affaiblir ni diminuer en rien le droit absolu de propriété appartenant à l'Etat, ni créer en faveur de qui que ce soit des droits qui n'existaient pas avant. — A. 17 mai 1876, Hamouda ben Scheik c. El Lefgoun, XVIII, 99.

11. — Vente d'un immeuble indivis avec un tiers. — Les lois des 15 et 16 floréal an X, qui autorisent l'Etat à vendre les immeubles dont il est copropriétaire par indivis avec un tiers sans le consentement et la participation de ce tiers, sont exécutoires en Algérie. — En permettant une telle vente, ces lois autorisent par cela même l'Etat à prendre en son nom propre une inscription hypothécaire pour la conservation de son privilége et de celui de son copropriétaire. Il n'est pas nécessaire, dans ce cas, que l'inscription soit prise au nom de ce dernier pour la portion du prix qui lui appartient. Il y a, sur ce point, dérogation explicite aux dispositions de l'art. 2148, C. c. — A. 1er avril 1862, Junghi c. l'Etat, IV, 62.

V. Compétence, 4 *bis*, 7 *bis*, 29 *bis*, — Forêts, 6 *bis*, — Instance domaniale, — Eaux, — Propriété.

Domaine militaire. — V. Domaine de l'Etat, 1 s, — Compétence, 44, — Expropriation pour cause d'utilité publique.

Domaine public. — V. Eaux.

Domicile.

1. ALGÉRIEN. — L'individu né en Algérie de parents étrangers et qui réclame la qualité de Français à sa majorité, en vertu de l'art. 9, C. N., doit être réputé avoir toujours été Français Algérien tant qu'il n'a pas manifesté l'intention d'abandonner son domicile d'origine et de s'établir dans une autre partie du territoire français. (C. N. 103). — Paris, 18 mars 1868, Pérez c. le Ministre de la guerre, XII, 30.

2. Et la volonté qu'il aurait exprimée, dans sa réclamation, de fixer son domicile en France, n'implique pas l'intention d'abandonner son domicile d'origine, cette déclaration pouvant aussi bien s'appliquer en Algérie qu'à toute autre partie du territoire français. — Même arrêt.

3. En conséqeence, l'individu dont il s'agit n'est pas soumis à la loi du recrutement, qui n'a pas été promulguée en Algérie. (L. 21 mars 1832, art. 2). — Il n'importe qu'il ait été inscrit en France sur les tableaux de recrutement de sa classe, et qu'il ait même pris part au tirage au sort, ces faits n'ayant pu lui retirer la qualité de Français Algérien et le priver des immunités qui en résultent. — Même arrêt.

4. Le *changement de domicile* ne peut résulter que du fait d'une habitation réelle dans un autre lieu, joint à l'intention d'y fixer son principal établissement. La déclaration faite à la municipalité du lieu que l'on quitte, suivie de la résidence établie dans la localité indiquée, serait impuissante, en dehors de toutes autres circonstances, pour opérer la translation (art. 103, 104, C. c.). — A. 13 juin 1860, Sagot c. Langlois, II, 196.

5. DOMICILE CONJUGAL. — Le domicile conjugal se confond avec celui du mari tant qu'il n'a pas été autrement ordonné par justice. — A. 6 juin 1870, Perths c. Perths, XII, 155.

6. En conséquence c'est devant le tribunal du domicile du mari que doit être portée la demande en réintrégation du domicile conjugal formée par ce dernier contre sa femme. — Même arrêt.

7. Il importerait peu que le mari fût sujet étranger, sujet anglais, par exemple; l'obligation, pour la femme mariée, d'habiter le domicile conjugal tenant aux lois d'ordre public et de police,

les t ibunaux français sont compétents pour connaître des infractions à cette obligation. — Même arrêt. — V. Etranger.

8. DOMICILE ÉLU. — L'élection de domicile en l'étude d'un notaire faite dans un acte public, passe avec l'étude du successeur de ce notaire. Par conséquent, toutes significations faites en l'étude du successeur, en exécution de cette élection de domicile, sont valables. — Si, dans ces conditions, le notaire successeur reçoit une sommation de produire et néglige de la faire remettre au créancier sommé, il est responsable des conséquences de la déchéance que pourra encourir le créancier, faute par lui d'avoir produit dans le délai. — A. 15 juillet 1864, Renault c. Z., VI, 121.

9. De même, lorsque dans un acte d'obligation notarié passé en Algérie, les parties ont élu domicile en l'étude du notaire rédacteur de l'acte, cette élection continue à valoir après le décès de ce dernier en l'étude du successeur, et le commandement fait en cette étude est valablement formulé. — A. 27 nov. 1865, Babaud et Cabanillas c. Fraud, VIII, 3.

V. Appel, 72.

10. DOMICILE OBLIGÉ. — Lorsqu'un négociant devient entrepreneur des transports de la guerre d'une division militaire, avec obligation contractuelle d'avoir un domicile dans une ville de la division ; qu'il est patenté dans cette ville et y a de fait ses bureaux, il est présumé y avoir son domicile ; par suite, il peut être actionné devant le tribunal de cette localité, lorsqu'il s'agit d'une demande personnelle et mobilière. — A. 14 mars 1870, Bou Akaz c. Moutte, XIII, 32.

11. RÉSIDENCE HABITUELLE. — Si, en Algérie, et aux termes des art. 2 et 3 de l'ordonnance du 16 avril 1843, la résidence habituelle vaut domicile, et si toute citation peut être valablement signifiée à la résidence habituelle du défendeur, il faut que cette résidence habituelle soit constatée, non-seulement au moment où l'obligation, cause de l'instance, prend naissance, mais encore et surtout au moment où l'assignation est donnée. — Spécialement, un militaire sous les drapeaux ne peut être assigné au lieu où il résidait à l'époque de la création de l'obligation, si, au jour de la signification de l'exploit, il avait changé de garnison. — A. 11 juillet 1855, Renard c. Dervieu, VII, 196.

V. Appel, 64 s, 73, — Compétence, 3 s, — Conservateur des hypothèques, 6, — Etranger, — Exploit, — Jugement, — Signification de jugement, 7, — Société, 4 s, 64.

Domicile conjugal. — V. Domicile, 5 s, — Mariage, 1, — Séparation de corps, 4.

Dommages-intérêts. — V. Entrepreneur, — Fret, — Licence, 1, — Mandat, 22 s, — Mariage, 8, 9, — Société, 62, etc.

Donation.

Droit musulman.

1. En admettant qu'un acte de vente consentie par un indigène à un autre indigène non successible constitue, en réalité, une donation au profit de l'acquéreur, cette donation, dans le silence de la loi musulmane, est valable. — A. 6 juin 1864, Bourkaïb c. Hardy, VI, 97.

2. TIERS EUROPÉEN. — Si le prétendu donataire est un successible, la donation, au regard des tiers et ayants cause européens, n'est pas nulle (comme le dit la loi musulmane), mais seulement réductible à la quotité disponible, conformément à la loi française. — Même arrêt.

Donation déguisée. — V. Habbous, 21 s.

Donation entre époux.

DIVISION

§ 1. — Droit français.
§ 2. — Droit musulman.

---

§ 1. — Droit français.

1. DROIT D'OPTION. — Une demande à fin de règlement de compte et de liquidation des droits afférents à un donataire qui a la faculté d'opter entre un usufruit et une rente viagère, n'emporte pas déchéance de cette faculté. — A. 23 juillet 1861, Ternaux c. Garofolini et Mongellas, III, 171.

2. L'époux donataire, par un contrat de mariage, de tous les biens que son conjoint laissera à son décès, est tenu, même *ultra vires*, de toutes les dettes que le donateur laisse à son décès, alors qu'il n'a pas accepté sous bénéfice d'inventaire la succession du donateur et que, dans un acte de vente, il a pris la qualité de donataire pur et simple de son conjoint. — D'où il résulte que les

créanciers de la succession du donateur peuvent poursuivre personnellement le donataire.—A. 23 juin 1873, Rudzinski c. vᵉ Montel et Baptiste, XV, 289.

§ 2. — Droit musulman.

3. Le mari peut faire donation d'une maison ou autre immeuble
en faveur de sa femme, et la donation d'une maison que l'on habite ou que l'on continue d'habiter ne saurait être nulle faute de
délaissement par le donateur. — A. 30 avril 1864, Ezzora c. Fati-
ma, III, 119.

Dot.

DIVISION

§ 1. — Droit français.

1. CARACTÈRE DE LA DOT. — La constitution de dot est un acte
à titre onéreux et non une donation régie par les articles 1082 et
suiv., C. civ., et ce, alors même qu'elle est faite par avancement
d'hoirie et payable à la volonté des constituants ou sur leur succession ; par suite, les époux au profit desquels la dot a été constituée
peuvent exercer leur droit de créanciers concurremment avec les
autres créanciers de l'hérédité des constituants (art. 1432, 1439,
1546, 1540 et suiv., C. civ.). — A. 12 février 1874, Gonssolin c. Mallen, XVI, 80.

2. Si la *constitution de dot* peut résulter d'équipollents, il faut
du moins qu'ils impliquent nécessairement la dotalité. — Toute
disposition ambiguë ou douteuse s'interprète en sens contraire. —
Spécialement, la clause d'un contrat de mariage portant que le
mari « assurera (par hypothèque) tout ce qu'il exigera ou recou-
» vrera appartenant à sa femme, » laisse aux valeurs ainsi recou-
vrées leur caractère paraphernal. — A. 24 avril 1862, Battarel c.
Fournier, IV, 140.

3. EXPROPRIATION. — Les art. 13 et 25 de la loi du 3 mai 1841
n'ont dérogé en aucune manière au droit commun en ce qui touche l'obligation de remploi stipulée dans un contrat de mariage
pour le prix d'un immeuble dotal. — Par suite, la femme mariée

dans ces conditions ne peut toucher le prix d'un immeuble dotal exproprié pour cause d'utilité publique, qu'à charge de remploi. — Ces articles ne sont modificatifs du droit commun qu'en ce qui concerne la faculté pour les époux soumis au régime dotal de consentir amiablement l'aliénation des immeubles dont l'expropriation est poursuivie, et d'accepter les offres faites. — A. 5 janvier 1863, Bruat c. Préfet d'Alger, IV, 288.

4. MARI ADMINISTRATEUR. — *Legs d'usufruit.* — Le mari est simple administrateur des biens dotaux de la femme et mandataire général de celle-ci. — Par conséquent, lorsqu'un legs à titre universel en usufruit est fait personnellement à la femme avec dispense de caution et de faire emploi des valeurs mobilières, et que le contrat de mariage dotalise les biens à venir, le mari a le droit de requérir la délivrance du legs et ne saurait être assujetti à un bail de caution pour garantie de son administration. — A. 15 juin 1859, Nougier c. Tempier, I, 241.

5. INALIÉNABILITÉ. — La dot étant inaliénable, la femme, même séparée de biens, ne peut valablement renoncer au bénéfice de l'hypothèque légale garantissant ses reprises dotales. — A. 28 juin 1872, Marin c. Roche et Barbasse, XIV, 177.

6. Par suite, elle est recevable à demander la nullité des actes au moyen desquels son mari a vendu ses immeubles grevés de l'hypothèque légale à un tiers créancier, et ce dernier à elle-même, alors qu'il est établi que ces ventes n'ont été imaginées que pour paralyser et anéantir cette hypothèque. — Même arrêt.

7. En cas d'annulation de la vente, la femme n'est pas personnellement tenue à la restitution des fruits, si c'est le mari qui a possédé. — Même arrêt.

8. La dot mobilière est inaliénable comme la dot immobilière.— A. 13 déc. 1867, Geneste c. Aaron ben Simon, IX, 233.

9. Par suite si, pendant le ménage, la femme a contracté des dettes personnelles, ses créanciers, même après la dissolution du mariage, ne peuvent en poursuivre le paiement sur les valeurs composant la dot mobilière. — Même arrêt.

10. La femme dotale ne peut aliéner son hypothèque légale à concurrence de ses reprises frappées de dotalité, car ce serait indirectement aliéner sa dot. — A. 29 avril 1875, Callamand et Chausse c. Alphandéry, XVII, 149.

11. RECOURS SUR LES BIENS DU MARI. — La femme mariée sous

le régime dotal qui aliène partie de sa dot pour aliments à la fa
mille, a recours sur les biens de son mari. — A. 24 juin 1874
Eliaou ben Saïd c. Boissier, XVI, 118.

12. Les droits de la femme sont indivis dans l'immeuble sur lequel son remploi repose; ils pourraient même être considérés
comme la consécration légale du privilége du vendeur. — Même
arrêt.

13. Dans tous les cas, l'hypothèque légale de la femme seule
suffit, pour lui donner la priorité sur les autres hypothèques, dès
que la créance provient de la dot. — Même arrêt.

14. TROUSSEAU. — L'évaluation donnée dans le contrat de mariage au trousseau de la future épouse fait foi entre les parties
contractantes, de telle sorte que ni l'une ni l'autre n'est admise à
venir ultérieurement en critiquer l'exactitude. — Dans ce cas, le
mari doit demeurer chargé de la valeur portée au contrat. — A.
10 décembre 1860, Antoine c. Roche, III, 42.

15. Lorsque le contrat de mariage contient estimation du trousseau de la future épouse, avec la condition qu'une nouvelle estimation sera faite à l'époque de la restitution, la différence doit
être nécessairement payée par le mari ou ses ayants cause. —
Même arrêt qu'au n° 8, *suprà*.

16. Spécialement, si la restitution a lieu après séparation de
biens et faillite du mari, la femme peut invoquer le bénéfice de
son hypothèque légale pour la totalité de son trousseau, si les
créanciers ne prouvent pas, par un inventaire ou acte estimatif,
que la femme en a repris une partie, surtout alors que des circonstances de la cause il résulte qu'elle n'en a rien retiré. — Même
arrêt.

§ 2. — Droit mosaïque.

17. Si, d'après la loi mosaïque, la dot mobilière estimée à l'époque du mariage devient la propriété du mari qui en doit le prix
d'estimation, cette même loi veut que le mari puisse déduire du
montant du prix de restitution la valeur des linges et hardes retenus par la femme. — L'*augment de dot* stipulé au profit de la
femme par le mari ne peut, en cas d'annulation du mariage, avoir
d'effet à l'égard d'aucun des époux, et ce sans qu'il soit besoin de
distinguer entre les causes imputables au mari ou à la femme. —
Tous avantages matrimoniaux se trouvent régis par les mêmes
principes. — A. 31 décembre 1860, Courtcheya, III, 13.

18. La veuve israélite a un droit de préférence sur les immeubles laissés par son mari pour le prélèvement de sa dot. — Mais les tribunaux ne sont pas tenus de considérer comme preuve suffisante de l'apport dotal toute espèce d'acte de mariage rapporté par la veuve israélite; ils peuvent, suivant les circonstances, rejeter cet acte comme dépourvu de caractère probant. — A. 19 mars 1866, Sportès c. Boffa, IX, 63.

19. Les stipulations sur le quantum de la dot et les conditions de la restitution que font des époux israélites dans un acte de divorce amiable sont valables. — A. 14 octobre 1871, Bouchara c. Aboulker, XIII, 175.

§ 3. — Droit musulman.

20. Si, en droit musulman, le père peut imposer le mariage à sa fille non encore nubile, il est de principe que le mariage est entaché de nullité s'il a été stipulé que la dot serait payable à une époque non parfaitement déterminée, et si la demande en nullité est produite avant la consommation du mariage. — A. 29 mars 1865, Dadaoua c. Merzoug, VII, 138.

21. Une promesse de mariage ne peut conférer un droit de reprise dotale à la femme qui ne justifie pas de la consommation du mariage. — A. 17 avril 1867, Sliman c. Khadidja bent Mohamed, IX, 104.

V. Divorce, — Communauté conjugale, 2, 8, — Contrat de mariage, 3 s, — Mariage, 32.

Douanes.

1. En Algérie, les conseils de guerre étant appelés à connaître des délits et contraventions de douanes, l'Administration a le droit de se prévaloir devant ces conseils des garanties que la loi accorde devant les tribunaux correctionnels, en tant que les garanties dont il s'agit n'ont rien d'inconciliable avec la constitution des juridictions militaires (ord. du 16 déc. 1843, art. 23, et du 11 août 1853, art. 11 et 12). — Cass. crim. 9 juin 1866, Douanes c. Mohammed Merabat, IX, 119.

2. Ainsi elle peut intervenir pour réclamer les réparations civiles qui lui sont dues et la confiscation des objets saisis. — Même arrêt.

3. Elle peut aussi déférer au conseil de révision les jugements des conseils de guerre, même au cas d'acquittement des prévenus. (C. just. milit., art. 73, 74 et 144). — Même arrêt.

4. Et, par suite, elle est recevable à se pourvoir en cassation contre les jugements du conseil de révision (*ibid.* art. 81). — Même arrêt.

Droit mosaïque. — V. Aliments, 1, — Contrat de mariage, — Coutume de soria, — Désaveu de paternité, — Divorce, — Dot, — Hypothèque légale, 9. 10, — Partages et licitations, 18, — Puissance paternelle, 3 s, — Rabbin, — Serment, 7 s, — Succession, 14 s, — Testament, — Veuve.

V. aussi le mot Israélite et les renvois.

Droit musulman.

1. SOURCES DU DROIT MUSULMAN. — Les opinions des jurisconsultes ne sauraient avoir d'autorité légale qu'en vertu d'un acte du souverain. — En dehors de cet acte, il n'y a d'autre droit que celui qui est écrit dans le Coran. — Lorsque le Coran est muet, le juge est libre dans son appréciation. — A. 13 nov. 1861, Ahmed ben Djilali c. Abderrahman, IV, 95. — V. la note.

2. Cependant, si le Coran est la source première et la base fondamentale du droit musulman, il ne le constitue pas à lui seul ; ce droit est complété par la Sonna (ou tradition), les règlements des premiers kalifes et la doctrine des quatre imans. — A. 13 mars 1866, Khadoudja c. Abd-el-Kader, VIII, 52. — V. la note.

3. USAGES. — La Cour ne saurait accepter un moyen pris de la violation du droit musulman appliqué à la solution du débat dans lequel se trouve intéressé un indigène d'Algérie, naturalisé Français, lorsque le demandeur, ne citant aucun texte de loi qui aurait été spécialement violé, l'arrêt porte qu'il a suivi, pour la solution des débats, les usages faisant loi dans la localité où les actes litigieux ont été passés. — Cass. civ., Mahi Eddin, 28 avril 1873, XV, 166.

4. *Loi musulmane.* — *Coutumes kabyles.* — Si le juge, après avoir écarté l'application de la loi française, retient l'application de la loi musulmane, il peut encore décider d'après les coutumes kabyles, bien qu'elles contiennent des dispositions contraires à la

loi musulmane pure. — A. 17 nov. 1873, Etat c. cons. Girard, XV, 273.

V. Aliments, 2 s, — Antichrèse, 2, 3. — Appel, 102 s, — Cadi, — Chefaâ, — Chose jugée, 38 s, — Divorce, — Dot, — Donation, — Donation entre époux, — Eaux, 2 s, — Emancipation, — Forêts, 4, — Grossesse, — Hypothèque, 9, — Minorité, 15, — Interdiction, — Intérêts, 12, — Justice musulmane, — Habbous, — Kabylie, — Khammès, — Mandat, 25, 26, — Mariage, 25 s, — Midjelès, — Incompétence, 6, — Partages et licitations, 15 s, — Prescription, 3 s, — Preuve testimoniale, — Propriété, 1 s, — Puissance paternelle, 1 s, — Répudiation, — Serment, 11, — Saisie-revendication, — Servitude, — Succession, 1 s, — Vente, 1, — Vente à réméré, — Tutelle, 21.

Droits civils. — V. Etranger, 3 s, — 26 s.

Droits litigieux.

1. Pour que le droit contesté prévu par l'art. 1597, C. civil, soit réellement et légalement litigieux, il faut non-seulement que l'acquéreur ait pu prévoir le litige, mais de plus que la contestation prévue ait un caractère sérieux et susceptible d'être pris en considération. L'appréciation du droit cédé appartient aux juges du fond. — A. 28 avril 1873, commune de Mustapha c. X., XV, 126. — V. Conf. cass., 11 février 1851 (*J. Pal.*, 1851, 1,419); 27 nov. 1866 (*ibid.* 1867, p. 1070 et la note).

2. Il ne suffit pas, pour qu'un droit soit litigieux, que l'une des parties ait manifesté une prétention quelconque ; il faut, de plus, qu'il existe un litige réel déjà soumis à une juridiction contentieuse (art. 1699 et 1700, C. N.) — A. 20 janvier 1866, Cély c. l'Etat, VIII, 29 ; Cass. civ., 29 juillet 1868, mêmes parties, X, 258.

3. Par conséquent, une simple pétition adressée à l'Administration et par laquelle le pétitionnaire réclame des terres en échange ou en compensation de terrains qu'il soutient lui appartenir, et que l'Etat posséderait, n'a pas pour conséquence de rendre litigieux le droit du réclamant. — Mêmes arrêts.

4. Il importerait peu que, dans l'acte de cession d'un pareil droit, les vendeurs eussent subrogé l'acquéreur *dans l'effet de toutes demandes, réclamations ou poursuites commencées contre eux ;* c'est là une clause en quelque sorte de style qui ne saurait

remplacer le procès et la contestation impérieusement exigés par la loi. — Même arrêt (Alger).

5 Lorsqu'un individu est devenu cessionnaire d'un droit du chef de deux personnes et que le litige n'existe qu'à l'égard de l'un des cédants, le retrait litigieux ne peut être invoqué contre l'acquéreur. (Art. 1701, § 1.) — Même arrêt.

6. Pour que l'action en retrait puisse être exercée, il ne suffit pas qu'il y ait un litige, il faut qu'il existe encore au moment où l'action est introduite. — Même arrêt.

7. Spécialement, si la contestation portait sur une question de séquestre et que cette question eût été résolue négativement par décret du Conseil d'État, antérieurement à l'introduction de l'action en retrait, cette action serait irrecevable comme tardive. — Même arrêt.

8. Si, en principe, la partie contre laquelle des droits litigieux ont été cédés, peut encore exercer le retrait après le jugement définitif intervenu sur ce droit, lorsque le cessionnaire a négligé de notifier et a cherché à dissimuler sa cession, il en est autrement lorsque cette partie a connu la cession et a pu en conséquence introduire sa demande en retrait avant la décision définitive. — A. 8 juin 1863, Mestre c. Badenco, V, 122.

9. Une cession ayant pour objet des prétentions sur un immeuble qui n'est pas détenu par le cédant constitue, non la cession d'un immeuble, mais la cession d'un simple droit sur un immeuble, laquelle peut, dès lors, donner lieu au retrait litigieux. — Même arrêt (Cass.) qu'au n° 2, *suprà*.

10. En admettant que la faculté d'exercer le retrait litigieux s'étende non-seulement au cas où il y a procès et contestation sur le fond du droit, mais encore à celui où, bien que l'instance ne soit pas encore engagée, ce droit est de nature à être contesté, il faut cependant, pour qu'elle puisse être admise, que l'intention de résister à l'exercice du droit cédé fût révélée d'une manière quelconque par des actes ou des faits émanés de la partie cédée antérieurement à la cession (art. 1699, C. c.) — A. 15 novembre 1859, Bombonnelle c. Barry Dervieux et Cie, II, 3.

11. Il suffit que le droit cédé soit contesté ou de nature à l'être. — A. 13 juillet 1857, Chassériau c. Hodin, II, 8.

12. Le retrait litigieux ne peut être demandé par des conclusions subsidiaires et pour le cas seulement où la cession serait

déclarée valable. (C. N., 1699.) — Cass. Req., 3 février 1868, Laya
c. Mendez, X, 153.

Droits successifs. — V. Transport de droits successifs. —
V. aussi Communauté conjugale, 9.

E

Eaux.

DIVISION

§ 1. — Législation spéciale.
§ 2. — Questions diverses.

—

§ 1. — Législation spéciale.

1. En Algérie, tous les cours d'eau, quelle qu'en soit l'importance, font partie du domaine public, et sont, par suite, inaliénables. — A. 28 déc. 1868, Delphin et Mazurel c. l'Etat, X, 251.

2. Avant la conquête, les sources et cours d'eau en Algérie
étaient susceptibles de propriété privée. — La loi du 16 juin 1851,
en les réunissant au domaine public, ne stipule que pour l'avenir
et reconnaît pour le passé les droits particuliers qui ont pu être
constitués. — A. 20 et 21 juillet 1857, Préfet d'Alger c. Grisolles et
Brumault, V, 124 et VII, 140.

3. La loi du 16 juin 1851, en maintenant les droits légalement
acquis, admet que les cours d'eau ont pu tomber dans la propriété
privée, d'après le droit musulman. En pays musulman, les eaux
sont du domaine public, et, par conséquent, inaliénables ; cependant, les souverains ont souvent contrevenu à ce principe en cédant des eaux à des particuliers ou en s'en attribuant à eux-
mêmes. Ces actes de concession doivent être validés. — A. 22 juin
1874, Dessoliers et l'Etat c. de Fleurieu, de St-Victor, XVI, 232.

4. La loi du 16 juin 1851 règle le passé et l'avenir en ce qui
touche le droit de propriété des cours d'eau et sources en Algérie :
l'avenir, en déclarant que tous cours d'eau et sources appartiennent au domaine de l'Etat, et le passé, en déclarant reconnaître
et maintenir, lorsqu'ils existent, les droits privés de propriété,
d'usufruit ou d'usage légalement acquis antérieurement à la loi
sus-indiquée ; par là, elle témoigne que les cours d'eau, pas plus

que les sources, ne relevaient exclusivement du domaine public
sous la législation musulmane, mais étaient susceptibles d'appropriation privée par des modes qu'elle ne définit pas, se bornant à
exiger la justification des droits légalement acquis. — A. 30 nov.
1874, Préfet d'Alger c. v° Bouvret, XVII, 16.

5. La propriété des terres n'implique pas la propriété et même
la jouissance exclusive du cours d'eau traversant l'immeuble, si
les procès-verbaux de délimitation et l'arrêté d'homologation ne
mentionnent pas expressément cette allocation. — Même arrêt
qu'au n° 3, *suprà*.

6. IRRIGATIONS. — La loi du 29 avril 1845, sur les irrigations,
n'est devenue exécutoire en Algérie qu'à partir du décret du 5
septembre 1859, qui en a ordonné la promulgation. — Cass. 1er
déc. 1863, Laperlier c. Sacré-Cœur, VI, 135.

§ 2. — Questions diverses.

7. CONCESSION DE CHUTE ET DE COURS D'EAU. — En cas de concession, faite par voie administrative, d'une chute d'eau pour l'é-
tablissement d'une usine, l'Etat peut exproprier pour cause d'utilité
publique les terrains voisins nécessaires à cet établissement ; et il
a recours contre les concessionnaires pour le paiement qu'il a fait
des indemnités dues à cette occasion en principal et accessoires, si
les concessionnaires ont pris, avant cette expropriation, engagement formel de payer ou consigner le prix de ces indemnités. (Art.
1155, 1999, 2001, C. civ.). — A. 16 juin 1874, Couput c. l'Etat, XVI,
144.

8. Le concessionnaire ne peut objecter que l'Administration a
trompé son attente en le qualifiant, dans son arrêté, de simple
permissionnaire, et en ne lui accordant que l'usage des chutes
d'eau au lieu de lui en accorder la propriété. — Même arrêt qu'au
n° 1, *suprà*.

9. L'Administration se réserve, en outre, le droit de retirer, dans
certains cas, au concessionnaire, tout ou partie du bénéfice qui
lui a été octroyé. Le concessionnaire ne peut donc être admis à
dire qu'il ignorait cette réserve et ne saurait s'en faire une cause
de tardives protestations. — Même arrêt.

10. Il résulte des dispositions de l'article 5 de l'ordonnance
royale du 5 juin 1847, que la redevance due par le concessionnaire
est une conséquence de l'octroi de la concession. Aussi, à moins

de renonciation expresse dans le délai déterminé, le permissionnaire ne peut se soustraire à l'obligation de payer la redevance,
sous prétexte que n'ayant pas rempli, dans ledit délai, la condition d'utiliser les chutes d'eau dont on lui avait concédé l'usage, il
se trouve de plein droit déchu du bénéfice de sa concession ; il
doit la redevance à partir de l'expiration du délai fixé pour la
mise en activité de l'usine. — Même arrêt.

11. Les cours d'eau de toute nature font partie du domaine public en Algérie, et l'usager en vertu d'un droit concédé par l'Etat, doit
restreindre sa jouissance dans les conditions de son acte de concession. — Spécialement, le concessionnaire d'un cours d'eau pour
les besoins d'une usine (d'un moulin dans l'espèce) n'a pas le droit
d'employer une partie des eaux de l'oued, objet de la concession,
à l'irrigation d'un jardin particulier et attenant à l'usine. — Par
suite, si, postérieurement aux travaux de dérivation et d'appropriation exécutés dans ce but, l'usine et les jardins sont vendus
séparément, l'acquéreur de l'usine a le droit d'interdire à l'acquéreur des jardins l'usage des eaux dont s'agit. — C'est en vain que
l'acquéreur des jardins soutiendrait qu'il y a servitude établie par
destination du père de famille; une telle servitude suppose un
droit de propriété sur les deux fonds au profit du père de famille,
et, dans l'espèce, l'usinier n'est pas propriétaire du cours d'eau qui
constituerait le fonds servant. — A. 25 avril 1856, Pradel c. Achak
et Probst, VIII, 103.

12. CONCESSION DE PRISE D'EAU. — *Villes.* — *Bains maures.* —
En Algérie, soit avant, soit après la conquête, comme dans la loi
romaine et dans la loi française, les eaux alimentaires des villes,
avec leurs aqueducs, ont été considérées comme faisant partie du
domaine public et non du domaine privé de l'Etat ou d'une commune, bien qu'elles soient susceptibles de produire des perceptions
utiles. — En conséquence, elles sont imprescriptibles et inaliénables. — A. 16 mars 1863, Bakir ben Omar c. com. d'Alger, V, 49.

13. A partir du 1er sept. 1834, le produit de la dotation des fon-
taines figure au budget des recettes locales ou municipales, et la
construction et l'entretien des aqueducs sont portés aux dépenses
de ce même budget. — Par suite, le Domaine de l'Etat, concédant
un immeuble affecté à l'exploitation d'un bain public maure, n'a
pas conféré, comme conséquence, un droit de prise d'eau aux aqueducs d'une ville. — Il n'a pas pu non plus, en vertu de l'art. 693,
C. c., et par destination du père de famille, grever ces aqueducs

d'une servitude de prise d'eau au profit de l'immeuble concédé. — D'où il ne saurait être tenu à garantie envers le concessionnaire. à qui la commune, substituée à l'Etat comme usufruitière des eaux utiles à son alimentation, est en droit d'imposer une redevance pour prise d'eau aux aqueducs publics nécessaire à l'exploitation du bain, et ce, bien qu'elle n'ait pas réclamé pendant plus de quinze ans ; son silence ne pouvant constituer une fin de non-recevoir. — Même arrêt.

14. Les eaux de la ville d'Alger dépendant du domaine public et étant inaliénables, l'usage gratuit de ces eaux ne peut être considéré comme un accessoire ou une dépendance à titre privé ou définitif d'un établissement de bains maures vendu par l'Etat. — Cass. 28 mai 1866, mêmes parties, IX, 26.

15. La ville d'Alger, usufruitière de ses eaux d'alimentation, peut, en vertu des dispositions réglementaires qui en attribuent les produits à son budget, imposer des redevances annuelles aux établissements comme aux particuliers admis à la répartition des eaux. (L. 18 juillet 1837, art. 19). — Même arrêt.

16. En pareil cas, le concessionnaire d'un établissement de bains maures, qui avait jusque-là joui gratuitement des eaux, ne peut, à raison de la redevance annuelle à laquelle il a été imposé, exercer une action en garantie contre l'Etat vendeur, lorsqu'il s'est engagé par l'acte de concession à supporter toutes les charges qui pourraient à l'avenir grever l'immeuble vendu. (C. N. 1625). — Même arrêt.

17. Au surplus, la déchéance dont parle l'art. 5 du décret du 26 avril 1851 et dont voulait se prévaloir l'appelant, ne s'applique qu'aux concessions de terre et nullement aux concessions de chutes d'eau. — Même arrêt.

18. CURAGE DES RIVIÈRES. — *Digues.* — La loi du 14 floréal an 11, relative au curage des rivières non navigables et à l'entretien des digues et ouvrages d'art qui y correspondent, intéressant l'ordre général, notamment dans la disposition où elle s'occupe du recouvrement des frais occasionnés par lesdits travaux, est de plein droit, et sans qu'il soit besoin d'une promulgation particulière, exécutoire en Algérie. — Cass. 15 juillet 1868, Feydeau c. Paolaggi, X, 256.

19. EAUX D'IRRIGATION. — Le propriétaire qui a plusieurs prises d'eau sur un canal d'arrosage a le droit, pendant la durée de

sa jouissance, de répartir comme il l'entend les eaux entre ses divers immeubles. — Il n'est pas tenu d'employer sur chaque propriété les heures d'eau qui y sont particulièrement affectées. — Il suffit, pour que son droit ne soit pas outrepassé, qu'il n'excède pas, dans la répartition qu'il fera des eaux, la durée totale de sa jouissance. L'ouverture simultanée de deux vannes d'arrosage ne constitue aucune infraction à la loi, lorsque les deux vannes desservent deux immeubles appartenant au même propriétaire, qu'elles ont été ouvertes pendant la durée de la jouissance de celui-ci et que le fait n'a eu lieu que par suite d'un malentendu entre les fermiers.— A. 19 avril 1866, Linarès et Ferrouillat, VIII, 125.

20. PRESCRIPTION. — En admettant que la propriété des eaux puisse être acquise par prescription, il faut, en l'absence des titres, que la possession ait duré trente ans antérieurement à la loi du 16 juin 1851. — Même arrêt qu'au n° 3, *suprà*.

21. Les titres portant sur des immeubles séquestrés sont nuls, et, par suite, ne peuvent être considérés comme des *justes titres* servant de base à la prescription décennale ; à partir et en vertu de ladite loi, les eaux sont devenues imprescriptibles. — Même arrêt.

22. La RÉGLEMENTATION DES EAUX appartient exclusivement à l'autorité administrative. — A. 21 juillet 1857, Grisolles c. l'Etat et Brumault, VII, 140.

23. SOURCE. — La source située au pied de la berge d'un fleuve fait partie, comme le fleuve même, du domaine public, alors surtout qu'à la plus légère crue, elle est couverte par les eaux du fleuve. — En conséquence, elle n'est pas susceptible de propriété privée. — A. 19 juillet 1867, Wolf-Compas c. Roggi et Cristas, IX, 204.

V. Chemins de fer, 15, — Compétence, 11, 46 s, — Expropriation pour cause d'utilité publique, 60, — Privilège, 8, — Promulgation, — Servitude, 2, 9 s.

Echange.

RÉSOLUTION. — *Dissimulation d'inscriptions hypothécaires.* — Le fait par un copermutant d'avoir dissimulé des inscriptions grevant l'immeuble qu'il donne à titre d'échange, constitue une cause de résolution, et ce, avant l'éviction consommée et même le commencement de toutes poursuites (art. 1653, 1704, 1705, C c.). — A. 13 juin 1860, Sagot c. Langlois, II, 196.

Echéance. — V. Intérêts, — Obligation, etc.

Echouement. — V. Avarie, 6 s.

Ecrits. — V. diffamation, 7, 8.

Ecrou. — V. Contrainte par corps.

Effets de commerce. — V. Billet à ordre et les renvois, — Faillite, 80 s.

Effets militaires. — V. Achat d'effets militaires.

Elargissement. — V. Contrainte par corps.

Election de domicile. — V. Domicile et les renvois.

Elections législatives.

L'article 5 du décret du 7 octobre 1871, d'après lequel, à défaut d'avoir rempli les formalités et satisfait aux conditions exigées par les articles précédents, tout israélite inscrit sur les listes électorales de l'Algérie en sera rayé et ne pourra être rétabli que « lors d'une prochaine révision », désigne par ces dernières expressions une des révisions annuelles des listes électorales, et ne saurait s'appliquer à la révision éventuelle du décret du 24 oct. 1870. — Le juge de paix qui statue sur la réclamation formée contre l'inscription d'israélites algériens sur les listes électorales, peut se refuser à donner acte des réserves faites par le demandeur relativement à la façon dont l'indigénat de ces israélites a été constaté, ainsi que des faits invoqués à l'appui de ces réserves, lorsque les faits dont il s'agit n'ont pas été produits aux débats. — Cass. civ. 16 mai 1876, Bézy c. Karoubi, XVIII, 166.

Emancipation. — V. Minorité, 14, 15.

Emphytéose. — V. Bail emphytéotique,

Employé. — V. Chemins de fer, 12 s, — Commerçant, — Compétence, 33 s, 89 s, — Société, 22.

Emprisonnement. — V. Contrainte par corps.

Emprunt à la grosse. — V. Prêt à la grosse.

Endossement. — V. Billet à ordre.

Enfant.

L'enfant né vivant doit être présumé viable, s'il est né à terme, et si rien dans sa conformation n'annonce qu'il ne puisse pas conserver la vie. — A. 24 mars 1863, Barbé c. Vallat, V, 72.

Enfant adultérin.

La reconnaissance des enfants adultérins étant nulle, elle ne peut leur servir ni leur préjudicier. (Art. 335, C. N.). — La reconnaissance volontaire faite au testament olographe ne saurait servir de base à une demande d'aliments, d'après les dispositions de l'art. 762, C. N. ; la filiation adultérine prévue par cet article est celle qui se trouve établie par la force des choses, par des événements indépendants de la volonté de l'auteur de la reconnaissance. — A. 31 oct. 1864, Verney c. Deyme, VI, 158. — V. Testament, 2.

Enfant légitime. — V. Paternité,

Enfant naturel.

1. DESCENDANT D'ENFANT NATUREL. — Les articles 756 et 757 du Code civil, qui règlent les droits des enfants naturels dans la succession de leurs père et mère, et l'article 759, qui stipule que les descendants des enfants naturels ne peuvent réclamer d'autres droits que ceux qui étaient réservés à leurs auteurs, ne sont applicables que si les descendants des enfants naturels viennent à la succession dans l'ordre naturel ; ils ne sont pas applicables aux libéralités faites aux descendants de l'enfant naturel, en cas de prédécès de ce dernier. — L'article 908, qui prive les enfants naturels de rien recevoir au delà de ce qui leur est accordé par les articles sus-cités, ne s'applique qu'aux enfants naturels auxquels leurs parents feraient une libéralité, et non à leurs descendants. — L'article 911, qui porte que toute stipulation faite au profit d'un incapable est nulle, si elle est faite sous le nom d'une personne interposée, n'est pas applicable en cas de prédécès du père naturel, la libéralité prohibée ne pouvant plus être présumée avoir été faite en sa faveur. — Partant et en résumé, la validité

de la libéralité faite au descendant de l'enfant naturel par l'ascendant, est subordonnée au prédécès de l'enfant naturel. — A. 31 mai 1876, Targy c. Bonneau, XVIII, 141.

2. GARDE DE L'ENFANT MINEUR. — Lorsqu'il s'agit de savoir entre les mains de qui, du père ou de la mère, l'enfant naturel reconnu et mineur devra être remis, les juges doivent surtout consulter l'intérêt de l'enfant. — A. 27 juin 1860, Ricca, II, 266.

3. MÈRE ÉTRANGÈRE. — PÈRE FRANÇAIS. — L'enfant naturel, né en France d'une mère étrangère, cesse d'être étranger dès qu'il est reconnu par un père français. — Cass. Req. 22 déc. 1874, Zammit c. Ricordeau, XVI, 311.

3 bis. Les enfants naturels suivent la condition de leur père, et la mort de ce dernier ne saurait modifier la nationalité des enfants naturels qu'il a reconnus. — Même arrêt.

4. POSSESSION D'ÉTAT. — Frères naturels. — La possession peut être invoquée, en matière de filiation naturelle, par un frère naturel, alors qu'elle est conforme au titre de naissance, ce titre aurait-il été rédigé en l'absence de la mère et sur la seule déclaration de la sage-femme et des témoins. — En admettant même que la possession d'état ne puisse pas être invoquée, dans ce cas les juges peuvent décider qu'il résulte des circonstances et documents de la cause que la mère a avoué sa maternité et a, par conséquent, ratifié le mandat en vertu duquel ont eu lieu les déclarations contenues en l'acte de naissance (art. 341, C. c.). — A. 26 mars 1860, vᵉ Grandjean c. Grandjean, II, 125. — V. la note.

5. RECHERCHE DE LA MATERNITÉ. — Si, aux termes de l'art. 320 du C. N., la recherche de la maternité de l'enfant naturel est admise, il résulte d'un autre côté du même article et des principes de la matière que cette action ne passe pas à ses héritiers, lorsque lui-même ne l'a pas exercée.. — Cass. civ. 10 août 1864, mêmes parties, VI, 204

6. RECONNAISSANCE. — Un acte de naissance dressé par l'officier de l'état civil français indiquant que l'enfant est né d'une femme et d'un individu indigènes, non mariés, ne peut être invoqué comme acte de reconnaissance par ce dernier qui n'a pas figuré audit acte. — A. 28 déc. 1863, Ahmed ben el Mnouer c. Abd-el-Kader ben Rahmoun, V, 248.

7. RECONNAISSANCE TESTAMENTAIRE. — La reconnaissance d'un enfant naturel par testament olographe est nulle (art. 334, C. N.)

Néanmoins, cette reconnaissance testamentaire peut valoir comme legs de la qualité héréditaire que l'enfant naturel aurait recueillie, si elle eût été valable. — A. 4 juin 1857, David et Dupuy c. Berr, VI, 72.

8. TUTELLE. — Les père et mère naturels n'ont pas l'administration légale des biens de leurs enfants. Ils n'ont pas davantage la tutelle légale. Les enfants naturels ne sont soumis qu'à une tutelle dative. — A. 31 oct. 1864, Verney c. Deyme, VI, 158.

9. La circonstance que le mineur français a pour mère et tutrice une étrangère ne fait pas obstacle à la compétence qui appartient aux tribunaux français de statuer sur les difficultés aux quelles peut donner lieu la tutelle, et notamment sur une demande en destitution de tuteur. — Même arrêt qu'au n° 2, *suprà*.

Enfant trouvé.

APPRENTISSAGE. — *Salaire*. — L'enfant trouvé retiré de l'hospice par des personnes qui l'ont gardé, nourri et entretenu jusqu'à son établissement par mariage, ne peut, en l'absence d'une stipulation particulière, réclamer contre ces personnes une somme quelconque pour salaire de son travail agricole pendant le temps qu'il a passé chez elles. Les parties sont, à cet égard, respectivement quittes. — A. 8 février 1860, José Fernando c. ép. Barber, II, 97. — V. la note où cette appréciation du décret du 19 janvier 1811 est critiquée.

V. Tutelle, 10.

Engin prohibé. — V. Pêche.

Enquête.

DIVISION

§ 1. — Législation spéciale.
§ 2. — Enquête ordinaire.
§ 3. — Questions diverses.

———

§ 1. — Législation spéciale.

1. Toutes les affaires en Algérie étant réputées sommaires, les témoins, en matière d'enquête, doivent être entendus à l'audience (ord. du 16 avril 1843, art. 11 et 13 ; C. proc. civ., art. 407). — Les tribunaux ne peuvent déroger à cette règle que dans des cas tout à fait exceptionnels, lorsque l'audition des témoins à l'audience

présenterait des difficultés sérieuses. — A. 9 mai 1868, Siaté. c. Mayoux et Jeantieu, X, 116.

2. De même : En Algérie, toutes les enquêtes sont sommaires ; ne leur sont donc pas applicables les règles édictées pour les enquêtes ordinaires. — A. 5 mars 1875, Roquefère c. Figarol, *la Confiance*, XVII, 122.

3. Dans un sens moins restreint, il a été jugé que : — La nullité d'une enquête pouvant résulter de ce que cette enquête aurait été faite devant un juge commis au lieu de l'être à l'audience, conformément à l'art. 407 du Code de procédure civile, ou de ce que le juge commis aurait été remplacé par simple ordonnance du président, ne saurait être invoquée par une partie qui, soit en assignant son adversaire devant ledit juge, soit en faisant citer des témoins à sa requête, soit enfin par sa présence à l'enquête, aurait fait un véritable acquiescement à la procédure suivie. — Il en est ainsi, même au cas où la partie aurait, au moment de l'enquête, formulé des réserves sur l'irrégularité de cette procédure. — A. 2 juin 1871, Société Mokta El-Hadid c. Ben Barrech, XIII, 160.

4. Si, aux termes de l'art. 11 de l'ordonnance du 16 avril 1843 sur la procédure en Algérie, toutes les affaires sont réputées sommaires et doivent s'instruire comme telles, les juges n'en ont pas moins le pouvoir d'ordonner qu'une enquête s'effectuera devant un juge délégué, et dans les formes édictées pour les affaires ordinaires. — Il en peut être ainsi alors surtout qu'il est utile, pour la vérification des faits et la manifestation de la vérité, que l'enquête se fasse sur les lieux mêmes du litige. — A. 16 mars 1868, Chemin de fer c. Mohamed ben El-Hadj, X, 113.

§ 2. — Enquête ordinaire.

5. Lors même qu'on voudrait appliquer les principes des matières ordinaires, la déchéance virtuelle du droit de faire enquête ne saurait résulter de l'impossibilité juridiquement constatée par le magistrat commis de procéder au jour par lui fixé. — Même arrêt qu'au n° 2, *supra*.

6. L'enquête a été commencée dans le délai légal, quand l'ordonnance à fin d'assigner a été obtenue du juge-commissaire dans la huitaine de la signification. (Art 259, C. pr. c.). — L'enquête commencée peut être parachevée quand la huitaine ne s'est pas

écoulée depuis l'audition des premiers témoins. — (Art. 278, C. pr. c.). — Même arrêt.

7. Si aucun témoin n'a été encore entendu, il ne peut y avoir déchéance ni nullité. — Même arrêt.

8. La faute commise par une partie qui n'a pas fait au jour fixé les justifications nécessaires, ne peut faire encourir la déchéance du droit d'enquête, mais trouvera sa sanction dans l'attribution des frais qui pourra être faite à sa charge par le jugement définitif, ou mis à la charge du défenseur, s'il y a eu négligence de sa part. — Même arrêt.

9. S'il jugeait cette enquête nécessaire à la manifestation de la vérité, même au cas où la partie aurait encouru la déchéance, il pouvait l'ordonner d'office, conformément à l'art. 254 du C. pr. c. — Même arrêt.

10. C'est avec raison qu'un tribunal a ordonné, sur la demande d'une des parties, la continuation d'une enquête, s'il n'y a pas eu de déchéance légalement encourue. — Même arrêt.

11. En matière d'enquête, la sommation signifiée au domicile du défenseur en dehors des délais fixés par l'article 261, C. pr. c., est nulle, mais cette nullité est couverte par la comparution personnelle du défendeur devant le magistrat enquêteur, encore bien qu'il ne se soit présenté que pour protester contre la nullité. — Dans tous les cas, c'est là une nullité facultative que les tribunaux peuvent admettre ou rejeter selon les circonstances, aux termes de la législation algérienne. — A. 9 juillet 1866, Martin c. Bertrand, VIII, 261.

12. Cet arrêt nous paraît aller bien loin, en rejetant une nullité commise dans une procédure suivie elle-même en violation formelle de la loi.

§ 3. — Questions diverses.

14. ISRAÉLITE ET MUSULMAN. — Un israélite indigène ne peut, à moins de conventions contraires, faire entendre un de ses coreligionnaires comme témoin dans une instance contre un musulman. — Jugem. Sétif, 13 avril 1863, Salah ben Kanfoud c. Z..., VI, 47.

15. TÉMOINS. — *Serment*. — Lorsqu'un arrêt ordonnant un transport sur les lieux contentieux pour l'application des titres de propriété, commet un conseiller pour présider à ce transport, avec

faculté d'*entendre tous témoins*, ce n'est pas là la prescription d'une enquête proprement dite ; par conséquent, les témoins entendus ne doivent pas prêter serment préalablement à leur déposition (art. 262, C. pr. c.). — A. 9 oct. 1860, Ben Marabet c. Préfet d'Alger, II, 271.

Entrepreneur.

1. FORFAIT. — L'acte par lequel un entrepreneur prend l'engagement d'exécuter un travail à ses risques et périls et sous sa responsabilité, conformément aux dessins qui lui ont été remis et dont il a pris connaissance, et moyennant un prix déterminé, est un véritable marché à forfait régi par les dispositions de l'art. 1793, C. civ., bien que les mots *à forfait* n'y soient pas écrits. Par suite, l'entrepreneur ne peut exiger le paiement des travaux modificatifs et supplémentaires qu'il a exécutés, s'il ne justifie pas d'une autorisation écrite du propriétaire. — A. 21 février 1874, Chem. de fer c. Ollivier, XVI, 103.

2. Il ne peut être admis à prouver par témoins l'existence de cette autorisation. — Même arrêt.

3. FOURNITURES AUX OUVRIERS. — L'entrepreneur et le tâcheron sont, d'après les usages, tenus *in solidum* du montant des fournitures d'objets de première nécessité, tels que du pain, faites aux ouvriers employés à l'entreprise, jusqu'à concurrence des retenues que l'entrepreneur a faites aux ouvriers dans le but de couvrir ces fournitures. — A. 15 juillet 1872, Galtier c. Raymond et Villata, XV, 46.

4. SOUS-TRAITANT. — Lorsqu'une compagnie de chemins de fer, usant du droit que lui confère son marché, ordonne à l'entrepreneur avec lequel elle a traité pour l'exécution du tracé de la voie ferrée, d'expulser des chantiers un sous-traitant ou tâcheron, par le motif que les travaux qu'il exécute sont défectueux et ne répondent pas aux conditions prescrites, le sous-traitant ne peut réclamer aucune indemnité contre l'entrepreneur pour le fait de cette résiliation, alors surtout qu'il a été convenu entre eux que cette éventualité ne donnerait lieu en faveur du sous-traitant à aucune indemnité. — A. 23 avril 1869, Villenave c. Acampo, XIII, 29.

5. Néanmoins, si, en quittant le chantier, il abandonne certains travaux, l'établissement d'un rail, par exemple, qui servent à l'en-

trepreneur pour la suite de l'entreprise, ce dernier doit lui en payer la valeur. — Même arrêt.

6. Si le sous-traité stipule une indemnité éventuelle au profit de l'entrepreneur, pous le cas où il serait résilié par la compagnie et pour fait personnel au sous-traitant, les tribunaux doivent respecter cette clause ; cependant ils peuvent réduire le montant de l'indemnité prévue si le sous-traité a reçu un commencement d'exécution. — Même arrêt.

7. Lorsqu'un sous-traité relatif à l'exécution de travaux publics a été résilié, non par la faute de l'entrepreneur général, mais par celle du sous-traitant, celui-ci ne saurait prétendre à aucuns dommages-intérêts, sous prétexte que l'entrepreneur général a réalisé des bénéfices importants sur les travaux restant à faire, et qu'il devait être soumis à l'application du principe que nul ne peut s'enrichir aux dépens d'autrui. (C. N., 1382, 1383.) — Si l'allocation des dommages-intérêts a été en outre motivée sur des frais d'installation supportés par le sous-traitant, sans que l'arrêt qui les alloue fasse connaître s'ils ont été ou non compris dans l'actif du compte de ce sous-traitant, et pour quelle somme ils auraient dû l'être, l'arrêt portant condamnation d'une somme en bloc pour les deux causes de dommages-intérêts doit être cassé, en laissant à la Cour de renvoi le soin de statuer sur le chef tout entier des dommages-intérêts. — Cass. 3 février 1868, Sarlin et Rabattu c. Leydier, XII, 267.

8. Lorsque les entrepreneurs d'une compagnie de chemins de fer s'interdisent de sous-traiter sans l'autorisation de la compagnie, cette dernière a entendu que les entrepreneurs seraient responsables envers les ouvriers et fournisseurs de l'entreprise. C'est là une stipulation en faveur des tiers, et ceux-ci peuvent en revendiquer le bénéfice contre les entrepreneurs. — A. 20 nov. 1869, Berthézène c. Laugeron et Gaguin, XI, 254.

V. Compétence, 53 s, — Responsabilité.

Entrepreneur de prisons. — V. Bail, 44 s.

Entrepreneur de transports.

1. Lorsque deux entrepreneurs de transports se sont engagés réciproquement à se cantonner sur des parcours déterminés, celui qui enfreint cet engagement est soumis à des dommages-intérêts. — Lorsque l'adjudication du transport des dépêches sur

une ligne déterminée, cède une partie de son marché à un messagiste, sous la condition que, conformément au cahier des charges, l'administration des postes ratifiera la cession, la tolérance de la part de cette administration ne constitue pas une approbation définitive. En conséquence, si, pendant plusieurs années, elle a toléré l'exécution du sous-traité, en ce sens que, le connaissant, elle ne s'est pas opposée au transport par le sous-traitant, elle peut ultérieurement changer d'avis et écarter ce dernier. Dans ce cas, le sous-traitant ne peut réclamer des dommages-intérêts contre son cocontractant, à moins de prouver que, par ses agissements, il a amené la résolution de l'administration. — A. 27 mars 1871, v° Sarradet c. Boniffay, XIII, 107.

2. CONTREBANDE. — Quand une maison de commerce a confié à un entrepreneur de transports des tabacs qui étaient destinés à la contrebande, sans que ce dernier eût connaissance de ce fait, l'expéditeur en cas de confiscation de la marchandise, ou le destinataire peut-il en réclamer le prix au transporteur ? Sa demande doit-elle être écartée *de plano* par cette circonstance que la contrebande est un fait illicite qui ne peut donner lieu à aucune action en justice ? — Pour qu'il en fût ainsi, il faudrait que l'entrepreneur de transports ait eu connaissance du fait de contrebande et qu'un contrat, dans ces circonstances, fût intervenu entre parties, car nul n'étant tenu d'agir contre les lois et l'honnêteté publique, toute action pour forcer à l'exécution d'un pareil contrat eût été déclarée par justice non recevable. — Mais quand l'entrepreneur de transports a exécuté le contrat intervenu sans avoir connaissance du fait de fraude, il faut qu'il rende compte de son mandat, tant au destinataire qu'à l'expéditeur, sauf à invoquer, au fond, pour échapper à toute responsabilité, les faits particuliers à la cause. — A. 21 nov. 1873, Clerc c. Heitz, XIV, 244. — Si la confiscation des tabacs de contrebande a lieu tant par la faute de l'entrepreneur de transports qui, en les omettant sur son manifeste, a éveillé l'attention de la douane, que par l'examen des tabacs, évidemment disposés pour la contrebande par l'expéditeur, la faute alors est commune, et la responsabilité, aussi commune, doit être partagée d'après certaines bases laissées à l'appréciation du juge. — Même arrêt.

Entrepreneur de travaux publics.

SAISIE-ARRÊT. — Une saisie-arrêt pratiquée entre les mains du trésorier-payeur sur toutes les sommes que l'État peut devoir à un

entrepreneur de travaux publics exécutés pour le compte des
Ponts-et-Chaussées, ne frappe pas le cautionnement de cet entrepreneur ; il faut, aux termes de la législation spéciale sur la matière, que cette saisie-arrêt soit faite entre les mains du préposé à
la caisse des dépôts et consignations. — A. 28 novembre 1874, Gaguin c. Moulin, XVI, 301.

V. Privilége, 4, 5, — Responsabilité, 3 s, 17 s, 24 s, — Vente, 16.
— V. aussi Entrepreneur et les renvois.

Erreur commune. — V. Commandant de place, 3 s, —
Acte authentique, 2, 3.

Esclave. — V. Divorce, 12, — Succession, 2.

Escroquerie.

1. Celui qui fait usage de billets souscrits à son ordre par un fils
insolvable qui les a revêtus d'une signature pouvant être prise pour
celle de son père, commerçant notoirement solvable, se rend coupable du délit d'escroquerie et tombe sous l'application de l'art.
405 du Code pénal. — A. 1ᵉʳ août 1873, Cohen, XVI, 180.

2. MAGNÉTISME. — Le fait par un individu d'avoir reçu certaines sommes à titre de rémunération pour des séances de magnétisme qu'il avait données dans une maison particulière, ne constitue pas le délit d'escroquerie, s'il n'a pas employé de manœuvres
frauduleuses pour se faire remettre ces sommes. — A. 5 oct. 1861,
Coquet, III, 192.

3. Une PROMESSE MENSONGÈRE ne peut être considérée comme
une manœuvre frauduleuse constitutive du délit d'escroquerie. —
Spécialement, il n'y a pas délit dans le fait d'un entrepreneur de
messageries qui attire le voyageur par l'appât d'un bon marché
excessif et exige ou fait ensuite exiger au lieu d'arrivée un prix
plus élevé que celui fixé au départ. — A. 20 janvier 1866, Garein,
VIII, 44. — Dans le même sens, A. 23 déc. 1865, Righri ben Mohammed, VIII, 46 et 77.

4. La TROMPERIE AU JEU, lorsqu'elle consiste dans l'emploi de
cartes frauduleusement introduites dans le jeu, n'est pas un simple vol, et constitue une manœuvre frauduleuse qui peut être considérée comme ayant fait naître dans l'esprit des autres joueurs une
espérance d'un succès chimérique. — En conséquence, les peines

de l'escroquerie sont applicables. (C. N., art. 1967.; Code pénal, art. 405). — Cass. crim. 22 janvier 1868, Panariello, X, 26.

5. Si la remise de la somme qui forme l'enjeu n'est faite que dans l'espoir de gagner, le fait de manier avec une coupable habileté les engins, cartes, dés, coquilles, etc., sur lesquels repose la partie, constitue une escroquerie. — A. 20 mars 1873, Mohammed ben Saïd, XVI, 255.

Espagnol. — V. Caution *judicatum solvi*, — Consul, 3, — Etranger, 49.

Etablissement incommode. — V. Responsabilité, 15 s.

Etablissement industriel. — V. Chemins de fer, — Compétence, 12, — Responsabilité, 15 s.

Etablissement national. — V. Chemins de fer, 15.

Etablissement public.

AUTORISATION DE PLAIDER. — Les dispositions de la loi de 1837, relatives aux communes, et celles de 1838, relatives aux départements, qui exigent une autorisation spéciale pour chaque instance, ne doivent pas être étendues aux établissements publics en général. — Cass. civ. 13 décembre 1864, Pionnier c. Consistoire israélite, VI, 212.

Etat de siége. — V. Insurrection, 1.

Etranger.

DIVISION

§ 1. — Législation spéciale.
§ 2. — Compétence des tribunaux français en matière civile et commerciale.
§ 3. — Compétence des tribunaux français en matière criminelle.
§ 4. — Conventions diverses entre la France et certains Etats étrangers.

---

§ 1. — Législation spéciale.

1. La simple résidence en Algérie d'un étranger, ne saurait équivaloir pour lui à l'autorisation d'établir son domicile ; et la nécessité de cette autorisation, en Algérie, pour pouvoir jouir des effets légaux qu'elle entraîne, résulte virtuellement de l'art. 5 de

d'arrêté du Chef du pouvoir exécutif du 16 août 1848. — A. 4 mars 1874, Puig y Thomas, XVI, 168.

2. L'autorisation donnée à l'étranger d'établir son domicile en France, conformément aux art. 11 et 13 du Code civil, ne peut résulter implicitement de ce fait que cet étranger aurait été momentanément employé au service de l'Etat, notamment au Trésor. — Même arrêt.

3. Les étrangers fixés en Algérie, mais sans l'autorisation exigée par l'art. 13, C. civil, ne peuvent trouver, dans le seul fait de leur résidence, un droit à la jouissance des droits civils dérivant de la législation française. — Cass. civ. 5 février 1872, Converso c. Escoiffier, XIV, 167.

4. HYPOTHÈQUE LÉGALE. — La femme étrangère a une hypothèque légale sur les biens de son mari situés en France, alors même que la loi du pays où son mariage a été contracté ne la lui accorderait pas. — Spécialement, les étrangers établis en Algérie sont présumés y être domiciliés avec l'autorisation du Gouvernement. Dès lors, ils y jouissent des droits civils conférés par nos lois. — A. 21 mars 1860, dame Frentzel c. Seligman, II, 158. — V. la dissertation publiée à la suite de cet arrêt, p. 164. — Contrà : Cass., 20 mai 1862, mêmes parties, IV, 210. — V. la note où la solution de la Cour suprême est fortement combattue.

5. Jugé néanmoins que la femme étrangère mariée à un étranger n'a aucune hypothèque légale sur les biens de son mari situés en Algérie. — A. 6 nov. 1865, Schiaffino, VII, 204.

6. ... Que la femme et le mineur étrangers n'ont pas d'hypothèque légale sur les immeubles de leurs maris ou tuteurs situés en France, à moins qu'un traité international ne leur confère la réciprocité, ou qu'ils ne soient légalement domiciliés en France, avec l'autorisation du Gouvernement. (C. civ., 11, 13, 2121.) — Cass. civ. 5 février 1872, Converso c. Escoiffier, XIV, 167; — Jugem. Bône, 29 mai 1866, Converso, IX, 130.

7. ... Que la résidence permanente en Algérie ne saurait équivaloir à cette autorisation. — Spécialement, le traité du 24 mars 1860 n'a établi la réciprocité que pour les hypothèques conventionnelles et judiciaires. — Même jugement.

8. MARIAGE. — Les dispositions de l'art. 171, C. c., qui ordonnent la transcription de l'acte de célébration du mariage sur les registres du domicile de l'époux, ne s'appliquent qu'aux Français

qui se sont mariés à l'étranger. Elles ne sont donc pas applicables aux étrangers qui, après leur mariage dans leur pays, viennent s'établir en France. — Même arrêt qu'au n° 4, *supra*.

9. RÉGIME MATRIMONIAL. — L'étranger qui se marie en France, sans contrat de mariage, même avec une étrangère, peut être réputé avoir contracté sous l'empire de la loi française, et, par suite, les tribunaux peuvent décider que le mariage ainsi contracté est soumis au régime de la communauté légale. — A. 17 avril 1867, Arnoux c. Saverio, IX, 144. — V. conf. *infrà*, n° 13.

10. L'autorisation énoncée à l'art. 13 du Code civil pour établir son domicile en France n'est imposée à l'étranger que pour l'exercice des droits civils. Les conventions matrimoniales, étant du droit des gens, ne sauraient dépendre de cette autorisation. — A. 9 novembre 1871, Soldini, XIII, 208.

11. Il est de principe que le contrat de mariage d'un étranger qui se marie avec une Française se supplée, s'il n'a pas été écrit, par la loi du lieu où les époux se proposent, en le célébrant, de fixer leur domicile matrimonial, c'est-à-dire où ils ont l'intention, réalisée par le fait, de le fixer réellement, après leur union. — Par suite, c'est la loi du domicile qui régit cette union, en l'absence de tout contrat, et ce, sans avoir égard au domicile d'origine du mari, non plus qu'à la résidence actuelle de la femme ni au lieu de la célébration. — Même arrêt.

12. Le domicile matrimonial se détermine par une résidence réelle accompagnée de circonstances exclusives de tout esprit de retour au pays d'origine, telles qu'achat d'immeubles, établissements de commerce, habitation continue. — Même arrêt.

13. SUCCESSION. — TESTAMENT. — Lorsque des étrangers établis en Algérie, sans esprit de retour, s'y marient sans contrat de mariage, leur statut matrimonial est celui du pays; il en est de même de leur statut successoral. — A. 20 février 1875, Schwiltk c. Buob, XVII, 5.

14. De même, leur testament et particulièrement la réserve légale des ascendants sont régis par la loi française. Le testament d'un étranger, réglé en France par la loi française, ne peut avoir des effets plus étendus que n'en aurait, dans la même situation, le testament d'un Français. L'héritier réservataire, dans ce cas, tient sa réserve non de son statut personnel, mais de la loi française qui règle les successions. — Même arrêt.

15. Le testament tient du statut réel. Fait par un étranger, il doit avoir les formes voulues par la loi française, pour qu'il puisse produire effet à l'égard des immeubles situés en France. — Ainsi le testament olographe d'un Polonais doit être écrit en entier de la main du testateur, alors même que la loi polonaise n'oblige pas à cette condition; sans quoi il ne peut transmettre les immeubles à l'héritier institué. — A. 28 janvier 1861, Dzierwonski c. Remy, III, 17.

16. La règle *locus regit actum* est facultative et non impérative en matière de testament, c'est-à-dire que tout étranger peut tester en France dans les formes prescrites par la loi de son pays. — A. 25 nov. 1861, Levy c. Levi, III, 253.

§ 2. — Compétence des tribunaux français en matière civile et commerciale.

17. Les tribunaux français sont compétents pour connaître de toutes affaires civiles ou commerciales entre étrangers résidant en Algérie, encore bien que l'obligation qui fait l'objet du litige ait pris naissance à l'étranger. (Ordonn. 10 avril 1834, art. 27, et 26 sept. 1842, art. 33). — A. 17 mars 1863, Pierret c. Voets, V, 181.

18. En admettant que l'étranger résidant en Algérie puisse, comme le Français, invoquer le bénéfice de l'art. 14, C. N., pour le jugement de ses contestations avec l'étranger résidant à l'étranger, encore faudrait-il, comme condition essentielle, qu'il eût cette résidence en Algérie à l'époque où le contrat qui donne lieu au procès a été passé. — A. 15 janvier 1868, Frangia et Jouanidi c. Adamantiadi, X, 36.

19. L'acquisition de résidence faite postérieurement ne pourrait pas lui permettre de revendiquer l'application de l'art. 14 susdit. — Même arrêt.

20. Les art. 33 et 37 de l'ordonnance du 26 septembre 1842, qui défèrent aux tribunaux français de l'Algérie les contestations entre étrangers, n'ont en vue que les étrangers, demandeurs et défendeurs, résidant dans la colonie. — Même arrêt.

21. ACTES PASSÉS DEVANT LES CONSULS. — Les tribunaux français sont compétents pour connaître des contestations relatives aux obligations consenties en France devant les consuls étrangers et entre étrangers. — A. 23 janvier 1873, Cachia c. Calleya, XV, 13.

22. Spécialement, un acte passé à Alger devant le consul anglais

doit être considéré comme ayant eu lieu en Algérie et non dans le pays des parties contractantes. — Même arrêt.

23. COMMUNAUTÉ CONJUGALE. — Le tribunal du domicile matrimonial est compétent pour statuer sur la demande en liquidation et partage de la communauté conjugale, introduite à la requête de la veuve. — Même arrêt qu'au n° 10, *suprà*.

24. ETAT ET CAPACITÉ DES PERSONNES. — En principe, les tribunaux français ne doivent la justice qu'aux Français, et ne peuvent l'imposer aux étrangers dans leurs rapports entre eux. Leur juridiction, quant aux contestations des étrangers entre eux, ne reposant pas sur le droit de souveraineté, ne pourrait avoir conséquemment d'autre base que le consentement des parties. — Même arrêt qu'au n° 1, *suprà*.

25. Les quelques exceptions apportées à ce principe ont pour fondement la protection d'un intérêt français d'ordre public, et concernant, par exemple, l'application des lois de police et de sûreté, qui obligent et protègent tous ceux qui habitent notre territoire. — Même arrêt

26. La *dation d'un conseil judiciaire* ne saurait évidemment avoir ce caractère, et, conséquemment, l'admission de l'exception d'incompétence opposée par une des parties sur une demande de cette nature ne saurait être douteuse dans la Métropole. — Même arrêt.

27. Il doit en être de même en Algérie. En effet, aucune loi n'attribue aux étrangers, en vertu du simple fait de leur résidence en Algérie, et en les dispensant de l'autorisation exigée par l'art. 13 du Code civil, la jouissance des droits civils résultant de la législation française au profit des citoyens français. — Même arrêt.

28. Il est vrai qu'un certain nombre de ces droits civils réservés aux seuls citoyens français par le droit commun de la France, ont été, en Algérie, concédés également aux étrangers qui y résident, mais ces concessions partielles, qui se basent sur la situation particulière du pays, sont toutes spéciales et ne sauraient être étendues au delà de l'objet particulier qu'elles régissent. — Même arrêt

29. Sur une action en dation de conseil judiciaire, l'exception d'incompétence tirée de la qualité d'étranger des parties peut être soulevée pour la première fois en appel. — Une pareille action touche en effet d'une manière incontestable à l'état et à la capa-

cité des personnes, et comme l'état et la capacité des personnes sont, suivant l'art. 3 du Code civil, régis par les lois de la nation à laquelle elles appartiennent, les tribunaux français seraient forcés d'appliquer dans l'espèce des lois étrangères dont ils peuvent n'avoir qu'une connaissance imparfaite. Cette exception d'incompétence n'est donc personnelle qu'en apparence, et, en réalité, on n'en saurait indiquer qui tienne plus essentiellement à la matière; conséquemment elle tombe sous l'application de l'art. 170 du Code de procédure civile. — Même arrêt.

30. La célébration par un étranger de son mariage devant un officier civil français, non plus que l'adoption par lui du régime de la communauté légale, établi par le Code civil, ne saurait constituer pour lui la perte de sa nationalité étrangère, et encore moins l'acquisition de la nationalité française. — Même arrêt.

31. Conséquemment, la femme qu'il épouse, bien que née Française, devient étrangère, aux termes de l'art. 19 du Code civil, par le fait de ce mariage, et l'action en dation de conseil judiciaire dirigée par un des conjoints contre l'autre, s'agite en réalité entre deux étrangers. — Même arrêt.

32. Les principes posés plus haut, en ce qui concerne le droit de juridiction des tribunaux français vis-à-vis des étrangers, n'ont point reçu de dérogation dans la législation spéciale à l'Algérie, notamment dans les dispositions des art. 33 et 37 de l'ordonnance du 26 sept. 1842. — Même arrêt.

33. Les mots : « Les tribunaux français connaissent entre toutes personnes de toutes les affaires civiles et commerciales » contenus dans ledit art. 33, ne sauraient évidemment s'entendre que des contestations touchant à des intérêts exclusivement pécuniaires, et ils n'embrassent pas des questions d'état. — Même arrêt.

34. L'intention du législateur de fixer ainsi la portée de ces termes résulte implicitement des art. 1 et 17 du décret du 31 décembre 1866, lesquels, réglant la juridiction des cadis, et après avoir statué que les cadis jugent toutes les conventions et toutes les contestations civiles et commerciales, ont soin d'ajouter : *ainsi que les questions d'état*. — Même arrêt.

35. En conséquence, même sous l'application de l'art. 31 de l'ord. du 10 août 1834, qui porte cependant que les tribunaux français connaissent de toutes les affaires civiles et commerciales... « *entre étrangers* », et *a fortiori* sous l'empire de l'art. 33 de l'ordonnance de 1842, qui n'a pas reproduit ces deux mots, le prin-

cipe applicable dans la Métropole, quant aux questions d'état s'agitant entre étrangers, sont applicables en Algérie. Ces questions doivent être décidées exclusivement par l'application du statut personnel étranger, et les tribunaux, en Algérie comme en France, ne sont point autorisés à en connaître. — Même arrêt.

36. Les tribunaux français sont incompétents pour statuer sur une demande en *séparation de corps* entre époux étrangers, même mariés en France. — La législation spéciale à l'Algérie n'a pas dérogé à ce principe. — A. 19 février 1855, Attard, II, 317.

37. Même décision sur une demande en *nullité de mariage* entre étrangers, contracté à l'étranger. — Alors même que cette demande se présenterait comme moyen de défense à une action principale dont la juridiction française serait régulièrement saisie. — A. 27 déc. 1860, Ferrari, III, 23.

38. Au contraire : Les tribunaux français, surtout ceux de l'Algérie, doivent juger le différend qui leur est soumis par deux étrangers, même lorsqu'il s'agit d'une demande en séparation de corps, si le déclinatoire n'est proposé par aucune des parties. — A. 18 nov. 1856, de Palma, III, 201.

39. Le tribunal français peut régulièrement statuer sur une demande en *séparation de biens* entre étrangers, si aucune des parties ne soulève l'exception. — A. 5 juin 1874, Albert et de Cescaupennes c. Arrata, XVII, 222.

40. Bien plus, jugé que les tribunaux français de l'Algérie ont compétence obligatoire pour statuer sur une demande en *séparation de corps* entre étrangers (art. 27 de l'ordonnance du 10 août 1834, et 33 de celle du 26 sept. 1842). — A. 23 juin 1866, dame Schœmberger c. Schœmberger, VIII, 145.

41. ... Sur une demande en *réintégration du domicile conjugal.* — A. 6 juin 1870, Perths c. Perths, XII, 155. — V. Domicile, 5 s.

42. EXÉQUATUR. — Les tribunaux français auxquels on demande l'exéquatur pour un jugement rendu à l'étranger et entre étrangers, n'ont qu'une chose à examiner : si le jugement ne blesse pas les principes fondamentaux de nos lois civiles ou politiques, ou de celles qui intéressent l'ordre public et les bonnes mœurs. — L'exéquatur ne saurait être refusé par le motif que la partie condamnée prétendrait qu'elle a éteint le montant des condamnations. Ce sera sur l'exécution du jugement que l'exception de paiement, comme

toute autre exception, pourra se produire. — A. 8 décembre 1871, Scotto c. Archangelo Scotto, XIII, 224.

43. SUCCESSION. — Si, en général, les tribunaux français sont compétents pour ordonner toutes mesures provisoires relatives aux successions entre étrangers, ouvertes en France, leur pouvoir ne va pas jusqu'à nommer un administrateur, même provisoire, de la succession, car cette mesure a pour résultat immédiat d'enlever aux héritiers toute jouissance de la succession. — A. 7 avril 1875, Bosia c. Trouche, XVII, 146.

§ 3. — Compétence des tribunaux français en matière criminelle.

44. Un délit commis à bord d'un bâtiment de commerce étranger entre des gens de l'équipage de ce bâtiment ne saurait être de la compétence de la juridiction territoriale, et les tribunaux français doivent conséquemment se déclarer incompétents pour en connaître. Il faut excepter toutefois le cas où la tranquillité du port aurait été troublée et celui où l'intervention de l'autorité locale aurait été réclamée. — A. 19 août 1873, Mitras, XVI, 47.

45. Peu importe, du reste, la pénalité dont ce délit est frappé par la loi française, ainsi que la circonstance que la victime du délit était un Français. — Même arrêt.

§ 4. — Conventions diverses entre la France et certains Etats étrangers.

46. AUTRICHIEN. — La convention internationale du 11 décembre 1866, conclue entre la France et l'Autriche, s'applique aux pays relevant, à quelque titre que ce soit, des deux Etats, et se rattache d'une manière directe à des dispositions de nos Codes civil et de procédure civile ; par suite, leur application en Algérie n'est pas subordonnée à une promulgation spéciale. — A. 12 déc. 1870, Consul général d'Autriche c. vᵉ Marincowich, XII, 181.

47. En matière d'apposition et de levée de scellés, et d'inventaire, c'est au tribunal du lieu où se trouvent les objets sujets aux scellés et à l'inventaire qu'il appartient de statuer sur les questions qui s'y rattachent, et ce, quand même il s'agirait de la succession d'un étranger à laquelle interviendrait le représentant consulaire de la nation à laquelle appartenait cet étranger. — A bien plus forte raison doit-il en être ainsi lorsqu'une des parties requérant le scellé ou l'inventaire est française. (Art. 3 du susdit traité du 11 déc. 1866.) — Si la convention de 1866 confère aux

consuls l'administration de la partie mobilière des successions de leurs nationaux, ce n'est qu'autant que les héritiers ne sont pas présents. — Même arrêt.

48. Une mineure étrangère, représentée par sa mère tutrice redevenue française, doit être considérée comme une héritière présente. — Par suite, elle a le droit de requérir la levée des scellés et l'inventaire. Le consul a un droit parallèle. Ce droit existe surtout si le *decujus* était un agent consulaire de sa nation. — Même arrêt.

49. ESPAGNOL. — Les lois espagnoles permettent de constituer la dot, de régler ou de modifier le régime matrimonial postérieurement au mariage. — Même arrêt qu'au n° 5, *suprà*.

50. MALTAIS. — La loi de Malte, comme la loi française, exige que les conventions matrimoniales soient constatées par acte public. — Par suite est irrecevable l'action par laquelle les époux maltais réclament un droit d'habitation qui leur aurait été concédé en vue du mariage, s'ils ne basent leur demande que sur un engagement verbal dont ils demandent à faire preuve. — A. 23 déc. 1870, Galea c. Christ, XIII, 55.

51. SARDE. — L'hypothèque légale peut être réclamée, en France, par la femme et le mineur sardes en vertu du traité de réciprocité intervenu le 24 mars 1760, entre la France et la Sardaigne. (C. civ., 2121.) — Même arrêt qu'au n° 3, *suprà*.

52. SUISSE. — Aux termes de l'art. 5 de la convention diplomatique passée entre la France et la Suisse, en 1869, renouvelant celle de 1822, les demandes en nullité de testament et partage concernant la succession d'un sujet suisse, ouverte en France, sont de la compétence exclusive des tribunaux suisses ; elles doivent être jugées par les tribunaux institués au dernier domicile du *de cujus* dans sa patrie. — Même arrêt qu'au n° 43, *suprà*.

53. Les traités internationaux des 18 juillet 1828 et 15 juin 1869 ne s'appliquent qu'aux difficultés entre héritiers relatives à la succession d'un Suisse mort en France, et non au partage des communautés conjugales. — Même arrêt qu'au n° 10, *suprà*.

V. Caution *judicatum solvi*, — Compétence, 119, — Acte sous seing privé, 3, — Enfant naturel, — Succession, 49, — Tribunaux de commerce, 2, — Tutelle, 6, 7

Eviction. — V. Vente;

Evocation. — V. Appel.

Exception. — V. Caution *judicatum solvi*, — Déclinatoire,
— Degrés de juridiction, 38, 49, — Faux incident, — Incompétence, — Litispendance, — Qualité (défaut de).

Excitation à la débauche.

1. L'art. 334, C. pén., qui punit quiconque aura attenté aux
mœurs en excitant, favorisant ou facilitant habituellement la débauche ou la corruption de la jeunesse, s'applique au cas où les
faits multipliés d'excitation ne se seraient exercés qu'envers une
seule personne. — A. 6 févr. 1864, Z..., VI, 39.

2. Il s'applique aussi à l'individu qui, sans exercer directement
la séduction, agit par intermédiaire afin d'arriver à satisfaire ses
passions personnelles. — Dans ce cas, le séducteur devient le complice du proxénète, même lorsqu'il n'y a eu ni don, ni promesse.
— Même arrêt.

3. Il importerait peu que la jeune fille mineure de 21 ans fût de
mauvaises mœurs. — Même arrêt.

4. Si l'habitude est une circonstance indispensable du délit de
proxénétisme, les caractères constitutifs de cette habitude sont
laissés à l'appréciation des juges. — Même arrêt.

5. L'art. 334, C. pén., ne s'applique pas seulement à celui qui livre des mineurs à la débauche comme entremetteur et proxénète ;
il s'applique encore à tout individu qui, en donnant à des mineurs
le spectacle de scènes d'impudicité répétées, et en leur tenant des
discours de nature à les pervertir, prend le rôle actif d'agent de
corruption, alors même que cet individu aurait agi non en vue
d'un vil trafic, mais uniquement pour satisfaire ses goûts désor-
donnés. — A. 18 février 1860, II, 116.

**Excitation à la haine et au mépris des citoyens
les uns contre les autres.** — V. Presse, 18 s.

Exécution d'acte.

1. CONDITION. — Celui à qui il a été délivré un titre *exécutoire
à l'arrivée d'une condition*, n'a pas besoin de faire constater judiciairement la réalisation de la condition, pour ramener son titre
à exécution. — A. 23 mai 1862, Lovatelli, IV, 124.

2. HÉRITIERS. — Les titres exécutoires contre le débiteur prin-

cipal ne peuvent être exécutés contre les héritiers de celui-ci que huit jours après la signification desdits titres à la personne de ces héritiers (art. 877 du Code N.). — Le commandement devant être considéré comme partie intégrante de la saisie est un acte d'exécution, et, à ce titre, il ne saurait remplacer la signification spéciale de l'art. 877 ci-dessus. — Sont nulles, en conséquence, les poursuites d'exécution dirigées contre les héritiers du débiteur principal, si la signification du titre ne leur a pas été préalablement faite. — A. 31 oct. 1864, Déchaux c. Baudriller, VI, 164.

Exécution de jugement.

1. INJONCTION A UN TIERS. — Aux termes des art. 548 et suivants du Code de procédure civile, le tiers ne peut se refuser à exécuter le jugement qui lui fait injonction, bien qu'il n'y ait pas été partie, quand on lui justifie que ce jugement est régulièrement rendu entre les ayants droit et qu'on fournit les certificats de non opposition ni appel prescrits par les articles sus-visés. S'il veut résister à cette exécution, il doit se pourvoir contre le jugement par la voie de la tierce opposition. — A. 21 juillet 1873, Courtois c. Cachot, XV, 193.

2. OFFRES RÉELLES. — L'acte d'offres réelles faites en vertu d'un arrêt de condamnation n'arrête pas l'exécution, lorsqu'il ne contient rien pour les frais non liquidés et sauf à parfaire (art. 1258, C. N.). — A. 21 mars 1870, Morton Peto c. Cardaire, XII, 55.

3. La consignation d'une somme offerte n'est valable et libératoire et ne fait cesser le cours des intérêts qu'à la condition d'avoir été dénoncée au créancier non comparant, avec sommation de retirer la somme déposée (1259, C. civ.). — A. 29 juin 1872, Spiteri c. Dechaux, XIV, 154.

4. TIERS REVENDIQUANT. — L'intervention, sur les poursuites, d'un tiers se prétendant, en vertu d'un titre produit, propriétaire des objets sur lesquels l'exécution est tentée, suffit pour justifier la suspension des poursuites. — Même arrêt qu'au n° 2, *suprà*.

5. TRANSCRIPTION. — Le défaut de transcription ou plutôt de mention de transcription des jugements prononçant la nullité, résolution ou rescision d'un acte transcrit ne peut entraîner aucune déchéance contre le bénéficiaire du jugement; il peut toujours en réclamer et en poursuivre le bénéfice (loi 23 mars 1855). — A. 4 févr. 1876, Alcay c. Gonin, XVIII, 55.

V. Jugement (mat. civ.), — Jugement commercial, — Jugement criminel, 4, — Jugement par défaut, — Partages et licitations, 14, — Référé, 11, — V. aussi Appel, § 11, — Exécution provisoire, etc.

Exécution provisoire.

1. JUGEMENT COMMERCIAL. — Les *jugements contradictoires* des tribunaux de commerce étant de plein droit exécutoires par provision avec caution ou justification d'une solvabilité suffisante, et la dispense de caution ou de justifier d'une solvabilité suffisante pouvant être prononcée lorsqu'il y a titre non attaqué, il en résulte que, dans ce dernier cas, la mention d'exécution provisoire nonobstant appel et sans caution n'est pas obligatoire. Dans le silence du jugement, elle doit y être présumée (art. 439, C. pr. c.) — Le juge du référé ne peut paralyser l'exécution de ce jugement en se basant sur ce silence. — V. *infrà*, n°ˢ 4, 5. — *Contrainte par corps.* L'art. 7 de la loi du 13 déc. 1848 doit être interprété par l'art 20 de la loi du 17 avril 1832, dont il a seulement étendu les dispositions. Par suite, les expressions : « le débiteur restera en état » ne s'appliquent qu'au débiteur incarcéré. Il ne faut donc pas en conclure que « les choses resteront en l'état où les trouve l'acte d'appel. » L'exécution provisoire n'en suit pas moins son cours sur le chef de la contrainte par corps comme sur les autres chefs, nonobstant l'appel. — A. 7 février 1862, Denizot et Boudon c. Faideau, IV, 69.

2. Si, en principe, les jugements rendus par les tribunaux de commerce ne sont de plein droit exécutoires par provision qu'en donnant caution, néanmoins le bail de caution n'est pas nécessaire lorsqu'aucune condamnation n'est prononcée et qu'il n'a été ordonné qu'une mesure d'instruction. — A. 9 déc. 1870, Verrier c. Larcade, XII, 223.

3. Les *jugements de défaut* rendus par les tribunaux de commerce ne peuvent être déclarés exécutoires par provision nonobstant opposition sans caution qu'à la condition expresse *qu'il y ait péril en la demeure.* (Art. 135, 155, 439, C. pr. civ., 643, C. com.) — Jugem. comm. Alger, 11 octobre 1876, Lavagne c. Fabre et Devon, XVIII, 189.

4. RÉFÉRÉ. — COUR D'APPEL. — Le juge de référé excéderait ses pouvoirs s'il ordonnait la suspension de poursuites d'un jugement rendu par le tribunal de commerce, quand même ce jugement serait par défaut et ordonnerait l'exécution provisoire nonobstant

opposition ou appel et sans caution. — Une Cour ne peut pas davantage ordonner cette suspension. (Art. 647, C. com.) — A. 31 juillet 1860, Altairac c. Lacour, II, 260.

5. La Cour seule, en cas d'un jugement exécutoire par provision nonobstant appel, peut accorder des défenses à l'audience et sur requête, mais le juge des référés doit refuser toute discontinuation ou cessation de poursuites exercées en vertu dudit jugement (art. 459, 460, C. pr. c.). — A. 22 juillet 1874, Dubourg c. Homberger, XVI, 209.

6. RÉPARATIONS URGENTES. — Les réparations urgentes comprennent non-seulement les réparations d'entretien, mais toute espèce de réparations, à la seule condition qu'elles soient urgentes; c'est pour celles-là seules que peut être ordonnée l'exécution provisoire (Art. 135, § 2, C. pr. civ.) — A. 28 janvier 1873, Ribbes c. Feuilloy, XV, 21.

V. Action civile, 1, — Degrés de juridiction, 39 s.

Exequatur. — V. Etranger, 42.

Expertise.

DIVISION

§ 1. — Honoraires des experts.

1. L'exécutoire autorisé au profit des experts par l'art. 319 du Code de pr. civ. ne peut être délivré contre la partie qui n'a ni requis ni poursuivi l'expertise, encore bien qu'elle ait assisté à ses opérations. — Cet exécutoire est une mesure exceptionnelle indépendante du droit définitif qui peut appartenir aux experts, ou par application de l'art. 2002, C. civ., ou en vertu des décisions de justice sur le fond du procès. — A. 3 février 1874, Lefèvre c. Estèbe, XVI, 49.

§ 2. — Formalités de l'expertise. — Nullités.

2. ACQUIESCEMENT. — La partie qui assiste à l'expertise sans protestations ni réserves est non recevable à en demander la nullité par le motif que l'expert a opéré sans prêter préalablement serment. — A. 8 juin 1859, Ridichich c. Economopoulo, I, 262.

3. Délai de distance. — L'inobservation des délais de distance dans la sommation d'assister à une expertise faite à des
parties résidant en dehors des lieux litigieux, n'entraîne pas nécessairement la nullité de l'expertise. — A. 22 mai 1867, Réfrégier c. Levieil, IX, 141.

4. Serment. — Est nulle, comme entachée d'une irrégularité
substantielle, l'expertise faite par des experts qui n'ont pas prêté
serment alors qu'ils n'en étaient pas dispensés. — Mais les juges
ne sont pas obligés de recourir à une seconde expertise ou à de
nouvelles mesures d'instruction, s'ils trouvent dans les documents
de la cause, parmi lesquels doit figurer l'expertise irrégulière,
des éléments suffisants d'appréciation. — A. 28 janvier 1873,
Ribbes c. Feuilloy, XV, 21.

5. Lorsqu'un jugement nomme des experts et dispense ceux-ci
du serment, du consentement des parties, cette dispense ne profite pas à ceux qui, dans le cas de refus des premiers experts,
sont nommés en remplacement, par ordonnance du président,
délégué à cet effet par le jugement, surtout si cette ordonnance
n'est rendue qu'en présence de la partie requérante. — Le rapport
que ces experts dressent en l'absence de toute prestation de serment est nul. (Art. 305, 307, 309, 315 et 316 du C. pr. civ.) — A.
29 mai 1868, Tahar ben Abderrahman c. Rémy Long, X, 120.

6. Alors que, dans un litige, plusieurs parties en cause font défaut; alors également que l'une des parties comparantes est une
commune, incapable, à ce titre, de consentir à l'omission d'une
garantie légalement réputée essentielle, la décision qui nomme
un seul expert, et qui, en outre, le dispense du serment, est entachée d'irrégularités substantielles qui peuvent être relevées pour
la première fois devant le juge d'appel. — A. 3 mars 1873, commune de Constantine c. Assoun, XV, 69.

V. Avarie, 25 s, — Partages et licitations, 8, 9, — Vente, 24, 52.

Exploit.

1. L'art. 61 du Code de procédure civile, en imposant au requérant l'obligation d'indiquer le lieu de son domicile, n'exige point
l'indication de la rue et du numéro de la maison. Cette spécifica-
tion n'est nécessaire que pour les villes qui, comme Paris, sont divisées en plusieurs mairies. — Spécialement, la signification d'un
jugement faite à la requête d'une partie qui habite Marseille fait
courir les délais d'appel, alors même que cette signification n'énon-

cerait ni la rue, ni le numéro de la maison du requérant. — A. 25 oct. 1865, Préfet d'Alger c. Loubreaux, VII, 193.

2. BREF DÉLAI. — On ne peut pas discuter au principal l'appréciation du caractère d'urgence susceptible de justifier une abréviation de délai pour un ajournement, qui a été faite par l'ordonnance du président du tribunal. Cette appréciation est définitive. (Art. 72, C. pr. c.). — Par conséquent, l'ajournement à bref délai, autorisé comme il vient d'être dit, ne peut être annulé par le motif qu'il n'y avait pas urgence et qu'on n'a pas observé le préliminaire de conciliation. — A. 11 février 1863, Lord Brougham c. d° Legénissel, V, 33. — V. *contrà*, Cass. 29 mai 1840.

3. Dans tous les cas, le préliminaire de conciliation doit être proposé avant toutes conclusions au fond. — Même arrêt. — V. *Journ. Pal.* v° Conciliation, n°ˢ 26 et suiv.

4. DOMICILE. — L'exploit d'ajournement donné à un domicile autre que le domicile véritable, est nul. — Mais la nullité est facultative. — A. 5 mars 1861, Talabot c. Chanzy, III, 70. — V. la note.

5. L'assignation signifiée au domicile élu pour une instance en référé est nulle, mais cette nullité est facultative. — A. 25 mars 1870, Hamou, XII, 73.

6. L'assignation ne peut être remise à la mairie qu'autant que la partie assignée a domicile ou résidence dans la commune. — S'il est constaté, en fait, qu'elle avait quitté ce lieu depuis longtemps, un an environ, et que son nouveau domicile ou sa résidence soit inconnue, les dispositions de l'art. 4 de l'ordonnance du 16 avril 1843 sont seules applicables ; en conséquence, l'assignation doit être affichée dans l'auditoire, et copie remise au parquet (1). — La nullité, dans ce cas, est absolue. Ici ne s'applique pas la faculté posée dans l'art. 69 de l'ordonnance du 26 septembre 1842.

7. L'ajournement donné à un prévenu en *matière correctionnelle* est valablement signifié à son principal établissement, même au cas où il serait constant, en fait, qu'il ne couche pas habituellement en cet endroit. — A. 18 janvier 1872, Demarest, XIV, 15.

8. MANDATAIRE. — La maxime de l'ancien droit français : *Nul en France ne plaide par procureur*, a été consacrée par l'art.

_____

(1) L'art. 4 de l'ordonn. du 16 avril 1843 a été abrogé par décret du 18 nov. 1876 qui dispose qu'à l'avenir les formalités prescrites par l'art. 69, § 8, C. pr. civ., seront seules observées.

61, C. pr. civ. Par suite, l'exploit d'ajournement fait à la requête du mandataire doit être déclaré nul. — Cette nullité n'est pas une nullité facultative que la législation coloniale autorise les tribunaux à admettre ou à rejeter selon les circonstances. — A. 26 déc. 1864, Berlier c. Rebuffat, VII, 3.

9. Cette nullité n'est pas couverte par le fait du prétendu mandataire qui aurait formé opposition au jugement de défaut intervenu sur cette assignation et aurait fait plaider au fond au nom du prétendu mandant et laissé rendre un jugement le déboutant de son opposition. Ces actes non autorisés ne peuvent engager ce dernier. — Cette nullité peut être invoquée lorsqu'il s'agit d'un ajournement aux fins de déclaration de faillite. Du moment où l'on procède par voie ordinaire, il faut en observer les règles. — A. 8 février 1861, Blondeau de Combas c. Lion, III, 60.

10. Jugé, en sens contraire, que la nullité pouvant résulter de ce qu'un exploit d'ajournement aurait été donné à une personne n'ayant pas mandat de défendre à la demande, constitue une nullité facultative que les juges peuvent ne pas admettre (art. 68. C. pr. c., 69 de l'ordonn. du 26 septembre 1842). — Même arrêt qu'au n° 4, *suprà*.

11. PARTIE ABSENTE. — *Enonciations de l'exploit*. — Les énonciations contenues en un acte de signification, par lesquelles l'huissier constate n'avoir pas trouvé, aux différents domiciles à lui indiqués, la partie signifiée, et relate les réponses à lui faites dans ces différents endroits, font foi jusqu'à inscription de faux. — A. 18 janv. 1872, Roussac c. Denizot et Boudon, XIV, 65.

12. Si la dernière réponse constatée par l'acte porte que la partie signifiée est partie pour la campagne, sans autre indication, l'huissier n'avait plus légalement aucune démarche à faire, et il ne lui restait plus qu'à se conformer aux dispositions des art. 69 du Code de procédure civile et 4 de l'ordonnance du 16 avril 1843. Si les formalités prescrites par ces articles ont été observées et qu'il s'agisse de la signification d'un jugement, cette signification est régulière et fait courir les délais d'appel. — Même arrêt.

13. TERRITOIRE MILITAIRE. — Les citations concernant les indigènes des tribus peuvent être notifiées par l'intermédiaire des bureaux arabes (art. 14 de l'ordonnance du 1er septembre 1847). — A. 28 juillet 1873, l'Etat c. les Ouled Amran, XV, 213.

14. VOISIN. — L'huissier qui, ne trouvant pas la partie à la-

quelle il notifie un acte, s'adresse à un voisin, ne doit pas indiquer le nom de ce voisin dans l'exploit. (Art. 68, C. pr. c.).

15. Lorsqu'une partie à laquelle un acte est signifié est trouvée en son domicile, mais refuse de recevoir la copie, l'huissier ne contrevient aucunement à l'art. 67 du Code de procédure, en déposant directement cette copie à la mairie, au lieu de la remettre à un voisin qui serait exposé à recevoir le même refus de la partie signifiée. — A. 1er juillet 1872, Mines de Gar-Rouban c. Medioni, XIV, 156.

16. En tout cas, s'il y avait nullité dans ce fait de l'huissier, elle serait de celles dont les tribunaux de l'Algérie sont autorisés, aux termes de l'ordonnance du 26 septembre 1842, à ne pas faire acception. — Même arrêt.

V. Communauté conjugale, 6. bis, — Délai des distances, — Domicile. — Mandat, — Séparation de corps, — Signification de jugement, — Référé, 2.

Expropriation forcée. — V. Saisie immobilière.

Expropriation pour cause d'utilité publique.

DIVISION

§ 1. — Expropriation avant le 1er janvier 1845.
§ 2. — Cession amiable.
§ 3. — Procédure. — Formalités.
§ 4. — Compétence des tribunaux civils.
§ 5. — Éléments et attribution de l'indemnité.
§ 6. — Voies de recours. — Jugements en dernier ressort.
§ 7. — Prise de possession d'urgence.
§ 8. — Prise de possession irrégulière.
§ 9. — Questions diverses.

---

§ 1. — Expropriation avant le 1er janvier 1845.

1. Pour le temps antérieur au 1er janvier 1845, l'expropriation est réputée consommée par le seul fait de la démolition ou de l'occupation effective de l'immeuble. — Les arrêtés du Gouverneur général du 5 mai 1848 et du Ministre de la guerre du 1er juillet, même année, ont dérogé sur ce point à l'art. 79 de l'ordonnance du 1er oct. 1844. — Ils sont constitutionnels. — A. 18 avril 1859, Guenoun Assoun c. Grevin, I, 166.

2. L'art. 2 de l'arrêté du 1er juillet 1848 a rendu applicables à

toutes les expropriations antérieures à l'ordonnance du 1ᵉʳ octobre 1844 les dispositions des art. 79 de cette dernière ordonnance et 31 de l'arrêté du 9 décembre 1841, aux termes desquelles l'expropriation est réputée consommée pour le temps antérieur à l'arrêté du 17 octobre 1833 : 1º Par le seul fait de la démolition ou de l'occupation effectuée de l'immeuble ; 2º Par tout acte ou fait administratif ayant eu pour résultat de faire cesser la possession du propriétaire. — A. 21 janvier 1870, Ben Haïm c. Préfet d'Oran, XII, 19.

3. Toute prise de possession d'un immeuble par l'Etat, antérieurement au 1ᵉʳ octobre 1844, équivaut à une expropriation. — A. 9 avril 1861, hér. Rozey c. l'Etat, III, 99.

4. Toutefois, il faut que cette prise de possession ne soit pas le fait individuel et isolé d'un agent de l'Etat, ni la conséquence d'une tolérance acceptée de part et d'autre, mais bien une appropriation effective au nom de l'Etat. — A. 16 mars 1863, Bœnsch c. l'Etat, V, 65.

5. Spécialement, l'occupation en 1842 d'un terrain pour le service d'un camp, par un officier ayant agi de son mouvement privé, ne constitue pas une expropriation, si elle ne s'est continuée que par une tolérance. — Même arrêt.

6. Des *manœuvres de troupes* effectuées, sans périodicité ni régularité, antérieurement à l'ordonnance de 1844, sur un terrain situé en Algérie, ne constituent pas à elles seules, indépendamment de toutes autres circonstances, une occupation effective de l'immeuble par l'Etat équivalent à une expropriation et ayant eu pour effet de faire cesser la possession de l'ancien propriétaire (ord. 1ᵉʳ oct. 1844, 1ᵉʳ juillet 1848, C. civ. 2229). — Cass. Req. 23 déc. 1873, Préfet d'Oran c. Gabay, XVI, 126.

7. Dans ces conditions, les propriétaires n'ont droit, aux termes de la législation spéciale à l'Algérie, qu'à une indemnité d'expropriation. — A. 3 nov. 1869, Ben Haffaf c. l'Etat, XI, 238.

7 *bis.* REVENDICATION. — C'est au demandeur en revendication qu'il appartient de faire la preuve de son droit de propriété. — Le défaut de réclamation dans les délais établis par les ordonnances des 1ᵉʳ oct. 1844, 5 mai 1845 et les arrêtés des 5 mai et 1ᵉʳ juillet 1848, constitue une déchéance absolue. — A. 18 déc. 1876, Caffagi c. Préfet d'Alger, XVIII, 269.

§ 2. — Cession amiable.

8. Lorsque l'Etat, dans un intérêt public, prend possession d'un immeuble au vu et au su du propriétaire, et sans opposition de sa part, ce dernier ne peut ultérieurement intenter une action en revendication ; l'Etat devient, dans ce cas, propriétaire, sans avoir besoin de recourir à la formalité de l'expropriation. — A. 4 juillet 1865, Grima c. com. de Philippeville, VII, 130.

9. Il ne peut y avoir expropriation qu'autant que les formalités prescrites par l'ordonnance du 1er octobre 1844 auraient été observées. — Si ces formalités n'ont pas été remplies, et que l'Etat ait pris possession de l'immeuble du consentement du propriétaire, le contrat qui intervient doit être considéré comme une cession amiable. — Par conséquent, la purge des hypothèques et de l'action résolutoire appartenant à un précédent vendeur ne peut avoir lieu que par l'accomplissement des formes prescrites par le droit commun. (Art. 2169 et 2183, C. c.). — A. 9 oct. 1860, Préfet d'Alger c. Collard, II, 261.

10. BIENS DE MINEURS. — L'ordonnance du 1er octobre 1844 concernant l'expropriation pour cause d'utilité publique en Algérie ne contient aucune disposition qui permette, comme l'art. 13 de la loi du 3 mai 1841, aux représentants d'incapables, de demander au tribunal, par simple requête, l'autorisation de consentir amiablement à l'aliénation des biens desdits incapables. — Jugem. Oran, 20 février 1866, Guiraud, VIII, 218.

§ 3. — Procédure. — Formalités.

11. En matière d'expropriation, l'art. 39 de l'ordonnance royale du 1er octobre 1844 dit que, lorsque le procès-verbal aura été déposé, le tribunal délibérera en chambre du conseil sur les mémoires produits et sur les conclusions écrites du Ministère public. — Peu importe que le dépôt des mémoires soit fait à l'audience ou au greffe, puisque les plaidoiries orales ne sont pas obligatoires, et que le jugement peut être rendu sur pièces. — A. 10 juin 1869, Rouquier c. com. d'Alger, XI, 100.

12. Par conséquent, de ce que des conclusions auraient été déposées à une audience où ne siégeait pas un des juges qui ont rendu la décision, il ne saurait résulter un grief. — Même arrêt.

13. Les formes spéciales édictées par l'art. 39 de l'ordonnance du 1er octobre 1844 ne sont pas prescrites à peine de nullité. — Il

en est ainsi alors surtout que l'instance embrasse des questions touchant au droit ordinaire. En tous cas, le demandeur en indemnité est sans intérêt et non recevable à se plaindre que les formes ordinaires aient été suivies, s'il en est résulté une faculté plus grande pour lui de défendre ses prétentions. — A. 30 juin 1868, Hérelle c. Préfet d'Oran, X, 118.

14. NOTIFICATIONS AUX PROPRIÉTAIRES. — On ne saurait trouver dans l'ord. du 1ᵉʳ octobre 1844, ni dans le décret du 11 juin 1858, spéciaux à l'expropriation pour cause d'utilité publique en Algérie, les dispositions écrites dans l'art. 5 de la loi du 3 mai 1841, sur ladite expropriation dans la Métropole, qui fait de l'inscription sur la matrice des rôles le type des indications des noms des propriétaires et qui crée, pour l'utilité de l'expropriant, une présomption légale, puisque en Algérie il n'existe pas de matrice des rôles ; néanmoins, il ne saurait en résulter, pour l'Administration, une latitude indéfinie qui lui permettrait d'omettre, selon sa volonté, les noms des vrais propriétaires. S'il est vrai que l'expropriation s'adresse particulièrement à l'immeuble, et que l'utilité publique ne peut être subordonnée à la connaissance des noms de l'individu propriétaire, la loi cependant prend les garanties dans l'intérêt de ce dernier, et si l'expropriant a pu, sans être obligé de se livrer à des recherches difficiles et d'un résultat incertain, connaître le nom du propriétaire, il viole la loi en ne lui faisant pas les notifications prescrites. Et si cette violation n'est pas susceptible d'entraîner la nullité de l'expropriation (ce qui n'est pas jugé par l'arrêt), elle engage la responsabilité de l'expropriant qui peut être exposé à payer deux fois. — A. 30 juin 1874, com. de Bône c. Fabre, XVI, 223.

15. La transcription d'un contrat de vente faite avant l'arrêté d'expropriation remplace efficacement la matrice des rôles, et l'acquéreur qui a fait transcrire doit être considéré comme un propriétaire connu de l'expropriant. — Spécialement, si l'extrait de la décision portant déclaration d'utilité publique, dont l'art. 27 de l'ord. du 1ᵉʳ octobre 1844 ordonne la publication, ne contient pas le nom du propriétaire transcrit, ou si la décision prononçant l'expropriation ne lui est pas notifiée, conformément à l'art. 28, le paiement de l'indemnité opéré aux mains du propriétaire contre lequel l'expropriation aura été poursuivie est non opposable au propriétaire réel et ne libère pas l'expropriant. — Même arrêt.

16. C'est en vain qu'on objecterait que les art. 29 et suivants

obligent les prétendants droit à se révéler et à produire leurs réclamations, car ces art. ont en vue non le propriétaire que l'art. 33 suppose expressément avoir reçu la notification prescrite par l'art. 28, mais les autres intéressés, soit ceux que le propriétaire est tenu de faire connaître, soit d'autres encore. — Même arrêt.

17. Néanmoins, si, dans le contrat de vente, les parties et l'acheteur se sont obligés, l'un envers l'autre, à se tenir compte de tout manque de contenance et à se faire réciproquement compte des indemnités qui seraient obtenues, le cas échéant, il y a là un mandat réciproque qui valide le paiement fait par l'expropriant au vendeur, sauf recours de la part de l'acquéreur contre ce dernier. — Même arrêt.

18. PROPRIÉTAIRE APPARENT. — Lorsque l'acquéreur d'un immeuble exproprié pour cause d'utilité publique ne s'est pas fait connaître, l'expropriation est régulièrement faite sur le vendeur propriétaire apparent, la vente et la transcription seraient-elles antérieures à l'arrêté d'expropriation. — A. 2 février 1866, Bourgeois c. com. de Bône, VIII, 69.

19. RÉFÉRÉ. — En matière d'expropriation, et quand il ne s'agit que d'une simple constatation de l'état des lieux, le juge des référés est compétent pour procéder à cette constatation. — A. 22 mai 1869, Préfet de Constantine c. Dahman es-Seguir, XI, 87.

§ 4. — Compétence des tribunaux civils.

20. La juridiction administrative avait seule compétence pour statuer sur les actions relatives aux expropriations consommées avant le 1er janvier 1845. (Arrêté du 1er juillet 1848, décret du 5 février 1851.) — A. 24 juin 1867, Menouillard c. Préfet d'Oran, IX, 166.

21. Il en est autrement des expropriations postérieures. Toutes actions y relatives exercées contre l'Etat rentrent dans le droit commun, et sont, comme telles, de la compétence exclusive des tribunaux civils (art. 4 de l'ord. du 1er oct. 1844, et 13 de la loi du 16 juin 1851). — Même arrêt.

22. L'appréciation des caractères du fait emportant expropriation est de la compétence des tribunaux civils. — Même arrêt qu'au n° 4, supra.

23. Le principe en vertu duquel les demandes en dommages-intérêts pour trouble ou préjudice résultant de travaux publics doi-

vent être portées devant les tribunaux administratifs, est inapplicable au cas où elles sont relatives à un immeuble atteint par une expropriation pour cause d'utilité publique. — A. 21 juin 1869, Ellul c. Préfet de Constantine, XI, 104.

24. Le droit de connaître d'une demande en dommages-intérêts pour inexécution par l'expropriant des formalités tracées par la loi du 3 mai 1841, appartient à la juridiction chargée du règlement de l'indemnité due à l'exproprié. — C'est donc à tort qu'un tribunal de première instance, appelé, en Algérie, en vertu des ordonnances spéciales, à statuer sur la fixation d'indemnités dues à des propriétaires expropriés, se déclarerait incompétent pour statuer sur le mérite de conclusions prises par ces derniers à fin de dommages-intérêts pour inexécution des formalités édictées par la loi en matière d'expropriation pour cause d'utilité publique. — Même arrêt.

25. INTERPRÉTATION. — Lorsque, en réponse à la demande en indemnité formée devant le conseil de préfecture, en Algérie, par un propriétaire riverain d'un chemin de fer, à raison du dommage résultant pour lui de la suppression de certains ouvrages, la compagnie concessionnaire soutient que l'indemnité réclamée a été comprise dans celle allouée pour expropriation par jugement du tribunal civil, le conseil de préfecture doit surseoir à statuer jusqu'à ce que l'autorité judiciaire ait donné l'interprétation du jugement invoqué. — Cons. d'État, 22 février 1866, Chem. de fer c. Maisons, IX, 9.

§ 5. — Eléments et attribution de l'indemnité.

26. INDEMNITÉ. — L'indemnité d'expropriation pour l'établissement des *fortifications des places de guerre* est limitée à la dépossession effective du terrain. Il n'en est dû aucune à raison des servitudes militaires résultant des fortifications mêmes. (Art. 36 du décret du 10 août 1853). — Même arrêt qu'au n° 13, *suprà*.

27. En matière d'attribution d'indemnité à la suite d'expropriation pour cause d'utilité publique, celui qui revendique l'indemnité doit justifier de sa qualité de propriétaire, soit lors de l'expropriation, soit lors du paiement de l'indemnité ; toutefois et dans le cas où, à la suite de plusieurs expertises nécessitées par la présence de plusieurs prétendants droit à la même indemnité, le propriétaire ayant droit à cette indemnité serait, en dernier lieu, reconnu être autre que celui antérieurement désigné, l'indemnité

n'en est pas moins acquise en totalité à ce dernier, si le jugement qui lui a attribué cette indemnité est passé en force de chose jugée, à l'égard du véritable propriétaire ayant droit à ladite indemnité. — En cas de doute sur les droits respectifs des parties, ce doute doit s'interpréter en faveur de celle des parties qui était en possession au moment où a été rendu l'arrêté d'expropriation, et dont les actes possessifs n'ont cessé que par l'occupation qui a été la conséquence de cette expropriation. — A. 22 nov. 1864, Balit et Gravier c. Clauzel, VI, 186.

28. L'art. 7 de l'ord. du 1er octobre 1844, qui frappait de déchéance toutes actions en nullité ou en rescision de ventes antérieures ou de revendications d'immeubles compris dans ces ventes et qui ne seraient pas intentées dans les deux ans de la promulgation de ladite ordonnance, est inapplicable au cas où il s'agit d'une action tendant non pas directement à la revendication de tout ou partie d'un immeuble, mais à l'admission du poursuivant dans le partage de l'indemnité due par l'Etat à raison de l'expropriation de cet immeuble. — A. 7 juin 1869, vᵉ Girot et Bartholony c. Rosey et l'Etat, XI, 115.

§ 6. — Voies de recours. — Jugements en dernier ressort.

29. La disposition de l'art. 45 de l'ordonnance du 1er octobre 1844 ayant déclaré qu'en Algérie les tribunaux civils sont juges souverains pour la fixation des indemnités, en matière d'expropriation publique, leurs jugements sont en dernier ressort, même en ce qui concerne les vices de procédure ou de forme. Dès lors, l'appel de ce jugement est irrecevable et c'est à la Cour de cassation seule qu'il appartient de connaître de toutes les irrégularités dont ils peuvent être entachés. — A. 31 mai 1869, Peringuey c. Chem. de fer, XI, 91.

30. Même décision. — A. 31 déc. 1867, Bouscarin c. Chem. de fer, IX, 272.

31. Ainsi n'est pas recevable l'appel dirigé contre un jugement fixant l'indemnité d'expropriation, encore bien que l'appel soit uniquement fondé sur ce que le tribunal ne se serait pas transporté sur les lieux, que les défenseurs auraient plaidé à l'audience et que le Ministère public n'aurait pas donné ses conclusions par écrit. — Le transport du tribunal sur les terrains expropriés est purement facultatif (art. 38 de ladite ordonnance). — Bien que l'ordonnance dispose que l'instruction aura lieu sur mémoire, néan-

moins, si l'affaire est plaidée à l'audience, les parties ne peuvent se plaindre de ce qu'une plus grande latitude aurait été donnée à leur défense. — Même arrêt.

32. Au surplus, l'instruction sur mémoires pas plus que les conclusions par écrit du Ministère public ne sont prescrites à peine de nullité. — Même arrêt.

33. *Contrà* : — Les jugements rendus en matière d'expropriation pour cause d'utilité publique par les tribunaux de l'Algérie n'étant souverains et sans appel qu'en ce qui concerne le règlement de l'indemnité, aux termes de l'art. 45 de l'ordonnance du 1er octobre 1844, il s'ensuit que, pour les questions étrangères à ce règlement, leurs décisions restent soumises aux voies de recours du droit commun. — Ainsi, c'est par la voie de l'appel et non par celle du recours en cassation, qu'on doit se pourvoir contre les dispositions d'un jugement relatives à des questions de droit ou de procédure. — Cass. Req. 4 juillet 1865, Préfet de Constantine c. d'Uzer et Murat, VII 77 ; 17 juillet 1865, Préfet d'Alger c. Couput, VII, 186 ; Alger, mêmes arrêts qu'aux n°s 11, 12, 13, *suprà*, et 38, 41, *infrà*.

34. Il y a donc nécessité pour les juges de prononcer par des dispositions distinctes. — Cass. civ. 6 déc. 1864, Préfet d'Alger c. Herpin, VII, 192.

35. Mais les jugements rendus en matière d'expropriation pour cause d'utilité publique par les tribunaux de première instance, en Algérie, ne peuvent, en ce qui concerne le règlement de l'indemnité, être attaqués par la voie de l'appel, quel que soit le mérite des griefs allégués, alors du moins que ces griefs ne portent point sur d'autres questions étrangères à ce règlement. (Ord. 1er octobre 1844, art. 40 et 45.) — Cass. Req. 10 janvier 1873, Rouquier c. ville d'Alger, XV, 4.

36. Ainsi l'appel n'est pas recevable contre un jugement qui, dans un pareil règlement, aurait attribué un caractère frauduleux à un acte de vente et à un bail, en s'appuyant sur une contre-lettre extraite d'un dossier criminel et non produite par les parties, ou qui aurait omis de statuer sur des conclusions subsidiaires tendant à prouver la sincérité des titres ainsi argués de faux. — Même arrêt.

37. Car le tribunal a le droit d'apprécier la sincérité des titres produits et les actes et circonstances qui sont de nature à modifier l'évaluation de l'indemnité. — Même arrêt qu'au n° 11, *suprà*.

38. De même : L'appréciation que fait le tribunal, dans les motifs du jugement, en vue de déterminer la valeur de l'immeuble, de titres produits par l'exproprié, ne saurait constituer un grief d'appel. — A. 15 nov. 1868, mêmes parties, IX, 69.

39. Mais lorsque le tribunal a ordonné qu'il se transporterait sur les lieux, il faut, à peine de nullité, qu'il soit composé des mêmes juges, lors du jugement définitif. Au cas contraire, le jugement et la procédure doivent être annulés jusqu'au rapport d'experts exclusivement. — Même arrêt.

40. C'est devant la Cour et par voie d'appel que cette décision doit être attaquée et non par voie de recours en cassation. — Même arrêt.

41. Les *intérêts* d'une indemnité d'expropriation constituent un accessoire de celle-ci ; par suite, les règles de juridiction et de compétence applicables à l'une sont applicables aux autres. — A. 12 avril 1869, Etat c. Rosey, XI, 56.

42. Le jugement qui fixe le montant de l'indemnité étant souverain, il en est de même de la disposition relative aux intérêts y afférents. — Même arrêt.

43. N'est pas recevable en appel incident la demande aux fins d'attribution d'une partie des intérêts de l'indemnité d'expropriation. C'est dans le débat relatif aux droits de propriété des diverses parties en cause et à l'attribution à faire du capital de ladite indemnité que doit être portée cette demande. — Même arrêt.

44. OFFRES RÉELLES. — Une demande en nullité d'offres et de consignation opérées à la suite d'un jugement expropriatif n'est point de celles que la loi attribue en dernier ressort aux tribunaux d'Algérie. — A. 22 mai 1867, Fabre c. l'Etat, IX. 134.

45. PRISE DE POSSESSION. — *Intérêts.* — *Géomètre.* — Lorsqu'un jugement expropriatif, devenu définitif, a fixé le point de départ des intérêts dus par l'Etat au jour de la prise de possession, les indemnitaires ne sont pas recevables à demander qu'un autre point de départ soit assigné aux intérêts. — Mais l'époque de la prise de possession peut être discutée en appel. — Le procès-verbal dressé par le géomètre de l'administration fait foi de l'époque de la prise de possession ; toutefois, la preuve contraire est admissible. — Même arrêt (rés. implic.).

§ 7. — Prise de possession d'urgence.

46. Au cas de prise de possession d'urgence, les intérêts de l'indemnité fixée par un tribunal de l'Algérie courent de plein droit du jour de la prise de possession et non pas seulement de l'expiration des six mois à partir du jugement qui prononce l'expropriation d'urgence, encore bien que les formalités prescrites pour l'expropriation d'urgence, notamment la consignation préalable de l'indemnité, n'aient pas été remplies, l'Administration expropriante ne pouvant se prévaloir d'une irrégularité qui provient de son fait. — Cass. Req. 4 et 17 juillet 1865, mêmes arrêts qu'au n° 33, *suprà*.

§ 8. — Prise de possession irrégulière.

47. Lorsqu'une commune, sans indemnité préalable d'expropriation, s'est emparée d'un terrain appartenant à un particulier, elle doit lui en payer la valeur vénale avec intérêts légaux à partir du jour de la prise de possession. — A. 1er juillet 1874, com. d'Alger c. Coulon et l'Etat, XVI, 216.

48. Lorsque l'expropriant (une commune dans l'espèce) a pris possession d'un immeuble antérieurement à l'arrêté expropriatif il doit, pour cette occupation antérieure, une indemnité d'occupation qui doit être fixée eu égard aux produits de l'immeuble. — A. 6 février 1867, Giraud c. com. de Blidah, IX, 43.

49. L'exproprié, dans ce cas, ne saurait substituer les intérêts du capital d'indemnité à cette indemnité de jouissance, lesdits intérêts ne pouvant courir que du jour de l'expropriation. — Même arrêt.

50. Il n'y a pas à distinguer si la prise de possession a eu lieu avec ou sans l'assentiment du propriétaire. — Même arrêt.

51. Mais la prise de possession par l'expropriant avant paiement ou consignation préalable de l'indemnité est à l'abri de toute critique si l'exproprié, au lieu de faire liquider l'indemnité dans les formes prescrites par l'ordonnance du 1er octobre 1844, a intenté une action principale pour faire annuler l'expropriation ou faire fixer l'indemnité dans les termes du droit commun. — Même dans ce cas, l'exproprié n'a pas droit à une indemnité d'occupation. — Même arrêt qu'au n° 8, *suprà*. — V. la note, où cette décision paraît justement critiquée.

52. RECEVABILITÉ DE L'APPEL. — Lorsque l'Administration prend possession d'un immeuble dans un intérêt public sans remplir les

formalités prescrites par la loi en matière d'expropriation, elle ne peut se prévaloir des dispositions de l'art. 48 de l'ordonnance du 1ᵉʳ octobre 1844 portant que les décisions des tribunaux sont souveraines en ce qui concerne la fixation de l'indemnité. Dans ce cas, l'appel est recevable. — A. 28 février 1866, Andrieu et Arrazat c. le Préfet d'Oran, VIII, 57.

53. Même décision. — Cass. Req. 27 janvier 1870, ville de Bône c. Senadely, XII, 49.

54. Il n'importerait du reste qu'un arrêté d'expropriation eût été rendu au cours de l'instance; si, d'ailleurs, l'Administration ne s'était pas conformée à la procédure spéciale qu'un tel arrêté devait entraîner. — Même arrêt.

55. Lorsqu'un tribunal civil en Algérie statue, après une procédure incomplète d'expropriation, sur l'indemnité réclamée par les propriétaires d'un terrain irrégulièrement occupé, sa décision fixant le chiffre de cette indemnité est susceptible d'appel. — A. 18 mars 1868, mêmes parties, X, 61.

56. Il ne doit pas, dans ce cas, être fait état de la plus-value pour la fixation d'une indemnité déterminée non d'après les règles de l'expropriation, mais d'après les principes du droit commun. — Mêmes arrêts.

57. Dans le cas où l'expropriant a pris possession d'un immeuble antérieurement à l'arrêté expropriatif, le jugement qui intervient pour fixer l'indemnité d'expropriation est en dernier ressort en ce qui concerne cette fixation, mais il est en premier ressort sur la question de savoir si l'expropriant doit les intérêts ou simplement une indemnité de jouissance. Par suite, l'appel est recevable dans ce cas. — Même arrêt qu'au n° 48, *suprà*

§ 9. — Questions diverses.

58. BATIMENTS. — *Expropriation partielle.* — Aux termes de l'art. 36 de l'ordonnance du 1ᵉʳ octobre 1844, qui n'est que la reproduction de l'art. 50 de la loi du 3 mai 1841, le propriétaire peut requérir l'expropriation entière des bâtiments dont une partie seulement est sujette à cette mesure pour cause d'utilité publique. — A. 30 nov. 1869, Ben Zegoutta c. Préfet de Constantine, XI, 270.

59. Lorsque plusieurs bâtiments ne forment qu'un seul corps, l'expropriation totale peut être exigée. — Spécialement, deux maisons mauresques contiguës, s'enchevêtrant l'une dans l'autre, communiquant entre elles à l'intérieur, et servant d'habitation à

une même famille, ne forment en réalité qu'un seul corps de bâtiment. — Même arrêt.

60. DÉLIVRANCE. — *Accessoires.* — *Eaux.* — La vente par expropriation pour cause d'utilité publique impose à l'exproprié, comme dans le cas de vente volontaire, l'obligation de délivrer la chose avec ses accessoires et tout ce qui a été destiné à son usage perpétuel. (Art. 1615, C. N.) — Spécialement, l'arrêté du Gouverneur général prononçant, en conformité de l'ordonnance du 1ᵉʳ octobre 1844, l'expropriation d'une parcelle d'un terrain, comprend virtuellement les eaux qui servaient à l'irrigation de cette parcelle au jour de l'éviction, bien que la source qui les produit ne soit pas située dans la partie expropriée. — A. 12 juillet 1864, Chem. de fer c. Feraudy, VI, 126.

61. FERMIER. — Le tribunal, chargé en Algérie de régler les indemnités en matière d'expropriation pour cause d'utilité publique, peut, sans excès de pouvoirs, déclarer qu'au moyen d'une indemnité qu'il alloue au propriétaire, celui-ci sera tenu d'indemniser le fermier qu'il n'avait pas dénoncé et qui ne s'était pas présenté dans les délais de la loi. — Cass. 4 juillet 1865, même arrêt qu'au nᵒ 33, *suprà*, VII, 77.

62. RÉTROCESSION. — L'art. 60 de la loi du 3 mai 1841 n'ayant pas été reproduit dans l'ordonnance du 1ᵉʳ octobre 1844, relative à l'expropriation pour cause d'utilité publique, en Algérie, ne peut recevoir d'application dans la colonie. — Par suite, l'exproprié ne peut obliger l'Etat expropriant à lui rétrocéder les terrains expropriés qui n'ont pas reçu la destination prévue. — A. 19 mars 1873, Julienne et Bernard c. l'Etat, XV, 89 ; 4 juin 1873, ép. Marnat Vernadel c. Chem. de fer, XV, 237 ; Cass. Req. 28 janvier 1874, XVI, 188, et 6 mai 1874, XVI, 191, entre les mêmes parties.

63. Et l'arrêt qui se borne à examiner si cet article est ou non applicable à l'Algérie, sans rechercher si les terrains ont ou non reçu l'emploi pour lequel ils avaient été acquis, ne sort pas des limites de la compétence de l'autorité judiciaire et n'encourt pas le reproche d'empiéter sur les pouvoirs de l'autorité administrative. — Même arrêt du 6 mai 1874.

V. Degrés de juridiction, § 3, — Dot, — Eaux, 17, — Propriété, 42 s., — Référé, 12, 13.

Extraction de matériaux. — V. Compétence, 14, 61, 98, — Travaux publics, etc.

F

Fabricant.

L'ouvrier qui, ayant un domicile commun avec le fabricant pour le compte duquel il travaille, confectionne accidentellement des ouvrages d'or et d'argent dans la partie du domicile qu'il habite personnellement, ne peut être considéré comme fabricant, et, dès lors, comme soumis aux mesures de garantie prescrites par la loi du 19 brumaire an VI ; il doit être considéré comme travaillant chez son maître. — Cass. crim. 7 avril 1867, Liaou Assoun, IX, 125.

Facteur. — V. Commissionnaire, 1. — Faillite, 81, — Société, 32.

Faillite.

DIVISION

§ 1. — Caractères de la faillite.

1. CESSATION DE PAIEMENTS. — La loi du 28 mai 1838, en supprimant, dans la nouvelle rédaction de l'art. 441 du Code de commerce, l'énumération, contenue dans l'ancien article 441, des faits auxquels devrait se reconnaître la cessation des paiements d'un commerçant, a donné aux tribunaux un pouvoir discrétionnaire pour apprécier quelles circonstances constituent cette cessation et

pour en déterminer l'époque. — A. 9 juin 1869, Mallet c. Lallement, XI, 124.

2. Il n'est pas nécessaire, pour constituer l'état de faillite, qu'un commerçant ait cessé tous ses paiements. Une cessation partielle suffit. — Même arrêt.

3. Une dation d'hypothèque peut, à raison des circonstances qui l'ont accompagnée, précédée ou suivie, être considérée comme preuve suffisante de l'état de cessation de paiements. — Même arrêt.

4. ... Si, par exemple, elle n'intervient que postérieurement à la création de la dette qu'elle doit garantir, à un moment où le débiteur est en retard et en demeure de payer. — Même arrêt.

5. ... Si surtout elle n'a lieu qu'en retour de l'abandon d'une partie des droits du créancier, de sa renonciation à des paiements immédiats, et de la concession de longs et insolites délais pour le recouvrement des sommes dues. — Même arrêt.

6. La convention d'hypothèque revêt alors tous les caractères d'un véritable contrat d'atermoiement. — Même arrêt.

7. La cessation de paiements qui constitue la faillite se caractérise par un ensemble de faits qui prouvent que le commerçant a perdu tout crédit et toute vie commerciale. — A. 23 janvier 1874, Gabalda c. Bergès, XIII, 82.

8. Ces faits, qui sont laissés à l'appréciation des tribunaux, se manifestent par des jugements, des protêts, des poursuites, des exécutions. — Même arrêt.

9. Des renouvellements successifs de billets et un emprunt hypothécaire, sous forme d'ouverture de crédit, pour payer des dettes antérieures, ne sont pas un signe de désastre dans la vie commerciale; cette ouverture de crédit sert bien plutôt à relever le crédit du commerçant. — Même arrêt.

10. La faillite existe par le seul fait de la cessation de paiements du commerçant, indépendamment de toute déclaration judiciaire. — Le droit des tribunaux de commerce de déclarer une faillite d'office n'est subordonné qu'à une seule condition : celle de la cessation de paiements. — Le failli et les créanciers seraient-ils d'accord pour demander la rétractation de la faillite, que cet accord ne suffirait pas, s'il est constant que tous les créanciers ne sont pas désintéressés et ne peuvent l'être. — A. 8 fév. 1876, Lévy, XVIII, 5.

§ 2. — Déclaration et ouverture de la faillite.

11. Un *bilan* ne peut être déclaré pièce fausse parce que quelques modifications auraient été loyalement reconnues plus tard devoir y être apportées. — A. 10 janv. 1868, Camboulas c. Martin, XI, 49.

12. Lorsque la situation d'un débiteur en état de cessation de paiements a été liquidée du consentement de tous les créanciers, et qu'après avoir été replacé à la tête de ses affaires, il est déclaré en faillite, les premiers embarras doivent être considérés comme n'ayant pas existé. — A. Rémy c. Brémond, 12 fév. 1868, XI, 65.

13. La situation du failli doit être examinée au moment présent, en dehors de tout ce qui a pu survenir à la dite époque. — Il y a eu là pour le débiteur une nouvelle vie commerciale, et l'on ne peut reporter à cette époque son état de faillite. — Même arrêt.

14. Le fait d'avoir produit à la faillite n'implique pas l'adhésion à sa déclaration, alors surtout que cette production a été précédée de protestations contre le jugement déclaratif. — A. 18 janvier 1870, v° Veil c. Chalard et Lambert, syndic. XII, 40.

§ 3. — Effets de la déclaration de faillite.

15. BAIL. — Le bail qui a acquis date certaine depuis l'époque déterminée par le tribunal comme étant celle de la cessation des paiements du locataire, ou dans les dix jours qui ont précédé cette époque, ne peut être annulé par application de l'art. 446 du Code de commerce. Ce ne serait que par application de l'art. 447 que cet acte pourrait être écarté, et si, de la part du propriétaire, il y avait eu connaissance de la cessation des paiements. — Cass. civ. 30 mai 1870, Marmiesse c. Pepa, XII, 95.

16. CONVENTIONS ANTÉRIEURES. — Si la faillite ne résout pas d'une manière générale et absolue les conventions que le failli a faites avec des tiers, il n'en est pas moins vrai qu'elle les modifie à divers points de vue. — A. 8 juin 1872, Icard c. Jacques, XIV, 186.

17. *Marché à livrer.* — Ainsi notamment, quant à un marché à livrer conclu par le failli, le syndic a bien le droit d'en réclamer l'exécution, mais à la double condition : 1° qu'il aura préalablement obtenu l'autorisation du juge-commissaire ; 2° qu'il offre de payer comptant les fournitures qui pourront lui être faites. — Même arrêt.

18. Créancier. — La faillite du débiteur a pour effet de priver le créancier du bénéfice accordé par l'art. 1166, Code civil. — A. 10 février 1873, Darmon c. syndic Rontvaser, XV, 35.

19. Une poursuite en licitation et partage ne peut être qualifiée de poursuite en expropriation, et ne peut, en conséquence, être continuée par le créancier après la faillite de son débiteur. (Art. 572, C. com.) Le jugement antérieur à la faillite, qui ordonne le partage et nomme des experts, ne peut servir de base à l'exception tirée de la chose jugée. — Même arrêt.

20. Failli. — En enlevant au failli l'administration de ses biens, la faillite ne le prive pas du droit d'en acquérir de nouveaux. Le failli conserve sa capacité légale et, comme conséquence, il peut traiter, s'obliger et plaider. — A. 30 mars 1868, Garcin c. Paolaggi, X, 103.

21. Paiement. — La convention par laquelle un entrepreneur de travaux de chemin de fer ouvre à un cantinier un crédit des fournitures nécessaires à l'alimentation de la cantine, avec stipulation que ce crédit sera ouvert au moyen d'une retenue sur le salaire des ouvriers employés par l'entrepreneur et nourris par le cantinier, ne constitue pas un acte ou un mode de paiement prohibé par les art. 446, 447 du Code de commerce. — A. 3 avril 1868, Brisabois c. Bosq, XI, 74.

22. Le transport consenti postérieurement à la cessation des paiements ne tombe pas sous l'application de l'art. 446, C. com., lorsqu'il a été fait pour assurer le paiement d'une somme versée ou à verser, et comme condition essentielle dudit versement. — La nullité d'un tel contrat ne pourrait être prononcée qu'autant qu'il se trouverait dans les conditions de l'art. 447. — A. 31 déc. 1869, Housse c. Flasselière, XII, 35. — Conf. Cass. 4 janvier 1847 ; 19 juin 1848 (J. Pal. 1849, 1, 505) ; 15 déc. 1863.

23. Rapport a la masse. — Lorsque le créancier, qui postérieurement à la cessation de paiements par son débiteur, a reçu le montant de sa créance en espèces ou effets de commerce, avait connaissance de la situation de son débiteur, les tribunaux ne sont cependant pas obligés d'ordonner le rapport à la masse. Ce rapport est facultatif et doit être ordonné ou refusé selon les circonstances. — A. 27 févr. 1863, Gugenheim c. Jammes, V, 43.

24. La connaissance seule du mauvais état des affaires du failli ne suffit pas pour faire prononcer le rapport des sommes reçues ;

il faut encore que la cause présente quelques circonstances qui viennent aggraver la perception qui a pu être faite. (Art. 447, C. com.). — A. 7 déc. 1872, Denis Ardoin c. Delveau, XIV, 254.

25. *Acte sous seing privé.* — La masse des créanciers d'une faillite est l'ayant cause du failli ; par suite, à moins de preuve de fraude, la date d'un acte sous seing privé auquel le failli était partie lui est opposable, bien que la date de l'enregistrement soit antérieure. D'où il suit que la date portée en un acte de vente consenti par le failli est opposable aux syndics demandant la nullité du dit acte par application de l'article 447 du Code de commerce. — A. 8 avril 1876, Trouette c. Grimaud, XVIII, 113.

26. *Assurance sur la vie.* — Une police d'assurance sur la vie par laquelle l'assuré stipule que, moyennant le paiement qu'il fera d'une prime annuelle, un capital déterminé sera payé lors de son décès à un tiers, constitue un acte à titre gratuit dans le sens de l'article 446 du Code de commerce ; par suite, en cas de faillite de l'assuré, elle est nulle au profit de la masse, si elle est contractée postérieurement à la date de la cessation de paiements. — A. 15 juin 1876, d^lle Chardard c. syndic Bouillioud, XVIII, 117.

27. *Créance hypothécaire.* — Lorsque, après vérification et même affirmation de créances pour lesquelles des affectations hypothécaires avaient été consenties par le failli, avant l'époque provisoirement fixée comme étant celle de la cessation des paiements, la faillite est reportée à une date antérieure à celle des dites affectations, elles doivent être déclarées nulles relativement à la masse (art. 446, C. com.). — A. 17 juillet 1876, Aquadro et Carnet c. Dugénet, XVIII, 162.

28. *Billet à ordre.* — Le paiement fait après cessation de ses paiements, par le failli au tiers porteur d'un billet à ordre autre que le premier endosseur, ne peut donner lieu à rapport. L'art. 449 du Code de commerce est absolu et limite le recours à celui-ci. — A. 15 nov. 1866, Carentêne c. Reppelin et Roget, IX, 23.

29. Il en est ainsi alors même que le tiers porteur a obtenu jugement de condamnation et fait des poursuites ; cette circonstance ne change ni sa qualité ni la nature de son titre. La novation ne se présume pas et elle n'existe point dans ce cas (art. 1273, C. N.). — Même arrêt.

30. *Commissionnaire.* — Quand il s'agit d'un marché à livrer, les rapports entre le failli et la maison de commerce qui reçoit

des marchandises pour lesquelles elle perçoit un droit de commission de vente et se couvre de ses avances sur le prix qui en provient, ne tombent pas sous l'application de l'art. 446 du Code de commerce ; cet article ne vise que les créanciers ordinaires. — Lorsqu'il en est ainsi, la maison de commerce procède en qualité de commissionnaire, et l'art. 95 du même Code ne laisse aucun doute sur son droit de prélever, par privilège, sur les marchandises dont elle opère la vente, ce qui lui est dû, soit pour droits de commission, soit pour avances faites sur lesdites marchandises. — Même arrêt qu'au n° 24, *suprà*.

31. Du reste, si on voulait régler la situation par l'art. 446, la maison de commerce échapperait à ses conséquences et ne serait pas tenue de rapporter les sommes par elle touchées : 1° parce que, s'agissant d'un compte courant, la dette est toujours échue ; 2° parce que le paiement n'a pas lieu en marchandises, mais bien en argent provenant du prix desdites marchandises ; 3° parce que, s'agissant d'un contrat préexistant et bien antérieur à la cessation de paiements, on a continué un état de choses ancien. — Même arrêt.

32. SOCIÉTÉ EN COMMANDITE PAR ACTIONS. — La faillite d'une société de ce genre rend exigibles les versements encore dus par les actionnaires. — Pour que l'action en paiement de ces versements soit recevable, quand il y a faillite de cette société, il suffit que le passif excède l'actif. — A. 14 avril 1865, Cadenet c. l'*Afrique française*, VIII, 241.

33. Les actionnaires d'une société en commandite par actions ne sont pas tenus, en cas de faillite de la société, de rapporter les dividendes touchés par eux de bonne foi, encore même qu'il serait établi qu'au moment de la distribution de ces dividendes, la société, au lieu d'avoir réalisé des bénéfices, se trouvait en perte. — A. 4 mars 1867, *Afrique Française*, IX, 49.

§ 4. — Fonctions et gestion des syndics.

34. Le syndic est tout à la fois tiers et l'ayant cause du failli. — A. 24 janvier 1860, Karsenty, II, 65.

35. Les créanciers d'une faillite sont représentés par le syndic et n'ont pas le droit d'intervention en cause d'appel, à moins qu'ils ne puissent faire valoir des moyens propres et personnels. — A. 20 oct. 1863, Dubois c. Weiss, V, 182. — V. Tierce opposition, n° 3.

36. Les syndics étant chargés d'une manière générale d'administrer les faillites et d'en opérer la liquidation, ont qualité pour poursuivre contre tous débiteurs, commanditaires ou autres, le recouvrement des sommes constituant l'actif de la faillite. A un point de vue plus spécial, ils sont les représentants des créanciers de la faillite et comme tels ils peuvent obliger les commanditaires d'une société en faillite à verser leur mise sociale. — A. 26 oct. 1866, Martin c. Camboulas, VIII, 237.

37. DÉPENS. — L'art. 130, C. pr. c., aux termes duquel la partie qui succombe doit être condamnée aux dépens, est général et absolu. — Par conséquent, il s'applique au syndic de faillite, agissant dans l'intérêt de la masse, comme à un justiciable plaidant pour son propre compte. — A. 3 fév. 1863, Brahy c. Laville, V, 45.

38. DROITS DU FAILLI. — Le failli peut demander acte des articulations de son syndic à son encontre, lorsqu'elles sont mal fondées et faites de mauvaise foi. — A. 24 juillet 1863, Ali ben Bahamet Kalifa c. X., V, 137.

39. Intéressé à ce que les opérations de la faillite soient conduites avec régularité et probité, le failli a un droit d'examen et de contrôle d'où découle son droit d'actionner directement le syndic, soit pour faits de négligence ou de fraude, soit pour contester et débattre ses comptes présentés conformément à l'art. 537 du Code de commerce. — Même arrêt qu'au n° 20, *suprà*.

40. L'art. 537 précité ne trace aucune marche spéciale pour les débats du compte du syndic. Et le failli peut ajouter, sur action directe, d'autres griefs et d'autres faits à ceux primitivement relevés devant le juge-commissaire et les créanciers. — Même arrêt.

41. HYPOTHÈQUE. — Le syndic ne peut, dans le cours de la faillite, constituer une hypothèque sur les biens de la faillite, même avec l'assentiment des créanciers (art. 446, C. com.). — L'emprunt pour lequel l'hypothèque a été consentie oblige néanmoins la faillite et doit être considéré comme une dette privilégiée tant comme dépense syndicale (art. 565) que comme ayant servi à la conservation de la chose. — A. 8 avril 1865, Delfraissy c. Laval, VII, 96.

42. OFFRES RÉELLES. — L'acceptation par le syndic d'offres réelles, à la suite d'un arrêt qui accordait au failli des réserves au sujet d'une action en dommages-intérêts non exercée, ne constitue pas une transaction soumise à homologation, mais un simple acte d'administration. — Même arrêt qu'au n° 20, *suprà*.

43. Transaction. — L'homologation de la transaction contractée par le syndic n'est d'ailleurs soumise à aucun délai autre que celui de la dissolution de l'union. Et l'union n'est réputée dissoute que lorsqu'il a été définitivement statué sur les contestations et contredits soulevés contre les comptes présentés par le syndic conformément à l'art. 537 précité. — Même arrêt.

§ 5. — Vérification et admission des créances.

44. Les frais de *dernière maladie* et d'inhumation du failli, décédé depuis la faillite, doivent être mis à la charge de la faillite et alloués, soit à raison de leur caractère privilégié, soit en vertu de la faculté laissée au juge d'accorder des secours au failli. — A. 29 juillet 1867, Berardi, IX, 201.

45. Il en est autrement de l'année de *deuil de la veuve*, alors que la faillite a précédé de longtemps le décès. — Même arrêt.

46. *Contrat judiciaire résultant de l'admission au passif.* — L'admission d'une créance au passif de la faillite ne peut constituer un contrat judiciaire opposable à l'action en rapport exercée par le syndic, qu'autant que la créance a été affirmée et que le créancier a produit au syndic les documents propres à éclairer ce dernier sur l'ensemble de la situation de la créance. — Même arrêt qu'au n° 22, *suprà*.

47. Le rédacteur du *Journal* fait observer (XII, 35, note) que cet arrêt semble à tort exiger que le créancier ait fourni au syndic tous les renseignements propres à l'éclairer sur la valeur de la créance produite, au point de vue d'une contestation ultérieure qui pourrait être soulevée. Ce serait peut-être imposer au créancier de bonne foi une obligation qui paraît devoir rester tout entière à la charge du syndic. L'arrêt suivant consacre cet avis.

48. L'admission d'un créancier au passif d'une faillite prononcée sans réserves dans les formes et en vertu de l'art. 497 du C. com., produit les effets d'un véritable contrat judiciaire entre ce créancier et la masse de la faillite. — A. 3 mars 1874, Alcay. c. Soulié, XVI, 111.

49. Le syndic est donc irrecevable à revenir sur une semblable admission, opérée sans réserves, pour demander le rapport de sommes versées à titre d'à-compte à une époque suivant lui postérieure à l'ouverture de la faillite. — Même arrêt.

50. Ce contrat judiciaire peut être, il est vrai, vicié par le dol et

la fraude, qui pourraient consister notamment dans le fait par le créancier d'avoir employé certaines habiletés de nature à dissimuler au syndic et au juge-commissaire la date des paiements opérés ; mais il faut que la preuve de ces procédés frauduleux soit rapportée, et, à défaut de cette preuve le visa auquel est soumise la production d'un créancier est présumé être nécessairement le résultat d'une discussion approfondie. — Même arrêt.

51. Créancier hypothécaire. — Le créancier hypothécaire ou privilégié d'un failli, dont le titre, par la date de sa création, échappe aux causes de nullité prévues par les articles 446 et 447 du Code de commerce, et qui n'est pas attaqué, au surplus, pour dol et fraude, peut, comme le créancier chirographaire, se faire admettre au passif de la faillite. — L'admission doit être prononcée bien qu'il existe entre la faillite et le créancier une procédure en règlement de compte, si ce compte porte sur des créances différentes. — A. 25 février 1876, Lanza et Brochini c. Vias, XVIII, 85.

52. Dénégation d'écriture. — Lorsqu'une demande en admission au passif d'une faillite est portée devant un tribunal de commerce, il doit surseoir à statuer sur le fond si le syndic déclare dénier l'écriture et la signature du titre sur lequel est appuyée la dite demande. — A. 19 mars 1873. Pugnet c. Duvallet, XV, 130.

53. Les juges civils, audit cas, saisis de la question de vérification d'écritures ne peuvent de plano la rejeter. comme frustratoire et sans objet, sur l'examen de certains faits et circonstances de la cause, à moins que ces faits et circonstances ne soient essentiellement démonstratifs de la preuve demandée. (Art. 195, C. pr. civ.). — Même arrêt.

54. Transport-cession. — L'acceptation par acte sous seing privé de la cession de ses droits de créance, faite par le créancier, n'est pas opposable aux tiers (art. 1696, C. civ.). Cette nullité ne peut être couverte par la signification faite au débiteur et l'inscription prise après la déclaration de faillite du débiteur. — Néanmoins, comme la masse de la faillite est, dans ce cas, l'ayant cause du failli, l'acceptation ainsi faite par le débiteur est suffisante pour saisir le cessionnaire et le rendre recevable à demander son admission à la faillite. — Même arrêt qu'au n° 51, *suprà*.

§ 6. — Concordat.

55. Acte annulable. — Les articles 446 et 447, C. com., qui

annulent certains actes passés par le failli postérieurement à la cessation de ses paiements, ne sont édictés que dans l'intérêt de la masse. Le failli ne pourrait les invoquer après son concordat. — Néanmoins, si les créanciers se sont reservé dans le concordat le bénéfice de l'annulation d'un acte de vente passé par le failli, dans les conditions sus-énoncées, ils ont le droit de poursuivre cette annulation par l'intermédiaire du syndic postérieurement au concordat. — A. 22 avril 1865, Molina c. Robert, VII, 136.

56. CONVOCATION DES CRÉANCIERS. — En matière de faillite, le mode et la forme des convocations ne sont pas sacramentelles et prescrites à peine de nullité. Une erreur dans la convocation par la voie du journal peut être réparée. Il suffit d'ailleurs que des lettres de convocation aient été remises au domicile de chaque créancier, et qu'en fait, aucune erreur n'ait été commise dans cette convocation. — A. 28 juin 1867, Renoux, IX, 178.

57. CRÉANCIER. — *Droit au vote.* — Les créanciers privilégiés et les créanciers hypothécaires, alors même que leurs hypothèques seraient annulables, ne peuvent être comptés pour calculer les majorités nécessaires pour le concordat, s'ils n'ont pas renoncé à leurs hypothèques ou à leurs privilèges. — Même arrêt.

58. Le créancier cessionnaire d'une partie de créance et le créancier de la partie non cédée ne peuvent être comptés que pour une voix, alors que la division de la créance est postérieure à la faillite. — Même arrêt.

59. HOMOLOGATION. — La moralité des concordats se lie d'une manière directe et essentielle à l'intérêt public. — Il y a lieu d'annuler le concordat intervenu à la suite de manœuvres coupables, se proposant pour but d'influencer un des créanciers du failli, et cela, alors même qu'il n'est pas complètement établi que ces manœuvres aient déterminé le vote approbatif de ce créancier. — A. 9 avril 1867, Stora c. Guigui, IX, 94.

60. Les tribunaux consulaires doivent refuser l'homologation du concordat lorsque les règles prescrites par le Code de commerce n'ont pas été observées, ou lorsqu'il existe des motifs tirés, soit de l'intérêt public, soit de l'intérêt du créancier. — Il n'est pas nécessaire qu'il y ait inconduite ou fraude de la part du failli pour justifier le refus d'homologation ; il suffit qu'il y ait manquement aux devoirs de loyauté et d'honneur qui doivent caractériser le commerce. C'est aux tribunaux à apprécier ces faits. — A. 30 juin 1864, VI, 116.

61. Société. — *Traité particulier avec un ou plusieurs associés.* — Le traité particulier autorisé par l'art. 531 du Code de
commerce en faveur d'un ou plusieurs des associés en faillite,
doit être passé dans l'assemblée générale des créanciers, convo-
qués par le juge-commissaire dans les trois jours qui suivent les
délais prescrits pour l'affirmation. — L'opposition d'un seul créancier suffit pour empêcher qu'il soit délibéré sur ce point dans une
assemblée postérieure. — A. 2 octobre 1867, Bianchi c. Monti,
IX, 193.

62. Concordat par abandon. — Les formes prescrites par la
loi du 17 juillet 1856 pour la liquidation de l'actif d'un concordat
par abandon sont d'ordre public ; les créanciers ne peuvent y déroger. — Néanmoins, si cette dérogation a eu lieu dans le concordat et que le concordat ait été purement et simplement homologué
par un jugement passé en force de chose jugée, les créanciers ne
peuvent ultérieurement l'invoquer pour faire annuler des ventes
consenties par des syndics dans les formes autorisées par eux. —
Un jugement homologatif de concordat porte sur la forme et sur le
fond tout à la fois. — Jugem. civ. Alger, 30 juillet 1861, Louis c.
Mongellas, III, 238.

63. Le commissaire liquidateur d'un concordat par abandon
d'actif consenti à un failli sous l'empire de la loi du 17 juillet 1856
est recevable à exercer, au profit des créanciers, les actions en
rapport prévues par les art. 446, 447 et 449 du Code de commerce.
— A. 28 juillet 1866, Paologgi c. Bloch, VIII, 221.

§ 7. — Union des créanciers.

64. Le délai de huitaine pendant lequel le tribunal ne peut statuer sur l'homologation d'un concordat (art. 513, C. com.), est inapplicable au cas d'union. Dans ce cas, le syndic peut poursuivre
l'homologation de la délibération des créanciers, sans attendre
l'expiration de ce délai. — Même arrêt qu'au n° 56, *suprà.*

65. Le failli qui exerce son droit d'opposition serait d'ailleurs
sans intérêt à s'en plaindre. — Même arrêt.

66. La clôture de l'union a pour résultat de rendre au failli
l'administration de ses biens sans distinguer entre les biens antérieurs à la faillite et les biens acquis postérieurement. Par suite,
si un immeuble n'a pas été vendu par le syndic de l'union, et
qu'après la clôture, le failli en dispose de bonne foi au profit d'un

tiers de bonne foi, le syndic ne peut, en faisant rouvrir l'union, demander la nullité de cette vente (art. 532 et suiv., C. com.). — A. 3 avril 1875, Audrec c. Ascioni, XVII, 77.

67. Traité amiable. — Le traité par lequel un failli en état d'union obtient de ses créanciers d'être remis à la tête de ses affaires, est parfaitement licite ; il doit, par conséquent, recevoir son exécution. — Seulement, ce traité doit être validé par la justice, qui doit examiner s'il a été fait de bonne foi et s'il est revêtu de la signature de tous les créanciers vérifiés. — A. 13 févr. 1863, Tordjman c. Bel, V. 46 ; — 13 nov. 1875, XVII, 213, *infrà*, n° 98.

§ 8. — Droits des divers créanciers.

68. Les *créanciers chirographaires* d'un failli sont ses ayants cause. — A. 4 mars 1876, Moreau, XVIII, 75.

69. Droits des femmes. — Pour que les dispositions de l'art. 563, C. com., puissent être appliquées à la femme, il faut la double circonstance : que le mari ait été commerçant à l'époque du mariage, et qu'il soit tombé plus tard en état de faillite. — A. 19 mai 1859, Gilli et Torraza c. Gaillard, I, 182, 4e cahier.

69 *bis*. ... Et que le mari soit encore commerçant et failli à l'époque où la femme veut exercer ses droits d'hypothèque légale. — A. 15 juillet 1876, Jean c. Joly, XVIII, 180.

70. Lorsque le futur époux commerçant reconnaît dans le contrat de mariage avoir reçu une dot en espèces de la future épouse, les créanciers du mari tombé ultérieurement en faillite peuvent critiquer la sincérité du contrat de mariage sur ce point, et sont admis à démontrer, par des présomptions graves, précises et concordantes, que la somme stipulée à titre de dot n'a jamais été versée au mari. — A. 17 févr. 1863, David, V, 63.

71. Lorsqu'un immeuble a été acquis par le mari plusieurs années *avant son état de faillite*, revendu par lui à un tiers qui n'a pas rempli les formalités de purge, toujours avant la faillite et alors qu'il n'existait aucun des créanciers qui se sont déclarés plus de douze années après, cet immeuble a été saisi utilement par l'hypothèque légale de la femme décédée à une époque contemporaine de la revente.

72. L'art. 563, C. com., qui refuse à la femme le droit de faire valoir son hypothèque légale sur les biens acquis pendant le ma-

16

riage par son mari failli, lorsque ce dernier était commerçant à l'époque du mariage ou l'est devenu dans l'année, s'applique même au cas où l'adjudication de l'immeuble aurait eu lieu avant la déclaration de faillite. S'il est vrai que le droit hypothécaire se trouve réalisé par l'adjudication, il ne s'ensuit pas qu'il ne puisse se modifier par un fait postérieur, tel que la faillite. — A. 7 janvier 1865, Lévèque c. Ardouin et Lancelot, VI, 243.

73. La femme du failli qui met à la disposition des créanciers de son mari et laisse toucher par ceux-ci le bordereau de collocation par elle obtenu sur le prix des immeubles du failli, est substituée de plein droit aux droits et actions des créanciers qu'elle a ainsi désintéressés, par le motif qu'elle n'a pas acquitté sa dette personnelle, mais la dette d'autrui. — En conséquence, elle doit être admise, pour une somme équivalente, au passif de la faillite. — Même arrêt qu'au n° 44, *suprà*.

Deuil de la veuve. — V. *suprà*, n° 45.

74. *Priviléges et hypothèques.* — Aux termes de l'art. 448, C. com., les droits d'hypothèque ou de privilége valablement acquis avant la déclaration de faillite peuvent être inscrits au détriment des créanciers chirographaires jusqu'au jour du prononcé du jugement qui déclare cette faillite. — A. 27 juin 1874, Decroix c. Cavalié et Chanu, XVI, 205.

75. SAISIE IMMOBILIÈRE. — Un créancier de la faillite, hypothécaire ou privilégié, ne peut, postérieurement au contrat d'union, poursuivre par la voie de saisie immobilière la vente des biens de la faillite. — A. 8 avril 1865, même arrêt qu'au n° 41, *suprà*.

§ 9. — Vente des immeubles.

76. La fin de non-recevoir basée sur ce que l'inscription, de date postérieure à l'époque à laquelle a été reportée la cessation des paiements, ne peut produire aucun effet, doit être repoussée, lorsque l'annulation de l'inscription n'a pas été prononcée judiciairement; que la surenchère a été faite avant la déclaration de faillite, et que surtout cette annulation n'est pas demandée en appel. — A. 25 janvier 1873, Ben Sussan c. Choulet et Gomez, XV, 18.

77. Ainsi est valable la surenchère faite dans ce cas par un créancier hypothécaire. — Même arrêt.

§ 10. — Revendication.

78. La revendication doit être admise d'une manière absolue

tout le temps que la marchandise n'est pas entrée dans les magasins du failli ou du commissionnaire chargé de la vendre pour son compte. (Art. 576, C. com.). — Peu importe que le vendeur et l'acheteur soient dans la même ville, que l'expédition ait été faite par l'un ou par l'autre en leur nom ou au nom d'un tiers, que le commissionnaire chargé de l'embarquement soit le commissionnaire de l'acheteur et du vendeur. — Spécialement, peut être revendiquée par le vendeur une marchandise vendue à Alger à un négociant de Constantine se trouvant à Alger, et transportée par les soins de ce dernier chez un commissionnaire qui l'a fait embarquer pour Constantine, si elle a été revendiquée avant son arrivée au lieu de destination. — Jugem. com. Alger, 21 janvier 1859, Seror et Moatti c. Mongellas, I, 134.

79. Le failli concordataire qui accepte sans réserve le concordat auquel a concouru le créancier, a-t-il qualité pour revendiquer contre celui-ci les marchandises qu'il lui avait remises en compte courant ? — Non résolu. — A. 27 mai 1872, Cayla c. Saint-Jean, XIV, 129.

80. EFFETS DE COMMERCE. — *Compte courant.* — Lorsqu'il est certain que des effets de commerce ont été remis à un banquier, à titre de mandat, pour en opérer l'encaissement, ils peuvent être revendiqués par le bénéficiaire contre les syndics, si, au jour de la déclaration de faillite, ils se trouvent encore en nature au portefeuille du failli. (Art. 574, C. com.).—La circonstance qu'un compte courant existait entre les parties, antérieurement à la remise, n'empêche pas le fait de cette remise à titre de mandat. — A. 28 octobre 1864, Morali c. Lecoq, VI, 156.

81. FACTEUR. — En cas de faillite du facteur, le commettant peut revendiquer sa marchandise qui se trouve encore dans le magasin du failli, dans les conditions de l'art. 575, C. com. — A. 9 fév. 1865, Bergeron c. Deloupy, VII, 15.

§ 11. — Compétence.

82. DÉBITEUR DÉCÉDÉ. — Si, d'après l'art. 437, C. com., l'état de faillite se caractérise non par le jugement déclaratif, mais par le fait de la cessation de paiements; et s'il est admis en jurisprudence qu'à défaut de déclaration ou liquidation de la faillite par les tribunaux de commerce, les tribunaux d'un autre ordre peuvent, notamment quand il s'agit de l'application des règles restrictives posées en l'art. 563, constater l'état de cessation de

paiements et en fixer la date, pareille faculté ne saurait exister
dans le cas où la faillite a été déclarée déjà et liquidée par la juridiction consulaire ; - alors surtout que le débiteur dont la faillite
a été complètement réglée est décédé depuis plus d'un an.— Même
arrêt qu'au n° 68, *suprà*.

83. DROITS IMMOBILIERS. — *Incompétence commerciale.* —
Les tribunaux de commerce sont incompétents pour statuer sur
toutes actions ayant pour objet des droits immobiliers ; spécialement sur la validité d'une affectation hypothécaire consentie par un
failli avant le jugement déclaratif de faillite. — A. 27 mai 1859,
même arrêt qu'au mot Compétence, 95.

84. NULLITÉ DE TRANSPORT. — Ils sont compétents pour statuer
sur une action en nullité de transport consenti par un débiteur,
tombé depuis en faillite, à un de ses créanciers, pour cause commerciale. Il importe peu que l'action soit intentée par les syndics
ou par les créanciers de la faillite se prétendant attributaires des
sommes contenues au transport. — A. 12 juillet 1860, David, Servoz c. Roure, Warot, II, 223.

85. Dans un sens contraire : Le tribunal de commerce est compétent pour connaître des actions qui naissent de la faillite, bien
que, par leur nature, ces actions ne soient pas de la compétence
des tribunaux de commerce.— Ainsi, le tribunal de commerce est
compétent pour connaître de la demande en nullité d'un transport
•de droits successifs, fait après l'époque déterminée comme étant
celle de la cessation des paiements du failli. (Art. 444 et 635 du
Code de commerce.) — A. 20 déc. 1865, Carentène, VIII, 49.

§ 12. — Voies de recours contre les jugements en matière de faillite.

86. APPEL. — *Recevabilité.* — *Délai.* — Les délais fixés par les
art. 581 et 582, C. com., pour l'opposition et l'appel des jugements
rendus en matière de faillite, ne s'appliquent qu'aux jugements
de déclaration de faillite ou de report de l'époque d'ouverture
d'une faillite, rendus sur requête ou d'office. Ils sont inapplicables aux jugements rendus sur assignation au failli, et spécialement à celui qui a statué sur l'action d'un créancier, tendante à
refuser au failli la qualité de commerçant. — L'intervention des
créanciers est recevable dans ce cas en cause d'appel. — A. 16
nov. 1860, Guilleton c. Fauchier, II, 311.

87. L'appel d'un jugement rendu en matière de faillite doit être
interjeté dans la quinzaine de la signification du jugement (art.

582, C. com.) — Est non recevable l'appel interjeté en dehors de
ce délai. — A. 22 mai 1867, Stora c. Dubois, IX, 165 ; 21 juillet
1869, cité *infrà*, n° 96.

88. *Admission provisoire d'une créance.* — Est irrévocable,
comme rentrant dans l'un des cas énumérés par l'art. 583 du Code
de commerce, l'appel d'un jugemeut du tribunal de commerce qui
se borne à fixer le montant de la créance pour laquelle un créancier d'une faillite doit être admis par provision à concourir à cette
faillite. — A. 3 janvier 1873, Bussidan c. Mazel, XV, 3.

89. BILAN. — Les modifications et rectifications apportées à un
bilan de failli ne peuvent donner ouverture à la requête civile
quand il n'y a point dol. — Même arrêt qu'au n° 11, *suprà*.

90. CONVERSION. — L'intérêt du syndic à agir en appel résulte
suffisamment d'un jugement de conversion dans lequel il a agi
de concert avec les créanciers. — A. 10 février 1873, Darmon c.
syndic Rontvaser, XV, 35.

91. DATE DE LA CESSATION DE PAIEMENTS. — Les dispositions
de l'art. 581 du C. com. sont impératives et absolues ; aucune demande en report de la date de la cessation de paiements ne peut
être présentée par le syndic, postérieurement à la clôture des opérations de vérification et d'affirmation des créances. — A. 9 fév.
1875, Roubière c. Vanden-Branden, XVII, 83. — V. Conf. Cass.
21 déc. 1858 (*J. Pal.*, 1859, 897) ; Pau, 21 août 1867 (*ibid.*, p. 289).

92. DROIT INDIVIDUEL DES CRÉANCIERS. — Les créanciers d'une
faillite ne sont pas tellement représentés par le syndic, qu'ils ne
puissent, s'ils ont des intérêts opposés aux intérêts de la masse,
discuter leurs droits à l'encontre d'un jugement rendu avec les
syndics. — Spécialement, les créanciers d'un individu déclaré en
état de faillite ont le droit individuel d'intervenir en première
instance et même en appel dans une procédure d'opposition au
jugement déclaratif de faillite introduite par d'autres créanciers.
— Même arrêt qu'au n° 14, *suprà*.

93. JUGEMENT DÉCLARATIF. — Le jugement déclaratif de la
faillite d'un commerçant repose sur un état de cessation de paiements qui intéresse l'ordre public. Par suite, il ne peut être rétracté, ni devant le tribunal, par voie d'opposition, ni devant la
Cour par voie d'appel du jugement sur l'opposition, alors même
que tous ou presque tous les créanciers le demandent, si la cessation de paiements était constante au moment où elle a été décla-

rée et surtout si tous les créanciers ne sont pas désintéressés. — A. 27 août 1875, Ali ben Abadj c. el-Kessi, XVII, 279. — V. aussi *suprà*, n° 10.

94. RAPPORT A LA MASSE. — Tout jugement rendu sur contestation née de l'événement de la faillite et intéressant l'administration de la faillite, est un jugement rendu en matière de faillite ; — par suite, l'appel doit être interjeté dans la quinzaine de la signification. (Art. 582, C. com.) — A. 7 janvier 1870, Arnaud c. Bouisson, XII, 239. — V. Cass. 10 mai 1853 (*J. Pal.*, 1853, 2, 181).

95. Il en est spécialement ainsi d'une décision rendue sur une demande en rapport à la masse formée contre un créancier dans les conditions de l'art. 446, C. com. — Même arrêt.

96. — TRANSACTION. — A un caractère commercial la décision statuant sur le point de savoir si le syndic d'une union après faillite doit être autorisé à consentir soit une transaction, soit un contrat d'atermoiement avec un débiteur de la faillite. — A. 24 juillet 1869, Flajollet et Salique c. Dubois, XI, 207.

97. Le syndic n'est pas tenu de prendre l'avis des créanciers de la faillite pour transiger sur les droits appartenant au failli. — Les créanciers, ainsi consultés par le syndic, n'ont aucune qualité ni pour contester la transaction intervenue, ni pour recourir contre le jugement qui l'a autorisée. — Même arrêt.

§ 13. — Délits en matière de faillite.

98. AVANTAGE PARTICULIER. — Le failli, même en état d'union, conserve le droit de faire avec ses créanciers un traité amiable par lequel il pourra être remis à la tête de ses affaires ; toutefois ce traité, pour être suivi d'effet, doit être consenti par l'unanimité des créanciers. — Un pareil traité échappe aux dispositions de l'art. 597 du C. com., qui vise et réprime les stipulations faites par un créancier en vue de se procurer un avantage particulier à raison de son vote dans une faillite. — Les droits des créanciers, en semblable matière, sont, en effet, régis par deux règles formellement exprimées par la loi : égalité absolue dans la répartition de l'actif (art. 565, C. com.), et mode de majorité prévu et imposé par le législateur pour la validité des décisions (art. 507, 510, 511, 530, 537 et 570 du même Code). — L'art. 597 doit donc être entendu dans ce sens que l'acte intervenu aura donné lieu à une délibération suivie du vote de tous les créanciers présents. La loi, d'autre part, n'a pu avoir en vue que de protéger des actes par elle prévus et

réglés ; il en est d'autres laissés au libre arbitre des créanciers et des faillis, et qui, par cela seul, sont licites et ne peuvent être atteints par extension d'un texte pénal — Ainsi, en matière de traité amiable, la délibération et le vote dans les formes prescrites par le Code n'existent pas ; l'opposition d'un seul des créanciers suffit pour empêcher la réalisation de la convention et le vote d'un seul ne peut exercer d'influence sur la décision des autres, puisque chacun de ceux-ci reste maître de la situation. La loi du 28 mai 1838 n'a donc, dans une semblable situation, aucune protection à exercer en faveur d'un certain nombre de créanciers, chacun de ceux-ci conservant le droit de paralyser à son gré les résolutions des autres, et les art. 597 et 598 du C. com. sont en conséquence inapplicables dans l'espèce. — A. 13 nov. 1875, Moïse ben Tata, XVII, 213.

§ 14. — Réhabilitation.

99. Le paiement partiel des dettes du failli, avec remise du surplus par les créanciers, ne satisfait pas aux prescriptions de l'art. 604 du C. de com. — La preuve de l'insuffisance des paiements peut être faite de toute manière, malgré la production de quittances pour le solde du capital, des intérêts et des frais, et l'absence d'opposition de la part des créanciers. — Les Cours d'appel ont un pouvoir souverain d'appréciation pour l'admission ou le rejet des demandes de réhabilitation ; elles peuvent même, au cas d'un paiement intégral, refuser la réhabilitation par des motifs puisés dans la conduite du failli. — A. 24 déc. 1867, Ch. réun. P..., X, 76.

V. Chose jugée, — Compétence, — Compte courant, 3 s, — Dot, 16, — Liquidation, 1, — Liquidation judiciaire, — Mandat, 10, — Ordre, 17, 33 bis, — Privilége, 4, — Saisie-arrêt, 24, 25, — Saisie immobilière, 27, 38, — Société, 18 s. 33, 56.

Fait de guerre. —V. Compétence, 13.

Fausse nouvelle. — V. Presse.

Faux incident. — V. Billet à ordre, 2, — Jugement commercial, 1 s.

Faux témoignage.

L'art. 363, C. p., atteint toutes déclarations qui, d'après la loi, sont de nature à faire foi en justice. — Peu importe que le témoin n'ait pas prêté serment, si la religion l'en dispense. — Cass. 18 juillet 1861, III, 235, Djelloul.

Femme mariée.

1. La femme mariée est tacitement autorisée par son mari pour faire des acquisitions de peu d'importance, surtout proportionnées à la fortune des époux et concernant le ménage. — A. 19 mai 1874, Matti c. Schebat, XVI, 158.

2. La vente d'un objet de prix, faite à la femme non autorisée de son mari, est nulle (art. 225, C. civ.). L'objet ainsi acquis peut être rendu au négociant, sur la demande du mari, contre remboursement du prix payé, et sans intérêts — Même arrêt.

3. L'obligation contractée pendant le mariage par un mari et une femme encore mineure mais émancipée par le mariage, est nulle au regard de celle-ci, par application de l'art. 483, C. civ. — A. 19 avril 1871, Nahoun c. Barré et Rocafort, XIII, 118.

4. Si la cause de cet engagement est une obligation personnelle au mari remontant à une époque antérieure au mariage, il y a encore nullité par application de l'art. 484, cet engagement devant, dans ce cas, être considéré comme le cautionnement de la dette d'autrui par une mineure émancipée. — Même arrêt.

V. Diffamation, 5, — Minorité, 3, 4, — Société, 15.

Fêtes et dimanches. — V. Jour férié.

Filet. — V. Pêche.

Filiation. — V. Enfant naturel.

Filouterie. — V. Vol, 3.

Fins de non-recevoir. — V. Exception.

Fol appel. — V. Appel.

Folle-enchère.

1. Lorsque le jugement d'adjudication est levé et l'ordre ouvert, la folle-enchère ne peut plus être poursuivie sur la production d'un certificat du greffier; cette poursuite ne peut plus avoir lieu

que sur la signification du bordereau de collocation avec commandement, et ce à peine de nullité (art. 735, C. pr. civ.). — A. 30 avril 1862, Morosolli c. Zermati, IV, 108.

2. DÉLAI. — En cas de folle-enchère, l'art. 735, C. pr. civ., impartit au poursuivant l'obligation de ne procéder à la vente des immeubles fol-enchéris que quinze jours après l'apposition des placards annonçant la vente, mais la nullité résultant de la transgression de cet article n'est que relative, aux termes des art. 739 et 729 dudit Code et doit être proposée trois jours francs avant le jour de l'adjudication. Plus tard. elle doit être écartée par une fin de non-recevoir radicale. — A. 25 fév. 1874, Tillier, Cabanillas et Sardnal c. Belli, XVI, 186.

3. DÉPENS. — Si la folle-enchère amène de nouvelles contestations, les dépens peuvent être mis à la charge du fol-enchérisseur. — A. 18 janv. 1869, Saliba, Pons et Ruston c. d° Noisy, André et Florens, XI, 4.

4. INCIDENT. — L'opposition à un commandement tendant à la folle-enchère constituant un incident de folle-enchère, l'appel du jugement doit être interjeté dans les formes et délais fixés par les art. 731 et 732, C. pr. civ. — A. 2 mars 1859, Boccara c. Baillot, I, 190 ; — 26 mai 1859, Vaugrenand c. Leberger, I, 180, 4° cahier.

5. Jugé, au contraire, que la nullité résultant de l'inobservation des prescriptions des art. 731 et 732, C. pr. civ., dans l'espèce, la signification de l'appel à partie seulement et à domicile, est une nullité que les tribunaux de l'Algérie ont la faculté d'écarter, aux termes de l'art. 69 de l'ordonnance du 26 sept. 1842. — A. 16 mars 1859, Gargnier, I, 186.

6. D'un autre côté, voir, v° Saisie-immobilière, n° 55, un arrêt du 1ᵉʳ juin 1859 qui décide que l'appel d'un jugement statuant sur un incident de saisie immobilière doit être signifié à avoué à peine de nullité.

7. INTÉRÊTS. — FRUITS. — L'adjudicataire sur folle-enchère est tenu du paiement des intérêts à partir du jour de la première adjudication. Par contre, il peut réclamer, à partir de la même époque, le produit des récoltes des immeubles vendus, mais il ne suit pas de là que ce droit puisse, en aucun cas, préjudicier aux créanciers privilégiés. — Même arrêt qu'au n° 3, suprà.

8. De même et de plus : le droit aux fruits peut être exercé par l'adjudicataire sur folle-enchère, tant à l'égard des tiers, sous-

acquéreurs ou autres, qu'à l'égard du fol-enchérisseur. — La clause d'un cahier des charges qui stipule au profit de l'adjudicataire sur folle-enchère la faculté de réclamer les fruits en compensation du paiement des intérêts courus avant son adjudication, constitue un transport judiciaire opposable aux tiers. — Les tiers ne peuvent opposer l'exception de bonne foi pour éviter la restitution des fruits, alors qu'ils n'ont payé de leur prix ni capital ni intérêts, et que le titre qu'ils invoquent est un jugement d'adjudication annulé qui stipule au profit de l'adjudicataire sur folle-enchère le droit aux fruits depuis la première adjudication. — A 25 oct. 1861, Guez c. Blanc et Badenco, III, 225.

9. Si le cahier des charges, qui a servi pour la revente d'une propriété par voie de folle-enchère, déclare que le nouvel adjudicataire paiera les intérêts de son prix du jour de la première adjudication, celui-ci ne peut demander qu'on déduise desdits intérêts ceux qui ont été payés par le premier adjudicataire. La clause est absolue et doit être appliquée à la lettre. — A. 30 nov. 1872, Vaisy c. Vauthrin, XIV, 278.

10. JUGEMENT ET ARRÊT PAR DÉFAUT. — L'art. 739 du Code de pr. c., aux termes duquel les jugements de défaut rendus en matière de folle-enchère ne sont pas susceptibles d'opposition, est applicable aux arrêts par défaut. — A. 5 juin 1875, Guyon c. Abadie, XVII, 109.

11. Au surplus, l'art. 731, même Code, qui proscrit l'opposition aux arrêts par défaut rendus en matière de saisie immobilière, est aussi applicable à la folle-enchère. — Même arrêt.

12. JUGEMENTS EN DERNIER RESSORT. — Le jugement qui, sur une poursuite de folle-enchère, repousse le sursis demandé par le fol-enchéri, n'est pas susceptible d'appel. — A. 25 janvier 1868, Talté c. Turlin, X, 18.

13. Le jugement d'adjudication sur folle-enchère qui ne statue sur aucun incident, ne peut pas non plus être attaqué par la voie de l'appel (art. 730, C. pr. civ.). — Cette décision, au surplus, étant moins un jugement qu'un procès-verbal, ne pourrait, dans tous les cas, être attaquée que par action principale. — Même arrêt.

V. Appel, — Chose jugée, — Minorité, — Ordre, 48 s, — Tierce opposition, 4, 10 s.

Fonctionnaire public.

---

§ 1. — Législation ancienne.

1. Il avait été jugé que l'art. 75 de la Constitution du 22 frimaire an VIII, sur la garantie des fonctionnaires, était applicable en Algérie. — A. 18 mai 1864, VI, 254.

2. ... Qu'elle s'appliquait à tout agent en général; qu'elle s'étendait à tout mandat donné par l'autorité publique dans un intérêt d'ordre général. — Cette garantie constitutionnelle, étant d'ordre public, pouvait être appliquée d'office, même en cause d'appel. — Spécialement, un chef de bureau arabe qui, en vertu d'une délégation administrative, avait fait opérer des transports de grains pour l'administration de la guerre, ne pouvait, sans autorisation préalable, être actionné devant les tribunaux par l'adjudicataire de la fourniture, comme responsable des soustractions commises par les Arabes chargés des transports. — A. 2 février 1859, I, 97.

3. Il en résultait une exception que pouvait invoquer un tiers appelé en garantie, nonobstant le silence du fonctionnaire qui aurait eu le droit de s'en prévaloir. — A. 20 février 1862, IV, 76.

4. Mais cette disposition, applicable lorsque le préfet était actionné *personnellement*, ne l'était pas lorsque la demande était dirigée contre l'Etat en la personne de son représentant. — Même arrêt.

§ 2. — Droit commun.

5. L'abrogation par le décret du 19 septembre 1870 de l'art. 75 de la Constitution de l'an VIII a pour effet d'appeler les tribunaux à apprécier et qualifier les actes imputés aux agents du Gouvernement et qui donnent lieu à une action en réparation civile. — A. 7 juillet 1874, Bonino c. Puech, XVI, 121.

6. BUREAUX ARABES. — L'administration qui régit les indigènes dans le territoire militaire de l'Algérie et dont les bureaux arabes font partie, est une administration publique; elle se trouve diffamée dans son ensemble par une diffamation dirigée spéciale-

ment contre les bureaux arabes. — Dans ce cas, une plainte du Gouverneur général, chef suprême de l'Administration en Algérie, est suffisante pour motiver des poursuites judiciaires. — A. 18 et 21 sep. 1868, *Avenir algérien*, X, 173.

7. Quant au principe de responsabilité consacré par les art. 1382 et suivants du Code civil, il s'applique aussi bien aux fonctionnaires publics qu'aux simples particuliers ; aucune disposition de la loi n'en affranchit les agents des bureaux arabes. — A. 15 juillet 1872, Picard c. El-ghsali ben Sliman, XIV, 173.

8. La connaissance des actions civiles dirigées contre les Européens domiciliés en territoire militaire, et se fondant sur des causes qui y ont pris naissance, appartient essentiellement aux tribunaux ordinaires. L'officier des bureaux arabes, assigné dans ces circonstances, ne saurait donc opposer un déclinatoire d'incompétence à l'action dirigée contre lui ; il ne peut la repousser que par de véritables défenses tendant à ce que l'action soit déclarée non recevable ou mal fondée. — Même arrêt.

9. Jugé de même en ce qui concerne les *chefs indigènes* exerçant leur commandement en territoire militaire. — A. 15 juillet 1872, El Ghsali c. Kaddour ben Sliman, XIV, 184.

10. Les *chefs indigènes* ne sauraient être considérés comme autorité publique dans le sens de la loi du 25 mars 1822 ; ils sont de simples agents de l'autorité française. — A. 22 oct. 1864, l'*Indépendant*, VI. 167. — *Contrà* : Cass. 10 mars 1865, VII, 26. — Voir cet arrêt au mot Presse.

11. Le titre de *Secrétaire du Procureur de la République* ne constitue pas une fonction publique. — A. 23 mai 1873, Lakhdar ben Sahraoui, XVI, 254.

V. Compétence, — Presse, 13 s, 20.

Fonds de commerce. — V. Vente, 37 s.

Fonds public. — V. Commissionnaire.

Fontaine. — V. Eaux, — Servitude.

Force majeure.

La force majeure susceptible de résoudre le contrat est un événement que l'on ne pouvait prévoir, que l'on n'a pas pu empêcher, et qui rend l'exécution du contrat impossible. — A. 27 nov. 1872, Moutte c. Florot, XIV, 225.

V. Bail, 41, — Obligation, 2, — Prescription, 6.

Forêts.

———

§ 1. — Questions diverses.

1. Les dispositions de l'art. 4 de la loi du 16 juin 1851 et celles de l'ordonnance du 9 novembre 1845 n'attribuent au domaine de l'Etat les bois et forêts de l'Algérie que sous réserve faite des droits des tiers. Ces droits ressortent suffisamment des énonciations, dans un titre antérieur au 5 juillet 1830, portant acquisition de l'entière superficie d'un domaine déterminé. — A. 7 juin 1869, v° Girot et Bartholony c. Rosey et l'Etat, XI, 115.

2. Mais les dispositions législatives ci-dessus rappelées n'ont jamais eu pour but ni pour effet d'imposer au possesseur d'un immeuble l'obligation de prouver qu'il est spécialement proprié-taire des arbres plus ou moins nombreux qui ont existé ou restent sur les domaines par lui acquis, et contenant quelques parcelles boisées, comprises dans leur périmètre et partageant leur déno-mination. — Même arrêt.

3. DÉFRICHEMENTS. — Les dispositions législatives qui ont pro-hibé l'abatage des arbres, en Algérie, ainsi que le défrichement des terres ou bois, taillis ou broussailles de la contenance de plus de deux hectares, ne s'appliquent pas aux arbres qu'un proprié-taire aura plantés sur son terrain et arrachés ensuite dans l'inté-rêt de son exploitation. — A. 25 avril 1863, Denis-Jean, V, 105.

4. BROUSSAILLES. — Il n'est pas exact de prétendre qu'en droit musulman, tout produit spontané du sol appartient à la commu-nauté musulmane, à moins que le souverain n'en ait disposé au-trement. — Ainsi, l'Etat ne saurait invoquer ce principe pour prétendre que les bois et broussailles que la terre produit en de-hors du travail de l'homme lui appartiennent. L'art. 4 de la loi du 16 juin 1851, qui attribue à l'Etat les bois et forêts, ne s'applique pas aux broussailles. — A. 12 février 1866, l'Etat c. Fabre, VIII, 83.

5. DÉLIMITATION ET BORNAGE. — Les demandes en délimitation et bornage entre les forêts de l'Etat et les propriétés riveraines ne peuvent avoir lieu que si les parties sont d'accord sur la limite de leurs propriétés respectives. Quand l'Administration se refuse à

procéder à cette délimitation, elle ne peut être ordonnée par justice sur la demande d'un propriétaire limitrophe (art. 57, 58, ord.
1er août 1872). — A. 29 juillet 1875, Saïd ben Tamina et Zouaoui,
XVII, 210.

6. DROITS DES INDIGÈNES. — La conquête française a laissé
subsister en Algérie le droit absolu d'usage et de jouissance de la
part des indigènes sur les forêts et massifs boisés avoisinant leurs
tribus et leurs douars ; dès lors, le bois par eux recueilli en vertu
de ce droit peut être vendu. (Loi 16 janvier 1851, art. 4 ; C. forest.
61, 79 et 83.) Cass. 29 déc. 1870, Alary, XIII, 167.

6 bis. REVENUS FORESTIERS. — *Compétence.* — Le décret du 28
mai 1862 portant application du cahier des charges pour l'exploitation des forêts de chênes-liége, en Algérie, et le cahier des charges y annexé, qui a force de décret, n'ont pu valablement altérer
les dispositions législatives de compétence précédemment en vigueur. — Les lois des 9-20 mars, 18-27 mai, 19 août, 12 sept. 1791,
22 frimaire an VII, ventôse an IX, établissant que les revenus
domaniaux seront recouvrés par les soins de l'administration des
domaines par voie de contrainte et que les contestations naissant
des poursuites seront portées devant les tribunaux civils, ont été
promulguées de plein droit par le fait de la conquête. (V. Promulgation des lois.) Aucune disposition émanant du pouvoir législatif n'étant intervenue depuis la loi de ventôse, cette loi est applicable en France et en Algérie. — C'est donc sans droit qu'un Conseil de préfecture serait saisi d'un litige de cette espèce. — A. 2
déc. 1876, Sabran c. l'Etat, XVIII, 277. — V. Compétence, 4 *bis*, 7
bis, 29 *bis*, — Bail, 46.

§ 2. — Délit forestier.

7. AFFIRMATION DU PROCÈS-VERBAL. — L'agent forestier qui
constate le délit forestier peut seul affirmer ce document. — Lorsque le procès-verbal est rédigé par un agent, sur la déclaration
d'un garde qui seul a constaté le délit, le rédacteur n'a pas qualité pour faire l'affirmation. (Art. 165, C. forest.).Par suite, le procès-verbal est nul et ne peut servir de base à une poursuite. — A.
25 avril 1872, Martinès, XIV, 67.

8. COMPÉTENCE. — Si, aux termes de l'art. 171, C. forestier, les
tribunaux correctionnels sont rendus compétents pour statuer sur
tout délit ou contravention en matière forestière, lors même que
la pénalité encourue est une amende de simple police, le décret du

14 mai 1850, spécial à l'Algérie, a modifié le Code forestier et a attribué juridiction aux juges de paix dans tous les cas où l'amende réclamée n'excède pas 150 fr. — A. 5 mars 1868, Ahmed Zahrek, X, 30.

9. Ce décret n'a pas été abrogé par celui du 19 août 1854, organique des justices de paix à compétence étendue ; il continue, avec celui de 1854, à être la loi en vigueur en cette matière ; de telle sorte que les délits forestiers n'emportant pas une peine supérieure à six mois d'emprisonnement ou à 500 fr. d'amende, rentrent dans la compétence des juges de paix à compétence étendue. — Même arrêt.

10. EXCEPTION DE PROPRIÉTÉ. — L'exception préjudicielle de propriété opposée par le prévenu à une poursuite en réparation du délit commis, ne peut être admise par justice qu'autant qu'elle est fondée sur un titre apparent et sur des faits de possession équivalents et personnels au prévenu. (Art. 182, Code forestier). — Même arrêt qu'au n° 5, *supra*.

11. EXPLOITATION. — VIDANGE. — L'occupation de l'Algérie par la France y a introduit virtuellement et sans promulgation spéciale les lois générales de la Métropole au fur et à mesure des besoins. — Il en a été particulièrement ainsi du Code forestier. — La prorogation du délai de la vidange accordé à un adjudicataire d'une coupe de bois dans une forêt de l'Etat, n'entraîne pas, par elle-même, la prorogation du délai de l'exploitation. Par suite, les pénalités édictées par l'art. 40, C. forest., sont applicables à l'adjudicataire qui, après l'expiration du délai de l'exploitation, continue l'abbattage des arbres, bien qu'il se trouve encore dans le délai de la vidange. — Cass. 17 nov. 1865, Leinem, VIII, 259.

V. Compétence, 58, 93, — Société, 29.

Forfait (marché à). — V. Entrepreneur, 1, 2.

Fortifications. — V. Domaine militaire, — Expropriation pour cause d'utilité publique, 26.

Fouilles. — V. Compétence, 14, 61, 98.

Fourrière. — V. Voirie, 12.

Frais et dépens.

1. GARANTIE. — Lorsqu'une action en garantie a été amenée

par la résistance de la partie qui succombe sur la demande principale, les frais de cette action incombent à cette dernière. — A.
20 déc. 1858, d⁰ᵉ Jacquemont c. Préfet d'Oran, I, 41.

2. PAIEMENT DES FRAIS. — *Acquiescement.* — *Appel.* — *Tutrice.* — Est recevable l'appel d'un jugement dont on a payé les
frais, si ce paiement a été fait avec réserve d'appel. — Dans tous
les cas, le paiement des frais étant un acquiescement au jugement,
ne pourrait être opposé à une tutrice à qui une autorisation spéciale du conseil de famille n'aurait pas été donnée à cet effet (art.
464, C. c.). — A. 7 déc. 1859, vᵉ Gipouleau c. Chasse, II, 12. —
Cette jurisprudence relative à l'art. 464, C. c., paraît fort contestable. — V. la note de la page 12.

V. Défenseur. — Faillite, 37. — Minorité, 2, — Hypothèque judiciaire, 2, — Ordre, 15, 16, 24.

Frais frustratoires.

1. Le paiement des frais après taxe, fait à un officier ministériel
sans réserve, et le retrait des pièces ne constituent pas une fin de
non-recevoir à l'action en responsabilité que le client intente ultérieurement pour obtenir la restitution des frais payés comme
ayant été faits frustratoirement. — A. 11 février 1874, Sportès c⁰
X..., XVI, 53.

2. Les frais distraits au profit du défenseur étant l'accessoire de
la créance principale, ceux faits pour mettre en cause, à l'occasion
de ces frais, dans une instance ultérieure, sont réputés frustratoires. — A. 16 juin 1874, vᵉ Garcias c. Morganti et Mᵉ Blasselle,
XVI, 170.

V. Huissier. — Partages et licitations, 11, 12, — Saisie immobilière, 47.

Français. — V. Domicile, 1 s, — Etranger, — Indigène, 6,
— Lois.

Fraude. — V. Dol et fraude.

Fret.

1. LIEU DE PAIEMENT. — Voir jugem. Cᵉᵉ Alger, 23 février 1859,
vᵉ Compétence, 99.

2. Quand, par suite de contestations sur son fret et du refus de
le payer, le capitaine a dû introduire une action judiciaire qui a
retardé son départ, il lui est dû des dommages-intérêts que le juge

peut apprécier. — Ici ne s'applique pas l'art. 1153 du C. N., selon lequel il n'est dû que l'intérêt depuis la demande. — A. 1er avril 1868, Dobrowich c. Saulière, X, 90.

3. Le débarquement des marchandises refusées par le destinataire, opéré par le créancier, porteur, à ce titre, du connaissement à ordre, afin d'éviter les surestaries, implique l'obligation de payer le fret dû par privilège. — A. 8 juin 1872, Denizot, Boudon et Zygomalas c. Rey, XIV, 153.

4. Cette opération et ce paiement doivent être considérés comme faits dans l'intérêt du propriétaire de la marchandise et pour la conservation de celle-ci. — Du jour où il en est avisé, la marchandise reste à ses risques. — Le chargeur ou propriétaire doit en outre rembourser le fret ainsi que tous les frais faits pour la conservation de la chose, notamment ceux du débarquement. — Même arrêt.

Fruits. — V. Adjudication, 1, — Folle enchère, 7 s, — Intérêts, 8 s, — Legs, 2, 6 s, — Ordre, 50, — Propriété, 2, — Tierce opposition, 12, — etc.

G

Gage. — V. Nantissement.

Garantie.

1. APPEL. — L'appel du demandeur principal contre le garant profite-t-il au garanti ? — V. Appel, n° 28.

2. — Peut-on mettre en cause directement en appel ? — V. *ibid.*, n° 35.

3. — L'appel fait par le garant profite-t-il au garanti ? — V. *ibid.*, n° 28.

4. COMPENSATION. — En admettant qu'une action en répétition ou en indemnité pût être valablement exercée, elle devrait être repoussée comme manquant de base, si la somme demandée est absorbée par la compensation que le défendeur peut lui opposer. — A. 18 juillet 1868, Ricard c. Lebas et Curtet, X, 165.

5. COMPÉTENCE. — Lorsqu'un individu a été assigné en qualité de caution, il ne peut être permis devant la Cour de le prendre et

de le discuter comme obligé principal pour arriver à modifier la compétence. — Si, aux termes de l'art. 181, C. pr. c., ceux qui sont assignés en garantie sont ténus de procéder devant le tribunal où la demande originaire est pendante, ils n'y sont cependant obligés qu'autant qu'il n'apparaît pas par écrit ou par l'évidence du fait que la demande originaire n'a été formée que pour les traduire hors de leur tribunal. — A. 9 juillet 1863, Feuilhade de Chauvin c. Fabre, V. 150. — Voir Cautionnement.

6. MATIÈRE CRIMINELLE ET CORRECTIONNELLE. — L'art. 3, C. d'instr. crim., n'autorise les tribunaux de répression à statuer que sur l'action civile définie par les art. 1 et 2 du même Code, c'est-à-dire celle qui tend à la réparation du préjudice causé directement à la partie plaignante par le crime, le délit ou la contravention poursuivis devant eux, et nullement sur des actions en garantie que peut former le prévenu contre les tiers auxquels il prétend faire remonter la cause première du délit qui lui est imputé. — Lors même que l'action en garantie serait motivée sur des faits délictueux, le tribunal correctionnel n'en serait pas régulièrement saisi et il ne pourrait interroger, sur ce chef d'inculpation, le prétendu garant, si celui-ci n'avait pas été cité comme prévenu, soit par le Ministère public, soit par la partie civile. — A. 21 déc. 1861, Jouyne, Latour c. Bonifay et Cⁱᵉ, IV, 59.

V. Compétence, 64, — Frais et dépens, 1, — Transaction, 2, — Vente, 33 s.

Garantie constitutionnelle. — V. Fonctionnaire public.

Garantie des matières d'or et d'argent. — V. Matières d'or et d'argent.

Garde champêtre. — V. Chasse.

Garde forestier. — V. Chasse.

Génie militaire. — V. Domaine de l'Etat, — Instance domaniale, 1 s.

Gens de service. — V. Privilège, 1.

Géomètre. — V. Expropriation pour cause d'utilité publique, 45.

Gérant. — V. Conciliation, 2, — Société, 34 s, — 46 s

Gérant de journal. — V. Presse, 29.

Gouvernement de la défense nationale. — V.
Décret.

Grâce. — V. Tribunaux correctionnels, 13, 14.

Grains en vert.

1. La loi du 6 messidor an III, qui prohibe les ventes de grains
en vert et pendants par racines, n'ayant jamais été abrogée, doit
être considérée comme étant toujours en vigueur. Cette loi, constituant une loi d'intérêt général, est, par cela même, de plein droit
exécutoire en Algérie, sans promulgation spéciale. — En conséquence, les tribunaux algériens doivent annuler toute convention
qui constituerait une vente de grains en vert et pendants par racines. — A. 1er juillet 1871, Lavergne c. Talabot, XIII, 136.

2. La prohibition édictée par la loi du 6 messidor, an III, ne
doit s'entendre que des grains réunissant les deux conditions : 1°
d'être en vert; 2° d'être pendants par racine. — La vente en bloc
d'une récolte sur pied, livrable dans des conditions déterminées,
payable à raison de tant le quintal, est une vente ferme et parfaite d'un corps certain, qui transmet à l'acquéreur la propriété
de la récolte vendue à partir du jour du contrat. — A. 24 juin
1876, Gabert c. Ferrero et Fascino, XVIII, 176.

Grief. — V. Appel, 75.

Grossesse.

Droit musulman.

1. Si la durée de la gestation peut être, d'après certains docteurs, de plus de dix mois et se prolonger de cinq à sept années,
elle n'est admise, d'après d'autres, que jusqu'à dix mois; dans ce
doute, la loi musulmane proprement dite étant muette, c'est le
cas de recourir à la règle tracée par l'art. 315, C. c. — A. 16 avril
1861, Ben Aoufi c. Anaya, III, 102.

2. En droit musulman comme en droit français, la durée de la

gestation ne saurait s'étendre au delà de dix mois. — A. 13 nov.
1861, Ahmed ben Djilali c. Abderrahman, IV, 95

3. L'avis des commentateurs sacrés sur lesquels s'est fondé le
premier juge ne saurait lier la Cour. — Le *maximum* légal de la
gestation ne saurait être autre pour les Musulmans que pour les
Français d'origine. — En acceptant même comme rationnelles les
idées des auteurs musulmans sur la durée possible de la grossesse,
lorsqu'une femme qui s'est crue enceinte se marie après un an de
retraite légale et déclare n'avoir jamais été grosse, il faudra dire
en droit musulman que l'enfant qui naît un an après la célébration de ce second mariage est né des œuvres du second mari et
non pas de celles du premier. — A. 1er sept. 1866, Ali ben el hadj
Bouroubi c. Ammar ben Kaddour, VIII, 253.

H

Habbous.

DIVISION

§ 1. — Du habbous en général.
§ 2. — Questions diverses.

§ 1. — Du habbous en général.

1. L'institution des habbous consacrée par la loi musulmane est
formellement maintenue par la législation algérienne. — Les dispositions législatives qui ont transporté à l'Etat les dotations de
la Mecque et de Médine n'y ont porté aucune atteinte. — A. 20
mars 1867, Baba Sliman c. Aïcha, IX, 88.

2. Il est de l'intérêt du repos des familles et du devoir des tribunaux de valider les habbous qui ont été exécutés pendant un
long espace de temps, alors surtout que ces habbous son conformes aux lois et coutumes. — A. 21 juillet 1869, XI, 210. — V. *infrà*, n° 4.

3. Les diverses dispositions de la loi algérienne ont maintenu
en principe les constitutions de habbous et ont conservé aux biens
grevés leur caractère propre et la dévolution spéciale imposée
par le constituant. — A. 24 nov. 1875, Préfet de Constantine c.
Ben Zekri, XVII, 248.

4. Lorsque, dans une contrée, il existe, indépendamment de la loi musulmane primitive, des coutumes locales acceptées comme ayant force de loi, les actes de habbous ou autres rédigés selon ces coutumes sont valables. — A. 21 juillet 1869, Mahi Eddin, XI, 210.

5. Le caractère essentiel du habbous est d'être inspiré par un sentiment de charité et de piété, mais ce caractère n'est pas exclusif de l'intention par le constituant de faire un partage anticipé entre ses héritiers. – Même arrêt qu'au n° 1, *suprà*.

6. D'après le rite hanefite, celui qui crée un habbous a le droit de le constituer d'abord sur sa tête, et, dans ce cas, d'occuper l'immeuble jusqu'à sa mort (1). — A. 13 mai 1861, III, 123 et la note ; — 19 nov. 1862, Ali c. Zohra, IV, 247.

7. D'après le même rite : le habbous ne peut s'appliquer qu'aux immeubles — Même arrêt.

8. *Contrà* : — Le rite d'Abou Hanifa permet l'exclusion des filles, la réserve d'usufruit au profit du constituant, et l'*immobilisation des biens mobiliers*. — Même arrêt qu'au n° 4, *suprà*.

9. Sur pourvoi dirigé contre l'arrêt du 21 juillet 1869, la Cour suprême a décidé qu'il n'y a pas défaut de motifs sur un point du débat (la soumission des biens mobiliers au système du habbous, dérivant de l'un des actes de constitution), lorsque l'arrêt s'expliquant en général à l'égard de tous les actes de habbous, a dit qu'ils avaient tous pu comprendre les biens mobiliers. — Cass. civ. 28 avril 1873, Mahi Eddin, XV, 166.

10. ... Ni sur la prétention que l'un des actes de habbous ne présente pas la condition essentielle d'une destination pieuse, lorsque l'arrêt dit que tous les actes de habbous sont valables sous ce rapport comme sous les autres. —, Même arrêt. — V. *infrà*, n° 31.

11. Si, d'après la doctrine malekite, l'exclusion des femmes dans une constitution de habbous est un acte blâmable et même une cause d'invalidation, cependant la nullité n'est prononcée ni par les principes du droit musulman, ni par aucun texte de loi. — Il n'est pas nécessaire que la constitution de habbous soit reçue par un cadi, ni qu'elle indique un établissement pieux comme dévolutaire final. — Ces solutions doivent surtout être acceptées lorsque le habbous a été respecté pendant un long temps par les par-

---

(1) Il paraît en être de même dans le rite malekite.

ties intéressées à le contester. — A. 4 fév. 1876, Ben Yamina c. Allègre, XVIII, 32.

§ 2. — Questions diverses.

12. COMPÉTENCE. — Le habbous tient à l'ordre successoral des indigènes; par suite, il ne tombe pas sous l'application de l'art 1er de la loi du 26 juillet 1873; il en est, au contraire, respecté, par application de l'art. 7. — A. 2 mars 1875, XVII, 13. — V. *contrà* : Robe, *Commentaire de la loi du 26 juillet 1873*, p. 14.

13. DROITS DU BÉNÉFICIAIRE. — L'immeuble constitué habbous doit demeurer intact de toutes charges entre les mains du bénéficiaire. Les créanciers de ce dernier n'ont aucune sorte de privilège sur cet immeuble, quelle que soit l'origine de leurs créances. — A. 20 mars 1861, Touzbir c. l'Etat, III, 57.

14. Si, pendant la durée du habbous, l'immeuble a besoin de réparations, le bénéficiaire peut le louer temporairement ou à perpétuité, en observant les formes prescrites par la loi musulmane. — Même arrêt.

15. DÉVOLUTION. — Il est de l'essence du habbous que le bien habboussé est soustrait à l'hérédité naturelle, et que, quand l'un des dévolutaires ne peut recueillir, sa part profite aux autres (codévolutaires ou dévolutaires subséquents), ou l'affectation pieuse sort immédiatement à effet ; mais jamais les héritiers légitimes n'ont, en cette qualité, droit sur les biens habboussés. — Aix, ch. réun. 29 juillet 1874 et 21 janvier 1875, Mahi Eddin, XVII, 273.

16. Spécialement, en cas de constitution de habbous au profit, d'abord du constituant, le prédécès de l'un des dévolutaires subséquents ne rend pas le habbous caduc ; dans ce cas, sa part accroît à son codévolutaire, ou au dévolutaire subséquent, ou passe à l'affectation pieuse. — Même arrêt.

17. LEGS. — Lorsqu'un testateur a fait, postérieurement au legs, un habbous de la quotité disponible au profit des légataires, et que ce habbous est plus avantageux que le legs, le second acte contient révocation implicite du premier. — A. 6 avril 1864, Fathma bent Mohamed c. Ouled Abd-el-Kader, VI, 52.

18. Le legs fait par un musulman d'une quote-part de sa succession ne s'applique pas aux immeubles habbous dont le testateur était dévolutaire et dont il a eu, en cette qualité, la jouissance jus-

qu'à son décès. — Jugem. Constantine, 15 févr. 1876, Fathma bent ben Arab c. El-Alachi, XVIII, 21.

19. NULLITÉ. — Le habbous constitué tout à la fois selon les prescriptions du rite hanefi et du rite maleki, est nul, parce que ces deux rites sont inconciliables. — A. 31 mai 1864, VI, 92.

20. Une constitution de habbous faite sous l'empire d'un état mental qui a provoqué ultérieurement l'interdiction du constituant, doit être annulée. — A. 20 mars 1861, Bourkaïb, III, 93.

21. Le habbous est consacré par la tradition musulmane ; il a été spécialement admis par l'iman Malek et doit être respecté par les tribunaux toutes les fois qu'il est conforme aux prescriptions de la loi musulmane, à moins qu'il ne soit constaté que le constituant n'y a eu recours que dans le but de violer l'ordre légal des successions au moyen d'une donation déguisée. — A. 13 mars 1866, Khadoudja bent Ali c. Abd-el-Kader, VIII, 52.

22. L'acte de constitution ne devait-il pas être considéré comme un testament et n'y avait-il pas lieu, par suite, de l'annuler comme ayant disposé de plus du tiers de la fortune du testateur ? — A. 4 mai 1868, Abderrahman ben Ali El-Kinaï, X, 56.

23. Cet acte ne serait-il pas nul d'ailleurs, parce que son auteur s'était réservé le droit de revenir sur ses dispositions ou de les modifier ? — Même arrêt.

24. Peut-on affecter de habbous les valeurs mobilières en rite hanefi ? — Même arrêt. — V. supra, nos 7 et 8.

25. PERMANENCE DU HABBOUS. — Lorsque l'immeuble originairement constitué habbous passe à l'Etat par suite de la déchéance prononcée par l'art. 5 de l'ordonnance du 21 juillet 1846, et que l'Etat en a abandonné une partie au dévolutaire, cet abandonnement est présumé fait à titre de partage et de transaction, et le habbous continue à subsister. — Même arrêt qu'au no 21, supra.

26. RÉSERVE EN FAVEUR DE FILLES. — Lorsqu'un père de famille a constitué ses biens habbous au profit de ses enfants mâles, mais sous réserve, pour les filles, de prendre leurs parts dans ces biens, si elles devenaient veuves ou indigentes, le droit ainsi réservé aux filles est un droit réel et peut être poursuivi contre tout détenteur acquéreur, du jour où s'accomplit la condition à laquelle l'ouverture de leur droit était subordonné. — Les filles dont le droit a été réservé peuvent poursuivre la licitation contre les acquéreurs Européens, quand même les actes d'acquisition de ces

derniers auraient été soumis à la transcription. — A. 10 février 1873, Messaouda c. Gélas et Adam, XV, 50. — V., au sujet de ces fort graves solutions, la note de la page 50 du *Journal*.

27 TRANSACTIONS. — Le décret du 30 oct. 1858 a eu pour effet d'enlever aux biens habbous tout caractère d'inaliénabilité. — Par suite, les biens habbous sont désormais saisissables et peuvent être vendus par autorité de justice à la requête de tout créancier. — A. 4 nov. 1863, V. 207.

28. Toutes transactions consenties sur biens habbous par les bénéficiaires ou dévolutaires sont valables en vertu du décret du 30 oct. 1858. — Spécialement, un bénéficiaire a pu valablement donner à bail la part lui revenant dans la jouissance d'un habbous. — A. 8 déc. 1862, IV, 250.

29. La *vente* par le bénéficiaire possesseur d'un bien habbous consentie à un musulman est valable comme si elle avait été consentie à un Européen. (Déc. 30 oct. 1858.) — Le capital du prix appartient intégralement au vendeur. Les dévolutaires éventuels n'y ont aucun droit. — A. 18 nov. 1861, III, 277 ; 29 déc. 1862, V, 47, 23 mars 1863, V ; 69.

29 *bis*. Le habbous peut être l'objet de tous contrats commutatifs entre les bénéficiaires actuels et de la part de ces bénéficiaires. — Les dévolutaires éventuels, même les femmes appelées seulement en cas de viduité ou d'indigence, ne sont pas recevables à venir plus tard, lors de l'ouverture du habbous, critiquer lesdits actes. Les dévolutaires en possession qui n'auraient pas participé aux contrats, le pourraient seuls. — A. 29 nov. 1876, Gobrini, XVIII, 221.

30. La loi du 16 juin 1851, qui déclare sans effet, à l'égard des Européens qui ont acheté de musulmans, l'inaliénabilité dont la loi musulmane frappe les immeubles habbous, est applicable non-seulement au cas où l'Européen a acheté l'immeuble habbous du musulman qui en avait légalement la jouissance, mais encore et de la même manière, au cas où l'Européen a acquis l'immeuble d'un musulman qui, par une convention nulle en raison de la qualité des personnes entre lesquelles elle est intervenue, avait lui-même acheté l'immeuble habbous d'un autre musulman. — Cass. 21 mars 1859, Tom Souville c. Carrus, I, 207.

31. La constitution du habbous n'a rien de sacramentel ; elle admet toutes les stipulations qui ne sont pas contraires à sa na-

ture. — L'établissement d'un lieu d'asile dans l'immeuble habboussé, au profit des bénéficiaires, rentre dans les conditions du
habbous. Dans ce cas, s'il y a égalité au profit de ces derniers
dans le droit d'habitation, il doit aussi y avoir égalité dans le partage du prix de vente. — A. 6 juin 1859, I, 263.

V. Antichrèse, 3, — Chefaâ, 3. 4, — Prescription, 2, — Succession, 9 s.

Haie.

Un arrêt de la Cour d'Alger, du 5 juillet 1837, XIII, 27, décide
que, — suivant l'usage des lieux, à Alger, il est de principe que la
haie qui borne deux propriétés appartient en entier à celui dont la
propriété de la haie entraîne celle des arbres qui y ont crû ou qui
ne sont pas éloignés de plus de deux coudées. — Cappé c. Sanguinetti.

Héritier. — V. Legs, 6 s, — Société, 8, — Succession, —
Vente, 21.

Hidana (Droit de). — V. Puissance paternelle, 2.

Homicide par imprudence.

Le propriétaire s'étant occupé en même temps que son entrepreneur de surveiller et diriger les travaux de réparations est déclaré
responsable dans une certaine mesure. — A. 24 avril 1873, Mustapha ben Mohammed, XVI. 231.

Homologation. — V. Transaction.

Honoraires. — V. Compétence, 96, — Défenseur, 3, — Ex-
pertise, 1, — Notaire, 3 s.

Hôtel. — V. Bail, 33.

Huissier.

1. RESPONSABILITÉ. — L'huissier est personnellement responsable des frais frustratoires qu'il fait, si son client, par suite de l'i-
gnorance de son droit et de nos lois, s'en rapporte à lui pour la
direction des poursuites. — Dans ce cas, la responsabilité de l'huissier n'est pas abritée par les ordonnances de référé qui ont ordonné la continuation des poursuites, le référé ne pouvant jamais

préjudicier au fond du droit. — A. 22 oct. 1862, Mohammed ben El Hadj c. Baud et Khadoudja, IV, 206.

2. TERRITOIRE MILITAIRE. — Bien que l'arrêté du 29 mai 1846 autorise le brigadier de gendarmerie à remplir les fonctions d'huissier dans les territoires mixtes et arabes, il n'a pas enlevé aux huissiers le droit qui leur est reconnu par l'art. 3 de l'ordonnance du 29 novembre 1842, d'instrumenter entre Européens dans le ressort du tribunal de première instance de leur résidence. — A. 20 juillet 1874, Meunier, XVI, 139.

3. La nullité qu'on pourrait vouloir faire résulter de cet exercice ne serait jamais, d'ailleurs, que de celles dont les tribunaux de l'Algérie ont le droit de ne pas tenir compte (art. 69 de l'ord. 1842). — Même arrêt.

Hypothèque (en général).

DIVISION

§ 1. — Constitution et caractères de l'hypothèque.
§ 2. — Droit musulman.

———

§ 1. — Constitution et caractères de l'hypothèque.

1. Un *contrat administratif* peut constituer une hypothèque (conventionnelle). — A. 6 juillet 1865, *C*ie *Génevoise* c. Mangiavacchi, VII, 81.

2. Les *procès-verbaux de conciliation* dressés en conformité de l'art. 54, C. pr. c., ne peuvent conférer hypothèque. — A. 28 mai 1858, Troncy, Hontz c. X., I, 32.

3. Les actes dressés par les *secrétaires des commissariats civils* ne sauraient valablement constituer une affectation hypothécaire. — Même arrêt.

4. La déchéance de l'art. 1188 étant encourue, il n'en résulte pas que le créancier, au lieu de la requérir, soit admissible à former une demande en attribution d'hypothèque, non prévue par le contrat, sur les biens du débiteur, l'hypothèque ne pouvant résulter que d'une disposition de la loi, d'un jugement ou d'un contrat formel. — A. 17 juillet 1871, Bonnal c. Garau, XIII, 144.

5. L'allégation même de faits de fraude commis par le débiteur ne saurait autoriser le créancier à demander à prendre hypothè-

que en vertu d'un contrat qui ne lui en a point conféré. — Même
arrêt.

6. CONCESSION. — *Droit du concessionnaire.* — Lorsque l'Etat
s'empare d'un immeuble pour les besoins de la colonisation, et
qu'il concède un autre immeuble à titre d'indemnité, ce dernier
immeuble n'est pas grevé des charges qui pèsent sur celui qui a
été exproprié. Par suite, le concessionnaire a pu consentir une
hypothèque sur ce dernier, au mépris des anciennes charges. —
Dans tout les cas, celui qui a un titre de propriété délivré en son
nom, peut consentir une inscription hypothécaire sur l'immeuble ; cette inscription reste valable, bien qu'ultérieurement une
décision judiciaire vienne déclarer que le débiteur n'était pas le
propriétaire réel. — A. 2 janvier et 10 juillet 1862, Luce c. Abderrahman El Kenaï et Saïd, IV, 153.

7. CRÉANCIER HYPOTHÉCAIRE, *ayant cause du débiteur.* — Un
créancier hypothécaire n'est que l'ayant cause de son débiteur. —
Il importe peu que son inscription soit antérieure à la décision
rendue contre son débiteur et qu'on lui oppose, alors surtout qu'il
est constant qu'elle est postérieure à la demande introductive
d'instance. — Il n'y a d'exception à cette règle que lorsque le
créancier allègue et prouve la fraude ou qu'il agit en vertu d'un
droit propre ou indépendant de celui du débiteur. — Cass. 13
déc. 1864, mêmes parties, VI, 218 ; Nîmes, 3 janvier 1866, mêmes
parties, VIII, 79.

8. FIXITÉ DE L'HYPOTHÈQUE. — Les tribunaux ne peuvent transporter une hypothèque d'un immeuble qui en est grevé sur un
autre immeuble qu'elle ne frappe pas, et ce, quand bien même le
créancier hypothécaire se serait rendu adjudicataire de cet immeuble. — A. 31 octobre 1860, Garavini c. Garbé, II, 277.

§ 2. Droit musulman.

9. NANTISSEMENT. — En droit musulman, le nantissement consenti sur un immeuble est impuissant pour conférer hypothèque.
— Il ne confère qu'un *jus ad rem*, à la différence de l'hypothèque
(inconnue dans cette législation) qui, dans le droit français, constitue un *jus in re*. — A. 9 novembre 1857, Khaïra c. Caïd Omar,
III, 47.

V. Chose jugée, — Commandant de place, 2, — Cession de
biens, 3, — Conservateur des hypothèques, — Echange, — Etran-

ger, — Inscription hypothécaire, — Faillite, 41, 74, — Intérêts, — Tierce opposition, — Transcription, et les mots suivants.

Hypothèque conventionnelle.

1. L'acte notarié constitutif de l'hypothèque ne doit pas être passé en minute à peine de nullité. — A. 7 mai 1870, Tabet et Dubois c. Marcou, XII, 157.

2. Par suite, des *billets à ordre* passés devant notaire et en brevet peuvent valablement conférer une hypothèque (art. 2127, 2148, C. c.). — Même arrêt.

3. La cession des billets par la voie de l'endossement comporte cession de l'hypothèque. — Même arrêt.

4. CONSTRUCTIONS ÉLEVÉES PAR LE PRENEUR. — Si, en principe, les constructions élevées par un fermier sur l'immeuble loué, ne sont pas susceptibles d'hypothèque de son chef, ce principe peut être modifié par les stipulations du bail (art. 518, 2125, C. c.). — Spécialement, lorsque le bail énonce que le preneur devra faire une construction dans certaines conditions, laquelle construction restera, à l'expiration du bail, au bailleur, selon la valeur qu'elle aura, valeur dont le *maximum* était indiqué, et au preneur, si le bailleur refuse d'acquérir pour son compte, le droit du fermier sur les constructions est un droit immobilier susceptible d'hypothèque dès l'origine ; seulement cette hypothèque suit le sort du droit du constructeur. — A. 12 janv. 1860, Lalive c. Denizot, II, 61.

5. Lorsqu'un *décret de concession* domaniale oblige le concessionnaire à céder aux colons, après l'exécution de certains travaux, tout ou partie des immeubles concédés, et lui donne, en même temps, le droit de prendre hypothèque pour le prix de la cession, ce droit est régulièrement établi et l'hypothèque est valablement prise. — Cette hypothèque a tout à la fois le caractère d'hypothèque légale et d'hypothèque conventionnelle — A. 6 juillet 1865, Cⁱᵉ génevoise c. Mangiavacchi, VII, 81. — V. Décret.

Hypothèque judiciaire.

1. Le propre de cette hypothèque étant tout à la fois de grever les biens présents et les biens à venir au fur et à mesure de leur acquisition par le débiteur, il en résulte qu'une inscription prise sur un immeuble situé en dehors d'une circonscription judiciaire devient utile et se réalise le jour où, par une disposition législa-

tive, cet immeuble entre dans le ressort du bureau où cette inscription a été prise. — Spécialement, l'inscription judiciaire prise
au bureau d'Alger le 31 juillet 1847, a produit effet sur les immeubles situés à Dellys, à partir du 22 mars 1852, date de l'incorporation de Dellys dans la circonscription judiciaire d'Alger. — Par
suite, le tiers qui a acquis le 28 février 1852 et fait transcrire le
16 avril suivant, doit subir cette inscription. — A. 29 avril 1861,
Aupied c Joly, III, 110. — V. Hypothèque légale, 1.

2. Le jugement qui, sur la demande du débiteur, règle sa dette
avec son créancier, règlement d'où résulte un chiffre plus élevé
que celui porté dans un règlement antérieur, constitue une obligation nouvelle en faveur de ce créancier, et lui donne le droit de
prendre une inscription judiciaire, lorsque surtout ce jugement
condamne ce débiteur aux dépens. (Art. 2123, C. c.) — A. 24 juillet 1863, Ali ben Bahamed Kalifa c. X., V, 137.

3. HYPOTHÈQUE SUR LA PROPRIÉTÉ D'AUTRUI. — En admettant
que l'hypothèque conférée par un débiteur sur un immeuble qui
ne lui appartient pas encore ne soit pas essentiellement nulle et
puisse produire effet dans le cas où l'immeuble devient ultérieurement sa propriété, cette conséquence, opposable au débiteur
personnel, ne peut préjudicier à l'hypothèque judiciaire prise régulièrement après et même à une époque où l'immeuble n'était
pas encore aux mains du débiteur. — A. 6 mars 1857, Auger c.
Thiebaut et Gémy, III, 177.

Hypothèque légale.

DIVISION

§ 1. — Droit français.
§ 2. — Droit mosaïque.

———

§ 1. — Droit français.

1. Un immeuble ne pouvant être grevé d'hypothèque qu'autant
qu'il se trouve dans le ressort d'une conservation d'hypothèques,
l'hypothèque légale d'une femme mariée ne peut exister et prendre date sur les immeubles de son mari que du jour où le territoire dans les limites duquel ils se trouvent est rattaché légalement à un arrondissement judiciaire. — A. 5 juin 1856, V, 174. —
V. Hypothèque judiciaire, 1.

2. Le jugement qui valide une inscription d'hypothèque légale au profit d'une femme mariée, décide d'une manière virtuelle que l'hypothèque remonte au jour du mariage. — A. 24 juin 1861, Frentzel c. Seligman, III, 165.

3. ALSACIENNE-LORRAINE. — La femme originaire de l'Alsace-Lorraine, lors même que son option pour la nationalité française serait irrégulière, à défaut par elle d'avoir transféré effectivement sa résidence et son domicile en France, n'en demeure pas moins Française, du moment que son mari, Alsacien-Lorrain, a valablement opté pour la nationalité française. (Art. 14 du Code civil.) — En conséquence, elle a sur les immeubles de son mari un droit d'hypothèque légale. — Jugem. Constantine, 21 juin 1876, Rouff c. Siraudin, XVIII, 168.

4. CRÉANCIER CESSIONNAIRE. — L'accomplissement des obligations imposées par l'art. 9 de la loi du 23 mars 1855 au cessionnaire de l'hypothèque légale de la femme mariée, ne fait pas obstacle à ce qu'un créancier de cette femme exerce, en vertu de l'art. 1166, C. c., les droits dérivant de l'hypothèque légale, soit contre le mari, soit contre un ayant cause du mari. — A. 14 fév. 1862, Bougerel c. Peyron, IV, 82.

5. Bien qu'une femme mariée ait conservé, sur un immeuble aliéné par son mari, son hypothèque légale à l'effet d'être indemnisée des dettes contractées conjointement avec lui, ce droit ne confère pas au créancier envers qui leur commun engagement a été souscrit, un titre suffisant pour actionner en délaissement le tiers détenteur. Il peut seulement exercer éventuellement les droits de la débitrice en produisant, le cas échéant, dans l'ordre qui serait ouvert pour la distribution du prix de l'immeuble grevé de cette hypothèque. — Même arrêt.

6. INDEMNITÉ. — L'hypothèque légale de la femme sur les biens de son mari pour l'indemnité des dettes qu'elle a contractées avec lui n'a d'effet, vis-à-vis des tiers, que du jour où l'acte d'obligation a acquis date certaine. (Art. 2135, 1328 C. civ.) — A. 15 juillet 1876, Jean c. Joly, XVIII, 180.

7. Cette hypothèque garantit à la femme l'indemnité des dettes qu'elle a contractées avec son mari, en capital, intérêts et accessoirés. — L'art. 2151 du Code civil ne lui est pas applicable. — Même arrêt.

8. MODIFICATION de l'hypothèque légale. Le jugement appor-

tant modification à l'hypothèque légale de la femme mariée ne peut être rendu qu'après avoir entendu contradictoirement le Ministère public qui, dans de semblables instances, est partie principale et non partie jointe. — Le jugement intervenu devra lui être notifié. Il suit de là que tant que cette formalité n'a pas été accomplie, la décision des premiers juges demeure soumise au recours par la voie d'appel. — A. février 1868, Chavanel, XI, 15.

§ 2. — Droit mosaïque.

9. La femme israélite, comme la femme française, a, sur les biens de son mari, une hypothèque qui se conserve sans inscription. — A. 14 octobre 1871, Bouchara c. Aboulker, XIII, 175.

10. La femme israélite mariée en la forme mosaïque, antérieurement au décret du 24 octobre 1870, a une hypothèque légale pour la reprise de la dot stipulée en sa faveur dans l'acte de célébration du mariage dressé selon les règles rabbiniques. — A. 19 févr. 1876, Bussidan c. Seyman, XVIII, 43.

V. Adjudication, 6, — Dot, 5 s, 10 s, — Etranger, 4 s, 51, — Faillite, 69 s, — Minorité, — Séparation de biens, 4 s.

I

Immeuble. — V. Partages et licitations, 6, — Saisie-exécution, 5, — Saisie immobilière, 2 s.

Immobilisation. — V. Intérêts, 6 s.

Impenses.

3. TIERS ÉVINCÉ. — Le tiers évincé ne peut réclamer du revendiquant le montant de ses impenses et améliorations, qu'autant qu'il a été possesseur de bonne foi. Dans le cas contraire, il doit attendre l'option qui compète au propriétaire (art. 555, C. c.). — A. 13 avril 1859, Préfet d'Alger c. Bret et Dusseuil, I, 181.

V. Bail, 17, — Tutelle, 3, 4.

Impôt.

1. Une redevance n'a le caractère d'impôt qu'autant qu'elle frappe sur la généralité des citoyens ou une collection d'individus,

comme l'Etat, les communes et les établissements publics. — L'indemnité allouée aux *directeurs de théâtre* privilégiés sur les spectacles de curiosités (1), ne constitue pas un impôt ; elle n'avait donc pas besoin, pour être obligatoire, d'être établie par une loi. — *Les lois et ordonnances françaises d'intérêt général* sont devenues applicables sans promulgation en Algérie, par le fait seul de l'occupation, selon les nécessités du moment, c'est-à-dire au fur et à mesure de l'introduction des institutions ou établissements qu'elles régissent dans la Métropole. — Il n'y a d'exception à cette règle qu'autant que le législateur algérien l'a édictée. — A. 19 mars 1861, Planque-Delarombe c. Micriditz, III, 72.

2. Il suffit, pour qu'un impôt soit légal, qu'il soit édicté en principe dans un acte législatif, tout ce qui touche à la matière imposable, à la répartition et au recouvrement, ne constituant qu'un détail d'exécution de la compétence de l'Administration, ou auquel il peut être suppléé par les règles et les principes généraux en cette matière. — CHEMINS VICINAUX. — Spécialement, un décret de 1854 qui permet aux communes de remplacer les *journées de travail* nécessaires à l'entretien des chemins vicinaux par une contribution spéciale, assure par lui seul la légalité d'une contribution établie ultérieurement par la commune d'Alger sur le revenu immobilier, pour couvrir une allocation imposée à son budget de 1857 par le Ministre. — A. 25 février 1861, Picon c. le Maire d'Alger, III, 85.

V. Achour et Zekkat, — Compétence, 15, — Licence, — Taxe locative.

Imputation de paiement. — V. Paiement.

Incapacité. — V. Obligation, 9.

Incendie. — V. Bail, — Responsabilité.

Incident. — V. Ordre, — Saisie immobilière.

---

(1) Chacun sait qu'au nombre des libertés concédées par le second Empire, une des plus importantes a été celle des théâtres, qui fut proclamée par décret du 6 janvier 1864.

Incompétence (exception d').

—

§ 1. — Droit français.

1. En matière d'*incompétence* RATIONE PERSONÆ, l'exception doit être élevée avant toute défense au fond. On peut y renoncer, même implicitement. — La signification de conclusions à fin de communication de pièces constitue une renonciation au moyen d'incompétence. — A. 20 juillet 1866, Claris c. Joly, VIII, 269.

2. De même : Une compagnie d'assurances contre l'incendie citée en paiement de sinistre devant le tribunal civil, ne peut demander son renvoi devant les tribunaux de commerce en invoquant sa qualité de société commerciale, lorsqu'elle a posé des conclusions tendant à l'irrecevabilité de l'action par le motif qu'aux termes de la police d'assurance, on devait procéder par voie d'expertise. — A. 38 déc. 1870, *La Providence* c. Hutau, XII, 236.

3. *Incompétence* RATINOE MATERIÆ. — Le déclinatoire tendant à faire renvoyer devant le tribunal civil une cause dont la juridiction commerciale aurait été incompétemment saisie peut être élevé pour la première fois en appel. — A. 7 mars 1862, Tardieu c. Boulay, IV, 71.

4. L'*incompétence* RATIONE LOCI doit être proposée *in limine litis*, même avant les exceptions de nullité de l'ajournement. — A. 5 nov. 1867, Dupont et Pioles c. Dubois Waral, X, 42.

5. Décidé, en conséquence, que l'incompétence est couverte : 1° par les conclusions au fond prises dans l'exploit d'opposition contre un jugement de défaut ; 2° par l'exception de nullité d'exploit invoqué avant le moyen d'incompétence. — Même arrêt.

§ 2. — Droit musulman.

6. En admettant qu'un cadi maleki ne soit pas compétent pour statuer sur des contestations entre hanefites, ce ne serait là qu'une ncompétence relative qui ne pourrait être proposée pour la première fois en appel. (Art. 20, décret du 31 déc. 1859). — A. 30 avril 1861, Ezzora c. Fathma, III, 119. — V. Interdiction, 2, *in fine.*

18

V. Appel, 104, 105, — Cautionnement, 6, 7, — Compétence, 38 — Partages et licitations, 16, 17.

Indemnité. — V. Expropriation pour cause d'utilité publique, — Insurrection, 2, 3, — Servitude, 27.

Indigène.

1. Le bénéfice de la *capitulation de 1830* comprend les différentes fractions de la population indigène, les israélites comme les musulmans. — A. 25 nov. 1861, III, 253.

2. La dénomination d'INDIGÈNE que l'on trouve dans les lois spéciales à l'Algérie comprend l'ISRAÉLITE et le MUSULMAN. — L'art. 31 de l'ordonn. du 10 août 1834, qui dispose que les indigènes sont présumés avoir contracté entre eux selon la loi du pays, à moins qu'il n'y ait conventions contraires, a été confirmé par l'art. 37 de l'ordonn. du 26 sept. 1842, et est encore applicable aux israélites. — A. 16 nov. 1858, I, 1. — Dans le même sens, Cass. 4 juillet 1865, VIII, 173.

3. Il est inutile de rappeler que les israélites indigènes ont été déclarés citoyens français par décret du 24 octobre 1870 — Les questions relatives aux INDIGÈNES ne concernent donc plus que les musulmans.

4. ACTE PASSÉ DEVANT UN OFFICIER PUBLIC FRANÇAIS. — La comparution volontaire d'indigènes algériens devant un officier public français pour faire un contrat par le ministère de ce dernier, doit être considérée comme impliquant à elle seule intention suffisante de leur part de se soumettre, pour l'interprétation et l'application de l'acte, aux prescriptions de la loi française. — A. 3 mai 1871, Braham Atlan c. Blidi, XIII, 104.

5. Ce principe s'applique notamment à la disposition de l'art. 1341 qui rejette absolument la preuve testimoniale contre et outre le contenu aux actes, ou pour tout ce qui serait allégué avoir été dit avant, lors ou depuis les actes, encore qu'il s'agisse d'une somme ou valeur moindre de 150 fr. — Même arrêt. — V. Mariage.

6. INDIGÈNES ET FRANÇAIS. — Aux termes de l'art. 31 de l'ordonnance du 20 août 1834, dans les contestations entre indigènes et Français, la loi française ou celle du pays sont appliquées, selon la nature de l'objet du litige, les termes de la convention, et, à dé-

faut de convention, selon les circonstances et l'intention présumée des parties. — A. 26 nov. 1869, Lagardère c. Couderc, XI, 250. — V. Bail à rente annuelle et perpétuelle, n°° 2, 3.

V. Abus de confiance, 1, — Action en justice, — Armes, — Compétence, 61, 61 *bis*, — Crimes, délits et contraventions, — Enfant naturel, 6, — Médecine, 2 s, — Propriété, 29, — Tribunaux de commerce, 2, — Tribunaux français, 1 s, — et, pour ce qui concerne les musulmans, Droit musulman et les renvois, — pour ce qui concerne les israélites, Droit mosaïque, Israélite, et les renvois.

Indivisibilité. — V. Appel, 29 s, 62, 78, — Aveu, 2, — Intervention, — Tierce opposition, 8 s, — Transport-cession, 9.

Indivision. — V. Partages et licitations, 10 s, — Saisie immobilière, 8 s.

Ingénieur des chemins de fer. — V. Mandat.

Injure. — V. Diffamation et injure.

Inscription de faux.

1. DÉLAI. — DÉCHÉANCE. — Les prescriptions de l'art. 229, C. pr. c., ne sont pas absolues, en ce sens que le demandeur doive être nécessairement déchu de son inscription en faux, faute d'avoir signifié au défendeur ses moyens de faux dans les huit jours qui suivent le procès-verbal de description de l'acte argué de faux, après son dépôt au greffe. Il appartient au juge d'apprécier, d'après les circonstances de la cause, s'il y a lieu ou non d'admettre la déchéance. — A. 21 oct. 1859, Lakdar ben Ahmed c. Aïn Colina, I, 312.

2. RECEVABILITÉ. — *Jugement frappé d'appel.* — L'inscription de faux n'est recevable qu'à l'encontre des actes qui peuvent être attaqués par les voies ordinaires. — Par suite, lorsqu'un jugement frappé d'appel renferme des aveux faits par les parties, ce n'est pas par la voie de l'inscription de faux qu'on doit attaquer ces constatations, mais par les moyens ordinaires de droit, toutes les questions de fait et de droit vidées par les premiers juges étant soumises à un nouvel examen de la Cour. — A. 31 déc. 1861, Messrer c. Ben Barech, IV, 23.

Inscription hypothécaire.

1. Copartageant, colicitant. — L'inscription prise par un co-partageant contre un colicitant acquéreur d'un immeuble présente un caractère conditionnel et éventuel, et peut être réduite par application des art. 2132 et 2164, C. civ. — A. 28 mars 1871, Boyer, XIII, 185.

2. Élection de domicile. — L'élection de domicile dans une inscription hypothécaire n'est pas une formalité substantielle dont l'omission emporte nullité, surtout alors que le créancier domicilié dans l'arrondissement même du bureau des hypothèques, a indiqué ce domicile dans son inscription. — A. 24 nov. 1856, Housse c. Coulet, II, 188.

3. Même décision pour le cas où le créancier a fait élection de domicile dans un arrondissement autre que celui où se trouve le conservateur des hypothèques. — A. 8 janvier 1863, Jubien c. Bardin, V, 10.

4. Exigibilité. — Pour qu'une inscription hypothécaire soit complète, il faut qu'elle continue une époque d'exigibilité parfaitement déterminée. — A. 13 février 1869, Rémy c. Brémond, XI, 150.

5. Cette époque peut quelquefois être soumise à des conditions accidentelles ; mais en faisant connaître cette circonstance, le créancier peut être considéré comme ayant satisfait à la loi. — Même arrêt.

6. Est insuffisante l'énonciation où il est dit que la somme pour laquelle l'inscription hypothécaire est prise a été stipulée payable à des époques à fixer ultérieurement. — Même arrêt.

7. Intérêts. — Le point de départ de l'année courante dont il s'agit dans l'article 2151, C. N., doit être fixé au jour de l'adjudication de l'immeuble. — A. 9 mars 1870, Lafutzen c. Laval, XII, 52.

8. Nullité. — Est nulle l'inscription hypothécaire prise dans un arrondissement autre que celui de la situation des biens. Peu importe qu'antérieurement ils aient fait partie de cet arrondissement, si la modification dans cette délimitation de territoire s'est opérée légalement et dans les conditions de publicité prescrites. — Des faits de négligence et d'inattention ne peuvent en aucun cas constituer l'erreur commune. — Et la faute ou la négligence des pré-

posés ne peut donner à l'inscription une validité que la loi refuse, et préjudicier aux droits des tiers. — A. 7 juillet 1866, Pelet c. Chaume et Barbier, VIII, 273.

9. RADIATION. — Le conservateur des hypothèques ne peut exiger de celui qui requiert la radiation d'une inscription hypothécaire, que le dépôt du consentement authentique du créancier inscrit ou un jugement ayant acquis l'autorité de la chose jugée (art. 2157, 2158. C. civ.). — A. 4 nov. 1873, Delaon c. Bouyon, XV, 265.

10. Il né peut exiger le dépôt des actes propres à justifier la capacité du créancier. — La simple communication de ces actes suffit à garantir sa responsabilité. — Même arrêt.

11. RENOUVELLEMENT. — Ni l'état de faillite du débiteur, ni la vente aux enchères publiques de l'immeuble grevé d'une hypothèque ne dispense le créancier de renouveler son inscription dans les 10 ans de la date, à peine de péremption d'icelle. — A. 27 juin 1874, Decroix c. Cavalié et Chanu, XVI, 205.

12. Si, aux termes de l'art. 2154 du C. N., les inscriptions d'hypothèque, non renouvelées dans les dix ans de leur date, cessent de produire leur effet, il est de principe que le renouvellement de l'inscription devient inutile, lorsque cet effet est ultérieurement produit. — A. 29 juin 1869, Bronde c. Aribaud, XI, 193.

13. Il en est notamment ainsi lorsque, dans le cas d'aliénation volontaire, l'acquéreur, se conformant aux dispositions des articles 2183 et suivants du Code Napoléon, a notifié aux créanciers inscrits son titre avec les énonciations exigées par la loi, et lorsque les créanciers ont laissé passer, sans faire de surenchère, les quarante jours que l'art. 2185 leur accorde pour surenchérir. Il se produit alors, par l'effet de cette notification, et par le silence des créanciers, un quasi-contrat qui a pour résultat de liquider l'hypothèque et de convertir le gage immobilier en une somme d'argent. — Même arrêt.

14. SUBROGATION. — Une inscription hypothécaire doit figurer sur le registre du conservateur pour pouvoir se produire. — Par suite, si l'acquéreur d'un immeuble a payé un créancier inscrit avec subrogation légale et a négligé de faire la mention de subrogation, à la conservation des hypothèques, et que l'inscription vienne ensuite à être radiée sur la mainlevée donnée par le créancier désintéressé, l'acquéreur ne peut exciper à l'égard des autres

créanciers postérieurement inscrits, de l'inhabileté du créancier subrogeant à consentir la radiation ; l'inscription, en ce cas, est comme si elle n'avait pas été prise. — A. 12 fév. 1863, Banque de France c. Ardouin, V, 36.

15. SUCCESSION BÉNÉFICIAIRE. — L'inscription prise sur une succession bénéficiaire, en Algérie, est nulle alors que les héritiers connus ont renoncé. (Art. 2146, C. civ.) — A. 12 février 1874, Gonssolin c. Mallen, XVI, 80.

V. Hypothèque, 7, — Intérêts, — Privilège, 10 s, — Purge, 2, 3

Instance. — V. Référé.

Instance domaniale.

1. GÉNIE MILITAIRE. — L'instance relative à l'expropriation d'un immeuble faite dans l'intérêt du génie militaire est une instance domaniale, rentrant dans le service des Domaines. — A. 7 déc. 1868, Préfet de Constantine c. Lacombe, X, 232.

2. Par suite, si le receveur des Domaines refuse de recevoir un appel signifié dans cette instance au préfet, il commet une faute qui tombe sous l'application de l'art. 1039, C. pr. civ. — Même arrêt.

3. Aux termes des articles 69 et 70, C. pr. civ., l'Etat, en ce qui concerne les droits domaniaux, doit être assigné en la personne et au domicile du préfet. — Même arrêt.

4. Donc la signification faite au domicile du commandant du génie militaire est nulle en principe. Mais en Algérie l'ordonnance royale du 10 août 1834, maintenue par celles des 28 février 1841 et 26 septembre 1842, donnent aux juges la faculté d'accueillir ou de rejeter, selon les circonstances, les actes entachés de nullité d'après les art. 69 et 70 du Code de procédure. — Même arrêt.

5. MÉMOIRE PRÉALABLE. — Le mémoire préalable à toute instance domaniale, prescrit par le décret du 28 déc. 1855, ne peut être remplacé par des équipollents, c'est-à-dire par des conclusions motivées signifiées contradictoirement et par l'Etat et par le demandeur sur le fond du litige. — Lorsque deux parties ont signifié le mémoire prescrit, elles sont recevables à introduire l'action principale, mais il n'en est pas de même d'une troisième partie qui viendrait se joindre à cette action sans avoir figuré dans le mémoire préalable, cette troisième partie serait-elle un cohéritier

ayant le même intérêt et concluant aux mêmes fins, et par les mêmes moyens. — A. 12 nov. 1862, Marchis c. l'État, IV, 273.

6. *Contrà* : — L'obligation, édictée par l'art. 1er du décret du 28 décembre 1855, de signifier un mémoire préalablement à toute action contre le Domaine de l'État ou le Domaine départemental, en Algérie, ne saurait être étendue à celui qui intervient dans une instance ouverte, alors surtout qu'il n'y élève aucune prétention nouvelle et se borne à adhérer à celles des demandeurs originaires. — A. 29 juillet 1872, Préfet de Constantine c. Ben Guechi, XIV, 158.

7. En tous cas, l'ommission de cette signification constitue, non pas une nullité d'ordre public, mais une nullité de procédure, qui est couverte, si elle n'a été proposée avant toute défense au fond. — Même arrêt.

Instruction par écrit. — V. Expropriation pour cause d'utilité publique. — Instance domaniale.

Insurrection.

1. CONSEILS DE GUERRE. — TRIBUNAUX ORDINAIRES. — Lorsqu'un territoire est mis en état de siége, les faits insurrectionnels qui s'y accomplissent ne sont pas nécessairement de la compétence des conseils de guerre ; c'est une simple faculté réservée à l'autorité d'y traduire les individus n'appartenant pas à l'armée, mais les tribunaux ordinaires restent compétents, tant qu'ils n'ont pas été dessaisis. — Cass. crim., Ben Ali Cherif, XLV, 289.

2. INDEMNITÉ. — Les commissions instituées par l'arrêté du Gouverneur général du 13 mars 1871, pour apprécier et répartir les indemnités dues aux propriétaires par suite des faits insurrectionnels de la susdite année, avaient le pouvoir de régler définitivement les indemnités dues et réclamées ; par conséquent, les propriétaires qui se sont adressés à ces commissions et ont reçu sans réserve le montant de l'indemnité accordée, sont irrecevables à actionner ultérieurement les indigènes pour obtenir une indemnité complémentaire. — A. 18 fév. 1875, Abadie c. Amar ben Lakreri, XVII, 19.

3. Les sommes allouées par la loi de finances du 8 juillet 1865 aux victimes des troubles qui ont éclaté dans le Sud de l'Afrique en 1864, ont le caractère de secours et non d'indemnité pour ré-

paration de pertes éprouvées, et.sont, dès lors, insaisissables. —
A. 1er juin 1867, Fleury c. Grégoire, IX, 117.

4. RÉPRESSION APRÈS SOUMISSION. — La soumission des indigènes, déterminée par la force des armes, ne peut faire obstacle
à la répression des crimes particuliers dont ils se sont rendus
coupables pendant l'insurrection. En tenant pour constant que
l'autorité militaire les aurait admis à l'*aman*, cette mesure ne
saurait produire pour eux les effets de l'amnistie, qui ne peut être
accordée que par une loi. — Même arrêt qu'au n° 1, *suprà*.

Intendant civil. — V. Arrêté de l'intendant civil.

Interdiction.

1. CONTRAINTE PAR CORPS. — *Indigène.* — La contrainte par
corps ne peut être prononcée contre un interdit pour une obligation commerciale (1) valablement consentie à une époque antérieure à son interdiction, si le jugement n'est rendu qu'après l'interdiction prononcée. — Il n'y a aucune distinction à faire entre
l'interdit français et l'interdit indigène. — A. 16 février 1859, I,
225.

Droit musulman.

2. Le tuteur à l'interdiction d'une femme indigène nommé par
le cadi a qualité pour attaquer les actes passés par cette dernière
sous l'empire des causes qui ont motivé l'interdiction. — Il importe
peu que l'interdiction ait été prononcée pour faiblesse d'esprit et
prodigalité (causes admises par la loi islamique) ou par l'imbécillité
ou la démence. — COMPÉTENCE. — Un cadi maleki peut prononcer l'interdiction d'une femme hanefite. — A. 4 mars 1861, Maroc
c. Bel Attar, III, 62. — V. Incompétence, 6.

Intérêts.

DIVISION

§ 1. — Législation spéciale.
§ 2. — Immobilisation et point de départ des intérêts.
§ 3. — Droit musulman.

§ 1. — Législation spéciale.

1. En Algérie, la convention sur le taux de l'intérêt fait la loi

(1) La contrainte par corps en matière commerciale a été abolie par la loi du 22
juillet 1867.

des parties (ord. 7 déc. 1835, arrêté du 4 nov. 1848, décret du 11 nov. 1849). — A. 10 juin 1874, Lenoir c. Prost, XVI, 167.

2. ANATOCISME. — Cependant la convention indiquant que les intérêts seront capitalisés tous les trois mois, est illicite en droit. — La liberté indéfinie de l'anatocisme n'est pas une conséquence du taux de l'intérêt. L'art. 1154, C. c., lui a posé une limite qui est d'ordre public. — Même arrêt.

3. COMPTE COURANT. — La capitalisation des intérêts trimestriels, dans les comptes courants commerciaux, ne pourrait s'appliquer qu'à ces comptes courants, c'est-à-dire aux versements réciproques des négociants ; mais la capitalisation sur le prêt doit être restreinte aux intérêts dus pour une année (art. 1154, C. c.). — Même arrêt.

4. INTÉRÊT EXCESSIF. — Bien que le taux de l'intérêt ne soit pas limité en Algérie, néanmoins, lorsqu'il est excessif, il doit être considéré comme contraire aux bonnes mœurs et à l'ordre public, comme le résultat du dol et de l'oppession, et être réduit dans une certaine mesure. — A. 5 nov. 1861, Bagdadi c. Moatti, III, 247.

5. OBLIGATION PASSÉE EN FRANCE. — Les juges en Algérie ne peuvent, en prononçant une condamnation pour le montant d'une obligation passée en France, adjuger des intérêts à 10 p. 0/0 à partir du jugement. Le créancier n'a droit qu'aux intérêts à 5 p. 0/0, si le titre porte stipulation de ce taux jusqu'à parfait paiement. — Il importerait peu que le débiteur résidât en Algérie à l'époque de la condamnation (ord. 7 déc. 1835). — A. 13 janvier 1862, Lambert des Cilleuls c. Poignard, IV, 27.

§ 2. — Immobilisation et point de départ des intérêts.

6. Une capitalisation des intérêts de l'obligation ne saurait, au regard des autres créanciers inscrits, être garantie par l'inscription originairement prise pour le capital, bien que ce capital ait été réduit par un à-compte à une somme moindre que le chiffre primitif, y compris la capitalisation. — A. 12 janvier 1860, Giraud et Manégat c. Troussel, II, 76.

7. L'art. 2151, C. civ., ne s'applique pas aux intérêts d'un prix de vente. — A. 3 avril 1862, Denizot et Boudon c. Faideau, IV, 69. — V. Prescription, 9 s.

8. En matière de vente volontaire, les intérêts qui sont la représentation des fruits ne sont immobilisés au profit des créanciers

inscrits que du jour de la sommation faite au tiers détenteur conformément à l'art. 2176, C. civ., ou du jour des notifications faites par ce dernier aux créanciers inscrits en vertu des art. 2183, 2184, même Code. — A. 7 mai 1870, Kespy c. Ayache, XII, 141.

9. Par suite, les intérêts payés par le tiers détenteur, soit avant la sommation, soit avant les notifications par lui faites, dans les conditions de la loi, au vendeur ou à ses créanciers, sont valablement payés et libératoires. — Même arrêt.

10. Lorsqu'une obligation porte qu'aucun intérêt ne sera dû *jusqu'au jour de l'échéance*, les intérêts ne courent pas de plein droit à partir de cette échéance. — Une *production à un ordre* est une demande en justice qui fait courir les intérêts. — Même arrêt qu'au n° 6, *suprà*.

11. Dans une instance, les intérêts du principal courent du jour de la demande judiciaire par la voie de l'assignation donnée au défendeur, et non du jour du dépôt du *préalable mémoire*, dans les causes où il est exigé par la loi. — A. 1er juillet 1874, comm. d'Alger c. Coulon et l'État, XVI, 216.

§ 3. — Droit musulman.

12. Les intérêts, d'après la loi musulmane, ne peuvent être réclamés qu'autant qu'ils ont été formellement convenus. — A. 27 mai 1875, Zouaoui c. Hadjadj, XVII, 196.

V. Expropriation pour cause d'utilité publique, 41, 45, — Folle enchère, 7 s, — Inscription hypothécaire, 7, — Ordre, 25, 26, — Transport-cession, — Vente, 43.

Interposition de personne. — V. Enfant naturel, 1, — Jésuites, — Substitution, 2, — Surenchère, 1.

Interprétation des conventions.

1. Quand il s'agit de déterminer le caractère et le nom d'une convention, il faut s'attacher aux clauses qui en font le principal élément. — A. 19 mars 1860, Trémeaux c. Demonchy, II, 130.

2. Dans les conventions, il faut rechercher quelle a été la commune intention des parties, et ne point s'arrêter au sens littéral des termes. — Les clauses des conventions s'interprètent les unes par les autres en donnant à chacune le sens de l'acte entier. — A. 27 janvier 1871, Crispo et Fiorentino c. Scala, XIII, 23.

3. Pouvoir du juge. — Le pouvoir souverain qui appartient aux juges du fond d'interpréter l'intention des parties contractantes va jusque-là que s'ils reconnaissent qu'une expression du contrat, étant en désaccord avec cette intention, constitue une erreur de rédaction, ils peuvent rectifier cette expression alors surtout que cette rectification est indispensable pour que le contrat produise effet : Il peut y avoir là un mal jugé, non un excès de pouvoir ni même une violation de la loi du contrat donnant ouverture à cassation. (C. N. 1134 et 1156.) — Il ne saurait d'ailleurs y avoir violation de la loi du contrat de la part du juge, que si, après avoir constaté l'existence et le sens d'une convention, ce juge, sous un prétexte quelconque, modifiait ce qu'il aurait reconnu avoir été convenu entre les parties. — Cass. Req. 22 nov. 1865, Laplace-Chauvac et Bourne c. Assada et Bourelly, VIII, 97.

Interprétation des jugements. — V. Chose jugée, 7, — Jugement (mat. civ.), 2 s, — Jugement commercial, 5.

Interprète. — V. Traduction, — Tribunaux correctionnels, 9 s.

Intervention.

1. Appel. — Toute intervention présuppose virtuellement l'existence d'un appel déjà formée par une autre partie, d'où il suit que l'appelant lui-même ne peut se constituer intervenant pour échapper à l'irrecevabilité de son appel. — A. 7 avril 1873, Préfet de Constantine c. Debono, XV, 132.

2. Cassation. — L'intervention n'est recevable en Cour de cassation qu'autant qu'il s'agit d'une matière indivisible. — Cass. civ. 28 avril 1873, Mahi Eddin, XV, 166.

V. Appel, 105, — Cassation, 6, — Jugement (mat. civ.), 1.

Inventaire.

Difficultés. — *Référé.* — Lorsqu'au cours des opérations de l'inventaire, il s'élève des difficultés entre les parties qui y assistent, le notaire rédacteur peut, aux termes de l'art. 944 du Code de procédure civile, s'il réside dans le canton où siège le tribunal, déférer le jugement de ces difficultés au président siégeant en référé ; celui-ci est compétent pour statuer sur icelle. Les parties ont le même droit en cas d'inaction du notaire. Il paraîtrait résulter de l'art. 936 du même Code que si ces difficultés s'élèvent lors de la mainlevée des scellés, c'est au juge de paix qu'il appartient d'en saisir le président dans les mêmes conditions que celles ci-dessus indiquées. — A. 30 juin 1874, Guénot c. Wasse Ste Marie (succ. de), XVI, 154.

Irrigations. — V. Eaux.

Israélite.

DIVISION

§ 1. — Législation antérieure au décret du 24 octobre 1870.
§ 2. — Effets de la naturalisation des israélites.

——

§ 1. — Législation antérieure au décret du 24 octobre 1870.

1. STATUT PERSONNEL. — Le sénatus-consulte des 14-23 juillet 1865 n'a conservé aux israélites indigènes que leur statut purement personnel. — Cette réserve ne comprend que les règles relatives à leur état et à leur capacité. — Cass. Req. 16 juin 1869, Zaffran c. Bussidan, XI, 154. — V. Serment, 9, 10.

2. Le statut personnel des indigènes n'a pas un caractère indélébile ; il leur est facultatif d'y renoncer pour se soumettre à la loi française. — Jugem. Alger, 22 février 1869, Aboulker, XI, 92.

3. Le sénatus-consulte du 14 juillet 1865 n'a rien innové à cet égard. — Même jugement.

4. Dans le sens de cette solution, il a été jugé que si les israélites indigènes de l'Algérie étaient, en principe, régis par le statut personnel mosaïque, cependant ils avaient la faculté de renoncer à ce statut pour placer leurs personnes et leurs biens sous le régime de la loi personnelle française. — Jugem. Alger, 2 déc. 1869, Abraham Akoun c. Denina Sasportès, XI, 225.

5. La Cour s'est pendant longtemps prononcée contre cette jurisprudence du tribunal d'Alger. — Ainsi, elle a décidé qu'en Algérie les israélites indigènes étaient régis par leur statut personnel (sénatus-consulte du 14 juillet 1865), — qu'ils ne pouvaient se soustraire, par un consentement mutuel, à l'empire de cette règle et faire régir par la loi française leur capacité civile. — A. 1er juin 1869, Pinhas, XI, 130.

6. ... Qu'ils ne pouvaient le faire que par la naturalisation. — A. 26 juillet 1869, Aboulker, XI, 131.

7. ... Que du principe que les renonciations ne se présument pas, on devait conclure, en tous cas, qu'une telle renonciation ne pourrait résulter que d'une manifestation expresse de la volonté des parties. — Même arrêt. — V. Mariage, n°⁵ 19 s, 24.

8. ... Que, cependant, cette manifestation de volonté pouvait résulter de faits, de circonstances et d'actes dont la portée devait être appréciée par le juge. — A. 21 oct. 1870, Stora c. Tabet, XII, 190.

9. Adoptant enfin la jurisprudence du tribunal, la Cour a décidé que sous la législation antérieure au décret du 24 octobre 1870, les israélites algériens avaient le droit d'opter, dans leurs contrats touchant le statut personnel, pour la législation française, à l'exclusion de la loi mosaïque. — A. 21 mars 1871, Narboni et Brisset c. Salfati, XIII, 33.

10. Voir, pour l'application de ces solutions diverses et longtemps contraires, les mots Mariage et Succession.

11. STATUT RÉEL. — Quant au statut réel des indigènes israélites, on verra aussi au mot Succession qu'il a donné lieu à des décisions opposées. Mais le dernier état de la jurisprudence soumettait les israélites à la loi française, pour leur statut réel. — Cass. Req. 31 mars 1874, Sebaoun c. Loufrani, XVI, 256.

§ 2. — Effets de la naturalisation des israélites.

12. Le décret du 24 octobre 1870, qui a conféré à tous les israélites indigènes la naturalisation française et les a placés sous l'autorité de la loi de la Métropole par voie de mesure générale, n'est pas une faveur qu'il leur est permis d'accepter ou de répudier à leur fantaisie, et est obligatoire du jour de sa promulgation. — A. 1ᵉʳ mars 1875, Benichou c. Darmon, XVIII, 255. — V. Mariage, 10 s.

12 bis. Le décret du 24 octobre 1870 atteint les droits que les indigènes israélites tenaient de leur statut personnel et qui ne subsistent pas sous le régime de la loi civile française, et détruit les effets d'une demande formée antérieurement à la promulgation du décret en vue de la poursuite de droits de ce genre, spécialement du divorce. — A. 8 mars 1871, Timsit, XIII, 67. — V. Séparation de corps, 2.

V. Achour et Zekkat, — Acquiescement, 4, 5, — Communauté israélite, — Culte, — Enquête, 14, — Élections législatives, — Indigène, et les renvois, — Preuve testimoniale, — Séparation de corps, 2, — Société, 36, — Tutelle. — Vente, 22. — Veuve, — V. aussi Droit mosaïque et les renvois.

J

Jésuites.

La compagnie de Jésus, non reconnue par l'Etat, ne peut *ni acquérir, ni aliéner, ni contracter, ni ester en justice* (décidé dans les motifs de l'arrêt). — Elle a pu cependant recevoir, *sous le nom d'un tiers*, l'un de ses membres, une concession territoriale sous certaines conditions de constructions à exécuter et dans un but d'utilité morale. — Ce tiers a pu vendre à une autre personne, également membre de ladite compagnie, l'immeuble ainsi concédé et les constructions y édifiées, sans que la compagnie de Jésus ait cessé d'en avoir la propriété réelle et la possession de fait. — Dans ce cas, le premier concessionnaire, simple propriétaire nominal, possédait pour la compagnie de Jésus ; il en était de même de son acquéreur substitué. — Et les héritiers naturels du premier concessionnaire sont inhabiles et sans droit pour revendiquer l'immeuble et demander la nullité de la vente, sous prétexte d'interposition de personne. — A. 27 mai 1868, Reynaud c. Parabère, X, 85.

Jet à la mer. — V. Avarie, 8 s, — Compétence, § 4.

Jeu. — V. Escroquerie.

Jour férié. — V. Saisie immobilière, 58. — V. aussi Contrainte par corps.

Journal. — V. Presse, — Référé, 14.

Journal de bord. — V. Avarie, 11, — Capitaine de navire.

Jours. — V. Servitude, 16 s.

Juge commis. — V. Ordre, 1 s.

Juge de paix. — V. Compétence, — Degrés de juridiction,

— Bornage, 1, — Jugement par défaut, 9, — Presse, 15, — Tribunaux correctionnels, 5 bis s.

Jugement (mat. civ.).

1. CLÔTURE DES DÉBATS. — *Intervention*. — Les débats n'étant clos que lorsque le Ministère public a donné ses conclusions, l'intervention du préfet venant soutenir un déclinatoire de compétence est recevable même après la clôture des plaidoiries et le renvoi de l'affaire à un autre jour pour les conclusions du Ministère public, si ces conclusions n'ont pas été données. — A. 29 juillet 1859, Lesca, Villenave et Cⁱᵉ c. Parer, I, 245.

2. INTERPRÉTATION. — Le dispositif d'un jugement s'interprète par les motifs. — A. 15 fév. 1873, Lévy c. Chabaud, XV, 41.

3. Le dispositif d'un jugement fixe seul le montant des condamnations; d'ailleurs, le doute qui pourrait naître de la contradiction entre les motifs et le dispositif doit s'interpréter, selon la règle générale, en faveur du débiteur. — A. 28 janvier 1873, Ribbes c. Feuilloy, XV, 21.

4. PARTAGE. — *Plaidoiries et conclusions nouvelles*. — Lorsqu'après un jugement déclaratif de partage entre les juges, l'affaire revient pour être plaidée de nouveau, des conclusions nouvelles peuvent être prises par les parties, aucune distinction n'étant faite par l'art. 118, C. proc. civ., entre le fond de la question qui a donné lieu au partage et les accessoires incidents qui peuvent s'être présentés depuis le jugement qui l'a déclaré. — A. 22 nov. 1858, Préfet d'Oran c. Pasquier, I, 19.

5. Il en est surtout ainsi lorsque les conclusions nouvelles proposent un moyen d'incompétence *ratione materiœ*. — Même arrêt.

6. QUALITÉ DES PARTIES. — *Opposition à commandement*. — Dans une opposition à commandement, l'opposant est le demandeur et le créancier le défendeur. — A. 24 février 1873, Jue c. Cazali, XV, 65.

7. RÉOUVERTURE DES DÉBATS. — Il n'y a pas lieu d'ordonner la réouverture des débats, motivée sur la production, dans les conclusions du Ministère public, d'un grand nombre de pièces nouvelles, si dans les documents et pièces versés au procès par les parties elles-mêmes, les juges trouvent des éléments suffisants de décision, alors surtout que, durant le délibéré, il a été produit un

mémoire sous la rubrique de simple note et que les juges ont eu tels égards que de droit aux explications qu'il contient. — A. 16 janvier 1869, Breucq c. l'*Akhbar*, XI, 24.

8. *Notes.* — Le Ministère public une fois entendu, aucune partie ne peut obtenir la parole. Seulement, les avocats peuvent transmettre des notes, à la condition que ces notes seront conformes aux dispositions de l'art. 111, C. proc. civ., c'est-à-dire purement énonciatives ou rectificatives de certains faits sur lesquels ils prétendraient que le Ministère public a été incomplet ou inexact. — A. 9 nov. 1863, Mauger c. Préfet d'Alger, V, 224.

9. VACATIONS. — Un jugement n'est pas nul pour avoir été rendu en vacations. (Art. 44, 70, décret du 30 mars 1808, et art. 11, ord. 16 avril 1843). — A. 18 fév. 1874, Bou Renan c. Guedj, XVI, 142.

V. Appel, — Exécution des jugements, — Exécution provisoire. — Hypothèque, — Signification des jugements, — Nullités, — etc.

Jugement commercial.

1. INCIDENT DE FAUX. — Lorsqu'un incident en matière de faux est soulevé devant le tribunal de commerce, les dispositions de l'art. 427 du Code de proc. civ., aux termes duquel la cause doit être renvoyée devant le tribunal civil, ne sont pas tellement obligatoires que les juges du tribunal de commerce ne puissent pas, selon les circonstances, retenir l'affaire et juger au fond. — Dans tous les cas, et quel que soit le bien ou le mal jugé, l'appel est non recevable si la décision des premiers juges ne comportait qu'un intérêt au-dessous de 1,500 fr., et si tout recours contre cette décision était interdit par la loi. — A. 4 janvier 1865, Sozzi c. Castel Dugenet, VI, 210.

2. Une simple allégation de faux, non suivie d'inscription, ne saurait enlever aux tribunaux de commerce la faculté de statuer, alors surtout que l'exception proposée leur paraît évidemment dilatoire. — A. 2 mai 1868, Juda Cohen. c. Ben Tata, X, 172.

3. C'est avec raison que le tribunal de commerce surseoit à statuer et renvoie les parties devant les juges compétents, lorsque le faux est allégué, alors même que le Ministère public n'aurait encore dirigé aucune poursuite relativement à la pièce arguée de faux (art. 3, C. i. cr., 147, C. p.). Mais le tribunal peut prononcer sur le chef de la demande non contesté. — Quant au surplus de la

demande, il y a lieu de déterminer le délai pendant lequel l'inscription de faux sera formée. — A. 30 mars 1874, Banque de l'Algérie c. Pourrière, XVI, 176.

4. INSTANCE PENDANTE. — *Notification.* — En matière commerciale, dès qu'un jugement définitif n'est pas intervenu à la première audience, toute notification doit être faite au lieu où siège le tribunal, soit à domicile élu, soit au greffe. — A. 27 mars 1868, Lecomte c. Ballet, XI, 63.

5. INTERPRÉTATION. — Le tribunal civil est compétent pour statuer sur l'exécution des jugements des tribunaux de commerce et sur les questions accessoires qui se rattachent à cette exécution, mais il ne l'est plus lorsqu'il s'agit de l'interprétation de ces mêmes jugements. — A. 10 juin 1869, Chouquet c. Roux et Mekalski, XI, 200.

6. RENVOI DEVANT UN JUGE. — Le renvoi devant un juge n'équivaut pas à une mise en délibéré. — En conséquence, le jugement rendu ensuite sur le rapport du juge commis, et intervenu en l'absence de l'une des parties et sans qu'elle ait été appelée régulièrement, est un jugement de défaut auquel cette partie peut faire opposition. — A. 14 oct. 1859, Martinetti c. Lespasi, I, 306.

7. *Contrà :* Le jugement intervenu, sur le renvoi par le juge à l'audience, en l'absence d'une partie assignée, aucunes conclusions nouvelles n'ayant été prises d'ailleurs par le comparant, doit être considéré comme contradictoire, et n'est dès lors pas susceptible d'opposition. — Paris, 23 août 1860, II, 272.

V. Exécution des jugements, — Exécution provisoire, etc.

Jugement criminel.

1. INCULPÉ NON COMPARANT. — *Avocat.* — L'opposant à un arrêt de défaut qui a été condamné à une simple amende pour un délit comportant la peine de l'emprisonnement, peut se dispenser de comparaître en personne et se faire représenter par un avocat. — A. 24 oct. 1868, vᵉ Dagorn, X, 191.

2. Au surplus, les dispositions de l'art. 185, C. instr. crim., ne sont pas absolues ; les juges peuvent en tempérer la rigueur, suivant les circonstances. — Même arrêt.

3. PARTIE CIVILE. — Lorsqu'une partie comparaît en police correctionnelle comme partie civile, l'inculpé, en l'absence de renvoi prononcé conformément aux art. 130, 160 et 230, C. inst. crim., et

de citation directe, ne saurait être recevable à conclure reconventionnellement contre elle. — Cette fin de non-recevoir peut être
proposée pour la première fois en appel. — A. 26 mai 1864, Mer-
les des Iles c. Bichon, VI, 90.

4. VOIES DE RECOURS. — En matière pénale, l'exécution des condamnations ne fait pas obstacle aux voies légales de recours. —
Jugem. corr. Philippeville, 3 déc. 1866, Barrois, IX, 46.

5. L'administration des contributions ne peut intervenir (comme toute partie civile) dans une instance correctionnelle, qu'autant
qu'elle aurait pu saisir directement le tribunal de la connaissance
du fait incriminé. Par suite, elle est irrecevable si le fait poursuivi
ne constitue pas une atteinte à une loi fiscale dont la violation
aurait eu pour résultat de frustrer les droits du fisc. — A. 3 juin
1864, Fusero, VI, 106.

V. Chose jugée, 35, — Exploit, — Garantie, 6, — Jugement par
défaut, 18.

Jugement par défaut et opposition.

1. ACQUIESCEMENT. — *Procès-verbal de capture.* — Lorsqu'une
partie condamnée par un jugement de défaut rendu en matière
commerciale est capturée en vertu de ce jugement, et que, sur le
procès-verbal de capture, elle donne caution du montant des condamnations pour éviter l'écrou, elle se rend ainsi non recevable à
former ultérieurement opposition (1). — A. 6 mars 1861, III, 106.

2. DÉFAUT FAUTE DE COMPARAÎTRE. — Lorsque l'avoué constitué dans un acte d'appel refuse d'occuper pour l'appelant ; qu'il
est notifié à ce dernier que l'avoué qu'il avait constitué occupait
pour l'intimé, avec sommation d'en constituer un autre, l'arrêt qui
intervient avant cette constitution est par défaut ; par suite l'opposition formée après le délai prescrit par l'art. 157, C. proc. civ.,
est recevable. — A. 6 juillet 1868, Curion et Cluseret c. Guillemin,
X, 154.

3. DÉFAUT FAUTE DE PLAIDER. — L'art. 643 du Code de commerce n'a modifié l'art. 436 du Code de procédure qu'en ce qui
concerne les jugements par défaut, faute de comparaître en personne ou par mandataire, mais à l'égard des jugements de défaut,

---

(1) La contrainte par corps en matière civile et commerciale a été abolie par la
loi du 22 juillet 1867.

faute de plaider, l'art. 436 a gardé toute sa rigueur. — A. 27 mars 1868, Lecomte c. Ballet, XI, 63.

4. Il résulte des dispositions des art. 436, 421 et 422 combinés que le délai spécial prescrit ne peut être augmenté à raison des distances. — Même arrêt.

5. Au cas où le défendeur a formé une demande incidente en retrait litigieux, la cause n'est pas liée contradictoirement à son égard, sur le fond, par les seules conclusions prises sur cette demande incidente. En conséquence, le jugement ou l'arrêt qui, après l'avoir repoussée, statue en même temps au fond, est, de ce chef, une décision par défaut, faute de conclure et plaider (C. pr. civ., 149). Cass. civ. 29 juillet 1868, l'Etat c. Cely, X, 258.

6. Par suite, le pourvoi en cassation contre cette décision sur le fond est non recevable, tant que l'opposition n'a pas été vidée. — Même arrêt.

7. DÉFAUT PROFIT-JOINT. — Lorsque, sur un jugement de défaut profit-joint, il intervient un jugement contradictoire qui statue définitivement envers la partie originairement défaillante en la mettant hors d'instance, puis un arrêt infirmatif qui la retient en cause et dans le compte ordonné par le jugement attaqué à l'égard d'une autre partie, le jugement de défaut qui intervient ensuite sur le compte n'en est pas moins susceptible d'opposition (art. 153, C. pr. c.). — A. 14 janvier 1859, Rozan c. Kolb, I, 73. — V. la note.

8. Il n'y a point lieu, pour l'application de l'art. 153, C. pr. c., de rechercher si l'intérêt de la partie défaillante est distinct de celui de la partie comparante, mais bien si ces deux intérêts n'ont pas un lien commun d'où puisse résulter, en cas d'opposition au jugement par défaut, une contrariété de décisions. — Ainsi, si le conservateur des hypothèques et des créanciers sont assignés pour voir ordonner une radiation sur un état hypothécaire, le défaut profit-joint doit être prononcé si le conservateur a constitué avoué et que les créanciers ne comparaissent pas. — A. 25 juin 1860, Mannoury c. Bérard, II, 209.

9. JUGE DE PAIX. — L'art. 156, Code procédure civile, en ce qui touche la péremption des jugements de défaut, faute d'exécution dans les six mois, n'est pas applicable aux jugements de défaut rendus par les juges de paix. — A. 23 juin 1873, Rudzinski c. ve Montel et Baptiste, XV, 289.

10. OPPOSITION. — Si l'opposition déclarée par le débiteur sur le

commandement qui lui est signifié, n'est pas réitérée dans la huitaine, il est déchu du droit de former ultérieurement une nouvelle opposition par acte extra-judiciaire. (Art. 162, C. pr. c.) — A. 11 nov. 1858, Maingot c. Verdin, I, 8.

11. Mais le délai pour former opposition à un jugement rendu par défaut contre partie ne saurait expirer qu'au moment où le jugement est réputé exécuté par un acte duquel il résulte que l'exécution (et non l'existence) du jugement a été connue de la partie défaillante. — La déchéance prononcée par l'art. 162, C. pr. civ. présuppose nécessairement l'existence d'un acte d'exécution. — A. 26 mai 1857, Cappé c. Nefissa, III, 183.

12. PÉREMPTION. — Une saisie-arrêt ne peut être faite en vertu d'un jugement de défaut périmé faute d'exécution dans les six mois. — A. 29 février 1868, Audouard c. Tenis et Zermati, X, 34.

13. Si, en principe, l'exécution faite dans les six mois contre un ou plusieurs codébiteurs solidaires empêche la péremption à l'égard des autres, encore faut-il que cette exécution ne soit pas nulle pour avoir été faite en violation des prescriptions de l'art. 155, C. pr. civ. En effet, dans ce cas, chacun des codébiteurs solidaires a le droit d'exciper de cette nullité. — Même arrêt.

14. La péremption d'un jugement par défaut n'est pas d'ordre public ; la partie condamnée peut y renoncer ; l'opposition pure et simple qu'elle fait à ce jugement implique cette renonciation. — A. 23 avril 1870, Cosse c. Guillermont, XII, 83.

15. L'exécution d'un jugement de défaut envers l'un des codébiteurs condamnés solidairement en interrompt la péremption vis-à-vis de tous. — Même arrêt qu'au n° 10, *suprà*.

16. Les actes d'exécution énumérés par l'art. 159, C. pr. civ., et particulièrement par un procès-verbal de carence fait régulièrement, ne ferment pas la voie de l'opposition lorsqu'il est certain, en fait, que la partie n'a pas eu connaissance de l'exécution. — A. 15 fév. 1873, Lévy c. Chabaud, XV, 41, — Conf. Poitiers, 30 juin 1847 ; Cass., 23 avril 1850 ; Bruxelles, 19 novembre 1851.

17. SIGNIFICATION. — Toute signification à plusieurs personnes doit être faite par autant de copies qu'il y a de personnes en cause, et ce à peine de nullité (art. 68 et 70, C. pr. c.) ; d'où il suit que la signification d'un jugement de défaut faite par une seule copie à deux parties, ne peut servir de base à une exécution ni

faire courir les délais de l'opposition. — A. 23 janvier 1861, Mannoury c. Rémuzat, III, 4.

18. MATIÈRE CORRECTIONNELLE. — L'opposition à un jugement
de défaut rendu par un tribunal correctionnel doit être signifiée
au Ministère public à peine de nullité. (Art. 187, C. instr. cr.). —
A. 24 mars 1860, Dufaure, II, 157.

V. Délai, — Jugement (mat. civ.), — Jugement commercial, —
Jugement criminel, — Follé-enchère, 10, 11.

Jugement sur requête. — V. Appel, 19, 20.

Juifs. — V. Israélite.

Juridiction. — V. Compétence, — Degrés de juridiction, —
Justice musulmane, — Organisation judiciaire, — Tribunaux (divers), etc.

Jury.

1. La loi de 1872 sur le jury en France n'ayant pas été promulguée en Algérie, y est inapplicable. C'est le décret du 7 novembre
1870, sur le jury en Algérie, qui doit seul y être exécuté. Et on ne
peut considérer la loi de 1872 comme ayant apporté une simple
modification aux lois générales sur le jury qui. en vertu de la jurisprudence, rendrait cette modification applicable en Algérie. La
loi de 1872, faite pour la Métropole, y est exclusivement applicable, l'Algérie reste régie par le décret du Gouvernement de la Défense nationale de 1870. — En conséquence, c'est avec raison que
la liste du jury de session, en Algérie, comprend dix jurés supplémentaires au lieu de quatre, nombre déterminé pour la Métropole :
dès lors, il n'y a pas nullité parce que le cinquième juré supplémentaire a été appelé à compléter la liste du jury de jugement. —
Cass. crim. 4 mai 1876, Ali El-Hadj, XVIII, 83.

2. Les *commissaires civils* créés à une certaine époque, en Algérie, avec les attributions de sous-préfet, de juge civil, de commerce et de paix, etc., ont successivement perdu ces diverses attributions par les décrets subséquents. Leurs fonctions sont rédui-
tes aujourd'hui à celles d'administrateur très-restreint, plus étendu
que la commune, sans doute, mais en réalité ne conférant que des
attributions municipales et nullement celles qu'ils avaient autre-
fois. — Même arrêt.

2 *bis*. Par suite, ces fonctions de commissaire civil, ainsi définies, ne sont pas incompatibles avec celles de juré. — Même arrêt.

3. Dans l'espèce de l'arrêt précédent comme dans celui-ci, il a été décidé que le juré dont il s'agit n'était plus en fait commissaire civil, qu'il n'était qu'administrateur, et que dès lors la question d'incompatibilité entre les fonctions de juré et celles de commissaire civil n'avait pas besoin d'être examinée quant à présent, et que la solution n'aurait à intervenir que dans le cas où un commissaire civil ayant les attributions primitives conférées à ces fonctionnaires, serait inscrit sur la liste du jury. — Cass. crim. 5 mai 1876, Ali ben Brahim, XVIII, 84.

4. En principe, les *brigadiers forestiers* font partie du service actif et, à ce titre, il y a incompatibilité entre leurs fonctions et celles de juré. Mais, cette incompatibilité n'existe plus lorsqu'ils sont sortis du service actif et ont été incorporés dans le service sédentaire. — Même arrêt.

Justice musulmane. — V. Appel, — Cadi, — Compétence, — Droit musulman et les renvois, etc.

K

Kabylie.

1. La Kabylie est restée soumise, au point de vue des juridictions, à ses coutumes particulières (art. 59 du décret du 34 décembre 1859). — Aucune disposition réglementaire ne défère à la Cour l'appel des décisions rendues en vertu de ces coutumes. — A l'Administration supérieure seule appartient le droit de prendre des mesures, soit pour assurer à la justice son cours régulier, en Kabylie, soit pour empêcher l'exécution des sentences rendues par des tribunaux illégalement constitués. — A. 14 mai 1872, Dahman ben Djebarra c. Tahar ben Youssef ou Ali, XIV, 138.

2. L'étrange situation constatée par cet arrêt n'existe plus. La justice a été organisée en Kabylie par les décrets des 29 août et 10 octobre 1874, et 18 janvier 1875.

V. Droit musulman, 4.

Kacher (viande). — V. Communauté israélite, 2.

Khammès. — V. Louage d'ouvrage et d'industrie, 3

L

Legs.

1. CONDITION. — L'obligation imposée par un testateur à son légataire universel de venir habiter, après son décès, le pays où ce dernier avait son domicile, sous peine de payer à un tiers une rente de 6,000 francs, ne constitue pas une condition impossible ou contraire à la loi et aux bonnes mœurs, et doit par conséquent être respectée. — A. 11 janvier 1876, Parnet c. comm. d'Hussein-Dey, XVIII, 12. — Sur pourvoi, rejet, Req. 23 janvier 1877.

2. FRUITS. — Les fruits sont dus au légataire jusqu'au jour de la délivrance du legs. — A. 26 nov. 1875, Campin c. Marchand, XVII, 219. — V. *infrà*, 6 s.

3. LEGS A TITRE UNIVERSEL. — Le legs de l'universalité de l'usufruit des biens mobiliers est un legs à titre universel. — A. 2 février 1870, vᵒ Chappot c. Jauffret, XII, 57. — V. conf. Cass. 8 déc. 1862 et Riom, 26 juillet 1862 (*J. Pal.* 1863, p. 113).

4. En Algérie, lorsque des héritiers connus ont renoncé à la succession, le légataire à titre universel a le droit de se faire investir de l'administration et de la liquidation de l'hérédité, et ce, à l'exclusion du curateur aux successions vacantes. — Même arrêt.

5. *Prix de vente d'immeuble.* — Le prix impayé d'immeubles vendus constitue une créance mobilière (art. 529, C. c.). — Il doit être compris dans le legs de l'*universalité des biens meubles* que le testateur laissera à son décès, encore bien que l'aliénation soit postérieure au testament et le résultat d'une expropriation pour cause d'utilité publique. — A. 22 déc. 1862, vᵒ Alphonsi c. Bastelica, IV, 282.

6. LEGS UNIVERSEL. — Le légataire universel n'est investi de la jouissance de son legs, aux termes de l'art. 1005, C. civ., qu'autant qu'il en a demandé la délivrance, et, en l'absence de cette demande, il est sans titre légal pour la perception des fruits, encore bien qu'il soit en possession de fait. — A. 20 février 1875, Schwiltk c. Buob, XVII, 5.

7. Néanmoins l'héritier réservataire ne peut demander la restitution des fruits au légataire universel qui a joui sans demander la délivrance, que de la portion de l'hérédité dont il aurait eu la saisine, s'il n'y avait pas eu de testament (art. 1004, C. c) ; il en est ainsi même dans le cas où le réservataire a une réserve inférieure à sa part héréditaire normale. — Même arrêt.

8. Spécialement, le légataire universel, en présence d'un ascendant réservataire, n'est tenu de former sa demande en délivrance que contre ce dernier, et pour le quart des biens de la succession formant la part éventuelle de cet héritier dont il avait l'usufruit, d'après le testament et l'art. 1094, C. c ; pour les trois autres quarts, se trouvant en présence d'héritiers non réservataires, il en était saisi de plein droit d'après l'art. 1006. — Même arrêt.

V. Communauté réduite aux acquêts, 1, — Dot, 4, — Habbous, 17, 18, — Substitution, 1, — Succession, 38, 51.

Lettre anonyme. — V. Diffamation, 9.

Lettre missive. — V. Commencement de preuve par écrit, 2, — Paternité, 2, — Séparation de corps, 5.

Liberté du commerce et de la concurrence.

Sont nulles, comme contraires à l'ordre public, et reposant, par suite, sur une clause illicite, les conventions particulières portant atteinte à la liberté du commerce et de la concurrence. (L. 17 juin 1791, art. 11 ; C. civ., 1131). — Spécialement est nulle la convention par laquelle plusieurs bouchers ayant formé une association en vue de la fourniture de la viande à la ration à faire à l'administration de la guerre, se sont réciproquement interdit de sous-traiter séparément cette fourniture, dans le cas où l'adjudication serait tranchée au profit d'un tiers. — A. 25 nov. 1876, Romanatxo et Abella c. Siméon, XVIII, 197.

Liberté provisoire.

1. POURSUITES CORRECTIONNELLES. — La mise en liberté provisoire obtenue par un inculpé au cours des poursuites correctionnelles dirigées contre lui, et non rapportées depuis, suffit pour le dispenser de se mettre en état préalablement au pourvoi en cassation qu'il entend former contre l'arrêt de condamnation intervenu

sur ces poursuites. (C. instr. crim., 421). — A. 24 mars 1870, Chevallier, XIII, 74.

2. POURSUITES CRIMINELLES. — C'est à la chambre des mises en accusation qu'il appartient de statuer sur la demande de mise en liberté provisoire des prévenus, formée après l'arrêt de renvoi contre lequel ceux-ci se sont pourvus en cassation. — A. 4 avril 1868, Chavagnac, X, 80.

3. Il est dans l'esprit de la loi sur la liberté provisoire qu'il y ait une autorité permanente chargée de prononcer sur les demandes de cette nature pendant toutes les phases de l'instruction et de la procédure. — Même arrêt.

4. La compétence de la chambre des mises en accusation, en cette matière, résulte, soit de cette nécessité, que révèle la pensée du législateur, soit de l'art. 116 du C. d'instr. crim., soit enfin de la nature de la demande qui, faite après l'arrêt de renvoi, constituerait un incident d'exécution dont elle seule pourrait connaître. — Même arrêt.

5. L'ordonnance de prise de corps qui accompagne ou qui suit l'arrêt de renvoi est la limite extrême de la liberté provisoire (art. 126 du C. d'instr. crim.). — Cass. crim. 23 avril 1868, mêmes parties, *loc. cit.*

6. Si l'art. 116, § 2, du Code d'instr. crim. renferme une exception à cette règle, et accorde virtuellement compétence aux chambres d'accusation au cas d'un pourvoi contre un arrêt de renvoi aux assises, pour statuer sur les demandes de mise en liberté provisoire, c'est uniquement pour la dispense de mise en état, et jusqu'au jugement du pourvoi, dont le rejet amène nécessairement l'exécution immédiate de l'ordonnance de prise de corps. L'effet de cette ordonnance n'avait été que momentanément suspendu. — Même arrêt.

Licence.

1. FAUSSE DÉCLARATION. — La pénalité édictée aux art. 18 et 21 de l'ord. du 31 janvier 1847 sur les droits de licence, n'atteint que le contribuable dont la déclaration primitive serait reconnue fausse, ou qui aurait fraudé des droits, soit en exerçant une des industries ou l'un des commerces désignés en l'art. 1er, après avoir fait déclaration de cesser, ou sans déclaration et sans estampille,

ou avec une estampille sans déclaration préalable. — Elle n'est pas applicable dans le cas où le contribuable, imposé d'une manière régulière et exacte à l'origine, conteste l'interprétation que l'administration des contributions diverses veut donner à un acte administratif qui a pour résultat d'aggraver les droits. — A. 11 avril 1863, Leinen c. Contributions diverses, V, 79 ; Cass. 4 mars 1864, mêmes parties, VI, 54. — Dans cet arrêt, la Cour suprême décide que le prévenu poursuivi et acquitté dans les circonstances de l'espèce, n'a pas droit à des dommages-intérêts contre la Régie.

2. PROPRIÉTAIRE. — Le propriétaire qui se borne à vendre en partie le produit de sa récolte, par exemple, le vin de son cru, qu'il cède par litre pour être immédiatement emporté, ne fait pas acte de commerce. — En conséquence, l'art. 1er de l'ordonnance du 31 janvier 1847, en ce qui touche le droit de licence, ne lui est pas applicable. (Art. 631 du Code de commerce interprété par la jurisprudence et la doctrine). — On soutiendrait en vain que les termes de ladite ordonnance sont absolus et qu'ils atteignent tous ceux qui vendent habituellement du vin en gros et en détail, et que, pour soustraire au paiement du droit de licence le propriétaire qui vend le produit de sa récolte, il aurait fallu qu'une exception fût formulée en sa faveur, comme elle existe pour le droit de patente. — Cette exception résulte des termes mêmes de l'ordonnance qui, restreignant aux *marchands* son application et sa portée, a, par suite, entendu exclure le propriétaire qui vend le vin de sa récolte, exception, enfin, qui devrait, au contraire, en matière de patente, être nécessairement formulée à raison des termes généraux et non restrictifs, dans lesquels est conçu l'art. 1er de l'ordonnance du 31 janvier 1847, relatif à cet objet. — Cass. crim. 4 novembre 1864, Clairfond, VI, 182 ; — A. 2 novembre 1872, Gimbert c. Contributions diverses, XV, 38.

3. Ce dernier arrêt de la Cour d'Alger décide en outre qu'un propriétaire qui ne fait que distiller les vins de son cru, pour en faciliter l'écoulement, ne saurait être rangé parmi les distillateurs de profession, que l'ordonnance de 1847 a eus seuls en vue, pour les soumettre à l'obligation de la licence.

Licitation. — V. Partages et licitations, — Surenchère.

Liquidation.

1. En matière de liquidation de communauté conjugale ou autre, le procès-verbal du notaire n'étant qu'un projet soumis à l'homologation de justice, lorsqu'il s'agit surtout d'incapables, comme d'une faillite, peut être contesté devant le tribunal par toute partie intéressée qui n'y aurait pas valablement acquiescé, et particulièrement par les syndics de la faillite du mari. Les créanciers chirographaires d'un failli sont ses ayants cause. — A. 4 mars 1876, Moreau, XVIII, 75.

2. En matière de partage et de liquidation de succession ou de communauté dont les opérations sont confiées à un notaire par le tribunal, en vertu des dispositions de la loi, cet officier ministériel est seul chargé, à l'exclusion même du juge-commissaire, de préparer les bases du règlement des droits des parties, de leurs rapports, prélèvements et apportionnements, en un mot de leur situation active et passive. Si des contestations s'élèvent, le notaire doit consigner les dires des copartageants sur procès-verbal séparé, renvoyer les parties devant le juge-commissaire, lequel les renvoie, à son tour, devant le tribunal au contentieux. Mais ce n'est qu'en cas de litige que le renvoi doit avoir lieu, et ce n'est qu'au cas de litige ou par l'homologation que le tribunal peut être saisi. — Spécialement, le notaire ne saurait évoquer le contentieux de la liquidation ; il doit se borner à consigner les dires contradictoires des parties, comme incident d'un travail commencé de liquidation. (Art. 828 et 837 du Code civil et 977 du Code de proc. civ.). — A. 15 juin 1876, Hefner, XVIII, 107.

V. Partages et licitations. — Société, 9 s, 37 s.

Liquidation judiciaire.

Le décret du 22 avril 1871, qui autorisait les liquidations judiciaires, a été abrogé par la loi du 30 septembre suivant. — A. 8 févr. 1876, Levy c. syndic Levy, XVIII, 5.

V. Société, 9 s, 37 s.

Litispendance.

1. Pour qu'il y ait litispendance, il faut qu'il ait été formé, précédemment, devant un autre tribunal, une demande pour le même objet. — Spécialement, lorsqu'une demande tendant à obtenir la

remise de certains objets faisant partie d'une succession dont le
donataire universel a été dépossédé en vertu d'un arrêt infirmatif,
est portée devant la Cour qui a prononcé cet arrêt, la Cour ne
devrait pas se dessaisir pour cause de litispendance, par le motif
qu'une instance serait pendante devant le tribunal aux fins de régler et apurer le compte d'administration du donataire en qualité
de séquestre et d'administrateur de la succession dont il s'agit. —
Il n'y a pas identité d'objet entre ces deux instances. — A. 30 avril
1862, Aberjoux, IV, 105.

2. L'exception de litispendance ou de connexité prévue par l'art.
171. C. pr. civ., ne peut être soulevée que devant le tribunal saisi
le second de la contestation, et c'est évidemment par la date de
l'exploit d'ajournement et non par celle du jour indiqué pour l'audience qu'on doit déterminer quel est le tribunal premier ou second saisi. — A. 2 nov. 1875, Raké c. Chadebec, XVII, 241.

3. Une exception de litispendance équivaut à une exception d'incompétence. Par suite, le jugement qui statue sur cette exception
est toujours susceptible d'appel, bien que la demande soit inférieure à 1,500 fr. — A. 27 avril 1871, Chem. de fer c. Sahuc, XIII,
43.

4. Il ne suffit pas, pour faire admettre par un tribunal ordinaire
l'exception de litispendance, que des réclamations relatives à un
litige aient été soumises à une autorité administrative, par exemple, au Conseil du gouvernement de l'Algérie ou à un Ministre ; il
est absolument nécessaire qu'une instance soit déjà pendante devant une juridiction de l'ordre administratif. — A. 2 déc. 1876,
Sabran c. l'Etat, XVIII, 277.

Livres de commerce. — V. Vente, 39.

Lloyd anglais.

1. Lorsque le capitaine d'un navire anglais sur lequel un incendie s'est déclaré, entre en relâche forcée dans un port de l'Algérie,
et qu'il accepte l'intervention et les soins de l'agent du Lloyd, il
se soumet, *ipso facto*, à le rétribuer selon les usages et les règlements de la compagnie. — Jugem. com. Alger, sans date, Neilson
c. Longley, XVI, 265.

2. D'après ces usages et règlements, l'agent a droit à une rému-

nération fixée à tant pour cent sur le montant des ventes du navire ou des marchandises, lorsque le navire fait naufrage et que l'agent est chargé de la vente, et sur la valeur des sommes déboursées. Il a, en outre, droit à une rémunération dans certaines autres circonstances et pour soins particuliers. — Même jugement.

3. L'agent n'a droit à aucun prélèvement sur la valeur des marchandises débarquées ni sur celles rembarquées. — Même jugement.

4. La relâche forcée du navire en détresse est assimilée au naufrage. — Même jugement.

Lois.

1. RÉTROACTIVITÉ. — Pour qu'une loi ait un effet rétroactif, il faut qu'elle revienne sur un événement antérieur pour en changer les effets, et qu'elle les change au préjudice des personnes qu'elle a pour objet. Si les choses passées sont entièrement réglées par la loi ancienne, les choses encore en suspens sont du domaine de la loi nouvelle. — A. 14 juil. 1873, Aziza, XVII, 100. — V. Mariage, 10 s.

2. *Lois criminelles.* — La règle suivant laquelle les lois de procédure et d'instruction, de même que les lois modificatives de la compétence, sont obligatoires du jour de leur promulgation et deviennent immédiatement applicables aux poursuites en cours d'exécution pour les crimes et délits commis antérieurement, s'étend également au cas où le changement d'attributions résulte de modifications apportées aux classifications territoriales. (C. N. art. 2, C. pén., art. 4). — Ainsi, le Conseil de guerre, saisi en Algérie de la poursuite d'un crime commis par des Arabes en territoire militaire, a cessé de pouvoir en connaître à partir de la promulgation du décret qui réunit ce même territoire au territoire civil. — Et par suite, les Arabes condamnés par ce Conseil de guerre sont recevables à se pourvoir en cassation (ordonn. 26 sept. 1842, art. 42 ; C. just. milit., art. 81). — Cass. 7 déc. 1865, Miloud, IX, 10.

V. Pouvoir législatif. — Promulgation.

Louage d'ouvrage et d'industrie.

1. La convention par laquelle le propriétaire d'une briqueterie livre la terre et autres matières premières pour fabriquer des bri-

ques, moyennant un prix fixé, est un contrat de louage d'ouvrage et d'industrie prévu en l'art. 1787, C. c. ; par suite, si l'ouvrage vient à périr avant d'être livré et sans que le maître l'ait vérifié, l'ouvrier, même lorsqu'il est exempt de faute, ne peut réclamer aucun salaire (art. 1789, 1790, C. c.). — A. 9 déc. 1870, Verrier c. Larcade, XII, 223.

2. Lorsque le maître fournit des outils, la perte de ces outils, par suite de force majeure, est à la charge du maître, quand même il aurait été stipulé que l'ouvrier serait tenu de leur entretien, cette clause ne pouvant s'appliquer qu'aux faits personnels de ce dernier. — Même arrêt.

3. *Khammès.* — La convention passée entre un chef de tente et des khammès constitue un louage d'industrie et non pas un bail à colonage partiaire, tel qu'il est défini et prévu par le Code Napoléon. — Tant que dure le contrat de louage, le khammès est un véritable serviteur ou préposé, agissant sous la direction du maître, et dont les salaires sont représentés par le cinquième qui lui est attribué sur la récolte. Par conséquent, le propriétaire doit être déclaré responsable du fait de ses khammès, lorsque ce fait cause un préjudice à autrui, et qu'il a eu lieu dans l'accomplissement des fonctions auxquelles ils étaient préposés. — A. 6 avril 1869, Sachet c. Caïd Adda, XI, 54.

4. RÉGISSEUR DE FERME. — Est-il compris parmi les *gens de service* désignés par l'art. 2101, C. c. ? — Voir Privilège, 1 s.

5. RÉSILIATION. — *Dommages-intérêts.* — *Tutrice.* — L'acte par lequel le propriétaire d'un immeuble confie la direction de l'exploitation de cet immeuble à un tiers qui sera chargé de la vente des produits, du recouvrement des fonds, de l'achat du matériel, des constructions et améliorations à faire et de l'administration en général, moyennant un salaire déterminé, la garantie d'une durée de dix années et un intérêt dans les bénéfices éventuels, constitue un contrat de louage et d'industrie. (Art. 1710, C. c.) — La non-exécution de ce contrat, qui ne dépasse pas les limites du pouvoir d'une tutrice, se résout en dommages-intérêts. — A. 19 mars 1860, Trémeaux c. Demonchy, II, 230.

V. Compétence, — Entrepreneur.

M

Magistrat musulman.

Les membres d'un tribunal indigène, accusés d'un crime commis dans l'exercice de leurs fonctions, doivent être poursuivis directement devant la Cour d'assises, après autorisation préalable du Gouverneur général. Les dispositions des art. 480, 484, 485, C. just. crim., ne leur sont pas applicables. (Décret du 1ᵉʳ octobre 1845, art. 9.) — A. 26 février 1859, Mohammed ben Zerouki, I, 147.

Maire.

1. ARRÊTÉ ILLÉGAL. — Lorsqu'un maire prend un arrêté sur lequel le conseil municipal n'a pas à délibérer et qui n'est pas soumis à l'approbation du préfet, il agit sous sa responsabilité personnelle et non comme mandataire de la commune ; par suite il répond du dommage causé par cet arrêté, si cet arrêté est illégal. — A. 23 juin 1857, Cauquil c. Ménage, III, 229.

2. CERTIFICAT. — Le refus fait par un maire du certificat de moralité et de solvabilité exigé des entrepreneurs pour concourir à une adjudication de travaux publics, ne peut donner lieu contre lui à une action en responsabilité civile, s'il n'est prouvé qu'il a agi par dol, ou qu'il a commis une simple faute. — C'est au demandeur à prouver le dol ou la faute. — A. 7 juillet 1874, Bonino c. Puech, XVI, 121.

Maltais. — V. Etranger, 50.

Mandat.

DIVISION

§ 1. — Législation spéciale.
§ 2. — Constitution et étendue du mandat.
§ 3. — Droits et obligations du mandataire.
§ 4. — Exécution. — Responsabilité.
§ 5. — Révocation du mandat.
§ 6. — Droit musulman.

§ 1. — Législation spéciale.

1. Le § 2 de l'art. 1er de l'ordonnance du 1er octobre 1844 ne
s'applique qu'aux procurations passées pour consentir des actes
translatifs de propriété. — A. 15 novembre 1859, Bombonelle c.
Barry, II, 3.

2. En admettant que le pouvoir spécial et formel dont parle
l'art. 3 de l'ordonn. du 16 avril 1843 puisse être verbal, et qu'il
soit possible de le prouver par témoins, cependant cette preuve
doit être directe, spéciale et formelle ; le pouvoir ne saurait résulter d'un mandat donné vaguement et d'une manière générale, ni
de l'intervention plus ou moins active du prétendu mandataire
auprès du défenseur du prétendu mandant. — A. 3 décembre
1860, Remy c. Hamida et Fathma, II, 306.

3. Le mandat de défendre à une demande, exigé par l'art. 3 de
l'ordonnance du 16 avril 1843, peut résulter de circonstances
graves, précises et concordantes. — A. 5 nov. 1867, Dupont et Pio-
let c. Dubois Waral, X, 42.

4. RATIFICATION. — En exigeant que le mandataire à qui on signifie un exploit soit porteur d'un pouvoir spécial, l'art. 3 de l'ordonn. du 16 avril 1843 n'a imposé à ce mandat aucune forme sa-
cramentelle et en l'absence de laquelle son existence ne saurait
être reconnue. — La personne indiquée dans un acte extra-judiciaire comme le mandataire du requérant peut recevoir l'assignation adressée à ce dernier par celui qui a été l'objet de la signification. Au surplus, le mandat dont il s'agit est, comme le mandat
ordinaire, susceptible d'être ratifié par des actes émanés de celui
qui le nie. — A. 25 juin 1860, Clary c. Housse, II, 202.

§ 2. — Constitution et étendue du mandat.

5. Le mandat suppose un ordre d'agir, et doit être formel et
précis, de manière à permettre aux tiers d'exercer facilement
leurs droits contre le mandant. — A. 13 déc. 1871, Lavigerie c.
Picon, XIII, 238.

6. Ainsi la lettre par laquelle on dit à quelqu'un *de faire ce qu'il
pourra pour acheter un immeuble à de bonnes conditions*, ne
saurait renfermer le mandat aux fins d'acquérir. — Même arrêt.

7. Lorsqu'une personne signe par procuration et pour le compte d'une autre, elle est présumée agir comme mandataire de cette dernière, bien que la qualité de mandataire ne soit pas énoncée en tête de l'acte. — A. 11 déc. 1862, Josserand c. Barbier St-Ange, IV, 269.

8. Le *droit de faire exécuter tous jugements* donné dans une procuration emporte celui de percevoir le montant des condamnations portées aux jugements. — A. 30 juillet 1861, Louis c. Mongellas, III. 238.

9. Mais le pouvoir à l'effet d'intenter et de suivre un procès n'emporte pas celui de l'abandonner. — A. 4 juin 1857, David et Dupuy c. Berr, VI, 72.

10. Conformément à la maxime : *Nul en France ne peut plaider par procureur*, il a été jugé que lorsqu'un débiteur abandonne contractuellement ou judiciairement ses biens à ses créanciers et que ces derniers nomment un mandataire ou curateur pour réaliser l'actif cédé, ce mandataire ne peut introduire une instance relative à la cession qu'au nom de ses mandants Le § 7 de l'art. 69, C. proc. civ., qui permet d'assigner les unions et directions des créanciers dans la personne des syndics et directeurs ne s'applique qu'aux unions de créanciers après faillite non suivie de concordat. — A. 26 déc. 1864, Berlier c. Rebuffat, VII, 3.

11. EXCÈS DE POUVOIR. — Les ingénieurs chargés de l'exécution des travaux, ont des pouvoirs limités par leur nature même. S'ils représentent les compagnies pour toutes les fournitures relatives à ces travaux, ils ne peuvent les engager au delà. — A. 18 mai 1872, Chem. de fer c. Portier, XIV, 149.

12. Spécialement, les épreuves photographiques de la ligne desdits travaux commandés par l'ingénieur ne rentrent pas dans cette catégorie de fournitures. Le photographe qui les a exécutées est sans action contre la compagnie, si celle-ci n'a pas ratifié expressément ce que son mandataire a fait au delà des limites de son mandat. (1998, C. civ.) — Même arrêt.

13. Le pouvoir donné à un tiers par le créancier d'une rente remboursable à un taux déterminé, à l'effet de recevoir le remboursement de cette rente, n'emporte pas, pour le mandataire, le droit de faire remise au débiteur d'une partie de sa dette. (C. N. 1989) — Mais un tel pouvoir confère au mandataire la faculté de

recevoir un remboursement partiel. — A. 24 juin 1867, de la Ville-gontier c. Lecat, IX, 267.

14. Dès lors, si la convention par laquelle le mandataire a donné quittance au débiteur de la totalité du capital de la rente, moyennant le paiement d'une partie seulement de ce capital, est nulle en ce qu'elle excède les pouvoirs du mandataire, il ne suit pas de là que le paiement doive être annulé au regard du crédi-rentier ; ce paiement vaut comme remboursement partiel et libère le débiteur jusqu'à due concurrence. (C. Nap. 1239, 1989, 1998.) — Même arrêt.

15. RATIFICATION. — La connaissance qu'un mandant a eue d'un acte fait par son mandataire en dehors des limites de la procuration, équivaut à une ratification, dans les termes de l'art. 1338, C. c., s'il n'a pas protesté et s'il a gardé le silence. — Même arrêt qu'au n° 8, *suprà*.

16. Lorsque le mandant a exécuté volontairement un acte de son mandataire, il ne peut ultérieurement intenter ni contre son mandataire ni contre le tiers avec lequel ce mandataire a traité, une action en dommages-intérêts en réparation du préjudice éprouvé par suite de cet agissement, même en cas de concert frauduleux entre ces derniers. — Même arrêt qu'au n°.7, *suprà*.

17. Spécialement, si le mandataire a résilié un marché passé en sa qualité avec un fournisseur de l'armée, le mandant qui a exécuté cette résiliation en laissant procéder à la liquidation de l'entreprise et en retirant les fonds en provenant, ne peut se plaindre ultérieurement, en admettant même que la résiliation puisse être arguée de fraude. — Même arrêt.

§ 3. — Droits et obligations du mandataire.

18. Le mandataire substitué en vertu d'une faculté écrite dans la procuration, est responsable comme le substituant envers le mandant. — A. 9 février 1874, Tahar ben Mazia c. X., XVI, 85.

19. Le mandant a le droit d'agir directement en reddition de compte contre le mandataire substitué, alors que la substitution était autorisée par l'acte de procuration. — A. 7 oct. 1862, Aïcha c. Cherif ben Ahmed. IV, 240.

20. L'acte par lequel une personne s'engage à intenter à ses frais, risques et périls, une instance en revendication d'immeubles

à la condition que le tiers des immeubles lui appartiendra à titre d'indemnité et de rémunération, en cas de succès, constitue un simple mandat, révocable à la volonté du mandant et interdisant au mandataire le droit d'agir en son nom. — A. 12 nov. 1862, Marquis c. l'Etat, IV, 273.

21. Le fait par un mandataire d'avoir laissé ignorer à son mandant un événement qui devait assurer le succès du mandat, et dont il a seul profité, suffit pour rendre nul, comme entaché de dol, le contrat intervenu entre eux, dans l'espèce, l'acte de cession consenti par le mandant au mandataire d'une créance que ce dernier était chargé de recouvrer. — A. 28 novembre 1868, X. c. S., X, 228.

§ 3. — Exécution. — Responsabilité.

22. Les dommages-intérêts sont, en général, de la perte éprouvée par le mandant et du gain dont il a été privé; mais le mandataire ne doit les dommages-intérêts que pour ce qui a été une suite immédiate et directe de l'inexécution ou de l'exécution défectueuse du mandat qu'il a accepté. — A. 11 nov. 1868, X. c. Bourbon, X, 235.

23. Le dol pratiqué par le mandataire est opposable au mandant, en ce qui touche l'invalidité du contrat; néanmoins ce dernier n'est pas tenu aux dommages-intérêts, s'il n'a pas participé au dol. — Même arrêt qu'au n° 18, *suprà*.

§ 5. — Révocation du mandat.

24. La vente notariée consentie par un mandataire dont le mandat est expiré ou révoqué ne peut être annulée, à la requête du mandant, qu'autant que celui-ci prouverait que l'acquéreur a eu connaissance de l'expiration ou de la révocation dudit mandat. — Même arrêt.

§ 6. — Droit musulman.

25. La procuration entre musulmans et en la forme musulmane contenant les pouvoirs les plus étendus pour l'administration des biens du mandant à l'effet de toucher ce qui lui revient des immeubles hérités de son père, ne confère pas au mandataire le droit de vendre les immeubles. — A. 4 févr. 1876, Ben Yamina c. Allègre, XVIII, 32.

26. CHEF DE FAMILLE. — Il est d'usage chez les indigènes que le chef de famille représente les intérêts de la famille et peut même, en cette qualité, agir en justice tant en son nom personnel que pour le compte de ses consorts. — A. 17 mars 1865, El Harrar c. Malaplate, VII, 118.

V. Arbitrage, 3, — Assurance maritime, 9, 10, — Défenseur, 4, — Exploit, 8 s, — Mariage, 28, — Signification de jugement, 3 s.

Maraudage.

1. Le fait de couper dans la propriété d'autrui des tiges de myrte destinés à la confection de cannes, ne constitue pas la contravention prévue par l'art. 475, n° 15, du Code pénal, lequel ne vise que la soustraction des récoltes et autres productions utiles non détachées du sol, et ne doit conséquemment s'entendre que des fruits de la terre et non des arbres ou du bois en provenant.— A. 20 févr. 1873, Chaulier c. Mohammed ben Mustapha, XV, 268.

2. Ce fait n'est pas davantage réprimé par l'art. 401 du Code pénal, car cet article a laissé intact l'art. 36 du Code de la police rurale du 6 octobre 1791, qui prévoit et punit le maraudage ou enlèvement de bois fait à dos d'homme dans les bois, taillis ou futaies ou autres plantations d'arbres des particuliers ou communautés. — Même arrêt.

Marchandises. — V. Commissionnaire, 3, — Vente, 32, 44 s, 51.

Marchandises neuves. — V. Commissaire-priseur.

Marché. — V. Adjudication, 3 *bis*, 3 *ter*, — Bail, 10, — Entrepreneur, — Forfait.

Marché administratif.

1. Les marchés pour le travail des détenus doivent être assimilés aux marchés de travaux publics. — Cons. préf. Oran, 16 déc. 1867, XI, 60.

2. ... Ce sont des marchés administatifs. — *Id*. 2, 9 mars 1868, XI, 61.

3. En matière de marchés de cette nature, de baux et autres actes, l'Administration ne peut poursuivre le recouvrement du montant de ce qui lui est dû, par des titres émanant d'elle. Simple partie contractante, elle est astreinte aux règles du droit commun et contrainte de s'adresser à la justice pour avoir son titre de poursuites. — *Id.*, même arrêté.

V. Pénitencier, 2.

Mariage.

DIVISION

§ 1. — Mariage des Français.
§ 2. — Mariage des israélites.
§ 3. — Mariage des musulmans.

---

§ 1. — Mariage des Français.

1. DROITS ET DEVOIRS DES ÉPOUX. — *Domicile conjugal.* — Les droits et les devoirs qui naissent du mariage sont inaliénables et ne peuvent être modifiés par des conventions particulières. L'épouse, quel que soit le temps pendant lequel elle a été absente du domicile conjugal, n'a pas aliéné le droit d'y rentrer, et, d'autre part, le mari n'est pas affranchi de l'obligation de l'y recevoir ; en cas de refus ou d'impossibilité, la séparation de corps judiciairement prononcée est le seul fait opposable ou admissible. (Cass. 27 janv. 1874.) — A. 2 nov. 1874, Montagnon, XVI, 291.

2. FRANÇAIS ET MAURESQUE. - *Cadi.* — Un mariage contracté devant un cadi par un Français et une Mauresque, est nul au regard de la loi française. — Si la femme est de bonne foi, le mariage a la valeur d'un mariage putatif et produit, à son égard, tous les effets civils. — Ces effets civils sont régis par la loi française. — A. 1er juillet 1872, de Regnicourt c. Fathma bent Souïcki, XIV, 203. — V. *infrà*, n° 4.

3. MARIAGE RELIGIEUX CÉLÉBRÉ A L'ÉTRANGER. — Le concile de Trente n'exige pas que l'acte de célébration du mariage soit signé par les parties, les témoins et le prêtre célébrant. — Il suffit, pour la validité du mariage, qu'il soit constant qu'il ait eu lieu. — Le défaut de publications préalables en France ne vicie pas le mariage contracté à l'étranger, alors que ce défaut de publications

n'a pas été combiné pour faire fraude à la loi. — A. 16 février 1865, Milliot, VI, 245.

4. NULLITÉ. — Lorsque le mariage est annulé, il produit des effets civils au profit de l'époux de bonne foi et des enfants, même lorsque l'annulation procède d'un vice de forme. (Art. 201, C. civ.) — Même arrêt.

5. Pour que la nullité prévue à l'art. 180, C. c., puisse être admise, il ne suffit pas que l'erreur porte sur les qualités de la personne ; elle doit porter sur la personnalité complète. — A. 5 juillet 1875, Rizzo, XVII, 192.

6. Spécialement, la filiation adultérine de l'un des époux, lors de la célébration du mariage, ne constitue pas une cause de nullité. — Même arrêt.

7. OPPOSITION. — En matière d'opposition à mariage, l'élection de domicile faite dans l'acte d'opposition, conformément à l'art. 176 du C. N., c'est-à-dire dans le lieu où le mariage doit être célébré, est attributive de juridiction. — A. 19 déc. 1864, Putz, VI, 181.

8. PROMESSE DE MARIAGE. — Celui qui a contracté un mariage religieux et promis un mariage civil, qu'il refuse ensuite, peut être condamné a des dommages-intérêts. — A. 29 juillet 1875, Yamina Lebouch c. Parienté, XVII, 165.

9. Ces dommages-intérêts doivent être, dans ces circonstances, plus élevés contre un israélite qui refuse en même temps de contracter le mariage civil et de rompre, par la répudiation mosaïque, le mariage religieux qu'il a contracté *more judaïco*. Mais la répudiation ne peut être ordonnée. — Même arrêt.

§ 2. — Mariage des israélites.

10. EFFETS DE LA NATURALISATION DES JUIFS. — Le mariage israélite contracté *more judaïco* avant le décret de naturalisation du 24 octobre 1870, se trouve régi, quant à sa dissolubilité, par la loi française, depuis ledit décret ; le lieu conjugal est devenu indissoluble ; le divorce est proscrit et la séparation de corps seule admise. — A. 14 juillet 1873, Aziza, XVII, 100.

11. Même décision : A. 29 déc. 1875, Sportès, XVIII, 94 ; et ce, en vertu de ce principe que les facultés attachées à l'état civil des

personnes sont subordonnées à l'intérêt public, soumises aux mêmes modifications que l'organisation sociale, et régies dès lors par là loi nouvelle pour tous les actes et effets postérieurs. — Jugem. Constantine, 9 mai 1876, Oureïda bent David Sebbah c. Moïse ben Eliaou, XVIII, 89. — V. Lois.

11 bis. Le mariage contracté postérieurement au décret de naturalisation du 24 oct. 1870, par un israélite indigène, en violation des formes prescrites par le Code civil, est d'une nullité absolue. — Il en résulte aussi que la demande en séparation de corps formée par l'un des conjoints n'est ni recevable, ni fondée, puisqu'elle tend au relâchement d'un lien qui n'a aucune existence juridique. — A. 1er mars 1875, Benichou c. Darmon, XVIII, 255. — V. Israélité, 12.

11 ter. La qualité d'israélite non indigène d'un des conjoints ne modifie pas ces principes. — Même arrêt.

11 quater. Néanmoins, l'époux qui a contracté mariage de bonne foi peut invoquer les dispositions de l'art. 201, C. civ.; peu importe que l'erreur commise ait été une erreur de droit ou de fait; la bonne foi suffit, car la fiction en vertu de laquelle nul n'est censé ignorer la loi est susceptible de tempérament et n'exclut pas la bonne foi prévue audit art. 201. — Même arrêt.

12. FEMME DIVORCÉE. — Nouveau mariage. — Lorsque la femme israélite, dont le premier mariage a été dissous par le divorce, actionne devant les tribunaux l'officier de l'état civil qui refuse de célébrer le nouveau mariage que celle-ci veut contracter, il est nécessaire qu'elle remplisse les formalités prescrites pour obtenir l'autorisation du mari divorcé, aux fins d'ester en justice sur cette action, et qu'elle le mette en cause pour faire déclarer le jugement à intervenir commun avec lui. — A. 26 mars 1873. Stora c. Maire d'Alger, XV, 75.

13. IMPUISSANCE DU MARI. — Nullité. — Le mariage entre israélites indigènes est régi par le droit mosaïque, même quand il a été contracté devant l'officier de l'état civil français. En conséquence, la nullité doit en être prononcée pour cause d'impuissance de la part du mari, si ce moyen est admis par la loi israélite — A. 19 janvier 1860, d° Courcheyia c. son mari, II, 100. — C. moyen est admis. Il importe peu que l'impuissance soit antérieure ou postérieure au mariage. Dans le cas de dissolution pour ce

motif, la dot de la femme doit être restituée par le mari. — A. 18 mai 1860, mêmes parties, II, 154.

14. Jugé, en sens contraire, par le tribunal civil d'Alger que le mari israélite algérien qui s'est marié devant l'officier de l'état civil français, ne peut, pour aucune cause autorisant le divorce d'après la loi mosaïque, et notamment pour stérilité, demander le divorce de sa femme. — Le seul fait de la célébration du mariage devant l'officier de l'état civil français entraîne renonciation au statut personnel des époux, et, par suite, au droit mosaïque. — 29 juin 1861, Tingé c. Messaouda, III, 167.

15. Cette décision du tribunal d'Alger, contraire à la jurisprudence de la Cour, a été adoptée par la Cour suprême dans un arrêt du 15 avril 1862. — Mêmes parties qu'au n° 13, *suprà*, IV, 188. — V. *infrà*, n° 18 s.

16. ISRAÉLITE DE GIBRALTAR. — Le mariage célébré régulièrement, devant un rabbin, *more judaïco*, par un israélite de Gibraltar, établi en Algérie, avec une israélite indigène, est valable. — A. 27 juillet 1874, Bedok c. Cohen, XVI, 246.

17. POLYGAMIE. — D'après le droit mosaïque, l'homme a le droit de prendre plusieurs femmes légitimes, et le mariage est un contrat essentiellement consensuel. Sa preuve peut résulter soit d'un acte dressé par les rabbins, soit d'un écrit sous seing privé, soit de déclarations de témoins, soit même de la remise et de l'acceptation d'un symbole d'alliance. — A. 22 mai 1865, Zermati, VII, 30.

18. STATUT PERSONNEL. — Le mariage étant un contrat du droit des gens, on ne saurait admettre que l'homme qui le contracte abdique les droits qui dérivent de sa nationalité, ou qui lui sont réservés par les traités, par cela seul qu'il le fait constater par l'officier de l'état civil français. — A. 16 nov. 1858, Mardochée de Moïse Amar c. Valensi, I, 1. — V. aussi *suprà*, n° 13.

19. Le fait par des israélites indigènes de se marier devant l'officier public français ne saurait, par lui-même et en dehors de toute autre circonstance, impliquer la manifestation de leur volonté de renoncer à leur statut personnel et de faire régir leur union par la loi française. — A. 26 juillet 1869, Aboulker, XI, 131. — V. Israélite.

20. On doit d'autant plus le décider ainsi, qu'en cela, les israélites indigènes suivent ordinairement les exhortations de leurs rab-

bins, cédant à l'impulsion de l'autorité administrative pour mieux assurer leur état civil. — Même arrêt.

21. De plus, la présomption de renonciation qui résulterait de ce mariage devrait céder devant la double circonstance du très-jeune âge (15 ans) de l'épouse et du consentement au divorce, selon la loi mosaïque, donné par l'époux dès le début de l'instance. — Même arrêt.

22. Le mariag e des israélites algériens est, en l'état de la législation coloniale, régi par la loi mosaïque. — Néanmoins, il est facultatif aux parties de renoncer au statut mosaïque pour contracter sous l'empire de la loi française. (Art. 37, ord. du 26 septembre 1842.) — Mais l'intention, de la part des israélites, de soumettre leur mariage à la loi française ne saurait résulter du fait unique qu'il a été célébré devant l'officier de l'état civil français.— A. 7 juin 1865, Adjage c. Adjage, VII, 70 ; — 19 mars 1866, vᵉ Sportès c. Boffa, IX, 63.

23. Jugé, au contraire, que la renonciation au statut personnel, en ce qui touche le mariage, est présumée de droit lorsque les époux se marient devant l'officier de l'état civil français. — Jugem. Alger, 2 déc. 1869, Abraham Akoun c. Denina Sasportès, XI, 225 ; — A. 7 nov. 1874, Azoulay c. Peyron, XVII, 268; — 21 mars 1871, Narboni et Brisset c. Salfati, XIII, 33 ; — Cass., *suprà*, n° 15.

24. ... Alors même que le mariage aurait été ainsi contracté depuis le sénatus-consulte du 14 juillet 1865. — Jugem. Alger, 22 février 1869, dame Aboulker c. Aboulker, XI, 92. — Voir, pour d'autres variations de la jurisprudence en matière de statut personnel et de statut réel des Juifs, les mots Israélite, Succession.

§ 3. — Mariage des musulmans.

25. DEUX PRÉTENDANTS. — Entre deux musulmans qui demandent chacun à être déclarés le mari de la même femme, celui qui a consommé le mariage du libre consentement de l'épouse doit obtenir la préférence sur l'autre qui ne se prévaut que d'un mariage à contracter plus tard. — A. 10 avril 1867, Ahmed ben Akrioua c. Ben Rabah, IX, 101.

26. DOMICILE. — La femme musulmane a le droit de refuser de partager le domicile de son mari, lorsque ce dernier habite avec

ses parents. — A. 27 juin 1865, Mohammed ben Ahmed c. Aïcha bent el Turqui, VII, 74.

27. MUSULMAN ET CHRÉTIENNE. — Les cadis n'ont pas compétence pour dresser acte de mariage entre un musulman et une chrétienne (art. 44, décr. 31 déc. 1859). — A. 24 octobre 1871, Tedjini c. Cadi Hanéfi d'Alger, XIII, 173.

28. NULLITÉ. — D'après la doctrine musulmane, le mariage d'une fille contracté par l'intermédiaire d'un mandataire du sexe féminin, serait-ce la mère de la jeune fille, est nul. — Il est encore nul si l'époque du paiement de la dot n'a pas été exactement stipulée, s'il a été convenu, par exemple, que le paiement aurait lieu lorsque le mari serait dans l'aisance. — A. 28 juin 1865, Mohammed ben Djoua c. Ali El-Dredi, VII, 78.

29. PREUVE TESTIMONIALE. — En droit musulman, un mariage peut être établi par la preuve testimoniale faite devant le cadi; mais il faut que ces témoignages aient une concordance telle qu'il ne puisse y avoir de doute sur le consentement donné par la femme, surtout quand cette femme est dans des conditions à pouvoir disposer elle-même de sa personne. — A. 22 févr. 1869, Bernou ben Selimi c. Bourahla ben Mohammed, XI, 13.

30. Mais lorsqu'un individu allègue qu'un père lui a donné sa jeune fille en mariage, que le fait est dénié par la jeune fille, que la demande se produit après la mort du père et alors que le mariage n'a pas été consommé, il ne peut être admis à prouver le mariage invoqué par témoins. — A. 2 juin 1863, Messaouda bent Ahmed c. Et Taïeb, V, 114.

31. Il n'existe d'ailleurs aucune différence entre les fiançailles et le mariage. Les preuves les plus formelles sont nécessaires pour établir l'existence du mariage. — Spécialement, une seule déposition de témoin ne saurait suffire. — A. 30 oct. 1862, Tahar ben Djelloul c. Tahar ben Djilali, IV, 293.

31. PROMESSE DE MARIAGE. — Quelque régulière que puisse être, au regard de la loi musulmane, une promesse de mariage, elle ne saurait conférer un droit de prise dotale et une part héréditaire dans la succession de son fiancé à la femme qui ne peut justifier de la consommation du mariage. — A. 17 avril 1867, Sliman c. Khadidja, IX, 104.

33. Une promesse de mariage n'est généralement usitée qu'en

cas de non-nubilité. — Entre personnes nubiles, ces projets de mariage s'établissent par contrats. — A. 10 avril 1867, Brahim ben Kouïder c. Abderrahman, IX, 105.

V. Absence, 1; — Divorce, — Contrat de mariage, — Etranger, 8, 37 s, — Israélite, 4 s, — Maltais, — Séparation de corps, — Signification de jugement, etc.

Marque de fabrique.

1. Bien que ni l'emploi d'une forme connue, ni la couleur du papier ou de l'enveloppe, prise isolément, ne puissent constituer une marque de fabrique, cependant la réunion de ces divers éléments particulièrement combinés peut créer un titre de propriété, quand cet ensemble a fait l'objet d'un seul et même dépôt. — A. 10 juillet 1869, Bardou, Moatti, Tabet c. Prudon et Cie, XI, 196.

2. Il n'y a, dans les produits similaires, imitation proprement dite, et par conséquent coupable, que quand cette imitation est de nature à tromper l'acheteur. — Même arrêt, confirmé par la Cour suprême, XII, 97.

3. Le dépôt de la marque de fabrique, qui est une condition essentielle et préalable de toute poursuite, est déclaratif et non attributif de propriété. — A. 15 décembre 1873, Picon c. Nahon, XVI, 21.

4. Lorsqu'un industriel fait usage, sans dépôt préalable, d'une dénomination particulière pour offrir son produit au public, un autre industriel ne saurait, au moyen d'un dépôt conforme aux prescriptions de la loi du 23 juin 1857, se constituer un droit de propriété privative sur ladite appellation. — Même arrêt.

Maternité. — V. Enfant naturel, 5.

Matières d'or et d'argent.

1. Il suffit que les procès-verbaux dressés pour constater les contraventions prévues par la loi du 19 brumaire, an VI, sur le titre des matières d'or et d'argent, soient rédigés et signés par deux employés du service des Contributions indirectes ou de la Garantie (art. 80, 81 et 84 de la loi du 5 ventôse an XII, art. 1er du décret du 28 floréal an XIII, art. 25 et 26 du décret du 1er germinal, an XIII). — A. 23 janvier 1874, Teboul, XVI, 57.

2. Par suite, le procès-verbal constatant un défaut de poinçonnage à des matières d'or et d'argent, dans les magasins d'un fabricant, est valable et régulier, lorsqu'il a été signé par le contrôleur de la Garantie et deux employés assermentés, quels que soient leur grade et leurs fonctions. — Même arrêt.

3. Le commissaire de police peut, aux termes de la loi du 28 pluviose, an VIII, valablement remplacer l'officier municipal, dont l'intervention, dans ces sortes d'opérations, est ordonnée par l'art. 104 de la susdite loi du 19 brumaire, an VI. — Même arrêt.

4. Si le procès-verbal, dans les cas dont il s'agit, doit, aux termes de l'art. 102 de la susdite loi de brumaire, an VI, être rédigé et signé *sans déplacement*, néanmoins, les constatations étant faites, la rédaction et la signature peuvent être renvoyées au lendemain, si les circonstances l'exigent, si, par exemple, les opérations de recherche et d'examen ont seulement été terminées le soir ; rien n'empêche que ces circonstances soient considérées comme constituant un cas de force majeure, et alors on a pu suspendre jusqu'au lendemain. — Même arrêt.

5. Les solutions qui précèdent sont vivement critiquées par M. Robe (p. 58, notes) comme absolument contraires au texte et à l'esprit de la loi, ainsi qu'à la doctrine et à la jurisprudence. — V. Cass. 28 avril 1855 (*J. Pal.* 1855, 2,483) ; 28 déc. 1866 (*ibid.*, 1867, 2,787) ; Nancy, 18 janvier 1864 (*ibid.*, 1864, 554), et Cass. 26 août 1848,{2 déc. 1824 ; Douai, 24 février 1832 ; Mangin, *Traité des Procès-verbaux*, p. 389, n° 229.

6. Le poinçon de la Garantie doit être apposé sur les objets qui y sont soumis, avant leur entier achèvement. Les ouvrages doivent être considérés comme achevés, lorsqu'ils ont reçu le *bruni* ou le *poli* (art. 48, 101, 107, loi de brumaire, et circulaire ministérielle du 8 octobre 1822). — Même arrêt du 23 janv. 1874, XVI, 57.

7. La mise en vente ou la simple possession par le fabricant d'objets achevés et non poinçonnés constitue la contravention prévue aux articles 48, 77, 80, 101, 107, de la loi. — Même arrêt.

8. Les juges saisis d'un fait délictueux peuvent modifier la qualification donnée à ce fait par l'exploit d'ajournement. Spécialement, lorsque la citation vise l'*usage de faux poinçons*, ce qui constitue un crime (art. 140, C. p.), le tribunal peut substituer à cette qualification celle de *détention d'objets revêtus de faux*

poinçons, ce qui n'est qu'une contravention rentrant dans sa juridiction (art. 109 de la loi de brumaire). — Même arrêt.

9. Il y a délit de *tromperie* sur la nature ou le titre de la marchandise, lorsque le poids de la matière précieuse est inférieur au titre légal, la différence ne serait-elle que de douze millièmes. — Même arrêt.

10. Le délit de *fourré*, prévu par l'art. 65 de la loi de brumaire, peut exister, bien que l'objet fabriqué n'ait pas été présenté à la garantie. Il existe par cela seul qu'on dissimule un métal inférieur dans le métal précieux et peut être constaté dans les ateliers et magasins. — Même arrêt. — *Contrà*, Cass. 9 juin 1820, *Rép. Journ. Pal.* v° Matières d'or et d'argent, n° 169.

11. Les contraventions sur les matières d'or et d'argent sont poursuivies par la régie des Contributions indirectes concurremment avec le Ministère public ; par suite, l'appel du Ministère public remet tout en question. (Décrets des 1er germinal et 28 floréal, an XIII). — Même arrêt.

12. Celui qui fait vendre par un tiers des matières d'or ou d'argent non contrôlées, fait acte de marchand d'or et tombe sous l'application de la loi du 19 brumaire, an VI, qui prescrit, pour l'exercice de cette profession, une déclaration préalable et la tenue d'un registre spécial. — A. 6 nov. 1875, Brahim ben Youb, XVII, 253.

13. Celui au contraire qui met en vente, pour le compte et par l'ordre d'autrui, des objets de cette nature, échappe à toute responsabilité. — Même arrêt.

14. En particulier, les anciennes monnaies arabes connues sous le nom de *sultanis* constituent un ouvrage d'or soumis au contrôleur, ces pièces ayant été démonétisées depuis 1851, n'ayant plus cours légal, leur origine et leur titre étant incertains, et doivent être considérées comme de simples bijoux, et par suite, être soumises au contrôle et aux droits fiscaux de la Garantie. — Même arrêt.

V. Fabricant.

Matière sommaire. — V. Enquête.

Médecine.

1. Bien que la peine appliquée à l'exercice illégal de la médecine ne soit qu'une peine de simple police, le fait n'en est pas

moins qualifié délit par l'art. 32 de la loi du 10 ventôse an IX
par suite, l'appel est recevable. — A. 2 mai 1872, Abderrahman ben
El Hadj, XIV, 57.

2. Les *indigènes* peuvent exercer la médecine, au moins dans
leur cabinet et par consultation, au profit non-seulement de leurs
coreligionnaires, mais encore des Européens, et ce, sans être munis du diplôme de médecine, et sans être astreints à aucune formalité préalable. Ce droit leur est réservé par l'art. 10 du décret
du 12 juillet 1851. — Même arrêt.

3. *Contrà* : — Les indigènes musulmans non munis des diplô-
mes ou brevets exigés par la loi du 19 ventôse an XI, ne sont autorisés à pratiquer la médecine qu'à l'égard de leurs coreligionnaires ; la disposition de l'art. 11 du décret du 11 juillet 1851 est
formelle à cet égard et ne saurait souffrir d'extension. — Cass.
crim. 20 juillet 1872, même partie, XIV, 175.

Melk. — V. Propriété, 1 s, — Vente, 8 s.

Midjelès.

1. La décision d'une affaire portée devant le midjelès doit intervenir dans les 15 jours de la formation du recours. — A. 10 avril
1867, Brahim ben Kouider c. Abderrahman, IX, 105.

2. CHOSE JUGÉE. — Les décisions de midjelès rendues même en
territoire militaire antérieurement au décret du 1er octobre 1854,
avaient l'autorité de la chose jugée. — A. 4 janvier 1865, Ben
Mokla c. Ben Magouas, VI, 225.

3. La sentence rendue par les assemblées dites midjelès, lorsque
ces assemblées sont irrégulièrement réunies et composées, n'est
qu'une pièce sans valeur légale qui ne constitue pas un jugement
et qui n'a pas, par suite, autorité de chose jugée. — Cass. Req. 14
juillet 1873, XV, 172.

4. DEGRÉ DE JURIDICTION. — Dans les usages musulmans, il
n'existe qu'un seul juge, le cadi, dont la décision ne relève que de
l'autorité souveraine. — Il s'ensuit que le midjelès ne constitue
pas un second degré de juridiction, et que sa décision ne forme
qu'un seul tout avec celle du cadi, donnant ouverture au droit
d'appel. — Le décret de 1859 a restitué au midjelès son pouvoir

tel qu'il existait à l'origine et a remplacé la juridiction du souverain par celle des tribunaux de première instance et de la Cour.
— Spécialement, sous l'empire du décret de 1859, l'appel relevé
contre l'avis du midjelès qui réforme une sentence de cadi, remet
cette sentence en question. — La demande en révision contre une
sentence de cadi doit être examinée par le midjelès duquel ressort
la circonscription judiciaire du domicile des parties. — A. 16 octobre 1861, Ahmed ben Amer c. Ben Chaïb, III, 198; 23 juillet 1863,
Ahmed el Dhif c. Djouhar, V, 155.

5. En sens contraire, jugé que la décision du midjelès ne peut
en aucun cas infirmer ni réformer les jugements du cadi ; — que
l'appel interjeté devant le midjelès, conformément à l'art. 19 du
décret de 1859, vaut l'appel devant le tribunal français. — A. 19
nov. 1862, Ali ben Djebrouni c. Zohra, IV, 247.

6. Lorsque, après le jugement du cadi, l'une des parties déclare
en référer au midjelès, cette déclaration équivaut à l'appel, qui
devra être suivi devant la juridiction française. — A. 10 février
1868, XI, 39.

7. Mais s'il est de principe que le recours au midjelès équivaut à
un appel, et, le cas échéant, devant la juridiction française, cette
dernière juridiction devra être saisie par l'appelant sans délai, et
dès l'émission de l'avis du midjelès. — A. 6 avril 1868, XI, 40.

8. EFFET DE LA SENTENCE DU MIDJELÈS. — La décision d'un
midjelès sur un droit de propriété rendue postérieurement à la
vente de l'immeuble litigieux consentie par l'une des parties à un
tiers non musulman, ne peut être opposée à ce tiers, si l'instance
sur laquelle cette décision est intervenue n'était pas encore commencée à l'époque de la vente. — Il importerait peu que le midjelès eût été antérieurement saisi du même litige, si, au moment de
la vente, il s'en était dessaisi par un jugement d'incompétence. —
A. 14 juillet 1860, Barny c. Zérafa, II, 229.

V. Cadi, 6 s, — Chose jugée, 44 s.

Milice.

Le conseil de discipline de la milice, en Algérie, est compétent
pour connaître des exceptions péremptoires produites devant lui,
telles, par exemple, que celle tirée de l'exclusion de la milice à
raison de l'interdiction des droits civils et politiques prononcée

par un jugement correctionnel, même après que l'inscription sur
les contrôles de celui qui les fait valoir a été ordonnée par les
conseils de recensement et de révision (décret, 9 nov. 1859, art. 10).
— Cass. crim. 18 février 1864, VIII, 25.

Militaire. — V. Achat d'effets militaires, — Domicile, 11.

Mines.

Les tribunaux administratifs ne sont compétents pour statuer sur
les demandes en paiement d'indemnités pour recherches de mines
et travaux y afférents qu'autant que ces recherches et travaux sont
antérieurs à l'acte de concession. — Aux tribunaux civils seuls
appartient le droit de connaître des règlements d'indemnités pour
exploitation postérieure et des paiements de redevances fixées audit acte pour indemnité de surface. — A. 29 déc. 1865, dame Bruat
c. Société des mines de Mouzïa, VII, 173.

V. Compétence, 16, 67, — Prescription, 11, — Responsabilité,
1, 2.

Mineur. — V. Minorité.

Ministère public.

1. Dans les causes communicables, le Ministère public, partie
jointe, a non-seulement le droit, mais le devoir de suppléer à l'insuffisance des moyens plaidés pour ceux dont les intérêts sont
placés sous sa sauvegarde. — A. 16 janvier 1869, Breucq c. l'*Akhbar*, XI, 24.

2. DROIT D'APPEL. — Aux termes de l'art. 79 du décret du 30
mars 1808 et 46 de la loi du 20 avril 1810, il appartient au Ministère public de veiller à l'exécution des lois et jugements et de
poursuivre d'office cette exécution dans les dispositions qui intéressent l'ordre public. — Spécialement, il peut se pourvoir devant
la Cour d'appel contre une décision d'un tribunal de première
instance, qui a empiété sur la compétence d'une autre juridiction
du même degré. — L'appel, dans ce cas, n'est point soumis, en ce
qui concerne le délai dans lequel il doit être formé, aux règles du
droit commun. Le législateur, sur ce point, s'en rapporte à l'ap-

préciation du Ministère public. — Les actes d'acquiescement qui émaneraient du procureur impérial ne sauraient engager le procureur général. — Pour que le pourvoi du Ministère public soit recevable, il n'est pas nécessaire qu'il y ait conflit, dans les termes de l'article 363, C. pr. civ.; il suffit qu'il soit fondé sur une violation des règles relatives à l'ordre des juridictions. — A. 4 février 1864, VI, 16.

V. Avocat, 9 s. — Hypothèque légale, 8. — Minorité, 7. — Tribunaux correctionnels, 3.

Ministres des cultes. — V. Culte.

Minorité.

DIVISION

§ 1. — Droit français.
§ 2. — Droit musulman.

§ 1. — Droit français.

1. APPEL. — L'art. 444 du C. pr. civ., en édictant que le délai d'appel ne courra contre le mineur non émancipé que du jour où le jugement aura été signifié au subrogé-tuteur, suppose qu'il s'agit d'un jugement qui prononce une condamnation contre le mineur ou rejette une demande formée dans son intérêt. Il est inapplicable au cas d'un jugement homologuant une délibération de conseil de famille prise à l'unanimité, alors que le jugement a été exécuté à la diligence du tuteur. Dans cette dernière hypothèse, le subrogé-tuteur ne peut repousser la fin de non-recevoir tirée de la tardivité de l'appel en s'appuyant sur ce que le jugement d'homologation ne lui aurait pas été signifié. — A. 22 avril 1869, Barthélémy c Rostand, XI, 84.

2. DÉPENS. — Lorsqu'un mineur représenté tout à la fois par son tuteur et son subrogé-tuteur, vient à succomber dans l'action intentée en son nom, la condamnation aux dépens ne peut être prononcée solidairement contre ses représentants, les dépens devant, en définitive, être supportés par le mineur seul, et le tuteur et le subrogé-tuteur n'étant condamnés qu'ès qualités. — A. 17 mars 1874, Boccara c. Battandier, XVI, 113.

3. Femme mariée. — La vente consentie par une femme mariée, mais mineure, avec l'autorisation de son mari, est nulle (art. 1124, 1504, C. N.). — A. 16 oct. 1867, Gassiot c. Gassiot, IX, 237.

4. Est également nulle la renonciation qu'elle ferait au bénéfice de son hypothèque légale. — S'il est vrai que l'art 1338 du C. N. permette au mineur devenu majeur de ratifier un acte nul dans son principe, cette ratification est facultative et les tribunaux ne peuvent la consentir en l'absence du mineur. — Même arrêt.

5. Instance judiciaire. — Lorsqu'un mineur, dans une instance, a des intérêts contraires à ceux de son tuteur, c'est avec raison qu'on lui donne un tuteur ad hoc pour le représenter ; l'action du subrogé-tuteur devant se restreindre aux actes judiciaires non litigieux, tels qu'inventaires, inscriptions hypothécaires ou autres semblables, il ne peut remplacer le tuteur dans une instance judiciaire. — A. 20 février 1875, Schwiltk c. Buob, XVII, 5.

6. Le rédacteur du *Journal* estime que cette proposition n'est pas exacte, l'art. 420 du Code civil étant général et ne distinguant pas entre tels ou tels actes de la tutelle.

7. Ministère public — Nul citoyen n'a d'action en justice que pour la défense de ses intérêts personnels ou de ceux dont la protection lui est légalement confiée ; mais le Ministère public étant partie jointe et nécessaire dans les affaires concernant les mineurs, a le droit, dans une instance où figure une mineure dont les intérêts paraissent abandonnés, de réclamer les mesures de protection que les circonstances commandent. — A. 21 juillet 1873, Courtois c. Cachot, XV, 193.

8. Ratification. — L'acquisition faite par le père au nom de sa fille alors mineure et pour celle-ci, n'oblige cette dernière qu'autant qu'elle l'a acceptée et ratifiée en majorité. — A. 20 juillet 1866, Claris c. Joly, VIII, 269. — V. *Suprà*, n° 4.

9. Recours contre le tuteur. — Si le mineur devenu majeur se plaint que les formalités prescrites par la loi n'ont pas été remplies, ou que ses intérêts aient été sacrifiés, c'est par voie d'action principale qu'il doit se pourvoir. — A. 5 mai 1873, Seror c. Tabet, XV, 247.

10. Tiers contractant — Lorsque le jugement d'homologation d'une délibération de conseil de famille se trouve, par suite de l'expiration des délais d'appel, avoir acquis force de chose ju-

gée, les irrégularités qui pourraient exister dans la délibération homologuée ne sont pas opposables aux tiers qui ont contracté en exécution dudit jugement, et en s'y conformant. — Même arrêt qu'au n° 1, *suprà*.

11. Le prêteur qui fournit des fonds au mineur dans les limites et aux conditions prescrites par un jugement régulier. homologuant une délibération du conseil de famille qui a autorisé le tuteur à emprunter pour le compte de son pupille, n'a point à surveiller l'emploi des fonds qu'il a prêtés…, alors surtout que l'emprunt a eu lieu pour faire des réparations à un immeuble ou pour toute autre destination qui entraîne des dépenses successives, et non un remploi déterminé. La disposition du jugement qui prescrit que les fonds empruntés seront exclusivement employés aux réparations ne peut être entendue qu'en ce sens que le tuteur devra justifier de l'emploi au mineur, lors de la reddition du compte de tutelle, mais n'impose nullement une obligation personnelle de surveillance au prêteur. — Même arrêt.

12. TIERS PORTEUR. — La nullité prononcée par l'article 114 du Code de commerce au profit des mineurs non négociants est opposable au tiers porteur de bonne foi. C'est au créancier à prouver, en dehors des énonciations du titre, que le mineur a tiré un profit personnel de l'obligation. — A. 17 mars 1876, Kanouï c. Imbert, XVIII, 81.

13. TRANSACTION. — L'omission par le juge-commis du rapport à faire en chambre du conseil sur l'homologation d'une transaction intéressant un mineur, n'entraîne pas la nullité de l'acte. — Même arrêt qu'au n° 2, *suprà*.

14. Le mineur émancipé peut-il être commerçant ? — V. Commerçant, 6.

§ 2. — Droit musulman.

15. L'indigène musulman âgé de moins de 21 ans, mais émancipé de fait et exerçant une profession, a pleine qualité, au point de vue de la loi musulmane, pour intenter une action civile à raison d'un délit commis à son encontre. — A. 29 déc. 1871, Saïd ben Bouda c. Messaoud ben Tahar et Ali bel hadj Mohammed, XIII, 224.

V. Appel, 63.

Mise en cause. — V. Frais et dépens, — Garantie, — Intervention, etc.

Mitoyenneté. — V. Servitude, 18 s.

Mosquée. — V. Domaine de l'Etat, 2 s.

Motifs de jugement. — V. Compétence, 103.

Moyens nouveaux. — V. Saisie immobilière, 62, 63. — V. aussi Appel.

Munitions. — V. Armes, 4.

Muphti. — V. Vente, 49.

N

Nantissement.

Le gage commercial est dispensé des formes prescrites par l'article 2074, C. c. Lorsque l'engagiste qui a constitué le gage, pour une somme déterminée, en garantie de marchandises par lui prises, s'est engagé à ne le retirer qu'après paiement intégral de tout ce qui est dû actuellement et de tout ce qui pourra être dû par la suite, il faut voir dans cette convention une application du nantissement à une ouverture de crédit jusqu'à concurrence de la somme déterminée au moment de la constitution du gage. — A. 27 mai 1867, Stora c. Dubois, IX, 128.

V. Commissionnaire, 2, 3, — Hypothèque.

Nationaux d'origine diverse. — V. Acte.

Naturalisation. — V. Israélite, — Succession, 13.

Naufrage. — V. Assurance maritime, — Avarie, — Capitaine de navire, — Relâche.

Navire.

1. La relâche forcée du navire en détresse est assimilée au naufrage. — Jugem. comm. Alger, Neilson c. Longley, sans date, XVI, 265.

2. RESPONSABILITÉ DE L'ARMATEUR. — Lorsque le navire a péri par la faute du capitaine, l'armateur peut s'affranchir de la responsabilité envers les chargeurs par l'abandon du navire et du fret, et cela dans tous les cas. L'armateur ne devient pas personnellement responsable des marchandises par le motif que le chargeur aurait traité avec lui ou par l'intermédiaire d'un de ses agents ; il n'a reçu les marchandises que pour les remettre au capitaine, et avec obligation d'en répondre de la manière et dans les limites tracées par la loi en l'art. 216 du Code de commerce. — Cass. civ. 22 mai 1867, Sarrat c. *Messageries*, IX, 118.

3. Spécialement, la compagnie des *Messageries impériales* peut, par l'abandon, s'affranchir de toute responsabilité pour perte en mer et par la faute du capitaine, de marchandises qui, à l'origine, avaient été remises par le chargeur, non au capitaine, mais à un agent de la compagnie, et qui, d'ailleurs, ont fait l'objet d'un connaissement régulier. — Même arrêt.

V. Compétence, 68, 104, — Courtier, 10, — Lloyd anglais, etc.

Negotiorum gestor. — V. Notaire, 23.

Nolis. — V. Fret.

Non bis in idem. — V. Presse, 28.

Non-lieu (ordonnance de). — V. Action publique, 4, — Chose jugée, 27, 36.

Notaire.

1. LOI ORGANIQUE. — La loi organique du notariat du 25 ventôse an XI est devenue applicable en Algérie sans qu'il fût besoin de promulgation spéciale, du jour où le Code civil y a été lui-même appliqué, à plus forte raison du jour où le notariat y a été institué. — Spécialement, cette loi était en vigueur dans la colonie avant l'arrêté du 30 décembre 1842 sur le notariat algérien,

et un contrat de mariage passé le 14 août 1833 à Alger, a dû être rédigé d'après ses prescriptions. — A. 11 décembre 1861, Aberjoux, III, 267 ; Cass 4 févr. 1863, mêmes parties, V, 74, 199.

2. ACTE NOTARIÉ. — *Renvoi non paraphé par un témoin.* — L'absence du paraphe de l'un des témoins instrumentaires au bas d'un renvoi dans un contrat de mariage, constitue une nullité radicale, aux termes de la loi du 25 ventôse an XI. — Cette nullité n'est pas une de celles que l'ordonn. du 26 septembre 1842 déclare facultatives. — Mêmes arrêts.

3. DROITS, HONORAIRES, DÉBOURS. — Les jugements qui, rendus en chambre du conseil, statuent sur la taxe des honoraires des notaires, conformément à l'article 35 de l'arrêté ministériel du 30 décembre 1842, ne sont pas susceptibles d'opposition devant le tribunal qui a statué. — L'art. 6 du deuxième décret du 16 fév. 1807 n'est pas ici applicable — Ces jugements ne peuvent être attaqués que par la voie de l'appel. — A. 26 avril 1872, v° Debregeas Laurenié c. Larue, XIV, 68.

4. Les tribunaux jugeant dans ces conditions sont compétents pour régler tout à la fois les honoraires, les frais et débours. — C'est toujours en ce sens que les dispositions du chapitre 7 du premier décret du 16 février 1807 ont été entendues, et il importe peu que l'art. 35 dudit arrêté du 30 décembre 1842 ne parle que des honoraires, tandis que l'art. 173 du décret du 16 février 1807 s'occupe de la taxe des actes, sans restriction. L'arrêté, en réglant, par ses art. 34 et 35, les frais d'actes, honoraires et droits des notaires, n'a rien innové à cet égard ; il s'est borné, en appliquant en Algérie la législation de la Métropole, à modifier cette législation sur les points suivants : 1° les droits de vacation établis pour Paris sont alloués avec réduction d'un dixième ; 2° les droits d'expédition sont l'objet d'une fixation spéciale ; 3° en cas de difficulté sur le règlement des honoraires, pour tous actes non tarifés par les décrets du 16 février 1807, la taxe des honoraires est faite par le tribunal de première instance. — Même arrêt.

5. Le notaire peut prendre exécution pour le recouvrement des droits d'enregistrement qu'il a avancés, aux termes de l'art. 30 de la loi du 22 frimaire an VII ; néanmoins ce n'est là qu'une faculté ; s'il n'en use pas et s'il porte ces droits dans son mémoire, le tribunal doit les régler. — Même arrêt.

5 *bis.* Une partie qui aurait acquiescé, soit en payant, soit par

écrit, à un mémoire de débours et honoraires de notaire, est toujours recevable à exiger ultérieurement la taxe. (Art. 35 de l'arrêté
ministériel du 30 décembre 1842). — Même arrêt.

6. Les actes des notaires qui ne sont pas tarifés par la loi doivent être taxés suivant leur importance et les difficultés que leur
rédaction aura présentées. (Art. 173 du décret du 16 février 1807.)
— Même arrêt.

7. Le taxateur n'est lié, ni par l'usage ni par les règlements,
aux tarifs adoptés par les chambres de notaires; il ne doit se
préoccuper que d'une chose, allouer à l'officier public une juste
et suffisante rénumération. — Même arrêt.

8. Un arrêt infirmatif intervenu sur l'appel d'un jugement qui
a statué en matière de taxe de notaire, ne donne pas lieu à l'application de l'art. 472, C. pr. civ. — Même arrêt.

9. La Cour a eu à confirmer quelques solutions du remarquable arrêt qui précède, en décidant que la partie a toujours le droit
de réclamer la taxe du notaire bien qu'il y ait eu convention préalable sur la rémunération due à ce dernier. — A. 19 nov. 1873,
Yung c. Guignette, XV, 287.

10. ... Que l'art. 168 du tarif du 16 février 1807, rendu applicable en Algérie par l'arrêté organique du notariat du 30 décembre
1842, n'a d'autorité que pour les actes et procès-verbaux qui y
sont énoncés. Les juges peuvent seulement y puiser des éléments
d'appréciation dans le cas où, selon l'article 173, ils ont à régler
les honoraires des actes suivant leur nature, leur importance, les
difficultés de rédaction, et la responsabilité que le notaire peut
encourir. — Même arrêt.

11. Le notaire a droit à un franc par chaque communication
d'un acte de son ministère ; il est juste de maintenir l'usage qui
accorde au notaire un demi émolument pour les actes préparés et
non réalisés. — Même arrêt.

12. RESPONSABILITÉ. — Si, en principe, considérés comme mandataires des parties contractantes, les notaires doivent les éclairer
sur les conséquences de leurs agissements et prendre personnellement toutes les précautions dictées par la prudence, cependant
leur responsabilité est plus ou moins étroite en raison de la qualité
des parties. — A. 10 juin 1869, Giraud c. Didier, XI, 182.

13. La responsabilité du notaire une fois admise, il appartient

aux tribunaux d'en fixer l'étendue et le chiffre. Cette fixation doit être faite eu égard à la gravité de la faute et peut être au-dessous du dommage éprouvé. — A. 5 janvier 1870, X. c. Couderc, XII, 241.

14. Les notaires, même lorsqu'ils ne se sont pas constitués les mandataires des parties, sont, par la nature de leurs fonctions, les conseils de leurs clients, et doivent les éclairer et les protéger sur les conséquences de leurs conventions, alors surtout que ces clients sont inexpérimentés et illettrés. — Spécialement et dans le cas d'un prêt hypothécaire, ils doivent faire les vérifications propres à garantir les droits du prêteur. — A. 6 juillet 1865, Las-Aygues c. Gauthier, VIII, 282.

15. De même, la mission des notaires ne consiste pas seulement à rédiger les actes de leur ministère, mais encore et surtout à éclairer les parties sur la nature et la portée de leurs conventions. — Ainsi, le notaire qui fait subroger son client à une hypothèque qui repose sur un jugement périmé ou qui n'a aucun titre, commet une faute dont il doit être déclaré responsable. — A. 31 oct. 1860, Garavini c. Garbé, II, 277.

16. Il est responsable de l'insuffisance du gage hypothécaire consenti par acte passé devant lui, lorsque, notaire habituel des prêteurs, il a indiqué l'emprunteur à ces derniers, a reçu en dépôt les titres de propriété et s'est chargé de visiter les immeubles. — A. 23 avril 1870, Debregeas c. Schvich et Delaon, XII, 87.

17. Il doit veiller à la moralité des actes qu'il reçoit et à ce que le créancier au profit duquel on stipule des garanties hypothécaires soit bien édifié sur la valeur et l'exactitude de ces garanties, alors surtout que ce créancier est vieux et illettré, et qu'il ne s'est adressé au notaire que par suite de la confiance qu'il avait en son honnêteté et en sa capacité. — Il doit surveiller les agissements de ses *clercs* à l'égard des clients de son étude et empêcher que les premiers n'abusent de cette influence de leur position pour se faire consentir des actes préjudiciables aux seconds. — Spécialement, lorsqu'un individu s'est adressé à un notaire pour un placement, et que le clerc a fait ce placement à son profit, le notaire est responsable des conséquences de ce placement envers le client. — Le notaire ne peut recevoir un acte intéressant un de ses clercs. (Arr. 30 déc. 1842, art. 30). — A. 12 mars 1866, v° Caron c. X., VIII, 92.

18. Le notaire qui dresse un acte d'obligation ou de transport

hypothécaire au profit d'un client qui lui avait déclaré qu'il voulait une première hypothèque, doit faire connaître à ce dernier
l'existence d'une rente constituant le prix originaire de la vente et
encore due, alors même que, dans sa pensée, cette rente ne devait
plus grever les immeubles hypothéqués, faute d'inscription de privilége prise en temps utile. — Même arrêt qu'au n° 13, *suprà*.

19. Lorsque de nouvelles stipulations sont insérées dans un acte
de subrogation passé devant notaire, celui-ci doit appeler l'attention du nouveau prêteur sur ces énonciations qui diminuent les
garanties qu'avait le prêteur primitif, et lui en expliquer la signification et les conséquences. — C'est un oubli des devoirs profes-
sionnels qui rend le notaire responsable, que de ne pas faire en-
trevoir au prêteur le péril que ces nouvelles stipulations peuvent faire courir à sa créance. — A. 11 janvier 1869, X. c. Souron,
XI, 3.

20. Lorsqu'un acte notarié contenant hypothèque n'énonce pas
l'exigibilité des créances garanties, et se borne à dire que l'é-
poque d'exigibilité sera ultérieurement fixée, et que l'inscription
prise dans ces termes est ultérieurement annulée pour défaut de
mention d'exigibilité, le notaire rédacteur de l'acte hypothécaire et
de l'inscription n'est pas responsable de cette nullité, si les parties
ont arrêté leurs conventions en dehors de lui et s'il a exactement
rapporté dans le bordereau d'inscription les conditions renfermées
au contrat. — Dans tous les cas, s'agissant d'une question controversée en droit sur la validité d'une inscription, le notaire serait
excusable. — A. 10 mars 1870, Brémond et cons. c. X., XII, 170.

20 *bis*. Lorsque le notaire agit dans les limites de son ministère,
il n'est responsable que de la rédaction de ses actes. Si, au contraire, il agit comme conseil des parties ou mandataire, ce qui doit
être prouvé par les demandeurs en responsabilité, il répond de son
dol et de sa faute. — Spécialement, lorsque pour l'ouverture d'un
crédit avec constitution d'hypothèque sur plusieurs immeubles, les
parties ont arrêté leurs conventions en dehors du notaire, celui-ci,
s'il n'a fait que donner l'authenticité à ces conventions, n'encourt
aucune responsabilité dans le cas où, au moment de la rédaction
de l'acte, quelques-uns de ces immeubles hypothéqués avaient
déjà été vendus par le débiteur depuis plusieurs années, par acte
passé devant le même notaire. — Le notaire ne saurait être considéré comme commettant une faute par cela seul que, dans un moment donné, il ne se rappelle pas certains actes passés antérieure-

ment dans son étude. — A. 23 juillet 1876, Pimienta c. X., XVIII, 241.

21. *Exécution des actes.* — Le notaire ne saurait être astreint à assurer l'exécution des actes qu'il reçoit. Spécialement, un notaire n'est pas obligé de faire signifier au débiteur cédé l'acte de transport qu'il reçoit, s'il n'a pas formellement pris cet engagement. — Jugem. Oran, 25 juin 1873, Facio c. Sauzède, XVII, 205.

22. *Formalités de purge.* — Le notaire rédacteur d'un acte de vente stipulant que le prix est payé comptant *à la vue du notaire* qui, du consentement des parties, garde en dépôt ledit prix jusqu'à l'accomplissement des formalités de purge, n'est pas tenu de poursuivre l'accomplissement desdites formalités ; par conséquent, si, par suite de la nécessité de faire un règlement par voie d'ordre ou de retard apporté dans cette poursuite, l'acquéreur est obligé de payer aux créanciers inscrits des intérêts qu'il n'avait pas prévus, il ne peut en rendre le notaire responsable. — A. 27 avril 1876. Keller c. Carité, XVIII, 117.

23. *Mandat.* — Lorsqu'un notaire s'est borné à constater par écrit et d'une manière régulière les conventions préalablement arrêtées entre les parties, il ne saurait être responsable des conséquences de son acte. — Cette responsabilité ne peut exister à sa charge que lorsque, sortant de ses fonctions de notaire rédacteur de conventions, il a été constitué le mandataire ou s'est établi le *negotiorum gestor* des parties. — Cette qualité de mandataire ou de *negotiorum gestor* ne doit pas être présumée ; il faut qu'elle soit prouvée. — Spécialement, est l'abri de toute critique le notaire qui s'est borné à rédiger une obligation hypothécaire dont les conditions avaient été convenues entre le débiteur et le créancier, et il ne saurait être recherché par ce dernier, dans le cas où, par un motif quelconque, ledit créancier ne peut être payé sur le prix de l'immeuble hypothéqué. — Il doit surtout être ainsi décidé, lorsqu'il est constaté que le notaire a pris toutes les précautions nécessaires pour faire comprendre aux parties toute la portée du contrat. — A. 6 déc. 1865, Barat c. Decanis, VII, 167. — Dans le même sens, A. 22 janvier 1866, Battisti c. Giraud, VIII, 58.

V. Consul, — Domicile, 8 s, — Secrétaire de commissariat civil.

Novation.

L'acceptation des billets à ordre énonçant la cause de la créance privilégiée n'opère par novation. — A. 15 déc. 1859, Geyler c. Ferrand, II, 52.

V. Faillite, 29.

Nullités d'ordre public.

L'art. 1304, C. civ., aux termes duquel, « dans tous les cas où « l'action en nullité ou en rescision d'une convention n'est pas li- « mitée à un moindre temps par une loi particulière, cette action « dure dix ans ». et est prescrite après ce laps de temps, n'est pas applicable aux nullités d'ordre public. — A. 12 déc. 1866, Pallu c. Adda Ouled el Hadj, IX, 32.

Nullités facultatives.

1. En Algérie, l'ordonnance royale du 10 août 1834, maintenue par celles des 28 février 1841 et 26 septembre 1842, laisse aux tribunaux la faculté d'accueillir ou de rejeter, selon les circonstances, les nullités d'exploit et d'actes de procédure. — A. 25 mars 1870, Hamou, XII, 73.

2. Cette faculté ne s'applique pas aux cas de déchéance. — A. 11 nov. 1858, Maingot c. Verdin, I, 8.

3. Pourvu que l'irrégularité d'un acte de procédure soit sans préjudice pour la partie qui en excipe, que l'acte vicieux dans la forme ait été produit dans les délais fixés par la loi, et, par conséquent, qu'il n'y ait pas déjà déchéance ou forclusion, la nullité peut être rejetée. — A. 7 décembre 1868, Préfet de Constantine c. Lacombe, X, 232.

V. Appel, 41, 42, 75, — Défenseur, 1, — Enquête, 11 s, — Exploit, 4 s, 15 s, — Folle enchère, 4 s, — Huissier, 2, 3, — Instance domaniale, 4, — Notaire, 2, — Ordre, 40, 41, 44 s, — Partages et licitations, 13, 14, — Saisie-exécution, 2 s, 7, — Saisie immobilière, 42, — Séparation de biens, 11, — Signification de jugement, 5 s, — Société, 25.

O

Obligation.

ACTE. — *Dénomination des conventions.* — La forme et la dénomination d'un acte peuvent n'être qu'une enveloppe simulée ou erronée de conventions de toute autre nature que celles dénommées en l'acte. Il appartient aux tribunaux de préciser, par voie d'interprétation, les conventions réelles intervenues, leur objet, leur esprit et leur but, sans s'arrêter à la forme et à la dénomination de l'acte.

2. CLAUSE PÉNALE. — *Force majeure.* — L'art. 1152 du C. c. doit nécessairement être limité dans son application par l'art. 1148. La situation embarrassée d'un commerçant peut, suivant les circonstances, être considérée comme un cas de force majeure, et donner lieu à l'exonération du dédit stipulé en l'obligation. — A. 10 déc. 1862, Abadie et Fischer c. Valensin, IV, 252.

3. CLAUSE POTESTATIVE. — L'insertion d'une clause potestative n'entraîne pas la nullité de la clause seule, mais de l'obligation elle-même. — A. 7 juillet 1874, Garnier c. Griess-Traut, XVI, 213.

4. Si, dans un contrat, les deux parties stipulent que ni l'une ni l'autre ne pourrait, sans l'agrément de son copropriétaire, aliéner, par exemple, sa moitié dans la propriété d'un navire, et si elles ont pris soin d'expliquer la portée de cette interdiction en ajoutant que chacune d'elles aurait la préférence sur tout autre acheteur, aux mêmes conditions, on ne saurait voir dans une pareille stipulation soit une condition purement potestative soit une atteinte à la liberté des contractants. — A. 27 janvier 1871, Crispo et Fiorentino c. Scala, XIII, 23.

5. COMMERÇANTS. — *Preuve de l'obligation.* — La preuve des engagements entre commerçants peut résulter de présomptions graves, précises et concordantes. — A. 15 juillet 1872, Galtier c. Raymond et Villata, XV, 46.

5 *bis.* — L'art. 1235, C. civ., qui exige que les actes sous seing

privé soient rédigés en autant d'originaux qu'il y a de parties contractantes, n'est applicable, en matière commerciale, que lorsque la loi l'a spécialement ordonné, l'existence des marchés et autres obligations de commerce pouvant, en principe, être établie par tout moyen de preuve. — A. 19 oct. 1876, Giraud c. Piéguet et Aubut, XVIII, 199.

6. DÉLAI INDÉTERMINÉ. — En vain soutiendrait-on que le délai étant indéterminé, la dette ne saurait être exigible; du moment qu'il résulte des circonstances de la cause que la créance est devenue exigible à l'encontre du débiteur, celui-ci doit être condamné au paiement, les délais, tout indéterminés qu'ils soient, ne pouvant être éternels. — V. Vente, n° 27.

7. Le créancier porteur d'une obligation avec exécution parée, sans délai déterminé, a le droit de faire actionner son débiteur en justice pour faire déclarer sa créance exigible.

8. FAUSSE CAUSE. — L'obligation dont la cause indiquée est fausse n'en est pas moins valable s'il est justifié d'une autre cause licite, mais seulement dans les limites de ce qui est réellement dû (art. 1131, C. c.). — A. 5 novembre 1861, Bagdadi c. Moatti, III. 247.

9. NULLITÉ. — *Incapable.* — La nullité édictée par l'art. 502 du Code Nap. à l'égard des actes passés par les incapables n'est pas absolue; elle doit être prononcée par les tribunaux, et, à ce titre, les tribunaux ont mission de puiser dans les faits particuliers de la cause leurs éléments d'appréciation (art. 1124,1125 et 1304 combinés). — Spécialement, l'obligation par les tribunaux de prononcer la nullité des actes passés par l'individu pourvu d'un conseil judiciaire, sans l'assistance de ce conseil, ne s'étend pas aux contrats qui ont été le résultat du dol et de la fraude de l'incapable. — A. 18 juillet 1864, Thoa c. de Rivals et Marquier, VI, 149.

10. Lorsqu'un acte n'est que le préliminaire ou la conséquence d'un autre, la demande en nullité de ce dernier comprend virtuellement le premier; par suite il n'est pas nécessaire que l'action ait porté nommément sur l'annulation de cet acte, pour qu'il y soit conclu. — A. 28 juin 1872, d° Marin c. Roche et Barbasse, XIV, 177.

11. Le *dol* et la *fraude* sont une cause de nullité des obligations et peuvent être établis par tous genres de preuves, mais pour annuler et non pour prouver une obligation, surtout quand le dol

et la fraude n'ont pas porté sur cette obligation elle-même. — A. 31 déc. 1869, Castelli c. Roche, XII, 15.

12. RENONCIATION. — La renonciation à un droit que fait un individu bénévolement et en dehors de toute idée de transaction, est valable et définitive, si elle n'est annulée pour cause de vice essentiel, même lorsque son auteur l'a rétractée d'une manière implicite, avant que celui qui en revendique le bénéfice l'ait accepté. — A. 12 nov. 1862, Marchis c. l'Etat, IV, 273.

13. TIERS. — Les conventions n'ont d'effet qu'entre les parties qui les ont faites ; les tiers n'y peuvent puiser aucun droit (art. 1165, C. N.) — A. 18 juillet 1868, Ricard c. Lebas et Curtet, X, 165.

V. Acte, — Action paulienne, — Concubinage, 2, — Condition potestative, — Condition impossible, etc., — Créancier, — Délai, — Délai de grâce, — Commencement de preuve par écrit, — Femme mariée, 3, 4, — Intérêts, — Interprétation des conventions, — Liberté du commerce, — Novation, — Présomption, — Preuve testimoniale, — Stipulation pour autrui, — Société, 8, —, Subrogation, — Terme, etc., etc.

Occupation. — V. Expropriation pour cause d'utilité publique, — Travaux publics, 1.

Offres réelles et consignation. — V. Degrés de juridiction, 51, — Exécution de jugement, 2, 3, — Expropriation pour cause d'utilité publique, 44, — Ordre, 24.

Omnibus. — V. Roulage (Police du).

Opposition. — V. Jugement par défaut et opposition, — Mariage, — Référé, 5.

Ordonnance d'exéquatur. — V. Etranger, 42.

Ordonnance de non-lieu. — V. Non-lieu et les renvois.

Ordonnance de référé. — V. Référé et les renvois.

Ordre.

---

§ 1. — Juge-commissaire.

1. Il est investi d'un pouvoir discrétionnaire pour discerner la capacité des parties, la sincérité de leur consentement à l'ordre amiable, et l'opportunité du renvoi à l'audience. — Ainsi, s'il trouve que l'accord des créanciers inscrits est nuisible à des droits existants, il peut arrêter l'ordre amiable, et renvoyer les parties devant le tribunal pour qu'il soit statué. — A. 22 novembre 1860, Maffre c. Probst, II, 232.

2. Le juge commis pour procéder à la distribution d'une somme par voie d'ordre, peut, s'il juge qu'il n'y a pas lieu à ordre, faire la distribution de cette somme par voie de contribution, si les créanciers opposants avaient été sommés de produire en même temps que les créanciers hypothécaires. — A. 18 avril 1859, Guenoun Assoun c. Grevin, I, 166.

§ 2. — Ordre amiable.

3. La tentative d'ordre amiable prescrite par l'art. 773 du C. pr. c. doit être faite même au cas où le nombre des créanciers inscrits étant au dessous de quatre, il n'y a lieu à ordre, mais à une instance en attribution de prix. — A. 22 juillet 1874, Dubourg c. Homberger, XVI, 209.

4. Les formalités prescrites par l'art. 773 du Code de procédure civile doivent-elles être observées aussi bien dans le cas où il n'y a qu'un seul créancier inscrit sur l'immeuble dont le prix est à distribuer que dans celui où il y a deux ou trois créanciers inscrits ? Doit-on notamment, lorsqu'il n'y a qu'un seul créancier inscrit, procéder au préliminaire de règlement amiable, dans les ter-

mes et délais établis par la loi ? — Oui, d'après le jugement du tribunal d'Evreux, du 29 août 1873, rapporté au *Journal*, XV, 225.

5. Les créanciers qui consentent à ce qu'il soit procédé à un ordre amiable, ne donnent pas pour cela même aux juges le pouvoir discrétionnaire de régler leurs positions respectives ; ils n'en peuvent pas moins contredire le travail même du juge. — A. 9 mars 1870, Lafutzen c. Laval, XII, 53.

§ 3. — Ordre judiciaire. — Procédure.

6. Dans le cas où un ordre présente un caractère mixte, participant à la fois de l'ordre amiable et de l'ordre judiciaire, on peut se dispenser de lui appliquer rigoureusement les principes qui régissent l'ordre judiciaire, et, spécialement, la disposition de l'art. 767 du Code de procédure civile qui prescrit la dénonciation de l'ordonnance de clôture par l'avoué poursuivant dans les trois jours de cette ordonnance. — A. 3 juin 1871, Déchaux et Frémont c. Spiteri, XIII, 162.

7. Il peut en être ainsi notamment quand il est prouvé que la partie qui se plaint du défaut de cette dénonciation a suivi toutes les phases de l'ordre, et que, conséquemment, elle n'a pu en ignorer la clôture. — Même arrêt.

8. CRÉANCIER CESSIONNAIRE. — Dans l'ordre judiciaire, le créancier cessionnaire produisant a les mêmes droits qu'avait le cédant. — A. 24 juin 1874, Eliaou ben Saïd c. Boissier, XVI, 118.

9. PRODUCTION. — *Délai.* — *Sommation.* — La date de la production à un ordre se détermine par la mention que le juge fait, sur son procès-verbal, de la remise qui lui est faite de l'acte de production avec pièces à l'appui. (Art. 754, C. pr. civ.) — A. 26 janv. 1871, Néhamia c. Jacob ben Amar, XIII, 38.

10. Le délai de 40 jours pour produire ne court, en cas de plusieurs sommations faites successivement aux diverses parties, que du jour de la dernière en date. — Même arrêt.

11. En supposant que la dénonciation de l'ouverture de l'ordre à l'avoué de l'adjudicataire prescrite par l'art. 753 soit indispensable pour faire courir le délai de production, il en est autrement lorsque c'est l'adjudicataire qui poursuit l'ordre et qu'il a fait un dire dans ce but au procès-verbal. Dans ce cas, la dénonciation n'est pas nécessaire pour faire courir le délai. — Même arrêt.

12. Le saisi n'est pas au nombre des parties auxquelles il y a lieu de faire sommation de produire, aux termes de l'art. 753. — Même arrêt.

13. On doit considérer comme parties saisies et non comme colicitants des copropriétaires sur lesquels l'adjudication a été prononcée, à la suite d'une poursuite faite par le créancier de l'un d'eux. En conséquence la sommation de produire ne doit pas leur être faite pour faire courir le délai de production. — Même arrêt.

14. Ces solutions doivent surtout être admises lorsque le créancier forclos est poursuivant l'ordre. — Même arrêt.

15. TAXE DES FRAIS. — Les frais de procédure d'ordre devant être taxés comme ceux des instances sommaires, il y a lieu d'y comprendre les sommes allouées par le tarif pour les simples conclusions motivées, mais non d'y faire figurer les droits proportionnels afférents aux requêtes et conclusions grossoyées. — Cass. civ. 13 janvier 1874, Keranval c. Levigoureux, XVI, 51.

16. L'émolument fixe de 10 francs, 20 francs dans les colonies, que le tarif alloue aux avoués pour tarif de port de pièces et correspondances, dans les matières ordinaires et non dans les matières sommaires, ne leur est pas dû relativement aux instances de distribution par voie d'ordre. — Même arrêt.

§ 4 — Contredit.

17. Le créancier hypothécaire ou chirographaire d'une faillite a le droit de contredire l'ordre provisoire qui attribue à un créancier inscrit des sommes sur lesquelles il n'a aucun droit, bien que le syndic n'intervienne pas afin de faire rentrer à la masse les sommes indûment attribuées. — A. 2 mars 1874, Ruben Zermati c. Crédit foncier, XVI, 135.

34. La forclusion prononcée par l'art. 756, C. pr. civ., ne s'applique qu'aux contestations entre créanciers ; par suite, elle ne saurait être opposée à l'acquéreur qui demande le retranchement des intérêts de son prix, qu'il prétend avoir été portés à tort parmi les sommes à distribuer. Cette demande doit se produire par contredit au règlement provisoire, et non sous forme de production à l'ordre. — A. 7 mai 1870, Kespy c. Ayache, XII, 141.

49. Le droit qu'ont les parties de modifier, à l'audience, leurs conclusions originaires, les autorise aussi, en matière d'ordre, à

abandonner ou à réduire les chefs de contestation faisant l'objet de leurs contredits. — Le doute sur la date d'un contredit s'interprète contre la partie contestante, et la forclusion est par elle-même encourue. L'inscription du contredit sur le procès-verbal d'ordre, et le renvoi, par le juge spécial, des parties à l'audience, ne suppléent pas l'omission d'une partie de la date. — A. 3 avril 1862, Chalup c. vᵉ Branthomme, IV, 162.

20. Quand un créancier hypothécaire a produit dans un ordre et que sa demande de collocation a été rejetée par le juge-commissaire, c'est à lui à user de son droit de contredire et à poursuivre devant le tribunal le redressement de cette décision. — S'il ne l'a pas fait, il ne peut s'en prendre qu'à lui-même du maintien de l'erreur commise, et il n'a aucun droit de faire peser les résultats de cette erreur sur l'adjudicataire, ce dernier n'ayant aucune qualité pour faire ce dont le créancier omis s'est abstenu, c'est-à-dire pour combattre les collocations et provoquer la réformation, à cet égard, du règlement provisoire. — Le seul intérêt de l'adjudicataire consiste, en effet, à veiller à ce qu'il ne soit pas tenu de payer au delà du prix, et peu lui importe le nom des personnes entre les mains desquelles la justice lui intimera de verser le montant de ce prix. — A. 13 mai 1872, Préfet d'Oran c. Meuriot, XIV, 145. — V. *infra*, nᵒˢ 32, 33.

§ 5. — Collocation.

21. Pour qu'un créancier hypothécaire soit colloqué sur le prix d'un immeuble, il faut que la désignation de cet immeuble soit complète. L'inscription ne saurait frapper que les immeubles désignés en l'acte d'hypothèque. — Même arrêt qu'au nᵒ 17, *supra*.

21 *bis*. Le créancier dont la production a été admise au règlement provisoire n'a aucun contredit à faire pour maintenir sa collocation ; dès qu'il est contesté, il a tous les droits et peut faire valoir toutes les exceptions qui appartiennent à un défendeur. — A. 19 fév. 1876, Bussidan c. Seyman, XVIII, 43.

22. BORDEREAU DE COLLOCATION. — Tout bordereau de collocation délivré dans un ordre constitue, aux mains du créancier colloqué, un titre exécutoire par la voie parée et par la folle-enchère, — A. 31 déc. 1869, Decrion c. Monnier et autres, XII, 25.

23. L'adjudicataire ne peut se refuser au paiement sous prétexte que tel créancier, privilégié sur le prix, mais n'ayant pas produit

dans l'ordre, avait cependant un droit légitime de préférence pouvant se produire par l'action résolutoire ou toute autre action réelle. — Même arrêt.

24. FRAIS. — La signification d'un bordereau de collocation est le seul moyen légal de porter ce bordereau à la connaissance du débiteur. Par suite, les frais de cette notification constituent un accessoire forcé de la créance. Les offres réelles doivent les comprendre comme frais non liquidés, sauf à parfaire, après taxe, sinon elles sont insuffisantes. — A. 29 juin 1872, Spiteri c. v⁰ Dechaux et autres, XIV, 154.

25. INTÉRÊTS. — L'adjudicataire contre lequel un bordereau est délivré par suite d'un ordre ouvert sur son prix, doit les intérêts du montant du bordereau à partir du règlement définitif. — A. 30 nov. 1871, Holmes c. Rivière, XIII, 214.

26. Par suite, les offres qu'il ferait du capital. sans y comprendre ces intérêts, devraient être déclarées nulles. — Même arrêt.

§ 6. — Voies de recours : — Opposition. — Appel. — Tierce opposition.

27. OPPOSITION AU RÈGLEMENT AMIABLE. — L'ordre amiable n'est qu'un procès-verbal constatant l'accord des créanciers inscrits sur le règlement de leurs créances, et les règles de l'ordre judiciaire ne lui sont pas applicables ; par suite les créanciers chirographaires ne peuvent se pourvoir par la voie de l'opposition contre ce règlement, mais ils peuvent agir par action principale pour faire tomber les attributions qu'ils soutiendraient être sans droit de préférence. — A. 12 février 1874, Gonssolin c. Mallen, XVI, 80.

28. Bien que la partie saisie doive être convoquée à la tentative d'ordre amiable, cependant elle ne peut, par sa voix délibérative, s'opposer au règlement amiable, si tous les créanciers inscrits sont d'accord (art. 751, C. pr. c., et L. 21 mai 1858). — Le droit d'opposition n'appartient pas davantage à un prétendu créancier privilégié, si son privilège n'est pas inscrit, la loi ne l'accordant qu'aux seuls créanciers inscrits.. — Il ne peut même lui être accordé aucun délai pour régulariser le privilège invoqué. — A. 27 nov. 1860, v⁰ Vincent et Permingat c. Savigny, II, 289.

29. L'opposition à la délivrance d'un bordereau sur ordre amiable, fût-elle juridique, doit être signifiée, à peine de nullité, non-

seulement au greffier, mais encore par acte d'avoué au porteur du
bordereau, et par exploit au saisi n'ayant pas d'avoué en cause.
(Art. 767, C. pr. c.). - Même arrêt qu'au n° 3, *suprà*.

30. OPPOSITION A L'ORDONNANCE DE CLÔTURE. — Il n'est pas nécessaire que l'opposition à l'ordonnance de clôture d'un ordre, autorisée par l'art. 2 de la loi du 21 mai 1858, soit consignée sur le
procès-verbal du juge-commissaire. — A. 25 juin 1860, d° Mekalski c. Agard et Jourdan, II, 200.

31. L'opposition à l'ordonnance de clôture d'ordre et à la délivrance des bordereaux n'est recevable qu'autant que, par erreur
ou excès de pouvoir, le règlement définitif n'est pas conforme au
règlement provisoire, ou que le juge a mal appliqué ou interprété
les jugements ou les arrêts qui ont statué sur les contredits. Hors
ces cas, le règlement définitif est une décision souveraine et inattaquable. Il ne reste aux créanciers inscrits qui auraient à faire
valoir des exceptions personnelles contre un créancier colloqué,
qu'à s'opposer au paiement du bordereau de ce dernier par l'acquéreur de l'immeuble. — Spécialement, si postérieurement à l'arrêt qui a fixé le rang et la créance d'un créancier, on a découvert
des quittances à opposer à ce dernier, et qui réduiraient la quotité
de ses droits, c'est là une exception de libération qui ne peut être
produite par voie d'opposition à l'ordonnance de clôture. - A. 26
juillet 1866, Ben Bahamed c. Lyons, Vérons et Fabus, VIII, 235.

32. On ne saurait faire un grief à l'adjudicataire de n'avoir pas
formé opposition à l'ordonnance de clôture de l'ordre, en vue de
faire redresser l'erreur commise au préjudice du créancier omis ;
en effet, ladite opposition eût été absolument inopérante pour
arriver à ce résultat, cette opposition n'ayant d'efficacité que dans
deux cas : 1° celui où le règlement définitif n'est pas conforme au
règlement provisoire, si ce dernier n'a pas été contesté ; 2° celui
où des contestations s'étant produites, le règlement définitif a mal
interprété et appliqué les jugements qui ont statué sur les contredits. — Même arrêt qu'au n° 20, *suprà*.

33. L'adjudicataire est valablement libéré par le paiement qu'il
fait, de bonne foi, du montant du prix entre les mains des créanciers porteurs des bordereaux de collocation délivrés sur lui. —
Même arrêt.

33 *bis*. Les collocations faites au règlement provisoire d'un ordre et non contestées dans le délai légal sont protégées par l'au-

torité de la chose jugée, et on ne peut revenir contre cette forclusion par la voie d'opposition à l'ordonnance de clôture. (Art. 756,
759, 767, C. p. c.) — Cette déchéance est opposable au syndic
d'une faillite qui est partie à l'ordre, car en vertu de l'autorité de
la chose jugée s'attachant au règlement provisoire, le syndic serait
irrecevable à faire rapporter à la masse le montant de la collocation après paiement au créancier colloqué. — Il importerait peu
que l'inscription servant de base à la collocation tombât sous
l'application de l'art. 446, C. co., et que sa nullité résultat même
implicitement d'une décision de justice antérieure. — A. 26 déc.
1876, Salvageot c. Desfrançais, XVIII, 265.

34 L'OPPOSITION AU RÈGLEMENT DÉFINITIF d'un ordre ouvert
antérieurement à la loi de 1858 n'est pas recevable lorsque l'objet
du litige est inférieur à 1,500 fr. — A. 13 oct. 1862, Ben Haïn c. Karoubi, IV, 242.

35. APPEL. — Le jugement qui déclare forclos un créancier hypothécaire dont la créance est supérieure à 1,500 francs est-il en
premier ressort ? — V. Degrés de juridiction, 51.

36. *Attribution de prix.* — Lorsqu'il y a moins de quatre créanciers inscrits, et que, par conséquent, il y a lieu à régler le prix à
l'audience, l'appel du jugement qui intervient doit être interjeté
d'après les règles du droit commun. — A. 8 juin 1863, Brunet c.
Luce, V, 120.

37. *Contredit.* — L'appel par le créancier d'une faillite, du jugement qui statue sur le contredit, est recevable, encore que le
syndic ne se présenterait pas ; il n'est pas nécessaire que cet acte
répète les motifs énoncés au contredit; les conclusions les rappe-
lant en appel suffisent. — Même arrêt qu'au n° 17, *suprà.*

38. *Homologation.* — N'est pas recevable l'appel relevé d'un
jugement qui homologue un ordre, lorsque cet appel n'attaque en
aucune manière un autre jugement qui a réglé définitivement,
plus tard, les droits des parties et acquis l'autorité de la chose
jugée. — A. 2 déc. 1869, Roussel c. Missé, Allignon et Kling,
XII, 33.

39. La partie qui, devant le juge spécial et devant le tribunal,
demande l'exécution de la liquidation et conséquemment du jugement qui l'a homologuée, y donne un acquiescement qui ne lui
permet plus de l'attaquer, malgré des réserves dont le jugement
n'a pas donné acte. — Même arrêt.

40. *Incident.* — L'appel d'un jugement intervenu sur un incident d'ordre doit être signifié au domicile de l'avoué et au greffe du tribunal. (Art. 762, C. pr. c., modifié par la loi du 21 mai 1858). — A. 31 oct. 1860, Garavini c. Garbé, II, 277.

41. La nullité n'est pas facultative. — Même arrêt.

42. L'avoué du dernier créancier colloqué qui représente, sur un incident d'ordre, les créanciers postérieurs en ordre d'hypothèque aux collocations contestées, a le droit d'interjeter appel du jugement qui intervient et qui préjudicie aux droits de ses clients. (Art. 760 et 764 C. pr. c.) — Même arrêt.

43. *Intervention.* — Le syndic qui n'a pas produit dans l'ordre ne peut demander par une intervention sur l'appel à être colloqué ; il est repoussé par l'art. 755, C. pr. c. — A. 24 juillet 1863, Ali ben Bahamed Khalifa c. X., V, 137.

44. *Nullité.* — Les dispositions de l'art. 762, introduit dans le Code de procédure civile par la loi du 21 mai 1858, sont d'intérêt public. — Dès lors, il ne saurait être loisible aux tribunaux de l'Algérie de les admettre ou de les repousser. — A. 3 juillet 1867, Passeron c. Berr, IX, 115.

45. En matière d'ordre, l'appel signifié au domicile ou à la personne et non à l'avoué de l'intimé, est nul, la nullité édictée par le dernier paragraphe de l'art. 762 refluant nécessairement sur toutes les dispositions qui précèdent. — Même arrêt.

46. L'appel n'est pas nul parceque l'ordre ayant été ouvert à tort sous l'ancienne loi (le Code de procédure) quand il aurait dû l'être sous la loi du 21 mai 1858, l'appelant, usant de son droit d'appel, s'est conformé à cette loi. — Même arrêt qu'au n° 43, *suprà.*

47. TIERCE OPPOSITION. — Quand un acte de vente, transcrit à la Conservation des hypothèques, mentionne le domicile du vendeur *situé dans l'arrondissement du bureau*, ce vendeur n'est pas valablement mis en demeure de produire dans un ordre ultérieurement ouvert sur le prix de la revente de l'immeuble, si cette sommation a été faite à un autre domicile arbitrairement élu par le conservateur en prenant inscription d'office. — En conséquence, ce vendeur non payé peut former tierce opposition au règlement définitif d'ordre qui, ayant prononcé la déchéance des créanciers non poursuivants, a ordonné la radiation de l'inscription prise pour la conservation de son privilége. — Nonobstant cette radiation opérée à la requête de l'adjudicataire dont émanait la sommation défectueuse, le vendeur tiers opposant peut faire ordonner, par justice, que l'inscription conservatrice de son privilége soit rétablie. — A. 2 janvier 1862, Caisse hypothécaire c. Philippe, IV, 14.

§ 7. — Folle-enchère.

48. A la suite d'une adjudication par voie de folle-enchère, lorsque le prix est inférieur à celui de la première adjudication, le juge aux ordres, en mettant les bordereaux déjà délivrés sur le prix primitif en harmonie avec celui sur folle-enchère, ne peut changer ni le rang des créanciers entre eux, ni les droits que leur confèrent les titres qu'ils ont produits ; mais rien n'empêche le juge spécial de tenir compte, dans son nouveau règlement, des modifications que les créances en elles-mêmes ont pu subir ; aussi si tout ou partie d'une créance a été payée, quand le juge spécial en a la preuve, son devoir est de modifier en ce sens son premier travail, et, par suite, la collocation première. — A. 30 nov. 1872, Vaisy c. Vauthrin, XIV, 278.

49. L'adjudicataire sur folle-enchère ne peut critiquer le travail du juge spécial, quel qu'ait été le mode employé pour établir sa dette, quand il ne se trouve aucunement exposé à payer une somme quelconque en sus du prix d'adjudication et des intérêts légaux qu'il a pu produire. — Même arrêt.

50. Quand l'adjudicataire sur folle-enchère paie les intérêts de son prix du jour de la primitive adjudication, il a droit de réclamer au premier adjudicataire les fruits qu'il a perçus pendant sa jouissance, même quand celui-ci, pendant cette période, a payé seulement une partie des intérêts de son prix. — Même arrêt.

Ordre public. — V. Nullités d'ordre public, — Déclinatoire.

Or et argent. — V. Matières d'or et d'argent.

Organisation judiciaire. — V. Cassation, — Cour d'assises, – Justice musulmane, — Tribunaux (divers), — Vacations, etc. — V. aussi Cadi, — Midjelès, etc., etc.

Outrage aux bonnes mœurs. — V. Diffamation (Lettre anonyme), 10.

Ouverture de crédit. — V. Nantissement, — Saisie immobilière, 10.

Ouvrier. — V. Entrepreneur, 3, — Fabricant, — Responsabilité, 1 s.

P

Paiement.

1. ERREUR. — Le paiement fait par erreur ne peut être critiqué par celui qui l'a fait. non-seulement quand le créancier payé a détruit son titre (art. 1377, C. c.), mais aussi quand il a, par suite du paiement, perdu les garanties de sa créance. (Pothier, Obligations, n° 256; Larombière, art. 1377, n° 10). — A. 15 juillet 1875, Dechaux. c. Taboni, XVII, 126.

2. IMPUTATION DES PAIEMENTS. — En matière commerciale et de compte courant, si l'art. 1256 sur les imputations à opérer en cas de paiements en présence de plusieurs dettes ne sont pas rigoureusement applicables, il est hors de doute que l'imputation se fait et doit être maintenue eu égard à l'intention des parties et à l'exécution qu'elles ont donnée à leurs conventions. — A. 7 déc. 1872, Ardoin c. Delveau, XIV, 254.

Paraphe. — V. Notaire.

Partage d'ascendant. — V. Succession, 5.

Partages et licitations.

---

§ 1. — Action en partage ou licitation.

1. Le partage en nature est la règle, la licitation l'exception. — A. 19 février 1873, Ben Zekri c. Sakar Guedj, XV, 43.

2. L'art. 815 du C. c. interdit toute prohibition de partage. — Si ses dispositions peuvent donner lieu parfois à controverse, elles sont absolument formelles dans le cas où la dévolution des biens à partager dérive de la loi elle-même et non, par exemple, de la volonté d'un testateur. — A. 20 juillet 1874, Lambert, XVI, 160.

3. L'art. 815, Code civil, permet de provoquer la licitation d'un immeuble indivis, seulement lorsqu'il est constant qu'on est copropriétaire incontestable. — A. 21 janvier 1873, Jean c. Joly, XV, 180.

4. *Copropriétaire intervenant.* — Dans l'instance en licitation et partage poursuivie par un créancier en vertu de l'art. 1166 du Code civil, le copropriétaire peut toujours intervenir, quand il n'a pas été appelé dans la cause. — A. 18 fév. 1874, Bou Renan c. Sakar Guedj, XVI, 142.

5. Il y a lieu de surseoir à la vente ou au partage, sur la demande des copropriétaires, dès que le prix d'autres immeubles vendus et grevés d'hypothèques en faveur du poursuivant n'est pas encore liquidé (art. 1244, C. civil, et 122 du C. pr. c.) — Même arrêt.

6. IMMEUBLES PAR DESTINATION. — Doivent être compris dans la vente les ustensiles et animaux de l'exploitation agricole, lorsque l'adjudication a eu lieu à la suite d'une licitation, si cette licitation avait été poursuivie par la nécessité, pour le propriétaire colicitant, de réaliser son avoir immobilier, aux fins de payer des dettes urgentes. — A. 16 juin 1873, Haudoin d'Euilly c. Terral, XV, 270. — V. Saisie immobilière, nᵒˢ 2 s.

7. Nu-copropriétaire et usufruitier. — Le nu-copropriétaire partiel d'un immeuble ne peut obliger l'usufruitier pour la totalité à liciter cet immeuble. — Il ne peut demander que le partage de la nue propriété (art. 815, C. N.). — A. 27 juillet 1865, Limbery, VII, 101.

§ 2. — Formalités. — Effets du partage.

8. Expertise. — En matière de partages et licitations, la mission des experts est circonscrite dans les limites posées par l'art. 971 du C. de proc.; ils doivent se borner à présenter sommairement les bases de leur estimation sans entrer dans le détail descriptif des biens à partager ou à liciter. — A. 25 mai 1868, Gauran c. Geyler, X, 156.

9. C'est dans le cahier des charges et non dans le rapport et le plan de l'expert qu'il faut chercher les bases et la portée des contrats de vente qui ultérieurement sont sanctionnés par l'adjudication. — Même arrêt

10. Fiction de l'art. 883. — Pour que l'art. 883, C. c., soit applicable, il n'est pas nécessaire que l'indivision à laquelle il est mis fin par la licitation, ait pour origine et pour cause un titre commun entre les copartageants ; il suffit qu'il y ait propriété commune et indivision. — A. 11 février 1874, Sportès c. X., XVI, 53.

11. Frais frustratoires. — Lorsqu'un propriétaire colicitant se rend adjudicataire de l'immeuble licité, les formalités de transcription, de purge et d'ordre sont inutiles ; par suite l'avoué de l'adjudicataire ferait des procédures frustratoires, qui seraient à sa charge, s'il remplissait ces formalités. — Même arrêt.

12. L'avoué ne saurait, pour se soustraire à cette responsabilité, exciper de l'autorisation et même des instructions du client, car c'est à lui qu'il appartient de diriger et d'éclairer ce dernier. — Même arrêt.

13. Nullité facultative. — En admettant qu'en matière de licitation l'appel d'un jugement qui a statué sur la procédure faite postérieurement au cahier des charges, de celui qui a tranché l'adjudication et de celui qui a annulé une surenchère, doive être fait dans les formes et délais prescrits par les art. 731 et 732, C. pr. c., néanmoins si cet appel a été signifié à partie seulement et

à domicile, c'est là une nullité que les tribunaux de l'Algérie ont la faculté d'écarter, aux termes de l'art. 69 de l'ordonn. du 26 septembre 1842 (art. 973, C. pr. c.). — Il en est de même de la nullité édictée par l'art. 147, C. pr. c., pour la procédure d'exécution faite avant la signification du jugement à avoué. — A. 16 mars 1859, Gargnier, I, 186.

14. Jugé en sens contraire : A. 26 mai 1859, Vaugrenand c. Leberger, I, 180, 4° cahier.

§ 3. — Partages entre musulmans.

15. Les cadis continuent à être seuls compétents pour procéder aux partages et aux licitations des immeubles dépendant d'une succession musulmane, alors même que ces immeubles seraient situés dans une localité régie par la loi du 26 juillet 1873. Les art. 2 et 7 de cette loi ont maintenu ce principe de la législation antérieure. — A. 6 janvier 1875, El Amali, XVII, 260, et les arrêts suivants.

15 *bis*. ... Alors même que parmi les héritiers, il se trouverait des musulmans ayant abjuré la religion de Mahomet et devenus étrangers. — Spécialement, une femme musulmane qui épouse un sujet italien devient Italienne, et la demande en liquidation et partage de la succession de sa mère musulmane qu'elle introduit contre ses cohéritiers, est de la compétence des cadis, aux termes de l'art. 40 du décret du 31 décembre 1866. — En abandonnant la religion musulmane pour embrasser la foi catholique et en devenant Italienne, cette ci-devant musulmane n'a pas perdu sa qualité d'héritière de sa mère, ni les droits attachés à cette qualité. — A. 5 avril 1876, Aïchouna, XVIII, 66.

15 *ter*. Il en est ainsi même quand ces immeubles sont grevés d'hypothèques au profit d'un Européen. — Le créancier européen d'un héritier n'a pas le droit d'intervenir dans une succession musulmane pour changer la compétence, ni, par suite, de provoquer la licitation des immeubles qui en dépendent. — Quand une succession musulmane comprend des parts d'immeubles, le cadi peut liciter ces parts sans qu'on ait préalablement licité les immeubles entiers. — A. 28 juin 1876, XVIII, 126.

16. — L'incompétence des tribunaux français pour statuer sur le partage et la licitation de ces immeubles est d'ordre public et

PATERNITÉ

peut être présentée en tout état de cause. — Même arrêt qu'au n°
15, *suprà*.

17. *Contrà* : — Les immeubles dépendant d'une succession musulmane, situés dans les localités où la loi du 26 juillet 1873 est
applicable, ne peuvent être vendus par l'intermédiaire des cadis.
Ces derniers sont incompétents pour procéder à la liquidation des
successions immobilières musulmanes. — Jugem. Alger, 8 avril
1875, Mohammed ben Abderrahman c. El Mekfouldji, XVII, 88.

V. aussi v° Tribunaux français, n° 2.

§ 4. — Droit mosaïque.

18. Il est de l'essence du partage, en droit mosaïque comme en
droit français, qu'il soit procédé à la composition d'autant de lots
égaux qu'il y a d'héritiers ou de souches copartageantes. Un acte
qui n'est pas l'application de cette règle ne saurait être considéré
comme un acte de partage, mais bien comme une transaction. —
A. 28 fév. 1864, Zermati, VI, 22.

V. Bail, 42 *bis*, — Faillite, 19, — Inscription hypothécaire, 1, —
Liquidation, — Surenchère, 8 s.

Partie civile. — V. Jugement (mat. crim.), — Tribunaux
correctionnels, 4.

Passage. — V. Servitude.

Passager. — V. Compétence, 68.

Patente. — V. Licence.

Paternité.

1. ACTION EN DÉSAVEU. — Faute de toute preuve faite ou offerte
que la naissance de l'enfant désavoué a été cachée, le fait que la
grossesse l'aurait été, cesse d'être concluant. — Le mari ne peut
être admis à prouver les faits desquels il prétendrait faire résulter
sa non-paternité, qu'autant qu'il aurait prouvé ou qu'il deman-
derait à prouver l'adultère de la mère et le fait de la naissance
(art. 313, C. c.). — A. 18 nov. 1858, R. c. R., I, 28.

2. Le principe de l'inviolabilité du secret des lettres ne fait pas obstacle à ce que le mari retienne et fasse usage, devant la justice, des lettres adressées à sa femme par un tiers et révélant des relations coupables. — C'est à la femme défendresse à l'action en désaveu formée par le mari à justifier que ce dernier a connu la naissance de l'enfant plus de deux mois avant le désaveu (316, C. N.). — Les tribunaux peuvent tenir pour constant le fait que la naissance a été cachée au mari ; ce fait peut résulter des circonstances de la cause, dont ils ont l'appréciation. — En matière de désaveu d'enfant, il appartient aux juges d'apprécier s'il y a eu impossibilité de communication physique et de rapprochement entre les époux ; la loi n'a déterminé ni les circonstances, ni le caractère des obstacles qui ont pu empêcher ce rapprochement. — A. 12 nov. 1866, VIII, 274.

Pêche.

1. Délit de pêche. — Le filet dit filet bœuf doit être considéré comme un engin prohibé, alors qu'on en a fait usage dans les quartiers maritimes où la pêche au bœuf est interdite. — A. 8 sept. 1863, Servera, Sallusto et Senantino, V, 254.

2. Procès-verbal. — *Affirmation.* — Un procès-verbal constatant la saisie d'un filet de pêche ne saurait servir de base à une condamnation judiciaire s'il n'a été régulièrement affirmé. — Même arrêt.

V. Société, 69.

Peines. — V. Amnistie.

Peines (confusion des). — V. Presse, 6.

Pénitencier.

1. Les pénitenciers agricoles de l'Algérie sont des établissements publics militaires relevant du Ministre de la guerre. — Cons. Préf. Oran, 2, 9 mars 1868, XI, 61.

2. Les marchés intervenus avec ces établissements pour le travail des détenus sont des marchés administratifs. — Même arrêté.

V. Compétence, 18, — Responsabilité, 27, 28.

Pension alimentaire. — V. Aliments.

Péremption d'instance. — V. Appel.

Péremption de jugement par défaut. — V. Jugement par défaut.

Pétition d'hérédité. — V. Prescription.

Pharmacie.

DIVISION

§ 1. — Législation spéciale.
§ 2. — Règles générales. — Applications.

§ 1. — Législation spéciale.

1. L'art. 2 de l'arrêté du Gouverneur général de l'Algérie, en
date des 21 novembre, 26 décembre 1862, qui astreint les pharmaciens de 2ᵉ classe reçus en France à justifier d'un nouveau certificat d'aptitude obtenu après de nouveaux examens de l'école préparatoire de médecine et de pharmacie d'Alger, pour pouvoir
recevoir l'autorisation d'exercer en Algérie, est d'une application
absolue à laquelle aucune autorisation administrative ne saurait
porter atteinte. — A. 31 oct. 1872, Isnard c. Parent et Gobert, XV,
163.

2. En conséquence, quelle que soit l'autorisation donnée par le
Gouverneur général lui-même, qu'elle soit donnée sous forme
d'arrêté, sous forme de lettre, ou sous forme de simple inscription
sur la liste officielle des pharmaciens du département, cette autorisation est de nulle valeur en présence des termes formels de
l'arrêté; et le pharmacien qui a cru pouvoir s'en contenter est
coupable du délit d'exercice illégal de la pharmacie. — Même arrêt.

3. Les peines applicables à ce délit se trouvent non dans la déclaration du 25 avril 1777, qui n'a statué que pour la seule ville de
Paris, mais dans l'art. unique de la loi du 29 pluviôse an XIII,
interprétative de l'art. 36 de la loi du 21 germinal an XI. — Même
arrêt.

§ 2. — Règles générales. — Applications.

4. Nul ne peut exercer la profession de pharmacien s'il n'a obtenu ce titre dans les formes légales (art. 25 de la loi du 21 germinal, an XI). Cette disposition est d'ordre public. — A. 29 avril 1872, Housset c. Delcamp, XIV, 47.

5. Par suite est nulle et d'une nullité radicale et absolue la société formée entre un pharmacien et une personne non pourvue de titre pour la gestion et l'exploitation en commun d'une pharmacie. — Même arrêt.

6. Cette nullité ne saurait créer, au profit du pharmacien, une cause de dommages-intérêts, la faute étant réciproque. — Même arrêt.

7. Néanmoins, l'autre partie contractante a droit à la rémunération de son travail, pendant tout le temps qu'elle a donné ses soins à l'officine. Cette rémunération doit être fixée eu égard aux services rendus et aux avantages que le contrat stipulait à son profit. — Même arrêt.

8. Les pharmaciens qui tiennent et exploitent une officine de pharmacie, sont tenus d'en être personnellement propriétaires. (Déclaration royale du 25 avril 1777, lois du 17 avril 1791 et du 23 germinal, an XI). — A. 19 février 1875, Labatut c. Bonenfant, XVII, 40.

9. C'est là une disposition d'ordre public que toute partie intéressée peut invoquer. — Spécialement, les créanciers du pharmacien peuvent faire saisir la pharmacie sans que la femme ou tout autre tiers puisse revendiquer en prétendant un droit de propriété sur les objets saisis. — Même arrêt.

Place. — V. Voirie.

Place de guerre. — V. Domaine de l'Etat, 2 s. — Expropriation pour cause d'utilité publique, 26.

Plaider par procureur. — V. Exploit, — Mandat.

Plus-pétition.

La plus-pétition n'est jamais une cause de nullité de la demande (art. 2216, C. c.). — A. 23 mai 1862, Lovatelli, IV, 124.

V. Arbitrage, 15.

Poids et mesures.

L'art. 471, n° 15, C. p., est applicable en Algérie à ceux qui contreviennent à l'arrêté du 26 décembre 1851, sur les poids et mesures, pris par le Ministre de la guerre en vertu des pouvoirs qui lui sont conférés par l'ord. du 26 décembre 1842. — Cass. 14 janvier 1875, Tourret, XVII, 272.

Police d'assurance. — V. Assurances (diverses).

Police des chemins de fer. — V. Chemins de fer, 18 s.

Police municipale.

Les attributions du préfet d'Alger, nommé, par décret du Président de la République, préfet de police à Alger et dans les quatre communes suburbaines, sont réglementées par l'arrêté des Consuls du 12 messidor, an VIII. — Cet arrêté, déterminant les attributions du préfet de police, stipule que les maires restent chargés sous la surveillance du préfet, de la *police municipale*, en tout ce qui a rapport à la sécurité et à la liberté du passage sur la voie publique. — A, par suite, été pris illégalement par le préfet d'Alger, agissant comme préfet de police, un arrêté réglementant le service des voitures publiques dans la commune d'Alger et les quatre communes suburbaines.— Cass. crim., Ben Hamou, 21 juillet 1876, XVIII, 160.

V. Arrêté de l'intendant civil, 7 s.

Polygamie. — V. Mariage, 17.

Port. — V. Arrêté de l'intendant civil, 7 s, — Voirie, 11 s.

Possession. — V. Expropriation pour cause d'utilité publique, 27, — Prescription, 12 s.

Possession d'état. — V. Enfant naturel, 4.

Postes. — V. Entrepreneur de transports, — Presse, 10,

Poudres à feu.

1. La détention de la poudre même française, en quantité supérieure à cinq kil., est spécialement prévue et punie en Algérie par les art. 5, 17, 19 et 21 de l'ord. des 4 septembre et 12 octobre 1844. — A. 21 mars 1873, Pedro et Don José, XVI, 106.

2. Il n'y a donc aucunement lieu d'appliquer à ce délit les dispositions de la loi du 24 mai 1834. — Même arrêt.

3. Le fait d'avoir été possesseur d'une certaine quantité de poudre ne saurait être considéré comme constituant cumulation tout à la fois du délit d'importation de poudre étrangère et de détention de poudre française en quantité supérieure à cinq kilog. — Il ne peut constituer que l'un ou l'autre de ces deux délits, selon les circonstances de la cause. — Même arrêt.

4. L'ordonnance des 4 septembre-12 octobre 1844, qui règle la vente et la détention de la poudre en Algérie, n'a pas été abrogée virtuellement par le décret des 25 février-3 avril 1851, qui règle une matière complètement étrangère à la promulgation des lois de France sur les douanes. — Même arrêt.

Poursuites criminelles. — V. Action civile.

Pourvoi en cassation. — V. Cassation.

Pouvoir législatif.

L'*Empereur*, en son Conseil d'Etat, est législateur en Algérie. — Il n'est pas nécessaire qu'une disposition législative s'applique à la généralité des citoyens pour avoir force de loi. — A. 6 juillet 1865, Cie *génevoise* c. Mangiavacchi, VII, 81. — Pour l'application de cette décision à l'hypothèque, voir v^is Hypothèque, 1, et Hypothèque conventionnelle, 5.

Préfet d'Alger. — V. Police municipale.

Préfet de police. — V. Police municipale.

Préliminaire de conciliation. — V. Conciliation.

Prescription.

§ 1. — Législation spéciale.

1. En Algérie, l'établissement de la propriété au profit des indigènes peut résulter de la prescription. — Cass. Req. 13 mai 1872, Ben Aïssa c. l'Etat, XV, 175. — V. Conf. Cass. 20 mai 1868.

2. Mais lorsqu'il s'agit des biens habbous, celui qui invoque la prescription ne peut la fonder sur la possession antérieure à la conquête, les biens habbous étant alors imprescriptibles. (C. civ., 2229.) — Même arrêt. — V. Conf. Cass. 21 mars 1859.

§ 2. — Droit musulman.

3. En droit musulman, le délai ordinaire de la prescription est de dix ans entre étrangers. — Aix, 21 déc. 1865, Tallech ben Mohammed c. l'Etat, VII, 220.

4. *L'action en pétition d'hérédité* est prescriptible par quinze ans entre toutes personnes, d'après le rite hanefite, et par dix ans entre étrangers, trente ou quarante ans au plus entre parents, d'après le rite malekite, lorsque le défendeur a possédé les immeubles réclamés pendant le temps de la prescription. — A. 27 mars 1861, Ben Chekaou c. El Bassour, III, 68.

§ 3. — Droit français.

5. CHOSE JUGÉE. — La prescription ne constitue pas une action, mais un moyen qui ne saurait échapper à l'autorité de la chose jugée. — A. 16 juin 1862, Taleb c. l'Etat, IV, 185.

6. INTERRUPTION. — La force majeure est interruptive de la prescription, mais seulement pendant le temps de sa durée ; dès qu'elle a cessé, la prescription reprend son cours. — A. 31 mars 1858, Gargnier, I, 198, 4e cahier.

7. PRESCRIPTIONS *brevis temporis*. — Les prescriptions *brevis temporis* prévues aux articles 2271 et 2272, C. c., étant basées sur

une présomption de paiement, ne s'appliquent pas aux actions basées sur un titre écrit. — A. 4 nov. 1870, Barbe c. de Lesseps,
XII, 218.

8. Par suite elles ne sauraient être opposées à une demande en
paiement de matériaux dont les livraisons sont justifiées par écrit.
— Même arrêt.

9. PRESCRIPTION DE CINQ ANS. — *Intérêts.* — L'art. 2151, C. c.,
ne s'applique pas aux intérêts d'un prix de vente, le privilége du
vendeur s'étendant à toutes les annuités dues et non prescrites, par
application des art. 2108 et 2277 du même Code. — La prescription quinquennale de ces intérêts n'est pas suspendue par la
faillite du débiteur. — A. 3 avril 1862, Garro c. de Vialard, IV,
169.

10. Lorsqu'une instance a pour but de modifier et non d'anéantir le titre, elle n'est pas interruptive de la prescription quinquennale des intérêts ou des arrérages y stipulés. — Cass. civ. 10 déc.
1861, Delaplace c. Assada, IV, 255, et la note de la page 256.

11. *Redevances de mines.* — Les redevances que le concessionnaire de mines doit payer annuellement aux propriétaires de la
surface, aux termes de son acte de concession et de l'art. 6 de la
loi du 21 avril 1810, sont prescriptibles par cinq ans. (Art. 2277, C.
Nap.) — Un acte extra-judiciaire par lequel le bénéficiaire de
cette redevance interpelle le débiteur, relativement aux contestations qui existent sur le chiffe et la quotité de cette redevance et
désigne un expert pour les régler, ne constituent pas un acte interruptif de la prescription. (Art. 2244, C. Nap.) — La reconnaissance par le débiteur qu'il n'a pas payé les arrérages, ne l'empêche pas d'invoquer ultérieurement la prescription, la prescription
quinquennale étant un moyen de libération et non une présomption de paiement. — A. 20 nov. 1865, Talabot c. Ben Yacoub,
VII, 155.

12. PRESCRIPTION DE DIX ANS. — La reconnaissance d'un immeuble, accompagnée de la levée du plan de cet immeuble, ne
suffit pas pour caractériser la possession publique, base de la
prescription édictée par l'art. 2265 du C. Nap. — A. 7 juin 1869,
vᵉ Girot et Bartholony c. Rosey et l'Etat, XI, 115.

13. *Bonne foi.* — La circonstance que le possesseur a été prévenu par une clause de son contrat que l'Etat revendiquait l'immeuble litigieux, que la vente avait lieu sans garantie, qu'il savait

en outre que ses auteurs avaient acheté au commencement de l'occupation. à une époque où les transactions immobilières étaient incertaines et aléatoires, est exclusive de la bonne foi. (Art. 2265, C. c.) — A. 9 nov. 1863, Mauger c. le Préfet d'Alger, V, 224.

14. La bonne foi, en matière de prescription, n'est que l'ignorance du vice qui a empêché le titre de transférer la propriété. — A. 18 juin 1872, El hadj Salah c. Py, XIV, 206.

15. Elle est toujours présumée ; il suffit qu'elle ait existé au moment de l'acquisition. (Art. 2268 et 2269, C. civ.) — Même arrêt.

16. L'acquéreur, avec titre et bonne foi, qui a besoin de la possession de son vendeur pour compléter la prescription décennale, ne peut en profiter qu'autant qu'elle est du même caractère que la sienne. — Même arrêt. — V. *infrà*, n° 20.

17. *Juste titre.* — L'art. 2265, C. civ., n'est pas applicable lorsque le titre invoqué, n'ayant pass d'existence légale, n'est pas, par suite, un juste titre. — Cass. Req. 14 juillet 1873, XV, 172.

18. On ne peut invoquer la prescription décennale alors qu'il résulte du titre même qui lui sert de base, la reconnaissance, par celui qui en excipe, du droit du créancier contre lequel on prétend avoir prescrit. Ce n'est pas là un juste titre, dans le sens de l'art. 2265, C. N. — A. 24 juin 1867, Menouillard c. Préfet d'Oran, IX, 166.

19. Ne saurait être considéré comme un juste titre, dans le sens de l'art. 2265, C. N., un acte de vente avec condition suspensive, consentie par un mandataire irrégulier obligé, pour assurer la plénitude de la translation de la propriété dans les mains de l'acquéreur, de promettre la ratification du propriétaire, son mandant. — A. 26 nov. 1868, Faure c. Charmaty, X, 243.

20. La bonne foi indispensable pour légitimer la possession et prescrire la propriété n'existe point du moment que le titre invoqué à son appui accuse formellement, dans sa teneur, le vice du contrat et renferme le droit réservé du propriétaire revendiquant. — Même arrêt.

V. Eaux, 20 s. — Nullités d'ordre public. — Preuve testimoniale, 11. — Propriété, 14 s. — Rente, 5. — Séquestre de guerre, 4. — Servitude, 23, 24. — Tutelle, 18 s.

Prescription criminelle. — V. Action publique. — Lois.

Présomption.

1. La convention verbale intervenue entre les propriétaires menacés d'expropriation et une société qui s'engage à se rendre adjudicataire pour faire ultérieurement rétrocession de l'immeuble aux expropriés, moyennant certaines conditions, peut être établie par des présomptions graves, précises et concordantes, lorsqu'il existe un commencement de preuve par écrit. — A. 31 déc. 1869, Peyre et Vigne c. Giraud et Manegat, XII, 9.

2. Ce commencement de preuve se trouve dans le compte ouvert dès avant l'adjudication, par les adjudicataires aux expropriés, qui ont reçu des extraits de situation. — Même arrêt.

3. Le fait par les expropriés d'être restés sur l'immeuble, de l'avoir administré sans modification dans leurs agissements antérieurs, pendant le cours de dix années, d'avoir procédé à des ventes parcellaires dont les prix ont été portés audit compte ouvert, constituent des présomptions graves, précises et concordantes. — Même arrêt.

V. Preuve testimoniale.

Presse.

DIVISION

§ 1. — Contraventions de presse.
§ 2. — Délits de presse.
§ 3. — Dispositions diverses.

———

§ 1. — Contraventions de presse.

1. Sont classées parmi les *contraventions* de presse : 1° l'infraction consistant à avoir retardé la publication de documents officiels adressés par un dépositaire de l'autorité publique ou à les avoir insérés dans une autre place que celle spécifiée par l'art. 19 du décret du 17 février 1852 ; 2° l'immixtion accidentelle dans les matières politiques ou d'économie sociale, par un journal n'ayant pas satisfait aux conditions édictées au chap. 1er du même décret. — A. 28 juin 1862, *Tirailleur algérien*, IV, 174.

2. Par matières politiques interdites aux journaux sans cautionnement, il faut entendre même la discussion des actes de l'autorité locale et notamment d'une délibération prise par un Conseil municipal. — Ainsi, un journal littéraire et dramatique, paraissant sans cautionnement, ne peut discuter le vote émis par un Conseil municipal pour l'allocation ou la suppression d'une subvention théâtrale. — Même arrêt. — V. Conf. Cass. 18 janv. 1858.

3. DÉFAUT DE SIGNATURE. — Un article politique signé d'une initiale, à la suite de laquelle un rédacteur de journal a ajouté ces mots : *pour copie conforme*, et sa signature, doit être regardé comme non signé. — A. 18-21 sept. 1868, *Avenir algérien*, X, 173. — V. Conf Cass. 19 avril 1862.

4. Les infractions à la loi du 16 juillet 1850 sur la signature des articles politiques sont des contraventions de presse auxquelles les articles 463 du Code pénal et 365 du Code d'instruction criminelle ne sont pas applicables en Algérie. — Même arrêt.

5. L'imprimeur d'un journal ne peut être recherché comme complice d'une contravention de cette nature, la loi du 16 juillet 1850 énumérant limitativement les divers cas de responsabilité qui peuvent être relevés à ce sujet. — Même arrêt.

6. *Confusion des peines.* — La peine encourue pour défaut de signature d'un article politique étant une peine correctionnelle, doit se confondre avec les peines plus graves prononcées pour d'autres délits de presse. — A. 24 oct. 1868, même partie, X, 191. — V. Crimes, délits et contraventions, 4.

§ 2. — Délits de presse.

7. COLPORTAGE. — DIFFAMATION. — Lorsque, sur une poursuite de plusieurs délits connexes — colportage ou diffammation, ou injures par la brochure colportée — le prévenu oppose une exception sur le chef principal, celui de la diffamation, le tribunal doit surseoir à statuer sur le chef accessoire de colportage jusqu'au jugement de l'exception (résolu implicitement). — A. 3 mai 1867, Faure, IX, 154.

8. L'intention de nuire est l'un des éléments constitutifs et nécessaires de la diffamation. — L'arrêt qui, tout en constatant les faits, reconnaît que cet élément n'existe pas, et relaxe le prévenu, échappe à la cassation. — Cass. crim. 10 août 1867, même partie, IX, 239.

9. Il appartient à la Cour de cassation d'apprécier le caractère des faits reprochés au prévenu, au point de vue de leur qualification légale, et de décider qu'ils constituent un délit, soit de diffamation, soit d'outrage. — Même arrêt.

10. L'envoi par la poste de différents exemplaires d'un imprimé ne saurait constituer le délit de colportage sans autorisation. L'administration des postes est un agent légal de distribution. — Mais ja simple remise de *trois* ou *quatre* exemplaires à diverses personnes, magistrats ou autres, sans autorisation préalable, constitue un délit. — Même arrêt.

11. L'arrêt qui, tout en constatant le fait, relaxe néanmoins le prévenu, viole l'art. 6 de la loi du 27 juillet 1849, et encourt la cassation. — Même arrêt.

12. Il en serait autrement si l'arrêt avait mentionné que les magistrats auxquels les exemplaires imprimés avaient été remis, devaient connaître de la contestation ou des difficultés examinées dans l'imprimé distribué. — Même arrêt.

13. *Fonctionnaire public.* — Les attaques dirigées par la voie de la presse contre un fonctionnaire public ne sont justiciables du jury qu'autant qu'elles s'adressent à la vie publique du fonctionnaire ; si, au contraire, elles ne touchent qu'à la vie privée, les tribunaux correctionnels sont seuls compétents. — La nouvelle loi du 26 avril 1871 (1) a maintenu, sur ce point, les dispositions de la loi du 26 avril 1819. — A. 27 janvier 1872, Boudet c. Marcaillou d'Aymeric, XIII, 194, confirmé par arrêt de la Ch. crim. de la Cour suprême, rapporté au vol. XIV, 182.

14. Un simple citoyen auquel le maire confie la délégation purement officieuse de présider aux jeux dans une fête publique organisée par la municipalité, ne reçoit, par cette délégation, aucune attribution d'une portion quelconque de l'autorité municipale, car elle peut s'exercer sans l'emploi d'une parcelle de l'autorité publique. — En conséquence, ce citoyen ne saurait être considéré comme ayant agi avec un caractère public, dans le sens de l'art. 3 de la loi de 1871, et les diffamations portées contre lui par la voie de la presse, à raison de cette présidence des jeux, sont justiciables

(1) La loi du 29 décembre 1875 renvoie aux tribunaux correctionnels la connaissance de tous délits de diffamation, injure, outrage, commis envers toute personne et tout corps constitué.

des tribunaux correctionnels. — A. 21 janvier 1873, Vidouze c. Azzopadi, XV, 31.

15. *Tribunaux.* — *Corps constitués.* — Au cas d'injures ou de diffamation envers des tribunaux ou des corps constitués, l'action du Ministère public ne peut être mise en mouvement que par la plainte de ces tribunaux ou de ces corps constitués (art. 4 de la loi du 26 mai 1819). On ne peut considérer comme telle la plainte déposée par un juge de paix en son nom personnel. — Même arrêt qu'au n° 7, *supra*.

16. En cette matière, la preuve par témoins est inadmissible (art. 28 du décret du 17 février 1852). — Même arrêt.

17. Il en est tout autrement de la preuve par écrit, alors surtout que cette preuve offerte est de nature à exercer une influence considérable sur l'appréciation des faits incriminés. — Même arrêt.

18. L'EXCITATION AU MÉPRIS OU A LA HAINE DES CITOYENS LES UNS CONTRE LES AUTRES ne constitue un délit qu'autant que l'auteur a cherché par ce moyen à troubler la paix publique. — A. 4 juin 1864, *Courrier de l'Algérie*, VI, 108.

19. De même : En matière de délit de presse pour excitation au mépris et à la haine des citoyens les uns contre les autres, le fait matériel ne suffit pas pour entraîner la culpabilité de l'auteur. Il faut en outre qu'il y ait de la part de ce dernier l'intention criminelle. A ce titre, les tribunaux doivent rechercher cette intention. — La bonne foi de l'auteur peut résulter des circonstances de fait au milieu desquelles se sont produits les écrits incriminés, lorsque, par exemple, ces écrits n'ont pu arriver que difficilement à la connaissance de ceux contre lesquels ils étaient dirigés et n'ont pu exercer contre ceux-ci aucune influence sérieuse. — Spécialement, en Algérie, les chefs indigènes étant considérés non comme autorité publique dans le sens de la loi du 25 mars 1822, mais comme simples agents de l'autorité française, c'est seulement sur leur plainte personnelle et pour des faits individuels que les écrits dans lesquels ils se prétendent attaqués, peuvent être poursuivis. (Art. 5 de la loi du 26 mai 1819). — A. 22 oct. 1864, l'*Indépendant*, VI, 167.

20. De même, et au contraire : Est souverain, et échappe à la censure de la Cour de cassation l'arrêt qui acquitte le gérant d'un journal des deux délits d'apologie de faits qualifiés crimes par la loi et d'excitation à la haine des citoyens les uns contre les autres,

en se fondant sur le défaut d'intention, la bonne foi et d'autres circonstances exclusives de la mauvaise foi du rédacteur de l'article poursuivi. — L'art. 5 de la loi du 25 mars 1822, qui punit la diffamation envers les autorités publiques ou les agents d'une administration publique, est applicable à la diffamation contenue dans un article de journal et dirigée contre les chefs indigènes chargés, en Algérie, de la perception de l'impôt; en effet, chargés par délégation de l'autorité publique française, et sous sa surveillance, de cette partie du service public, ils sont bien des agents d'une administration publique, et, à ce titre, protégés par la loi précitée. — La plainte préalable est nécessaire et la loi ne prescrit pas, à peine de nullité, qu'elle soit portée par le fonctionnaire ou l'agent diffamé ; cette plainte peut émaner du chef de leur administration ; en Algérie, notamment, la plainte portée au nom des chefs indigènes par le Gouverneur général, chef suprême de l'autorité dans cette colonie, est suffisante et met régulièrement en mouvement l'action du Ministère public. — Cass. crim. 10 mars 1865, même partie, VII, 26.

21. FAUSSES NOUVELLES. — Les réflexions ou appréciations plus ou moins erronées qui peuvent accompagner l'énonciation de faits vrais en eux-mêmes, ne sauraient constituer le délit de fausses nouvelles. — A. 3 mai 1863, Mercier et Mongin, V, 128.

22. Il ne peut être constitué que par une attaque violente contre les principes de morale éternelle qui forment la base des Sociétés. — A. 27 juin 1863, B. et G., V, 130.

23. Sous l'empire de la loi du 15 avril 1871 (1), le simple fait de publication de fausses nouvelles constitue une infraction matérielle punissable, aux termes du § 4 de l'art. 2, par les tribunaux correctionnels. — A. 19 février 1875, X., XVII, 244.

24. Ce fait devient un délit de presse justiciable du jury lorsque la fausse nouvelle a été publiée de mauvaise foi ou lorsque la fausse nouvelle publiée était de nature à troubler la paix publique. — Même arrêt.

25. La publication d'une fausse nouvelle, lorsqu'elle est faite sans mauvaise foi, et que la fausse nouvelle n'est pas de nature à troubler la paix publique, n'est qu'une contravention de presse,

---

(1) La loi du 29 décembre 1875 renvoie aux tribunaux correctionnels la connaissance de tous délits de fausses nouvelles.

dont la poursuite est de la compétence de la juridiction correctionnelle. — A. 17 septembre 1875, *Courrier de Tlemcen*, XVII, 197.

§ 3. — Dispositions diverses.

26. AFFICHE DES CONDAMNATIONS. — L'art. 26 de la loi du 26 mai 1819 ne permet l'affiche des condamnations que lorsqu'il s'agit d'un délit de presse proprement dit. Mais l'art. 1036 du Code de procédure civile autorise cette mesure d'office d'une manière plus générale, et toutes les fois notamment qu'il s'agit de réprimer un abus de la publicité. — Même arrêt qu'au n° précédent.

27. CIRCONSTANCES ATTÉNUANTES. — Le principe de l'atténuation des peines, introduit, en matière de presse, par l'art. 8 du décret du 11 août 1848, est applicable restrictivement aux délits proprement dits de la presse, à l'exclusion des infractions de presse, qui sont punissables en raison de leur seule existence et ne peuvent être excusées en considération de la bonne foi des contrevenants. — Même arrêt qu'au n° 1, *suprà*.

28. COMMUNIQUÉS. — L'insertion des rectifications communiquées par l'autorité publique ne saurait être assimilée à une peine et motiver l'application de la maxime *non bis in idem*. — Même arrêt.

29. GÉRANT DE JOURNAL. — Le juge des référés peut ordonner le remplacement d'un gérant révoqué par un jugement dont ce dernier a interjeté appel, et qui menace de suspendre la publication du journal. — A. 26 juillet 1865, Molot c. Dufourc, VII, 122.

Prêt à la grosse. — V. Contrat à la grosse.

Prête-nom. — V. Acte simulé, 3, — Surenchère, 6.

Preuve. — V. Bail, 4 s, — Obligation, — Vente, 17 s, — etc.

Preuve littérale. — V. Commencement de preuve par écrit, — Presse, 17.

Preuve testimoniale.

DIVISION

---

§ 1. — Législation spéciale.

1. La faculté de preuve, réservée par l'art. 37 de l'ord. du 26 septembre 1842, qui dit que, dans les contestations entre Français ou étrangers et indigènes, la loi du pays peut être appliquée, est réciproque, et profite à l'Européen aussi bien qu'à l'indigène — A. 3 juin 1868, Schiaffino c. Bel Cadi, X, 110.

§ 2. — Droit français.

2. La question de savoir si une preuve offerte dans les cas où la loi le permet, doit être admise, est du domaine souverain des tribunaux qui, pour se décider, doivent interroger les circonstances, le temps, le lieu, l'assiette et la nature des droits revendiqués, et les conditions dans lesquelles se trouvent les populations où doivent être pris les témoins à entendre. — A. 12 nov. 1862, Marchis c. l'État, IV, 273.

3. De même : Aux termes de l'art. 253 du C. pr. civ., l'admission de la preuve par voie d'enquête est facultative de la part du juge. — Les tribunaux ont le pouvoir de refuser l'offre de cette preuve lorsqu'ils trouvent dans la plaidoirie de suffisants éléments d'appréciation et de décision ; lorsque les faits articulés remontent à une époque ancienne et que le mobile n'en paraît pas ou n'est indiqué que d'une manière conjecturale ; lorsque de justes raisons de défiance pèsent sur les témoins qui seraient appelés à déposer ; lorsque, enfin, toutes les présomptions se réunissent pour faire considérer l'enquête à opérer comme devant être inefficace et frustratoire. — A. 19 oct. 1868, Tordjeman et Ben Guigui c. Sidi El Aribi, X, 203.

4. L'obligation par un défenseur de tenir compte à son client du préjudice qu'occasionnerait à celui-ci une surenchère, ne peut être prouvée par témoins, lorsqu'elle porte sur une valeur de plus de

150 francs, que s'il existe un commencement de preuve par écrit. — A. 31 déc. 1869, Castelli c. Roche, XII, 15.

5. La partie qui, en première instance, a offert une preuve qui a été acceptée par l'autre, ne peut, en appel, soutenir que cette preuve n'est pas à sa charge. Il y a là un contrat judiciaire. — A. 2 mars 1874, de Carnanville c. Bertrand et Deliot, XVI, 271.

§ 3. — Droit musulman.

6. Bien que l'art. 1341 du Code Nap. dise qu'il ne sera reçu aucune preuve par témoins contre et outre le contenu des actes, lorsque la somme excèdera cent cinquante francs, cependant, lorsqu'il s'agira d'un différend entre indigènes, la preuve testimoniale sera toujours admissible. — A. 27 mai 1869, Gharbi c. Abid, XI, 100.

7. Elle est supérieure à toutes les autres preuves. — A. 9 mars 1857, Ben Bahamed c. Fabus, I, 62.

8. Jouissant d'une grande faveur et d'une grande importance, elle ne peut être admise que lorsqu'elle est complètement pertinente et concluante et que le juge est édifié sur sa sincérité. — A. 2 juin 1863, Messaouda c. Et Taïeb, V, 114. — V. Mariage, 29 s.

9. En admettant qu'entre musulmans la preuve testimoniale soit de droit commun, les juges ne sont pas tenus de s'assujétir aux dispositions particulières ou aux formalités de la loi musulmane lorsqu'elles se trouvent en opposition avec le principe de la législation française (C. N., 1341 ; C. proc., 253). — Spécialement, le tribunal n'est pas tenu d'appliquer le principe *testis unus, testis nullus*, adopté par la loi musulmane, surtout si la preuve résultant de la déposition du témoin entendu est fortifiée par des considérations et des présomptions de nature à la compléter. — Cass. Req. 20 juin 1864, Ben Kanfoud c. Zermati, VIII, 23.

10. Lorsqu'il s'agit d'apprécier la faiblesse d'esprit d'une femme musulmane, la *déposition des femmes* est supérieure à celle des hommes. — A. 20 mars 1861, Bourkaïb, III, 93.

11. JUIFS ET MUSULMANS. — Les actes intervenus entre israélites et musulmans doivent être régis par la loi musulmane, s'il n'y a convention contraire. — Spécialement, lorsqu'un israélite réclame à un musulman non commerçant le montant de fournitures de marchandises remontant à plus d'une année, ce dernier ne saurait être admis à invoquer la prescription annale édictée par l'art. 2272,

C. N. L'israélite a le droit de s'armer du droit musulman et de demander à prouver par témoins l'obligation du défendeur. — A. 20 octobre 1864, Cohen c. Ben Yacoub, VI, 169.

V. Entrepreneur, 1, 2, — Indigène, 5, — Presse, 15 s, — Saisie immobilière, 6, — Serment, 6, — Servitude, 3.

Prisons. — V. Marché administratif, 1 s, — Responsabilité, 27, 28.

Privilége.

DIVISION

§ 1. — Priviléges généraux.
§ 2. — Priviléges sur certains immeubles.
§ 3. — Priviléges du trésor public.
§ 4. — Conservation des priviléges.

———

§ 1. — Priviléges généraux.

1. GENS DE SERVICE. — L'expression de *gens de service* employée par l'art. 2101, C. N., comprend toute espèce de *service* salarié et résultant d'un contrat annuel. — Spécialement, l'individu qui, moyennant un salaire, loue à un propriétaire sa personne et ses services pour l'exploitation d'un domaine, est un homme de service et a droit au privilége édicté par ledit article. — Il importerait peu qu'une part dans les bénéfices lui fût attribuée en dehors du salaire stipulé ; cette circonstance ne saurait modifier la nature du contrat. — A. 19 juin 1865, Vidal c. Vauthrin, VII, 116.

2. Aux termes du § 4 de l'art. 2101, C. N., les gages dus à un *contre-maître* pour la dernière année ou pour l'année précédente constituent une créance privilégiée. — Même arrêt qu'au n° suivant.

3. MARCHANDS. — Les fournitures faites par un marchand ne constituent pas une créance privilégiée que sur les facultés personnelles du débiteur. — A. 18 janv. 1869, Saliba c. Noisy, XI, 4.

4. OUVRIERS ET FOURNISSEURS DES ENTREPRENEURS. — L'exercice du privilége résultant du décret du 26 pluviôse, an II, au profit des ouvriers et fournisseurs des entrepreneurs de travaux publics, n'est pas subordonné aux conditions spécifiées par les dé-

crets des 13 juin et 12 décembre 1806. — La faillite de l'entrepreneur ne fait pas obstacle à ce que les oppositions formées pour obtenir paiement de ces créances privilégiées produisent plein et entier effet. — Ces oppositions frappent valablement tout ce qui est dû par l'Etat dans le cours de l'entreprise et non pas seulement les sommes réprésentatives de la partie des travaux auxquels les créanciers opposants ont plus spécialement coopéré. — Le privilége s'étend aux travaux exécutés en Algérie sous le régime de l'ordonn. du 17 février 1845, dans un intérêt départemental. — A. 15 décembre 1859, Geyler c. Ferrand, II, 52.

5. L'entrepreneur de travaux publics ne peut déléguer les sommes qui lui sont dues par les administrations, au préjudice du privilége des fournisseurs et ouvriers. — Lorsqu'il y a eu plusieurs adjudications de travaux publics, chacune forme une entreprise distincte, sur laquelle s'exerce le privilége résultant du décret du 26 pluviôse an II, au profit des ouvriers et fournisseurs qui y ont coopéré. — Leur privilége ne s'étend pas dès lors sur le prix des autres travaux adjugés séparément, quoiqu'ils l'aient été au même entrepreneur, et que ces diverses sommes, frappées d'opposition, au trésor, fassent l'objet d'une seule et même distribution. — Les dispositions de l'art. 1798, C. c. confèrent aux ouvriers un droit de préférence sur les créanciers de l'entrepreneur, et, quoique ayant spécialement en vue le paiement des salaires, ce droit s'étend à des fournitures qui, ayant moins d'importance que la main-d'œuvre, en sont seulement l'accessoire. — A. 25 nov. 1861, Roure c. Warot et Semel, IV, 3.

§ 2. — Priviléges sur certains meubles.

6. Les priviléges spéciaux sont préférés aux priviléges généraux. Par suite le propriétaire doit être colloqué sur le produit de la vente des objets garnissant les lieux loués avant la créance de l'homme de service à gages. — A. 11 mars 1867, Villemin c. Bruat, IX, 92.

7. Lorsque quatre immeubles faisant l'objet de quatre baux différents, par le même propriétaire au même fermier, ont été réunis et sont compris dans la même exploitation, les fermages afférents à chacun de ces baux ne forment plus qu'une seule créance et sont privilégiés sur le produit de la vente des objets se trouvant sur l'exploitation, sans qu'il y ait lieu de rechercher le

quel des quatre immeubles les objets vendus garnissaient. — Même arrêt.

§ 3. — Privilége du trésor public.

8. Le privilége du trésor public pour le recouvrement de toute contribution directe et personnelle est applicable au recouvrement des frais faits par l'Etat pour la réparation d'un barrage sur un cours d'eau non navigable dont l'entretien est à la charge du concessionnaire d'une chute d'eau résultant de ce barrage. — Cass. civ., 15 juillet 1868, Feydeau c. Paolaggi, X, 256.

9. Le trésor public ne peut exercer son privilége pour les frais de justice criminelle au préjudice des créanciers dont les droits sont conservés par une inscription hypothécaire prise antérieurement à la sienne, si ces droits résultent d'actes qui ont une date certaine antérieure, soit au mandat d'arrêt, quand il en a été décerné, soit, dans le cas contraire, au jugement de condamnation. — Un mandat de dépôt ne peut pas pour ce cas être assimilé à un mandat d'arrêt. — A. 18 fév. 1870, le Préfet d'Alger c. M. et C., XII, 79.

§ 4. — Conservation des priviléges.

10. VENDEUR. — L'inscription du privilége du vendeur est possible tout le temps que l'immeuble est entre les mains de l'acquéreur. — Par conséquent, si, au jour de la revente amiable ou de l'adjudication sur saisie réelle, l'inscription conservant le privilége du vendeur est périmée, elle peut être utilement renouvelée dans les quarante-cinq jours de la revente ou adjudication, aux termes de l'art. 6 de la loi du 23 mars 1855. — A. 18 mai 1860, St-Léon c. Richarme, II, 204.

11. L'inscription conservatrice du privilége du vendeur prise avant la transcription d'une seconde vente est valable, soit au regard des art. 2108 du Code civil et 834 du Code de procédure civile, soit au regard de la loi du 23 mars 1855. — A. 24 juin 1870, Cabanillas c. Demolins, XII, 178.

V. Compétence, 105 s, — Domaine de l'Etat, 11, — Faillite, 74, — Succession, 50, — Tierce opposition, 5, — Vente, 53 s.

Procédure. — V. Mandat, — Exploit, — Jugements (divers), — Nullités facultatives, et les renvois, — Tribunaux (divers), etc.

Procès-verbal. — V. Forêts, 7, — Pêche, 2.

Prodigue. — V. Conseil judiciaire.

Produits communaux. — V. Adjudication, 2 s, — Eaux, 12 s.

Promesse de mariage. — V. Dot, 21, — Mariage, 8, 32, 33.

Promesse de vente. — V. Vente, 28, 29.

Promulgation des lois.

1. La jurisprudence de la Cour d'Alger a consacré ce principe que les lois d'intérêt général et d'ordre public qui régissent la France et celles qui sont seulement modificatives des Codes de la Métropole, sont de plein droit applicables à l'Algérie sans promulgation préalable et formelle, à moins que la législation exceptionnelle de l'Algérie n'ait modifié la loi générale de la Métropole. — V. 10e Qon de droit, XIV, 3.

2. L'arrêt le plus remarquable rendu dans cet ordre d'idées est celui du 11 déc. 1861, qui établit que : — Il est de principe que tout établissement colonial formé avec le consentement et sous la protection de la mère-patrie, est régi de plein droit, et à moins de modifications expresses, par les lois auxquelles elle est elle-même soumise. — Par suite, les Français qui sont venus s'établir en Algérie au jour de la conquête, y sont régis dès leur arrivée par les lois de la Métropole. — A. 11 déc. 1861, Aberjoux, III, 267.

3. Voir une décision contraire de la Cour de cassation, v° Eaux, 6.

4. Dans le sens de la jurisprudence de la Cour d'Alger, jugé que les lois d'ordre général qui régissent la France sont de plein droit et sans qu'il soit besoin d'une promulgation particulière, exécutoires en Algérie, dans la mesure où ces lois peuvent recevoir application sur le sol algérien. (C. N., 1). — Cass. civ., 15 juillet 1868, Feydeau c. Paolaggi, X, 256.

5. ... Toutes les fois que les lois ou règlements propres à l'Algérie n'en ont pas ou restreint, ou modifié, ou complétement re-

poussé l'application. — Cass. crim. 17 août 1863, VIII, 110 ; 17 novembre 1865, Leinem c. *Forêts*, VIII, 259. — V. Forêts, 11.

6. Il en est spécialement ainsi du Code pénal et des lois complémentaires ou modificatives de ce Code, telle que la loi du 13 mai 1863 (ord. 26 sept. 1842, art. 35). — Même arrêt du 17 août 1863.

7. Même décision pour les lois qui abrogent des dispositions de nos Codes, ou qui sont exclusivement faites pour l'Algérie. — A. 25 oct. 1865, Préfet d'Alger c. Loubreaux, VII, 193.

8. Toutefois, s'il est principe que les lois générales de la Métropole, sont devenues, par le seul fait de la conquête, applicables à l'Algérie dans la mesure compatible avec les mœurs et les circonstances locales, il est également certain que les lois postérieures à la conquête, pouvant n'avoir en vue que les besoins de la Métropole n'ont pas été *de plano* appliquées au pays conquis, et ont dû être l'objet d'un promulgation spéciale, à moins qu'elles ne renfermassent que de simples modifications à la législation antérieure déjà exécutoire en Algérie. — A. 4 juin 1873, Marnat-Vernadel c. Chem. de fer, XV, 237. — V. Expropriation p. c. d'ut. pub.

V. Arbitrage, 35, — Caution *judicatum solvi*, — Contrainte par corps, 7, — Domaine militaire, — Eaux, 18, — Etranger, 46, — Forêts, 11, — Grains en vert, 1, — Impôt, 1, — Jury, 1, — Lois, 2. — Notaire, 1, — Rôle d'équipage, — Vente, 2 s.

Propriétaire. — V. Commerçant, 4, 5, 9, — Licence, 2, 3, — Responsabilité, 6, 21, 22, 24, 25, 29.

Propriétaire apparent. — V. Expropriation pour cause d'utilité publique, 18, — Saisie immobilière, 11, 23.

Propriété.

DIVISION

§ 1. — Droit musulman.
§ 2. — Législation spéciale. — Ordonn. du 21 juillet 1846. — Loi du 16 juin 1851. — Transactions et partages. — Sénatus-consulte du 22 avril 1863. — Loi du 26 juillet 1873. — Cimetières.

§ 1. — Droit musulman.

1. Les terres de la province de Constantine sont en général *arch*, et n'étaient avant la conquête susceptibles de propriété indi-

viduelle que dans des cas exceptionnels. — D'après la loi musulmane, la terre de grande culture ne peut devenir propriété particulière qu'en vertu d'un acte du souverain qui l'a déclarée *melk*.
— A 12 nov. 1862, Marchis c. l'Etat, IV, 273. — V. la note, où ces
décisions fondées sur l'opinion « d'une vieille école » sont fortement combattues.

2. FRUITS. — En droit musulman, le possesseur qui succombe
dans un procès en revendication de terrains n'est pas tenu à la
restitution des fruits, s'il a vivifié la terre, modifié la forme extérieure des immeubles, les croyant sa propriété, ou considérant cette
propriété comme inhérente au commandement dont il était investi. — A. 28 oct. 1868, Bou Akas c. l'Etat, X, 194.

§ 2. — Législation spéciale. — Ordonn. du 21 juillet 1846. — Loi du 16 juin 1851. —
Transactions et partages. — Sénatus-consulte du 22 avril 1863. — Loi du
26 juillet 1873. — Cimetières.

3. ORDONNANCE DU 21 JUILLET 1846. — *Délimitation.* — *Vérification et homologation de titres.* — Les art. 3 et 5 de l'ordonnance du 21 juillet 1846 ne sont pas seulement comminatoires ; ils
ont le caractère d'une prescription impérative et absolue. — Leurs
effets sont maintenus au profit de l'Etat par les art. 10 et 11 de la
loi du 16 juin 1851. — A. 18 mai 1859, Préfet d'Alger c. Delfraissy,
I, 175, 4ᵉ cahier ; 6 février 1860, Skender c. Préfet d'Alger et Jacob, II, 108.

4. De telle sorte que celui qui n'a pas déposé ses titres conformément à l'art. 3, est non recevable à intenter une action en revendication contre les possesseurs qui ont fait le dépôt prescrit.—
A. 7 juin 1859, Saad Allah c. Feydeau, I, 208, 4ᵉ cahier.

5. ... Que par l'effet de ce dépôt et de la demande en homologation s'y rattachant, les droits constatés par les titres produits ont
été sauvegardés, même au profit de tiers. — A. 12 février 1866,
l'Etat c. Fabre, VIII, 83.

6. ... Que lorsque le propriétaire d'un immeuble soumis à la
vérification, quant aux titres et à la délimitation prescrite par
l'ordonnance du 21 juillet 1846, ne remplit pas les formalités re-
quises, telles que le dépôt des titres, pour arriver à l'accomplissement de ces opérations, cet immeuble devient la propriété de
l'Etat, *comme bien sans maître*, par le seul fait de cette omission.
— A. 20 déc. 1858, dⁱˡᵉ Jacquemont c. Préfet d'Oran, I, 41.

7. De même, la délimitation prescrite par l'ordonnance du 21 juillet 1846 est obligatoire pour les indigènes comme pour les Européens. — Il résulte de cette ordonnance combinée avec les arrêtés ministériels des 17 septembre et 2 novembre suivants, que cette législation, par dérogation aux principes du droit commun de l'islamisme, ne reconnaît dans ce cas que des titres écrits, les simples actes de notoriété étant aussi écartés. — En admettant que la prescription puisse suppléer aux titres écrits, les prétendants droit à la propriété d'un immeuble soumis à la délimitation devaient, à peine de déchéance, réclamer devant l'autorité compétente, dans le cours des opérations de délimitation et dans les délais fixés. — Les revendiquants ne sauraient soutenir avoir été relevés de cette déchéance par la production faite par celui qui était en possession, à titre de propriétaire, qui a réclamé la propriété de l'immeuble en son nom personnel et contre lequel ils dirigent leur action en revendication partielle. — A. 6 janvier 1860, Coll c. Bel Kassem, II, 72.

8. Les dispositions des art. 16 de l'ordonnance du 21 juillet 1846 et 12 de la loi du 16 juin 1851 sont tout à fait absolues et doivent être appliquées dans toute leur rigueur. — A. 14 mars 1872, Aribaud c. maire de Duzerville, XIV, 77.

9. L'arrêté administratif d'homologation constatant l'accomplissement des diverses formalités et opérations de délimitation prescrites par l'ordonnance, constitue en conséquence un titre administratif qui ne pourra dans aucun cas être contesté ni par le Domaine, ni par le tiers. — Même arrêt.

10. Il est définitif et inattaquable. Il constitue une fin de non-recevoir contre toute demande en preuve produite par un tiers revendiquant. — A. 6 juin 1871, Amar ben Ettoumi c. Pierre, XIII, 122.

11. Néanmoins l'arrêté d'homologation n'a point pour effet de faire novation aux titres reconnus réguliers ni de purger la propriété des droits réels qui pouvaient la grever entre les mains de l'acquéreur à réméré déclaré propriétaire. — A. 11 juillet 1860, Barny c. Zerafa, II, 229.

12. Jugé que lorsque, dans la procédure en vérification et en homologation administratives de titres de propriété par application de l'ordonnance du 21 juillet 1846, l'un des demandeurs n'a pas produit certains titres, il n'est pas déchu pour cela du droit de

les invoquer lors de la discussion de la question de propriété devant les tribunaux civils. — En effet, dans ce dernier cas, il ne s'agit plus d'une instance en déclaration de validité de titres, et les tribunaux ont le droit de puiser dans les titres non soumis à la vérification des renseignements et des lumières pour compléter les titres régulièrement produits.

13. On est recevable dans tous les cas, à produire dans une instance civile sur le droit de propriété, des titres autres que ceux qui auraient été déposés. — Même arrêt qu'au n° 4, *suprà*.

14. *Prescription.* — L'ordonnance du 21 juillet 1846, en ordonnant que tout prétendant droit à la propriété d'un immeuble soumis à la vérification serait tenu de justifier ses prétentions par titres, n'a pas entendu exclure le moyen tiré de la prescription. — Par suite, celui qui n'a aucun titre ou qui a des titres irréguliers, peut invoquer la prescription du droit commun. — Aix, 21 déc. 1865, Tallech ben Mohamed c. l'Etat, VII, 220.

15. Mais il faut que la réclamation ait été produite dans les délais fixés. — V. *Suprà*, n° 7.

16. LOI DU 16 JUIN 1851. — *Acquisitions d'immeubles.* — L'art. 12 de la loi du 16 juin 1851, applicable aux revendications par l'Etat, ne l'est pas aux revendications contre l'Etat. — A. 21 janv. 1870, Ben Haïm frères c. l'Etat, XII, 19.

17. Il édicte contre l'Etat une déchéance qui ne peut être appliquée qu'autant que l'acquisition sur laquelle on s'appuie a été accompagnée ou suivie du fait de la possession réelle. — A. 9 nov. et 20 déc. 1858, Dussaux c. Préfet d'Alger, I, 46.

18. Cette déchéance ne profite qu'à l'acquéreur. Le vendeur n'en est pas moins tenu de restituer à l'Etat le prix qu'il a retiré de la vente consentie par lui. — A. 23 avril 1860, Préfet d'Alger c. Ben Marabet, II, 136 ; 19 janvier 1858, Ahmed ben Kaddour c. l'Etat, II, 142. — V. la note de la page 137, t. II, où cette jurisprudence est vivement combattue.

19. Néanmoins, même décision rendue par la Cour suprême, sur pourvoi contre l'arrêt du 23 avril 1860. — Req. 18 juin 1860, IV, 253.

20. Jugé en outre que cette déchéance n'est applicable qu'aux revendications de droit commun et non aux immeubles qui restent soumis à la délimitation en vertu des dispositions de l'art. 22. — A. 21 janv. 1861, Bourkaïb c. Préfet d'Alger, III, 25.

... Qu'elle ne peut être opposée à l'action en revendication de l'Etat, si l'immeuble ne provient pas d'une acquisition faite par les possesseurs. — A. 9 avril 1861, Rozey c. l'Etat, III, 99.

22. Ont été validées, d'une manière absolue et définitive, par l'art. 12 de la loi du 16 juin 1851, vis-à-vis de l'Etat, toutes acquisitions d'immeubles en territoire civil faites plus de deux ans avant la promulgation de cette loi, et à l'égard desquelles aucune action en revendication n'avait été intentée par le Domaine. — Même arrêt qu'au n° 8, *supra*.

23. Ces dispositions conservent toute leur vigueur, quelle qu'ait été la destination antérieure des immeubles, et peu importe notamment qu'ils eussent été affectés, avant 1846, à des inhumations. — Même arrêt.

24. *Territoires de tribus*. — L'art. 14 de la loi du 16 juin 1851, qui prohibe toute aliénation de droits de propriété ou de jouissance portant sur le sol du territoire d'une tribu, au profit de personnes étrangères à la tribu, ne s'applique pas aux immeubles appartenant privativement à des indigènes, et situés en territoire civil. — Jugem. Alger, 31 juillet 1856, Bruat c. Montgolfier, I, 13.

25. Il ne s'applique qu'à la terre arch proprement dite, à la propriété collective de la tribu et non à la terre melk qui, en territoire militaire comme en territoire civil, est susceptible de libre transmission. — A. 22 janvier 1864, Cheltiel c. Ben Barka, VI, 3.

26. TRANSACTIONS ET PARTAGES. — Le décret impérial du 2 avril 1854, relatif au partage des biens indivis entre le Domaine de l'Etat et les particuliers, n'a en aucune façon eu pour but d'établir le droit de propriété en lui-même, soit au profit de l'Etat, soit au profit des particuliers. Il n'a eu en vue que de régler l'exercice d'un droit de propriété antérieurement reconnu à chacune des parties en présence sur le même immeuble, en ce qui concerne le Domaine de l'Etat par rapport à ses copropriétaires. — A. 7 juin 1869, v° Girot et Bartholony, c. Rosey et l'Etat, XI, 115.

27. La commission des transactions et partages instituée en exécution de ce décret n'a donc jamais eu ni qualité ni compétence pour statuer sur des questions de propriété s'élevant entre des particuliers. Le Conseil de préfecture, devant qui, aux termes de l'art. 3 dudit décret, devaient être portées toutes contestations, tant sur la forme que sur le fond des partages, n'avait pas non

plus qualité ni compétence pour vider aucune question de propriété. — Même arrêt.

28. Le travail de cette commission, sanctionné par décision préfectorale, rendue au contentieux en Conseil de préfecture, ne saurait donc être opposé à une revendication formée par des tiers, alors surtout que ce travail s'est fait hors la présence des revendiquants, et que les titres sur lesquels il aurait été basé ne sont pas représentés. — Même arrêt.

29. *Indigènes.* — Les familles indigènes, notamment les femmes, sont régulièrement représentées, à l'égard de l'Administration, même en matière de transactions et partages, par le membre de la famille qui en paraissait le chef et en détenait les titres. — Ainsi le titre délivré par l'Etat à un seul membre d'une famille, n'en est pas moins commun à toute la famille, dont chacun des membres peut en revendiquer le bénéfice dans la proportion de ses droits antérieurs. — A. 27 mai 1863, Abd el Kader ben Kassem c. Amena bent Kassem, V, 108.

30. SÉNATUS-CONSULTE DU 22 AVRIL 1863. — Le sénatus-consulte du 22 avril 1863 n'a eu pour objet que les terres de tribus distraites antérieurement, par voie de cautionnement, de leur affectation primitive et consacrées au développement de la colonisation européenne. — Cass. Req. 14 juillet 1873, XV, 172.

31. La revendication d'une terre melk, dans le délai de deux mois prescrit par le décret du 23 mai 1863, non suivi de protestation par la tribu, a simplement pour effet d'attribuer à l'immeuble revendiqué, et au regard de la tribu, le caractère de melk. — Elle ne saurait interdire à un tiers, qui n'aurait pas réclamé, d'intenter ultérieurement son action contre le possesseur revendiquant et de se faire attribuer l'immeuble en justifiant de son droit de propriété. — A. 12 fév. 1867, Larbi Ouled Amour c. Boudjellel, IX, 85.

32. *Contrà :* — Celui qui n'a pas revendiqué un melk dans le cours des opérations de l'application du sénatus-consulte du 22 avril 1863, conformément aux articles 10 et suivants du décret du 23 mai, même année, est déchu définitivement de tout droit à l'égard du possesseur, quand même celui-ci n'aurait pas lui-même revendiqué. — A. 25 fév. 1875, Taïeb c. Schwartz, XVII, 23.

33. Ceux qui se prétendent propriétaires de biens melk dans le territoire d'une tribu soumise aux opérations prescrites par le

sénatus-consulte du 22 avril 1863, doivent présenter leurs revendications dans les formes et délais prescrits par le règlement d'administration publique du 23 mai 1863, à peine de déchéance. — Par suite, s'ils ne l'ont fait, ils sont déchus du droit de revendiquer une terre comprise dans la délimitation et attribuée par les procès-verbaux au Domaine de l'Etat. — A. 17 nov. 1873, Etat c. Girard, XV, 273.

34. Le décret qui, rendu en exécution du règlement d'administration publique du 23 mai 1863, fait le classement, conformément aux projets des commissions de délimitation, des terres comprises dans le territoire d'un douar, ne fait que consacrer une opération administrative ; il ne saurait enlever aux tribunaux le droit de statuer sur les revendications de terrains melk ou beylick, selon la disposition formelle de l'art. 12 du règlement précité. — A. 31 juillet 1873, Dehaknas c. l'Etat, XV, 205.

35. Le paragraphe 2 de l'article 1er du sénatus-consulte du 22 avril 1863 ne s'applique qu'au cas de partages et transactions passés entre l'Etat et les indigènes, et de distractions consenties par eux, ou bien encore aux opérations du séquestre, du cantonnement, de l'expropriation légalement consommée (pour la période antérieure au 1er octobre 1844) ; il ne peut recevoir d'application au cas où des agents des Domaines et de l'autorité militaire ont déclaré, par simples procès-verbaux, prendre possession, au nom de l'Etat, de terres revendiquées plus tard par les indigènes. Cette prise de possession, qui doit être considérée ou comme un acte arbitraire, ou comme un acte de séquestre pour sauvegarder les droits de tous, ne saurait être opposée à l'action en revendication introduite contre l'Etat. — Même arrêt.

36. L'art. 11 du décret impérial du 23 mai 1863 ne saurait être interprété dans le sens qu'il ait entendu imposer aux possesseurs l'obligation de revendiquer contre les non-possesseurs. — A. 20 avril 1868, Beni Ahmed c. l'Etat, X, 140.

37. Si, aux termes du paragraphe final dudit art. 11, le revendiquant n'a, pour former sa demande en justice, qu'un délai d'un mois à partir de la *communication* qui lui a été faite de l'opposition de la tribu ou du douar intéressé, il faut que cette *communication* soit constatée par un acte officiel direct, précis et certain. On ne saurait le faire résulter de cette simple présomption que le revendiquant aurait appris que son droit était contesté par un autre prétendant. — Même arrêt.

38. *Douar revendiquant.* — *Droit de l'habitant.* — Lorsqu'une action en revendication d'immeubles tend à faire déclarer un douar propriétaire desdits immeubles, cette action doit être considérée comme exercée non dans l'intérêt des habitants, *ut singuli*, mais dans l'intérêt du douar, *ut corpus* ; dans ce cas, le douar ne peut être représenté que par sa djemmaâ organisée conformément aux dispositions du règlement d'administration publique du 23 mai 1863 et de l'arrêté du Gouverneur général du 20 mai 1868, et après autorisation de l'autorité compétente. — A. 28 juillet 1873, l'Etat c. les Ouled-Amran, XV, 243.

39. Tous les habitants agissant *ut singuli* ne pourraient suppléer à ce défaut de représentation légale ; ils pourraient seulement exercer les actions du douar, faute par celui-ci de le faire, mais dans les conditions des art. 49 et 56 de la loi du 18 juillet 1837. — Même arrêt.

40. Cette solution accorde aux habitants des douars une faculté que les habitants des communes, en France, peuvent puiser dans la loi du 18 juillet 1837. Mais outre que l'assimilation du douar à la commune pourrait paraître contestable, il a été décidé par la Cour suprême que la législation algérienne ne contenant aucune disposition semblable à celle que l'on rencontre dans la loi qui régit l'organisation municipale de la Métropole, le droit de mettre en mouvement l'action *ut universi* n'est conféré qu'à la commune, en Algérie, et ne s'étend pas aux habitants. — V. Commune, 10.

41. Loi du 26 juillet 1873. — Les indigènes conservent, pendant tout le cours des opérations du commissaire enquêteur, la faculté d'introduire les actions réelles qui leur compétent relativement aux immeubles soumis auxdites opérations ; et les tribunaux musulmans sont compétents pour statuer sur ces actions jusqu'au moment où commence la compétence des tribunaux français, c'est-à-dire jusqu'à l'établissement des titres provisoires de propriété par le service des Domaines. (Art. 17 et 18 de la loi du 26 juillet 1873). — A. 22 mars 1876, Amar ben Saïd c. Ali Bounzah, XVIII, 49.

Pour diverses applications de la loi du 26 juillet 1873, V. Vente, 12 s.

42. CIMETIÈRES. — Avant l'occupation française, le beylick était propriétaire des cimetières publics musulmans. — A. 1ᵉʳ déc. 1873, l'Etat c. commune de Bône, XVI, 35.

43. Ces cimetières ne pouvaient être par conséquent la propriété collective d'une agglomération d'habitants. — Même arrêt.

14. Spécialement, si le procès-verbal de délimitation de la place de Bône (V. Domaine militaire) a compris un terrain affecté à un cimetière public musulman, la commune de Bône, en succédant à l'Etat dans la propriété des cimetières publics, par le décret de sa création, de janvier 1848, n'a pu se prétendre propriétaire dudit cimetière, le Domaine militaire en étant devenu propriétaire au préjudice du Domaine civil dès 1832, et bien que la destination originaire fût toujours maintenue au jour de la substitution de la commune à l'Etat. La commune doit subir l'incorporation tout entière et n'est pas recevable à discuter si le Domaine militaire a observé ou n'a pas observé les dispositions de la loi de 1791, dans le tracé du périmètre des terrains défensifs. — Il s'ensuit que l'art. 79 de l'ord. du 1ᵉʳ octobre 1844, qui ordonne la prise de possession effective par l'Etat pour que l'expropriation soit opérée, n'est pas applicable à un tel cas. — Même arrêt.

45. L'art. 19 de l'ord. du 9 novembre 1845 n'a pas été abrogé par la loi du 16 juin 1851. — En admettant que ledit article ne s'applique qu'aux cimetières publics, l'Etat pourrait encore revendiquer, comme biens sur maîtres, les cimetières privés et abandonnés. — Même arrêt qu'au n° 17, *suprà*.

46. Cet article, qui exige que le prétendant droit à la propriété d'un cimetière abandonné produise des titres ayant date certaine antérieurement au 5 juillet 1830, n'est pas applicable aux cimetières privés. — A. 30 nov. 1874, Préfet d'Alger c. Ben Mustapha, XVII, 47.

47. Il ne s'applique qu'aux cimetières publics. — A. 13 avril 1859, Préfet d'Alger c. Bret et Dusseuil, I, 181.

48. La propriété des cimetières, de même que celle des chemins, rues et places publiques, ne conserve son caractère d'imprescriptibilité que tant que les lieux conservent cette destination ; et l'Etat, qui était, en Algérie, seul représentant tout à la fois de la propriété publique et de l'autorité municipale, ayant, dans un but d'intérêt général, changé cette destination, comme c'était son droit, le caractère dont l'immeuble se trouvait revêtu doit disparaître en même temps. — Même arrêt qu'au n° 8, *suprà*.

V. Bail. — Chose jugée. — Compétence, 19. — Concession domaniale, — Domaine de l'Etat, — Domaine militaire, — Eaux, —

Expropriation pour cause d'utilité publique, 28, — Forêts, 1 s, — Habbous, 25, — Prescription, 1 s, — Séquestre.

Propriété industrielle. — V. Marque de fabrique.

Prorogation de juridiction. — V. Degrés de juridiction, 52.

Publications. — V. Mariage.

Publicité. — V. Diffamation, injure.

Puissance paternelle.

DIVISION

§ 1. — Droit musulman.
§ 2. — Droit mosaïque. — Israélites.
§ 3. — Droit français.

---

§ 1. — Droit musulman.

1. En droit musulman, la garde des enfants appartient à la mère jusqu'à la puberté, s'il s'agit d'enfants mâles ; jusqu'au mariage, s'il s'agit de filles. — Après le décès de la mère, la garde des enfants passe à l'aïeule maternelle, suivant les mêmes distinctions. — A. 24 nov. 1862, Soliman ben el Hadj c. El Khir, V, 7.

2. *Droit de Hidana.* — S'il est vrai, en droit musulman (comme en droit français), que le père de famille ne peut transiger sur son droit de puissance paternelle, néanmoins il est permis aux époux indigènes qui divorcent, de stipuler qu'une fille issue de leur union restera confiée à sa mère. — Cette stipulation est même une application de la loi musulmane qui dispose qu'en cas de divorce, les filles resteront à la garde de leur mère jusqu'à leur mariage. — Ce droit (droit de Hidana) n'est pas en opposition avec celui de direction et de surveillance réservé au père. — Si la mère, par un second mariage, perd son droit de garde, le droit d'invoquer cette déchéance n'appartient qu'aux parents de la ligne maternelle. — A. 1er juin 1864, Hamdan ben Amar c. Lallahoum bent Hassein, VI, 88.

§ 2. — Droit mosaïque. — Israélites.

3. Les enfants restent soumis à la puissance paternelle après le divorce ou la répudiation. — Cependant ce principe doit fléchir devant l'intérêt de l'enfant. — Ainsi, si l'enfant est en bas âge et a reçu exclusivement les soins de la mère, alors que le père était allé en pays étranger, où il a créé une nouvelle famille, il doit provisoirement rester à la mère. — A. 18 sept. 1863, Zena c. Bent Chemoun, V, 170.

4. *Femme juive*. — Le décret de naturalisation du 24 octobre 1870, qui a pour résultat de placer sous le régime du Code civil l'état civil des époux et des enfants, donne à la femme juive droit à la puissance paternelle et à l'usufruit légal qui en est l'attribut, mais seulement dans les conditions de la loi française. — A. 10 juin 1875, Ben Chimol c. Cohen Scali, XVII, 103.

§ 3. — Droit français.

5. *Garde des enfants*. — Lorsque deux époux renonçant mutuellement à une instance en séparation de corps commencée, conviennent que l'enfant issu de leur mariage restera confié alternativement à chacun d'eux et par période de six mois, ce pacte ne porte pas atteinte à la puissance paternelle et doit être respecté. — Le droit pour le père de garder ainsi son enfant n'est pas personnel, il peut être délégué aux membres de sa famille. Si les tribunaux peuvent, en certains cas, déroger aux droits de la puissance paternelle, ce n'est que lorsqu'il y a abus ou danger pour l'enfant. — A. 27 juin 1864, VI, 118.

V. Répudiation, 5.

Purge.

1. La sommation faite au tiers détenteur d'avoir à payer ou à délaisser, ne doit pas contenir copie du titre du créancier. — A. 24 juin 1870, Cabanillas c. Demolins, XII, 178.

2. Dans le cas d'aliénation volontaire, lorsque l'acquéreur, se conformant aux prescriptions des art. 2183 et suivants du Code Nap., notifie aux créanciers inscrits extrait de son titre contenant les diverses énonciations prescrites et la déclaration qu'il est prêt

à payer sur le champ les dettes jusqu'à concurrence de son prix, et lorsque les quarante jours que l'art. 2185 accorde à tout créancier inscrit pour surenchérir sont expirés sans qu'il ait été fait de surenchère, il se produit, par l'effet de cette notification, et par le silence des créanciers, un quasi-contrat qui a pour résultat de liquider l'hypothèque et de convertir le gage immobilier en une somme d'argent. — A. 29 juin 1869, Bronde c. Aribaud, XI, 193.

3. Dès lors le renouvellement devient inutile à partir de l'expiration du délai pour surenchérir. — Même arrêt.

4. Après les notifications faites conformément aux art. 2183 et suivants, C. c., l'acquéreur qui les a faites peut toujours, même après surenchère faite par l'un des créanciers inscrits, offrir de les désintéresser en principal et accessoires, et si ces offres sont reconnues suffisantes et libératoires, la surenchère devient sans objet, et par conséquent caduque, mais sous la condition que l'acquéreur paiera de ses deniers non-seulement toutes les créances des inscrits en principal et accessoires, mais encore tous les frais qu'auront nécessités les notifications et surenchère. — A. 26 mars 1874, Ahmed ben Omar c. Gros, XVI, 197.

5. Ledit acquéreur sera subrogé de droit dans les droits des créanciers inscrits pour tout ce qu'il aura payé, mais pas pour les frais de notifications et surenchère, qui resteront à sa charge personnelle. — Même arrêt.

V. Intérêts, 8, 9.

Q

Quai. — V. Voirie, 11 s.

Qualité (défaut de).

1. Le défaut de qualité ne saurait être relevé d'office par le juge. — A. 31 juillet 1873, Dehaknas c. l'Etat, XV, 205.

2. Mais l'exception tirée du défaut de qualité des demandeurs constitue un moyen préjudiciel et décisif, auquel l'art. 186, Code procédure civile, ne peut s'appliquer ; elle peut donc être proposée

en tout état de cause, et. par conséquent, pour la première fois en appel. — A. 28 juillet 1873; l'Etat c. les Ouled-Amran, XV, 213.

V. Cassation, 5.

Qualités de jugement. — V. Appel, 66, 83.

Quotité disponible. — V. Succession.

R

Rabbin.

CONSULTATION RABBINIQUE. — L'art. 49 de l'ordonnance du 26 septembre 1842 n'autorise ou ne prescrit la consultation rabbinique qu'en ce qui concerne les contestations relatives à l'état civil, au mariage et aux répudiations entre israélites. — A. 2 juin 1870, Chabbat c. Kalfou et Darmon, XII, 151.

Rachat (faculté de). — V. Vente à réméré.

Radiation des hypothèques. — V. Conservateur des hypothèques, — Hypothèques (diverses).

Rapport à succession. — V. Succession, 12, 40.

Rapport d'expert. — V. Expertise, — Avarie.

Rapport de mer. — V. Avarie, — Capitaine de navire.

Ratification. — V. Mandat.

Rébellion.

La résistance à un ordre illégal émané d'une autorité évidemment incompétente ne peut constituer le délit de rébellion. — A. 30 juin 1863, Basset, V, 131.

Receveur des domaines. — V. Instance doman ale, 12. — Bornage, 2.

Récompense. — V. Communauté conjugale, 13.

Réconduction. — V. Bail, 24 s.

Reconnaissance d'enfant. — V. Enfant naturel.

Recrutement. — V. Domicile, 1 s.

Récusation.

1. *Règles générales.* — Dans le cas de récusation partielle, c'est au tribunal dont font partie les magistrats récusés qu'il appartient de statuer sur la recevabilité des récusations. — A. 1er et 2 juin 1869, Cayla c. M... B... C... H... G... T..., XI, 97.

2. Le silence d'un juge qui n'a pas fait la déclaration prescrite par l'art. 386 du Code de procédure ne saurait préjudicier au récusant ; il doit être statué nonobstant l'inaccomplissement de cette formalité. — Même arrêt.

3. TRIBUNAL DE COMMERCE. — En Algérie comme en France, lorsque, par suite de récusations, un tribunal de commerce n'est plus en nombre pour délibérer, il y a lieu de le compléter par l'adjonction d'un ou plusieurs commerçants français ou naturalisés tels, pris parmi les notables composant la liste des électeurs et suivant l'ordre dans lequel ils y sont portés ; le renvoi à un autre tribunal ne doit pas être prononcé. (Ord. 24 nov. 1847). — Même arrêt.

Les magistrats signataires d'une délibération extra-judiciaire, déclarant que la gestion d'un syndic de faillite ne laisse rien à désirer, sont valablement récusés dans un procès dirigé contre ce même syndic pour malversations commises au cours de cette gestion. — Même arrêt.

TRIBUNAL CORRECTIONNEL. — C'est la chambre correctionnelle d'un tribunal, et non la chambre civile, qui doit connaître de la récusation faite contre les magistrats à l'occasion d'une poursuite correctionnelle. — A. 27 janvier 1864, VI, 43.

V. Renvoi d'un tribunal à un autre.

Redevance. — V. Prescription, 11.

Réduction des donations et legs. — V. Legs, — Donation, — Succession.

Référé.

DIVISION

§ 1. — Introduction du référé. — Voies de recours contre l'ordonnance.
§ 2. — Compétence du juge des référés.

———

§ 1. — Introduction du référé. — Voies de recours contre l'ordonnance.

1. L'introduction d'un référé et l'ordonnance rendue ne peuvent être considérées comme le commencement de l'instance principale. — A. 28 mars 1860, Delmonte c. Préfet d'Oran, II, 144.

2. AJOURNEMENT. — Tout défendeur, soit simple particulier, soit administration publique, est valablement assigné du jour au lendemain lorsqu'il s'agit de comparaître aux lieu, jour et heure ordinaires des audiences de référé. — Ord. référé, Alger, rapportée avec l'arrêt du 8 déc. 1865, *infrà*, VII, 209.

3. APPEL. — L'appel contre une ordonnance de référé est recevable alors même qu'elle intervient sur poursuites pour une somme inférieure à 1,500 francs. — A. 21 janv. 1876, Tron c. Ahmed ben Hamoud, XVIII, 17.

4. Une ordonnance rendue contradictoirement et par laquelle le président rétracte une précédente ordonnance autorisant une saisie-arrêt, est une véritable ordonnance de référé susceptible d'appel dans les conditions où les ordonnances de cette nature sont susceptibles d'appel d'après le droit commun. — A. 29 juillet 1872, Guide c. Nahon et Sider, XIV, 215. — V. Saisie-arrêt, 7 s.

5. OPPOSITION. — N'est pas recevable l'opposition formée à l'arrêt par défaut rendu sur appel d'ordonnance de référé (art. 807 et suiv. du Code de proc. civ.). — A. 31 mars 1870, Barbier c. Droz, XII, 93.

§ 2. — Compétence du juge des référés.

6. Pour qu'il y ait lieu à référé pour cause d'urgence, il faut que l'urgence soit telle qu'il y ait péril réel à attendre jusqu'à la prochaine audience du tribunal (art. 806, C. pr. c). Spécialement, ne doit pas être considérée comme urgente une demande en nomination d'experts pour vérifier la minute d'un acte notarié, alors qu'il n'existe aucune action principale intentée. — A. 6 janv. 1862, Aberjoux, IV, 42.

7. Sauf certains cas réglés par des dispositions spéciales, le juge de référé n'est compétent que dans les cas d'urgence ou de difficultés relatives à l'exécution d'un titre ou d'un jugement. Mais la loi n'ayant pas défini les cas d'urgence, il appartient aux tribunaux d'apprécier selon les faits. — L'urgence suppose l'impossibilité de suivre les formes des actions en justice, même à bref délai, sous peine d'un préjudice irréparable. — Le titre exécutoire et le jugement dont parle l'art. 806, C. pr. c., ne s'entendent que de titres ou de jugements dans lesquels les parties qui plaident ont figuré. — Spécialement, lorsque sur la poursuite en expropriation d'un immeuble, l'État fait un dire au cahier des charges pour réclamer la propriété de cet immeuble ; que le tribunal, en donnant acte du dire, déclare qu'il ne constitue pas une demande en distraction et ordonne la vente aux enchères, le jugement d'adjudication qui intervient en cet état ne constitue pas un jugement commun avec l'État, dans le sens de l'art. 806. — De plus, si l'adjudicataire, après sa mise en possession, est troublé dans sa jouissance, il doit agir par voie de possessoire ou de pétitoire et non par voie de référé, pour faire cesser le trouble, ce cas n'étant pas un cas d'urgence. — A. 26 nov. 1862, Préfet d'Alger c. Paravis, IV, 262.

8. L'art. 806, C. pr. c., qui permet au juge des référés de statuer sur les difficultés relatives à l'exécution d'un titre exécutoire et d'un jugement, comprend les décisions des Cours d'appel. — A. 16 oct. 1863, Antefage c. Grima, V, 177.

9. L'art. 472, même Code, qui déclare que l'exécution d'un jugement infirmé appartient à la juridiction qui a infirmé, ne s'applique qu'au cas où la décision laisse encore quelque chose à juger pour son exécution et non à celui où un obstacle étranger surgit au moment de son exécution. — Spécialement, lorsqu'un individu a formé une opposition à un arrêt souverain, le juge des référés

est compétent pour statuer sur la continuation ou la discontinuation des poursuites à l'égard du tiers opposant (art. 477, C. pr. c.). — Même arrêt.

10. EXÉCUTION DE JUGEMENT ET DE TITRE AUTHENTIQUE. — *Appel.* — Le juge de référé ne peut, sans excès de pouvoir, surseoir à l'exécution d'un titre authentique. La Cour d'appel, en réformant une ordonnance concédant un délai dénié par le poursuivant, ne peut évoquer et statuer au fond. — Paris, 18 févr. 1873, Bertier c. Muraine, XV, 96.

11. ... Ni ordonner la discontinuation de poursuites, faites en vertu d'un jugement définitif, en en subordonnant la reprise à une décision administrative à intervenir sur un fait invoqué dans le cours de l'instance et alors que le jugement ne retient pas ce fait comme une condition des condamnations qu'il prononce (art. 806 du C. pr. civ.) — Même arrêt qu'au n° 3, *suprà.*

12. EXPROPRIATION — Le juge des référés est compétent pour statuer sur une demande en sursis introduite contre une commune qui veut prendre possession d'un terrain en vertu d'un arrêté d'expropriation, par un individu se prétendant propriétaire de ce terrain. — A. 12 juillet 1871, Fabre c. com. de Bône, XIII, 186.

13. Mais il doit rejeter le sursis, l'arrêté d'expropriation valant titre au profit de la commune. — Même arrêt.

14. JOURNAL. — Le juge des référés est compétent pour statuer sur le point de savoir si, en présence de difficultés judiciaires entre le propriétaire et le gérant d'un journal, il y a lieu de pourvoir au remplacement provisoire du gérant. — Ce remplacement doit être prononcé si le gérant, révoqué par un jugement dont il a interjeté appel, menace de suspendre la publication du journal. — A. 26 juillet 1865, Molot c. Dufourc, VII, 122.

15. RUES D'UNE VILLE. — Si, en principe, le juge des référés est incompétent pour ordonner des mesures provisoires relatives à l'exécution de travaux publics, il en est autrement lorsque ces mesures sont la conséquence des obligations qui existent entre deux propriétaires voisins et intéressent seulement les précautions qu'une commune doit prendre comme propriétaire des rues de son enceinte à l'égard des dangers que peut présenter la construction faite par le propriétaire longeant ces rues. — Spécialement, lorsque le propriétaire d'un terrain longeant une rue veut cons-

uire sur son terrain, et qu'il redoute que quelque éboulement se produise dans le sol de la rue par suite de l'exécution de ses travaux, il a le droit de demander, en référé, la nomination d'experts aux fins de prendre les mesures nécessaires pour sa responsabilité personnelle et la sécurité de la rue. — A. 8 déc. 1865, com. d'Alger c. Cardaire et Morton Peto, VII, 207.

16. SAISIE-ARRÊT. — Le président de tribunal qui, en autorisant une saisie-arrêt demandée par requête, a ajouté *qu'en cas de difficulté, il lui en serait référé*, peut-il, lorsque la saisie a été pratiquée, en prononcer la mainlevée requise par le saisi en audience de référé ?. — V. Saisie-arrêt, 7 s.

17. TRAVAUX PUBLICS. — On ne peut induire de l'art. 806 du Code de procédure civile que le juge des référés soit compétent dans les cas d'urgence se rattachant à l'exécution des travaux publics. — C'est à la juridiction appelée à statuer sur le fond ou à un magistrat du même ordre qu'il appartient de prescrire les actes d'instruction et de constat. — A. 28 juin 1869, Russolo c. Chem. de fer, XI, 188 et 113.

18. Le juge des référés est incompétent pour ordonner des mesures provisoires d'instruction destinées à constater le dommage causé par suite de l'exécution de travaux publics. — A. 22 nov. 1869, Chem. de fer c. Chatillon, XI, 255.

19. Il ne peut pas, par exemple, ordonner une expertise. — A. 8 déc. 1858, Préfet d'Oran c. Pasquier, I, 56.

20. Lorsqu'il s'agit de travaux publics, bien qu'exécutés dans un intérêt communal, le juge des référés est incompétent pour ordonner la discontinuation ou la suppression desdits travaux. — A. 30 juillet 1869, Genella c. com. d'Alger, XI, 221 et 277.

21. Mais il est compétent pour ordonner une expertise aux fins de constater les infiltrations produites par une fontaine communale dans l'immeuble où elle a été encastrée. — Toutefois il ne pourrait donner pour mission à l'expert de rechercher comment ont été établis les conduits de la fontaine, cette recherche ne pouvant s'effectuer qu'en pratiquant des fouilles sur la voie publique. — A. 31 déc. 1867, com. de Bône c. Jouanne, X, 10.

V. Appel, 64, 95, — Compétence, — Degrés de juridiction, 44 s., — Expropriation pour cause d'utilité publique, 19, — Exécution provisoire, 4, 5, — Inventaire, — Presse, 29, — Séparation de biens, 7

V. aussi Chose jugée, — Jugement, etc.

Régisseur de ferme. — V. Louage d'ouvrage et d'industrie.

Règlement de juges.

Il y a lieu à règlement de juges non-seulement lorsque deux tribunaux ne ressortissant pas à la même Cour sont saisis du même différend (art. 363, C. pr. c.), mais encore lorsqu'il y a eu rejet du déclinatoire proposé par le défendeur et de sa demande en renvoi devant une autre juridiction (art. 19, ord. août 1737, non abrogée). — La voie de l'appel peut être exercée simultanément. — Le règlement de juges, par suite du rejet du déclinatoire, est recevable après confirmation de la sentence de rejet par le juge du second degré (art. 20 de ladite ord.). — Cass. 7 mai 1860, Simon c. Bouyer, II, 151.

Réhabilitation. — V. Faillite.

Relâche forcée. — V. Navire, — Lloyd anglais.

Réméré (vente à). — V. Vente à réméré.

Remploi. — V. Communauté conjugale, — Dot, — Tutelle.

Renonciation. — V. Communauté conjugale, — Legs, — Obligation, — Succession.

Rente.

1. ACTION PERSONNELLE DU CRÉDI-RENTIER. — Lorsque le cahier des charges dressé pour parvenir à la vente d'un immeuble saisi porte que l'adjudicataire retiendra sur son prix somme suffisante pour servir une rente indiquée au profit des vendeurs originaires, le crédi-rentier a une action directe et personnelle contre l'adjudicataire, alors même que l'ordre serait clos et qu'il aurait négligé de s'y présenter, quoique régulièrement sommé. — A. 29 mai 1857, Voltolini et Carentène c. Gimbert, III, 185.

2. L'acquéreur ne pouvant se décharger, à l'égard du crédi-

rentier originaire, ce dernier peut toujours s'adresser directement à lui pour exercer à son égard l'action utile. — A. 16 juin 1874, v° Garcias c. Morganti, XVI, 170.

3. Lorsque le tiers détenteur s'est laissé exproprier au lieu de délaisser, le crédi-rentier conserve contre lui ou ses héritiers une action personnelle pour le paiement du reliquat de sa créance liquidée par un bordereau de collocation. — Même arrêt.

4. ARRÉRAGES INCESSIBLES ET INSAISISSABLES. — Le créancier à qui un titre de rente incessible et insaisissable est confié, et qui le retient après et malgré le paiement de sa créance, est responsable du préjudice causé, si, pendant cette rétention, il survient des saisies-arrêts qui, à tort ou à raison, empêchent l'encaissement de la rente. — Si, par suite, il est alloué, comme réparation du préjudice, une somme équivalente aux arrérages de rente dont le paiement a été arrêté, cette somme peut être déclarée incessible et insaisissable comme ces arrérages mêmes. — A. 5 oct. 1866, Chouquet c. Rozier, IX, 19.

5. PRESCRIPTION. — La prescription ne court pas contre ceux qui ne peuvent agir ; dès lors, la prescription d'arrérages d'une rente perpétuelle formant un prix de vente, doit être suspendue pendant l'instance en diminution de prix, lorsque cette instance tend à l'extinction complète de la rente. — A. 22 mars 1859, Rosey c. Assada, I, 193.

V. Communauté conjugale, 2, — Mandat, 13, 14.

Renvoi (acte). — V. Notaire.

Renvoi d'un tribunal à un autre.

1. La loi n'a pas déterminé les caractères de la suspicion légitime ; elle les abandonne à la conscience du juge, qui doit rechercher si les faits invoqués peuvent faire douter de l'impartialité des magistrats. — A. 16 juin 1862, Vital, IV, 165 et la note.

2. ... Et qui doit se préoccuper, non-seulement de l'intérêt des parties, mais encore de la considération du corps judiciaire à l'encontre duquel la demande est formée. — A. 26 juin 1861, Blondeau de Combas, III, 159.

3. La demande en récusation formée contre un tribunal tout entier équivaut à une demande en renvoi pour cause de suspicion

légitime, les deux demandes ayant le même but, bien que procédant par des voies différentes. — La demande en renvoi pour cause de suspicion légitime n'est soumise qu'aux règles tracées pour le règlement de juges par l'art. 364, C. pr. c. — Même arrêt.

4. D'un autre côté, jugé que le renvoi pour cause de suspicion légitime n'est autre chose que la récusation d'un tribunal entier. — La demande en renvoi est soumise aux dispositions de l'art. 371, C. pr. c., et non à celles de l'art. 385. — Par suite, la Cour doit, préalablement à l'examen des griefs articulés, commettre un de ses membres pour faire rapport, et ordonner la communication au Ministère public. — Même arrêt qu'au n° 1, *suprà*.

V. Récusation, 3.

Réparations. — V. Exécution provisoire, 6.

Reprise d'instance.

La reprise d'instance ne peut être demandée ni contre l'héritier renonçant, ni contre la veuve, même commune. — A. 29 janvier 1873, Pons c. Azam, XV, 27.

Reprises. — V. Communauté conjugale, — Dot, — Hypothèque légale, — Succession.

Répudiation.

Droit musulman.

1. En matière de répudiation, si le mari nie que les paroles d'apparence répudiaire aient le sens et la portée qu'on leur donne, on doit s'en remettre à sa conscience et à sa religion. — A. 20 déc. 1865, Abd el Malek c. Fathma bent Ali, VII, 145.

2. Après trois répudiations successives de la femme par le mari, celle-ci ne peut redevenir sa femme légitime qu'après s'être remariée à un autre et après avoir été répudiée par lui. — A. 11-17 février 1868, Bourkaïb, X, 99.

3. Toute autorisation contraire donnée par le muphti est nulle. — Le nouveau mariage contracté est nul comme elle et le divorce définitif doit être prononcé. — Même arrêt.

4. Mais le mariage ainsi contracté de bonne foi et annulé, produit néanmoins des effets civils tant à l'égard des époux qu'à l'égard des enfants nés pendant leur union. — Même arrêt.

5. GARDE DES ENFANTS. — En cas de répudiation de la femme par son mari, les enfants en bas âge issus du mariage doivent être confiés à la mère. Si celle-ci se marie, ils doivent être remis à la garde d'une parente du côté maternel, et, à défaut, à une parente dans la branche maternelle. — Les docteurs hanefites ne font durer cette garde que jusqu'à l'âge de neuf ans pour les deux sexes, tandis que les malekites la continuent jusqu'au mariage pour les filles. — A. 11 mars 1861, Mohammed El Rich c. Aïcha, III, 49, et la note.

V. Divorce, — Mariage, 9.

Répudiation contrainte. — V. Divorce.

Requête civile.

1. PIÈCES NOUVELLES. — La requête civile doit être formée dans les deux mois qui suivent la découverte des pièces nouvelles. Il faut, pour qu'elle puisse être admise, que les pièces nouvelles soient décisives et qu'elles aient été retenues par le fait de la partie contre laquelle est dirigé le recours. — A. 17 juillet 1867, Véron c. Laad ben Mohammed, IX, 163.

2. Le délai de deux mois court du jour où l'existence des pièces nouvelles a été révélée dans un acte signifié à la partie adverse, et non pas seulement du jour où cette dernière en a requis et obtenu la communication (art. 483 et 488, C. pr. c.) — A. 29 mars 1859, R. c. H., I, 206, 4ᵉ cahier.

3. ETAT. — *Défense incomplète.* — De ce que l'Etat n'a pas été défendu d'une manière complète dans un procès et de ce que le juge n'a pas admis comme justifié un fait matériellement existant, il ne s'ensuit pas qu'il n'a pas été défendu suivant le sens de l'art. 481, C. pr. civ. — On doit surtout décider ainsi dans le cas où le fait invoqué étant rejeté faute de justification, peut donner lieu à une instance nouvelle dans laquelle la justification pourra être faite. — A. 11 déc. 1876, Etat c. Zekri, XVIII, 237.

4. *Amende.* — Lorsque l'Etat succombe dans une requête civile,

il ne doit pas être condamné à l'amende prescrite par l'art. 480. —
Même arrêt.

V. Arbitrage, 28 s, — Faillite, 89.

Réserve. — V. Succession.

Résidence. — V. Domicile, 11, — Etranger

Responsabilité.

DIVISION

§ 1. — Responsabilité personnelle.
§ 2. — Responsabilité du fait d'autrui.
§ 3. — Responsabilité des animaux.

§ 1. — Responsabilité personnelle.

1. ACCIDENT. — Les concessionnaires de *mines* doivent, dans
le mode d'exploitation employé, prendre les mesures propres à
assurer la sûreté générale et la sûreté des ouvriers, et se conformer, quant à ce, aux instructions de l'Administration et des
ingénieurs des mines. — Spécialement ils doivent fournir aux ouvriers des instruments dont la force et l'exécution soient en harmonie avec la nature du travail auquel ils doivent servir. — Spécialement encore, lorsqu'un concessionnaire, ou son représentant,
a remis à l'ouvrier mineur un bourroir en fer au lieu d'un bourroir en cuivre que l'usage et la prudence exigeaient pour l'exécution des travaux de mine, et que le choc de ce bourroir contre
la roche dans laquelle était pratiqué le trou de mine a fait jaillir
une étincelle qui a mis le feu à la poudre dont l'explosion a blessé
l'ouvrier, le concessionnaire est responsable des conséquences de
cet accident ; — alors même que l'ouvrier aurait consenti à employer l'instrument défectueux, son imprudence n'excluant pas la
faute du concessionnaire. — A. 10 déc. 1863, Talabot c. Simounin,
V, 250.

2. Mais les propriétaires ou directeurs de mines ne peuvent,
nonobstant les termes de l'article 22 de l'arrêté de 1813 sur les
mines, encourir de responsabilité pénale pour les accidents arri-

vés dans la mine, qu'autant qu'il existe des faits de négligence ou d'imprudence qui leur soient personnellement imputables. — A. 23 juin 1866, de Pouilly, VIII, 279.

3. Le fait, par l'*entrepreneur* ou le patron, de n'avoir pas su prévoir, dans une opération plus ou moins périlleuse confiée à ses ouvriers, tous moyens de nature à prévenir les dangers courus par ces derniers, constitue une imprudence grave, qui entraîne sa responsabilité, en cas d'accident. — A. 19 avril 1871, Ballester c. Mayoux, XIII, 71.

4. En vain allèguerait-il que l'opération s'est depuis de longues années pratiquée dans des conditions identiques, sans que jamais il en fût résulté aucun malheur. — Cette longue pratique de l'usage vicieux par lequel l'accident a été amené, peut toutefois être prise en considération dans la fixation du chiffre de l'indemnité. — Même arrêt.

5. Il en est de même de l'insouciance que l'ouvrier aurait mise à écarter les causes du péril qui pouvaient le menacer, laquelle ne saurait être assimilée à une véritable imprudence de sa part, mais peut toutefois contribuer à modérer le chiffre de l'indemnité qui lui est allouée. — Spécialement, l'entrepreneur ne peut permettre à ses ouvriers de carrière de charger les blocs en passant les bras dessous pour les embraguer. — Il doit leur fournir des instruments spéciaux. — Même arrêt.

6. Lorsqu'un *maître*, par lui ou son préposé, a ordonné une opération aux ouvriers de la ferme, il est responsable de l'accident qui arrive à l'un de ces ouvriers pendant l'opération, si toutes les précautions commandées par la prudence n'ont pas été prises. — Spécialement, lorsque le maître ordonne le chargement d'une batteuse sur une voiture, il doit prendre toutes les mesures nécessaires pour que l'opération se fasse sans danger pour les ouvriers ; il doit particulièrement veiller à ce que ces ouvriers assurent le bon fonctionnement des leviers employés. — A. 12 avril 1864, Doux c. v° Denis, VI, 79.

7. D'un autre côté, jugé que l'entrepreneur ou patron n'est pas responsable des suites d'un accident causé à un ouvrier par une machine à laquelle cet ouvrier n'était pas employé et auprès de laquelle il est allé en dehors de son travail. — Il importe peu que l'accès de cette machine, dans l'espèce, une poinçonneuse, ne soit pas défendu par un tambour ou un grillage, encore bien qu'elle

présente des dangers graves pour le passant qui y toucherait, et qu'elle soit accessible à tous. Aucun règlement n'oblige lesdits entrepreneur ou patron à prendre ces précautions défensives. — A. 7 nov. 1870, Castor c. Labadens, XII, 143.

8. Les entrepreneurs de travaux publics ne sont pas en principe tenus de fonder une caisse de secours pour leurs ouvriers victimes d'accidents. — Dans tous les cas, une caisse existerait-t-elle, que les fonds en provenant ne pourraient être employés au profit des ouvriers blessés par suite d'une faute exclusivement imputable à leur imprudence. – Même arrêt. — V. l'intéressante note qui accompagne cet arrêt, et dans laquelle le rédacteur du *Journal* critique cette solution comme contraire au but de l'institution des caisses de secours, dans les entreprises de travaux publics.

9. Jugé aussi que les procédés industriels ne doivent pas engager la responsabilité des maîtres et patrons en raison du plus ou moins de danger qu'ils présentent dans leur application. — C'est à l'ouvrier, bien édifié sur la nature et la fréquence des dangers à courir, qu'il appartient de juger s'il doit se livrer à ce travail. — Le maître et le patron ne sauraient être responsables des blessures qu'il reçoit dans ces conditions. — L'entrepreneur ne commet aucune faute en chargeant et en faisant partir les mines d'explosion d'après les procédés depuis longtemps en usage, alors même que ces procédés présentent des dangers. — A. 30 octobre 1871, Champenois c. Montfort, XIII, 226.

10. INCENDIE. — *Responsabilité de locataire à propriétaire et de locataire à locataire.* — V. Bail, 36, et les deux arrêts suivants.

11. Si la présomption établie, en cas d'incendie, au profit du propriétaire, par les art. 1733 et 1734 du Code Nap., ne peut être invoquée ni de locataire à locataire, ni de sous-locataire à locataire principal, néanmoins s'il est prouvé qu'un locataire tenait chez lui des matières inflammables, et que le feu a commencé dans la pièce où se trouvaient ces matières, il est responsable du préjudice causé par l'incendie au locataire voisin par application des art. 1382 et 1384 du Code Nap. — A. 5 févr. 1868, Ahmed ben Kara Ali c. Bechet, X, 22.

11 *bis.* Lorsqu'il est constant que l'incendie a commencé dans un passage commun à tous les locataires d'une maison, ceux-ci sont responsables solidairement, aux termes de l'art. 1734, C. civ.

— L'application de cet article ne devrait pas être écartée pour être remplacée par celle des art. 1383 et 1384, dans le cas où il serait justifié que le feu a pour cause un dépôt de charbon ou de diss effectué dans le passage par un ouvrier de l'un des locataires, si, en même temps, il n'est pas prouvé que l'ouvrier a agi pour le compte de son patron, car ce dépôt devrait être présumé avoir été fait avec le consentement tacite de tous les locataires. — A. 1ᵉʳ juillet 1876, Py c. Ortola et Gabey, XVIII, 193.

12. *Chemins de fer.* — En principe, les compagnies de chemins de fer sont responsables des incendies causés par les matières incandescentes projetées par leurs locomotives. — A. 16 mars 1868, Chem. de fer c. Mohamed ben El Hadj, X, 113.

13. Celui qui est assigné en dommages-intérêts pour un fait qui a préjudicié à un immeuble, et dont il est personnellement responsable, ne peut s'exonérer des conséquences de cette responsabilité à l'égard de celui qui est fondé en titre et en possession, en alléguant que l'auteur de l'indemnitaire, dont il n'est pas l'ayant droit et qu'il n'a pas appelé en cause, a un droit quelconque de propriété sur ledit immeuble, au moyen duquel il pourrait revendiquer l'indemnité. — A. 25 janv. 1875, Chem. de fer c. Demarqué, XVII, 57.

14. Spécialement, lorsqu'une compagnie de chemins de fer est actionnée en réparation du préjudice causé par un incendie à des arbres se trouvant sur une propriété bordant la voie ferrée, elle ne peut repousser cette demande en prétendant que les arbres faisaient partie du lit d'une rivière traversant la propriété, et dont l'Etat serait propriétaire, si elle n'a pas mis l'Etat en cause. — Même arrêt.

15. INDUSTRIE *abusive, incommode, insalubre.* — L'exercice abusif d'une industrie, même autorisée, donne ouverture à des demandes de dommages-intérêts de la part des locataires et des voisins de l'industriel. — A. 24 mai 1869, Boucris c. Combes et Blásselle, XI, 71.

16. L'exploitation d'un établissement industriel, insalubre ou non, qui cause préjudice aux voisins, engage la responsabilité du propriétaire, alors même qu'elle est autorisée par une décision administrative, cette autorisation n'étant jamais donnée que sauf le droit des tiers. — A. 18 déc. 1871, Rias c. Jaubert et Chem. de fer, XIII, 230.

17. Si l'entrepreneur du nettoiement de la ville d'Alger construit, avec l'autorisation du chemin de fer, et sur le terrain de cette compagnie, un embarcadère pour le chargement en wagons des immondices transportés, il doit prendre, dans la construction de l'embarcadère et son exploitation, les mesures nécessaires pour ne pas nuire aux voisins, et, s'il ne le fait pas, il doit réparer le préjudice causé. — Même arrêt.

18. L'entrepreneur, dans ce cas, n'a pas d'action en garantie contre la compagnie des chemins de fer qui l'a autorisé à l'établissement de l'appontement, lorsque le mode de cette construction et la manœuvre de l'appontement, causes du dommage, sont le fait exclusif et personnel de l'entrepreneur. — Même arrêt.

19. Il en est de même d'une compagnie de chemin de fer qui, chargée par l'entrepreneur du transport des immondices, les laisse séjourner sur ses wagons au delà du délai réglementaire et de manière à nuire aux voisins. Il importe peu qu'elle ait stipulé avec l'entrepreneur du balayage le droit d'effectuer le transport sans aucune condition de délai, cette stipulation ne pouvant l'affranchir de ses obligations à l'égard des propriétaires voisins. — Cass. civ. 2 juillet 1873, Chem. de fer c. Rias, XV, 280.

20. Mais il n'y a pas lieu, en pareil cas, de condamner solidairement l'entrepreneur et la compagnie en paiement des dommages-intérêts, leur responsabilité s'appliquant à des faits distincts et personnels à chacun d'eux. — Même arrêt.

21. *Puits.* — Le propriétaire qui, contrairement aux réglements, a négligé de combler ou entourer d'un mur un puits ouvert sur son terrain, est responsable, au point de vue pénal, des accidents qui surviennent. — Cass. crim. 21 janvier 1870, Seguela, XII, 24.

22. Cette responsabilité subsiste alors même que la victime de l'accident aurait eu le tort de pénétrer, sans y être autorisée, dans une propriété privée. — Même arrêt.

§ 2. — Responsabilité du fait d'autrui.

23. La responsabilité édictée par l'art. 1384 implique une faute personnelle. Par suite, si, parmi plusieurs héritiers, un seul a dirigé le travail qui a occasionné l'accident dont on poursuit la réparation, lui seul est responsable, bien que le travail fût exécuté

pour le compte et dans l'intérêt de tous les héritiers. — A. 25 mai 1867, de Gerson et Clabaud c. Delaporte, IX, 223.

24. Le propriétaire n'est pas responsable de la faute commise par un entrepreneur dans l'exécution des travaux qu'il fait, si ce dernier a la libre direction et si le propriétaire ne lui donne pas d'ordre. — Même arrêt.

25. Il en est autrement si l'entrepreneur ou le maçon reçoit les instructions du propriétaire. (Art. 1382 et 1384, C. N.) — Même arrêt.

26. L'Administration n'est pas responsable des fautes commises par ses entrepreneurs dans l'exécution des travaux publics, si ses agents n'ont pas eu la surveillance exclusive desdits travaux et si aucune faute ne leur est imputable. — Cons. Préf. Alger, 28 avril 1864, Saulière c. Patricot et l'Etat, VI, 94. — V. la note, où cette décision semble justement critiquée.

27. Lorsque l'entrepreneur des fournitures à faire aux détenus les fait travailler pour son compte personnel et selon les conditions énoncées à son cahier des charges, il n'est pas le commettant de ces détenus, qui travaillent sous la surveillance et la direction des agents de l'Administration; par suite, il n'est pas responsable du préjudice qu'ils causent à autrui, pendant qu'ils exécutent leur travail (art. 1384, C. civ.). — A. 15 avril 1872, *Caisse générale des assurances* c. Denizot et Boudon, XIV, 51.

28. En conséquence, si, volontairement, ils mettent le feu aux objets assurés, l'assureur n'en est pas moins tenu aux conséquences de l'assurance. — Même arrêt.

§ 3. — Responsabilité des animaux.

29. L'art. 1385 du Code civil est applicable au propriétaire d'un chien qui, dans le jardin de son maître, jardin non public, il est vrai, mais accessible toutefois à ceux qui y viennent pour acheter des légumes, a fait des morsures à une personne qui s'était introduite dans ce jardin, dans ce but. — Peu importe que l'animal ait rompu ses liens, le devoir du maître étant de mettre son chien dans l'impossibilité de nuire aux visiteurs, soit en le tenant hors de leur portée, soit en l'attachant de manière à ce qu'il ne puisse rompre ses liens. — A. 22 février 1872, Pace c. Blanc, XV, 63.

V. Architecte, — Bail, 36, — Chemins de fer, 20 s, — Chose ju+

gée, § 3, — Compétence, — Crimes, délits et contraventions, — Fonctionnaire public, 7 s, — Homicide par imprudence, — Louage d'ouvrage et d'industrie, 3, — Huissier, 1, — Maire, 1, 2, — Navire, — Notaire, etc.

Ressort. — V. Degrés de juridiction.

Retrait litigieux. — V. Droits litigieux.

Rétroactivité. — V. Lois.

Rétrocession.

Lorsqu'un individu a acquis un immeuble avec l'intention de le rétrocéder à un tiers avec lequel cela était entendu, ce dernier ne peut être considéré comme propriétaire depuis le jour de la vente, par l'interposition d'un prête-nom, s'il résulte des circonstances de la cause que la réalisation de la rétrocession était subordonnée à certaines conditions qui ne se sont pas accomplies. — A. 31 déc. 1867, Sambucchi c. Deleschamps, X, 3.

V. Expropriation pour cause d'utilité publique, 62, — Saisie immobilière, 36.

Revendication de marchandises. — V. Faillite.

Revendication de meubles. — V. Saisie-exécution ,7, — Saisie-revendication.

Rôle d'équipage.

Le décret du 19 mars 1852 sur le rôle d'équipage est un complément des lois pénales et de police intéressant l'ordre et la sécurité publique. — Conséquemment, il est exécutoire de plein droit en Algérie, bien qu'il n'y ait pas été spécialement promulgué. — A. 8 févr. 1872, Cortès Vicente, XIII, 218.

Roulage (police du).

OMNIBUS. — Les dispositions des art. 2, § 3, et 6 du décret du 3 nov. 1855, sont applicables à tous entrepreneurs, cochers ou postillons de voitures *servant au transport des personnes*, et notamment de celles dénommées *omnibus*. — A. 30 janv. 1862, Marcadal et Gomila, IV, 25.

Rues. — V. Référé, 15, — Voirie.

S

Sacristain. — V. Sauterelles.

Saisie-arrêt.

DIVISION

§ 1. — Titres en vertu desquels et quelles choses on peut saisir-arrêter.
§ 2. — Déclaration affirmative.
§ 3. — Effets de la saisie-arrêt.

§ 1. — Titres en vertu desquels et quelles choses on peut saisir-arrêter.

1. La saisie-arrêt est non-seulement un acte conservatoire, mais encore un acte d'exécution. — A. 27 nov. 1868, Daudet c. de Pons, XI, 62.

2. Une saisie-arrêt ne peut être faite que pour des créances liquides et certaines, ou du moins qui peuvent être liquidées dans l'instance en validité. — A. 10 décembre 1860, Antoine c. Roche, III, 42.

3. Les APPOINTEMENTS d'un commis doivent être considérés comme alimentaires jusqu'à concurrence de la somme nécessaire à l'entretien de sa famille. — Le surplus est seul saisissable. — A. 23 nov. 1867, Soyet c. Tourrette, IX, 217.

4. CHEF INDIGÈNE. — *Traitement.* — Le dixième alloué par la loi aux chefs indigènes sur les impôts arabes qu'ils recouvrent doit être considéré comme un accessoire de traitement, et, par suite, n'est saisissable que jusqu'à concurrence du cinquième. — A. 25 mai 1872, Bou Mezerag c. Stora, XIV, 120.

5. JUGEMENT DE DÉFAUT PÉRIMÉ. — Une saisie-arrêt ne peut être faite en vertu d'un jugement de défaut périmé faute d'exécution dans les six mois. — A. 29 février 1868, Audouard c. Tenis et Zermati, X, 34.

6. JUGEMENT FRAPPÉ D'APPEL. — Doit être déclarée nulle la saisie-arrêt pratiquée en vertu d'un jugement frappé d'appel, bien que ce jugement émane d'un tribunal de commerce et soit exécutoire par provision. — Même arrêt qu'au n° 1, *suprà*. — Le rédacteur du *Journal* critique cette décision comme contraire à la jurisprudence.

7. ORDONNANCE DE RÉFÉRÉ. — Le juge ne pouvant réformer lui-même sa propre décision, la mention suivante : « Disons qu'il nous en sera référé en cas de difficultés » mise à la suite de l'ordonnance qui autorise une saisie-arrêt, ne peut avoir pour objet de créer une exception, mais bien de prévenir de son droit la partie frappée en son absence. — Lorsque, sur le référé introduit à la suite de ladite mention, le juge a fait mainlevée de la saisie autorisée par son ordonnance, cette décision est une ordonnance de référé qui a pour objet essentiel de lever un obstacle à poursuites, selon l'art. 806 du C. pr., et qui est susceptible d'appel ; ce n'est pas le complément de la première décision. — A. 19 nov. 1870, Chemaouni c. Bel Kassem ben Mekri, XII, 221.

8. Jugé, au contraire, que lorsqu'une ordonnance à fin de saisie-arrêt a été rendue par un juge compétent, conformément à l'art. 558 du C. pr. c., celui-ci a droit de la modifier et même de la rétracter postérieurement, s'il n'a rendu ladite ordonnance qu'avec toutes réserves qu'il lui en serait référé, en cas de difficultés sur son exécution, car le juge a tout pouvoir discrétionnaire pour accorder ou refuser cette ordonnance. — La seconde ordonnance, pas plus que la première, n'est susceptible d'appel, car toutes les deux ont le même objet et tendent aux mêmes fins. — A. 1er avril 1874, Camilliéri c. Aravit, XVI, 164.

9. Il n'y a d'exception qu'au cas où l'appelant invoque l'incompétence du magistrat, et seulement sur ce point spécial. — Même arrêt.

10. Le juge peut toujours rendre sa seconde ordonnance modificative de la première, même après la saisie-arrêt dénoncée, avec assignation en validité à la partie saisie devant le tribunal de première instance qui doit en connaître ; mais alors le juge n'est plus compétent pour ordonner la mainlevée de ladite saisie-arrêt, même en rapportant l'autorisation de la saisie-arrêt primitivement accordée, et bien que ce soit une conséquence pour ainsi dire forcée, car le tribunal à ce moment se trouve saisi de cette question. — Même arrêt.

11. Dans un sens qui paraît conforme à la jurisprudence, jugé que quel que soit le lien qui puisse les rattacher l'une à l'autre, dans une procédure, il importe de distinguer soigneusement l'ordonnance émanée du président en vertu de l'art. 558 du Code de procédure, et celle qui rentre dans les pouvoirs qui lui sont attribués par les art. 806 et suivants du même Code. — La première est un acte de juridiction gracieuse, rendue sur requête et sur les seuls dires de la partie qui la sollicite, et n'est pas susceptible d'appel ; l'autre, au contraire, intervient sur assignation et après débat contradictoire, et peut toujours être attaquée par la voie de l'appel. — A. 29 avril 1872, Trabet c. Chamfort et Colombini, XIV, 74.

12. ... Qu'en admettant qu'un président de tribunal puisse rétracter l'ordonnance par laquelle il a autorisé une saisie-arrêt, encore faut-il admettre que ce pouvoir a des limites et qu'il cesse d'exister lorsque l'ordonnance a produit son effet et que la saisie a été interposée. — Même arrêt et 29 juillet 1872, Guide frères c. Nahon et Sider, XIV, 215.

13. ... Qu'une fois la saisie accomplie, il ne peut plus être prononcé que par voie de demande en mainlevée, qui, aux termes de l'art. 567 du Code de procédure, doit être portée devant le tribunal du domicile de la partie lésée, et ne saurait évidemment être vidée par le président. — Mêmes arrêts. — V. Paris, 16 juin et 16 août 1866, 23 mars, 3 et 4 mai 1867. (*J. Pal.*, 1867, p. 788 et la note).

14. SUCCESSION BÉNÉFICIAIRE. — Lorsqu'un créancier d'une succession bénéficiaire pratique une saisie-arrêt aux mains des débiteurs de cette succession, la dénonce et contre-dénonce aux parties saisies, c'est en vain qu'on en demande la nullité, sous prétexte qu'aux termes de l'art. 808, C. c., on doit procéder par une simple opposition. — A. 29 avril 1875, Callamand et Chausse c. Alphandéry, XVII, 149.

15. En effet, l'article précité prévoit le cas où le créancier pratique une opposition aux mains des héritiers bénéficiaires eux-

mêmes, tandis qu'en l'espèce on la pratique aux mains des débiteurs de cette succession. — Même arrêt.

16. Lorsque le créancier muni de titres authentiques exécutoires contre le *de cujus*, veut pratiquer une saisie-arrêt aux mains des débiteurs de la succession bénéficiaire, il n'est pas obligé d'en faire aux héritiers la signification préalable (art. 877). Dans tous les cas, la demande en nullité de la saisie-arrêt fondée sur ce fait doit être proposée avant toute défense au fond. — Même arrêt.

17. Lorsque le saisissant est commerçant, il n'est pas obligé de donner communication de ses livres aux parties saisies, car, d'abord, l'art. 14 du C. com. est contraire à cette prétention; puis, pourquoi la communication des livres, puisque les titres dont il argue sont des titres authentiques, obligations notariées au jugement? — Même arrêt.

§ 2. — Déclaration affirmative.

18. Tant que le jugement qui condamne le tiers saisi comme débiteur pur et simple n'a pas acquis l'autorité de la chose jugée, celui-ci peut, en tout état de cause, être admis à faire, à ses frais, sa déclaration affirmative, ou à la régulariser. — A. 2 juillet 1869, Bordenave c. Schmit, XIII, 56.

19. Même décision : 6 janvier 1865, Ben Ramdan c. Charrin, VII, 5.

20. La déclaration affirmative doit énoncer, d'une manière nette et précise, la position réelle du tiers saisi à l'égard du débiteur saisi. (Art. 573 et 574, C. pr. civ.) — Même arrêt.

21. Néanmoins il en est autrement si cette situation ne peut être connue du tiers saisi qu'au moyen d'un compte. La question de savoir si un compte est nécessaire pour fixer cette situation est laissée à l'appréciation des tribunaux. — Spécialement un compte est nécessaire et la déclaration affirmative qui constate la qualité de créancier ou de débiteur du tiers saisi satisfait à la loi, lorsque la créance saisie résulte d'une facture comprenant une série de fournitures successives, sur laquelle le débiteur soutient que des à-compte ont été payés, que des compensations sont à opposer et que des réductions sont à faire sur certains articles. — Même arrêt.

22. CONTESTATION PAR LE CRÉANCIER SAISISSANT. — S'il est de principe, en matière de saisie arrêt, que le créancier saisissant qui conteste la déclaration du tiers-saisi, doit faire la preuve de l'inexactitude ou du défaut de sincérité de cette déclaration, la jurisprudence admet néanmoins que cette règle peut subir des exceptions, notamment quand il existe une collusion avérée entre le débiteur et le tiers saisi. — A. 6 oct. 1868, Suissa c. Simon, X, 150.

§ 3. — Effets de la saisie-arrêt.

23. La sixième saisie-arrêt a été régulièrement validée par jugement, lorsqu'en exécution de ce jugement, le tiers saisi s'est purement et simplement reconnu débiteur sans réserve ni conditions. Cette déclaration affirmative ne peut plus être rétractée ni modifiée ultérieurement, même sous prétexte d'erreur. Désormais le saisissant est créancier direct du tiers saisi et peut l'atteindre dans ses biens sans être obligé d'user du bénéfice de l'art. 1166, C. civ. — En conséquence, en cas de poursuites exercées par le saisissant contre le tiers saisi, ce dernier ne peut opposer que des moyens personnels et non ceux qu'aurait pu opposer le saisi lui-même. — A. 21 janv. 1873, Jean c. Joly, XV, 180.

24. Le jugement qui valide une saisie-arrêt contient, à partir du jour de sa date, un transport judiciaire au profit du créancier saisissant. — A. 24 mars 1862, Ellul c. Seyman, IV, 79.

25. La faillite du débiteur saisi survenue postérieurement et reportant à une date antérieure au jugement de validité la cessation des paiements, ne saurait invalider ce transport, par application des art. 446 et 447, C. com. — Même arrêt.

26. Le jugement de validité d'une saisie-arrêt constitue un transport judiciaire au profit du saisissant à partir du jour où il a acquis l'autorité de la chose jugée. — Néanmoins, lorsque la saisie porte sur les appointements d'un commis, cette saisie n'a d'effet que pour les appointements dus au jour où un autre créancier intervient par une nouvelle saisie. — Dans ce cas, les appointements à courir sont acquis aux deux saisissants dans la proportion de leurs créances. — Même arrêt qu'au n° 22, suprà.

27. Chose jugée. — L'exception de chose jugée, résultant de jugements ou arrêts ayant validé une saisie, ne fait pas obstacle à

ce qu'il soit ensuite décidé qu'une partie seulement de la somme saisie-arrêtée est affectée au saisissant, pourvu que, nonobstant cette limitation, ce dernier soit intégralement payé. — La déclaration de validité d'une saisie-arrêt avec injonction au tiers saisi de payer entre les mains du saisissant, attribue exclusivement à celui-ci la somme saisie jusqu'à concurrence de sa créance, lorsque ce jugement a acquis force de chose jugée avant toute autre saisie ultérieure. — A. 25 novembre 1861, Roure c. Warot et Semel, IV, 3.

V. Bail, 46, — Compétence, 115 s, — Degrés de juridiction, 53 s, — Entrepreneur de travaux publics, — Jugement par défaut, — Référé.

Saisie conservatoire.

1. La saisie conservatoire n'est autorisée qu'en matière commerciale et dans un cas déterminé. — A. 8 juillet 1869, Genella c. d'Eguilles, XIII, 52.

2. Le rédacteur du *Journal* fait remarquer avec raison que la saisie conservatoire est autorisée dans deux cas, prévus par les art. 417, C. pr. civ., et 172, C. com.

Saisie-exécution ou mobilière.

1. APPEL. — Aux termes des articles 608 et 634 du Code de procédure civile, le revendiquant des objets saisis doit, à peine de nullité, mettre en cause le saisissant et la partie saisie, et ce non seulement en première instance, mais encore en appel. — D'où il suit que l'appel relevé par le revendiquant à l'encontre du jugement qui a repoussé sa demande, est irrecevable, s'il s'est borné à intimer le saisissant. — On ne pourrait, pour régulariser la procédure, l'appeler en cause d'appel, si les délais d'appel sont expirés à son égard. — A. 12 février 1876, Fathma bent Djilali c. Ghnassia, XVIII, 79.

2. NULLITÉ. — Est nul, comme fait en violation des prescriptions de l'art. 599 du Code de procédure civile, le procès-verbal de saisie-exécution qui n'a pas été signé par le gardien constitué ; peu importe qu'il soit énoncé dans le procès-verbal lui-même que cette signature a été donnée. — A. 10 février 1874, Carrega c. Receveur municipal de Djelfa, XVI, 104.

3. Cette nullité est de celles qui sont susceptibles d'être couvertes au gré du juge, en vertu des dispositions des art. 69 de l'ord. du 26 septembre 1842, et 46 de l'ord. du 16 avril 1843. — Même arrêt.

4. Peut être couverte également par décision du juge la nullité résultant de ce qu'en violation des art. 626 et suiv. du Code de procédure civile, des légumes non détachés du sol ont été compris dans une saisie-exécution, mais il importe qu'il n'ait pas été procédé à la vente des objets mis ainsi sous la main de justice, et que cette nullité ne puisse en conséquence faire grief au fond. — Même arrêt.

5. Une noria située dans un jardin et fixée au puits à perpétuelle demeure constitue un immeuble par destination, aux termes de l'art. 525 du Code civil et ne saurait donc être comprise dans une saisie-exécution, aux termes du § 1er de l'art. 592, C. pr. civ. — Les art. précités des ord. de 1842 et 1843 sont inapplicables à cette nullité, que le juge est tenu de sanctionner, en prononçant la distraction de l'immeuble par destination compris ainsi d'une manière illégale dans la saisie-exécution à laquelle il a été procédé. — Même arrêt.

6. PART DE SOCIÉTÉ. — Les créanciers personnels d'un individu peuvent saisir la part qui appartient à leur débiteur dans l'actif d'une société dont il est membre, et ce, avant tout partage et toute liquidation, surtout si le débiteur est décédé, que les créanciers se trouvent en présence de ses héritiers, et que l'acte social porte qu'en cas de décès d'un associé, il pourra être remplacé par un héritier ou ayant cause. — Lorsque le droit ainsi saisi constitue une dépendance d'un bail consenti par l'Etat pour l'exploitation d'une forêt pendant un temps déterminé, ce droit est mobilier et peut être réalisé suivant les formes indiquées par la loi pour la saisie des rentes constituées (art. 636 et suiv., C. proc. civ.). — A. 9 juin 1866, Doulouze c. Lavoute, VIII, 166.

7. REVENDICATION. — *Nullité facultative.* — Le défaut d'énonciation suffisante des preuves de propriété dans une demande en revendication de meubles saisis constitue une nullité facultative, aux termes de la législation spéciale à l'Algérie. — La nullité doit être repoussée si l'énonciation insuffisante n'a fait éprouver aucun préjudice à la partie défenderesse. — A. 2 nov. 1867, Petitjean c. France et Solet, IX, 238.

V. Brigadier de gendarmerie, 2.

Saisie-gagerie.

Avances au fermier. — Les avances faites par le propriétaire à son fermier en vertu des clauses du bail sont privilégiées. Par conséquent, le droit de saisir-gager peut être exercé par le propriétaire pour avoir paiement de ces avances comme pour loyer et fermages échus. (Art. 2102, C. c., et 819, C. pr. civ.). — A. 10 septembre 1860, Domergue c. Balesteros, II, 251. — Voir la note où cette décision est considérée comme hasardée.

V. Degrés de juridiction, 56 s.

Saisie immobilière.

DIVISION

§ 1. — Par qui, sur qui, en vertu de quelles créances et sur quels biens la saisie immobilière peut être pratiquée.

§ 2. — Commandement expropriatif. — Procès-verbal de saisie. — Transcription.

§ 3. — Cahier des charges.

§ 4. — Adjudication. — Ses effets.

§ 5. — Incidents sur la poursuite de saisie-immobilière.

§ 6. — Nullités. — Déchéances.

§ 7. — Voies de recours.

---

§ 1. — Par qui, sur qui, en vertu de quelles créances et sur quels biens la saisie immobilière peut être pratiquée.

1. Un créancier hypothécaire peut ne faire saisir et ne mettre en vente qu'un ou certain des immeubles sur lesquels il a inscription. — A. 7 janv. 1859, Salles c. Blanchet, I, 69.

2. IMMEUBLES PAR DESTINATION. — Les immeubles par destination, tels que bétail d'exploitation, matériel agricole, semences et pailles, ne sont pas compris dans l'adjudication sur saisie immobilière, si le procès-verbal de saisie et le cahier des charges ne les mentionnent pas expressément. (Art. 524, 1615, C. civ., et 715, C. pr. civ.). — A. 6 avril 1872. Alcay c. Aupied, XIV, 21.

3. Le savant rédacteur du *Journal* critique avec beaucoup de vivacité la doctrine de cet arrêt qui, à son avis, « ouvre la voie à l'arbitraire et aux appréciations de circonstance. » Enseignée par Chauveau sur Carré, n° 2227 *bis*, cette doctrine est contraire, dit M. Robe, à celle de la majorité des auteurs et de la jurisprudence,

et il cite, à l'appui de cette appréciation : Dalloz, v° Vente, n°˙ 642
et suiv.. et v° Vente publique d'immeubles, n°ˢ 518, 519, 520, 1788,
1790 et 1791 ; — Troplong, art. 1615, C. civ., n°ˢ 319 et 323 ; — Ro-
dière, t. III. n° 111 ; — Jacob, Commentaire sur la saisie immobilière, t. II, p. 340 ; — Bioche, v° Saisie immobilière, n° 527 ; —
Cass. 10 janv. 1814 ; — Toulouse, 21 avril 1833 ; — Rouen, 30 août
1820 , — Grenoble, 3 février 1851 (*J. Pal.*, 1852, 1,343) ; — Lyon,
7 avril 1850 ; Grenoble, 8 février 1853 ; — Bordeaux, 10 juin 1864
(*ibid.*, 1855, 1, 89 ; 1859, 744 ; 1864, 696 et la note)·

4. Sur pourvoi en cassation, rejet par le motif qu'il appartenait
à la Cour d'apprécier souverainement la question d'après les faits
et les énonciations des actes. — XV, 270, note.

5. Dans ce sens, jugé que la question de savoir si les immeubles par destination, tels que le bétail et les instruments d'a-
griculture, sont compris dans l'adjudication d'un fonds de terre,
est une question d'interprétation de contrat qui doit être résolue
d'après les circonstances. Néanmoins, la présomption est qu'ils
doivent être compris dans la vente, s'il s'agit d'une adjudication
sur saisie immobilière ou de toute autre vente commandée par la
nécessité pour le propriétaire de réaliser tout son actif. (Art. 522,
524, 1615, C. civ.). — A. 16 juin 1873, Haudoin d'Euilly c. Terral,
XV, 270. — V. Partages et licitations, n° 6.

6. La preuve testimoniale est inadmissible pour justifier que le
poursuivant a déclaré, lors des enchères, que les immeubles par
destination n'étaient pas compris dans la vente. — Même arrêt.

7. Décidé que si les cuves et alambics placés par un locataire
dans un bâtiment servant de distillerie ne sont pas *ipso facto* immeuble par destination, ils deviennent tels le jour où le locataire,
en quittant les lieux, les laisse au propriétaire à titre de gage ou
de vente à réméré pour la garantie de loyers arriérés, s'ils restent
scellés et incorporés à l'immeuble (art. 524, C. N.). — Le procès-
verbal de saisie comprenant un bâtiment indiqué comme *servant
à l'usage de distillerie de géranium*, comprend implicitement,
mais virtuellement, les instruments distillatoires qui s'y trouvent.
— A. 9 mai 1866, Currat et Bordes c. Passeron, VIII, 169.

8. INDIVISION. — Aux termes des art. 2204, 2205, Code civil, le
créancier d'un copropriétaire d'un immeuble indivis doit, avant
de faire vendre la part de son débiteur, provoquer la vente par
voie de licitation dudit immeuble tout entier entre les ayants

droit. — Ces articles sont applicables, quelle que soit la cause de l'indivision, et non pas seulement en cas d'indivision entre cohéritiers. — A. 21 janvier 1873, Jean c. Joly, XV, 180.

9. Mais l'art. 2205 du C. N. prohibant la mise en vente de la part indivise d'un cohéritier dans les immeubles de la succession par ses créanciers personnels, avant que le partage ou la licitation ait été provoquée, est inapplicable au cas où il s'agit de la saisie de la totalité de l'immeuble et non d'une part indivise. — A. 4 juillet 1867, Ben Arrouch c. Soulé, IX, 197.

10. OUVERTURE DE CRÉDIT. — On peut procéder à une saisie réelle en vertu de la grosse d'une ouverture de crédit, appuyée de billets souscrits en exécution et en conformité du titre, et restés impayés. — A. 23 janvier 1871, Gabalda c. Bergès, XIII, 59. — V. aussi *infrà*, no 14.

11. PROPRIÉTAIRE APPARENT. — Lorsqu'un arrêt a déclaré que le propriétaire apparent d'un immeuble n'était que le prête-nom du propriétaire réel, en réservant les droits des tiers qui ont traité avec lui, la saisie immobilière de l'immeuble peut être poursuivie tout à la fois par les créanciers du propriétaire apparent et les créanciers du propriétaire réel. — A. 4 févr. 1876, Alcay c. Gonin, XVIII, 55.

§ 2. — Commandement expropriatif. — Procès-verbal de saisie. — Transcript'on.

12. COMMANDEMENT. — *Copie du titre.* — Le titre dont le commandement expropriatif doit contenir copie entière, aux termes de l'article 673 du Code de procédure civile, est celui qui sert de fondement à la créance. — Spécialement, lorsque le cessionnaire d'un prix de vente d'immeubles fait commandement tendant à saisie immobilière pour avoir paiement du montant de la créance cédée, il suffit de donner copie de l'acte de vente et du transport ; la copie de la signification du transport est inutile, surtout alors que le transport avait été signifié au débiteur cédé. — A. 24 juin 1870, Cabanillas c. Demolins, XII, 178.

13. *Opposition.* — *Délai pour saisir.* — L'opposition faite à un commandement tendant à saisie immobilière est interruptive et non seulement suspensive de la péremption édictée par l'art. 674, C. pr. civ. — Par suite, le délai de trois mois accordé par ledit article au créancier poursuivant pour faire pratiquer la saisie

doit être entier à partir du jugement qui a rejeté l'opposition. — A. 29 mai 1860. — Remy Long c. Hersent, II, 217.

14. *Validité.* — La validité du commandement et celle de la sommation au tiers détenteur doivent être appréciées distinctement. S'il faut, pour la validité de cette dernière, que l'immeuble soit nécessairement hypothéqué à la créance du poursuivant, il suffit, pour la validité du commandement, que celui auquel il est adressé soit tenu chirographairement à la dette, à un titre quelconque. — A. 23 juin 1873, Rudzinski c. v° Montel et Baptiste, XV, 289.

15. PROCÈS-VERBAL DE SAISIE. — *Territoire militaire.* — Le procès-verbal de saisie immobilière pratiqué à l'encontre d'un indigène ne doit pas être traduit en arabe ; il suffit de la traduction de l'exploit de dénonciation. — A. 7 nov. 1868, Yaya c. Stora, X, 22).

16. Le brigadier de gendarmerie remplissant les fonctions d'huissier en territoire militaire peut, dans l'opération d'une saisie immobilière, se faire assister d'un huissier du territoire civil et d'un géomètre, afin de faciliter et de compléter son travail. Cette assistance n'est pas contraire à la loi et peut être autorisée par ordonnance du tribunal civil. — Même arrêt.

17. Lorsque l'immeuble saisi se trouve en territoire militaire, c'est par le fonctionnaire investi des attributions de maire que doit être remplie, à peine de nullité, la formalité prescrite par l'art. 676, C. proc. civ., relative au visa du procès-verbal de saisie. — A. 25 janvier 1869, Fiévée c. Couturier et Paccard, XI, 6.

18. La dénonciation de la saisie faite en territoire militaire peut être valablement notifiée au bureau arabe, et par l'huissier du tribunal civil, alors même que le destinataire est en territoire militaire. Dans ce cas, le maire de la commune où siége le bureau arabe est compétent pour donner le visa prescrit par la loi. — Même arrêt qu'au n° 15, *suprà.*

19. Pour la validité de la notification au bureau arabe, le saisissant n'est pas tenu de justifier que la copie est parvenue au saisi, car les bureaux arabes sont, quant à ce, les mandataires officiels des indigènes. — Même arrêt.

20. Les commandants de place du chef-lieu d'un cercle militaire remplissent les fonctions de maire pour toutes les tribus de ce cercle ; par suite, c'est à eux qu'il appartient de viser le procès-

verbal de saisie pratiquée sur un immeuble compris dans le territoire de ces tribus. — Même arrêt.

21. *Tuteur révoqué.* — La dénonciation d'une saisie immobilière et la sommation d'assister à la lecture du cahier des charges
sont valablement signifiées à un tuteur qui a cessé ses fonctions,
si cette cessation était ignorée des saisissants. — A. 7 mars 1861,
Bourkaïb c El Kenaï, III, 83.

22. TRANSCRIPTION. — *Loyers.* — *Paiement anticipé.* — Le
paiement anticipé, fait de bonne foi par un locataire ou fermier,
de loyers ou fermages échus postérieurement à la transcription de
la saisie de l'immeuble, peut être opposé aux créanciers hypothécaires même antérieurs au bail ou au paiement (art. 685, C. pr. c.).
— A. 5 juillet 1860, Valade c. Labroquerie, II, 245.

23. *Propriétaire apparent.* — L'article 680 du Code de procédure civile qui dispose que s'il y a une précédente saisie, le
conservateur ne transcrira pas la seconde en marge de laquelle il
constatera son refus, n'entend parler que de saisies qui, en exécution de l'article 677, auraient été dénoncées au même saisi et non
de saisies qui, bien que portant sur le même immeuble, auraient
été dénoncées à des saisis différents. — Spécialement, le créancier
du propriétaire réel qui a fait saisir l'immeuble déjà saisi par un
créancier du propriétaire apparent peut poursuivre sa procédure
nonobstant la première saisie et faire vendre aux formes de droit
— Même arrêt qu'au n° 11, *suprà.*

24. *Vente.* — Si, en principe, la vente d'un immeuble faite postérieurement à la transcription de la saisie de cet immeuble est
nulle, cependant elle produit son effet si, avant le jour de l'adjudication, l'acquéreur consigne somme suffisante pour acquitter, en
principal, intérêts et frais, les créances hypothécaires et celles du
saisissant, et notifie l'acte de consignation. (Art. 686 et 687, C. pr.
civ.). — L'aliénation est définitive du jour de la consignation, si
cette consignation est jugée suffisante. — Si, à ce moment, le vendeur était débiteur de l'acheteur de certaines sommes produisant
des intérêts, ces intérêts cessent de plein droit par suite de la
compensation qui s'opère, jusqu'à due concurrence, avec le surplus non consigné du prix de vente. — Il importerait peu que la
prise de possession eût été retardée par l'existence d'un séquestre,
si ce fait était connu de l'acquéreur, surtout si ce dernier s'est fait
consentir un bail par le gardien du séquestre, bail qui lui aurait

donné la possession réelle. — A. 23 nov. 1863, Ben Bahamed c. Coll, V, 217.

25. Transcription du jugement qui statue sur les contestations — La formalité relative à la transcription du jugement. ordonnée par l'art. 695 du C. pr. civ., sur le cahier des charges concernant la poursuite à l'occasion de laquelle il a été dressé, n'est pas prescrite à peine de nullité. — A. 8 fév. 1873, Bacuet c. hér. Roure, XV, 58.

26. Le jugement qui ordonne que le cahier des charges dressé à l'occasion d'une poursuite qui a été annulée sera annexé à celui dressé à l'occasion d'une nouvelle poursuite, doit être entendu en ce sens que l'annexion ne s'applique pas à l'entier cahier des charges, mais seulement à la partie relative à la transcription du jugement. — Même arrêt.

§ 3. — Cahier des charges.

26. Dire. — Si, en règle générale et hors des cas exceptionnels, les tiers (autres que les créanciers inscrits, le poursuivant et la partie saisie) ne peuvent être admis à modifier le cahier des charges, rien ne s'oppose à ce que, par de simples dires, et sans entraver la marche des poursuites, ils énoncent des titres et allèguent des droits qui leur compéteraient sur les biens saisis. — Il n'est pas nécessaire que ces sortes de dires soient faits trois jours avant la lecture du cahier des charges. — Le tribunal doit se borner à donner acte de ces dires, et sans les rejeter *de plano*, ni en apprécier le bien fondé, passer outre à la continuation des poursuites. — A. 6 avril 1861, Bonici c. Souquedauch, III, 97.

27. Faillite du saisi. — Lorsqu'une saisie immobilière a été faite sur un débiteur *in bonis* et qu'au moment de la rédaction du cahier des charges, ce débiteur était déclaré en faillite, la mention de ce fait et la désignation du syndic comme partie saisie au cahier des charges, n'est pas nécessaire, à peine de nullité, pourvu que la sommation de prendre communication ait été faite au syndic. Au surplus, le syndic est sans intérêt et, par suite, irrecevable à proposer ce moyen de nullité. — Même arrêt qu'au n° 10, *suprà*.

28. Lecture. — Si, pour une cause quelconque, la lecture du cahier des charges n'a pas été faite au jour annoncé dans la som-

...mation, et s'est trouvée ainsi retardée, le délai de trois jours qui doit séparer la publication de la signification des moyens de nullité, est conservé au saisi. — Même arrêt qu'au n° 17, *suprà*.

29 MISE A PRIX. — LOTISSEMENT. — La fixation de la mise à prix et le lotissement des biens saisis appartiennent exclusivement au créancier poursuivant. (Art. 690, C. pr. c.). — Même arrêt qu'au n° 1, *suprà*.

30. SOMMATION A LA FEMME DU SAISI.—Le poursuivant n'est tenu de faire à la femme du saisi la notification prescrite par l'art. 692 du C. de pr. civ. qu'autant que le mariage lui est révélé par son titre. — Peu importe qu'il ait pu connaître, en dehors de son titre, l'existence de ce mariage. — En matière de nullités on ne peut étendre les cas prévus par la loi et imposer aux saisissants des formalités autres que celles créées par la loi elle-même. — Même arrêt qu'au n° 9, *suprà*.

§ 4. — Adjudication. — Ses effets.

31. ADJUDICATION. — *Sursis*. — La faculté donnée au juge par l'art. 705 du C. pr. civ. d'accorder ou de refuser le sursis à l'adjudication d'un immeuble saisi, est absolue. — L'appel contre cette partie de la décision est non recevable, alors qu'elle ne nuit pas au fond du droit. — Même arrêt.

32. EFFETS DE L'ADJUDICATION. — L'adjudicataire sur saisie immobilière est irrecevable, tant en la forme qu'au fond, à demander la nullité de son titre en prétendant que le saisi n'était pas le véritable propriétaire de l'immeuble vendu, si le saisi ou ses ayants cause, n'ayant pas été appelés dans l'instance, ne peuvent y défendre leurs droits. — A. 22 juillet 1874, Dubourg c. Homberger, XVI, 209.

33. *Bail*. — Bien qu'un bail ait date certaine antérieure à des poursuites à fins d'expropriation, et qu'il en ait été fait mention formelle au cahier des charges, ce bail peut être annulé sur la demande de l'adjudicataire, s'il résulte des circonstances de la cause qu'il n'est fondé que sur la fraude ou même sur une simple simulation, à la condition toutefois que le dire dont le bail aurait été l'objet au cahier des charges, aurait fait, lors de la lecture de ce cahier, l'objet de réserves formelles de la part du poursuivant. — A. 6 juin 1871, Roger c. Geier et Steinfelder, XIII, 149.

34. L'article 684 du Code de procédure civile, en déclarant que les baux qui n'auront pas acquis date certaine avant le commandement *pourront être annulés*, ce qui implique les occupations de lieux soit par bail verbal, soit par tacite reconduction, renferme la faculté pour le juge de les valider ou de les annuler selon les circonstances, et dans les limites qu'il estime convenables. — Spécialement, un bail fait par écrit après le commandement ou continué par tacite reconduction dans le cours de la procédure doit être respecté dans une certaine limite après l'adjudication et à l'égard de l'adjudicataire, s'il a été fait de bonne foi et s'il constituait un acte de bonne administration de la part de la partie saisie. — Dans tous les cas, le bénéficiaire d'un bail fait dans ces conditions et qui le cède *à forfait et sans garantie* à un tiers n'est tenu à aucuns dommages-intérêts envers ce dernier qui, sans appeler son cédant en cause et sans agir au principal pour faire respecter son occupation, se laisse expulser par simple ordonnance de référé dont il ne relève même pas appel (art. 1627 et 1629, C. civ.) — A. 4 fév. 1875, *Soc. algér.* c. Lelégard, XVIII, 61.

35. *Éviction.* — L'adjudicataire sur saisie immobilière peut, comme tout autre acquéreur, invoquer le danger d'éviction, et si, en fait, il existe, il doit être dispensé de payer le capital jusqu'à ce que ce danger ait disparu, mais néanmoins il doit les intérêts, même lorsqu'il n'est pas en possession, s'il n'a fait aucune tentative pour s'y mettre. — Même arrêt qu'au n° 32, *suprà*.

36. *Rétrocession au saisi.* — La convention par laquelle une personne s'engage envers une partie saisie à lui rétrocéder l'immeuble saisi dans le cas où elle se rendrait adjudicataire, et ce, au jour où le remboursement du prix et de toutes les dépenses lui serait fait, est parfaitement licite. — A. 21 mars 1871, Lambert c. Laruelle, XIII, 62.

37. JUGEMENT D'ADJUDICATION. — *Délégation du prix.* — Lors d'une poursuite en saisie immobilière et après la sommation prescrite par l'art. 692, C. pr. c., tout jugement contradictoire, non frappé d'appel dans le délai de la loi, acquiert force de chose jugée pour toutes les parties ayant figuré dans ladite sommation. Dans les cas où ce jugement déclare que partie du prix d'adjudication sera payée par l'adjudicataire au profit d'un tiers, la somme ainsi déléguée sort du patrimoine du saisi et devient la propriété personnelle et exclusive du délégataire. — A. 16 juin 1874, Couput c. l'État, XVI, 144.

38. Ce jugement, en cas de faillite du saisi avec report de son ouverture à une date qui lui est antérieure, ne peut être modifié par les art. 446 et 447, C. com. — Même arrêt.

39. L'adjudicataire est personnellement obligé au paiement de la somme déléguée, car il est dans le cas d'un débiteur cédé, après signification ou acceptation de la cession. En conséquence, lors de l'ouverture de l'ordre, l'adjudicataire, si le délégataire est absent, doit le représenter et faire valoir ses intérêts, à peine de payer deux fois. — L'absence du délégataire ne peut préjudicier à ses intérêts, la somme à lui attribuée devant être distraite du prix à distribuer. En conséquence, toute attribution, faite au profit des tiers, ne peut prévaloir à son encontre. — Le délégataire peut réclamer les intérêts de la somme déléguée, jusqu'au jour du paiement effectif, sans qu'aucune prescription lui soit opposable, attendu qu'il agit comme propriétaire et non comme créancier. Il doit, pour le même motif, être colloqué dans l'ordre avant tous frais d'ordre et de notifictaion. — Même arrêt.

40. *Nullité.* — *Responsabilité du poursuivant.* — Lorsque l'adjudicataire sur expropriation est évincé par suite de la nullité du jugement d'adjudication, il ne peut exercer aucune action en dommages-intérêts contre le créancier poursuivant. — A. 19 janvier 1859, Chiche Champeaux, I, 78. — Voir la note où cette solution est vivement critiquée.

§ 5. — Incidents sur la poursuite de saisie immobilière.

41. CONVERSION. — La vente sur conversion ne peut plus être ordonnée lorsque le cahier des charges est déposé et que la sommation aux créanciers inscrits et à la partie a eu lieu. (Art. 743, C. pr. civ.). — Même arrêt qu'au n° 1, *suprà*.

42. DEMANDE EN DISTRACTION. — La notice d'un arrêt du 2 novembre 1867, rapporté au *Journal*, IX, 238, indique que le défaut d'énonciation suffisante des preuves de propriété dans une demande en distraction d'immeubles saisis constitue, d'après cet arrêt, une nullité facultative. — Comme la décision de la Cour, dont le texte fait suite à la notice, cite à deux reprises l'art. 608 du Code de procédure civile, parle de *revendication* et non de *distraction*, et emploie enfin une expression de l'article 608, *énonciation des preuves de propriété*, tandis que l'art. 726, relatif

aux demandes en distraction d'immeubles saisis emploie les mots : *énonciation des titres justificatifs*, nous n'avons pas hésité à classer cet arrêt au mot Saisie-exécution ou mobilière, sous le n° 7.

43. Lorsque le tiers acquéreur demande, par voie d'incident, la distraction d'un immeuble saisi, et que le saisissant repousse la distraction en excipant du caractère frauduleux de la vente par son débiteur, le tribunal ne doit pas se borner à admettre la distraction en renvoyant le demandeur à se pourvoir par action principale sur la validité de la vente, il doit statuer sur le fond. Le juge de l'action est le juge de l'exception. — A. 25 février 1870, Thibout c. Nicolas, XII, 77.

44. DEMANDE EN NULLITÉ. — La demande en nullité d'une saisie immobilière constitue un incident soumis aux formes et délais prescrits, à peine de déchéance et nullité, par les articles 718 et 719 du Code de procédure civile. — Elle est nulle et frappée de déchéance si elle est notifiée moins de trois jours avant la publication du cahier des charges. — A. 22 juin 1867, Bleuze c. Piton, IX, 199. — Il n'est pas nécessaire que le saisissant propose son exception de nullité *in limine litis*. — A. 27 déc. 1876, Abdallah c. Magre, XVIII, 271.

45. L'art. 718 qui dispose que cette demande sera formée par acte d'avoué à avoué, prescrit une formalité substantielle dont la violation entraîne la nullité de la demande incidente. — Un dire au cahier des charges ne saurait suffire ; il faut un acte d'avoué à avoué contenant conclusions et signifié dans le délai de l'art. 728. — Mêmes arrêts.

46. La demande en nullité de la procédure qui précède la publication n'a pas pour objet d'introduire des modifications dans le cahier des charges, et, par conséquent, le saisi n'est pas tenu de la faire insérer à la suite de la mise à prix. — Même arrêt qu'au n° 17, *suprà*.

46 bis. Le délai prescrit par l'art. 728, C. pr. civ., est franc; c'est-à-dire que le *dies a quo* et le *dies ad quem* ne comptent pas dans le délai. — A. 20 juillet 1876, Laguillerie c. Pace, XVIII, 205. — V. Conf. Nancy, 16 janv. 1869 (*J. P.* 1869, p. 725.).

47. JONCTION DE PLUSIEURS SAISIES. — Quand on se trouve dans le cas de l'art 720, C. pr. civ., la jonction des deux saisies immobilières pratiquées sur un même débiteur par deux créanciers différents, est forcée, et s'opère de plein droit ; en conséquence, pré-

senter requête à cet égard au tribunal de la situation des biens saisis pour obtenir cette jonction, c'est faire des frais frustratoires ; mais, comme conséquence, le saisi ne peut se plaindre de ne pas avoir été appelé dans l'instance en jonction. — A. 17 sept. 1872, Nogué c. v° Sarrette et Baron, XIV, 264.

48. JUGEMENT PAR DÉFAUT. — *Jonction du profit.* — Les dispositions des art. 153 et 470, C. pr. civ., concernant les arrêtés de jonction du profit des défauts et la nécessité de réassignation des parties défaillantes, ne sont pas applicables en matière d'incident de saisie immobilière. — Deux demandes jointes au résultat commun desquelles est soumis le sort d'une saisie immobilière, reçoivent de la jonction le caractère d'incident sur saisie, alors même que l'une d'elles n'aurait pas ce caractère. — Cass. civ. 3 juillet 1859, Damoreaux c. Dermineur, I, 275.

49. SUBROGATION DANS LA POURSUITE. — Le créancier subrogé à une poursuite de saisie immobilière, qui reprend la procédure d'après les derniers errements, agit régulièrement, quelle que soit l'époque à laquelle remonte le dernier acte valable, alors surtout que le jugement ne les condamne pas à recommencer la procédure. — Même arrêt qu'au n° 25, *suprà.*

§ 6. — Nullités. — Déchéances.

50. En matière de saisie immobilière, les tribunaux ne sauraient être admis à suppléer d'office des nullités autres que celles dont les parties ont cru devoir exciper. — A. 22 nov. 1872, com. de Bône c. Sens Olive, XIV, 272.

51. Tous les moyens quelconques, tant en la forme qu'au fond, de nullité des poursuites antérieures à la publication du cahier des charges, doivent être proposés, sous peine de déchéance, trois jours avant cette publication (art. 728, C. pr. civ.). — Même arrêt et 29 janvier 1873, Martinole c. Bérard, XV, 26.

52. Le législateur a entendu parler ici de la publication effective et non de la publication simplement annoncée dans la sommation prescrite par l'art. 691 du même Code. — Même arrêt qu'au n° 47, *suprà.*

§ 7. — Voies de recours.

53. Celui qui attaque une adjudication tranchée par jugement sur une poursuite en saisie immobilière, en soutenant qu'il était

propriétaire de l'immeuble saisi et que c'est à tort que la poursuite n'a pas été dirigée contre lui, alors qu'il était débiteur, doit se pourvoir par action principale et non par tierce opposition au jugement d'adjudication. — A. 27 nov. 1865, Babaud et Cabanillas c. Fraud, VIII, 3.

54. APPEL. — *Délai.* — *Partie saisie.* — En matière d'appel sur incidents de saisie immobilière, la partie saisie doit être intimée à peine de nullité. Il n'y a pas à distinguer si elle a ou si elle n'a pas intérêt à intervenir en appel; si elle figurait ou si elle ne figurait pas en première instance (art. 762, C. pr. civ.). — Aux termes du même article, l'appel doit être fait dans les dix jours de la signification du jugement à avoué. — A. 14 nov. 1865, Calté c. Turlin, VII, 149.

55. — *Demande en distraction d'immeubles saisis.* — L'appel d'un jugement intervenu sur une telle demande doit être signifié au domicile de l'avoué et au greffe du tribunal. — A. 1er juin 1859, Faure c. Julienne, I, 256.

56. *Demande en renvoi de l'adjudication.* — Le jugement qui, en matière de saisie immobilière, rejette la demande présentée par le saisi et tendant au renvoi de l'adjudication, n'est pas susceptible d'appel. — L'art. 703, C. pr. civ., ne distingue pas et s'applique au jugement qui rejette le sursis comme à celui qui l'admet. — A. 1er mars 1865, Mohammed ben Djoua c. Ali el Dredi, VII, 78.

57. *Griefs.* — L'acte d'appel d'un jugement rendu sur un incident de saisie immobilière, s'il ne contient aucun grief, doit être déclaré nul. (Art. 732, C. pr. civ.) — A. 1er juin 1859, Gargnier, I, 186.

58. *Jour férié.* — Le législateur a dérogé au droit commun pour les appels de jugements sur incidents de saisie immobilière. Par suite, si le dernier jour pour signifier l'appel est un jour férié, le délai n'est pas prorogé au lendemain en conformité de l'art. 1038, C. pr. civ. — A. 8 juin 1864, Bricon, VI, 108.

59. *Jugement d'adjudication.* — L'appel d'un jugement d'adjudication rendu sur poursuites en saisie immobilière n'est pas recevable (art. 730, C. pr. civ.). — A. 7 avril 1873, Préfet de Constantine c. Debono et autres, XV, 132.

60. Il importerait peu que le jugement eût en même temps sta-

tué sur une demande en sursis, le sursis ne pouvant être considéré par lui-même comme un incident de poursuites. — Même arrêt.

61. Il importerait encore peu que le sursis eût été demandé par un tiers se prétendant propriétaire, s'il n'a pas procédé par conclusions en distraction, conformément aux art. 725 et 726, C. pr. civ. — Même arrêt.

62. *Moyens nouveaux.* — En matière d'appel d'un jugement rendu sur un incident de saisie immobilière, on ne peut présenter devant la Cour des moyens qui n'auraient pas été proposés en première instance. (Art. 732 et 739, C. pr. civ.). — Il importerait peu que les moyens nouveaux tendissent au même but et servissent la conclusion présentée devant les premiers juges. — A. 8 juillet 1865, Karsinty c. Ben Sadoun, VII, 114.

63. On doit repousser sans examen tout nouveau moyen qui est invoqué pour la première fois en appel, car il est positif qu'aux termes de l'art. 728, C. pr. civ., ce moyen est tardivement proposé. — Même arrêt qu'au n° 50, *suprà.*

64. En pareille matière, il est également de principe que tous les moyens que le saisi peut faire valoir doivent être proposés à la fois et non successivement. — Même arrêt.

65. *Notification.* — L'appel du jugement intervenu sur des incidents de saisie immobilière est valablement notifié aux intimés en la personne de leurs défenseurs (en Algérie), conformément à l'art. 732, C. pr. civ. — Même arrêt qu'au n° 48, *suprà.*

V. Appel, — Adjudication, — Degrés de juridiction, 58 s, — Faillite, 75, — Partages et licitations, 6, — Succession, 52 s, — Tutelle, — Vente, 54.

Saisie-revendication.

Droit musulman.

La loi musulmane n'ordonnant pas la mise en cause de la partie saisie, en matière de revendication d'objets saisis, la demande du revendiquant ne peut être déclarée non recevable par le motif que le saisi n'aurait pas été mis en cause. (Art. 1 et 2 du décret du 31 décembre 1859.) — A. 4 déc. 1865, El Khessi c. El Goulsi, VII, 151.

V. Bail, 14, — Exécution des jugements, 2, 3.

Sarde. — V. Etranger, 51.

Sauterelles.

1. L'habitant qui refuse de concourir à la destruction des saute-relles commet une contravention passible des peines de simple po-lice, d'amende et d'emprisonnement. — Jugem. Philippeville, 3 déc. 1866, Barrois, IX, 46.

2. La fonction de sacristain et le service de domestique du curé ne sont pas des raisons suffisantes d'excuse. — Même jugement.

Scellés. — V. Inventaire, Etranger, 47 s.

Secours mutuels. — V. Société de secours mutuels.

Secrétaire de Commissariat civil. — V. Acte au-thentique, 5 s. — Hypothèque, 3.

Sentence arbitrale. — V. Arbitrage, — Appel, 23.

Séparation de biens.

1. AFFICHE DU JUGEMENT. — C'est à peine de nullité que le ju-gement prononçant la séparation de biens doit être affiché dans la principale salle de la maison commune du domicile du mari, lorsqu'il n'existe pas de tribunal de commerce, l'art. 872, C. pr. c., se référant à l'art. 1445, C. c. — A. 5 juin 1874, Albert et de Ces-caupennes c. Arrata, XVII, 222.

2. Le but de la loi ne peut être considéré comme rempli lorsque cette affiche n'a été apposée qu'à l'auditoire du tribunal civil, même lorsque ce dernier est appelé, à défaut du tribunal spécial de commerce, à statuer sur les contestations commerciales. — Même arrêt.

3. Partant, doit être considérée comme nulle, à l'égard des tiers, la demande en collocation formée par l'épouse séparée, basée sur le jugement de séparation de biens dont extrait n'a pas été affi-ché dans la salle de la maison commune. — Même arrêt.

4. ALIÉNATION D'UN CAPITAL MOBILIER. — *Hypothèque légale.*
— La femme séparée de biens ne peut transiger sur un capital
mobilier et l'aliéner au profit de son mari sans l'autorisation de
justice, si cet acte d'aliénation dépasse les bornes d'une sage administration (art. 217 et 1449, C. c.). — Spécialement, si la femme
séparée de biens a donné mainlevée de son hypothèque légale conservatrice de ses reprises matrimoniales mobilières, sans qu'elle
fût remplie de leur montant, le conservateur a le droit et le devoir de refuser de procéder à la radiation de l'inscription. — A. 18
mars 1861, Gassiot c. Vallée, III, 52.

5. Si la femme séparée de biens, soit contractuellement, soit judiciairement, a la faculté d'aliéner son mobilier sans l'autorisation
de son mari, cependant l'aliénation n'est valable qu'autant qu'elle
est nécessaire pour l'administration dont la femme est chargée.
(Art. 217, 1536, 1538, C. Nap.) — Spécialement elle ne peut, sans
l'autorisation de son mari, céder au profit d'un tiers un droit d'antériorité dans le bénéfice d'une inscription hypothécaire militant en
sa faveur. — A. 22 janvier 1866, Battisti c. Giraud, VIII, 58.

5 bis. ALIÉNATION D'IMMEUBLES. — *Procuration générale du
mari.* — Est nulle la procuration par laquelle un mari autorise sa
femme, séparée de biens, à aliéner, aux conditions qu'elle jugera
convenables, tout ou partie des immeubles à elle appartenant, la
généralité des pouvoirs accordée par cet acte constituant une violation de l'art. 1538, C. civ., qui prescrit un consentement spécial.
— Cette disposition de la loi, qui régit les rapports d'intérêts des
époux et détermine l'effet de la puissance maritale, est d'ordre public, et constitue par conséquent un moyen que les juges peuvent
relever d'office. — On doit en conclure que tous les actes passés
en vertu d'une procuration générale par une femme séparée de
biens, et modifiant l'étendue de ses droits immobiliers, sont nuls
ipso jure, et que les immeubles aliénés par la femme en vertu de
ces pouvoirs ne peuvent être sortis de son patrimoine. — A. 10
nov. 1876, Marrot c. Rey, XVIII, 245.

6. EXÉCUTION DU JUGEMENT. — Un jugement de séparation de
biens est valablement exécuté par la liquidation des reprises de la
femme par elle poursuivie sans interruption dans la quinzaine et
par un commandement subséquent de payer ou délaisser notifié à
un tiers détenteur des immeubles du mari. — Jugem. Constantine, 21 juin 1876, Rouff c. Siraudin, XVIII, 168.

7. INEXÉCUTION. — *Nullité.* — La nullité d'un jugement de séparation de biens pour inexécution de ce jugement, dans la quinzaine de sa prononciation, peut être opposée par l'un des époux à l'autre, et notamment par la femme à son mari, dans le but d'établir, par exemple, que la communauté a continué à subsister entre les deux époux, lorsqu'il est constant que, d'un commun accord, le mari et la femme ont laissé le jugement sans exécution parce qu'ils considéraient la séparation de biens comme non avenue (art. 1444, C. c.). — Il en est ainsi alors même que la femme aurait ultérieurement réglé ses reprises avec son mari, dans la pensée que le jugement n'en restait pas moins réduit à néant. — La femme aurait qualité pour demander la nullité du jugement de séparation de biens en se fondant sur le seul fait de l'inexécution de ce jugement dans le délai prescrit par la loi. — La restitution faite à la femme, après séparation de biens, du trousseau par elle apporté à son mari, ne constitue pas un acte d'exécution de ce jugement dans le sens de l'art. 1444, C. c. — Le jugement de séparation de biens est nul, lorsque les actes d'exécution commencés dans le délai fixé par l'art. 1444, C. c., ont été interrompus depuis, malgré l'acquisition par le mari de biens sur lesquels les poursuites auraient pu être utilement exercées. — A. 31 mars 1858, Gargnier, et Cass. 28 décembre 1858, I, 193, 4e cahier.

8. L'acte de liquidation des reprises de la femme, intervenu par devant notaire après le jugement de séparation de biens, ne constitue pas par lui-même une exécution dudit jugement. — Il importerait peu que sur le montant des reprises une somme de 110 fr. eût été payée par le mari, s'il est constaté que le mari avait d'autres valeurs sur lesquelles la femme pouvait exercer ses droits. — A. 19 février 1867, Saunier c. Jaubert, X, 32.

9. Les créanciers de la femme qui a produit pour le montant de ses reprises à l'ordre ouvert sur le prix des biens de son mari, ne sont recevables à demander une sous-collocation en leur faveur qu'en cas de faillite ou de déconfiture dudit mari (art. 1446, C. Nap.). — Même arrêt.

10. L'état de déconfiture ne résulte pas nécessairement de la vente sur saisie réelle des immeubles du mari, cette vente serait-elle précédée ou suivie d'un jugement prononçant la séparation de biens, si ce jugement est devenu nul pour défaut d'exécution. — Même arrêt.

11. PUBLICATION DU JUGEMENT. — Toute poursuite tendant à

l'exécution du jugement prononçant une séparation de biens doit être précédée, à peine de nullité, de la publication prescrite par les articles 1445, C. N., et 872, C. pr. civ. — Le défaut de publication constitue une véritable déchéance et non une nullité d'exploit ou de procédure que les tribunaux de l'Algérie ont la faculté d'admettre ou de rejeter, d'après l'ordonnance du 26 septembre 1842. — A. 8 juin 1865, Bocca c. Mestre, VII, 134.

V. Dot, 16, — Etranger, 39.

Séparation de corps.

1. Le tribunal du domicile du mari est seul compétent pour statuer sur une demande en séparation de corps intentée par la femme. — A. 21 janvier 1861, Brisy, III, 40.

2. AUTORISATION DE LA FEMME. — *Préliminaires de conciliation.*—*Israélite.* — En matière de procédure de séparation de corps, les prescriptions de la loi relatives aux préliminaires de conciliation et à l'autorisation pour la femme d'intenter sa demande sont d'ordre public, et il n'est pas au pouvoir des tribunaux de dispenser les parties de leur accomplissement en les autorisant à convertir en instance de séparation de corps une instance de divorce qui serait continuée sous une forme nouvelle suivant ses derniers errements. — A. 8 mars 1871, Timsit, XIII, 67.

3. INJURES GRAVES. — Jugé, dans une instance en divorce pendante entre israélites indigènes, que la femme qui demande le divorce peut invoquer, en appel, des faits d'outrages postérieurs au jugement frappé d'appel, ces outrages consistant en articulations injurieuses contenues dans des conclusions signifiées. — A. 3 février 1868, Cohen c. Cohen, X, 27. — Ces principes nous semblent en tout point applicables à la *séparation de corps*, entre Français.

4. Le fait par le mari d'introduire en justice une demande en séparation de corps contre son épouse, fondée sur son inconduite, est une injure grave, quand elle n'est ni fondée, ni suivie, conformément à la loi.; est aussi une injure grave entraînant la séparation de corps, le refus par le mari de recevoir sa femme dans le domicile conjugal, et ce domicile est là où il plaît au mari de résider. — A. 2 nov. 1874, Montagnon, XVI, 291.

5. *Lettre confidentielle.* — En admettant qu'en principe les injures contenues dans une lettre particulière adressée à un tiers ne

puissent pas servir de base à une action en séparation de corps, il en est autrement lorsque, dans la volonté de l'auteur, la lettre pouvait ne pas rester confidentielle. — A. 24 janvier 1861, III, 21.

6. ORDONNANCES DU PRÉSIDENT. — *Compétence.* — Les ordonnances qui interviennent en matière de fixation provisoire du domicile de la femme n'ont qu'un caractère préparatoire et ne constituent pas des jugements susceptibles d'appel. — A. 24 mai 1869, Perks c. Perks, XI, 88.

7. L'art. 878 du Code de procédure civile confère au président du tribunal civil des attributions particulières en matière de séparation de corps ; mais, dans aucun cas, le président ne peut statuer, comme juge de référés, sur les demandes en réintégration du domicile conjugal. — Même arrêt.

8. Ces demandes sont de celles qui, à raison de leur nature et de leur gravité, doivent être portées devant le tribunal entier. — Même arrêt.

V. Divorce, — Etranger, 36 s, 40, — Mariage, 11 *bis.*

Séparation des patrimoines. — V. Communauté conjugale.

Séquestre de guerre.

Législation spéciale.

1. L'ordonnance du 31 octobre 1845, relative au séquestre des biens appartenant aux indigènes, a été maintenue par l'art. 22 de la loi du 16 juin 1851 et le sénatus-consulte du 22 avril 1863. Elle a encore été maintenue par l'arrêté du 15 juillet 1871, lequel aggrave les dispositions de l'ordonnance, quant au séquestre territorial collectif. — A. 16 juin 1873, Préfet d'Oran c. Darnospil, XV, 251.

2 Le séquestre collectif territorial prononcé par application de l'arrêté du Chef du pouvoir exécutif du 15 juillet 1871, n'atteint que les immeubles situés dans le territoire occupé par la tribu touchée par l'arrêté. Par suite, l'arrêté n'atteint pas les biens qu'un habitant de cette tribu peut posséder en dehors de ce territoire. — Spécialement, l'arrêté du 11 décembre 1871, qui a séquestré collectivement la tribu des Hannenchas, ne saurait frapper les biens qu'un

membre de cette tribu possède à Souk-Harras. — A. 7 avril 1873, État c. Debono, XV, 132.

3. ALIÉNATION DE BIENS SÉQUESTRÉS. — *Nullité*. — La vente d'un immeuble frappé de séquestre est radicalement nulle (arr. 1er déc. 1840). — A. 21 janvier 1861, Bourkaïb c. l'État, III, 25, et même arrêt qu'au n° 17, *infrà*.

4. *Prescription*. — L'acte d'acquisition d'un bien séquestré ne peut servir de base à la prescription de l'art. 2265, C. c. — Même arrêt qu'au n° précédent.

5. COMPÉTENCE. — Le séquestre de guerre étant une mesure essentiellement politique, toutes les questions relatives à son application, à sa portée et à la mainlevée totale ou partielle qui en est demandée, sont de la compétence de l'autorité administrative. — Les tribunaux civils sont incompétents sur une action en paiement d'arrérages de rente dirigée par des vendeurs contre les acquéreurs, alors que l'État intervient dans la cause et invoque un acte de séquestre (art. 13, 17, 19 et 26, arrêté du 1er déc. 1840). — A. 21 nov. 1860, Djaffar c. l'État, II, 298.

6. Toutes actions qui tendent à faire tomber un séquestre ne peuvent être soumises à l'autorité judiciaire. — Spécialement, l'action en restitution de biens séquestrés fondée sur ce que les immeubles n'auraient pas appartenu à la personne soumise au séquestre, est de la compétence de l'autorité administrative. Les tribunaux ordinaires ne peuvent connaître que des contestations qui s'élèvent entre particuliers touchant lesdits biens, soit avant, soit après leur restitution par l'État. — A. 6 juin 1864, Caussidou c. l'État, VI, 109.

7. Ils ne sont pas compétents pour statuer sur la régularité du séquestre. — A. 23 nov. 1865, Seffa c. Schuller, VII, 170.

8. CHOSE JUGÉE. — Lorsque, dans une question de revendication de propriété introduite contre l'État, celui-ci soutient que le fait par lui d'alléguer l'existence du séquestre sur l'immeuble litigieux oblige les juges civils à se dessaisir, l'autorité administrative étant seule compétente pour statuer sur les difficultés relatives au séquestre, et que néanmoins l'arrêt discute et apprécie la suffisance des diverses justifications qu'il produit, il juge implicitement mais virtuellement ce point, c'est-à-dire le principe invoqué par l'État, et il le rejette, de sorte qu'il a, à cet égard, l'autorité de la chose jugée. — A. 28 juillet 1873, l'État c. Chancogne, XV, 258.

9. Le jugement qui, sur une demande en revendication d'immeubles, déclare purement et simplement le tribunal incompétent en se basant sur l'existence du séquestre, ne saurait avoir l'autorité de la chose jugée sur le fait même du séquestre. — En supposant que le jugement ait en réalité statué sur l'existence du séquestre, le tribunal aurait incompétemment jugé, puisque cette question est exclusivement du ressort de la juridiction administrative, et sa décision devrait être considérée comme non avenue, si une décision contraire avait été rendue par la juridiction compétente. — A. 20 janv. 1866, Cély c. l'Etat, VIII, 29.

10. *Contrà :* Les tribunaux ordinaires sont incompétents, aux termes de ladite ordonnance, pour statuer sur des difficultés concernant l'apposition ou l'exécution du séquestre, dès que l'Etat y est intéressé. Par suite, du moment où, sur une action en revendication, l'Etat répond qu'il détient en vertu de tel ou tel arrêté de séquestre, à la suite de tel ou tel fait, qu'il prétend être administrativement constaté comme un de ceux qui font encourir le séquestre, les tribunaux doivent se dessaisir ; ils ne peuvent avoir compétence pour juger qu'autant que l'Etat n'invoque pas le séquestre, ou après que l'autorité administrative compétente a décidé que le terrain litigieux n'a pas été séquestré ou a cessé de l'être. — Même arrêt qu'au n° 1, *suprà*.

11. EMIGRÉS. — L'autorité judiciaire est incompétente pour prononcer sur la demande en revendication d'immeubles frappés de séquestre en Algérie, après la conquête de ce pays, comme appartenant au Dey d'Alger, aux-beys ou aux Turcs sortis du territoire algérien, et cela alors même que le revendiquant prétendrait que les immeubles litigieux ne rentraient pas dans cette catégorie ; au gouvernement seul il appartient d'ordonner la levée du séquestre. (Arr. 8 sept. 1830 et 10 juin 1831, ord. 31 octobre 1845, art. 5, 25, 26 et 31.). — Cass. 2 janv. 1866, Caussidou c. l'Etat, IX, 13.

12. Ces biens ont été séquestrés de plein droit sans qu'il fût besoin d'aucune condition à remplir par le Domaine de l'Etat, comme prise de possession, affectation quelconque à un service public, etc. — L'art. 1er de l'arrêté du 1er déc. 1840 maintient et confirme le séquestre à l'égard de tous les biens qui, depuis le 5 juillet 1830, ont été, en l'absence des propriétaires indigènes émigrés, affectés à des services publics, inscrits sur les sommiers du Domaine ou mis en sa possession. C'est par application de ce principe que le haouch

Hassen Pacha, dit ferme-modèle, a été séquestré en 1830. — A. 22 juin 1874, Dessoliers et l'Etat c. de Fleurieu, de St-Victor, XVI, 232.

13. L'acte de reconnaissance de propriété sur un immeuble séquestré, fait en 1837, par un capitaine du génie et un intendant militaire se disant délégué par le Gouverneur général, ne peut être opposé à l'Etat lorsqu'il n'est justifié d'aucune délégation de cette nature. — Même arrêt.

14. L'arrêté d'urgence, pris en conseil d'administration le 26 mai 1842, par le gouverneur général, qui a ordonné la radiation des descendants de Hassan Pacha de la liste des indigènes émigrés, n'a eu pour effet que de relever ces derniers de l'espèce de mort civile dont ils se trouvaient frappés comme émigrés. Cet arrêté ne pouvait avoir pour effet de supprimer le séquestre sur les immeubles qu'autant qu'il serait intervenu ultérieurement une mainlevée partielle et spéciale à chaque immeuble. — Même arrêt.

15. Au surplus, un tel arrêté ne pouvait avoir de valeur qu'autant qu'il aurait été approuvé par le ministère de la guerre. — Même arrêt.

16. *Ordonnance de 1846.* — Lorsqu'un immeuble ainsi séquestré a été plus tard soumis à l'application de l'ordonnance du 21 juillet 1846, l'arrêté d'homologation qui intervient au profit des séquestrés ou de leurs acquéreurs constitue un titre définitif contre l'Etat et fait tomber le séquestre (art. 16). — Même arrêt.

17. FRUITS. — Lorsque l'Etat est condamné au délaissement d'un immeuble, il ne doit pas les fruits antérieurement à la demande en revendication, s'il a cru posséder en vertu du droit de séquestre, bien qu'il soit jugé que le séquestre n'existait pas. — Même arrêt qu'au n° 9, *suprà.*

18. MAINLEVÉE. — Lorsqu'un immeuble a été séquestré par l'Administration et que la demande en mainlevée n'a pas été présentée dans les délais prescrits par l'arrêté du 1er décembre 1840 et l'ordonnance du 31 octobre 1845, il est définitivement acquis au Domaine de l'Etat. — Cette déchéance peut être invoquée par un tiers détenteur, alors même qu'il ne tiendrait pas ses droits de l'Etat. — Lorsque l'Etat devenu ainsi propriétaire d'un immeuble séquestré renonce à exercer son droit de propriété au profit d'un tiers détenteur, cette renonciation ne constitue pas une mainlevée

de séquestre, mais forme une véritable transmission de propriété
en faveur de ce dernier. — Même arrêt qu'au n° 7, *suprà*.

19. TLEMCEN. — Pour ce qui est particulièrement des propriétés des indigènes de Tlemcen, l'arrêté du 14 février 1842 les soumet *ipso facto* au séquestre, sans qu'aucune autre décision ultérieure soit nécessaire. — Même arrêt qu'au n° 4, *suprà*.

V. Arrêté administratif. 3. — Eaux, 21.

Serment.

DIVISION

§ 1. — Droit français.
§ 2. — Droit mosaïque. — Israélites.
§ 3. — Droit musulman.

§ 1. — Droit français.

1. SERMENT DÉCISOIRE — Les tribunaux ont un pouvoir discrétionnaire pour admettre la délation d'un serment, mais ils ne doivent pas recourir à ce moyen d'instruction lorsque la cause présente en elle-même des éléments suffisants pour éclairer la religion des juges. — A. 5 juin 1869, Cohen Solal c. Hirschfeld, XI,
189 ; 3 mai 1859, Mélinaud c. Quinemant, I, 192, 4° cahier.

2. Pour que le serment soit réellement litisdécisoire et puisse
être déféré, il faut, aux termes de l'art. 1357 du C. N., qu'il ait
pour effet de mettre fin à la contestation. — A. 25 juillet 1868,
Zermati c. Karoubi, X, 170.

3. Le serment décisoire n'étant tel qu'autant qu'il entraîne nécessairement le jugement de la cause, il en résulte qu'il ne peut
être déféré sur le point de savoir *si le prix porté en l'acte de
cession d'une rente est sincère*, alors que des conclusions tendantes à l'exercice du retrait n'ont pas été prises par le demandeur et que ce dernier se borne à faire de simples réserves à cet
égard. — A. 28 octobre 1861, Choppin c. Arnaud et Tabet, III,
219.

4. SERMENT SUPPLÉTOIRE. — *Appel.* — Lorsqu'un jugement a
déféré le serment supplétoire à l'une des parties en cause, et que
le serment a été prêté séance tenante, l'autre partie est recevable

dans l'appel qu'elle interjette de ce jugement, bien qu'elle ait assisté à cette prestation sans protestation ni réserves. — A. 24 mai 1859, Mekalski c. Raffy, I, 203, 4° cahier.

5. Le serment supplétif, à la différence du serment décisoire, n'implique aucune espèce de convention ou de transaction entre les parties. — Le jugement qui ordonne ce serment est un interlocutoire, susceptible par conséquent d'appel. — A. 7 avril 1864, Bussidan c. Narboni, XI, 64.

6. *Offre de preuve.* — Quand une preuve, d'ailleurs pertinente, est offerte par une partie, il n'appartient pas aux juges de déférer à l'autre partie le serment supplétif; il doit ordonner l'enquête sur les faits offerts en preuve. — A. 8 juin 1872, Renaux Messager c. Haziza, XIV, 150.

§ 2. — Droit mosaïque. — Israélites.

7. Avant leur naturalisation, les israélites algériens devaient prêter le serment décisoire *more judaïco*. — A. 9 juin 1862, Oualid c. Medioni, VII, 75.

8. Jugé que lorsque le serment décisoire est déféré à des israélites indigènes, la forme de ce serment est facultative pour le juge; par suite, il peut être déféré en la forme ordinaire ou *more judaïco*, selon les circonstances. — Jugem. Constantine, 9 mars 1865, Mallet c. Narbonni et Ben Amour, XII, 71.

9. Cette question, dont la Cour n'a pas examiné le principe dans son arrêt rendu sur appel du jugement du tribunal de Constantine (*loc. cit.*), a été résolue par la Cour suprême dans le sens suivant : En admettant que la loi israélite puisse être applicable à une contestation entre indigènes israélites, qui ne touche en rien au *statut personnel* des parties, il n'en résulte nullement pour le juge l'obligation de déférer le serment dans la forme de cette législation, c'est-à-dire *more judaïco*, en contradiction avec celle de la loi française. — Cass. Req. 16 juin 1869, Zaffran c. Bussidan, XI, 154.

10. Il en est ainsi alors surtout que la partie présente à l'audience déclare n'avoir ni réserve ni protestation à opposer. — Dans ce cas, le juge ne peut, sans excès de pouvoir, imposer aux par-

ties le serment *more judaïco*, contraire à la loi française, et qu'aucune d'elles ne réclame. — Même arrêt.

§ 3. — Droit musulman.

11. Le serment, en droit musulman, n'est obligatoire que lors-qu'on prend à témoin ou le nom de Dieu ou l'un des attributs de Dieu. — C'est l'intention de celui qui jure que l'on doit consulter pour rechercher s'il y a un véritable serment. — A. 20 déc. 1865, Abd el Malek c. Fathma bent Ali. VII, 145.

V. Enquête, 15. — Expertise.

Servitude.

DIVISION

§ 1. — Droit musulman.
§ 2. — Législation spéciale.
§ 3. — Droit français.

§ 1. — Droit musulman.

1. PASSAGE. — Lorsque avant la conquête, le passage sur un im-meuble était nécessaire à un fonds voisin et qu'il a été exercé, il constitue, aux termes du droit musulman, une servitude de passa-ge qui doit être respectée, bien que les immeubles aient été ven-dus à des Européens. — A. 7 déc. 1859, Fèvre c. Choppin, II, 38.

2. Le droit d'aller puiser et se désaltérer à une source en pas-sant par la propriété voisine, constitue une servitude de passage qui, aux termes de la loi musulmane, peut s'acquérir par pres-cription. — De ce que la propriété sur laquelle s'exerçait le pas-sage est devenue domaniale par suite de l'occupation française, il ne s'ensuit pas que la servitude ait disparu. — A. 19 juillet 1867, Wolf-Compas c. Roggi et Cristas, IX, 204.

3. Tout le temps que des immeubles appartiennent à des indi-gènes musulmans, ils sont régis par la loi musulmane ; par suite, s'ils sont acquis par des Européens, ils ne passent entre les mains de ces derniers que grevés des servitudes actives et passives éta-blies en vertu de ladite loi. — La servitude de passage est admise par le droit musulman et peut être établie par témoins. — A. 23 juin 1862, Brisset c. Therould et Bouvier, IV, 167.

§ 2. — Législation spéciale.

4. Aqueduc. — Avant la conquête, l'Administration musulmane n'avait qu'un simple droit de servitude sur les propriétés traversées par les aqueducs servant à l'usage du public. — Les aqueducs n'ont été placés dans le Domaine public par la loi du 16 juin 1851, que tels qu'ils existaient au moment de la conquête ; par suite, à moins de titres établissant le droit de propriété sur le sol, l'Etat n'a aujourd'hui qu'un droit de servitude sur les aqueducs et leurs francs bords ; — et le propriétaire traversé par l'aqueduc a le droit de se clore pourvu que la clôture ne rende pas impossible l'usage de la servitude. — Jugem. Alger, 13 janvier 1855, Préfet d'Alger c. Chauve, III, 204. — V. *infrà*, n°s 13, 14.

§ 3. — Droit français.

5. Acte sous seing privé. — La preuve du changement d'assiette d'une servitude préexistante ne peut pas, plus que la preuve de l'établissement même de cette servitude, résulter, vis-à-vis de l'acquéreur du fonds servant, d'un acte sous seing privé émané du vendeur, lorsque cet acte n'a acquis date certaine qu'à une époque postérieure à la vente (art. 701, 1328, C. N.). — Cass. civ. 1er déc. 1863, Laperlier c. Sacré-Cœur, VI, 135.

6. Action possessoire. — Lorsque, pour l'exercice d'une servitude invoquée, le demandeur est obligé d'entrer dans la clôture du chemin de fer, les faits de possession articulés doivent, en l'absence d'un titre précis, être considérés comme précaires et de tolérance. — Jugem. Blidah, 29 oct. 1863, Chem. de fer c. Valladeau, V, 228.

7. Arbres. — L'enlèvement d'arbres à haute tige ou arbustes plantés à la distance légale ne peut être ordonné alors même que, par un développement ultérieur, ils pourraient devenir incommodes pour le propriétaire voisin (C. c. 671). — Même arrêt qu'au n° 16, *infrà*.

8. Mais celui-ci a le droit de couper les racines et de contraindre le propriétaire des arbres à couper les branches qui avancent sur sa propriété. — Cass. 10 juillet 1872.

Chemins de fer. — V. *Suprà*, n° 6.

9. Eaux. — Si, aux termes de l'art. 640 du Code civil, le fonds inférieur est assujetti, envers ceux qui sont plus élevés, à recevoir les eaux qui en découlent, cette servitude n'existe qu'autant que les eaux découlent naturellement et sans que la main de l'homme ait modifié ou changé l'état naturel des lieux. — A. 23 janv. 1873, Bérard c. Alcay, XV, 86 ; — 12 nov. 1872, Faurice c. Griess-Traut, XIV, 269.

10. Notamment, l'établissement d'un mur établi par le propriétaire du fonds supérieur, à la limite des deux héritages, et, dans ce mur, de deux barbacanes pour donner passage aux eaux, a pour effet de substituer à l'écoulement naturel des eaux deux sortes de déversoirs par lesquels lesdites eaux s'échappent plus compactes et plus abondantes par le terrain inférieur. — Même arrêt, XIV, 269.

11. Il est contraire aux dispositions de l'art. 681 du Code civ. que le fonds inférieur reçoive, outre les eaux qui tombent du ciel dans le fonds supérieur, celles qui proviennent des toitures des bâtiments qui y sont établis. — Même arrêt.

12. Le propriétaire du fonds inférieur qui est obligé de recevoir les eaux découlant naturellement du fonds supérieur peut demander des dommages-intérêts au propriétaire de ce fonds s'il établit que le défaut d'entretien rend les eaux plus nuisibles qu'elles ne le seraient dans leur état naturel. — Cass. 22 janvier 1868, Millot, X, 25.

13. *Droit d'aqueduc.* — Ce droit, défini : *Jus ducendi aquam per fundum alienum*, et qui est bien différent de la servitude de prise d'eau (*jus aquæ*), continue à exister indépendamment de l'existence actuelle des eaux dans le réservoir destiné à leur distribution. — A. 12 juillet 1859, Cougot c. Couput, I, 234.

14. C'est une servitude continue. — Même arrêt qu'au n° 6, *suprà.* — V. aussi n° 4.

Suppression d'un canal d'écoulement par un chemin de fer. — V. Travaux publics.

15. *Eaux courantes.* — *Sources.* — Les dispositions de l'art. 645 *in fine*, C. civ., ne concernent que les eaux courantes dont parle l'art. 644 et sont tout à fait étrangères aux sources qui jaillissent dans une propriété privée, lesquelles restent exclusivement soumises aux règles tracées par les art. 641, 642, 643 du même Code. — A. 20 juillet 1876, Drot c. Aliaoua ben Mohammed, XVIII, 171.

16. ENCLAVE. — Le propriétaire dont le fonds est enclavé peut demander un passage sur le fonds de ses voisins, à charge d'indemnité, lors même que l'état d'enclave serait l'œuvre commune de l'État et du propriétaire, en ce sens qu'il résulterait d'une cession amiable de terrain faite par le propriétaire au chemin de fer, mais seulement pour éviter une expropriation. — A. 15 juin 1867. Texier c. Domerq, IX, 158.

16. SERVITUDES DE VUE. — Jours. — La décision qui, d'après une interprétation souveraine de la volonté des parties, reconnaît que celles-ci ont voulu créer, non une servitude de vue, mais une servitude de jour, ne viole point l'art. 1457, C. c., la servitude de jour ayant pour résultat utile d'empêcher le propriétaire voisin de faire fermer le jour en achetant la mitoyenneté du mur (C. civ., 1457). — Cass. Req., 8 juillet 1874, Seror c. Aubert, XVII, 282.

17. Fenêtre d'aspect. — Jour de souffrance. — Lorsqu'une partie a, par arrêt définitif, succombé dans une demande qu'elle avait introduite contre un propriétaire voisin, aux fins de l'obliger à supprimer des vues droites et fenêtres d'aspect donnant sur son héritage, cette même partie n'est pas recevable à demander, par nouvelles actions, que ces fenêtres soient déclarées jours de souffrance, et grillées comme telles, conformément aux prescriptions des art. 676 et 677 du C. civ. — Même arrêt qu'au n° 9, suprà.

18. Maison mauresque. — Les petites ouvertures pratiquées dans une maison mauresque pour donner du jour à un escalier ou à une cour, doivent être considérées comme des jours de souffrance; par suite, le voisin a le droit de les faire supprimer en acquérant la mitoyenneté du mur (art. 661, 676, C. civ.). — A. 29 juin 1872, Lévy Valensin c. Albou, XIV, 210.

19. Les fenêtres d'aspect, ouvertes dans la forme et la dimension des fenêtres que l'on trouve dans une construction mauresque, constituent des vues de servitude susceptibles de s'acquérir par prescription trentenaire (art. 678 et 690, C. civ.). — Même arrêt.

20. Le propriétaire du fonds servant peut-il, en acquérant la mitoyenneté du mur dans lequel ces fenêtres sont pratiquées, les faire supprimer? — Même arrêt.

21. Le rédacteur du Journal fait observer (page 210, note) qu'il est de jurisprudence constante que si le propriétaire voisin joignant au mur dans lequel sont pratiquées tout à la fois des jours

de souffrance et des *vues droites* ou *fenêtres* d'aspect, peut, en acquérant la mitoyenneté de ce mur, faire supprimer les premières, il ne peut exiger la suppression des secondes. — V. Gilbert, sur l'art 661, n° 9 ; *J. Pal.* et supplément, v°. Mitoyenneté, n° 151 et suiv.; — Demolombe, t. II, n° 429 ; — Cass. 23 janv. 1869 (*J. Pal*, 1869, p. 387).

22. Mais quand les ouvertures constituent-elles des jours de souffrance ? Dans quels cas doivent-elles être considérées comme fenêtres d'aspect ? Cette question de fait se résout par les circonstances. — V. Nîmes, 7 mai 1851 (*J. Pal.* 1853, 2, 42) ; — Paris, 3 juin 1836; — Demolombe, t. XII, p. 19.

23. *Prescription.* — Les jours pratiqués dans un mur constituant des vues droites, donnent lieu à une servitude continue et apparente susceptible de prescription (art. 678 et 690, C. civ.). — A. 17 février 1871, Antichau c, Zermati, XIII, 181.

24. Le fait de faire griller les vues droites ne constitue pas une renonciation au droit de servitude, si le grillage ne rentre pas dans les conditions prévues aux art. 676 et 677, C. civ. — Même arrêt.

25. *Vente par l'Etat d'un terrain primitivement concédé.* — Le Domaine de l'Etat ayant fait concession temporaire d'un immeuble et vendant plus tard au concessionnaire la propriété dudit immeuble, dans l'état où il se trouve et avec ses servitudes « actives et passives », consacre lui-même, par cette vente, le droit de son acquéreur, en ce qui concerne les ouvertures que ce dernier aurait pratiquées dans la maison construite par lui sur l'emplacement concédé, bien que ces ouvertures constituent une servitude de vue sur une propriété contiguë appartenant au Domaine. — Le Domaine est en conséquence mal fondé à demander la suppression desdites ouvertures. — Cette solution doit être admise alors surtout que, dans un but d'intérêt général, l'acte de concession aurait imposé au concessionnaire l'obligation de surbâtir l'immeuble concédé, et que les travaux auraient été exécutés en présence du Domaine sans qu'aucune protestation se fût produite. — A. 8 mars 1871, Kalfa Laloum c. Préfet de Constantine, XIII, 114.

26. UTILITÉ PUBLIQUE. — *Servitudes militaires.* — Les servitudes d'utilité publique ne donnent pas droit à indemnité. L'art. 545, C. civ., relatif à la cession d'une propriété pour cause d'utilité publique, n'est pas applicable lorsqu'il s'agit simplement de

l'établissement de servitudes. — A. 22 juin 1874, de Palma c. Préfet de Constantine, XVI, 416.

27. La législation spéciale sur les servitudes militaires (ord. du 9 décembre 1713 et du 31 décembre 1776, lois des 10 juillet 1791, 17 juillet 1819, 10 juillet 1851 et 10 août 1853) ne permet d'ailleurs aucun doute à ce sujet ; toutes ces lois, en effet, aussi bien que les discussions législatives et les art. 537, 544, 552, 649, 650 du C. civ., qui consacrent les servitudes dont s'agit, ne mentionnent et ne laissent supposer aucun droit à indemnité. — Même arrêt.

28. Aucune disposition spéciale en Algérie n'a modifié à cet égard les lois de la Métropole. — Même arrêt

V. Compétence, 10, — Eaux, 11, - Voirie, 2.

Servitudes militaires. — V. Servitudes, — Expropriation pour cause d'utilité publique, 26.

Servitudes d'utilité publique. — V. Servitude.

Signification d'acte. — V. Exploit.

Signification de jugement.

1. L'ord. du 16 avril 1843 sur la procédure en Algérie ne déroge pas aux dispositions du Code de pr. C. civ., en ce qui touche les significations de jugement. — Cass. 22 janvier 1868, Ricca c. Majorel, X, 26. — V. Appel, 72 s.

2. INDIGÈNES. — La signification faite aux indigènes des tribus par l'intermédiaire des bureaux arabes est valable. — Cette signification fait courir les délais d'appel s'il est constaté que la copie a été remise en temps et lieu au destinataire. — A. 10 février 1856, Mohammed ben Aouch c. Rozier, VII, 203.

3. MANDATAIRE. — La signification du jugement à un mandataire ne peut faire courir les délais d'appel qu'autant qu'il est justifié d'un pouvoir spécial pour répondre à la demande. (Art. 3, ord. du 16 avril 1843). — A. 21 mai 1865, Ferrière c. Gilli, VIII, 416.

4. La signification d'un jugement est un acte qui appartient essentiellement à l'instance ; par suite, si elle est faite à un mandataire spécial pour défendre à la demande, elle fait courir le délai d'appel contre le mandant. (Art. 3, ord. du 16 avril 1843, art.

28

443, C. pr. civ.). — A. 12 nov. 1872, Ricardi c. com. de Constantine, XIV, 219. — V. la note, où cette solution est très-fortement combattue.

5 NULLITÉ. — La nullité tirée de la manière dont un jugement a été signifié rentre dans la classe des nullités dont les tribunaux de l'Algérie sont autorisés à ne pas faire acception. — A. 7 avril 1869, Bussidan c. Narboni, XI, 64.

6. La signification du jugement à plusieurs cointéressés en une seule copie, constitue une nullité facultative qui peut être admise ou rejetée selon les circonstances. — A. 28 juillet 1873, l'État c. Ouled Amran, XV, 213.

7. RÉSIDENCE INCONNUE. — Lorsque l'huissier chargé de signifier un jugement s'est présenté au domicile indiqué par le défendeur lui-même dans les actes de la procédure, et qu'il lui a été répondu par le concierge de la maison que ce dernier avait déménagé depuis plus d'un an, sans faire connaître son nouveau domicile, la signification doit être faite au parquet du tribunal, conformément à l'art. 69, n° 8, du Code de procédure civile. L'huissier n'a pas à procéder suivant les prescriptions de l'art. 68 du même Code, qui suppose l'existence d'un domicile connu. (Voir dans ce sens l'arrêt de la même chambre du 12 août 1868). A plus forte raison, la signification faite au parquet doit-elle être déclarée valable, en présence de la déclaration de la concierge, par un arrêt qui constate que la personne à qui le jugement a été ainsi notifié *cachait son véritable domicile*. — Cass. Req. 10 février 1875, XVII, 55.

V. Exploit, 1, 11 s.

Simulation. — V. Acte simulé.

Simple police. — V. Chose jugée, 37.

Société.

DIVISION

§ 1. — Règles générales. — Société civile.
§ 2. — Société commerciale.
§ 3. — Différentes espèces de sociétés commerciales.

§ 1. — Règles générales. — Société civile.

1. ADMINISTRATION. — Si, à défaut de stipulation expresse sur le mode d'administration, les associés sont censés s'être donné réciproquement le droit d'administrer l'un pour l'autre, ce pouvoir ne consiste que dans les actes d'administration (art. 1859, C. c.). — On ne saurait considérer comme un simple acte d'administration la convention par laquelle un associé consentirait une réduction importante sur une créance de la société. Dans ce cas, la réduction, valable pour l'associé qui l'a consentie, ne peut être opposée à l'associé qui y a été étranger. — A. 3 avril 1860, Girou c. Fil et Bertrand, II, 178.

2. APPORT SOCIAL. — Une somme versée dans une société, à un titre exclusif d'une participation sociale, ne saurait constituer un rapport social ; et pour qu'un apport en industrie puisse être considéré comme tel, il faut qu'une stipulation indique qu'une part dans le capital de la société est attachée à un semblable apport. — A. 16 janv. 1869, Breucq c. l'Akhbar, XI, 24.

3. CARACTÈRE. — La qualification donnée par les parties à une société ne lie pas le juge. Le caractère réel de toute société doit être déterminé soit d'après les clauses et stipulations du contrat soit d'après les actes d'exécution, soit même d'après les opérations que le gérant avait le droit de faire, que ces opérations aient été faites ou non. — A. 9 février 1859, Société immobilière c. com. d'Alger, I, 109.

4. COMPÉTENCE. — S'il résulte de lettres produites aux débats que c'est à Bône qu'ont été traitées entre les parties les bases principales de l'association, il suit que les droits et actions résultant de ce traité ont réellement pris naissance en Algérie, et le tribunal de Bône est compétent. — A. 5 févr. 1874, Barthélémy et Roumat c. Toche, XVI, 181. — V. infrà, n° 64.

5. Les membres d'une société civile dont le siége social est à Paris peuvent être assignés devant le tribunal de l'Algérie dans la circonscription duquel la société a son principal établissement ; ils peuvent encore être cités devant ce tribunal s'il s'agit de droits de créance ayant pris naissance dans le ressort (art. 2 de l'ordon. du 16 avril 1843). — A. 27 juillet 1875, Bure c. Dubourg, XVIII, 19.

6. DISSOLUTION. — Incompatibilité. — En cas d'incompatibilité

entre associés, la dissolution de la société peut être demandée par l'un d'eux, avant son terme. — A. 11 juillet 1867, Fabre c. Vigliano, IX, 168.

7. Les dispositions de l'art. 1865 du C. Nap. sont générales, et les sociétés finissent par la *déconfiture* de l'un des associés comme par la mort civile ou l'*interdiction*. Aucune distinction ne peut être établie entre les divers cas énoncés au n° 4 dudit article. — Même arrêt qu'au n° 33, *infrà*.

8. HÉRITIERS. — Les héritiers se trouvent liés au même titre que leur auteur, et la convention ne peut être ni annulée ni modifiée par le décès de l'un des associés contractants. — A. 31 déc. 1869, Peyre et Vigne c. Giraud et Manegat, XII, 9.

9. LIQUIDATION. — Une société, bien que dissoute, est considérée, tant que dure sa liquidation, comme ayant une existence partielle et relative. — A. 6 juin 1870, Mines de Gar-Rouban c. Girard, XII, 167.

10. Par suite, son liquidateur a qualité pour exercer ses actions et répondre à celles qui lui sont intentées. — Il a spécialement le droit de relever appel — Même arrêt.

11. Le liquidateur judiciaire ou autre d'une société civile ou commerciale dissoute n'est que le représentant de la société, ayant pouvoir d'exercer les droits et actions de la société et d'y répondre ; il ne saurait donc être assimilé à un syndic de faillite, représentant les créanciers personnels de chacun des associés. — Si les créanciers, dans le but d'éviter des frais et des lenteurs. peuvent donner mandat au liquidateur de les représenter dans les recouvrements à faire et répartitions à opérer, ce mandat écrit ou verbal est toujours révocable. — A. 18 nov. 1870, Molto c. de Heben, XII, 216

12. Quand un concours a été prévu dans les conventions de société, pour la suite des entreprises sociales, l'offre faite par l'un des associés de conserver ou de laisser à son coassocié, au choix de celui-ci, ne lie pas ce dernier, alors qu'il s'est abstenu de toute réponse, et, qu'en fait, nul concours n'a eu lieu. — Dans ce cas, à la société primitive dissoute a succédé une société de fait sur les bases de la première. — Même arrêt qu'au n° 6, *suprà*.

13. Dans ce cas encore la liquidation doit en être ordonnée d'après les règles du droit commun. Il n'appartient pas au juge, en dehors du consentement exprès des parties, d'attribuer tout l'actif

social et la suite des entreprises à l'un des associés, à charge du passif et du remboursement de l'apport de l'autre associé, outre une partie dès à présent fixée sur les travaux à venir. — Même arrêt.

14. Le jugement qui, tout en prononçant la dissolution d'une société, renvoie devant arbitre pour liquider et régler les comptes sociaux, n'implique pas nécessairement la liquidation de la société. Il n'emporte pas en cela chose jugée. — Même arrêt.

15. Mais il appartient à la Cour d'ordonner cette liquidation générale. — Même arrêt.

16. OBLIGATION CONTRACTÉE PAR UN ASSOCIÉ. - En matière de société, et aux termes de l'art. 1864, C. N., l'associé qui n'est pas partie dans un contrat et qui n'a pas donné à son coassocié pouvoir d'y figurer pour lui, n'est engagé qu'à la double condition : 1° qu'il a été stipulé que l'obligation est contractée pour compte de la société, et 2° que la chose a tourné au profit de la société. — A. 18 juillet 1868, Ricard c. Lebas, X, 165.

17. SOCIÉTÉ CIVILE. — *Dissolution.* — La faculté de mettre fin à une société civile illimitée est un droit essentiel et incontestable qui appartient à chacun des associés. Pour l'exercer, il n'est point nécessaire de déduire des motifs ; il suffit, mais il faut que la demande en dissolution soit faite de bonne foi et en temps opportun, double condition dont le sens est nettement déterminé par l'art. 1870 du C. N. — A. 18 et 26 nov. 1868, Pasquier c. Trottier. X, 240.

§ 2. — Société commerciale.

18. ACTION EN JUSTICE. — *Domicile.* — *Préposé.* — Le domicile d'une société, considérée comme être moral, est dans le lieu où elle a son principal établissement. — Même arrêt qu'au n° 9, *suprà.*

19. Par suite, c'est au tribunal de ce domicile que doit être portée la demande en déclaration de faillite de cette société. Le tribunal du lieu de l'exploitation des usines, s'il s'agit d'une société minière, serait incompétent pour statuer sur cette action, si, en fait, la comptabilité et l'administration sociales proprement dites ne sont pas au siège de cette exploitation. — Même arrêt.

20. Cependant, jugé qu'une société peut être assignée dans la

personne de son directeur au lieu où elle a un établissement important, bien que, d'après ses statuts, le siége social soit dans une
autre localité. — A. 20 nov. 1865, Talabot c. Bou Yacoub, VII, 155 ;
20 déc. 1865, Bruat c. Mines de Mouzaïa, VII, 173.

21. Il importerait peu que le directeur eût déclaré à la mairie
de l'endroit où est ce principal établissement qu'il n'y avait là aucune personne ayant le droit de recevoir pour la société les actes
extra-judiciaires ; cette déclaration ne peut dans aucun cas nuire
au droit de tous. — Même arrêt (Talabot).

22. Mais si la jurisprudence admet que les sociétés commerciales, soit les compagnies de chemins de fer, peuvent être citées
dans la personne de leur agent devant le juge du lieu où elles ont
établi une succursale, c'est là une exception faite uniquement
dans l'intérêt des tiers et qui ne peut être invoquée par les employés de la société. — A. 28 juillet 1863, Chem. de fer c. Puche,
V, 161.

23. Une société industrielle peut être poursuivie pour les causes
procédant de son industrie, au lieu où celle-ci s'exerce et dans la
personne de son préposé. — A. 1er juillet 1872, Mines de Gar-Rouban c. Medioni, XIV, 156.

24. Il en est surtout ainsi quand le domicile administratif de la
société est fort éloigné du théâtre de son fonctionnement. — Même
arrêt.

25. La société peut être valablement poursuivie en paiement de
traites en la personne de son préposé, alors même que celui-ci ne
serait plus l'agent de la compagnie au moment de l'instance, mais
si, au moment de l'émission des traites, il avait encore qualité
pour représenter ladite société. — En tout cas, s'il y avait une
nullité dans ce fait de l'huissier, elle serait de celles dont les tribunaux de l'Algérie sont autorisés, aux termes de l'art. 69 de l'ordonnance du 26 sept. 1842, à ne pas faire acception. — Même
arrêt.

26. CARACTÈRES (associé, société). — *Achat et revente d'immeubles.* — Lorsque l'achat et la revente d'immeubles constitue
un moyen actif de spéculation, la société formée pour ces sortes
d'opérations est une société commerciale. — Même arrêt qu'au n°
3, *supra.*

27. *Associé.* — Un individu qui a aidé de ses soins, de ses démarches et de son argent un autre individu, dans une exploitation

commerciale, ne doit pas par cela même être considéré comme l'associé de ce dernier, alors que les résultats de l'opération ne devaient pas être partagés. — A. 6 août 1865, Vautherin c. Ferrand, VII, 24.

28. *Associé et prêteur.* — La double qualité d'associé et de prêteur à la société n'a rien d'inconciliable; dans ce cas l'associé ne doit pas être considéré comme associé, mais comme tiers prêteur, et, par suite, non soumis à la restriction de l'art. 1214, C. c. — A. 24 fév. 1873, Jue c. Cazali, XV, 65.

29. *Exploitation forestière.* — La société que le concessionnaire d'une forêt de chênes-liége forme avec une autre personne pour l'exploitation de cette forêt, n'est pas une société commerciale. — A. 15 juillet 1876, Jean c. Joly, XVIII, 180.

30. *Maison de santé.* — La maison de santé formée entre un médecin et un particulier pour la création et la direction d'une maison de santé, ne constitue pas une société commerciale. — Jugem. com. Alger, 31 janvier 1860, Portier c. Feuillet, II, 123.

31. DIVIDENDES FICTIFS. — Dans une société commerciale, les dividendes constituant la part de chaque associé dans les bénéfices, ce qui est distribué alors que les bénéfices n'existent pas est une distraction du capital social et doit être restitué par les actionnaires. — A. 26 oct. 1866, Martin c. Campoulas, VIII, 237.

32. FACTEUR. — Lorsqu'un négociant en vins de France envoie dans une ville de l'Algérie un individu auquel il donne mission de recevoir et de vendre les vins qu'il lui adressera, et ce, moyennant un traitement fixe et une remise proportionnelle sur les ventes, il ne devient pas par cela même l'associé de ce dernier. — Celui-ci n'est qu'un facteur qui ne peut engager le commettant que dans les limites du contrat intervenu. — Il importerait peu que le facteur ait opéré dans ses agissements commerciaux en son nom personnel, suivi des expressions : *et Compagnie.* — A. 9 février 1865, Bergeron c. Deloupy, VII, 15.

33. FAILLITE. — Si, postérieurement à la faillite de l'un des associés, une société peut encore continuer avec ladite faillite, ce ne peut être qu'en vertu de la volonté et du consentement exprès de toutes les parties intéressées. — A. 23 déc. 1869, Taillefer et Brajoux c. syndic Currat et Bordes, XII, 7.

34. GÉRANT. — S'il est vrai que par les conventions sociales dûment publiées, le pouvoir des gérants d'une société commer-

ciale peuvent subir certaines limitations opposables même aux
tiers, les limitations doivent être clairement précisées de manière
à ne pouvoir induire le public en erreur. — Spécialement, en présence d'une clause de l'acte social qui ne permet pas au gérant de
souscrire des effets de commerce et lui fait un devoir de n'opérer
qu'au comptant, il a pu être décidé souverainement, par un juge
du fait, que cette clause, sainement interprétée, n'interdit pas au
gérant de faire traite pour le recouvrement des créances sociales. — Cass. Req. 12 avril 1865, Breucq c. Roure, VII, 54.

35. Le gérant d'une société doit tenir une comptabilité qui permette aux associés de contrôler utilement et facilement ses actes,
et de se rendre compte des pertes et des bénéfices, et ce, à peine
de responsabilité. — Spécialement, le gérant d'une société formée
pour la fabrication des chapeaux doit tenir un livre d'entrée et de
sortie des marchandises achetées et fabriquées, qui permette aux
associés de surveiller l'emploi desdites marchandises. S'il ne le
fait pas, il est responsable des pertes survenues. — A. 18 oct. 1871,
Vidal c. Jauffret, XIII, 252.

36. ISRAÉLITES. — Sous l'empire de l'ord. du 26 sept. 1842, les
obligations imposées par le Code de commerce pour constater
l'existence des sociétés commerciales et les rendre opposables aux
tiers, ne sont point applicables, en Algérie, aux israélites indigènes,
aucune loi locale n'astreignant ces derniers à constater par écrit
l'existence de leurs associations commerciales, et l'usage de cette
constatation n'existant également pas. — A. 20 déc 1855, Guez c.
Narboni, V, 169.

37. LIQUIDATEUR. — LIQUIDATION. — Lorsqu'une société commerciale a été dissoute, et qu'un liquidateur a été nommé, c'est à
ce liquidateur qu'appartient l'exercice des actions en justice intéressant la société. — Néanmoins les associés ayant intérêt à ces
actions peuvent aussi les exercer en leur nom personnel. — A. 27
nov. 1865, Babaud c. Fraud, VIII, 3.

38. *Epoux survivant.* — Après la dissolution d'une société par
suite du décès de l'un des époux laissant des enfants mineurs, l'é-
poux survivant peut, tant en son nom personnel qu'en sa qualité
de tuteur et sans l'observation d'aucune formalité préalable, liquider le compte de ladite société formée pendant le mariage. —
Jugem. Constantine, 22 nov. 1875, Ahmed Lakdar c. Simon, XVII.
226.

39. Lorsqu'une société commerciale a contracté une obligation, l'exécution de cette obligation peut être valablement poursuivie contre l'être moral, encore bien que la société soit dissoute et en liquidation, alors qu'au moment de la poursuite elle n'avait pas de liquidateur légal. — Même arrêt qu'au n° 37, *suprà*.

40. PUBLICATION. — *Ses effets.* — Une société non publiée conformément à la loi ne peut être opposée aux tiers créanciers de chacun des associés, alors même que les droits de ceux-ci auraient pris naissance postérieurement à la dissolution non publiée de ladite société. — A. 19 janv. 1874, Ben Ichou c. Aknim, XVI, 75.

41. Par conséquent la société qui est, en fait, propriétaire d'immeubles acquis individuellement et collectivement par quelques associés, ne peut exciper de son droit de propriété à l'égard des tiers qui ont acquis des droits réels du chef de l'un des acquéreurs et sur sa part indivise. — Même arrêt

42. Il en est ainsi alors même que ces droits ont été conférés après la sentence arbitrale liquidant et attribuant les immeubles à la société, si cette sentence n'a pas été transcrite. — Même arrêt.

43. Spécialement, l'associé, dans le cas d'une telle société, qui est en nom dans les actes d'acquisition, a conféré valablement une hypothèque sur sa part indivise dans lesdits immeubles, et si, sur la licitation, d'autres associés se rendent adjudicataires, ils ne peuvent invoquer le droit de propriété sociale pour faire prononcer l'annulation de l'hypothèque. — La situation doit être réglée eu égard aux associés figurant individuellement dans les actes d'achat. Par suite, si, sur la licitation, l'un des associés se rend adjudicataire solidairement et indivisément avec un autre associé lui-même, mais ne figurant pas dans cesdits actes d'achat, l'art. 883, Code civil, ne peut pas être invoqué pour faire tomber l'inscription. En effet, ce dernier n'est pas copropriétaire à l'égard des tiers ; c'est un étranger, et, en vertu du principe de l'indivisibilité et de la solidarité, l'adjudication est censée faite à un étranger. — Même arrêt.

§ 3. — Différentes espèces de sociétés commerciales.

44. SOCIÉTÉ ANONYME. — Le conseil général d'une société anonyme d'assurances mutuelles est le mandataire des associés. En cette qualité il n'a pas le droit, en l'absence d'une disposition ex-

presse des statuts, d'autoriser le directeur à contracter un emprunt devant affecter le fonds de prévoyance et de réserve. — Chaque associé a le droit de faire annuler la délibération qui accorde cette autorisation et l'emprunt qui en a été la conséquence. — Si les sommes appartenant au fonds de prévoyance et de réserve ont reçu une autre destination que celle prévue aux statuts, les directeurs et membres du conseil d'administration sont personnellement et solidairement tenus à les rétablir. — Tout associé peut exiger la communication sur place de tous livres, registres et documents propres à lui faire connaître l'état de la société. — A. 18 mai 1863, Bénard Lechevallier c. l'*Algérie*, V, 97.

45. SOCIÉTÉ EN COMMANDITE. — *Femme mariée.* — La femme mariée ne peut être associée par le gérant à la gérance d'une société en commandite, sans l'autorisation de son mari et sans une délibération de l'assemblée générale. — A. 29 nov. 1867, Renggueur c. Sturn, X, 12.

46. *Gérant.* — Une société en commandite, dans le principe, peut dégénérer en une société de fait. — Les juges peuvent rechercher dans les termes et la pensée d'un acte de société si le tiers qualifié gérant est un gérant sérieux et réel, ou simplement un mandataire des associés. Ce n'est pas là aller et prouver contre un acte de société en commandite ou en nom collectif. Une responsabilité restreinte imposée au gérant, l'obligation de verser un cautionnement non productif d'intérêts et restituable en cas de mort ou de retrait d'emploi, pour quelque cause que ce soit, si ce n'est pour malversation. sont des clauses incompatibles avec une gérance réelle et une société en commandite. — Même arrêt qu'au n° 2, *suprà*.

47. Ne peut être tenu, ni comme associé, ni surtout comme gérant social, à l'égard des commanditaires prétendus, l'employé intéressé, le prote d'un journal, qui n'a pris part à aucune délibération des autres sociétaires, qui n'a contribué à aucun versement extraordinaire fait pour désintéresser des créanciers sociaux, et qui n'a point été appelé à la procédure relative à la vente judiciaire de l'opération sociale. En un tel cas, le gérant n'est en réalité que le prête-nom des associés. — Même arrêt

48. *Immixtion.* — Pour que l'associé commanditaire puisse encourir la responsabilité prévue par l'art. 28 du Code de commerce, il faut que les actes d'immixtion qu'on lui impute soient répétés et d'une certaine gravité. — Même arrêt qu'au n° 45, *suprà*.

49. Spécialement, des conseils, des avis, des actes de contrôle et de surveillance, alors même que le commanditaire aurait l'intention de devenir coopérant, ne seraient pas suffisants. — Même arrêt.

50. *Nullité.* — *Défaut de formalités.* — Le défaut de publication d'une société en commandite, dans la quinzaine de sa date, ou, cette publication étant faite, le défaut de signature par l'imprimeur, ou le défaut d'enregistrement, dans les trois mois, du numéro du journal portant la publication, rend cette société nulle au regard des tiers. (Art. 42, C. com.). — Spécialement, si le propriétaire d'un immeuble hypothéqué à la garantie de la créance d'un tiers forme une société avec divers et compose son apport social de cet immeuble, la société n'en devient pas propriétaire si elle n'a pas été régulièrement publiée, et le créancier peut exercer ces poursuites contre le débiteur, propriétaire originaire, sans avoir égard à la société. — Même arrêt qu'au n° 37, *suprà.*

51. SOCIÉTÉ EN COMMANDITE PAR ACTIONS. — *Apport en nature.* — *Versement.* — Des souscripteurs peuvent stipuler pour eux la faculté de faire leurs versements en nature pourvu que l'assemblée générale ait été appelée à contrôler et à apprécier ces apports. Lorsqu'il s'agit d'un apport de marchandises et que le souscripteur a mis le premier quart de son versement à la disposition du gérant par un certificat de dépôt, le versement doit être considéré comme effectué, encore que, par une raison d'économie ou par suite d'une impossibilité pratique, l'enlèvement réel n'ait pas eu lieu sur le champ. Il importe peu que par un événement postérieur, tel que la fraude du souscripteur ou sa faillite, les marchandises déposées n'aient pas été représentées. — A. 5 juillet 1867, Sicard c. Gallian, IX, 160.

52 *Augmentation du capital.* — Lorsqu'une assemblée générale d'une société en commandite par actions autorise l'augmentation du capital social, alors que le pacte social ne lui accorde pas ce droit, cette décision est nulle en principe; mais les souscripteurs d'actions ne peuvent opposer cette nullité aux créanciers sociaux représentés par le syndic, pour se soustraire au paiement du solde de leurs actions, alors même qu'ils n'auraient par participé aux actes du gérant et ne les auraient pas ratifiés ni expressément, ni implicitement. — A. 5 juin 1875, v° Lecesne c. l'*Afrique française*, XVII, 111.

53. Même solution pour le cas où les formalités prescrites par la loi du 17 juillet 1856 n'auraient pas été observées pour la constitution de ce capital augmentatif. — Même arrêt.

54. La délibération par laquelle l'assemblée générale des actionnaires décide, à la simple majorité, l'augmentation du capital social, est valable et obligatoire au regard des actionnaires de la nouvelle émission ; — ces derniers ne peuvent prétendre que leur souscription est nulle par le motif que la délibération qui a autorisé l'augmentation devait obtenir le consentement de tous les actionnaires (résolu seulement implicitement par l'arrêt). - Lorsque dans le cours du fonctionnement d'une société en commandite, le capital originaire est augmenté, ce capital augmentatif est soumis aux dispositions de la loi du 17 juillet 1856, c'est-à-dire qu'il n'est acquis définitivement à la société que lorsque la totalité est souscrite, le quart versé, que la déclaration notariée de versement est faite, et que l'assemblée générale déclare que toutes ces conditions ont été remplies. — Néanmoins, en cas de faillite, les souscripteurs ne peuvent exciper de l'inaccomplissement de ces conditions pour s'exonérer de l'obligation de payer le solde de leurs souscriptions, si, le gérant ayant opéré avec ce capital, ils ont ratifié implicitement ou explicitement. — Le dol pratiqué par le gérant d'une société en commandite pour obtenir des souscriptions, n'est pas opposable aux tiers. — A. 14 avril 1865, Cadenet c. l'*Afrique française*, VIII, 241. — V. la note.

55. *Emission d'actions.* — Lorsque dans un acte de société en commandite par actions, il est stipulé que les gérants pourront, en cours de fonctionnement, émettre une série d'actions en dehors de celles émises pour le capital originaire, et qu'il résulte des circonstances de fait que cette nouvelle émission était prévue à l'avance et devait, dans l'opinion des gérants, être immédiatement faite, le montant de cette émission doit être considéré comme constituant le capital social originaire. — Par suite, aux termes de la loi du 17 juillet 1856, le quart afférent à chaque action de la seconde comme de la première émission, doit être versé antérieurement à la constitution de la société. — A. 25 févr. 1864, Kraff c. Aucourt, VI, 33.

56. *Faillite.* — La faillite d'une société en commandite par actions rend exigibles les versements dûs par les actionnaires. — Pour que l'action en paiement de ces versements soit recevable,

quand il y a faillite de cette société, il suffit que le passif excède
l'actif. — Même arrêt qu'au n° 54, *suprà*.

17. *Nullités.* — Lorsque les assemblées générales des actionnaires statuent sur les apports des gérants et sur la constitution
de la société, conformément aux prescriptions de la susdite loi, le
procès-verbal des délibérations doit indiquer, à peine de nullité,
les noms des actionnaires présents et le nombre de leurs actions.
— La société est nulle si les gérants se sont livrés à des opérations
sociales avant que l'assemblée générale ait nommé les membres
du conseil de surveillance et déclaré la société constituée. — Tout
intéressé peut demander la nullité d'une société en commandite par
actions formée en violation de la loi. — L'expression « intéressé »
est applicable aux actionnaires. — La dissolution ou la mise en
liquidation de la société ne pourrait empêcher l'exercice de la
demande en nullité. — La nullité de la société est exclusive de
toute communauté de fait obligeant les actionnaires. Une telle
communauté ne peut exister qu'entre associés qui ont participé à
la même violation de la loi. — En conséquence, dans ce cas, les
gérants liquidateurs n'ont pas qualité pour exiger des actionnaires
le montant des actions souscrites, sous le prétexte qu'il est nécessaire pour le paiement des créanciers sociaux. — De plus, ils doivent restituer aux actionnaires les sommes qu'ils en ont reçues. —
Même arrêt qu'au n° 55, *suprà*.

58. L'acte qui crée une société en commandite par actions n'a
d'existence réelle qu'à partir du jour où cette société est constituée
après l'accomplissement des conditions préalables prescrites par
la loi du 17 juillet 1856. — Par suite les publications exigées par
l'art. 42, C. com., doivent être faite *postérieurement* à cette constitution et dans la quinzaine. — Les prescriptions de l'art 4 de ladite loi, sur la convocation de tous les souscripteurs d'actions à
l'assemblée générale, sont de rigueur. Leur inexécution rend nulle
la délibération de l'assemblée et cette nullité entraîne celle de la
constitution de la société. — L'omission, sur la liste des souscripteurs déposée par le gérant, à l'appui de ses déclarations, dans l'acte
notarié prescrit par l'art. 1er de la loi du 17 juillet, de noms de souscripteurs réels, constitue une autre nullité. — La liste des souscripteurs déclarés dans l'acte notarié n'est pas opposable aux souscripteurs omis. — Lorsque la société est déclarée nulle dans ces conditions sur la demande d'un actionnaire, il n'y a pas lieu à prononcer
sa mise en liquidation. — Jugem. com. Alger, 29 mars 1859, I, 209.

59. Le mot *versement* signifie, dans la pensée du législateur, tout paiement en numéraire ou en valeurs certaines et immédiatement réalisables. — Même arrêt qu'au n° 55, *suprà*.

60. SOCIÉTÉ EN NOM COLLECTIF. — *Dissolution.* — Le défaut de tenue de livres dans une société en nom collectif et la mésintelligence persistante des associés, sont au nombre des causes graves et légitimes qui peuvent faire prononcer la dissolution de cette société avant l'échéance du terme fixé pour sa dissolution (art. 1871, C. c.). — A. 5 juin 1862, Pérusson c. Pérusson, IV, 198.

Gérant. — V. *suprà*, n° 46.

61. *Nullité.* — *Défaut de publication.* — La nullité d'une société commerciale et en nom collectif pour défaut d'accomplissement des formalités de publications, prescrites par l'art. 42, C. com., est une nullité d'ordre public et peut être prononcée même après la dissolution amiable de la société. — Il doit en être surtout ainsi lorsque la liquidation n'est pas encore terminée. — La nullité de la société entraîne la nullité des actes et accords qui l'ont accompagnée et suivie. — A. 25 nov. 1864, Chazel c. Reidon, VI, 131.

62. *Refus d'exécution.* — *Dommages-intérêts.* — Si la société en nom collectif qui n'a pas été établie conformément à la loi n'est pas obligatoire pour les associés, il faut néanmoins reconnaître que l'inexécution de la part de l'un des associés peut donner droit à des dommages-intérêts au profit de celui qui se trouve lésé par cette inexécution. — Jugem. com. Alger, 22 février 1859, Cazave c. Medan, I, 214.

63. SOCIÉTÉ EN PARTICIPATION. — *Cautionnement.* — Lorsque deux personnes ne sont liées que par une société en participation, sans raison sociale, celle qui est propriétaire du cautionnement engagé pour les affaires sociales peut, au regard de son coassocié, en disposer valablement, puisqu'il est sa propriété exclusive. — A. 28 nov. 1874, Gaguin c. Moulin, XVI, 301.

64. *Compétence.* — Les sociétés en participation n'ayant pas de siège social, c'est à tort qu'à propos de la liquidation d'une société de cette nature, on s'est fondé, pour attribuer compétence au tribunal de Bône, sur ce que ladite société aurait son siège social en cette ville, comme étant le lieu de ses principales et constantes opérations. — Même arrêt qu'au n° 4, *suprà*.

65. *Dissolution*. — L'art. 1865 du Code Napoléon, qui énumère les différents cas où la société prend fin, est une disposition générale qui régit toute espèce de sociétés, celles en participation aussi bien que les autres. — A. 3 sept. 1867, Palisser c. Mongellas, IX, 244.

66. Spécialement le cas de déconfiture ou de faillite de l'un des participants entraîne la dissolution de l'association, à moins de stipulations contraires dans le pacte social. — Même arrêt.

67. Mais, dans ce cas, la dérogation doit être expresse et formelle et ne laisser prise à aucun doute. Une simple déclaration de l'état d'embarras de ce participant faite dans un contrat postérieur, ne saurait en tenir lieu. — Même arrêt.

68. *Obligations des associés envers les tiers*. — Dans les associations en participation, tous les associés sont indistinctement obligés envers les tiers pour les engagements contractés dans l'intérêt de la société. — Lorsque dans ces sortes de sociétés, il est convenu que de deux associés, l'un opérera en son nom personnel sur une autre place, tous les deux sont solidairement tenus de toutes les obligations contractées par l'un ou l'autre. — A. 22 oct. 1864, Basset c. Lecoq, VI, 172. — V. la note où ces solutions sont vivement critiquées.

69. *Pêche d'un lac*. — Une société verbale qui n'a pas été publiée et qui est faite pour l'exploitation de la pêche d'un lac, ne peut constituer qu'une société en participation. — A. 9 juillet 1863, Feuilhade de Chauvin c. Fabre, V, 150.

V. Compétence, 107, — Domicile, — Faillite, 32 s, 61, — Pharmacie, 5 s, — Saisie-exécution, 6.

Société de secours mutuels.

1. Lorsque des particuliers, régulièrement admis comme membres dans une société de secours mutuels, en ont ensuite été exclus par délibération de la société, et lorsqu'il est d'ailleurs établi par l'instruction devant le Conseil d'Etat statuant au contentieux, qu'en décidant cette exclusion, la société a violé les dispositions de ses statuts, le préfet a pu, en vertu des pouvoirs qui lui sont attribués par l'article 16 du décret du 26 mars 1852, prononcer la suspension de cette société. — Cons. d'Etat, 13 mars 1867. IX, 189.

2. L'Administration ne peut annuler les délibérations d'une

société de secours mutuels et ordonner leur radiation sur le registre. — Aucune disposition du décret du 26 mars 1852 ne lui confère ce droit. — Même arrêté.

Sœurs de la doctrine chrétienne.

Les sœurs de la doctrine chrétienne constituent une congrégation autorisée ; par suite, elles peuvent ester en justice. — Et elles n'ont pas besoin, pour ester en justice, d'être, comme les établissements publics, autorisés par l'autorité administrative. — A. 27 oct. 1871, com. d'Alger c. Sœurs de la doctrine chrétienne, XIII, 188.

Solidarité. — V. Appel, 33, — Jugement par défaut, 13, 15, — Société, — Vente, 26.

Source. — V. Eaux, 23.

Sous-traitant. — V. Entrepreneur, 4 s, — Entrepreneur de transports, 1.

Statut personnel, réel. — V. Israélite, et les renvois, — Mariage, 13 s, 18 s, — Succession, 13, — Tutelle, 1 s.

Stipulation pour autrui.

PRODUCTION A ORDRE. — La production à un ordre en vertu d'une stipulation faite par un tiers dans un acte, constitue une acceptation de cette stipulation (art. 1121, C. c.). — A. 18 mai 1860, St-Léon c. Richarme, II, 204.

V. Entrepreneur.

Subrécargue. — V. Armateur.

Subrogation.

1. La subrogation conventionnelle doit être faite en même temps que le paiement ; mais la déclaration en l'acte que les espèces ont

été comptées le jour même, hors la vue du notaire, constitue un paiement simultané. — A. 12 janvier 1860, Giraud c. Troussel, II, 76.

2. ACQUÉREUR. — *Somme supérieure au prix d'acquisition.* — L'acquéreur qui, pour éviter une dépossession, paie à des créanciers inscrits sur l'immeuble acheté et sur d'autres immeubles une somme supérieure à son prix d'acquisition, bénéficie de la subrogation générale des art. 1249, 1251 du C. N. — A. 18 janv. 1868, Bourgeois c. Anglade, X, 94.

3. L'effet de cette subrogation n'est pas limité à l'immeuble acquis dans le sens du n° 2 de l'art. 1251, précité. — Il s'étend à tous les autres immeubles affectés à la garantie de la créance payée. — Il en est ainsi, alors surtout que cette subrogation a été expressément stipulée. — On ne peut, en cela, exciper, contre l'acquéreur, de l'imprudence résultant du paiement, ni de l'extinction prétendue de la créance payée. — Même arrêt.

4. *Action résolutoire.* — La subrogation légale au droit de résolution n'est pas acquise au créancier inscrit qui paie le vendeur. (Art. 1251, § 1 du C. c.; — Demolombe, Obligations, n° 463 ; Cass. 3 juillet 1854). —A. 15 juillet 1875, Dechaux c. Taboni, XVII, 126.

5. Mais le droit de résolution peut être alors transféré par une subrogation conventionnelle. (Art. 1250, § 1.) — Même arrêt.

6. Toutefois, cette subrogation devient elle-même impossible quand le créancier inscrit et saisissant, qui a payé le vendeur, l'a fait en déclarant qu'il voulait éteindre l'action résolutoire, pour continuer les poursuites de saisie immobilière sur l'immeuble revendiqué par cette action résolutoire. — Même arrêt.

7. *Rente domaniale.* — *Action résolutoire.* — L'adjudicataire évincé qui a éteint par remboursement la rente domaniale qui grevait l'immeuble acquis, n'est pas subrogé, à raison de ce remboursement, dans le bénéfice de l'action résolutoire qui appartenait au Domaine. — A. 19 janvier 1859, Chiche c. Champeaux, I, 78.

8. TIERS DÉTENTEUR. — *Dette hypothécaire.* — Le tiers détenteur tenu hypothécairement de la dette d'autrui, qui vend les biens hypothéqués pour payer cette dette, est subrogé légalement à tous les droits du créancier qu'il paie (art. 1251, § 3, C. civ.). — L'acquéreur de son immeuble, qui consigne le prix pour satisfaire ce créancier, étant libéré par sa consignation, les fonds déposés res-

tent aux périls et risques du vendeur, qui seul a le droit à la consignation, l'acheteur n'étant que son mandataire pour déposer et payer à sa place. — A. 24 juillet 1863, Ali ben Bahamed Khalifa c. X., V, 137.

V. Inscription hypothécaire, 14.

Substitution.

1. Ce qui constitue la substitution prohibée, c'est le fait de deux libéralités, un droit éventuel au profit de quelqu'un, un trait de temps entre les deux substitutions et un ordre successif. Il suffit à la validité du legs que le légataire soit investi de l'entière propriété des choses léguées, qu'il soit libre d'en disposer à son gré, qu'il n'y ait entre lui et le testateur ni pacte exprès, ni concert tacite pour faire parvenir, par voie de fidéicommis, la libéralité soit à une personne incapable de recevoir, soit à des personnes incertaines. — A. 21 juillet 1873, Balmont c. Joly, XV, 242.

2. Il n'y a davantage, dans un tel cas, c'est-à-dire en l'absence d'une clause fiduciaire expresse ou tacite, ni interposition de personne, ni legs au profit de personnes incertaines (art. 911, C. civ.). — Même arrêt.

3. Pour que la substitution fidéicommissaire prohibée par l'art. 896, C. c., puisse se rencontrer, il faut : 1° que la condition qui frappe d'indisponibilité les biens pendant la vie du premier gratifié soit clairement et expressément exprimée ; 2° que de la disposition puisse naître une action utile pour le tiers appelé en second ordre à l'effet de réclamer le bénéfice stipulé en sa faveur ; 3° que le legs au profit de l'appelé émane directement de l'instituant et ne soit pas laissé au choix et à l'élection de l'institué. — Spécialement, lorsque le testateur, après avoir déclaré que son légataire « pourra faire et disposer des biens légués en toute propriété et » jouissance comme de sa propre chose, » ajoute « qu'à sa mort il » (le légataire) léguera et emploiera tout ce qu'il aura hérité tant » en argent qu'en propriétés au soulagement des malheureux, » cette dernière disposition empêchant le legs direct, la transmission directe par le testateur au profit du second institué, dont le choix est laissé à l'arbitrage du premier institué, fait qu'il n'y a pas substitution prohibée. — A. 25 mai 1863, Galangau c. Micoud, V, 89.

Succession.

DIVISION

§ 1. — Droit musulman.
§ 2. — Droit mosaïque. — Indigènes israélites.
§ 3. — Droit français.
§ 4. — Succession vacante.

---

§ 1. — Droit musulman.

1. CONTRIBUTION AUX DETTES. — Le cohéritier n'est tenu des dettes de la succession que pour sa part et portion. Par suite, les poursuites exercées contre lui pour la totalité de la dette du débiteur doivent être déclarées nulles. — A. 22 oct. 1862, Mohammed ben El Hadj c. Baud, IV, 206.

2. ESCLAVE. — En droit musulman comme en droit français, les successions sont régies par les lois sous l'empire desquelles elles viennent à s'ouvrir. — Le décret du 27 avril 1868, qui a aboli l'esclavage dans les possessions d'outre-mer de la France, a eu pour effet non seulement de donner la liberté aux esclaves qui pouvaient exister au profit des indigènes musulmans de l'Algérie, mais en outre de faire cesser tous les effets de l'ancienne condition du ci-devant esclave. — Spécialement, par la force de l'émancipation prononcée par ce décret, le maître a perdu tout droit d'hériter sur les successions de l'esclave, eût-il été affranchi antérieurement à ce décret. — A. 12 oct. 1868, X, 214.

3. HÉRITIERS LÉGITIMAIRES ET ACEB. — La loi musulmane appelle concurremment à l'hérédité deux classes distinctes de personnes : 1° les héritiers dits *saheb el fard*, c'est-à-dire les légitimaires ayant droit, dans tous les cas, à une part dans la succession ; 2° les *aceb*, c'est-à-dire certains *agnats*, ou parents mâles de la ligne paternelle du défunt, dont le plus proche en degré recueille, soit le reste de l'hérédité, après le prélèvement des légitimaires, soit toute l'hérédité, s'il n'y a pas de légitimaires. — A. 28 mai 1862, Nefica bent Mohammed c. Mohammed ben Mustapha, IV, 116.

4. Spécialement, une nièce et une petite-nièce ne peuvent être déclarées héritières légitimaires : elles ne peuvent pas davantage être déclarées héritières *aceb*, cette qualité ne pouvant appartenir

aux femmes. — Il n'existe d'exception à cette dernière partie de
la règle qu'au cas d'une femme venant à l'hérédité en qualité de
légitimaire avec un mâle du même degré qu'elle. — Même arrêt.

5. *Enfants et femmes.* — Aux termes des versets 12 et 14, chap.
IV, du Coran, le père de famille doit réserver à chacun de ses enfants (garçons ou filles) et à chacune de ses femmes une part déterminée dans sa succession. — Est nul, en conséquence, le partage fait par un musulman à ses fils, à l'exclusion de sa femme et
de ses filles, que l'acte attaqué soit considéré comme une donation
ou comme un simple partage. — A. 7 déc. 1864, VI, 179.

6. *Frère germain.* — Le frère germain d'un musulman qui décède, ne laissant que des filles comme héritières directes, ne peut
prétendre à une part dans la succession du *de cujus* en qualité
d'aceb. — A. 3 juillet 1875, Toledano c. Ben Mokhtar, XVII, 174.

7. Le rédacteur du *Journal* estime (note de la page 174) qu'il
n'est pas possible d'écarter plus complètement que ne le fait cet
arrêt, les règles précises et formelles de la loi musulmane, la doctrine de tous les auteurs et la jurisprudence constante de la Cour
d'Alger.

8. Le frère germain exclut le frère consanguin. — A. 21 oct.
1875, Lamri, XVII, 203.

9. *Veuve.* — La veuve a une part héréditaire dans la succession
de son mari. — Le droit puisé dans le texte même du Coran doit
prévaloir sur le habbous. — A. 19 nov. 1862, Ali ben Djebrouni
c. Zohra bent Nouralah, IV, 247.

10. *Contrà*: La veuve d'un musulman n'est pas héritière de son
mari. — Même arrêt qu'au n° 6, *suprà*.

11. Même observation qu'au n° 7, *suprà*.

12. RAPPORT. — Le rapport de cohéritier à cohéritier existe dans
le droit musulman comme dans le droit français. — A. 5 nov.
1863, V, 194.

13. STATUT PERSONNEL. — *Naturalisation.* — Les règles d'hérédité des musulmans, en cas de décès *ab intestàt*, sont basées sur
leur droit national et religieux, et, dès lors, tiennent essentiellement à leur statut personnel. — La naturalisation de membres
de la famille indigène ne peut ni annihiler ou modifier les effets
de la loi musulmane sous l'empire de laquelle s'est ouverte la succession du *de cujus*, ni porter atteinte aux droits successifs des

héritiers restés musulmans. — Jug. Bougie, 23 déc. 1874, Lamri, XVI, 203, confirmé par l'arrêt rapporté au n° 8, *suprà*.

§ 2. — Droit mosaïque. — Indigènes israélites.

14. DROIT MOSAÏQUE. — Le pacte de famille, par lequel tous les enfants mâles et filles (ou descendants de celles-ci) s'entendent pour subvenir à frais communs aux besoins de l'auteur commun, ne peut impliquer une volonté de modifier l'ordre légal de succéder. — A. 27 mai 1862, Djian, IV, 131.

15. *Mari.* — En droit mosaïque, le mari hérite de sa femme, même au cas où il y a des enfants, de tous les biens de celle-ci, *à l'exception de ceux auxquels*, dit la loi, *elle eût pu prétendre si elle n'était pas morte.* — A. 15 avril 1871, Piquemal c. Lelouch, XIII, 177.

16. *Veuve.* — D'après la loi mosaïque, la veuve a le droit à une pension alimentaire sur l'hérédité de son mari et elle doit être déclarée déchue, si elle n'intente pas son action immédiatement après l'ouverture de la succession. Néanmoins cette déchéance ne peut lui être opposée si elle est en possession de tout ou partie de l'actif héréditaire. — A. 25 mars 1870, Hamou, XII, 73.

17. INDIGÈNES ISRAÉLITES. — *Sénatus-consulte du 14 juillet 1865.* — La législation algérienne ayant réservé aux indigènes israélites le bénéfice de leurs religion et coutumes, leurs successions sont régies par la loi mosaïque. — A. 23 janv. 1855, Zérapha, II, 314 ; 17 sept. 1866, Cheltiel, IX, 16 ; 22 juin 1870, Levy et Salvati c. Seyman, XII, 108.

18. La loi héréditaire est du statut personnel. — Même arrêt (Levy-Salvati c. Seyman).

19. Ces solutions s'appliquent aux successions qui comportent même des immeubles. — 17 sept. 1866, même arrêt qu'au n° 17, *suprà*.

20. En conséquence, si un israélite mineur décède sans postérité, c'est l'oncle paternel qui succède, à l'exclusion de sa mère veuve et remariée. — 23 janv. 1855, même arrêt qu'au n° 17, *suprà*.

21. ... Une fille ne peut prendre part à la succession immobilière de son père. — Même arrêt qu'au n° 14, *suprà*.

22. ... Les filles n'héritent point de leur frère, alors qu'il a laissé soit des descendants mâles, soit des frères ou des ascendants mâles. — 17 septembre 1866, même arrêt qu'au n° 17, *suprà*.

23. ... Elles n'ont droit qu'à une dot représentant le dixième de l'hérédité à l'époque de la constitution dotale. — 22 juin 1870, même arrêt qu'au n° 17, *suprà*.

24. Si, en principe, les israélites indigènes ne peuvent renoncer à la loi religieuse de leur état civil, ils peuvent néanmoins valablement renoncer au bénéfice et à l'émolument afférents à la qualité et à la capacité résultant de leur état civil. — Même arrêt.

25. Lorsque les frères ont reconnu à leurs sœurs le bénéfice appartenant à la qualité d'héritier, ces dernières perdent ce bénéfice, si elles y renoncent dans leur contrat de mariage, si cette renonciation est exempte de dol et de fraude, et faite en majorité. — Même arrêt.

26. Si certains faits et certains actes sont impuissants à constater une renonciation de cette nature, ils peuvent néanmoins suffire à établir une société de fait entre frères et sœurs. — Dans ce cas, les filles doivent avoir dans cette société une part proportionnelle à leur dot. — En cas de société de cette espèce, il appartient aux juges de convertir le droit social des filles en un simple droit de créance contre leurs frères. — Même arrêt.

27. En matière de succession israélite, la jurisprudence du tribunal d'Alger a toujours été contraire à celle de la Cour. Ce dissentiment existait aussi sur les questions relatives au mariage. — V. ce mot.

28. Conformément à sa doctrine, jugé par le tribunal que la succession d'époux mariés devant l'officier de l'état civil français se partage, conformément au C. Nap., sans distinction entre les fils et les filles. — 18 juin 1863, Fitoussi, VI. 56.

29. Depuis ces décisions, la Cour d'Alger a modifié d'abord sa première et si persévérante jurisprudence, en jugeant que si, en principe, les filles israélites ne sont pas héritières de leur père, il en est autrement lorsque le père et les enfants ont voulu à cet égard se placer sous le régime de la loi française. — A. 21 octobre 1870, Stora c. Tabet, XII, 190.

30. En rapportant cet arrêt (que la Cour de cassation a confirmé le 5 déc. 1871, XIV, 114), M. Robe s'écrie (note de la p. 491) : « Il est fort heureux que la naturalisation des Juifs soit arrivée! »

31. Se rangeant enfin à l'opinion qu'elle avait repoussée, la Cour d'Alger a rendu les deux arrêts suivants : — En droit mosaïque, la sœur n'a aucun droit à la succession de son frère ; mais en Algérie, en l'état de la loi et de la jurisprudence, et la loi successorale faisant partie du statut réel, c'est le droit français qui est applicable. En conséquence, elle a le droit conféré par le Code civil. — A. 17 avril 1873, Loufrani c. Nehamia, XV, 138.

32. C'est d'après la loi française et non d'après la loi rabbinique que doit être réglée la dévolution des successions entre israélites indigènes de l'Algérie, cette matière se rattachant au statut réel et non au statut personnel. — A plus forte raison en est-il ainsi quand les parties ont, dans leurs agissements, fait application de la loi française à leurs droits successifs. — A. 22 septembre 1871, Chebbat c. Kalfoun, XIV, 114.

33. De même : Les israélites indigènes de l'Algérie sont soumis à la loi française pour leur statut réel, et notamment pour la dévolution de leurs successions, les lois de succession se rattachant indistinctement au statut réel dans toutes leurs parties, même celles qui édictent des incapacités de succéder (C. civ., 3, Sénatus-consulte du 14 juillet 1865, art. 2). — Cass. Req. 31 mars 1874, Sebaoun c. Loufrani, XVI, 256.

34. Malgré l'exclusion prononcée par la loi rabbinique, la sœur vient concurremment avec le frère à la succession d'un frère décédé sans postérité (C. c., 750). — Même arrêt.

§ 3. — Droit français.

35. ACCEPTATION. — L'héritier qui, en cette qualité, a comparu dans un acte intéressant la succession, ne peut plus, ultérieurement, renoncer, et il doit être déclaré héritier pur et simple. — A. 1ᵉʳ mai 1867, Brouard c. Hamida, IX, 107.

36. ASSURANCES SUR LA VIE. — Le capital d'une assurance sur la vie stipulé payable à un tiers au décès de l'assuré, fait partie de la succession de celui-ci ; par suite, il est soumis à l'action en réduction, s'il excède la quotité disponible (art. 920, 922, 1121, 1973, C. civ.). — Jugem. Constantine, 15 déc. 1875, Moreau c. Puivarge, XVII, 229.

37. CONJOINT, *successeur irrégulier*. — Le conjoint, appelé à la succession de son conjoint comme successeur irrégulier, au cas

prévu par l'art. 767, Code civil, ne peut être poursuivi par les créanciers héréditaires avant son envoi en possession. Dans ce cas, c'est le curateur aux successions vacantes qui représente l'hérédité. — A. 29 janvier 1873, Pons c. Azam, XV, 27.

38. Légataire universel. — *Immixtion*. — Une demande à fin de règlement de compte et de liquidation formée par le légataire universel, entraînerait immixtion contre lui, et, par suite, acceptation irrévocable en vertu du principe : *Semel hœres, semper hœres*. — A. 23 juillet 1861, Ternaux c. Garofolini, III, 171.

39. Ordre. — Lorsqu'il est procédé à un ordre sur le prix d'un immeuble dépendant d'une succession et licité entre les cohéritiers, chacun de ces derniers est bien, en principe, propriétaire de plein droit d'une portion dans ce prix proportionnellement à sa part héréditaire, mais ce droit de propriété peut disparaître par le résultat du partage et par l'application de l'art. 883, C. c. ; il peut surtout disparaître à l'égard d'un cohéritier qui a des rapports à faire à la masse partageable, rapports qui sont susceptibles d'absorber ce qui doit lui revenir. — En présence de cette éventualité, les cohéritiers de ce dernier ont le droit de s'opposer à ce qu'attribution définitive soit faite soit à ses créanciers, soit à lui-même. — Dans ce cas, l'opposition desdits cohéritiers n'est pas, bien qu'elle se produise dans un ordre, une demande en collocation proprement dite qui doit être proposée dans un délai déterminé ; c'est une demande en distraction, en attribution à titre de propriété, qui peut être produite en tout état de cause. — Ce droit n'est pas davantage un droit de privilège qui, pour être exercé, aurait besoin d'être inscrit conformément à l'art. 2109, C. c. — A. 5 nov. 1863, Roure c. Bourkaïb, V, 194.

40. Réserve. — Quotité disponible. — *Donation en avancement d'hoirie*. — Celui qui, non par représentation de sa mère, prédécédée, mais de son propre chef, vient à la succession de son grand-père, n'est jamais tenu d'imputer sur sa réserve la donation que son grand-père avait faite à sa mère, encore bien que ladite donation aurait eu lieu à titre d'avancement d'hoirie. Il peut être nécessaire, pour déterminer la quotité disponible, de réunir fictivement les biens donnés à la mère aux autres biens laissés par le grand-père à son décès ; mais, en ordonnant cette réunion, le juge ne doit rien décider ni préjuger contre le droit de l'héritier sur la réserve, et spécialement, le juge viole la loi lorsqu'il décide que le petit-fils imputera sur sa réserve la donation faite à sa mère, et

rapportera fictivement le montant de cette donation, pour qu'un legs fait postérieurement par son aïeul puisse recevoir son effet (art. 848, 913, 920, 922, C. c.). — Cass. 12 nov. 1860, Roubière c. Santelli, II, 286.

§ 4. — Succession vacante.

41. ADMINISTRATION DU CURATEUR. — RESPONSABILITÉ. — Si, au jour de l'ouverture d'une succession, aucun héritier ne se présente, cette succession est présumée vacante ; par suite, le curateur est saisi de plein droit de son administration, et il peut intenter, comme il peut y répondre, toutes les actions mobilières et immobilières qui l'intéressent (ord. 26 septembre 1842, art. 1, 9 et 17). — A. 2 mars 1874, de Carnanville c. Bertrand et Deliot, XVI, 271 ; 21 mars 1871, Lambert c. Laruelle, XIII, 62.

42. La vacance ne cesse que le jour où il est justifié que les héritiers se sont présentés. — Même arrêt, 2 mars 1874.

43. Une succession est vacante, en Algérie, tout le temps que remise n'en a pas été faite aux héritiers. — A. 17 févr. 1864, Watine et Bossut c. d'Autremont et Bressy, VI, 27.

44. Par suite, c'est contre le curateur que les instances, jusqu'à cette remise, doivent être suivies. — Même arrêt.

45. Le curateur a le droit de discuter la qualité de celui qui se présente comme héritier. — A. 28 janvier 1861, Dzierwonski c. Remy, III, 17.

46. Il n'est pas l'ayant cause du *de cujus*. Par suite, lorsqu'il s'agit d'un fait personnel à ce dernier, on ne peut lui opposer le principe que nul n'est admis à se prévaloir de sa propre turpitude. — Même arrêt qu'au n° 41, *suprà*, 21 mars 1871.

47. Un individu qui a plaidé devant le tribunal en qualité de curateur aux successions vacantes, ne peut personnellement être actionné en dommages-intérêts, en appel. — Même arrêt.

48. CONJOINT, SUCCESSEUR IRRÉGULIER. — Pour qu'une hérédité soit vacante, sous l'empire du droit commun, il faut qu'il ne se présente aucun successeur, régulier ou irrégulier (art. 811, C. c.). — En attendant leur envoi en possession, les successeurs irréguliers ont qualité pour demander et obtenir l'administration de la succession. — Il en est de même en Algérie, bien qu'aux termes de l'ordonnance du 26 décembre 1842, la présence d'un conjoint

successeur irrégulier n'empêche pas l'hérédité d'être réputée vacante ni l'intervention du curateur. Seulement cette intervention doit se borner à un droit de surveillance et de contradiction au besoin. — A. 22 nov. 1859, de Maupas c. Grandjean, II, 45.

49. ETRANGER. — Le curateur aux successions vacantes ne doit pas être mis en cause dans une instance en liquidation et partage de la succession d'un étranger domicilié, sous le prétexte qu'il peut exister des héritiers inconnus et absents, lorsqu'il peut être constaté qu'il n'y a pas d'autres héritiers que ceux connus. Par suite, les frais de cette mise en cause sont frustratoires. — A. 20 fév. 1875, Schwitk c. Buob, XVII, 5.

50. INSCRIPTION PRIVILÉGIÉE. — *Nullité.* — Les successions réputées vacantes en Algérie doivent être assimilées aux successions réputées vacantes en France, quant à leur nature et à leurs effets, alors surtout que les héritiers légitimes connus ont renoncé. — En conséquence, le privilège du vendeur ne peut plus être utilement inscrit sur la succession présumée vacante d'un acquéreur ou d'un sous-acquéreur. (Art. 2146, C. c.). — A. 22 juin 1859, Thayer c. Triboullet, I, 220.

Contrà : L'art. 2146, C. c., qui proscrit les inscriptions hypothécaires sur les successions bénéficiaires, n'est pas applicable aux successions vacantes ouvertes en Algérie, alors surtout qu'il existe des héritiers qui n'ont pas renoncé. — A. 4 novembre 1859, I, 314.

51. LÉGATAIRE UNIVERSEL. — Le curateur ne peut se refuser à remettre la succession au légataire universel, en l'absence d'héritier à réserve, même lorsqu'un héritier collatéral l'a informé de son intention d'attaquer le testament. — A. 24 juillet 1866, Rémy c. Madinier, VIII, 233.

52. NEVEU DU DÉFUNT. — DÉCÈS DU NEVEU. — SON HÉRITIER.— SAISIE IMMOBILIÈRE. — Le curateur, en Algérie, doit, aux termes de l'art. 2 de l'ordonnance du 26 décembre 1842, continuer à gérer la succession vacante dont il est nanti, bien que le neveu du *de cujus*, se disant habile à se porter héritier pour partie, ait provoqué un inventaire des facultés de cette succession, sans toutefois l'accepter formellement, car alors il n'y a pas en réalité d'héritier. — A. 7 déc. 1872, Tuffière c. Reynaud, XIV, 250.

53. Le neveu du *de cujus* étant décédé à son tour, laissant par testament olographe, comme son héritier, un légataire universel de tous biens, et celui-ci ayant formellement et légalement accepté

ce legs universel sous bénéfice d'inventaire, la succession n'est plus demeurée vacante, puisqu'un héritier s'est présenté pour la recueillir ; en conséquence, à partir de ladite acceptation bénéficiaire, en l'absence de tout autre héritier se présentant, les droits du curateur ont complètement pris fin ; le légataire universel est devenu le représentant légal de la succession vacante que lui a léguée son auteur, en telle sorte que, pour les dettes qu'il avait vis-à-vis de ladite succession, il a réuni sur sa tête, par rapport à la créance dont le curateur ès-qualités poursuivait contre lui le recouvrement, la double qualité de créancier et de débiteur ; en conséquence, la saisie pratiquée à l'encontre dudit légataire universel aux fins du payement de cette créance est devenue nulle et inopérante à partir du jour de son acceptation. — Même arrêt.

54. Aux termes de l'art. 28 de l'ordonnance précitée du 26 décembre 1842, toute succession vacante non réclamée dans les trois années de son ouverture est présumée en déchéance, et tombe dans le domaine de l'Etat ; mais si un héritier se présente, passé ce délai, mais avant qu'aucune prétention de l'Etat ne se soit formulée, la présomption de l'art 28 tombe par elle-même, et ne peut être invoquée à l'encontre de l'héritier. — Même arrêt.

55. Quant aux créanciers de la succession vacante, intervenant dans l'instance de saisie immobilière, ils doivent être repoussés par les mêmes considérations que le curateur lui-même, car vis-à-vis d'eux, comme vis-à-vis de lui, il n'y a plus de dette, puisqu'elle s'est éteinte par confusion d'une manière absolue depuis l'acceptation bénéficiaire ; ils doivent d'autant plus être repoussés qu'ils ne sont intervenus dans le procès que postérieurement à cette acceptation. — Même arrêt.

V. Cadi, — Enfant naturel, 1, 7, — Etranger, 13 s. 43, 52, — Hypothèque, — Inscription hypothécaire, 15, — Israélite, — Legs, 4, — Mariage, 32, — Partages et licitations, 15 s, — Saisie-arrêt, 14 s.

Suisse. — V. Etranger, 52, 53.

Sultanis. — V. Matières d'or et d'argent.

Surenchère.

---

§ 1. — Qui peut surenchérir.

1. FEMME DU SAISI. — En matière de surenchère faite par la femme du saisi à la suite d'une adjudication sur expropriation forcée, l'art. 911, C. N., n'est pas applicable ; par suite, la femme ne doit pas être considérée, *ipso facto*, comme personne interposée. — En admettant que la femme mariée sous le régime dotal doive être, en principe, considérée comme le prête-nom du mari, il en est autrement lorsque la séparation de biens a été prononcée ; il importerait peu qu'elle n'eût pas encore été prononcée au jour de la surenchère, si la demande était formée à cette époque. — A. 8 oct. 1864, Cornuey c. Fabre, VI, 153.

2. INSOLVABILITÉ. — Est nulle toute surenchère faite par une personne notoirement insolvable. — Cette insolvabilité est relative et doit être appréciée par les juges du fait, eu égard au prix de l'adjudication et du montant de la surenchère. — A. 17 déc. 1862, Roca c. de Gineste, IV, 294.

3. Le fait de la part d'un surenchérisseur sur saisie immobilière d'avoir trouvé une caution pour garantir les conséquences de la surenchère, caution que la loi n'exige pas, est exclusif de l'insolvabilité notoire. — Même arrêt qu'au n° 1, *suprà*.

4. VENDEUR. — CAUTION. — Le vendeur ne peut intervenir dans une instance en validité de surenchère sur l'immeuble vendu, à l'effet de l'appuyer, attendu qu'il doit garantie à son acquéreur, en cas d'éviction. — A. 26 mars 1874, Ahmed ben Omar c. Gros, XVI, 197.

5. Il en est de même de la caution solidaire d'une dette grevant l'immeuble, car ne peuvent surenchérir que les créanciers inscrits (art. 2185, C. civ., et 833, C. pr. civ.). — Même arrêt.

§ 2. — Effets de la surenchère. — Caution.

6. ACQUÉREUR. — La surenchère ne dépossède pas l'acquéreur ; elle rend seulement la propriété incertaine jusqu'au jour de l'adjudication. Par suite, si l'acquéreur surenchéri se rend adjudicataire, il est présumé être propriétaire du jour de son acquisition originaire ; par suite encore, si l'acquéreur est prête-nom dans le premier contrat, il continue à l'être dans le second, s'il n'y a convention contraire. (Art. 2189, C. civ.). — A. 21 avril 1873, Doreau c. Rivière, XV, 117.

7. VENDEUR. — Dans le cas d'une adjudication sur surenchère, bien que le premier contrat de vente soit censé n'avoir jamais existé, il ne résulte pas de là que le vendeur ait repris ses droits entre la vente par lui faite et l'adjudication. L'adjudicataire est réputé succéder directement et sans intermédiaire aux droits dudit vendeur ; les créanciers de celui-ci ne peuvent donc prendre aucune inscription sur lui du moment où le contrat par lequel il s'est dessaisi de la propriété a été transcrit. — A. 23 oct. 1868, Rey et Péringuey c. Vieille et Laura, X, 238.

8. CAUTION. — *Sa solvabilité.* — Est licite la clause du cahier des charges par laquelle, en matière de licitation entre majeurs, on impose au surenchérisseur l'obligation de donner caution. — A. 16 mars 1872, Dahan et Mégy c. Dufourc, XIV, 17.

9. La solvabilité de la caution se détermine par les immeubles qu'elle offre et par le dépôt des titres. — Les immeubles présentés doivent garantir le montant du prix offert par la surenchère. (V. conf. Cass. 31 mai 1864, 17 août 1869, *J. Pal.*, 1864, p. 1049 et la note). — Ils doivent être libres d'inscriptions hypothécaires et présenter une garantie sérieuse et certaine. — Les immeubles appartenant à des indigènes et exclusivement régis par la loi musulmane ne réunissent pas ces conditions. — Même arrêt.

§ 3. — Diverses surenchères.

10. SURENCHÈRE DU DIXIÈME. — En cas de surenchère du dixième, sur les immeubles vendus à l'amiable, par un créancier inscrit sur iceux, il est essentiel qu'il déclare si la surenchère porte sur tous les immeubles aliénés ou seulement sur tel ou tel immeu-

ble, et qu'il y ait à cet égard une précision indiscutable. — A. 23 avril 1873, Lavigerie c. Savigny, XV, 140.

11. Quand le titre en vertu duquel une surenchère du dixième est pratiquée ne porte que contre quelques-uns des vendeurs seulement, on ne peut pas verser à l'appui d'icelle un autre titre qui s'applique à tous, du moins quand les délais pour faire cette surenchère sont écoulés. — Même arrêt.

12. Pour que la surenchère soit valable, il faut que le surenchérisseur s'engage à porter le prix de vente à un dixième en sus, outre les charges, frais et loyaux coûts du contrat et ceux de surenchère ; en conséquence elle devra être déclarée nulle si le surenchérisseur demande que ces derniers frais restent à la charge de l'acquéreur primitif. — Même arrêt.

13. SURENCHÈRE DU SIXIÈME. — L'art. 708, C. pr. c., qui ne permet la surenchère qu'à la condition qu'elle sera d'un sixième au moins du prix principal de l'adjudication, n'impose ni l'obligation d'énoncer dans l'acte un chiffre précis, ni même celle d'y indiquer que c'est bien du sixième que l'on entend surenchérir. Celui qui se présente au greffe est présumé de droit vouloir s'engager *au minimum* de la surenchère, sauf, bien entendu, intention contraire formellement manifestée. — Les erreurs de calcul peuvent être rectifiées. — A. 27 octobre 1873, Saïd c. Delavigne et Debono, XVI, 28.

14. SURENCHÈRE APRÈS FOLLE ENCHÈRE. — La surenchère après adjudication sur folle enchère est valable. — A. 6 juin 1861, de Vialar c. Saulière, III, 129. — La doctrine et la jurisprudence sont très divisées sur cette question (Robe).

V. Degrés de juridiction, 62, — Faillite, 76, 77, — Purge, 4, — Vente, 36.

Surestaries. — V. Fret, — Connaissement, 4.

Sûretés. — V. Cautionnement, 7, — Hypothèque, 4, — Terme.

Syndic, syndicat.

La loi du 21 juin 1865, promulguée en Algérie le 28 décembre 1866, régit toutes les associations syndicales qui existaient alors comme celles qui se sont formées depuis. Par suite, le syndic d'une association formée antérieurement peut introduire une action en justice sans l'autorisation préalable du Conseil de préfecture. — A. 17 oct. 1870, Caillol c. le Préfet d'Alger, XII, 163.

Synagogue. — V. Communauté israélite.

T

Tâcheron. — V. Entrepreneur.

Tapage nocturne.

1. Les bruits et tapages nocturnes ne sont punissables qu'autant qu'ils proviennent d'un fait personnel et volontaire de la part du prévenu (C. pén. 479, § 8). — Cass. crim. 5 avril 1867, Sempé, IX, 253.

2. En conséquence un individu ne peut être déclaré auteur ou complice d'une telle contravention à raison du bruit causé la nuit par les hurlements de son chien renfermé seul dans l'intérieur de la maison pour la garde de ses marchandises. — La partie plaignante ne peut agir que civilement contre le propriétaire du chien. — Même arrêt.

Taxe. — V. Frais et dépens, — Notaire, 3 s, — Ordre, 15, 16.

Taxe locative.

1. CABINET D'AVOCAT. — L'art. 15 de l'arrêté du Chef du pouvoir exécutif du 4 novembre 1848, qui exempte de la taxe des loyers établie en Algérie, les magasins, boutiques, comptoirs, auberges, usines, ateliers pour lesquels les habitants paient patente,

est applicable au local exclusivement affecté au cabinet d'un avocat ou défenseur, et distinct de son habitation. — Cons. d'Etat, 25. mars 1858, Quinquin, XIII, 76.

2. Recensement. — *Classes d'assujétis.* — Bien que les opérations du recensement en matière de taxe locative n'aient pas été faites conformément aux prescriptions de l'arrêté du 4 novembre 1848, elles n'en sont pas moins valables en principe. — L'impôt étant de sa nature essentiellement proportionnel, il en résulte que l'établissement sur les rôles de trois classes de contribuables et l'affranchissement de toutes les cotes au-dessous de 120 francs, constituent un impôt progressif et contraire à l'arrêté du 4 novembre 1848, qui n'admet qu'un *quantum* uniforme. — Néanmoins, les taxes ainsi établies ne sont pas nulles, l'obligation à une taxe existant toujours ; il y a seulement lieu de renvoyer devant l'autorité municipale pour faire rectifier. — La perception de cinq centimes pour la feuille d'avertissement est illégale. — Arrêté Cons. préf. Alger, 13 eptembre 1860, Le Roy, II, 292.

Témoin. — V. Enquête.

Terme.

1. La déchéance du terme prévue par l'art. 1188 du Code civil n'est encourue que dans le cas où le créancier aurait diminué les sûretés stipulées dans le contrat, c'est-à-dire celles qui y sont expressément énoncées et formellement conférées aux créanciers. — A. 17 juillet 1871, Bonnal c. Garau, XIII, 144.

2. Elle ne s'applique pas au cas où le débiteur aurait diminué le gage commun des créanciers, sans porter atteinte aux garanties spéciales appliquées à l'un d'eux. — Même arrêt. — V. Hypothèque, 1. — V. aussi Vente, 27.

Territoire militaire, — civil. — V. Compétence, 20, — Crimes, délits et contraventions, 6, — Brigadier de gendarmerie, 2, — Exploit, 13, — Huissier, 2, 3, — Lois, 2, — Propriété, 24, — Saisie immobilière, 15 s, — Signification de jugement, 2, — Vente, 8 s.

Testament.

---

§ 1. — Droit français.

1. CAUSES DE NULLITÉ. — *Cohabitation immorale*. — La constatation d'un état complet de décrépitude physique fait suffisamment présumer l'impossibilité d'une cohabitation immorale, alors que la cohabitation est invoquée comme cause de nullité d'un testament. — A. 26 nov. 1875, Campin c. Marchand, XVII, 219.

2. *Enfants adultérins*. — Les héritiers naturels ne peuvent demander la nullité du testament de leur auteur en offrant de prouver par titres ou témoins que les légataires sont les enfants adultérins de ce dernier. — L'adultérenité ne peut être admise dans ce cas, comme cause de nullité, qu'autant qu'elle résulterait du testament même. — A. 26 déc. 1865, Terrel c. Grenade et Doineau, VIII, 19. — V. la note.

3. *Erreur de date*. — L'erreur de date ne vicie pas nécessairement le testament qui la contient, mais à la condition toutefois qu'il sera établi que cette erreur a été involontaire et qu'en outre elle sera susceptible de rectification au moyen d'indices certains puisés dans l'acte lui-même. — A. 24 avril 1871, Vachez c. Laudrau, XIII, 113.

4. *Insanité d'esprit*. — Un testament ne saurait être annulé parce qu'il émane d'une personne malade et très-affaiblie, s'il est établi d'ailleurs que le *de cujus* a néanmoins conservé la lucidité de ses idées et la sanité de son esprit. — Même arrêt qu'au n° 1, *suprà*.

5. Les tribunaux sont souverains appréciateurs de l'état de santé d'esprit du testateur, au moment de la confection du testament; l'opinion des médecins, sur cette question, peut être, malgré sa valeur doctrinale, combattue par un ensemble de circonstances et de témoignages contraires à cette opinion, notamment par l'examen de l'acte attaqué en lui-même. — A. 1er fév. 1871, Bouisson c. Homberger, XIII, 124.

6. Formalités. — *Dictée.* **—** La loi qui dispose que le testament par acte public doit être dicté par le testateur au notaire, s'en rapporte à l'affirmation de celui-ci lorsqu'il déclare que cette dictée lui a été faite ainsi. — Cette déclaration implique que le testateur s'est exprimé de manière à ne laisser aucun doute sur l'objet et la teneur de ses volontés. — Le fait de la dictée appartenant aux solennités du testament, emprunte à l'affirmation du notaire le sceau de la plus complète authenticité, et par suite ne peut être contredit que par la voie de l'inscription en faux. — A. 7 nov. 1870, Boriello et Palumbe c. Genetet, XII, 220.

7. Les termes formels de l'art. 972 qui prescrit que le « testament par acte public soit dicté par le testateur et écrit par le notaire, tel qu'il est dicté, » ne doivent pas être interprétés en ce sens que le testament doive être la reproduction littérale et servile des paroles du testateur, mais en ce sens qu'il suffit que ce dernier ayant spontanément exprimé ses volontés au notaire, en présence de témoins, l'officier public les ait immédiatement et fidèlement recueillies, formulées et constatées par écrit. — Même arrêt qu'au n° 5, *suprà*.

8. *Interpellations.* **—** Les interpellations adressées par le notaire au testateur pour faire préciser les indications vagues et incomplètes de ce dernier, interpellations faites du reste avec réserve et sans avoir la moindre apparence suggestive, ne constituent pas une violation des formes exigées par la loi. — Même arrêt.

§ 2. — Droit mosaïque. — Israélites algériens.

9. Les israélites indigènes peuvent revendiquer l'application du droit mosaïque pour la capacité de tester et les formes du testament. — D'où il suit qu'un testament sous seing privé fait par un israélite de l'Algérie, mais non signé par lui, est valable comme conforme aux prescriptions de la loi hébraïque. — Il en serait de même si c'était un israélite marocain, car la règle : *locus regit actum*, est facultative et non impérative en matière de testament, c'est-à-dire que tout étranger peut tester en France dans les formes prescrites par la loi de son pays. — A. 25 novembre 1861, Levi, III, 253.

10. Et sur pourvoi, jugé par la Cour suprême, que les israélites algériens, quoique devenus sujets français, ont toujours le droit d'opter pour les lois qui, avant la conquête de l'Algérie par la France, régissaient le statut personnel de leurs coreligionnaires. — En conséquence, lorsqu'il est déclaré, en fait, qu'un testateur israélite a voulu tester d'après la loi de Moïse, c'est cette loi que les tribunaux français doivent appliquer. — Les israélites algériens peuvent toujours tester dans la forme rabbinique, nonobstant la suppression des tribunaux au pouvoir desquels ont succédé les tribunaux français. — Cass. 29 mai 1865, VII, 23 et 180.

11. TESTAMENT AUTHENTIQUE. — *Jérusalem*. — *Ministre du culte*. — *Incapacité de recevoir*. — Est régulier et authentique, suivant les formes usitées à Jérusalem, le testament oral fait, dans cette ville, par un israélite algérien devant deux témoins qui, sur sa demande, l'ont recueilli par écrit et présenté à la chambre de justice ou tribunal rabbinique, laquelle l'a déclaré valable et authentique, — alors d'ailleurs que le testateur est mort de la maladie dont il était atteint lorsqu'il a ainsi disposé (art. 999, C. c.). — Il n'importe que les témoins qui ont reçu ce testament ne fussent pas des rabbins, cette qualité n'étant pas exigée. — L'art. 909, C. c., relatif à l'incapacité de recevoir prononcée contre les ministres des cultes, ne distingue pas entre les divers cultes, et est, dès lors, applicable aux ministres du culte israélite. — Cass. 19 août 1858, Ben Aaron c. Abul-Afia, I, 296.

V. Culte.

12. Il est inutile de rappeler que les israélites algériens sont citoyens français depuis le mois d'octobre 1870, et que les solutions qui précèdent ne s'appliquent qu'au passé.

V. Etranger, 15 s.

Théâtre.

Un *café-chantant* doit être considéré comme un spectacle de curiosités, soumis à l'indemnité au profit des théâtres privilégiés. — Il importe peu que le propriétaire de cet établissement n'impose aucun droit d'entrée et n'oblige à aucune consommation forcée. — A. 19 mars 1861, Planque-Delarombe c. Micriditz, III, 72. — V. Impôt, n° 1 et la note.

Tierce opposition.

———

§ 1. — Qui peut former tierce opposition.

1. En principe, toute personne dont les intérêts sont lésés par un jugement auquel elle n'a pas comparu, peut y former tierce opposition. Cependant, en droit, il ne faut pas, pour que son instance soit recevable, que ce jugement soit le résultat de sa faute ou de sa négligence. — A. 28 juin 1875, Heldé c. Taïeb ben Zerguin, XVII, 135.

2. CRÉANCIER CHIROGRAPHAIRE. — N'est pas recevable la tierce opposition faite par un créancier chirographaire à un jugement rendu contre le débiteur au profit d'un autre créancier, si ce jugement se borne à prononcer une condamnation sans attribution de droit de préférence. — A. 12 février 1874, Gonssolin c. Mallen, XVI, 80.

3. CRÉANCIER HYPOTHÉCAIRE. — *Dol et fraude.* — Si, en principe général, le créancier même hypothécaire est réputé avoir été représenté par son débiteur dans les jugements rendus avec ce dernier et qui peuvent modifier ses droits, il y a exception à cette règle dans le cas de fraude et de collusion. — Spécialement, le fait par un débiteur actionné en nullité d'un acte d'acquisition d'un immeuble, de n'avoir pas défendu sur la demande, équivaut, à l'égard du créancier inscrit, au cas de collusion ; par conséquent, ce dernier a droit de former tierce opposition au jugement qui est intervenu. — A. 29 mai 1860, Magnan c. Fabre, II, 194 ; 17 janvier 1863; Roure c. Bourkaïb, V, 30.

4. FOLLE ENCHÈRE. — Le débiteur saisi et exproprié ne peut être considéré comme ayant été représenté par l'adjudicataire dans les jugements et arrêts qui ont statué sur la validité des poursuites de folle enchère dirigées contre ce dernier, son intérêt et celui de l'adjudicataire étant parfaitement distincts. Par suite, il est recevable à former tierce opposition à ces jugements et

arrêts s'il n'y a pas été appelé et s'il n'y est pas intervenu. (Art. 474, C. pr. c.). — A. 30 avril 1862, Morosolli c. Zermati, IV, 108.

5. MISE EN CAUSE. — Mais de ce que la voie de la tierce opposition est ouverte à tous ceux à qui peuvent préjudicier des décisions auxquelles ils n'ont été ni parties, ni appelés, il n'en résulte pas nécessairement l'obligation de les appeler en cause. — Spécialement l'acquéreur, auquel est demandée une partie de son prix par un créancier privilégié sur ce prix, n'est pas fondé à exciper de ce que tous les créanciers inscrits ou opposants n'ont pas été appelés dans l'instance, alors surtout que le droit du créancier privilégié ni le caractère privilégié de sa créance ne sont contestés par aucune partie. — Dans ce cas, la résistance de l'acquéreur peut cependant être considérée comme une prudence légitime ; et il peut être autorisé à prélever les dépens sur son prix. — A. 21 mai 1866, Foncière c. Hontz, IX, 3.

§ 2. — Effets de la tierce opposition.

6. L'effet de la tierce opposition déclarée recevable est, vis-à-vis de la partie opposante et de celle contre laquelle il est conclu en tierce opposition, de ramener le litige au point où il était lors de la décision attaquée. Par suite, c'est une situation nouvelle qui se produit et qui permet aux parties de conclure comme elles auraient pu le faire avant cette décision, c'est-à-dire même autrement qu'elles ne l'ont fait. — A. 21 janvier 1861, Bourkaïb c. Préfet d'Alger, III, 25.

7. *Chose jugée.* — L'arrêt contre lequel il a été formé une tierce opposition qui a été rejetée a toute l'autorité de la chose jugée à l'égard du tiers opposant. — A. 19 janvier 1859, Chiche c. Champeaux, I, 78.

8. INDIVISIBILITÉ. — Si, en principe, l'admission de la tierce opposition n'opère rétractation de la décision attaquée qu'au profit du tiers opposant, il en est autrement lorsqu'il y a indivisibilité dans l'objet du litige ; dans ce cas, les effets de la rétractation s'appliquent à toutes les parties. — Même arrêt qu'au n° 4, *suprà*. — V. l'arrêt suivant.

9. Ainsi, lorsqu'en admettant une tierce opposition, les motifs de l'arrêt, après avoir discuté l'indivisibilité de l'objet du procès, arrivent à admettre l'existence de cette indivisibilité et la nécessité

de rétracter la décision attaquée dans l'intérêt de toutes parties, le dispositif doit être entendu dans ce sens général, bien qu'il ne dénomme pas les parties absentes dans l'intérêt desquelles la rétractation a lieu. — A. 2 févr. 1864, Senez c. Zermati. VI, 6.

10. Il y a indivisibilité lorsque le jugement rétracté et le jugement rétractant ne peuvent pas s'exécuter simultanément. — Même arrêt.

11. Spécialement, lorsqu'un arrêt validant les poursuites en folle enchère, à la requête d'un créancier inscrit contre l'adjudicataire, a été, après l'adjudication, l'objet d'une tierce opposition de la part de la partie saisie qui n'avait pas figuré audit arrêt, et que cette tierce opposition annule l'arrêt attaqué et l'adjudication sur folle enchère qui à suivi, le bénéfice de cette tierce opposition peut être revendiqué par le fol enchéri. Il n'est, en effet, pas possible d'exécuter le premier jugement d'adjudication à l'égard de la partie saisie, sans l'exécuter nécessairement à l'égard du fol enchéri. — Il en résulte que pour toutes parties intéressées, le second jugement d'adjudication est considéré comme non avenu. — Même arrêt, et aussi, 30 avril 1862, n° 4, *suprà*.

12. Dans ce cas, si le motif de la rétractation n'est tiré de l'irrégularité de la procédure de folle enchère, l'adjudicataire sur folle enchère ne peut être considéré comme étant de bonne foi et il doit restituer les fruits à partir de son entrée en jouissance. — Même arrêt.

V. Chose jugée, — Ordre, 47 s.

Tiers arbitre. — V. Arbitrage.

Tiers détenteur. — V. Hypothèque, — Inscription hypothécaire. — Purge, — Saisie immobilière.

Tiers porteur. — V. Billet à ordre, — Faillite, — Minorité, etc.

Tiers saisi. — V. Saisie-arrêt.

Titre authentique. — V. Référé, 10.

Titre de propriété. — V. Propriété, 29.

Titre exécutoire. — V. Exécution d'acte.

Titre nouvel.

La demande formée pour obtenir titre nouvel ne peut être admise que tout autant qu'il s'est écoulé 28 ans depuis le dernier titre. — A. 7 oct. 1869, Hoche Husson c. Seyman, XI, 240.

Titre au porteur. — V. Commissionnaire.

Tlemcen. — V. Séquestre de guerre, 19.

Traduction. — V. Acte sous seing privé, — Acquiescement, 4, 5, — Saisie immobilière, 15.

Traitement. — V. Saisie-arrêt, 4.

Transaction.

1. ACTION EN NULLITÉ. — *Lésion.* — *Dol.* — Les transactions, aux termes de l'art. 2052 du C. c., ne peuvent être attaquées pour cause d'erreur de droit, ni pour cause de lésion ; cependant la lésion peut être relevée comme le mobile du dol, pour lequel la transaction est toujours attaquable ; mais il faut alors que la lésion soit clairement établie. — A. 17 mars 1874, Boccara c. Battandier, XVI, 113.

2. GARANTIE. — D'après les principes généraux du C. Nap., la garantie est due en matière de transaction. — Si la doctrine et la jurisprudence admettent une exception à cette règle, c'est seulement dans le cas où il est reconnu, en fait, que l'acte transactionnel est simplement déclaratif de propriété. — A. 28 février 1864, Zermati, VI, 22.

3. HOMOLOGATION. — RECOURS. — L'homologation d'une transaction, dans les termes de l'art. 467, C. civ., ne constitue pas un acte de juridiction contentieuse susceptible d'acquérir l'autorité de

la chose jugée. Le jugement qui homologue est un acte de juridiction gracieuse contre lequel n'est pas ouverte la voie de l'appel. — Cass. Req. 10 juin 1874, Seror c. Tabet, XVI, 99.

4. C'est donc par voie d'action principale que doit être demandée l'annulation de la transaction et de la procédure qui a suivi. — Même arrêt. — V. Appel, 4.

V. Conseil judiciaire, 2, 3, — Minorité, 13, — Faillite, 42, 43.

Transactions et partages (commission des).
— V. Propriété, 26 s.

Transcription.

DIVISION

—

§ 1. — Législation spéciale antérieure à la loi du 26 juillet 1873.

1. Les transmissions immobilières entre indigènes ne sont pas soumises à la formalité de transcription pour être parfaites à l'égard des tiers. Par suite les créanciers européens hypothécaires du vendeur, porteurs d'un titre hypothécaire antérieur à la vente, ne peuvent requérir inscription sur l'immeuble postérieurement à l'acte de vente non transcrit. (Art. 10, arr. du 28 mai 1832). — De Lapeyrière c. Saboundji, IV, 201.

2. *Contrà* : Un acte translatif de propriété immobilière passé en la forme authentique entre musulmans, ne saurait, en l'absence de transcription, être opposé à des tiers européens dont les droits ont été valablement conservés. — A. 4 avril 1868, Mohammed el Kolli c. Fabre, X, 45.

3. Spécialement, la demande en distraction formée par un acheteur ou cessionnaire musulman, en vertu d'un acte authentique, doit être rejetée, si cet acte n'a pas été transcrit, quand bien même l'achat de l'immeuble aurait une date certaine, antérieure à la créance du saisissant. — Même arrêt.

§ 2. — Droit commun.

4. EFFETS DE LA TRANSCRIPTION. — Aux termes des art. 1 et 3 de la loi du 22 mars 1855, les droits résultant des actes translatifs de propriété immobilière ne peuvent, jusqu'à la transcription, être opposés aux tiers qui ont acquis sans fraude des droits sur l'immeuble *en se conformant aux lois.* — A. 20 avril 1874, Préfet d'Oran c. Courtot, XVI, 193.

5. En fait, la propriété d'un terrain d'abord échangé par le propriétaire ave l'Etat, puis vendu à un tiers, appartient à ce dernier, alors qu'il a fait transcrire l'acte d'échange. — Même arrêt.

6. La transcription antérieure de l'acte de vente, bien que cet acte ait été passé postérieurement à l'acte d'échange, est opposée avec raison à la revendication de l'Etat, alors même que l'acheteur a eu connaissance de la première aliénation faite en faveur de l'Etat, si celui-ci n'établit pas que le second contrat est le résultat de manœuvres frauduleuses concertées entre le vendeur et le second acquéreur. — Même arrêt.

7. *Garantie du vendeur.* — Si, à l'égard des tiers, l'Etat doit subir les conséquences de son retard à faire transcrire l'acte d'échange, la transcription n'étant nullement nécessaire par rapport au vendeur, c'est à bon droit que celui-ci a été condamné à garantir l'Etat de l'éviction soufferte. — Même arrêt.

V. Exécution de jugement, 5, — Hypothèque, — Saisie immobilière, 22, 23, — Vente, 22.

Transport-cession.

1. L'acte qualifié de subrogation conventionnelle par les parties et qui renferme tous les caractères d'une cession-transport, peut être déclaré tel par le juge. — A. 24 juillet 1863, Ali ben Bahamed Khalifa, V, 137.

2. Une créance ne peut être cédée qu'autant qu'elle existe au moment de la cession. — La cession d'une soulte subordonnée aux éventualités d'un partage à opérer, est nulle. — A. 25 juin 1875, Facio c. Sauzède, XVII, 205.

3. ACCESSOIRES. — *Signification.* — *Ordre.* — Les accessoires d'une créance cédée, tels que priviléges, caution et hypothèques, sont de plein droit compris dans le transport (art. 1692, C. civ.) ; mais cela n'est vrai qu'à l'égard du cédant et non à l'égard des tiers ; car envers ces derniers, le cessionnaire n'est saisi que par une signification ou une acceptation en la forme authentique (art. 1690, C. civ.). — Par suite, le cessionnaire qui n'a pas fait signifier son transport ne peut, dans un ordre, réclamer le bénéfice de l'hypothèque cédée contre d'autres créanciers inscrits. — A. 19 févr. 1876, Bussidan c. Seyman, XVIII, 43.

4. CESSION PARTIELLE. — Le cessionnaire partiel d'une créance qui a acquis sans garantie et avec connaissance expresse d'une cession antérieure et aussi partielle, doit être primé par cette dernière cession. — A. 12 janvier 1860, Giraud c. Troussel, II, 76.

5. CRÉANCIER CÉDANT. — Lorsqu'il s'agit de cession de créances liquides, acceptée à forfait et transmettant au cessionnaire la propriété entière et définitive des créances cédées, il peut être décidé que le cédant n'a plus qualité pour exercer soit des poursuites, soit des actes conservatoires, même dans le cas où la cession n'a pas été signifiée. — A. 25 janvier 1869, Ben Oueli c. Carbonel, XI, 18.

6. Le cédant qui reconnaît avoir cédé sa créance à un tiers, et déclare être désintéressé, est inhabile à exercer des poursuites en son nom personnel. — Le défaut de signification du transport ne peut être invoqué par lui vis-à-vis du cessionnaire qui, loin de le désirer, invoque le transport avoué par le cédant. — Dans l'un et l'autre cas, le cédant est sans qualité et sans intérêt. — Les poursuites ainsi exercés devraient encore être annulées comme faites, en réalité, par le cessionnaire sous le nom du cédant, par application de la maxime : « *Nul ne plaide par procureur.* » — A. 16 mars 1868, Jaffran c. Etienne, X, 108.

7. Au contraire, lorsqu'il s'agit de cession de créances éventuelles et seulement à titre de garantie, cette cession ne transmettant pas la propriété au cessionnaire, le cédant reste intéressé à la créance cédée, et peut agir pour en rassurer la conservation. — Même arrêt qu'au n° 5, *suprà.*

8. DÉBITEUR CÉDÉ. — Le débiteur auquel un transport de créance a été signifié, et qui ne l'a pas accepté, conserve le droit de discuter la créance du cédant, dont le cessionnaire n'est que l'ayant

cause. — A. 10 juin 1869, Chouquet c. Roux et Mekalski, XI, 200.

9. Le créancier qui a consenti à un tiers, avec garantie de remboursement, en cas de non-paiement total ou partiel, le transport de sa créance, et à qui, dans une instance ayant pour objet la validité de ce transport, on oppose devant la Cour une fin de non recevoir tirée de la tardivité de son appel, peut être relevé de la déchéance par lui encourue de ce chef et être admis à profiter de l'appel régulier formé par son cessionnaire, l'intérêt de celui-ci se confondant avec le sien. — Même arrêt.

V. Droits litigieux, — Faillite, 22, 54, 84, — Ordre. 8

Transport de droits successifs.

La cession de droits successifs faite par un héritier à quelques-uns seulement de ses cohéritiers est-elle, comme équivalant à un partage, soumise à l'action en rescision pour lésion de plus du quart ? (C. N. 887 et 888.) Rés. nég. par la Cour d'Alger. — Une telle cession est, au surplus, affranchie de l'action en rescision pour cause de lésion lorsqu'il résulte de ses dispositions, au sujet desquelles les juges du fond ont un droit souverain d'appréciation, que, dans l'intention des parties, elle a été faite aux risques et périls des cohéritiers cessionnaires et qu'en réalité elle avait un caractère aléatoire. (C. N., 889.) — Cass. 22 janv. 1868, Ricca c. Majorel, X, 185.

Transports. — V. Entrepreneur de transports.

Transports maritimes. — V. Avarie.

Travaux publics.

1. OCCUPATION TEMPORAIRE. — Lorsque l'entrepreneur a envahi la propriété voisine, sa possession est régularisée, même pour le passé, lorsqu'il intervient un arrêté préfectoral autorisant l'occupation temporaire de cette propriété. — A. 8 déc. 1864, Parer c. Lesca et Villenave, VI, 238. — V. Compétence, 14.

TRAVAUX COMMUNAUX. — Les travaux communaux sont des travaux d'utilité publique. — Par suite, la loi du 28 pluviôse an 8 leur est applicable. — A. 30 juillet 1869, Genella c. comm. d'Alger, XI, 277.

3. TRAVAUX NON AUTORISÉS. — *Propriétaire.* — *Opposition.* — L'entrepreneur de travaux publics qui fait des extractions de pierres en dehors du périmètre qui lui a été fixé par son cahier des charges ou un arrêté préfectoral postérieur, commet un empiétement. Par conséquent le propriétaire dont le terrain est ainsi fouillé peut s'opposer aux extractions, sans qu'on puisse lui appliquer les dispositions de l'art. 438, C. pénal. — Dans ce cas, les travaux ne sont plus considérés comme autorisés par l'autorité compétente. — A. 24 novembre 1859, Parer, I, 319.

V. Entrepreneur, 4 s, — Expropriation pour cause d'utilité publique, 23 s, — Compétence, 10, 21 s, 78 s, 81 s, 121, — Référé, 17 s, — Responsabilité.

Trésor public. — V. Privilége, 8 s.

Tribunaux correctionnels.

1. APPEL. — *Délai.* — Est recevable dans les dix jours de la signification l'appel des jugements de condamnation, nonobstant le paiement des amendes (174, C. inst. crim.). — Même jugement qu'au n° 8, *infrà.*

2. *Evocation.* — La Cour d'appel, en infirmant un jugement du tribunal de police correctionnelle qui s'était à tort déclaré incompétent pour connaître de cette poursuite, doit évoquer le fond. — A. 17 sept. 1875, *Courrier de Tlemcen,* XVII, 197.

3. *Ministère public.* — L'appel que le procureur général interjette d'un jugement correctionnel profite au prévenu qui peut en revendiquer le bénéfice. — Le procureur général ne peut être paralysé dans la faculté d'appeler par les actes d'exécution émanés du procureur près le tribunal qui a rendu le jugement. — A. 19 nov. 1860, Choulet, II, 320.

4. *Partie civile.* — Bien que la demande de la partie civile, dans une instance correctionnelle, soit inférieure à 1,500 fr., son appel est toujours recevable, même en cas d'absence d'appel soit

du prévenu, soit du Ministère public. — A. 29 déc. 1871, Saïd ben Bouda c. Messaoud ben Tahar et Ali ben el Hadj Mohammed, XIII, 221.

5. *Qualification nouvelle.* — Dans une instance correctionnelle, le Ministère public est parfaitement fondé à soutenir pour la première fois, en appel, une qualification nouvelle différente de celle qu'il avait donnée aux faits en première instance, pourvu que les faits sur lesquels roule la prévention soient absolument les mêmes, et qu'il n'y ait rien de changé dans cette base de la poursuite. — A. 30 nov. 1871, Saïd ben el Bachir, XIV, 36.

5 *bis.* COMPÉTENCE. — *Juge de paix.* — Les juges de paix à compétence étendue connaissent, au correctionnel, des faits pouvant être punis cumulativement d'un emprisonnement de six mois et d'une amende de 500 fr., et non pas seulement des faits passibles de l'une ou de l'autre de ces peines. (Décr. 19-22 août 1854, art. 2, § 3). — Cass. crim. 11 mai 1876, El Hadj Miloud, XVIII, 250.

6. C'est à tort qu'un tribunal de première instance retient la connaissance d'un délit emportant une peine inférieure à 6 mois d'emprisonnement ou à cinq cents francs d'amende, commis dans le ressort d'une justice de paix à compétence étendue. — A. 12 juin 1873, Alibert, XVI, 140.

7. Le juge de paix, aux termes du décret des 19 août et 22 novembre 1854, est seul compétent, le tribunal devant juger, dans ce cas, comme tribunal d'appel. — Même arrêt.

8. DÉFENSE. — *Ordre de parole.* — En matière correctionnelle, aucune disposition ne prescrit de donner au prévenu la parole le dernier; il suffit que l'inculpé et son défenseur aient été entendus, en quelque ordre qu'ils l'aient été (C. i. cr. 335). — Même arrêt qu'au n° 5 *bis, suprà.*

9. INTERPRÈTE. — Il n'est pas nécessaire de donner un interprète à un prévenu arabe, alors qu'à l'audience il ne s'est produit, de sa part ou de celle de son défenseur, aucune protestation ou réclamation. — Même arrêt.

10. A défaut d'interprète titulaire, les juges ont, en Algérie comme en France, le droit de commettre, comme interprète, toute personne âgée de 21 ans, sous la condition de lui faire prêter le serment professionnel. (Ord. 19 mai 1846; arr. réglementaire du 29 mai 1846.) — Même arrêt.

11. *Corruption.* — L'interprète employé même temporairement par l'administration judiciaire, a le caractère d'un préposé de l'administration publique ; {dès lors, l'individu convaincu d'avoir, vis-à-vis de lui, commis une tentative de corruption, est passible des peines édictées en l'art. 179, C. pén. — Même arrêt.

22. *Serment.* — Le serment d'un interprète, au début des débats ou au commencement d'une instruction, conserve sa force jusqu'à la fin de ces débats ou instruction, sans qu'il soit besoin de la réitérer à chaque vocation (C. i. c., 332). — Même arrêt.

13. RECOURS EN GRACE. — *Son effet.* — Le recours en grâce et l'obtention de la grâce ont pour effet de fermer définitivement la voie de l'appel contre la décision qui prononce la peine. — Jugem. Philippeville, 3 déc. 1866, Barrois, IX, 46.

14. La grâce est irrévocable. Celui qui l'a sollicitée et obtenue ne peut y renoncer pour maintenir son appel. — En ce cas l'appel doit être déclaré non recevable. — Même jugement.

V. Jugement criminel.

Tribunaux de commerce.

1. ELECTIONS. — *Droits du procureur général.* — En matière d'élections, le procureur général ne possède aucunement, en vertu de la loi du 19 décembre 1871, pas plus qu'il ne l'avait antérieurement en vertu des décrets du 28 août 1848 ou du 17 octobre 1870, le droit de provoquer devant le tribunal la radiation d'un électeur sur la liste. — Mais l'art. 621, C. de com., lui donne le droit absolu de provoquer la nullité des élections consulaires faites en violation de la loi. — Cette demande de nullité doit toujours être portée devant la Cour d'appel. — La loi de 1871, au contraire des décrets de 1848 et de 1870, ne limite aucunement les pouvoirs du procureur général sur ce point. Il peut donc fonder sa demande de nullité sur tous les faits quelconques susceptibles de la motiver, notamment sur l'omission ou la violation des règles relatives à la composition de la liste électorale. Aucun texte ne l'assujettit, en ce qui concerne cette demande en nullité, à une condition quelconque, sauf celle du délai de dix jours fixé par l'art. 621, C. de com. — Notamment, il n'est pas tenu à énumérer, dans la requête, les causes d'annulation qu'il prétend invoquer, et l'omission de l'une ou l'autre de ces

causes ne saurait lui être imputée à grief. — A. 5 mars 1873, Giraud, Jarsaillon, XV, 77.

2. *Liste électorale.* — Pour être inscrit sur la liste électorale dressée en vue des élections consulaires, il faut nécessairement joindre à la qualité de commerçant le fait de l'inscription à la patente. — Pour la supputation du nombre des électeurs appelés à élire les juges consulaires, et qui, aux termes de l'art. 618, C. de com., doit être égal au dixième des commerçants inscrits à la patente, il faut tenir compte, pour établir cette proportion, du dixième de tous les commerçants inscrits à la patente, quels que soient leur âge, leur sexe, leur capacité physique, morale, ou légale. — En conséquence les étrangers, les indigènes eux-mêmes doivent compter pour cette supputation du dixième dans laquelle ils ne jouent, à vrai dire, qu'un rôle absolument passif. — Même arrêt.

3. *Nullités.* — Est radicalement nulle l'élection consulaire à laquelle il a été procédé par des électeurs dont la liste a été formée par une commission irrégulière dans sa composition. — Il en est ainsi, par exemple, lorsque le membre du Conseil général élu par la Commission départementale, aux termes de l'art. 619, n'a pu prendre part aux travaux de la commission électorale, n'ayant pas été convoqué dans ce but. — Peu importe, du reste, qu'un autre conseiller général ait été convoqué à sa place, par erreur, ou qu'il ait ou n'ait pas siégé au sein de la commission. — Peu importe aussi que postérieurement aux réunions de la commission électorale, la Commission départementale ait ratifié l'erreur commise et approuvé la substitution du nom du conseiller général irrégulièrement convoqué à celui du conseiller général qu'elle-même avait désigné primitivement. — Même arrêt.

4. INSTALLATION DES JUGES. — La règle générale, en matière d'exercice de fonctions publiques, que le fonctionnaire arrivé à fin d'exercice continue sa fonction de droit jusqu'à l'installation de son successeur, a été reconnue spécialement applicable aux juges consulaires; en conséquence, le président d'un tribunal de commerce qui a été réélu et institué à nouveau, et qui n'a point été investi de cette nouvelle présidence par une installation régulière, n'en est pas moins parfaitement apte à exercer toutes les attributions de la présidence, tant qu'un nouveau titulaire n'a point prêté serment. — Même arrêt.

V. Appel, 67 s, — Jugement commercial.

Tribunaux français.

1. INDIGÈNES. — Lorsque deux indigènes musulmans ont soumis leur litige à un tribunal français, l'un d'eux ne peut, pour la première fois en appel, exciper de l'incompétence des tribunaux français, s'il n'a pas soulevé cette exception en première instance, bien que le jugement n'ait pas donné acte du consentement des parties à plaider devant la juridiction française. — (Décret du 1ᵉʳ octobre 1854, art. 28). — A. 2 mars 1859, Mustapha ben Chérif c. Meriouma, I, 152.

2. L'incompétence des tribunaux français entre musulmans et pour des immeubles appartenant à des musulmans, n'est pas d'ordre public ; les parties peuvent soumettre leur différend à la juridiction française ; et si elles ont agi ainsi en première instance, elles sont irrecevables à proposer l'incompétence en appel (résolu implicitement par l'arrêt). — Lorsque le droit de propriété d'un immeuble appartenant à des musulmans est établi par des titres français, il est soumis à la loi française et les tribunaux français sont seuls compétents pour connaître des contestations relatives à cet immeuble, et spécialement d'une action en licitation et partage le concernant — A. 12 janvier 1876, Mustapha bach agha c. El Amri, XVIII, 24. — V. Partages et licitations, 15 s.

3. L'obligation avec affectation hypothécaire contractée par des musulmans devant un notaire français implique l'acceptation de la juridiction française pour les actes et difficultés relatifs à son exécution. — A. 7 mars 1861, Bourkaïb c. El Kenaï, III, 83.

4. ORDRE INTÉRIEUR. — La distribution d'une affaire à l'une des chambres d'un tribunal appartient exclusivement au président de ce tribunal. — La désignation de la chambre par le président n'implique nullement l'intervention même indirecte de ce magistrat dans la décision à rendre. — Il en est de même dans la désignation d'un juge pour compléter cette chambre. — La présomption légale est que le juge ainsi appelé a été désigné d'après l'ordre du tableau et les nécessités du service. — Le président a également la faculté, après avoir désigné une chambre, d'en désigner une autre. — A. 27 mai 1869, Rouquier c. com. d'Alger, XI, 100. V. Appel, 102 s, — Étranger, 17 s.

Tribunaux musulmans.

1. *Décret du 31 décembre 1859.* — Il n'est devenu exécutoire que du jour de la publication de la traduction en langue arabe. — A. 20 mars 1861, Bourkaïb, III, 93.

2. EUROPÉENS ET INDIGÈNES. — Si, en principe, les tribunaux indigènes sont rendus compétents pour statuer sur un litige entre deux musulmans, il en est autrement si l'indigène demandeur, puisant son droit dans un acte commun à des Européens, bien que les intérêts soient parfaitement divisibles, subit l'action judiciaire conjointement avec ces derniers. — A. 6 janvier 1865, Haffaf c. Ben Ali, VII, 110.

V. Propriété, 41.

Trousseau. — V. Dot, 14 s.

Tutelle.

DIVISION

———

§ 1. — Droit mosaïque. — Israélites indigènes.

1. Avant la naturalisation des Juifs algériens, jugé que la tutelle était régie par le droit mosaïque. (Art. 37 et 49, ordonnance du 26 septembre 1842, art. 2 du sénatus-consulte du 24 juillet 1865). — Il importait peu que la naissance des enfants eût été inscrite sur les registres de l'état civil français, que le conseil de famille eût été composé, et le subrogé-tuteur nommé selon les règles du droit français ; ces faits ne pouvant modifier l'état civil des enfants. — A. 21 nov. 1866, Cohen Scali c. Rachel, VIII, 284.

2. Aux termes de la loi mosaïque, le père peut donner par testament un tuteur à ses enfants ; s'il ne l'a fait, c'est au tribunal

rabbinique à y pourvoir.   Depuis la suppression des tribunaux rabbiniques en Algérie, c'était au tribunal français du lieu de l'ouverture de la tutelle à nommer un tuteur aux mineurs, à défaut de tuteur testamentaire. — Même arrêt.

3. FEMME. — En droit mosaïque, la femme juive n'est pas tutrice légale de ses enfants mineurs et n'a pas la jouissance légale des biens de ces derniers. Le tribunal rabbinique exerce, au décès du père, la plénitude de la tutelle et de la puissance paternelle. — A. 10 juin 1875, Ben Chimol c. Cohen Scali, XVII, 103.

4. Cependant si la loi de Moïse interdit en principe de confier la tutelle aux femmes, cette règle comporte plusieurs exceptions, notamment lorsque la tutelle a été appréhendée par une femme avec laquelle les mineurs habitent et avec laquelle ils aiment à rester, et encore lorsqu'une femme nommée tutrice par le juge non israélite du pays a fait preuve de capacité dans la gestion des intérêts des mineurs. — Même arrêt qu'au n° 1, *suprà*.

§ 2. — Tutelle légale.

5. INGÉRENCE DU CONSEIL DE FAMILLE ET DU SUBROGÉ-TUTEUR. — Si les dispositions de l'art. 454 du Code civil ne sont pas applicables aux tutelles des père et mère, il ne s'ensuit pas que le conseil de famille et le subrogé-tuteur n'aient pas le droit d'intervenir, si, au cours de ces tutelles, il apparaît qu'il n'est pas pourvu dans une mesure suffisante aux besoins du mineur. — A. 3 juillet 1872, Germain c. Meuriot, XIV, 187.

6. MÈRE FRANÇAISE VEUVE D'UN ÉTRANGER. — Une Française qui a épousé un Autrichien retrouve la qualité de Française au décès de son mari ; par suite, elle est investie de la tutelle légale de ses enfants mineurs, encore bien que la loi autrichienne l'en exclue. — A. 12 déc. 1870, Marincowich, XII, 181.

7. Dans le cas où il pourrait y avoir doute ou contradiction dans la loi et le testament du père, on doit surtout rechercher l'intérêt des mineurs. — Même arrêt.

§ 3. — Tutelle dative.

8. CONSEIL DE FAMILLE. — *Exclusion du tuteur.* — Toute délibération d'un conseil de famille qui a pour objet de faire pro-

noncer l'exclusion d'un tuteur, ne peut être prise qu'après que ce même tuteur aura été entendu ou dûment appelé. — A. 23 juillet 1869, Bloch, XI, 204.

9. *Nullité.* — Celui qui a été membre d'un conseil de famille est recevable à demander la nullité d'une délibération fondée sur ce que le conseil aurait été irrégulièrement composé. — Lorsque les parents n'ont pas été appelés dans l'ordre prescrit par la loi pour la composition d'un conseil de famille, les délibérations qui interviennent dans ces conditions ne sont pas absolument nulles ; seulement les tribunaux peuvent en prononcer la nullité, suivant les circonstances. (Art. 407 et 409, C. N.) — A. 8 mars 1865, Fourcade c. Montagnon, VII, 123.

10. ENFANT TROUVÉ. — Lorsqu'un enfant, même trouvé dans la rue sans parents connus, est muni d'un tuteur datif par un conseil de famille, il a contre son tuteur, pour garantie contre la gestion de ses biens, tous les droits que l'art. 405, C. civ., attribue à la tutelle dative, et notamment l'hypothèque légale de l'art. 2121, C. civ. ; cette tutelle n'a rien de commun avec celle spéciale aux enfants trouvés et qui s'exerce par l'intermédiaire des commissions des hospices ; il importe peu qu'au cours de la tutelle, le pupille ait été admis dans un orphelinat public. — A. 28 juin 1875, Holdé c. Taïeb ben Zerguin, XVII, 135.

11. EXCUSE. — Les fièvres intermittentes, encore bien qu'on en soit atteint depuis longtemps, ne constituant qu'une maladie passagère et non une infirmité grave et permanente, ne sont pas susceptibles de décharger de la tutelle. — A. 15 oct. 1862, Mauduit c. Héraud, IV, 243.

§ 4. — Administration du tuteur.

12. ADMINISTRATION DU TUTEUR. — *Action en partage.* — Un tuteur ne peut intenter une action relative aux droits immobiliers du mineur sans l'autorisation du conseil de famille (art. 464 et 465, C. c.). — Le défaut d'autorisation peut être invoqué par la partie défenderesse à l'action du tuteur. — Cass. civ. 5 janvier 1859, Berr c. Cahen, I, 291.

13. *Action immobilière.* — *Autorisation.* — *Appel.* — Le tuteur autorisé à introduire une action relative aux droits immobiliers du mineur, aux termes de l'art. 464, C. c., n'a pas besoin

d'une nouvelle autorisation pour interjeter appel du jugement qui a statué sur cette action. — A. 7 décembre 1859, Gipouleau c. Chasse, II, 12.

14. Le tuteur qui, dans une instance relative aux droits immobiliers du mineur, a procédé comme défendeur, et était dispensé, à ce titre, de l'autorisation du conseil de famille, peut-il également, sans cette autorisation, interjeter appel du jugement intervenu? (C. Nap., 464.). Rés. aff. par la Cour d'Alger. - En tous cas, le défaut d'autorisation ne pourrait être invoqué que par le mineur. — Cass. 22 janv. 1868, Ricca c. Majorel, X, 185.

15. *Emprunt.* - Lorsque toutes les formalités prescrites par les art. 457 et 458, C. N., ont été remplies par le tuteur pour la réalisation d'un emprunt au nom du mineur, le prêteur qui fournit les fonds dans les conditions du jugement homologat f n'a point à en surveiller l'emploi. C'est là une question à régler entre le mineur et le tuteur lors de la reddition des comptes de ce dernier, et dont les conséquences se trouvent garanties par l'hypothèque légale. — A. 15 juin 1866, Arthès c. Dussaux, VIII, 151.

16. *Jugement de défaut.* — Une tutrice ne peut, en cette qualité, acquiescer à un jugement de défaut rendu contre ses mineurs. — A. 22 novembre 1860, Maffre c. Probst, II, 322.

17. COMPTE DE TUTELLE. — Un compte de tutelle n'est pas indispensable pour que le mineur soit admissible à faire valoir ses droits de créance sur les biens de son ex-tuteur; il suffit qu'il les justifie par des documents probants.

18. *Prescription.* — En admettant que dans les transactions passées entre le tuteur et les tiers, il y ait eu dol et fraude, l'action en nullité est prescrite par dix ans; — l'art. 1304, C. N., est applicable à ce cas. - Même arrêt qu'au n° 15, *suprà.*

19. Cette prescription court contre les mineurs pour les actes passés par leurs tuteurs conformément à la loi. — Art. 1314, C. N. — Même arrêt.

20. Le remplacement du tuteur auteur de la fraude ou l'adjonction d'un cotuteur, aux termes de l'art. 396, C. N., n'est pas une cause interruptive ou suspensive de la prescription, qui court contre la tutelle et non contre telle ou telle personne tutrice. — Même arrêt.

§ 5. — Droit musulman.

21. Le tuteur musulman peut emprunter et hypothéquer valablement avec l'autorisation du cadi. Les tribunaux français n'ont pas à intervenir par application de la loi du 26 juillet 1873. — A. 26 mai 1875, Aouidat c. Ali ben Djemaa, XVII, 107.

V. Enfant naturel, 8 s, — Expropriation pour c. d'ut p , 10, — Frais et dépens, 2, — Louage d'ouvrage et d'industrie, 5, — Minorité, — Saisie immobilière, 21, — Transaction, 3.

U

Union des créanciers. — V. Faillite.

Usages. — V. Droit musulman, 3. — Haie.

Usine. — V. Eaux.

Usufruit.

1. CARACTÈRE. — L'usufruit est un démembrement de la propriété. Il existe par lui-même indépendamment de la nue propriété et des incidents qui peuvent l'affecter. — A. 12 févr. 1875, Arnaud c. Chauvot, XVII, 124.

2. Quand il se trouve tout entier dans la même main, il n'y a pas d'indivision à l'égard de l'usufruitier, alors même qu'une indivision pourrait exister entre plusieurs propriétaires détenant la nue propriété. — En cas de licitation demandée pas les propriétaires indivis du fonds, c'est donc à tort qu'on voudrait comprendre l'usufruit dans la vente. — Même arrêt.

3. IMPENSES. — Les améliorations faites à l'immeuble par un tiers pour le compte de l'usufruitier ne sauraient donner aucune

action contre le nu-propriétaire, pas plus que l'usufruitier n'en aurait lui-même pour répéter contre ce dernier ces mêmes améliorations. — A. 1ᵉʳ janv. 1870, Sauvageot c. Caurot, XII, 76.

4. Dans le cas où l'action est introduite contre le nu-propriétaire par la partie qui exerce les droits de l'usufruitier, si ce dernier se trouve débiteur du nu-propriétaire, les impenses ne pourraient être répétées que déduction faite de la somme due ; le nu-propriétaire pouvant opposer à celui qui a fait les améliorations pour l'usufruitier toutes les exceptions qu'il pourrait opposer à celui-ci. — Même arrêt.

5. USUFRUIT LÉGAL. — *Cautionnement.* — Le tribunal, si le père, usufruitier légal, est en état de déconfiture et que les valeurs appartenant à la fille mineure courent un péril imminent et prochain à être remises entre ses mains, peut ordonner que cette remise n'aura lieu que sous bail de caution. (A. 601, 618, C. civ.). — A. 21 juillet 1873, Courtois c. Cachot, XV, 193.

6. Lorsque l'usufruit d'un capital est légué à la mère et la nue propriété à la fille mineure, et que le testament ne dispense pas la première du bail de caution, le père, chef de la communauté, ne saurait s'emparer de l'usufruit sans caution préalable, par le motif qu'il a la jouissance légale des biens de sa fille mineure et que cette jouissance n'est pas soumise à la caution. — Même arrêt.

7. *Perte de l'usufruit légal.* — L'art. 1442 qui fait perdre l'usufruit légal à l'époux survivant, faute par lui de faire inventaire, n'est applicable qu'au régime de la communauté. — A. 12 juillet 1874, Bedok c. Cohen, XVI, 246.

V. Puissance paternelle, 4, — Tutelle, 3, — Veuve, 1, 2.

Usure (1).

Utilité publique. — V. Expropriation pour cause d'utilité publique, — Servitude, 26.

---

(1) En Algérie, il n'y a pas d'usuriers.

V

Vacations (chambre des).

Les régles qui déterminent les pouvoirs des chambres des vacations ne sont pas, en Algérie, les mêmes que dans la Métropie. — En Algérie où toutes les causes sont réputées sommaires, les chambres des vacations pourvoient à l'expédition de toutes les affaires civiles sans distinction de nature, de caractère ou de dégré d'importance (décret du 19 mai 1853). — Par conséquent, la chambre des vacations d'un tribunal civil peut statuer, même sans renvoi spécial, sur une demande en paiement de fermages et en résiliation de baux. — A. 29 déc. 1865, Bruat c. Mines de Mouzaïa, VII, 173.

Voir jugement (mat. civ.), 9.

Vente.

DIVISION

§ 1. — Droit musulman.
§ 2. — Législation spéciale.
§ 3. — Nature, forme et conditions de la vente.
§ 4. — Obligations du vendeur.
§ 5. — Obligations de l'acheteur.
§ 6. — Nullité. — Résolution de la vente.

—

§ 1. — Droit musulman.

1. VICE CACHÉ — RÉSOLUTION. — Comme en droit français, l'action pour vices rédhibitoires existe en matière de ventes d'immeubles aussi bien qu'en matière de meubles ; il n'y a pas de bref délai pour l'intenter. — A. 20 mai 1861, Ali ben El Kassem c. El Arbi, III, 124.

§ 2. — Législation spéciale.

2. VENTES ANTÉRIEURES A L'ORDONNANCE DU 1ᵉʳ OCTOBRE 1844.
— *Action en diminution de prix.* — *Délai.* — Le délai d'une
année imparti par l'art. 6 de l'ordonnance du 1ᵉʳ oct. 1844 pour
l'exercice de l'action en diminution ou en supplément de prix de
ventes d'immeubles ruraux antérieures à l'ordonnance, court du
jour de l'insertion de la loi au *Bulletin officiel*, et non du jour où
la promulgation est réputée connue. Il n'y a pas lieu d'ajouter un
délai supplémentaire au jour de la promulgation. — A. 22 mars
1859, Gargnier, I, 193.

3. *Action en nullité ou en revendication.* — *Délai.* — La Cour
de cassation a jugé, au contraire, que tant en matière d'action en
réduction de prix qu'en matière d'action en nullité ou en rescision
de ces ventes ou en revendication d'immeubles vendus, les délais
d'un an et de deux ans fixés par les art. 6 et 7 de l'ordonnance, *à
partir de la promulgation*, n'ont commencé à courir, conformément à l'arrêté du Gouverneur général du 20 octobre 1834, que
trois jours après la réception du *Bulletin* contenant l'ordonnance
au chef-lieu de la division territoriale, c'est-à-dire après *la promulgation réputée connue* selon les règles du droit commun. —
Cass. 11 mai 1859, I, 284 ; 10 déc. 1861, IV, 255. — De même, Aix,
3 mars 1864, VIII, 97.

4. Ces délais ne courent pas du jour du contrat, comme sous
l'empire du Code civil (art. 1622). — Aix, même arrêt.

5. *Déchéance.* — Il importe, pour que la déchéance puisse être
opposée, que celui qui s'en prévaut justifie d'une possession réunissant tous les caractères énumérés dans l'art. 2229 du Code Nap.,
soit à l'époque de la promulgation de l'ordonnance, soit pendant
les deux années qui ont suivi. Cette déchéance est en effet une véritable prescription de courte durée qui doit, comme toutes les
prescriptions de même nature, être accompagnée d'une possession
non interrompue, paisible, publique, non équivoque, à titre de propriétaire. — Même arrêt qu'au n° 7, *infrà*.

6. *Désistement de revendication.* — *Action en indemnité.* —
Lorsqu'une personne se désiste d'une action en revendication intentée contre un tiers détenteur en déclarant que la vente consentie à ce dernier est inattaquable pour n'avoir pas été intentée dans

le délai de prescription fixé par la loi, elle peut, postérieurement à l'acceptation de ce désistement, réclamer contre le vendeur la valeur de l'immeuble en prouvant son droit de propriété. — Spécialement, le désistement que donne l'Etat d'une action en revendication qu'il a intentée contre un acquéreur en déclarant qu'il reconnaît que l'action est prescrite dans les termes de l'art 7 de l'ordoanance du 1ᵉʳ octobre 1844, ne l'empêche pas de réclamer du vendeur le montant du prix de vente, ce vendeur aurait-il figuré dans la procédure abandonnée. — A. 17 juillet 1865, l'Etat c. Gauran, VII, 119.

7. *Israélite au nom d'un Européen.* — Est valable un acte passé devant un cadi, en 1832, portant vente d'un immeuble par un musulman au profit d'un israélite, alors même que l'israélite, indiqué au contrat comme acquéreur, aurait déclaré agir au nom et pour le compte d'un tiers européen. — Cette déclaration ne saurait changer la compétence du cadi à une époque ou celui-ci avait qualité pour constater les conventions entre indigènes musulmans et indigènes israélites. — A. 7 juin 1869, vᵒ Girot et Bartholony c. Rosey et l'Etat, XI, 115.

8. Loi du 16 juin 1851. — *Territoire militaire.* — L'art. 14 de la loi du 16 juin 1851, qui prohibe toute aliénation d'immeubles dépendant du sol d'une tribu au profit de personnes étrangères à la tribu, ne s'applique qu'aux immeubles incorporés dans le territoire des tribus faisant partie intégrante de ce territoire ; les immeubles situés en dehors de ce périmètre et appartenant à des indigènes ne sont pas atteints par cette interdiction. — A. 12 déc. 1866, Pallu c. Medioni, IX, 32.

9. En outre, ledit article ne concerne que le sol *arch*, la propriété collective, et non la terre *melk*, la terre appartenant à titre privatif à des habitants de la tribu. — Même arrêt.

10. Le général commandant la province est compétent pour autoriser les ventes des terres *arch*, aux termes du dernier alinéa dudit art. 14. — Même arrêt.

11. *Tiers.* — Les contrats de vente qui interviennent entre musulmans sont régis par la loi musulmane. — S'ils sont passés conformément à cette loi, bien qu'ils ne soient ni enregistrés, ni transcrits, ils sont opposables au tiers non musulman qui a acheté postérieurement par acte authentique et même transcrit. — A. 19 mars 1862, El Hadj Sghir c. Ben Ichou, IV, 97.

12. LOI DU 26 JUILLET 1873. — La loi du 26 juillet 1873, art. 2, régit, dès le jour de sa promulgation, non seulement les immeubles situés dans des territoires soumis à l'application de l'ordonnance du 26 juillet 1846, mais encore ceux qui, par l'art. 1er, ont été dispensés de la vérification prescrite. — A. 14 avril 1874, Ezzouaoui c. Ben Marabeth, XVI, 92.

13. Par suite, la transmission contractuelle relative à ces immeubles est soumise à la loi française. — Même arrêt.

14. Par suite encore, les juges indigènes sont incompétents pour statuer sur les difficultés concernant ces transmissions. — Même arrêt.

15. *Délivrance.* — Les formalités extraordinaires de purge, indiquées par les art. 25 et suivants de la loi du 26 juillet 1873, pour les ventes d'indigènes à Européens ou israélites, alors que les immeubles ne sont pas encore soumis au droit français, sont facultatives pour l'acquéreur ; elles ne lui sont prescrites que pour le cas où il voudrait purger l'action des tiers prétendant sur l'immeuble l'un des droits réels énoncés en l'art. 27 ; elles ne modifient, par conséquent, pas les obligations relatives à la délivrance telles qu'elles sont réglées par le Code civil. — A. 15 mai 1875, Ayache c. Baba Ali et Abdallah, XVII, 90.

16. Spécialement l'acquéreur d'un immeuble vendu par un indigène, immeuble encore soumis à l'empire de la loi musulmane, est recevable à exiger soit la délivrance de l'objet vendu, soit des dommages-intérêts pour retard, bien qu'il n'ait pas rempli les susdites formalités et qu'il ait maintenu son contrat. — Même arrêt.

17. *Preuve.* — Les immeubles possédés par des musulmans dans la ville d'Alger sont régis par la loi du 26 juillet 1873 ; par suite, la vente de ces immeubles est régie par le Code civil, et ne peut être prouvée que conformément au droit commun. — A. 24 février 1875, Ezzouaoui c. Ben Marabet, XVII, 17.

18. Spécialement, lorsque la vente invoquée par l'une des parties ne résulte que de l'aveu de l'autre partie, cet aveu est indivisible, et s'il n'admet la vente que subordonnée à une condition qui ne s'est pas réalisée, cette vente doit être écartée. — Même arrêt.

19. La remise des titres de propriété par le vendeur ne peut

constituer une preuve du contrat qu'autant que la remise serait volontaire et faite en vue de l'exécution de ce contrat. — Même arrêt.

§ 3. — Nature, forme et conditions de la vente.

20. DONATAIRE UNIVERSEL APPARENT. — Si les tiers de bonne foi peuvent valablement acquérir de l'héritier apparent, sous l'empire de l'erreur commune, il n'en est point ainsi de ceux qui contractent avec un donataire universel dont le titre est entaché d'un vice de forme extrinsèque. Peu importe, d'ailleurs, que l'acquéreur ait traité sur le vu d'une expédition authentique de l'acte ne contenant pas trace de cette nullité. — Cass. civ. 25 et 26 février 1867, Aberjoux, IX, 60.

21. HÉRITIER APPARENT. — La vente faite à un tiers de bonne foi par un héritier apparent est valable au regard de l'héritier direct. — Mais si ce dernier est tenu de respecter la vente, il a le droit de réclamer une indemnité jusqu'à concurrence du préjudice qu'elle lui a causé, si l'héritier apparent savait personnellement n'être pas propriétaire. — Celui qui, n'étant qu'héritier pour partie, s'empare néanmoins sans droit de la totalité d'un immeuble, qu'il le possède publiquement comme seul propriétaire, et le vend dans ces circonstances, procède comme héritier apparent. — A. 23 mars 1865, El Harrar c. Malaplate, VII, 90.

22. ISRAÉLITES. — Les transmissions immobilières d'israélites à israélites sont régies par la loi française. Par suite, la vente de droits immobiliers passée entre israélites ne peut être opposée aux tiers, même israélites, qu'autant qu'elle a été transcrite conformément à la loi du 23 mars 1855. — A. 2 juin 1870, Chabbat c. Kalfou et Darmon, XII, 151.

23. PRIX. — Le prix impayé d'immeubles vendus constitue une créance mobilière. (Art. 529, C. c.). — A. 22 déc. 1862, Alphonsi c. Bastelica, IV, 282.

24. *Fixation par experts.* — Lorsque dans une vente les parties ont laissé à des experts désignés le soin de fixer le prix à payer par l'acquéreur, la décision de ces experts ne constitue pas une sentence arbitrale, mais une simple expertise. — Bien que l'acte de vente énonce que l'estimation des experts devra être acceptée comme définitive, néanmoins les tribunaux ont le droit de

recherche si, dans leur appréciation, les experts se sont confor-
més aux dispositions du contrat et s'ils n'ont pas accepté des éléments d'évaluation que l'esprit de leur mandat et la position particulière des parties repoussaient. — S'il est reconnu que les experts
ont excédé leur mission, l'expertise n'est pas nulle pour cela ; on
doit seulement la ramener aux termes de la convention, admettre
les éléments de fixation qui rentrent dans leur mandat et rejeter
tout ce qui s'en écarte. — A. 5 déc. 1859, Talabot c. Audureau, II,
40. — V. la note, où la jurisprudence de cet arrêt est considérée
comme inconciliable avec l'art. 1592, C. c.

25. *Paiement.* — Lorsqu'un acte de vente d'un immeuble contient quittance du prix, mais que ce prix a été déposé aux mains
du notaire, du consentement des parties, à cause de l'existence
d'inscriptions hypothécaires, le dépôt est fait pour le compte et au
risque du vendeur, surtout si celui-ci s'était engagé à rapporter
mainlevée desdites inscriptions dans un délai fixé et qu'il ne l'a
pas fait. — A. 5 nov. 1863, Cusson c. Faure, V, 183. — V. la note.

26. *Solidarité.* — Lorsqu'un contrat de vente consentie au profit de plusieurs ne contient pas la clause de solidarité contre ces
derniers, ils ne sont tenus au paiement du prix que dans la proportion de leurs droits (art. 1202, C. c.). — A. 22 mars 1859, Rosey
c. Assada, I, 193.

27. *Terme indéterminé.* — La clause que le prix d'un comptoir
de commerce sera payable à la volonté de l'acheteur qui en servira
les intérêts jusqu'au jour du paiement, ne constitue pas une condition qui affecte l'existence de l'obligation, quand la vente a été
parfaite par le consentement sur la chose et sur le prix ; elle suspend seulement l'exécution de l'obligation de l'acheteur pour un
terme indéterminé qui peut être fixé en cherchant l'intention commune des parties, lors du contrat. — A. 7 juillet 1874, Garnier c.
Griess Traut, XVI, 213.

28. PROMESSE DE VENTE — Si, d'après les dispositions du C. c.,
la promesse de vente vaut vente, néanmoins, pour fixer la date de
la vente, ce n'est pas à la date de la promesse qu'il faut remonter, mais uniquement à celle où la convention s'est réalisée. — A.
2 nov. 1858, Bruat c. Montgolfier, I, 13.

29. La promesse unilatérale de vendre ou aliéner n'emporte
aliénation que du jour où celui à qui cette promesse a été faite a
manifesté l'intention d'en profiter et de devenir propriétaire (art.

1859, C. c.). — Cass. 14 mars 1860, mèmes parties, III, 190. — Pour l'application de ces principes au bail emphythéotique, V. ce mot.

30. PROPRIÉTAIRE PARTIEL. — *Constructions.* — Le propriétaire de la moitié d'un terrain qui consent à recevoir en argent la valeur de cette parcelle, alors que l'autre propriétaire de l'autre moitié a élevé sur le tout une construction, prend la qualité de vendeur et ne peut désormais poursuivre la démolition ou la modification de l'immeuble construit. — A. 27 déc. 1869, Durand c. Delmonte, XII, 4.

§ 4. — Obligations du vendeur.

31. DÉLIVRANCE. — *Alignement.* — Le vendeur d'un terrain indiqué au contrat comme contigu à une ligne déterminée, comme, par exemple, limité par un quai, ne peut obliger l'acquéreur à prendre livraison dudit terrain et en payer le prix, le prix exigé consisterait-il seulement en arrérages d'une rente annuelle et perpétuelle, si le plan d'alignement auquel se réfère le contrat n'était pas définitif, et si, par suite des projets mis en avant par l'autorité supérieure, ledit acquéreur avait sujet de craindre un changement dans le plan originaire qui lui enlevât sa façade sur le quai. — En un tel cas, ce dernier a le droit de surseoir à toute prise de possession jusqu'à ce qu'il soit statué définitivement sur la question de modification au plan d'alignement. Par suite, les arrérages de la rente formant le prix ne peuvent commencer à courir contre lui qu'à partir de cette époque. — C'est en vain que le vendeur aurait offert la délivrance du terrain à l'acheteur, ce fait étant impuissant à faire courir les arrérages dans une pareille circonstance. Dans tous les cas, le vendeur devrait, préalablement à toute poursuite en paiement, faire statuer directement et judiciairement sur le refus de l'acquéreur. — A. 15 avril 1872, com. de Bône c. Fabre, XIV, 28.

32. *Marchandise.* — *Délai.* — Lorsque aucune condition de temps pour l'expédition n'a été exprimée dans la commande d'une marchandise, le délai de livraison doit être fixé selon l'usage de la place. — Spécialement, lorsque l'époque du paiement a été fixée, on doit faire remonter l'époque de la livraison à 90 jours en arrière. — A. 20 juillet 1866, Isambart c. Gerbaud, VIII, 232.

33. Garantie. — *Eviction partielle.* — L'acquéreur d'un immeuble vendu comme corps certain et limité, avec indication de contenance, a droit à une réduction de prix, si une partie notable de l'immeuble a été attribuée judiciairement à un tiers revendiquant en vertu de droits acquis antérieurement à la vente. — A. 25 janv. 1868, Calté c. Turlin, X, 19.

34. Il importerait peu que l'immeuble ainsi réduit eût encore une contenance supérieure à celle portée au contrat. Seulement l'acquéreur ne peut, dans ce cas, demander la résolution de la vente, il ne peut que demander une réduction proportionnelle du prix. — Même arrêt.

35. *Inscription hypothécaire.* — En cas de vente avec stipulation de garantie, le vendeur est garant de l'effet des inscriptions survenues postérieurement de son chef, encore bien que ces inscriptions n'eussent pas frappé utilement, si l'acquéreur avait fait transcrire son contrat d'acquisition. — A. 20 mai 1862, Camillieri c. Sultana, IV, 119.

36. *Surenchère.* — Si l'acquéreur surenchéri par un créancier désintéresse ce créancier pour éviter l'éviction par l'effet de la réadjudication, il a son recours contre son vendeur pour les sommes ainsi payées. — Même arrêt.

37. Fonds de commerce. — Si, en principe, le négociant qui cède sa maison ne peut, qu'il se le soit interdit ou non, créer immédiatement une maison rivale, les magistrats doivent puiser leur raison de décider dans l'appréciation des faits. — En conséquence, le vendeur d'un fonds de commerce, à défaut de tout engagement envers l'acheteur ou de toute clause formelle qui lui en interdise le droit, peut, après un certain temps, un délai de six années, par exemple, reprendre le même genre de commerce, l'acheteur ayant eu tout le temps nécessaire pour établir sa clientèle. — A. 5 janv. 1865, Péan c. Vuillard, VI, 208.

38. La vente d'un fonds de commerce, faite sans aucune réserve par le vendeur, implique pour ce dernier l'interdiction de reprendre un commerce de même nature dans la même ville, à moins qu'il ne résulte des circonstances que le nouveau magasin ne saurait porter aucun préjudice à l'ancien. — A. 14 juin 1866, Court c. Capo, VIII, 162.

39. *Livres.* — La vente d'un comptoir de commerce a pour conséquence la remise entre les mains de l'acheteur des livres du

vendeur ayant servi à l'exploitation du comptoir ; le silence du contrat sur cette remise s'explique par la nature même de l'exploitation cédée. — Même arrêt qu'au n° 27, *suprà*.

40. STIPULATION DE NON-GARANTIE. — *Eviction.* — *Précédent vendeur.* — La stipulation de non-garantie faite dans un contrat de vente ne bénéficie qu'au vendeur stipulant et ne peut être invoquée par les précédents vendeurs dont le contrat ne renferme aucune clause de ce genre. — Par suite, si le vendeur immédiat qui a stipulé la non-garantie se rend cessionnaire de la rente due aux vendeurs originaires et qu'il en poursuive le paiement contre l'acquéreur, ce dernier peut opposer l'éviction qu'il a subie ou le juste sujet de craindre l'éviction. (Art. 1653; C. c.). — A. 19 juin 1860, Fabre c. Bruat, II, 207.

41. *Eviction.* — *Restitution du prix.* — *Dommages-intérêts.* — Si, en matière de vente, la garantie est de droit lorsque l'acheteur est évincé de tout ou partie de l'objet vendu, néanmoins le vendeur ne peut en être tenu sous le rapport de la restitution du prix, comme sous celui des dommages-intérêts, lorsqu'à la stipulation de non-garantie au contrat vient se joindre la connaissance par l'acheteur du danger de l'éviction (art. 1629, C. c.). — A. 20 avril 1859, Feydeau c. Guérin, II, 24 ; 14 décembre 1859, Gélin c. Gaudineau, II, 32.

42. La clause insérée dans un cahier des charges que « l'adjudi- « cataire prendra les immeubles mis en vente tels qu'ils seront au « jour de l'adjudication, sans pouvoir prétendre à aucune garantie « ou indemnité contre le poursuivant, ni à aucune diminution de « prix pour dégradations, réparations, erreur dans la consistance « ou la contenance », constitue la condition de non-garantie. — Le dire fait au cahier des charges par le prétendant droit à une partie de la terre mise en vente et demandant la distraction de cette partie ou le sursis jusqu'à la solution de la question de propriété, avertit suffisamment l'adjudicataire du danger de l'éviction. — Même arrêt du 20 avril 1859.

§ 5. — Obligations de l'acheteur.

43. INTÉRÊTS. — Lorsqu'un bordereau de collocation a été délivré dans un ordre à l'acquéreur d'un immeuble pour la garantie d'une éviction éventuelle, les adjudicataires contre lesquels il est

délivré, ne doivent les intérêts du capital colloqué que du jour où commandement de payer leur a été fait, et non du jour du jugement qui a prononcé l'éviction, alors qu'ils sont restés étrangers à ce jugement. — A. 23 mai 1862, Lovatelli, IV, 124.

44. MARCHANDISES. — NAVIRE ÉTRANGER. — VENTE *sous palans*. — SURTAXE. — La surtaxe édictée par la loi du 30 juin 1872, et grevant les marchandises ordinaires et étrangères importées dans un port de France par navires étrangers, frappe non le navire qui importe, mais la marchandise importée. — La survenance de la loi entre l'achat et la livraison de la marchandise est à la charge de l'acheteur, alors que cette livraison devait être faite *sous palans*, le droit ne devant être perçu par l'administration des douanes que postérieurement à cette prise de possession par l'acheteur. — A. 27 nov. 1872, Moutte c. Florot, XIV, 225.

45. La loi susdite du 30 janvier 1872 qui, à l'époque du marché passé entre parties, avait déjà été déposée en projet par le Gouvernement et rapportée à l'Assemblée nationale, ne saurait, à aucun point de vue, être considérée comme un cas de force majeure. — Même arrêt.

V. Force majeure.

46. TRAVAUX EN COURS D'EXÉCUTION. — Lorsque le propriétaire d'un immeuble vend cet immeuble en cours de travaux de construction qu'il a ordonnés, la partie de travaux exécutés postérieurement à la vente est à la charge de l'acquéreur, de telle sorte que l'entrepreneur a une action directe et personnelle contre ce dernier. — Il en est ainsi alors même que l'acquéreur n'a pris aucune obligation relative à ces travaux envers le vendeur. — A. 19 nov. 1869, Latour c. Chevallier et Darbon, XI, 256.

§ 6. — Nullité, Résolution de la vente.

47. EFFET DE L'INSTANCE EN NULLITÉ. — *Prix.* — *Consignation.* — Lors même qu'une instance tendante à la nullité d'une vente ou d'une adjudication est introduite, il appartient aux tribunaux d'apprécier s'il y a eu péril d'éviction suffisant pour autoriser l'adjudicataire ou l'acquéreur à suspendre le paiement de son prix, par application de l'art. 1653, C. c. — La consignation du prix d'acquisition que doit effectuer l'adjudicataire, en vertu d'une clause expresse du cahier des charges, ne le prive pas de la fa-

culté d'intervenir dans l'ordre, pour faire ordonner qu'en raison de la menace d'éviction résultant de l'instance sus-mentionnée, il sera sursis à la délivrance des bordereaux de collocation. — A. 15 novembre 1861, Chauchard c. Humbert, III, 254.

48. NULLITÉ. — *Absence de prix.* — *Lésion.* — Lorsque la disproportion entre la chose vendue et le prix stipulé est telle que ce prix perd tout caractère sérieux, c'est le cas d'annuler la vente comme ne contenant pas de prix. — Spécialement, on doit considérer comme tel un acte de vente dans lequel le vendeur conserve les immeubles vendus pendant sept années, à la charge de payer une location dont le montant, à l'expiration du bail, sera triple du prix fixé. — A. 31 janv. 1859, Vié c. Rouit, I, 87.

49. *Muphti.* — *Aveu.* — Un acte de vente passé devant un muphti entre un indigène et un Européen est nul, comme rédigé par une personne n'ayant aucun caractère public. — Si, dans ces circonstances, l'acquéreur qui exige de cette nullité, avoue la réalité de la vente, mais déclare en même temps qu'elle a eu lieu à forfait et sans garantie, son aveu est indivisible et ne peut servir de base à une action en restitution de prix (art. 1626 et 1629, C c.). — A. 25 avril 1860, Marmiesse c. Kadidja, II, 234.

50. RÉSOLUTION. — *Annonce inexacte.* — Celui qui, sur la foi d'insertions dans les journaux, achète une machine annoncée comme ayant une puissance de six chevaux, peut faire résoudre la vente, si, en réalité, la puissance de cette machine n'est que de quatre chevaux de force. — A. 11 févr. 1871, Scala c. Faggioni, XIII, 183.

51. *Délai.* — *Non-retirement.* — L'art. 1657, C. c., aux termes duquel la résolution d'une vente de denrées et d'effets mobiliers a lieu de plein droit et sans sommation au profit du vendeur, après l'expiration du terme convenu pour le retirement, est applicable en matière commerciale. — Jugem. com. Alger, 3 janvier 1859, Probst c. Elie, I, 130.

52. *Lésion.* — *Expertise.* — Si, aux termes de l'art. 1678, C. civ., la preuve de la lésion doit être faite par un rapport dressé par trois experts, les juges ne sont pas liés par la fixation de l'expertise qui n'est, dans ce cas, comme dans tout autre, qu'un renseignement pour la justice. — A. 14 octobre 1874, Germon c. Gastex, XVI, 296.

53. *Péremption de l'inscription de privilège.* — La demande

en résolution de vente que le vendeur non payé intente avant la péremption de l'inscription de son privilége, peut produire effet même après la péremption de cette inscription (art. 7, loi du 26 mars 1855). — (Conformes : Riom, 7 juin 1859 ; Casastion, 3 août 1863. — *Contrà* : Orléans, 4 août 1866, cassé par l'arrêt ci-dessus cité). — A. 15 juillet 1875, Dechaux c. Taboni, XVII, 126.

54. *Privilége.* — *Loi du 23 mars 1855.* — L'adjudication sur saisie réelle d'un immeuble n'a pas pour effet de le purger de l'action résolutoire, si la sommation prescrite par l'art. 692, C. pr. c., n'a pas été faite au vendeur non payé dont le privilége était inscrit. — Le privilége continue à grever l'immeuble, encore bien que l'inscription n'ait pas été renouvelée dans le délai de dix années, si la mention prescrite par l'art. 716 n'a pas été faite par l'adjudicataire. — L'art. 11 de la loi du 23 mars 1855 ne prescrit l'inscription de l'action résolutoire dans le délai de six mois, à partir du 1ᵉʳ janvier 1856, qu'autant que le privilége du vendeur est éteint. — A. 29 février 1860, Cusson c. Gaduel, II, 118.

55. Le vendeur par acte ayant date certaine antérieurement au 1ᵉʳ janvier 1856, et qui a conservé son privilége par une inscription prise en temps utile dans les conditions du C. c. et du C. pr. civ., n'est pas obligé de prendre inscription spéciale pour la conservation de son action résolutoire, ainsi que le prescrit le § 4 de l'art. 11 de la loi du 23 mars 1855. — Cette prescription n'est applicable qu'au vendeur qui a perdu son privilége. — A. 22 juin 1859, Barnabé c. Girard, I, 212, 4ᵉ cahier.

56. *Sous-acquéreur.* — Le jugement de résolution d'une vente immobilière, rendu contre un acquéreur direct, ne peut être opposé au sous-acquéreur. Il est, à l'égard de ce dernier, *res inter alios judicata*. Il en est surtout ainsi alors que le jugement est le résultat d'une collusion frauduleuse entre le vendeur et l'acquéreur. — A. 22 nov. 1869, Beaumont c. Bartholony, XI, 241.

VENTE A DOMICILE. — V. Arrêté municipal, 2.

VENTE JUDICIAIRE *d'immeubles dépendant d'une succession bénéficiaire.* — V. Compétence, 74.

VENTE DE MARCHANDISES NEUVES. — V. Commissaire-priseur.

VENTE DE MARCHANDISES EN GROS. — V. Courtier, 8 s.

V. aussi Bail, 42 *bis*, — Cadi, — Chose jugée, — Courtier, 4 s, — Domaine de l'Etat, — Expertise, — Femme mariée, 1 2, —

Vente à réméré.

1. La vente à réméré transporte de plein droit et sans stipulation spéciale la pleine propriété à l'acquéreur, qu'elle rend apte à exercer tous les droits qui compétaient au vendeur. Il s'ensuit qu'elle n'est pas soumise à une action suspensive, mais bien à une action résolutoire. — Les juges ne peuvent proroger le terme fixé par les parties pour l'exercice du droit de réméré. — A. 17 juin 1863, Drahi c. Chiche, V, 135.

2. La vente à réméré contenant une vilité de prix et une relocation au profit du vendeur doit être considérée comme un contrat de prêt alors surtout qu'il existe d'autres circonstances ; que telle était l'intention des parties. — A. 20 juillet 1876, Lombes c. Geoffroy et Gay, XVIII, 186.

Droit musulman.

3. La vente à réméré (tenia) n'est considérée dans le droit musulman que comme un contrat pignoratif par lequel le vendeur abandonne à l'acquéreur la simple possession et la jouissance d'un immeuble pour un temps illimité et jusqu'au remboursement du prix reçu. — Toujours d'après la même loi, le vendeur à réméré ne peut transmettre à un tiers, ni la nue propriété de l'immeuble vendu, ni le droit d'exercer le rachat. — A. 1er avril 1857, Javal Lau c. Ladrix, VII, 198.

V. Contrat pignoratif.

Vérification d'écriture. — V. Faillite, 52, 53.

Veuve.

Droit mosaïque. — Israélite algérienne.

1. La femme juive n'a droit, au décès de son mari, qu'à la restitution de sa dot, à la nourriture et à l'entretien, et à l'habillement.

— Elle doit, en compensation, son travail aux héritiers de son mari. — En cas d'infraction à cette obligation, elle perd son droit d'alimentation, d'entretien et d'habitation. — A. 10 juin 1875, Ben Chimol c. Cohen Scali, XVII, 103.

2. ISRAÉLITE ALGÉRIENNE. — Sur pourvoi contre l'arrêt qui précède, décidé que si le sénatus-consulte du 14 juillet 1865, en laissant les israélites algériens sous le régime de leur statut personnel (art. 2), n'a conféré à la veuve ni la puissance paternelle qui tient à ce statut, ni l'usufruit légal du bien de ses enfants, qui est un attribut de la puissance paternelle, la veuve qui, par un décret postérieur, a été naturalisée Française, a acquis, du jour de ce décret, avec la puissance paternelle qui ne lui appartenait pas jusque-là, l'usufruit légal qui en est un accessoire naturel. — Cass. Req., 2 mai 1876, XVIII, 220.

Visa.

Le visa donné par un employé établi *ad hoc* par l'Administration est régulier. — A. 9 juillet 1855, Préfet d'Alger c. Chauve, III, 204.

V. Saisie immobilière.

Voirie.

Législation spéciale.

1. ALIGNEMENT. — *Alignement partiel.* — *Pouvoir du maire.* — S'il appartient aux maires, en l'absence d'un plan général d'alignement, régulièrement approuvé, de donner des alignements partiels, c'est à la condition que ces alignements seront délivrés suivant la largeur actuelle de la voie publique. L'arrêté municipal qui, sans qu'il existe de plan général, diminue, sous prétexte d'alignement, la largeur de la voie, est entaché d'excès de pouvoir et le riverain qui a bâti en conformité de cet arrêté est tenu de démolir ses constructions, sans pouvoir réclamer aucune indemnité. — Cass. civ. 14 mars 1870, XII, 84.

2. *Alignement préalable.* — Les servitudes de voirie et spécialement la nécessité de l'alignement préalable pour les constructions, s'appliquent uniquement aux rues et places actuellement

ouvertes. — La démolition de ces constructions ne peut être ordonnée que si elles empiètent sur la voie publique ou bien si elles
ne sont pas conformes à un *alignement exécutoire*. — Jugem.
s. p. Philippeville, 27 août 1867, Bruyas et Tisserand, IX, 248.

3. Un arrêté comme celui du 8 octobre 1832, qui interdit toute
construction sans autorisation dans les *les villes et faubourgs*,
doit être restreint et limité à ses termes mêmes. Les prohibitions
ne sauraient s'étendre aux constructions élevées en *plein champ,
au milieu de parcelles appartenant à divers et desservies par
des chemins non classés*. — V. Arrêté, 2. — Pour que le plan d'une
ville et de ses faubourgs soit obligatoire, il ne suffit pas qu'il ait
été approuvé par un arrêté ministériel, il faut encore qu'il ait été
publié et porté à la connaissance des intéressés. — L'abandon
d'un plan ainsi approuvé peut résulter de divers faits administratifs ou autres, tels que la cession par l'Etat du terrain compris
dans le plan, la création d'un autre plan à l'état d'étude et d'éla-
boration, l'impossibilité reconnue d'exécution, etc. — Même jugement.

4. Dans un sens contraire, jugé qu'en matière de voirie, l'Algérie
n'est point soumise à la législation de la Métropole, mais uniquement
à l'arrêté du Gouverneur général du 8 oct. 1832, même dans
ce qu'il a de contraire à cette législation. — Ainsi, la défense édictée par l'art. 1er de l'arrêté précité d'élever des constructions dans
les villes de l'Algérie ou leurs faubourgs sans autorisation préalable du maire, étant générale et absolue, s'applique, malgré la disposition contraire de l'édit de décembre 1607, même aux constructions élevées sur des terrains ne joignant pas la voie publique, notamment à celles établies sur des terrains joignant seulement des
rues ou places projetées. — Et le juge de police saisi de la contravention résultant du fait d'avoir élevé de semblables constructions
sans autorisation préalable, doit ordonner la démolition de ces
constructions, en tant qu'elles empiètent sur la voie publique actuelle ou projetée, ou qu'elles ne se trouvent pas dans l'alignement
(C. i cr , 161). — Cass. 24 févr. 1859, Cemino, V, 76.

5. *Dépossession*. — Les plans d'alignement des villes et bourgs,
arrêtés par le préfet, ont pour effet légal, dès qu'ils ont reçu, au
moyen du dépôt à la mairie, la publicité de droit, et sans qu'il soit
besoin d'une notification spéciale aux intéressés, d'attribuer à la
voie publique les terrains destinés à l'élargir et de les soumettre
ipso facto (spécialement quant à la prohibition d'y déposer des

matériaux) aux règlements de la petite voirie. (L. 16 septembre
1807, art. 50 et 52; décr. 25 mars 1852, art. 1ᵉʳ). — Cass. crim. 5 nov.
1868, Malgras, XII, 46.

6. *Observation des règles de droit. — Contrats particuliers.*
— Une commune n'est pas recevable, avant que des terrains aient
été incorporés au domaine public municipal, selon les règles de
droit, à invoquer des stipulations insérées dans les contrats particuliers, pour prétendre que, d'après ces stipulations, telles parcelles de terrain devaient servir à la voirie communale. Jusqu'à cette
incorporation régulière, les particuliers restent propriétaires des
terrains et peuvent en disposer comme bon leur semble, sans que
la commune puisse les contrarier en excipant d'une prétendue
aliénation à son profit. — A. 28 avril 1873, commune de Mustapha
c. X., XV, 126.

7. *Rue projetée.* — Les plans d'alignement d'une rue nouvelle à
percer dans une ville n'emportent dépossession des terrains compris dans la voie projetée, et par conséquent obligation pour la
ville d'en payer le prix, qu'autant qu'ils ont été approuvés par l'autorité supérieure, conformément aux lois (art. 52, loi 16 sept. 1807).
— A. 21 déc. 1859, Morgera c. com. de Mostaganem. II, 147.

8. CIRCULATION. — L'autorité préfectorale est seule compétente
pour réglementer ou restreindre la circulation sur une route livrée
en fait à l'usage du public. — A. 30 juin 1863, Basset, V, 134.

9. COMPÉTENCE. — Si la commune a occupé des terrains compris dans l'alignement d'une rue ou d'une place avant d'en avoir
fait prononcer l'expropriation pour cause d'utilité publique, la demande en indemnité doit-elle être portée devant les tribunaux ordinaires ? — V. Compétence, 79 s, 82.

Compétence du juge des référés. — V. Référé.

10. CONTRAVENTION. — *Démolition. — Chose jugée. — Poursuite nouvelle.* — Lorsque dans une prévention de construction
en usurpation de la voie publique, sans autorisation, le Ministère
public et le jugement se sont bornés à requérir et à prononcer la
peine d'amende, sans qu'il soit question de la démolition de l'ouvrage mal planté, il y a chose jugée sur cette contravention à l'art.
471, § 4, du Code pénal. — Des procès-verbaux nouveaux et successifs constatant le même état des lieux, dressés après ce jugement, ne peuvent produire aucun effet ; c'est identiquement la mê-

me contravention résultant du même fait, réprimée par le premier jugement, et c'est à bon droit que le tribunal de police se refuse de prononcer la démolition demandée sur ces nouvelles poursuites. — L'autorité municipale peut : ou s'adresser aux tribunaux civils pour réparation du dommage causé à la voie publique, ou prendre un arrêté individuel prescrivant au propriétaire la démolition. En cas de désobéissance à cet arrêté, l'art 471, § 15, serait applicable, et la démolition pourrait être demandée. - Cass. crim., Tahar ben El Hadj, 7 mai 1870, XII, 82.

11. QUAIS ET PORTS. — En matière de grande voirie, spécialement de la police des quais et des ports de commerce, les procès-verbaux ne sont pas nuls, bien qu'ils ne soient pas dressés et affirmés dans les 24 heures des contraventions. Ils sont valablement dressés tant que l'action publique n'est pas prescrite, c'est-à-dire dans l'année. — Cons. préf. Alger, 6 sept. 1866, Carrié et Chevalier c. Préfet d'Alger, IX, 97.

12. *Mise en fourrière.* — Les directeurs des ports sont sans qualité pour ordonner et faire effectuer, de leur autorité privée, le transport en fourrière de tout ou partie de marchandises déposées sur les quais, sous prétexte d'urgence et d'encombrement de la voie publique ; aux sous-préfets et aux préfets seuls appartient ce droit, sous leur responsabilité personnelle, dans des conditions spéciales d'urgence et de célérité. — Les frais de transport et de séjour en fourrière ne peuvent, en aucun cas, être mis à la charge des prétendus contrevenants, soit par demande directe, soit comme frais ou liquidation de dépens, sauf, dans ce cas, le recours du Domaine de l'Etat contre les auteurs de ces cas illégaux. — Même arrêté.

13. VOIRIE URBAINE. — *Règlements municipaux.* — L'autorité municipale peut et doit veiller à la sécurité des personnes qui circulent dans une avenue même de propriété privée, non classée dans la voirie urbaine, quand cette avenue, située dans l'enceinte de la ville, est ouverte à tout venant. — A. 7 déc. 1869, Muller c. Quétineau, XI, 269.

14. L'obligation imposée par l'autorité municipale aux propriétaires qui construisent, d'entourer leur bâtisse d'une cloison en planches, est passée à l'état d'usage des lieux. — Même arrêt.

Voitures publiques. — V. Police municipale.

Voiturier. — V. Commissionnaire de transports.

Vol.

1. Sous l'ancienne législation, le fait de se faire servir à boire ou à manger sans payer, ne constituait aucun délit. — A. 26 nov. 1859, Renaud, III, 140.

2. Ce fait a été déclaré délit par la loi du 26 juillet 1873, et punissable de six jours au moins à six mois au plus d'emprisonnement, et d'une amende de seize à deux cents francs. — § 4 de l'art. 401, C. pén.

3. La FILOUTERIE n'est pas un délit distinct du vol. — Même arrêt.

Z

Zaouïa. — V. Domaine de l'État, 10.

Zekkat. — V. Achour et Zekkat.

TABLE CHRONOLOGIQUE

DES

ARRÊTS ET AUTRES DÉCISIONS

14 janv.   Rozan c. Kolb.

19 — Consorts Chiche c. Champeaux.

21 — Le Ministère public c. Collignon.

21 — Jacob Seror frères et Moatti c. Mongellas, syndic de la faillite Moïse et Daniel Seror frères.

22 — Calcutty et Cⁱᵉ c. le capitaine Vasco.

31 — Epoux Vié c. Rouit.

2 févr. G. c. Charretier.

2 — Contrainte par corps, 6.

2 — Fonctionnaire public, 2.

2 — Jambon c. Simon.

9 — La Société immobilière du dép. d'Alger c. le Maire d'Alger.

14 — Mussault c. Ali ben Hamoud.

16 — Interdiction, 1.

16 — Amar ben Abdallah c. Allouche.

22 — Gazave c. Medan.

23 — Capitaine Brémont c. Brun et Cⁱᵉ.

23 — Compétence, 5.

23 — Attard c. Martinez.

24 — Cemino.

26 — Ministère public c. Mohammed ben Zerouki et cons.

2 mars Mustapha ben Chérif c. la dame Meriouma bent Kaddour.

2 — Baccara c. Baillat et Pinatel et Badenco.

4 — Capitaine Arnaud.

7 — Andureau frères et autres c. le Préfet de Constantine.

14 — Le Préfet d'Alger c. Dervieux et Cᵉ.

16 — Garnier c. dame Garnier.

21 — Habbous, 30.

21 — Tom Souville c. Carrus.

22 — Héritiers Rosey et consorts c. Assada et consorts.

29 — Requête civile, 2.

29 — Société, 58.

31 — Garnier c. Garnier.

13 avril Le Préfet d'Alger c. Bret et Dusseil.

18 — Guenoun Acsom c. Grévin.

20 — Vᵉ Gélin c. Gaudineau.

3 mai Melinaud c. les frères Quinemant.

11 — Vente, 3.

11 — Héritières Rosey et Valensi et autres.

18 — Le Préfet d'Alger c. Delfraissy.

19 — Gilly et Torrazza c. Gaillard.

24 — Mekalsky c. Raffy.

26 — Epoux Vaugrenand c. Dᶫᶫᵉ Leberger.

27 — Julien et Cⁱᵉ c. syndic Liurette et Gardin.

1ᵉʳ juin Faure c. Julienne et cons.

6 — Kaoua et consorts c. cons. Kodja.

6 — Habbous, 31.

7 — Consorts Saad Allah c. Feydeau et consorts.

8 — Radichich c. Economopoulo.

15 — Héritiers Nougier c. Tempier.

16 — Chose jugée, 30

20 — Pionnier et Cⁱᵉ c. Zaffran et Taïeb.

22 — Barnabé c. Girard.

22 — Thayer c. Tribaullet.

23 — Compétence, 111.

23 — Castelli c. Grisolles.

3 juillet Damoreux et autres c. veuve Dermineur et autres.

11 — Le Préfet de Constantine c. Maljean.

12 — Cougot c. Couput et Sarlande.

15 — Vals et consorts c. le capitaine Castan et la Cⁱᵉ Arnaud, Touache frères.

25 — Puech c. Dupuis.

27 — Epoux Delamarre c. Elie Valensi et Mathieu.

29 — Lesca, Villenave et Cⁱᵉ c. Parer et consorts.

5 oct. Gardis c. Bittard.

7 — Zaccasio c. Mosca et cons.

14 oct.	Martinetti frères c. Lespasi frères.
17 —	Brasqui c. Touchard.
21 —	Lakdar ben Hamed c. Aïn Colina.
4 nov.	Vernin c. Meurine et Broude.
5 —	Défenseur, 2.
5 —	Miot c. Bourget.
11 —	Millau c. Charpentier.
15 —	Bombonnelle c. Barry, Dervieux et Cie.
22 —	De Maupas c. veuve Grandjean.
23 —	Andréoli c. Picon, Sarlin et la commune d'Alger.
24 —	Parer et consorts c. le Ministère public.
26 —	Le Ministère public c. Renaud.
26 —	Le Ministère public c. Forcioli.
3 déc.	Le Ministère public c. Hamed ben Omar.
5 —	Talabot c. Andureau et Cie.
7 —	Ve Gipouleau c. Chasse.
7 —	Fèvre c. Choppin et cons.
14 —	Feydeau et cons. c. Guérin.
15 —	Geyler et autres c. syndics Ferrand.
29 —	De Vialar c. Ve Martin Desplas.
21 —	Margera c. la commune de Mostaganem.
31 —	Lanoue c. Maréchal.

1680

4 janv.	Jolly c. Farruggia.
10 —	Marin et Cachot c. Créange.
12 —	Mineurs Lalive c. Denizot et Cie.
12 —	Giraud et Manégat c. Troussel et autres.
19 —	Femme Courcheyia c. Courcheyia.
24 —	Coutume de soria.
24 —	Karsenti c. Karsenti.
30 —	Compétence, 56.
03 —	Héritiers Bouïras c. le Préfet d'Alger et consorts.

31 janv.	Ve Portier c. Feuillet.
6 févr.	Consorts Skender c. le Préfet d'Alger et Jacob.
7 —	De Ganteloube c. la comm. de Bône.
8 —	Lévèque c. Godquin.
8 —	José Fernando c. époux Barbier.
18 —	Excitation à la débauche, 5.
18 —	Le Ministère public c. Brucker.
21 —	Le Ministère public c. Carivenc.
29 —	Cusson frères c. Gaduel.
14 mars	Bruat c. Beuf et Montgolfier.
19 —	Trémeaux c. Demonchy.
21 —	Femme Frentzel c. Seligman.
24 —	Ministère public c. Dufaure.
26 —	Ve Grandjean c. Grandjean.
28 —	Compétence, 51.
28 —	Delmonte c. le Préfet d'Oran.
28 —	Lagier c. Verbrouck.
3 avril	Giraud c. Fil et Bertrand.
5 —	Abdallah et autres.
23 —	Le Préfet d'Alger c. les héritiers Ben Marabot.
25 —	Marmiesse c. Kadidja.
26 —	Josserand c. Heurtaux.
7 mai	Simon c. Bouyer frères.
14 —	Défenseur, 7.
18 —	Femme Courcheyia c. Courcheyia.
18 —	St-Léon et consorts Ben Brahim c. Richarme et autres.
21 —	Delgua c. Chapelle.
29 —	Magnan c. Dlle Fabre.
29 —	Remy Long c. Liersent.
8 juin	Capitaine Girel c. David, Cosman et l'*Afrique française*.
13 —	Héritiers Sagat c. Langlois.
19 —	Fabre fils c. Bruat.
25 —	Dr Mekalski c. Agard et Jourdan.
25 —	Clary c. Housse et Delacombe.

18 juin	Héritiers Ben Marabet c. le Préfet d'Alger.
24 —	Epoux Frentzel c. Seligman.
26 —	Blondeau de Combas c. les membres du tribunal de commerce d'Oran.
29 —	Mardochée Tingé c. dame Messuouda ben Kenoun.
18 juillet	Djelloul et autres c Ministère public.
23 —	Ternaux c. Garofolini et Mongellas.
30 —	Louis c. Mongellas et autres.
5 octob.	Coquet c. le Ministère public.
16 —	Chose jugée, 30.
16 —	Ahmed ben Amer c. Ben Chaïb.
25 —	Vᵉ Guez c. epoux Blanc et Badenco.
28 —	Dame Choppin c. Arnaud et Tahet.
5 nov.	Bagdadi c. Moatti et cons.
5 . —	Aribaud et cons. c. Bailleul et cons.
13 —	Hamiti c. Ben Saadoun.
13 —	Ahmed ben Djilali c. Abderrahman ben Koulder.
15 —	Gauchard c. Imbert.
18 —	Habbous, 29.
18 —	Ali ben El Keshi c. Abdallah ben Naaman Bey.
8 —	Ali ben El Keshi c. Abdallat ben Naaman bey.
25 —	Indigène, 1.
25 —	Schlomo Levy c. Joseph Levy et autres.
25 —	Roure c. Warot et Semel et cons.
29 —	Capitaine Perrette, Gros et Cⁱᵉ c. Hassan.
29 —	Courtiers d'Alger c. Commissaires-priseurs.
3 déc.	Schebat c. Messaouda Gozlan.
6 —	Martin c. Ursulines de Nevers.
10 —	Delaplace, Chauvac c. Assada et Bourely.

10 déc.	Vente, 3.
11 —	Héritiers Aberjoux c. vᵉ Aberjoux.
13 —	Chose jugée, 44.
21 —	Jouyne, Latour, Sarlande et Chavanel c. Bonissay et Cⁱᵉ.
26 —	Contrainte par corps, 3.
26 —	Julienne c. Roussac et Rivière.
31 —	Cons. Messrer c. Cons. ben Barech.

1862

2 janv.	Caisse hypothécaire c. Philippe et autres.
2 —	Luce c. Abderrahman El Kenaï et Saïd.
6 —	Héritiers Aberjoux c. vᵉ Aberjoux.
13 —	Contrainte par corps, 2.
13 —	Lambert des Cilleuls c. Poignard.
14 —	Simon c Laroque.
20 —	Le consistoire israélite de Constantine c. Pionnier et Cⁱᵉ.
30 —	Ministère public c. Marcadal et Gomila.
30 —	Baudier c. Rising.
7 février	Denizot et Boudon c. Faideau.
14 —	Bougerel c. Peyron.
20 —	Fonctionnaire public, 3, 4.
20 —	Le président de la société philomatique de Bordeaux c. le directeur des affaires civiles et la faillite Coulanjon.
22 —	Sens c. Ministère public.
24 —	Enos.
3 mars	Vital c. Tom-Souville.
7 —	Tardieu c. Boulay.
10 —	El Hadj Sghir et cons. c. Ben Ichou.
24 —	Ellul et cons. c. Seyman.
25 —	Cappé c. héritiers Aïcha.
1ᵉʳ avril	Junghi c. le Préfet d'Alger et autres.

3 avril	Chàlup c. v^e Branthomme.
3 —	Garro c. le baron de Vialar.
15 —	Dame Courcheyia c. son mari.
24 —	Dame Battarel c. Fournier et autres.
30 —	Cons. Aberjoux c. v^e Aberjoux.
30 —	Morosolli c. Zermati.
1er mai	Nelson c. Achak.
20 —	Camillieri c. Sultana.
20 —	Seligman c. Frentzel.
23 —	Cons. Lovatelli et autres.
27 —	Aaron Djian c cons. Djian.
28 —	Fourrier c. le Préfet d'Alger.
28 —	Nefiça bent Mohamed c. Mohammed ben Moustapha.
5 juin	Ministère public c. Behaguel et Marchand.
9 —	Lecoq et Cie c. Roure et cons.
9 —	Oualid c. Medioni.
16 —	Vital.
16 —	Consorts Taleb c. le Domaine.
23 —	Brisset c. Theroul et Bouvier.
28 —	Ministère publ. c. Van Ghèle.
30 —	Valensi c. Avargues.
5 juillet	Perusson père c Perusson fils et Félix.
10 —	Luce c. Abderrahman el Kenaï et Saïd.
16 août	Mohamed ben Sersour.
22 sept.	Galiano Giro et consorts c. le Procureur général.
10 octob.	Sylvy c. Bourillon.
11 —	Procureur général c. Delagrange.
13 —	Ben Haïm c. cons. Karoubi.
15 —	Auduit et cons. c. Heraud.
21 —	Lapeyrière c. Saboundji et consorts.
22 —	Mohamed ben El Hadj c. Baud et dame Kadoudja.
30 —	Tahar ben Djelloul c. Tahar ben Djelali.
12 novem.	Cheltiel c. Barka.
12 nov.	Marchis et cons. c. le général commandant la province de Constantine.
19 —	Ali ben Djebrouni c. Zohra bent Nouralah.
24 —	Soliman ben El Hadj c. El Khir.
25 —	Chose jugée, 39.
25 —	Dame Gousseur c. Hanifa et consorts.
26 —	Le Préfet d'Alger c. Paravis
8 déc.	Habbous, 28.
8 —	Ben Hanoun c. les frères Stora.
10 —	Abadie et Fischer c. Valensin.
11 —	Josserand c. Barbier St-Ange et consorts.
17 —	Roca c. De Gineste.
18 —	Compétence, 104.
18 —	Gagliola c. Schiaffino.
22 —	Ve Alphonsi c. cons. Bastelica.
23 —	Monteforte c. Elie.
24 —	Delmonte c. le Préfet d'Oran.
24 —	Epoux Bourkaïb c. l'Etat.
29 —	Compétence, 29.
20 —	Mouloud c. Mabrouck.

1863

5 janv.	Epoux Bruat c. le Préfet d'Alger.
8 —	Julien c. Bardin.
17 —	Roure et cons. c. consorts Bourkaïb.
3 févr.	Braby c. syndic Laville.
4 —	Le bâtonnier de l'Ordre des avocats c. Enos.
4 —	Aberjoux c. Aberjoux.
7 —	Hammoud ben Mohammed.
7 —	Cour d'assises.
23 mars	Compétence, 29.
7 février	Jourdan c. Ministère public.
11 —	Lord Brougham c. dame Legénissel.
12 —	Banque de France c. Ardouin et autres.
13 —	Tordjman c. Bel, syndic.

17 février De David c. syndic David.
27 — Gugenheim et cons. c. Jacques.
7 mars Le Procureur général c. Alamagny et Baurat.
16 — Bakir ben Omar et cons. c. la commune d'Alger.
16 — Bœnsch c. l'Etat.
17 — Pierret c. Vœts.
23 — Cons. Naaman Bey c. Housse.
11 avril Leinen c. Contributions diverses.
20 — Valensin c. Bedjaoui.
25 — Ministère public c. Denis-Jean.
3 mai Le Procureur général c. Mercier et Mougin.
15 — Arnaud c. Cauvin.
18 — Bénard Lechevallier c. le directeur de la compagnie d'assurances mutuelles l'Algérie.
25 — Vᵉ Galangan c. héritiers Micoud.
25 — Chose jugée, 40.
25 — Amar ben Ali Bel Kassem c. Mohammed ben Dhaman et consorts.
27 — Abd El Kader ben Kassem c. Amena bent Kassem et consorts.
2 juin Kella bent Mohammed c. Hassem ben Mohammed.
2 — Messaouda bent Ahmed c. Et Taïeb.
8 — Brunet c. Luce et autres.
8 — Mestre c. Badenco.
17 — Brabï c. Chiche et consorts.
27 — Presse, 22.
30 — Procureur général c. Basset.
8 juillet Mouni bent Bourkaïb c. Bacri et Cⁱᵉ.
9 — Feuilhade de Chauvin c. Fabre.
15 — Talabot c. Negretti.
23 — Ahmed El Dhif ben Moussa c. Djouhar ben Moussa ben Abdallah.

24 juillet Ali ben Bahamed Kalifa c. le sieur X. et autres.
28 — Cⁱᵉ des chem. de fer algériens c. Puche.
17 août Promulgation des lois, 5, 6.
7 sept. Abdelkader ben Skender c. Zora.
8 — Servera, Sallusto et Senantino c. le Ministère public.
18 — Isaac Zena c. Dᵉ bent Yacoub Chemoun.
19 octob. Antefage c. Grima.
20 — Dubois c. Weiss et Cⁱᵉ.
20 — Marino c. Gelin.
22 — Aboulker c. Chiche.
26 — Kheira bent El Arbi c. Mohammed El Arbi.
26 — Zarrouk c. Carrus et cons.
29 — Fouque c. Boze.
29 — Cⁱᵉ des chem. de fer algériens c. Valladeau.
4 nov. Mustapha ben Ahmed c. Ahmed ben Mohammed.
4 — Habbous, 27.
5 — Succession, 12.
5 — Cusson c. Faure frères.
6 — Roure et Cⁱᵉ c. cons. Bourkaïb.
9 — Mauger c. le Préfet d'Alger.
11 — Jenny Salomon c. Bartholo et Casanova.
23 — Ben Bahamed c. Coll.
10 déc. Jules Talabat c. Simounin.
11 — Cⁱᵉ Génevoise c. Vuilliamy.
19 — Putz père c. Putz fils.
25 — Cons. El Meradi c. Saad Allah.
28 — Cⁱᵉ Génevoise c. la commune de Bouhira.
28 — Ahmed ben El Mnouer c. Abd El Kader ben Rahmoun.
31 — Chose jugée, 41.

1864

22 janv. Cheltiel c. Ben Barka.
27 — Blondeau de Combas.
2 févr. Héritiers Senez c. Zermati.
4 — Ministère public, 2.
13 — Compétence, 118.

17 février	Watine et Bossut c. d'Autremont et Bressy frères.
17 —	Cie Génevoise c. Barloz.
17 —	Cie Génevoise c. Vuilliamy.
18 —	Milice.
23 —	Isaac Zermati c. Ruben Zermati.
25 —	Kraff et cons. c Aucourt.
3 mars	Vente, 3, 4.
4 —	Régie des Contributions diverses c. Leinen.
10 —	Toubiana c. Ben Hamoud.
10 —	Bure c Pagès.
6 avril	Fathma bent Mohamed c. Ouled Abd El Kader.
12 —	Doux c. ve Denis.
13 —	Salah ben Kanfoud c. Z.
25 —	D'honoraty et capitaine Gay c. Gros et autres.
28 —	Saulière c. Patricot et l'Etat.
18 mai	Fonctionnaire public, 1.
18 —	Salvator Coll c. Ravier et consorts.
26 —	Merles des Iles c. Bichon.
31 —	Babbous, 19.
1er juin	Hamdan ben Amar c. Lallahoum bent Hassein.
3 —	Ministère public c. Fusero.
4 —	David et Dupuy c. Berr.
4 —	Ministère public c. *Courrier de l'Algérie.*
6 —	Caussidou c. l'Etat.
6 —	Cons. Bourkaïb c. Hardy.
18 —	Hain Fitoussi c. Fitoussi.
20 —	Ben Kanfoud c. Zermati.
27 —	Puissance paternelle, 5.
30 —	Faillite, 60.
7 juillet	Contrainte par corps, 4.
7 —	Héritiers Carcassone c. Martin, ve Arder Carbonneau et Cie et Camille fils.
12 —	Cie des Chemins de fer algériens c. Feraudy.
15 —	Renault c. Z.
18 —	Thoa c. de Rivals et Marquier.
10 août	Ve Grandjean c. Antoine Joseph Grandjean.
8 oct.	Cornuey c. époux Fabre.

20 oct.	Cohen c. Ben Yacoub.
22 —	L'*Indépendant de Constantine* c. le Ministère public.
22 —	Basset c. syndic Lecoq.
26 —	Courtois c. veuve Grévin.
28 —	Morali frères c. syndic Lecoq.
31 —	Verney c. Deyme.
31 —	Dechaux c. héritiers Baudriller.
4 novem.	Le Préfet d'Oran c. le sieur Clairfond.
20 —	Cuny c Perez et Christan.
22 —	Balit et Gravier c. les héritiers Clauzel et cons.
23 —	Chazel c. Reidon.
6 déc.	Préfet d'Alger c. Herpin et autres.
7 —	Succession, 5.
8 —	Corvesi c. Mohammed ben Ibrahim.
8 —	Parer c. Lesca et Villenave et l'Etat.
13 —	Chose jugée, 44.
13 —	Luce c. El Kenaï et Ben Saïd.
15 —	Haltembourg et Sorel c. ve de Bellair.
16 —	Commune de Bône c cons. Senadelly.
26 —	Berlier c. Rebuffat.

1865

3 janv.	La *Paternelle* c. Pourtauborde et André.
4 —	Ben Mokla c. Ben Magonas.
5 —	Péan c. Vuillard.
6 —	Haffaf c. Ben Ali.
6 —	Ben Ramdan c. Charrin et Cie.
7 —	Levêque c. Ardouin et Lancelot.
14 —	Sozzi c. Castel Dugenet.
14 —	Guilhaumon c. Goadet frères.
19 —	Epoux Rouve c. Daveley.
9 février	Bergeron frères c. syndic Deloupy et Cie.
13 —	Ve Meunier c. époux Lamessine.

26 février Pauchon c. commune et bou-
           langers de Blida.
28   —   Bouveret c. Richart.
1er mars   Judas Karsenti c. David Kar-
           senti
4   —   Banque de l'Algérie c. Cas-
           teras.
8   —   Fourcade c. Motagnon et au-
           tres.
10   —   Ministère public c. l'Indé-
           pendant de Constantine.
17   —   El Harrar et consorts c. Ma-
           laplate et cons.
23   —   Consorts El Harrar c. Mala-
           plate et cons.
29   —   Dadaoua c. Merzoug.
8 avril   Delfraissy c. Laval.
12   —   Breucq c. Roure et autres.
14   —   Cadenet et cons. c. le syn-
           dic de l'Afrique française.
22   —   Molignac c. syndic Robert.
28   —   Chaudarly Braham c. Dlle De-
           vaux.
21 mai   Ferrière c Gelli.
22   —   Zermati c. Zermati.
29   —   Schlomo Levy c. Joseph Levy.
7 juin   Adjage c. Adjage.
8   —   Epoux Bocca c. L. Mestre.
19   —   Bellard et cons. c. cons. Ben
           Merzouga.
19   —   Vidal c. Vauthrin.
27   —   Mohammed ben Ahmed c.
           Aïcha bent El Turqui.
28   —   Mohammed El Djoua c. Ali
           El Bredi.
3 juillet Chadebec c. Procureur gé-
           néral.
3   —   Bleuze c. Smal.
3   —   Chadebec c. le Procureur
           général.
4   —   Préfet de Constantine c.
           d'Uzer et Murat.
4   —   Indigène, 2.
4   —   Grima c. commune de Phi-
           lippeville.
6   —   Cie Genévoise c. Mangiavac-
           chi.
8   —   Karsenty c. Ben Sadoun.
17   —   L'Etat c. Gauran.

17 juillet Préfet d'Alger c. Couput et
           autres.
18   —   Contrainte par corps, 8.
18   —   Dame Dussouy c. Picou et
           Lardiller.
18   —   Cons. Sanguinetti c. Enos.
26   —   Molot c. Dufourc et autres.
27   —   Ve Salomo Limbery c. ve Ca-
           puro Limbery.
6 août   Vautherin c. Ferrand.
16 octob. Fabre c. le Préfet d'Alger,
           Paysant et autres.
25   —   Préfet d'Alger c. cons. Lou-
           dreaux.
31   —   Ve Gipouleau c. Chasse.
14 nov.   Calté c. ve Turlin et au-
           tres.
17   —   Leinem c. l'Administration
           forestière.
17   —   Bauthet c. Carré.
20   —   Commune, 7.
20   —   Talabot c. Ben Yacoub.
22   —   Laplace, Chauvac et Bourne
           c. Assada et Bourelly.
23   —   Roquefère c. commune de
           Tlemcen.
23   —   Cons. Sefta c. Schüller et
           Ferrudgia.
26   —   Cie Genévoise c. commune
           de Bouhira.
27   —   Babaud et Cabanillas c.
           Fraud et cons.
4 déc.   El Khessi c. El Goulsi.
6   —   Barat c. Decanis.
7   —   Miloud et autres.
8   —   Passeron.
8   —   Commune d'Alger c. Morton
           Peto.
9   —   Bourgoin c. le Ministère pu-
           blic.
14   —   Lascar c. Giraud.
20   —   Abdel Malek c. Fatma bent
           Ali.
20   —   Syndic Carentène c. veuve
           Carentène.
21   —   Tallech ben Mohammed et
           cons. c. l'Etat.
22   —   Banque de l'Algérie c. Bou-
           langer.

23 déc.	Procureur général c. Righri ben Mohammed.
26 —	Terrel c. Grenade et Doineau.
29 —	Dame Bruat c. Société des mines de Mouzaïa.

1866

2 janvier	Caussidan c. Préfet d'Alger.
3 —	Luce c. Kenaï et cons.
5 —	Hachette c. l'État et autres.
20 —	Cely c. l'État.
20 —	Procureur général c. Garcin.
23 —	Cons. Battisti c. cons. Giraud.
2 févr.	Cons. Bourgeois c. commune de Bône.
3 —	Javal c. Page.
12 —	L'État c. Fabre et cons.
23 —	Chemin de fer de Paris à la Méditerranée c. Maisons.
28 —	Abd El Hamid c. Palbroy.
28 —	Andrieu et Arrazat c. le Préfet d'Oran.
12 mars	X. c. vᵉ Caron.
19 —	Vᵉ Sportès c. Boffa.
13 —	Khadoudja bent Ali c. Abd El Kader ben Ali.
1ᵉʳ avril	Lavigne frères c. dame Lavigne.
7 —	*Le Soleil* c. Adjus, Alby et cons.
9 —	Epoux Doleac c. Gavoille.
19 —	Ministère public c. Linarès et Ferrouillat.
25 —	Dᴵᴵᵉ Pradel c. Achak et Probst.
30 —	Hammou ben Souissi c. Judas Guedj.
7 mai	Héritiers Gibert c. *La Confiance*.
9 —	Berlier c. Sarda.
9 —	Currat et Bourdes c. Passeron.
16 —	Cuisinier c. Durand et vᵉ A. Aberjoux.
21 —	Fonclère c. Hontz et autres.
28 —	Chose jugée, 6.

7 juin	Coll c. Ravier et le Préfet de Constantine.
9 —	Cons. Doulouze c. Lavoute.
14 —	Court c. Capo.
15 —	Epoux Arthès c. époux Dussau.
20 —	Epoux Campagne c. Bachoffe.
23 —	Dᵉ Schœmberger c. Schœmberger.
23 —	Ministère public c. de Pouilly.
28 —	Bourkhatem c. Mohammed ben Ameur.
6 juillet	Las Aygues c. Dᴵᴵᵉ Gautier.
7 —	Pelet c. Chaume et Barbier.
9 —	Martin c. Bertrand.
11 —	Ministère public c. Choukroun.
20 —	Isambard c. Gerbaud.
20 —	Claris c. Joly et autres.
24 —	Remy c. Madinier.
26 —	Ben Bahamed c. Lyons, Veron et Fabre.
28 —	Paolaggi syndic Kolb c. Bloch.
18 août	Fassina c. Nassouna.
31 —	Santerre c. Faure Meras.
1ᵉʳ sept.	Ali ben El Hadj Bouroubi c. Ammar ben Kaddour.
3 —	Temim c. Levy Valensin et Achouche.
3 —	Dame Audouard c. Audouard.
6 —	Carrié et Chevalier c. le Préfet d'Alger.
17 —	Sultana Cheltiel c. Simon Cheltiel.
5 oct.	Chouquet c. Rozier.
12 —	Kuchne c. Chemins de fer de Paris-Lyon-Méditerranée.
15 —	Gomila Mayed c. Palisar.
26 —	Syndics A. Martin et Cⁱᵉ c. Camboulas et autres.
27 —	Chailloux c. Mohammed ben Garo.
12 nov.	Cour d'appel.
12 —	Paternité, 2.
14 —	Epoux Perceau c. Cⁱᵉ des chemins de fer.

15 nov   Rouquier c. commune d'Al-
            ger.

15 —   Paologgi syndic Carentène
            c. Reppelin et Roget.

21 —   Jacob Cohen Scali c. Rachel
            ben Soussan.

1er déc.   Frilley c. Sellier.

3 —   Barrois c. Ministère public.

12 —   Pallu et Cie c. Adda ould El
            Hadj Hassen El Medioni et
            cons.

1867

18 janvier   Vidal c. le Ministre de la
            guerre.

6 févr.   Giraud c. la commune de
            Blidah.

12 —   Larbi ould Ameur c. Bou
            Djellel.

19 —   Saunier c. Jaubert et autres.

4 mars   Syndics de l'*Afrique fran-
            çaise* c. les actionnaires.

11 —   Villemin et autres c. époux
            Bruat.

13 —   Société de secours mutuels,
            1, 2.

20 —   Enfants de Baba Sliman c.
            Aïcha.

2 avril   Bussidan c. Narboni.

5 —   Sempé.

9 —   Stora c. Guigui.

10 —   Brahim ben Kouïder c. Ab-
            derrahman ould Mohamed
            ben Ali.

17 —   Mahi Eddin et Si Ali ben Sid
            El Lekhal c. Ali ben El
            Hadj Ahmed Cherif.

17 —   Liaou Assoun.

17 —   Sliman c. Khadidja bent Mo-
            hammed ben Abd Essel-
            man.

17 —   Auguste Arnoux c. les époux
            Saverio.

1er mai   Brouard c. Hamida et cons.

3 —   Faure c. Ministère public.

22 —   Sarrat et autres c. les *Mes-
            sageries impériales.*

22 —   Fabre et fils c. l'État.

22 —   Époux Réfrégier c. Leyieil.

22 mai   Stora frères c. Dubois.

23 —   De Gerson et Clabaud c.
            consorts Delaporte.

27 —   Stora frères c. Dubois, syn-
            dic.

29 —   Bessière c. la Cie des che-
            mins de fer.

29 —   Ordre Converso.

9 juin   Administration des Douanes
            c. Mohammed Merrabat et
            Cie.

10 —   Fleury c. Grégoire.

15 —   Texier c. Domerq.

17 —   Figuier c. Bernard, Gavot et
            Boisseyon.

22 —   Bondeau de Combas c. Jac-
            ques Bourdon et Cie.

22 —   Ve Bleuze c. Piton.

24 —   Maisons c. Cie des chemins
            de fer.

24 —   Delpierre c. Jourdain.

24 —   Menouillard c. le Préfet d'O-
            ran.

27 —   De la Villegontier c. Lecat.

28 —   Renoux c. syndic Renoux.

2 juillet   Le Préfet d'Alger c. Petris-
            saut.

3 —   Passeron c. Berr.

4 —   Dame Ben Arrouch c. Soulé

5 —   Sécard c. Gaillan.

10 —   Pauchon c. boulangers de
            Blida.

11 —   Fabre frères c. Vigliano frè-
            res.

13 —   Gozinski c. Dombrouski.

17 —   Veron c. Laad ben Moham-
            med et Lyons, syndic.

19 —   Wolff-Compas c. Roggi et
            Cristas.

29 —   De Molines c. Brun.

29 —   Dame ve Berardi c. Mongel-
            las, syndic.

2 août   Enregistrement c. Gillote.

10 —   Ministère public c. Faure.

27 —   Ministère public c. Bruyes
            et Tisserant.

3 sept.   A. Palisser c. Mongellas, syn-
            dic Flasselière.

16 octob.   Gassiot c. époux Gassiot.

25 octob.	C⁗ la *Réunion* et l'*Universelle* c. Bloch.
2 nov.	Petitjean c. France et Solet.
5 —	Dupont et Piolet c. Dubois Waral.
9 —	Marius et Cadix c. Dˡˡᵉ Caze.
11 —	Hassen ben Mohammed El Safari c. Mohammed El Zouaek.
23 —	Soyet c. Tourrette.
25 —	Pelletier c. Bridonneau.
20 —	Brethès c. les *Messageries impériales.*
29 —	Dame Renggueur c. syndic Sturm.
13 déc.	Geneste c. la dame Aaron ben Simon.
16 —	Marché administratif, 1 s.
24 —	Faillite, 99.
31 —	Sambucci c. Deleschamps et autres.
31 —	Bouscarin et consorts c. Cⁱᵉ des chemins de fer.
31 —	Commune de Bône c. Jouanne.

1868

7 janvier	Lellouch c. cons. Seyman.
10 —	Camboulas c. Faillite Martin.
15 —	Frangia et Jouanidi c. Adamantiadi.
18 —	Bourgeois c. Anglade.
18 —	Vᵉ Veil et autres c. Chalard et Lambert, syndic.
21 —	Lapiolle c. Buès.
22 —	Ricca c. Majorci et Cauro.
25 —	Callé c. vᵉ Turlin.
23 —	Balestrieri et autres.
3 févr.	Dame Amari Cohen c. Amari Cohen.
3 —	Laya c. Mendez et autres.
3 —	Sarlin et Rabattu c. Leydier.
4 —	Cadi, 3, 4.
5 —	Ahmed ben Kara Aii c. Bechet.
10 —	Midjelès, 6.
11 —	Coll c. Ravier et autres.

11 février	Cⁱᵉ du *Soleil* c. Alby et Graumann.
11 —	Epoux Bourkaïb.
12 —	Remy c. Bremondet et autres.
12 —	Le Ministère public c. Chavanel.
13 —	Syndic Remy c. Brémond et autres.
20 —	Jonathas Nicole.
22 —	*Messageries impériales* c. Ben-Tata, Garro et assureurs.
25 —	*Messageries impériales* c. Defuidès.
29 —	Audouard c. Tenis et Zermati.
2 mars	Juda Cohen c. Ben Tata.
2 —	Pénitencier, 1, 2.
5 —	Administration des forêts c. Ahmed Zarek.
16 —	Zaffran c. Etienne jeune.
16 —	Cⁱᵉ des Chemins de fer c. Mohammed ben El Hadj et autres.
18 —	Perez c. le Ministère public.
25 —	Luce c. Bordenave.
27 —	Lecomte c. Ballet.
30 —	Garcin c. Paolaggi.
1ᵉʳ avril	Dobrowich c. Saulière.
3 —	Brisabois c. syndic Bosq.
4 —	Mohammed El Kolli c. Fabre.
6 —	Midjelès, 7.
8 —	Andriot et Paris c. Orban.
8 —	Bouriaud c. Fouque.
20 —	La tribu des Beni Ahmed c. l'Etat.
23 —	Procureur général c. Chavagnac, Amans et autres.
4 mai	Héritiers Abderrahman ben Ali El Kinaï.
9 —	Epoux Sintès c. Mayoux et Joantieu.
22 —	Galli Lelouch c. Adjage et Redouan.
25 —	Epoux Gauran c. Geyler.
26 —	Sabatault c. Wasse Sainte-Marie.

27 — Reynaud c. héritiers Parabère.

29 — Tahar ben Abderrahman et cons. c. Remy Long.

3 juin Schiaffino c. Bel Kadi.

30 — Epoux Herelle c. le Préfet d'Oran.

4 juillet Burso c. Alphandéry.

6 — Curion et Cluseret c. Guillemin.

10 — Fiorentino c. Monticelli et Anglas.

10 — Echalié c. Dubail.

15 — Feydeau c. Paolaggi.

18 — Ricard c. Lebas et Curtet.

25 — Zermati c. Karoubi.

29 — L'Etat c. Cely.

6 oct. Suissa c. Simon.

12 — Succession, 2.

23 — Rey et Peringuey c. Vieille et Laura.

5 nov. Malgras c. Ministère public.

7 — Yaya c. Stora frères.

10 — Commune de Rouiba c. Sintès.

11 — X. c. époux Bourlon.

26 — Pasquier c. Trottier.

26 — Faure c. Charmarty.

27 — Baudet c. de Pons.

28 — Mandat, 22.

28 — Chose jugée, 36.

28 — Zygomala c. Levy et Naggiar.

28 — Schneider c. Jost.

7 déc. Le Préfet de Constantine c. Lacombe.

7 — Delaon c. le Préfet d'Oran.

28 — Delphin et Mazurel c. le Préfet d'Oran.

1869

10 janvier Berardi et Baldassari.

11 — Souron.

11 — Saliba, Pons et Ruston c. dame Noisy André et Florens.

12 — Barbe et Cie c. Picon.

16 — Breucq c. la société de l'*Akhbar*.

20 — Cie l'*Universelle* c. Mayoux.

25 — Ben Oueli c. Carbonel.

25 — Fiévée c. Couturier et Paccard.

27 — Mouloud ben Saïd c. Berretta.

27 — Guerin c. la commune de la Rassauta.

17 févr. Dame Bourkaïb c. Hamoud Bourkaïb.

22 — Dame Aboulker c. son mari.

22 — Bernou ben Selmi c. Bourahla ben Mohammed.

26 — Jeannin c. Andrieux et Valensin.

6 avril Sachet c. Adda (caïd).

7 — Bussidan c. Narboni.

12 — Préfet d'Alger c. Rosey et autres.

22 — Barthelemy c. Rostand.

23 — Villenave c. Acampo.

22 mai Ali ben El Hadj Moussa c. Ben Saïd.

22 — Teissier c. Rodhman et Lavie.

23 — Préfet de Constantine c. Dahman Es Seguir et cons.

24 — Perks c. Perks.

27 — Gharbi c. Abid.

31 — Peringuey c. les chemins de fer.

1er juin Dame Pinhas c. Pinhas.

5 — Cohen Sol c. Hirschfeld.

7 — Vve Girot et Bartholomý c. Rosey et l'Etat.

9 — Mallet c. Lallement.

10 — Charlet c. Kalfon.

10 — Rouquier c. commune d'Alger.

10 — Giraud c. Allié et Didier.

10 — Chouquet c. Roux et Mekalski.

15 — Préfet d'Oran c. Alibert.

16 — Zaffran c. Bussidan.

21 — Ellul c. le Préfet de Constantine.

25 — Dlle Legoud et Maifredy c. Ahmed ben Abdelkader.

28 — Russolo c. les chemins de fer.

29 — Broude et autres c. Aribaud.

30 mai	Marmiesse c Pepa.
1er juin	Guerin c. Villenave, Masson et autres.
2 —	Chabbat c. Kalfou et Darmon.
6 —	Mines de Garouban c. Girard et Lacomme.
6 —	Perths c. Perths.
22 —	Epoux Levy et Selfati c. Seyman frères.
22 —	Bienfait c. le Préfet de Constantine.
24 —	Cabanillas c. Demolins et autres.
2 juillet	Solal c. Sultan.
11 —	Les Commissaires-priseurs c. Schiaffino.
10 octob.	Scala c. Tulli.
17 —	Caillot c. Préfet d'Alger.
21 —	Epoux Stora c. cons. Tabet.
25 —	El Haoussin c. Ginez.
4 nov.	Syndic Barbe c. De Lesseps.
7 —	Castor c. Lebadens.
7 —	Boriello et ve Palumbe c. époux Genetet.
7 —	Société algérienne c. cons. Hamida et Hadj Hassen.
15 —	Mohammed ben El Ounès c. Kouïder ben Mohammed.
16 —	Turquana c. Grange.
18 —	Molto c. De Hoben.
19 —	Cons. Chemaouni c. Bel Kassem ben Mekri.
9 déc.	Verrier et Cie c. Larcade.
12 —	Consul général d'Autriche c. ve Marincovich.
13 —	Maury et cons. c. Samson et cons.
21 —	Dlle Devaux c. Routchoukali.
23 —	Epoux Galéa c. ve Christ.
29 —	Administration forestière c. Alary.
30 —	Cie la Providence c. Hutau.

1871

10 janv.	Le bâtonnier de l'ordre des avocats c. Mes Chéronnet Genella.
23 —	Gabaldu c. Bergès.
26 —	Nehamia c. Jacob ben Amar.

27 janv.	Crispo et Fiorentino c. Scala.
30 —	Lavigerie c. Picon.
1er février	Epoux Bouisson c. Homberger.
3 —	Breteandau c. le Maire d'Oran.
11 —	Scala c Faggioni.
17 —	Antichau c. Zermati.
8 mars	Kalfa Laloum c. le Préfet de Constantine.
8 —	David Timsit c. Esther Timsit.
11 —	Meuriot et cons. c. Pelliat et Cie.
12 —	Cie des Chemins de fer c. Levy.
20 —	Boyer fils c. Boyer père.
20 —	Sylvestre c. Anglas, Martin Joret.
21 —	Epoux Lambert c. Laruelle.
21 —	Narboni et Brisset c. Salfati.
27 —	Ve Surradet c. Bonifay et Cie.
15 avril	Piquemal c. Lelouch.
19 —	Nahoun c. époux Barré et Rocafort.
19 —	Ballester c. Mayoux.
24 —	Vachez c. Landrau.
27 —	Cie des Chemins de fer c. Sabuc et autres.
3 mai	Brahim Atlan c. Blidi.
11 —	Cabanillas et Sardnal c. héritiers Cortez, époux Floras et Zygomala.
15 —	Joly de Brésillon c. Sala ben Koli et consorts.
27 —	Cie des Chemins de fer c. Jaïs et Korado et consorts Baratier.
30 —	Gerbal et Passeron c. le Maire de Relizane.
2 juin	Société des Mokta El Hadid c. les frères Ben Darrèche.
3 —	Héritiers Déchaux et Fremont c. Spiteri.
6 —	Roger c. Geier et Steinfilder.
6 —	Amar ben Ettoumi c. Pierre.
8 —	Lagama c. Teissier.
10 —	Barrec c. Gally et Baylac.
10 —	Lange c Hasda.

23 juin	Ezer Nahmani c. l'*Aigle*.
1er juillet	Lavergne c. Talabot.
12 —	Fabre c. commune de Bône.
17 —	Epoux Bonnal c. ép. Garau.
14 oct.	De Bouchara c. Aboulker.
24 —	Tedjini c. Cadi Hanéfi d'Alger.
18 —	Vidal c. Jauffret et autres.
18 —	Dufour et Monvoisin c. syndic Lecoq.
23 —	Devaux c. Chandarly.
27 —	La commune d'Alger c. les Sœurs de la doctrine chrétienne.
30 —	Champenois c. Montfort.
9 nov.	Ve Soldini c. cons. Soldini.
24 —	Denizot et Boudon c. Bernard.
30 —	Le Procureur général c. Saïd ben El Bachir.
30 —	Holmes c. époux Rivière.
8 déc.	Scotto frères c. Archangelo Scotto.
9 —	Cosmelli c Roussac.
13 —	Lavigerie c. Picon.
18 —	Rias c. Jaubert et Cie des Chemins de fer.
29 —	Saïd ben Bouda c. 1o Messaoud ben Tahar, 2o Ali bel Hadj Mohammed.
29 —	Le Procureur général c. Gillot Louis de Chabannes p. la Cie des Chemins de fer, civilement responsable.

1872

6 janv.	Lescure c. Mounier et Sanchez.
9 —	Ville de Philippeville c. Ch. de fer de Lyon.
17 —	Vidal c. Coquotz.
18 —	Procureur général c. Demarest.
18 —	Roussac c. Denizot et Boudon.
20 —	Simon c. Peyrard.
3 février	Hassen ben Englisch bey c. Selim ben Chaouch.

3 —	Englisch Bey c. Mohammed Chaouch.
5 —	Converso c. Escoiffier.
8 —	Le Procureur général c. Cortès Vicente.
3 mars	Grenier c. ve Chausson.
14 —	Aribaud c. le Maire de Duzerville.
16 —	Daban et Mégy c. Dufourc.
22 —	Chalvignac c. la Compagnie Valéry.
6 avril	Alcay c. Aupied.
15 —	*Caisse générale des Assurances* c. Denizot et Boudon.
15 —	Commune de Bône c. Fabre.
17 —	Procureur général c. Argentier.
25 —	Martinès c. Administration des forêts.
26 —	Ve Debregeas Laurenié c. Larue.
27 —	Thabet c. Société forestière.
29 —	Trabet c. Chamfort et Colombini.
29 —	Housset c. Delcamp.
2 mai	Procureur général c. Abderrahman ben El Hadj.
3 —	Dlle Devaux c. Chandarly.
13 —	Héritiers Ben Aïssa c. l'Etat.
13 —	Le Préfet d'Oran c Meuriot.
14 —	Dahman ben Djebarra c. Tahar ben Youssef ou Ali.
18 —	Chemins de fer algériens c. Portier.
24 —	Bru et Cie c. la Banque de l'Algérie.
25 —	Bou Mezerag c. Stora et autres.
27 —	Cayla c. Saint-Jean.
3 juin	Raynaud c. Audibert.
6 —	Procureur général c. Couput.
8 —	Icard c. Jacques.
8 —	Denizot, Boudon et Zygomala c. Rey et Cie.
8 —	Renaux Messager c. Haziza frères.
11 —	Cie des Chemins de fer c. Charoy.

18 juin	El Hadj Salah c. Py.
28 —	Dame Marin c. Roche et Barbasse.
29 —	Levy Valensin c. Albou frères.
29 —	Spiteri c. v^e Déchaux, Frémont et autres.
1er juillet.	D^e de Regnicourt c. Fatma bent Souïcki.
1er —	Cie Mines de Gar-Rouban c. Médioni.
3 —	Ve Germain c. Meuriot.
15 —	El Gsali et autres c. Kaddour ben Sliman.
15 —	Galtier c. Raymond et Villata.
15 —	Picard c. El Ghsali ben Sliman.
29 —	Guide frères c. Nahan Essider.
29 —	Préfet de Constantine c. cons. Ben Guechi.
22 sept.	Chebbal c. Kalfoun et cons.
8 octob.	Roche c. Valéry et Cie.
10 —	Toucas c. commune de Médéa.
26 —	Cie des Chemins de fer algériens c. Suck et Faure.
31 —	Isnard c. Parent et Gobert.
2 nov.	Contributions diverses c. Gimbert et autres.
2 —	Labattut c. Bonnenfant.
9 —	Roudet c. Marcailhou d'Aymerie.
9 —	Duzer c. v^e Ferrandès.
12 —	Faurice c. Griess-Traut.
12 —	Ricardi c. commune de Constantine.
21 —	Claude Clerc et Cie c Heitz et Cie et autres
22 —	Commune de Bône c. Sens Olive et autres.
27 —	Moutte c. Florot.
29 —	Sens Olive c. Gabert.
30 —	Ve Vaisy c. époux Vauthrin.
7 déc.	Denis Ardoin et Cie c. Jacques, syndic Delveau et Delveau.

7 déc.	Tuffière c. Reynaud, curateur à la succession vacante Bajard, et les sieurs Herpin et Roche, intervenants.
17 —	Epoux Nogué c. v^e Sarrette et le sieur Baron.
26 —	Procureur général c. Borget et autres.
27 —	Procureur général c F. Attard et F. Micriditz.

1873

3 janv.	Bussidan c. Mazel.
10 —	Rouquier c. la ville d'Alger.
10 —	Ben Ali Cherif et autres.
13 —	Vendling c. Rozan.
17 —	Lebahr frères c. Fournier Sémoville et Anglas, ès-qualités.
21 —	Jean c. Joly.
23 —	Berard c. Alcay.
23 —	Consorts Cachia c. époux Calleya.
25 —	Ben Sussan c. Chouiet et syndic Gomez.
25 —	Schiaffino c. la Cie Mokta El Hadid.
28 —	Ribbes c. Feuilloy.
29 —	Martinolle c. Berard.
29 —	Pons c. v^e Azam et autres.
31 —	Vidouze c. Azzopardi.
5 févr.	Barthélemy et Roumat c. Toche frères.
8 —	Baguet c. héritiers Roure.
9 —	Tahar ben Mazia c. X.
10 —	Messaouda c. Gelas et Adam.
10 —	Darmon c. syndic Rontvaser.
12 —	Epoux Gonssolin c. Mallen et Cie.
15 —	Levy c. Chabaud.
18 —	Berthier c. Muraine.
19 —	Ben Zekri c. Zakar Guedj et autres.
20 —	Chaulier c. Mohamed ben Mustapha, Braham ben Hadj Redjem et Hamoud ben Diffaleh.
22 —	Pace c. Blanc.

24 février	Jué c. époux Cazali.
3 mars	Commune de Constantine c. Assoun et autres.
5 —	Procureur général c. Giraud, Jarsaillon et autres.
14 —	Arvizet c. Legens.
19 —	Dame Pugnet c. Duvallet et autres.
19 —	Julienne et Bernard c. l'État.
20 —	Ministère public c. Iché et Pierron.
20 —	Mohamed ben Saïd c. Ministère public.
21 —	Ministère public c. Pedro et Don José.
22 —	Lejardinier c. Fabre.
26 —	Dame Stora c. Maire d'Alger.
7 avril	Préfet de Constantine c. Debono et autres.
14 —	Ezzouaouï c. Ben Marabeth.
17 —	Époux Loufrani c. Nehamia et autres.
21 —	Doreau c. époux Rivière.
23 —	Lavigerie c. Savigny et autres.
24 —	Le Procureur général c. Mustapha ben Mohamed.
28 —	Cons. Mahi Eddin c. Mahi Eddin.
28 —	Degrés de juridiction, 41.
28 —	Commune de Mustapha c. X.
29 —	Commune, 9.
5 mai	Époux Seror c. Tabet.
15 —	Procureur général c. Mohamed ben Salah.
22 —	Parodi fils c. cons. Facio.
23 —	Ministère public c. Lakhdar ben Sahraouï.
28 —	Société immobilière c. Préfet d'Alger.
6 juin	Maury c. Corrus.
12 —	Procureur général c. Alibert François.
14 —	Époux Marnat Vernadel c. Cie chemins de fer.
16 —	Haudoin d'Euilly c. Terral.
16 —	Préfet d'Oran c. dame Darnospil.

23 juin	Rudziuski c. ve Montel et Baptiste.
27 —	Époux Servolle c. X.
2 juillet	Chemins de fer c. Rias.
7 —	Ve Charbonneau c. Guillermond.
14 —	Midjelès, 3, — Prescription, 17, — Propriété, 30.
16 —	Charbonneau c. ve Guillermond.
21 —	Époux Balmont c. Joly, curateur.
21 —	Époux Courtois c. Cachot.
23 —	*Grand Central* c. Cie Chem. de fer de l'Est et Pillet.
24 —	Le Procureur général c. Raynaud Joseph.
28 —	L'État c. les Ouled Amran.
28 —	Préfet d'Oran c. Chancogne.
31 —	Debaknas c. l'État.
31 —	Nicole c. commune de Mostaganem.
1er août	Ministère public c. Cahen.
19 —	Procureur général c. Mitras Théodore.
29 —	Ordre, 4.
3 octob.	Ghali Sayag c. Bremond.
27 —	Saïd c. Delavigne et Debono.
4 nov.	Delaon c. époux Bouyon.
10 —	Tirelli et Mouza c. cons. Million.
17 —	Général de division de Constantine c. cons. Girard.
19 —	Yung c. Guignette.
1er déc.	L'État c. commune de Bône.
15 —	Picon c. Nahon et autres.
18 —	Cons. Rias c. Jaubert, chemins de fer.
23 —	Préfet d'Oran c. Gabay.

1874

19 janv.	Ben Ichou c. Aknim frères.
23 —	Teboul c. Procureur général et Contributions diverses.
3 fév.	Lefèvre c. Estèbe et autres.
10 —	Époux Carréga c. Receveur municipal de Djelfa.
11 —	Sportès c. X.

16 —	*Société générale algérienne* c. Court et Puech.
18 —	Bou Renan c. Sakar Guedj et consorts.
21 —	Cie des Chemins de fer c. Olivier.
25 —	*Société générale de transports maritimes* c. Gaétan Picon.
25 —	Pillier, Cabanillas et Sardnal c. consorts Belle et autres.
2 mars	Héritiers de Carnanville c. Bertrand et Deliot.
2 —	Ruben Zermati c. *Crédit foncier.*
3 —	Alcay c. Brisset, syndic Soulié.
4 —	Puig y Thomas c. sa femme.
17 —	Cons. Boccara c. Battandier.
26 —	Ahmed ben Omar et cons. c. Gros fils et cons.
30 —	Giraud fils c. Cie *Navigation mixte.*
30 —	Banque de l'Algérie c. Pourrière et consorts.
31 —	Frères Sébaoun c. dame Loufrani.
1er avril	Ve Philippe et cons. c. ve Bonnet.
1er —	Camilliéri c. Aravit.
20 —	Préfet d'Oran c. Courtot frères.
29 —	Bonamici c. Modeste Garro.
19 mai	Matif frères c. époux Schebat.
5 juin	Albert et de Cescaupennes c. cons. Arrata.
10 —	Lenoir c. Prost.
16 —	Ve Garcias c. Marganti et Me Blasselle.
16 —	Couput et consorts c. l'Etat.
22 —	Dessoliers et l'Etat c. De Fleurieu, de St-Victor et consorts.
24 —	Eliaou ben Saïd c. Boissier.
24 —	De Palma c. le Préfet de Constantine.
27 —	Decroix c. syndic Cavalié et Chanu.

1er juillet	Commune d'Alger c. ve Coulon et l'Etat.
30 juin	Commune de Bône c. Fabre.
30 —	Dlle Guénot c. Succession Wassé-Sainte-Marie.
7 juillet	Rodari c. commune de Biskra.
7 —	Bonino c. Puech.
7 —	Garnier c. Griess-Traüt.
8 —	Serör c. Aubert.
14 —	Aziza c. Aziza.
20 —	Ve Lambert c. Lambert et autres.
20 —	Ve Meunier c. Meunier.
22 —	Dubourg c. Homberger.
27 —	Bedok c. Cohen.
29 —	Mahiddin c. Mahiddin.
4 août	Délai des distances, 1.
14 octob.	Germon c. Gastex.
28 —	Dennias c. Albin.
30 —	Armes, 7.
2 nov.	Kanoui c. Rogues.
2 —	Dame Montagnon c. Montagnon.
28 —	Gaguin c. Moulin.
30 —	Préfet d'Alger c. ve Bouvret.
30 —	Préfet d'Alger c. Ben Mustapha.
18 déc.	Dame Luce c. Brunet.
22 —	Dlle Zammit c. mineurs Ricordeau.
23 —	Cons. Lamri c. Lamri.
24 —	Aïssa ben Ahmed Rambi et cons.
24 —	Treil Antoine.

1875

6 janvier	Cons. El Amali c. Omar El Amali.
14 —	Tourret.
21 —	Mahiddin c. Mahiddin.
22 —	Brun c. Lescuré et Blum.
26 —	Chemins de fer c. Sergant.
30 —	Barge c. ve Laura.
4 février	*Société générale algérienne* c. Lélégard.
9 —	Roubière c. Vanden-Branden.

15 — Fathma bent Ben Arab c. El Aiachi.

19 — Bussidan c. Seyman.

25 — Cons. Sepot c. Cassounet et autres.

25 — Lanza et Brochini c. syndic Vias.

4 mars De Moreau c syndic Moreau.

11 — Mourre c. Lavie et Cie.

17 — Kanouï c. Imbert.

22 — Amar ben Saïd c. Ali Bounzah et cons.

5 avril Aïchouna, femme Périni c. ses frères et sœurs.

8 — Sainte-Croix c. Chautard.

8 — Syndics Trouette c. époux Grimaud.

27 — Keller c. Carité.

2 mai Ben Chimol c. Cohen Scali.

4 — Ali El Hadj.

5 — Ali ben Brahim ben Louisa.

9 — Oureïda bent David Sebbah c. Moïse ben Eliaou.

11 — El Hadj Miloud.

11 — Boronat et Moretto c. vᵉ Brémond.

16 — Bézy et autres c. Karoubi et autres.

17 — Hamouda ben Scheik c. cons. El Lefgoun.

20 — Chose jugée, 4, 5.

26 — De Vialar et cons. c. Chemins de fer.

30 — Cons. Mahiddin c. Hassen b. Khelil et Ali b. Brahim.

31 — Targy c. Bonneau.

15 juin Vᵉ Hefner c. Jean Hefner.

15 — Dᶫᶫᵉ Chardard c. syndic Bouillioud.

17 — Puech c. Davrieux et Mondon.

21 — De Rouff c. Siraudin.

24 — Hér. Gabert c. faillite Ferroro et Fascino.

28 — Ali ben Abdeltif c. Hér. Mahmoud ben Abdeltif.

17 juillet Aquadro et Carnet c. Dugenet.

1ᵉʳ — Py fils c. Ortola et Gabey.

12 — Blanc c. Panis.

13 — Messaoud ben Ahmed.

15 — Abus de confiance, 1 bis, 1 ter.

15 — De Jean c. Joly.

20 — Drot c. Allaoua ben Mohamed.

20 — De Lombes c. ép. Geoffroy et Gay.

20 — Laguillerie c. époux Pace.

21 — Ben Hamou.

22 — Salem ben Bou Rhala c. Ali ben Saïd et cons.

23 — Pimienta c. cons. X.

24 — Ali ben Sliman c. Mohammed Bel Rito.

11 octob. Lavagne c. Fabre et Dévon.

19 — Syndic Giraud c. Piéguet et Aubut.

4 nov. Watzen c. Fournier.

9 — Sunde c. Durand.

10 — Marrot c. Rey.

25 — Romanatxo et Abella c. Isaac Siméon.

29 — Cons El Gobrini c. Saïd El Gobrini.

2 déc. Sabran c. l'Etat.

9 — Lacroix c. Humbert.

11 — Liquidateurs Girard c. El Oussi.

11 — L'Etat c. cons. Zekri.

18 — Toche c. époux Duranti.

18 — Cons Gaffagi c. Préfet d'Alger.

26 — Syndic Salvageot c. Desfrançais et autres.

27 — Abdallah c. Magre.

29 — Fabri c. Guinamard.

TABLE

DES

NOMS DES PARTIES

A

534

D

G

H

I

J

K

M

35

N

O

P

Q

R

T

Z

ERRATA

—

Page 18, ligne 17, — au lieu de : *Recueil*, lisez *Journal*.
— 75, — 24, — parfois, — pas foi.
— 245, — 4, — irrévocable, lisez irrecevable.
— 367, — 29, supprimez le mot pas.
— 374, — 20, au lieu de : cautionnement, lisez cantonnement.
— 401, — 14 et 15, — au lieu de : au jugement, lisez ou jugements.
— 438, — 14, — au lieu de : rapport, lisez apport.
— 451, — 15, — 1868, — 1848.
— 474, — 35, — rassurer, — assurer.
— 478, — 9, — vocation, — vacation.
— 497, — 16, — exiger, — exciper.

ALGER. — IMPRIMERIE DE L'ASSOCIATION OUVRIÈRE, V. AILLAUD ET Cᶦᵉ.

www.ingramcontent.com/pod-product-compliance
Lightning Source LLC
Chambersburg PA
CBHW031736210326
41599CB00018B/2604